● 陈兴良 /著

刑法研究（第五卷）
刑法理论 Ⅱ

Research on Criminal Law

中国人民大学出版社
·北京·

总　目　录

第一卷　刑法绪论 I

第一编　刑法绪论
　　一、刑法理念
　　二、刑事法治

第二卷　刑法绪论 II

　　二、刑事法治（续）
　　三、刑事政策
　　四、刑法立法

第三卷　刑法绪论 III

　　四、刑法立法（续）
　　五、刑法原则
　　六、刑法人物
　　七、刑法随笔

第四卷　刑法理论 I

第二编　刑法理论
 一、刑法哲学
 二、刑法教义学
 三、刑法知识论

第五卷　刑法理论 II

 三、刑法知识论（续）
 四、判例刑法学

第六卷　刑法总论 I

第三编　刑法总论
 一、犯罪概论
 二、犯罪论体系
 三、构成要件

第七卷　刑法总论 II

 三、构成要件（续）
 四、违法性

第八卷　刑法总论 III

 四、违法性（续）
 五、有责性
 六、未完成罪

总目录

第九卷　刑法总论 Ⅳ

七、共同犯罪
八、单位犯罪
九、竞合论

第十卷　刑法总论 Ⅴ

十、刑罚概论
十一、刑罚体系
十二、刑罚适用

第十一卷　刑法各论 Ⅰ

第四编　刑法各论
一、概述
二、公共安全犯罪
三、经济秩序犯罪

第十二卷　刑法各论 Ⅱ

四、侵犯人身犯罪
五、侵犯财产犯罪
六、社会秩序犯罪

第十三卷　刑法各论 Ⅲ

六、社会秩序犯罪（续）
七、贪污贿赂犯罪

3

本卷目录

三、刑法知识论（续） 1

刑法学：向死而生 2

刑法知识的去苏俄化 37

社会危害性理论：一个反思性检讨 45

社会危害性理论：进一步的批判性清理 72

违法性理论：一个反思性检讨 101

主客观相统一原则：价值论与方法论的双重清理 128

形式与实质的关系：刑法学的反思性检讨 159

形式解释论的再宣示 188

形式解释论与实质解释论：事实与理念之展开 230

刑法知识的转型与刑法理论的演进 241

评行为功利主义刑法观 265

四要件：没有构成要件的犯罪构成 268

人格刑法学：以犯罪论体系为视野的分析 283

行为科学视野中的刑法学 296

犯罪价值论 308

刑罚存在论 333

犯罪存在的个体解释 ·· 343
论社会主义初级阶段的犯罪原因 ································ 354
刑事一体化视野中的犯罪学研究 ································ 365
群体犯罪学的理论框架——行为科学在犯罪学中的运用 ······ 379
论行为科学在犯罪预防中的运用 ································ 388

四、判例刑法学 ·· 395
判例教学法：以法系为背景的研究 ································ 396
论判例刑法学的方法论特征 ·· 423
案例指导制度的法理考察 ··· 430
案例指导制度的规范考察 ··· 444
我国案例指导制度功能之考察 ···································· 467
刑法指导案例裁判要点功能研究 ································· 481

三、刑法知识论（续）

刑法学：向死而生

刑法学是法学中的显学，它以刑法规范与刑法理念作为研究对象，在一个国家的法治建设中具有举足轻重的地位。因此，刑法学的命运是和国家的法治进程紧密相关的：法治亡，则刑法学亡；法治兴，则刑法学兴。自1949年共和国建立以来，我国的法治经历了一个从惨遭废弃到恢复重建的历史性转折。相应地，我国刑法学也呈现出一个向死而生的演变轨迹。本文以刑法学的死与生为主题，展开对刑法学的学术史的考察。

一、从清末到民国：刑法学的艰难初创

1764年被称为是近代刑法学的元年，这一年意大利著名刑法学家贝卡里亚出版了《论犯罪与刑罚》一书，标志着近代刑法学的正式诞生。当然，刑法学被作为一门规范学科的确立，则应追溯到德国著名刑法学家费尔巴哈1801年出版《德国刑法教科书》。

我国近代刑法学的发轫，以清末沈家本主持的法律改革为契机。在此以前，中华法系绵延数千年，至公元7世纪《唐律》而达致成熟，此后《宋刑统》《明

刑法学：向死而生

大诰》《大清律》一脉相传，其律均以刑法内容为主，世称刑律。我国古代以刑律为研究对象，形成了律学。因此，律学是我国古代的刑法学。及至清末，中华法系传统为之中断，引入了大陆法系的法律体系，制定了近代意义上的刑法，律学也随之而转变为法学，我国的近代刑法学借此而产生。我国学者在论及我国近代刑法学的诞生时指出：中国近代刑法学的理论体系以及其概念术语，基本上都来自日本。如中国最早一批刑法教科书、由熊元翰编辑的《刑法总则》和《刑法分则》，都是编译自冈田朝太郎的教材；中国第一部近代刑法典1911年《大清新刑律》不仅将日本1907年刑法典的体系、制度和原则输入国内，而且也将刑法学科中的基本概念和术语引入了中国，成为中国近代刑法学用语的基础。①

　　刑法学是以刑法为研究对象的，研究对象的改变直接影响理论形态，甚至导致某种理论的颠覆。在我国清末，从律学到刑法学的转型，就是以古代刑律的终结、大陆法系刑法的引入为背景的。我国古代的律学并没有形成具有内在逻辑关系的理论体系，而是对律文的语义分析，是以释律、解律为核心内容的。例如在清代律学的代表作之一的《读律佩觿》一书中，作者王明德对"律母"与"律眼"的归纳说明就是律学精要之所在。在《读律佩觿》一书的点校说明中，何勤华教授指出：《读律佩觿》对"律母"和"律眼"的阐述，也是富有特色的。"律母"，是指以、准、皆、各、其、及、即、若八个字，它们对人们学习法律非常重要，所以在明清的律学著作，如高举等刊《明律集解附例》、王肯堂撰《律例笺释》等都载有"八字之义"，但解释都十分简略。只有王明德的《读律佩觿》一书对其作了进一步阐述，极为详细，也甚为深刻。"律眼"，则是王明德的创造，是《读律佩觿》一书与其他律学著作不同的很有特色的部分。这里，王明德所说的"律眼"，实际上是他认为在整个法律体系中比较重要的一些关键词，与前面八个"律母"相对，如例、杂、但、并、依、从、从重论、累减、递减、得减、罪同、同罪、并赃论罪、折半科罪、坐赃致罪，坐赃论、六赃图、收赎等。

---

① 参见何勤华：《中国近代刑法学的诞生与成长》，载《现代法学》，2004（2），17页。

王明德对"律眼"的阐述,后来成为中国古代律学的精华之一。①从"律母"与"律眼"可以明显地看出,我国古代律学具有文理阐释的性质,可以说是一种法律语言学。律学对语言的依附性的特点,一方面使它具有应用性,另一方面也使它受到律文、甚至语言的桎梏。一旦语言发生重大变更,则律学赖以依存的基础全然丧失,从而导致律学的消亡。而律文与语言的翻天覆地变化,在清末同时出现,此乃我国三千年未有之变局。

就律文的变更而言,清末修律的主旨就是制定新法取代旧律。虽然初衷是改重为轻,通过修订法律,收回治外法权,实现变法自强。②但修法的结果是法律结构的根本性变动,修成《大清新刑律》,虽未及施行,清朝即告灭亡。但此后的《暂行新刑律》《中华民国刑法》无不以《大清新刑律》为摹本,《大清新刑律》可以说是我国近代刑法的肇始。《大清新刑律》及《暂行新刑律》已经偏离了中华法系传统,而深受外国法制,尤其是日本刑法的影响。而且,律文的变迁同时也必然带来有关刑法理论的变化。因此,随着日本刑法对清末修律的影响,日本刑法理论也被引入我国。对此,陈子平教授指出:大清新刑律与暂行新刑律,不仅深受当时日本刑法典之影响,更为新刑律起草人冈田朝太郎个人之独特见解所左右,而从其刑法理论之主张以观,多少可推知是摇摆于主观主义与客观主义刑法思想之间。不过,当时(暂行新刑律初期)之刑法理论,皆为冈田朝太郎之见解所支配,学说亦几乎以其见解为依归,例如当时之用书,有刑法总论[法政丛编第六种上,湖北法政编辑社,光绪三十二年(1906年)出版]、刑法总论[法政讲义第一集第八册,李维钰编,光绪三十三年(1907年)出版]等版本,皆以冈田氏于北京法律学堂之讲授内容为主,而后期虽依然受其影响,却以日本牧野英一氏之近代学派主观主义理论为基础所著之"中华刑律论"(民国十五、十六年),算是引进日本刑法理论之发端。③而近代日本刑法学又是继受

---

① 参见(清)王明德:《读律佩觿》,何勤华等点校,3~4页,北京,法律出版社,2001。
② 参见(清)沈家本:《删除律例内重法摺》,载《历代刑法考》,20~24页,北京,中华书局,1985。
③ 参见陈子平:《刑法总论》,2008年增修版,28页,北京,中国人民大学出版社,2009。

刑法学：向死而生

德国刑法学的结果。日本古代刑法，深受我国法制的影响。在明治维新以后，日本1880年的刑法深受德国影响，是在德意志刑法学的影响下制定的。① 而1910年颁布的《大清新刑律》则是继受日本1907年刑法的产物，也可以说是间接地继受了德国刑法。德日刑法以及刑法学，成为我国近代刑法及刑法学的摹本。

　　法条是以语言为载体的，在不同国家之间如果语言是完全不同的，则对他国的法律的继受，亦须将他国的语言译为本国的语言。但中日之间的关系十分特殊，从历史上来说，日本继受中国法，从法例到律条无不模仿，并且在日本刑法中直接采用汉字。在日本转而继受欧洲大陆法系以后，仍然使用汉字翻译有关律文。而当近代中国从日本引入近代刑法的时候，受惠于汉字，几乎在不必翻译的情况下，直接采取拿来主义。例如我国近代学者黄遵宪在1887年完成的《日本国志》一书中包含《刑法志》的内容，即是对日本1880年《治罪法》和《刑法》（《旧刑法》）的译述，因此黄遵宪是第一个输入日本法的中国人。黄遵宪对日本刑法条文中采用汉字表述的术语概念不经翻译，直接采用汉字。② 这些用语沿用至今，成为我国刑法的主要词汇来源，甚至汇入我国语言体系，成为通用语言。对此，我国学者指出：语言文字是文化、学说的载体。由语言文字组成的法律概念，既是法的构成要素，也是法学学术的基石，我们的先人以其丰富的创造力，构筑了整套古代法学概念，从而使中华法系成为世界主要法系之一。但是，进入近代，我们的近代先辈由于受各种条件的限制，在法言法语的创造上，没有给我们留下多少东西。中国近代法学的起步，向同文之国日本拿取现成的词汇概念。黄遵宪是第一个拿来主义者，《日本国志·刑法志》是第一部拿来主义译著。但是，他所拿来的仅仅是刑法和刑事诉讼审判方面的词汇概念，而且，因日本的《治罪法》和《旧刑法》是第一部依照西法而制定的新法，有些词汇概念尚未凝

---

① 参见［日］大塚仁：《刑法概说（总论）》，3版，冯军译，43～44页，北京，中国人民大学出版社，2003。
② 关于日本古代刑律与中国刑律的比较，参见杨鸿烈：《中国法律对东亚诸国之影响》，199页以下，北京，中国政法大学出版社，1999。

刑法研究（第五卷）

固定型。因此，这方面的拿来，也还有待以后的进一步完整和定型。① 在引入日本刑法时，虽然采用的是汉字，但与汉字的本义已经完全不同，被赋予了新意。即使是刑法一词，也是从日本传入的。"刑法"一词在中国古代出现得很早，《国语·卷十四·晋语八》云："端刑法，缉训典，国无奸民。"在班固著《汉书》中，卷二十三的标题就是"刑法志第三"。中国古代的"刑法"，实际上是包括整个法律的内涵的。因此，在清末修律制定刑法典时，使用的都是"刑律"，如《大清新刑律》《暂行新刑律》等。中国近代"刑法"一词是沈家本组织修订法律馆人员翻译外国刑法典及著作时从日本引进的。② 直到中华民国1928年刑法制定时，才正式采用"刑法"一词作为法律名称，一直延续至今。由此可见，从日本引入的采用汉字表达的法律概念，已经完全有别于古代刑律，解释对象发生了重大变化，以解释为使命的律学是以古代刑律的术语概念为解释对象，它对于新法的解释功能不复存在。

更为致命的是稍后兴起的新文化运动：改文言文为白话文，刑法的表意文字发生了一场革命，由此波及法学，使我国古代律学的经世致用功能彻底消亡。我国的象形文字源远流长，但在其形成以后逐渐与口语相脱节，形成书面用语，这就是所谓文言文。文言文被广泛地适用于诗词歌赋等文学创作，更是官方交流的语言工具，刑律也是采用这种语言表达的，并且形成了独特的格式。文言文较难读懂，只有经过严格正规的语言训练才能掌握这种文字。对于绝大多数未受教育的社会公众来说，文言文是一种知识的障碍。在清末民初，新文学运动风起云涌，其中较为激进的一些学者甚至主张废除汉字，改采拼音文字，实现所谓"言文一致"。废除汉字，则可能使中国文化走向灭亡，其主张不足以采用。退而求其次，另一些学者提出以白话文取代文言文，这就是所谓白话文运动。主张白话文之最有力者，例如胡适先生，把文言文称为"死"的文字，而把白话文称为"活"的文字。胡适先生指出：今日之文言文乃是一种半死的文字，今日之白话

---

① 参见李贵连：《二十世纪的中国法学》，22~23页，北京，北京大学出版社，1998。
② 参见何勤华：《中国近代刑法学的诞生与成长》，载《现代法学》，2004（2），12页。

刑法学：向死而生

是一种活的语言。白话不但不鄙俗，而且甚优美适用。白话并非文言文之退化，乃是文言之进化。白话可以产生第一流文学，已产生小说、戏剧、语录、诗词，此四者皆有史可证。白话的文学为中国数千年来仅有之文学；其非白话文学，皆不足与于第一流文学之列。① 白话文运动取得了重大成就，逐使我国书面语与口头语合而为一，对于文化传播与教育普及功不可没。② 当然，正是白话文运动，使文言文成为一种古代汉语，与现代汉语相对立。换言之，文言文有别于口语，但并不能说是一种死的语言，而是活在另一个世界的语言，它与白话文作为一种生活中的口头语是不同的。正是白话文运动，才真正使文言文成为一种死的语言。白话文运动的后果并不局限于文学，而且对法律也产生了深刻的影响。时逢世代更替，中国古代刑律被废弃，德日刑法体例之引入。又遭遇白话文运动，使刑律的绝大部分采用文言文表达的法条不能再用，而改为贴近白话文的法条表达方式。这一变化，给以律文为解释对象的律学带来致命的打击。可以说，我国近代刑法学是另立炉灶，重新开张。从这个意义上说，我国近代刑法学并非中学而实乃西学。

在整个民国时期，我国刑法学都是围绕着刑法注释而展开的，这里的刑法是指1928年和1935年新旧更迭的两部民国刑法。正是在这一过程中，逐渐形成民国刑法学的基本框架，例如民国学者王觐指出：

> 研究犯罪及刑罚原理原则，加以系统的说明者，曰刑法学。学也者，自复杂现象之中，取共同点，发见共通之要素，以得秩序的知识为目的者也。刑法学，亦学之一种，故其趣旨亦同，惟刑法学的任务，以现行刑法为基础，考究其对于犯罪与刑罚所适用之原则，此自然法学派以发见古今不变完全理想的刑法为主眼，谓现行刑法不完全，而以理想的刑法，评判刑法之是

---

① 参见胡适：《中国新文学运动小史》，载《胡适文集（1）》，124页，北京，北京大学出版社，1998。

② 当然，这里的口头语是指官话，以北京方言为基础的普通话。即使将书面语改为文言文，也仍然没有实现书面语与各地方言（口头语）的统一。在这个意义上说，书面语与口头语的隔膜仍然没有从根本上得到解决。

7

非者，自不在刑法学范围之内。至若研究现行刑法，指摘其缺点，为立法者异日修改刑法之资料，固研究刑法学者所应有之责任，不过非刑法学之主要目的而已。对于现行刑法加以科学的研究者，曰刑法学。刑法学中所当研究之范围，即刑法之范围，刑法范围，因刑法意义之不同而有异，故刑法学之范围，亦依刑法意义而定之。①

从以上王觐对刑法学的界定来看，偏重于解释刑法学是毫无疑问的，这与律学的传统可谓一脉相传。其间重大的区别在于：律学实际上是语义学，过于倚重于刑法的语言分析。而刑法学则是规范学，对刑法采用规范分析的方法，从而完成了刑法研究方法的重大转变。例如，在中国古代刑律中，虽然在春秋时期，商鞅改法为律，改变了以刑统罪的传统法典结构，采取罪刑分立，为构建刑法体系奠定了基础，但中国古代刑律始终采取刑先罪后的法典叙述模式，并且在总则性规定中并没有犯罪的一般概念。罪名都是具体的，都被规定在分则性条文之中。作为对刑律解释的律学，并未形成犯罪的一般理论。这种状况，在民国刑法学中有了根本性的变化。民国刑法学除了具有概论性质的刑法论以外，其总论分为犯罪论与刑罚论两个部分。在犯罪论中，首当其冲的是犯罪概念（亦称犯罪之观念）。例如民国学者陈瑾昆将刑法上的犯罪定义为：刑法所规定应以刑罚制裁之有责并违法行为，由此而将犯罪的意义分解为以下四项：（1）犯罪为行为（Handlung）。（2）犯罪为刑法所规定应以刑罚制裁之行为。（3）犯罪为有责行为（Schuldhafte Handlung）。（4）犯罪为违法行为（Rechtswidrise Handlung）。② 以上对犯罪意义的揭示，涉及犯罪的违法性、有责性、应受刑罚惩罚性等特征，较为科学地阐明了犯罪的法律性质，也为建构犯罪要件，即犯罪构成体系提供了根据。

将民国刑法学提高到一个法理水平的是民国时期著名学者蔡枢衡教授。蔡枢衡教授在一定程度上超越了注释刑法学，将刑法学上升到刑法哲学的层面，当然

---

① 王觐：《中华刑法论》，姚建龙勘校，5页，北京，中国方正出版社，2005。
② 参见陈瑾昆：《刑法总则讲义》，吴允锋勘校，62～63页，北京，中国方正出版社，2004。

刑法学：向死而生

这与蔡枢衡教授所具有的法理素养是相关的。蔡枢衡教授提出了刑法学品格的命题，主张刑法学应当追求超出以条文之解释为满足的境界，使中国刑法学成为表现独立自主的中华民族自我的刑法学。蔡枢衡教授指出：现代中国法学——从而刑法学的主体，第一必须接受了人类社会和认识历史至昨日为止的一切遗产。在某种意义上，19世纪社会历史的成果是哲学和科学之统一；自然科学和社会科学之统一。法学、刑法学与科学以及哲学的关系是全体和部分的关系，也是一般和特殊的关系。这种关系使法学——从而刑法学和其他一切科学以及哲学，直接间接地保有内在的关系。① 当然，蔡枢衡教授时运不济，并没有完成其创造中国刑法学体系的使命，其《刑法学》一书设想分为四编：第一编的绪论，内容是关于几个基本范畴的叙述。第二编说明各种特别构成要件，大体相当于通行的刑法各论一部分。第三编构成一个最一般的犯罪概念，其中包括犯罪未遂、共犯等概念，大体相当于通行的犯罪总论中的一部分。第四编说明刑事处分制度（刑罚及保安处分）。事实上，蔡枢衡教授只完成了第一编。后三编未及写作，民国的命运发生了历史性的转折。尽管如此，蔡枢衡教授的批判与反思精神是十分突出的，例如蔡枢衡教授深刻地揭示了中国近代法及法学的次殖民性质，指出：法之次殖民性质是中国数十年来的新法与生俱来的属性，这个属性和中国社会经济之次殖民地性质是一脉相通的。中国法学不能发现——至少是没有发现中国法律固有的属性。今日中国法学之总体，直为一幅次殖民地风景图……② 蔡枢衡教授为我们生动地描绘了民国时代中国对外国法及法学，包括刑法学的移植，也可以说是被殖民所带来的对中国具有理想的学人的冲击、反思与选择。尽管如此，民国刑法学取得的重要成就还是值得充分肯定的，回顾这段历史，仍然使我们这些后学领略前贤在中国刑法学的发展初期学术探索的勇气，令人肃然起敬。对于民国刑法学这段历史，我国学者作了以下中肯的评价，可以作为这部分历史叙述的一个总结：

---

① 参见蔡枢衡：《刑法学》，2页，北京，独立出版社，1942。
② 参见蔡枢衡：《中国法理自觉的发展》，89、98页，北京，清华大学出版社，2005。

民国时期是20世纪中国现代刑法学史上的一个非常重要的历史时期。正是通过民国时期刑法学家的引进、译介和发展大陆法系刑法制度和刑法学说,中国现代刑法学的体系才初步形成,并在许多刑法学基本理论问题的研究上取得了相当的成就。民国时期的刑法学是20世纪刑法学的重要组成部分。回顾历史,我们应当对民国时期的刑法学研究成果给予应有的重视和全面评价,而不应当漠视甚至淡忘这一段历史。否则,我们时下的刑法学研究可能无形中重复着前人所已经研究过的问题,甚至重复探讨前人已经研究并且形成共识的问题,而表现出对中国刑法学自己的历史的无知。但民国时期的刑法学也存在明显的缺憾。民国时期的刑法学的整体品格表现为典型的"移植刑法学",对西方主要是大陆法系德国、日本的刑法学说,不加分析和批判,不经中国现实社会经验的证明,即盲目地全盘予以移植照搬。[1]

二、共和国刑法学的前30年:由生而死

对于具有60年历史的共和国刑法学来说,清末刑法改革引入大陆法系刑法学,在此基础之上发展起来的民国刑法学,可以说是一段"前史"。

20世纪50年代初期,是共和国刑法学的草创时期,这个时期是以废除旧法观点、引入苏俄刑法学为特征的,由此而使我国刑法学苏俄化与政治化,并使民国刑法学的学术传统,如同以民国《六法全书》为基本框架的法统一样,猝然为之中断。我国学者在总结这一时期的刑法学研究特点时指出:这个时期刑法学研究的特点之一是批判剥削阶级旧法观点,引入苏联刑法理论,建立社会主义刑法学。1952年开展司法改革运动,对剥削阶级的旧法观点进行了较为彻底的批判,马克思主义的立场、观点和方法开始在刑法学研究中得以运用。例如,把马克思主义的阶级斗争学说运用于犯罪现象研究,揭示了犯罪的阶级本质;以马克思主义哲学关于因果关系的原理为指导来研究刑法中的因果关系问题,为我国社会主

---

[1] 梁根林、何慧新:《二十世纪的中国刑法学(上)》,载《中外法学》,1999(2),25页。

刑法学：向死而生

义刑法学的建立开辟了道路。在这一时期，我国的刑法学研究还大量介绍和引进了苏联的刑法学理论，这对于我国刑法学的建立也起到了重要的借鉴作用。当然，从另外一个意义上说，在否定旧法观点的同时，把历史上的刑法学理论也予以全盘否定，因而割断了历史联系，这种历史虚无主义是不利于刑法学研究发展的。同时，大量引入苏联刑法理论的教条主义倾向，在一定程度上妨碍了具有中国特色的刑法学理论体系的建立。① 在以上论述中，废除旧法理论与引入苏俄刑法学是互相联系的两个环节。尤其是我国刑法学的苏俄化，并以此取代民国刑法学时期的德日化，这是一个重大的转变。因此，20世纪50年代初，对于中国刑法学来说，是一个旧时代的结束，一个新阶段的肇始，由此而使中国近代刑法学活生生地分割为两个互不相关的时期。

我国刑法学的苏俄化，当然是以政治上的苏俄化为前提的，体现了以俄为师的国家政治立场的取向。我国刑法学的苏俄化，同时也使刑法学打上了深刻的政治烙印，我国学者称为"非学术性气质"②，这对于刑法学本身是一种莫大的损害。

在我国刑法学的苏俄化过程中，苏俄刑法学的著作大量译介到我国，以及苏俄刑法专家到我国讲学授业，是两个基本的途径。以译介苏俄刑法学著作为例，据不完全统计，从1950年到1962年我国译介的苏俄刑法学著作及资料、法规53本（件）。③ 而在这一时期，其他国家刑法学著作的译介几乎为零，两者形成鲜明的对照。在这些苏俄刑法学著作中，值得关注的是刑法教科书。例如苏联司法部全苏法学研究所主编的《苏联刑法总论》（上、下册）一书，可以说是最为权威的苏俄刑法教科书，该书于1950年就由彭仲文翻译、上海大东书局出版。该书引入我国，对我国的刑法学体系的初创起到了重要作用。除了翻译介绍苏俄刑

---

① 参见高铭暄：《新中国刑法科学简史》，9~10页，北京，中国人民公安大学出版社，1993。
② 焦旭鹏：《苏俄刑法知识引进及其反思》，载陈兴良：《刑法知识论研究》，198页，北京，清华大学出版社，2009。
③ 参见焦旭鹏：《苏俄刑法知识引进及其反思》，载陈兴良：《刑法知识论研究》，199页，北京，清华大学出版社，2009。

法学著作以外，为数不少的苏俄刑法专家被派遣到中国来传授苏俄刑法知识，培养了新中国第一代刑法学家，其意义十分深远。例如我国著名刑法学家高铭暄教授1947年入学开始学习法律，接受过民国的刑法学教育。共和国成立以后，在研究生阶段则接受了苏俄专家培养，成长为新中国刑法学的一代宗师。高铭暄教授在回忆这段学习经历时指出：1950年，新中国第一所新型的正规大学——中国人民大学宣告成立，该校聘请了大批苏俄专家任教。这对我有很大的吸引力，令我心驰神往。当1951年7月我在北大毕业，法律系领导向我征求分配去向志愿时，我就毫不犹豫地提出愿意去中国人民大学法律系当刑法研究生。法律系领导经过研究满足了我的志愿。在两年研究生学习期间，我先后接受贝斯特洛娃、达马亨、尼可拉耶夫、柯尔舍四位苏俄专家的专业教育，对刑法学有了更全面、更系统、更深入的了解，研究的兴趣也越来越浓。这就为我的专业思想奠定了坚实的基础。[1] 我国学者经过苏俄刑法学的专业训练以后，开始从事刑法学的理论研究。初期，这种刑法学研究是以介绍苏俄刑法学为主的，后来逐渐结合我国的法律、政策加以研究，开始了苏俄刑法学的本土化工作。但是，刑法学研究是以刑法规范的存在为前提的，而我国迟至1979年7月1日才通过第一部刑法典。从1949年10月1日到1979年7月1日，在长达三十年的时间里居然没有一部刑法典，这在人类历史上也是极为罕见的。没有刑法的刑法学研究，不可能达到较高的理论水平。可以说，当时的刑法学体系基本上是苏俄刑法学体系的翻版。例如我国学者对比了我国1957年正式出版的第一部刑法体系书与苏联刑法教科书，发现两者之间在结构上的高度雷同，指出：从法律出版社于1957年9月出版的中央政法干校刑法教研室编著的《中华人民共和国刑法总则讲义》之内容来看，它在总体上沿袭了苏联刑法理论的基本框架。该书内容分为导言、犯罪和刑事责任、刑罚和刑罚的适用三个部分，总共二十讲内容。其中第一部分即第一讲到第三讲讨论了刑法的若干一般问题，各讲题目分别是刑法的阶级性、中华人民共和国刑法的效力范围。第二部分即第四讲到第十二讲集中介绍了犯罪论的内

---

[1] 参见高铭暄：《高铭暄自选集》，619页，北京，中国人民大学出版社，2007。

刑法学：向死而生

容，各讲题目分别是中华人民共和国刑法上犯罪的概念、犯罪构成是刑事责任的唯一根据、犯罪的客体、犯罪的客观方面、犯罪的主体、犯罪的主观方面、正当防卫和紧急避难、故意犯罪的几个阶段、共同犯罪。第三部分即从第十三讲到第二十讲集中介绍了刑罚论的内容，各讲题目分别是中华人民共和国刑罚的概念和目的、刑罚的体系和种类、量刑、数罪并罚、缓刑、减刑、假释、时效。上海大东书局 1950 年 7 月出版的由苏联司法部全苏法学研究所主编、彭仲文翻译的《苏联刑法总论》（上、下册）的第四编集中介绍犯罪论，包括第十四章到第二十一章，各章题目分别是犯罪概说、犯罪的客体，犯罪构成的客观因素、犯罪的主体、犯罪构成的主观因素、免除行为社会危险的情况、犯罪发展之阶段、共犯。第五编介绍刑罚论，包括第二十二章到第二十七章，各章题目分别是刑罚概说、剥削者国家刑罚的历史、苏维埃刑罚中之刑罚制度与种类、判刑、刑罚之延期执行、假释。由上可见，两者在刑法基础理论的构造上是保持着高度一致的。①

　　20 世纪 50 年代初期，继受苏俄刑法学的历史虽然短暂，但成效却是十分明显的，为此后我国刑法学的发展奠定了基础。及至 1957 年反右派斗争开始，我国进入了一个法律虚无主义的时期，整个法学都遭受灭顶之灾，刑法学因具有较强的政治性与阶级性，受到的冲击更大。从 1957 年到 1977 年，在这二十年时间里，我国刑法学基本上处于完全停滞状态：既没有刑法，也没有刑法学。当然，出于无产阶级专政的需要，刑罚仍然作为对敌斗争工具而保留下来，刑法学也沦落为无产阶级专政理论，完全被政治化。例如 1958 年中国人民大学法律系刑法教研室编写的《中华人民共和国刑法是无产阶级专政的工具》（中国人民大学出版社 1958 年版）一书，从书名就可以看出该书充满了政治色彩。该书在论及旧法及旧法观点时，指出：由于我国的刑法与国民党反动刑法是两种不同的社会制度的产物，是两种根本对立的思想体系，因此，这两种法律思想的斗争是资产阶级与无产阶级、资本主义与社会主义两个阶级两条道路的斗争，两者决不能和平

---

　　① 参见焦旭鹏：《苏俄刑法知识引进及其反思》，载陈兴良：《刑法知识论研究》，171～172 页，北京，清华大学出版社，2009。

共存。党中央早在1949年发布的《关于废除国民党的六法全书与确定解放区的司法原则的指示》中就指出：国民党的六法全书应该废除，人民的司法工作应该以人民的新的法律作依据。几年来根据党中央的指示，我们同反动的旧法一直在进行着不可调和的斗争。1952年的司法改革运动和1957年的反右派斗争以及1958年的全国第四届司法会议都一再给了反动旧法观点以致命的打击。但是，残存在人们意识中的旧法观点还没有肃清。因此，今后还必须以马克思列宁主义的武器系统地批判和彻底地肃清旧法观点。与此同时，对于忽视专政的右倾思想也必须进行坚决的斗争。因为有右倾思想的人不仅容易做旧法观点的俘虏，而且也是旧法观点传播的市场。所以，在反对旧法观点的同时，也必须对右倾思想进行批判。只有这样，才能使我国刑法在对敌斗争中发挥专政工具的作用。[1] 以上论述的政治性是不言而喻的。在这种情况下，刑法沦落为政治工具，而刑法学也彻底告别了学术，成为政治的附庸。此时，可以说，刑法学作为一个学科已经死亡，这与无法无天的政治现实正好是吻合的。这种以政治话语为内容的所谓刑法论述一直从20世纪50年代后期延续到70年代中期。例如北京大学法律学系刑法教研室1976年12月编写的《刑事政策讲义》一书，是我们唯一能够看到的、在那个特定历史时期印行的、关于刑法的解释文本。从这一文本可以看出当时刑法学研究所处的状态，可以说是学术废墟的真实写照。这本讲义名义上讨论的是刑事政策，实际上是阐述当时风行的政治教条，正是这些政治教条成为刑法学研究的主要内容。该讲义共分为以下十题。

第一题　我国政法机关的性质和任务

第二题　实行党委领导下的群众路线

第三题　正确区分和处理两类不同性质的矛盾

第四题　执行"惩办与宽大相结合"的政策

第五题　重证据，重调查研究

---

[1] 参见中国人民大学法律系刑法教研室：《中华人民共和国刑法是无产阶级专政的工具》，2页，北京，中国人民大学出版社，1958。

第六题　犯罪及其产生的根源
第七题　正确认定犯罪
第八题　镇压反革命和打击各种刑事犯罪
第九题　正确运用刑罚方法同犯罪作斗争
第十题　对敌对阶级分子和其他违法犯罪分子的劳动改造

从以上这些题目中，我们就可以看出其内容的政治性。当然，在书中也包含一些技术性的叙述，但也被政治话语所包裹。例如在第七题正确认定犯罪中，作者强调在认定犯罪的时候，要以阶级斗争为纲，坚持党的基本路线，用阶级斗争的观点和阶级分析的方法分析问题，处理问题。同时，还要坚持唯物论的反映论，实事求是地查明和分析案件事实。在这个名目下，作者指出认定犯罪时应当查明和分析的事实主要有以下几点：（1）被告的危害社会的行为；（2）行为的危害结果；（3）刑事责任年龄；（4）犯罪的故意和过失；（5）犯罪的目的和动机；（6）被告人的出身、成分和一贯的政治表现。[①] 上述内容，实际上就是犯罪构成，来自20世纪50年代初期从苏俄引入的四要件的犯罪构成体系。但这时连犯罪构成也成为禁忌，在该讲义中也不敢再提及。因此，从刑法学研究上来说，甚至连20世纪50年代初期都不如，可以说是全面倒退。考察这一时期的刑法学论述，存在以下三个问题。

第一，政治话语取代学术话语。

上述文本可以说充斥着政治性而没有学术性。因为在当时的历史背景下，学术性是完全受到排斥的，学者们既不能从事学术研究也不能进行学术思考，政治性和学术性合而为一，学术性完全被政治性取代。在上述文本中，论述的都是政治性的内容，例如政策精神以及阶级斗争、无产阶级专政等政治话语，这并不是一种学术研究，而是政治说教。

[①] 参见北京大学法律学系刑法教研室：《刑事政策讲义（讨论稿）》，118页，北京，北京大学，1976。

第二，政治判断取代规范判断。

因为当时根本就没有刑法，无法可依，所以也就不存在规范判断，有的只是政治判断。即使是定罪这样一些内容，也是缺乏规范性的。例如没有给出一个规范的犯罪概念，在这种情况下根据什么标准认定犯罪呢？当然是社会危害性，即是否严重危害社会主义革命和社会主义建设事业。这就是一种政治判断，根据这种政治判断认定犯罪，后果可想而知。

第三，政治逻辑取代法律逻辑。

在上述文本中主要是采用政治逻辑展开演绎的，因而涉及大量政治内容。例如该书第十题是对敌对阶级分子和其他违法犯罪分子实行劳动改造，这是一种专政措施，它不是按照法律逻辑来论证的。按照法律逻辑，一个人的行为只有违反法律规定并构成犯罪，然后才能对其适用刑罚并执行刑罚。但该书中所说对敌对分子进行劳动改造，无论这些敌对分子是否实施了犯罪行为，只要他们属于敌对阶级，就要对他们实行专政。这种专政的逻辑是建立在阶级斗争的基础之上的，它根本不是一种法律推理。

在这样一种无法无天的状态下，大量无辜者受到刑罚惩罚，不用说像张志新、遇罗克这样政治上的"异己分子"。即使是一般公民，也往往受到飞来横祸。例如武汉国营美术设计公司特级设计师陆达，在"文化大革命"中，出于工作需要，拍摄了一些模特照片，并与朋友一起聚集，吟唱一些当时禁唱的中外民歌。1975年12月9日，陆达被逮捕关押，1977年4月26日以拍摄裸体照片、收集淫秽画册，开地下音乐会被执行枪决。另有两人因提供场所和招募拍摄对象，开地下音乐会分别被判处无期徒刑和有期徒刑20年。[①] 如此冤案，不知几多！这些冤案，可以说是上述文本的一个鲜血淋淋的注脚。刑法学之死，也就是公民之死、人权之死。

1979年7月1日，我国通过了第一部共和国的刑法，并于1980年1月1日

---

① 参见李文熹：《天鹅之死——记武汉市著名特级美术设计师陆达冤案》，载《书屋》，2009（4），15~18页。

刑法学：向死而生

起施行。刑法的颁布，为刑法学的起死回生提供了研究文本的条件；同时，也使刑法学的研究获得了正当性。从此以后，我国刑法学在学术废墟之上恢复重建，并且逐步走上正轨，形成了以1979年刑法为研究对象的刑法学体系。这一刑法学体系的建立，以高铭暄教授主编的统编教材《刑法学》（法律出版社1982年版）一书为标志。统编教材《刑法学》在20世纪50年代刑法学研究的基础上，根据1979年刑法的条文体系，并参照苏俄刑法学的教科书体系，将有关刑法总论和刑法各论的知识按照一定的逻辑线索整合在一起，在当时达到了相当高的理论水平，以此为始，我国进入了一个刑法教科书时代。

统编教材《刑法学》一书在形式与内容两个方面都值得称道。就形式而言，《刑法学》较好地处理了刑法条文与刑法理论之间的关系，搭建了一个能够容纳各种刑法知识的理论框架，对于刑法知识的积累提供了理论平台。就内容而言，《刑法学》对1979年刑法条文进行了系统的注释，对于1979年刑法的适用提供了理论指导，因而受到我国司法实务界的欢迎。作为一本刑法教科书而在司法实务界具有如此之大的影响力，可以说是没有先例的，唯《刑法学》一书可获此殊荣。更值得肯定的是，在1979年《刑法》第79条明文规定了类推的情况下，《刑法学》仍然坚持认为罪刑法定原则是我国刑法的基本原则，这是具有政治远见之举，对此后我国刑法的法治化功不可没。

统编教材《刑法学》一书是共和国培养的第一代刑法学家的集体亮相，该书是这一代刑法学人的智慧结晶。统编教材《刑法学》的主编高铭暄教授和副主编之一的马克昌教授，都在民国末年接受过民国刑法学的教育，在共和国建立初期，又转而接受了苏联刑法学的教育，具有较好的学术素养。从1957年到1977年，也就是这一代刑法学家的30岁到50岁的人生黄金季节，是在没有刑法的法律虚无主义中度过的，个人经历坎坷。但他们始终心存对刑法学的学术兴趣，一旦条件允许就给社会交出了一份满意的答卷。可以说，统编教材《刑法学》一书开创了20世纪80年代以来我国刑法学的道统。尽管《刑法学》一书应当获得极大的历史评价，但也毋庸讳言，《刑法学》一书存在历史局限性。我认为，这种历史局限性主要表现在以下三个方面。

第一,政治话语与专业问题的夹杂。

统编教材《刑法学》以1979年刑法为中心展开论述,已经在很大程度上回归专业,但在有关内容中仍然存在政治话语。例如在该教科书中,专节讨论刑法的阶级本质,并将阶级分析方法贯穿于对犯罪本质的分析和对刑罚本质的分析。这一点,集中体现在关于刑法的指导思想的论述中。该教科书认为,刑法的指导思想是:(1)马克思列宁主义毛泽东思想关于社会主义时期的阶级斗争和无产阶级专政的理论。(2)马克思列宁主义关于经济基础和上层建筑辩证关系的原理。(3)毛泽东同志关于惩办与宽大相结合的政策思想。(4)马克思列宁主义毛泽东思想关于调查研究、实事求是、一切从实际出发的思想。① 从政治意识形态出发解读刑法,这在当时的历史条件下使刑法理论获得某种政治正确性,这是难以避免的,也可以说是一种历史的惯性。

第二,事实分析与规范分析的混淆。

刑法学是一门规范学科,应当对刑法进行规范分析。然而,在统编教材《刑法学》中仍然掺杂着某些事实分析的内容。例如教科书设专章讨论犯罪现象及其原因,包括对剥削阶级国家的犯罪现象及其原因的论述与我国的犯罪现象及其原因的论述。② 这些内容并非刑法教义学所要讨论的,而是犯罪学所要讨论的,犯罪学是一种事实学科、经验学科,它不同于作为规范学科的刑法学。将这些事实学科的内容掺杂到规范学科中来,就有损于刑法知识的纯粹性与专业性。我国学者提出了刑法教科书中知识的去犯罪学化的命题,指出:

> 我国刑法教科书在学科知识上和犯罪学纠缠不清,不仅仅在刑法教科书涉及诸多本不该涉及的犯罪学知识,而且在刑法学的许多理论领域以犯罪学的事实性思考方法取代刑法学的规范性思考方法。结果,我国的刑法教科书不仅没有成为最成熟的刑法知识之载体,反而成为最混乱的知识聚居地。③

---

① 参见高铭暄:《刑法学》,修订本,28~36页,北京,法律出版社,1984。
② 参见高铭暄:《刑法学》,修订本,72~90页,北京,法律出版社,1984。
③ 何庆仁:《刑法教科书中知识的去犯罪学化》,载陈兴良:《刑法知识论研究》,163页,北京,清华大学出版社,2009。

刑法学：向死而生

笔者以为，上述评论是十分正确的。犯罪学的事实性思考方法与刑法学的规范性思考方法是存在重大差别的。当然，这种掺杂与当时我国未能建立起犯罪学的学科体系是有关的。在犯罪学成为一个独立学科以后，犯罪现象及其原因的内容就不再出现在刑法教科书中。当然，以事实性的社会危害性的方法论仍然主导着刑法学，至今未能建立起纯粹的刑法教义学。

第三，无产阶级刑法学与资产阶级刑法学的分立。

统编教材《刑法学》把我国刑法学定性为无产阶级刑法学、马克思主义刑法学，以此与资产阶级刑法学相对立，认为两者之间存在根本区别，并设专节讨论马克思列宁主义刑法学与资产阶级刑法学的区别。[①] 在相关章节中，都在论述了我国刑法学的内容以后，又专门讨论资产阶级刑法学的内容，例如资产阶级关于正当防卫的理论、资产阶级关于紧急避险的理论、资产阶级关于犯罪阶段的理论、资产阶级关于共同犯罪的理论等。在我国没有正式建立比较刑法学的学科的情况下，这些内容可以帮助我们了解所谓资产阶级国家刑法学的有关理论。但这些内容是以反衬我国刑法规定的科学性为使命的，因而难免存在对所谓资产阶级国家刑法学的政治批判而非学术批评。

统编教材《刑法学》内容庞杂，在当时的历史条件下起到了一部刑法小百科的作用，对于我国刑法学体系的建立作出了独特的学术贡献。正是在此基础上，我国刑法学研究沿着刑法教义学与刑法哲学两条线索展开，这两条线索时有交叉，然终分离，由此塑造了我国当代刑法学的知识形象。

三、共和国刑法学的后30年：起死回生

刑法是一个部门法，以刑法为研究对象的刑法学亦称为部门法学。作为部门法学的刑法学无疑具有规范法学的特征，它是围绕刑法规范而展开的，并采用教义学方法，对刑法规范的内容进行阐述。在这个意义上的刑法学，是规范刑法

---

① 参见高铭暄：《刑法学》，修订本，5~11页，北京，法律出版社，1984。

学,也是刑法教义学。例如德国学者指出:刑法学的核心内容是刑法教义学(Strafrechtsdogmatik)(刑法理论),其基础和界限源自刑法法规,致力于研究法规范的概念内容和结构,将法律素材编排成一个体系,并试图寻找概念构成和系统学的新的方法。作为法律和司法实践的桥梁的刑法教义学,在对司法实践进行批判性检验、比较和总结的基础上,对现行法律进行解释,以便利于法院适当地、逐渐翻新地适用刑法,从而达到在很大程度上实现法安全和法公正。① 我国刑法学经历了一个从没有教义的刑法学到具有教义的刑法学的演变过程。教义之于刑法学,是一种学术性、理论性与方法性的内容,而没有教义的刑法学只不过是对刑法规范的简单注释。在20世纪80年代到90年代的相当长的一个时期,我国刑法学都是一种注释法学。这里的注释法学,就是一种没有教义的法学。之所以存在这种现象,我以为,主要是由于以下三个原因使然。

第一,阶级性的强调。

阶级性是政治意识形态在所谓无产阶级刑法学中的体现,也是无产阶级刑法学的政治正确性的标识。刑法学的阶级性是建立在法及其刑法的阶级性这一命题基础之上的。按照阶级性区分资产阶级刑法学与无产阶级刑法学的传统,源自苏俄刑法学。基于这种阶级对立的观念,在苏俄早期甚至出现了否认资产阶级的法律形式的极端法律虚无主义思潮,后来才在"法的形式是资产阶级的,内容是社会主义的"这一命题中,承认无产阶级法的正当性。② 尽管如此,资产阶级刑法学与无产阶级刑法学之间的界限仍然是不可逾越的,这就排斥了对资产阶级刑法学的借鉴与参考。即使是比较刑法学,也被区分为资产阶级比较刑法学与无产阶级比较刑法学,即"两种比较刑法学"③。以下尽管在有关刑法教科书中也论及刑法学的科学性问题,但其基本观点是无产阶级刑法学是科学的,而资产阶级刑

---

① 参见[德]汉斯·海因里希·耶赛克、托马斯·魏根特:《德国刑法教科书(总论)》,徐久生译,53页,北京,中国法制出版社,2001。

② 参见[苏]皮昂特科夫斯基等编写:《苏联刑法科学史》,曹子丹等译,17页,北京,法律出版社,1984。

③ 金凯:《比较刑法》,11页,郑州,河南人民出版社,1985。

刑法学：向死而生

法学是反科学的。这里的科学性与反科学性的区分是以无产阶级刑法学采用的辩证唯物主义和历史唯物主义与资产阶级刑法学采用的形而上学和唯心主义的方法论的对立为依据的。① 因此，这里的刑法学的科学性仍然是以阶级性为前提划界的。事实已经表明，如果不清除刑法学上的阶级观念，刑法学的科学性根本无从谈起。随着法的阶级观念在法理学上的逐渐失势，刑法的工具性与共同性越来越受到重视。尽管刑法是有国界的，但刑法的以法系为基础的共同性也是极为明显的，以此为依归的刑法学本身具有超越阶级性与国界性的特征。正如意大利学者指出：除国际法外，刑法是法律科学中对各国具体政治和社会文化特征方面的差别最不敏感的法律学科。在刑法不同的历史形式之间，尽管也存在一些往往是非常重要的差别，但是在基本的理论范畴和法律制度方面，却有共通的基础。法律和犯罪的关系、犯罪成立的必要条件、排除社会危险性行为的问题、刑罚的目的和可罚性的意义等，这些界定实证刑法存在范围的问题，在任何刑法制度中都居于核心地位。② 随着超越阶级性，我国刑法学才能逐渐从没有教义的刑法学中解脱出来。因为没有教义的刑法学，实际上是以政治为依归的刑法学，这个意义上的刑法学是非自洽的，是依附于政治而存在的，当然也就没有科学性可言，只有通过刑法学的去政治化，才能为刑法教义学创造一个宽松的政治环境。

第二，学术性的缺失。

学术性是教义刑法学的不可或缺的内容，没有教义的刑法学就是没有学术性的刑法学。刑法规范作为刑法学的研究对象，并不是简单地被诠释，而是学术性地被构造。我国学者揭示了实在法规则与社会生活本身存在的逻辑矛盾：实在法规则要求按照形式逻辑的规则来建构，然而其所要规制的社会生活或社会关系则不具有逻辑性。由此得出结论：生活事实与法律规则之间的不一致，使实在法企图跨越实然和应然的鸿沟以实现两者的相互吻合成为难题。③ 在这种实在法规范

---

① 参见高铭暄：《刑法学》，修订本，10～11页，北京，法律出版社，1984。
② 参见［意］杜里奥·帕多瓦尼：《意大利刑法学原理》，注评版，陈忠林译，北京，中国人民大学出版社，2004。
③ 参见舒国滢等：《法学方法论问题研究》，10页，北京，中国政法大学出版社，2007。

21

存在不圆满性的情况下，只有依赖于法教义学，才能填补法律规范与现实生活之间的缝隙。因为法教义学是以规范为逻辑起点的推理，通过这种推理，使法律规范更加周延，并消除法律规范内部的矛盾。在刑法学中也是如此。刑法规范，甚至加上司法解释也不能满足现实生活对规则的需要。在这种情况下，刑法教义学就具有说理功能与推理功能，对刑法规范起到了一种补充作用。例如我国刑法关于共同犯罪的规定，是按照主犯、从犯、胁从犯和教唆犯这样一种分类设置的，它较好地解决了共同犯罪的量刑问题，但不能圆满地解决共同犯罪的定罪问题。在这种情况下，大陆法系关于正犯与共犯二元区分的理论对于间接正犯、片面共犯、身份犯的共犯等疑难问题提供了法理上的解决之道，从而在一定程度上满足了司法实践对共同犯罪定罪的规则需求。只有在刑法学中引入教义学的内容，才能提升刑法学的学术性，提高刑法学的解释力。

第三，教义学的贫乏。

我国 20 世纪 80 年代初恢复的刑法学，是以苏俄刑法学为基本的。在苏俄刑法学中，存在以政治话语代替法理判断的缺陷，是一种学术水平较低的刑法学，也是一种教义含量较低的刑法学，除了在刑法总论中四要件的犯罪构成体系具有较强的理论性以外，不法理论、责任主义、刑罚学说都停留在对法律规定的诠释上，没有达到法理程度。至于刑法各论关于个罪的论述，更是机械地套用四要件的犯罪构成体系，没有建立起个罪的教义学。这种状况，要到 20 世纪 90 年代后期，随着德日刑法学与英美刑法学传入我国，尤其是德日的三阶层的犯罪论体系在我国的传播，才有所改变。

我国学者在论及 1976 年以来刑法学研究的状态时，把它分为以下三个阶段：

第一阶段（1976 年 10 月至 1988 年 3 月）：从 1976 年 10 月，实际上是从 1979 年刑法典出台，至 1988 年 3 月，主要是系统地宣传、阐释刑法典的内容，并对刑法中的某些重要问题，开始进行专题学术研究。可以说，1979 年刑法典是这一阶段刑法学研究的核心和支柱。第二阶段（1988 年 3 月至 1997 年 3 月）：从 1988 年 3 月到 1997 年 3 月新刑法典颁布这个时期，刑法学的研究基本上沿三条线发展。一是围绕一系列特别刑法对 1979 年刑法典刑法学：向死而生

所作的补充修改而进行专题研究或综合研究；二是就 1979 年刑法典的修改所作的全面的深入的研讨；三是加强刑法基本理论的研究，或开拓新的研究领域，或深化原有的研究领域。第三阶段（1997 年 3 月以来）：从 1997 年 3 月新刑法颁布以来，刑法学研究基本上沿两条线并行不悖地运行：一是宣传、阐释刑法，二是拓展、深化原来的研究专题。[①]

以上对 1976 年以来我国刑法学的学科发展阶段的划分，我以为是正确地反映了刑法学的实际状况的。从中我们可以看到，我国刑法学研究实际上分为应用研究与基础研究这两条线索。

应用研究是以刑法为中心展开的理论研究，其中包括以 1979 年刑法为对象的研究与以 1997 年刑法为对象的研究这两个阶段。对刑法典的研究，具有明显的实用价值，为刑法的司法适用提供了刑法理论的指导。但我们也必须看到，在刑法的应用研究中，并没有采用严格的规范方法，而是与对刑法的批评性论述混杂在一起，由此形成了司法适用与立法完善的思维模式。在立法完善的名义下，展开对法律的批评，并提出立法建议。在这一研究模式中，没有严格区分立法论与解释论。较早意识到这一点的张明楷教授批评在过去的十多年里刑法学实际上演变为刑事立法学，而不是刑法解释学。在阐述"法律不是嘲笑的对象"（Lex non debet esse ludibrio）这一法律格言时，张明楷教授指出：法制的制定者是人不是神，法律不可能没有缺陷。因此，发现法律的缺陷并不是什么成就，将有缺陷的法条解释得没有缺陷才是智慧。[②] 这样一种刑法解释学的观念，是刑法教义学的应有之义。如何处理刑法教义与刑法规范之间的关系，是刑法教义学首先需要解决的一个问题。批评法律是容易的，而解释法律则要困难得多。实际上，批评法律根本解决不了司法所面对的问题。在这种情况下，加强刑法学的解释力是唯一途径。随着德日刑法学知识不断地引入我国，有关刑法教义对我国刑法也发挥了解释功能。例如我国《刑法》第 239 条规定的绑架罪，其中的勒索型绑架，

---

① 高铭暄：《刑法专论》，上编，7 页，北京，高等教育出版社，2002。
② 参见张明楷：《刑法格言的展开》，7 页，北京，法律出版社，1999。

是以勒索财物为目的的绑架。在刑法颁行之初,对该种犯罪类型的解释只限于文字说明,对于勒索财物的对象以及勒索财物的目的等都未作深入探讨,因而容易导致绑架罪与抢劫罪的区分界限的混淆、勒索型绑架罪的既遂与未遂的认定标准的混乱。例如强行劫持他人,并向其本人勒索财物的行为,到底是定抢劫罪还是绑架罪,就容易发生争执。此后,随着刑法教义学的发展,引入目的犯理论,就较为明确地解决了勒索型绑架罪的既遂与未遂的认定标准问题。而对勒索财物目的的解释,则借鉴日本刑法关于利用近亲者或者其他对被掠取者或者被诱拐者安危的忧虑者的忧虑,以使之交付财物为目的的规定①,将勒索财物的对象限定为绑架人以外的其他人。因此,强行劫持他人,并向其本人勒索财物的行为应定抢劫罪而非绑架罪。通过引入刑法教义,我国刑法的应用研究水平大为提高。

  基础研究是应用研究的基础,因而也是刑法理论的重点内容。在基础研究方面,重点领域是犯罪概念、犯罪构成、刑事责任、法人犯罪、共同犯罪、罪数理论、刑罚目的等专题,这些在我国都曾经展开过较为深入的讨论。例如在犯罪概念问题上,就有实质概念与形式概念之争,以及混合概念的提出。在犯罪构成问题上,围绕着四要件的犯罪构成体系,始终存在争论,直到最近引入德日的三阶层的犯罪论体系呼声日高,引起的争议也就越大。此外,法人犯罪问题,围绕着要不要在我国刑法中规定法人犯罪,在20世纪80年后期曾经展开过激烈的争论,最终以1997年刑法正式确立了单位犯罪制度,而使这场争论告终。从整个刑法的基础研究来看,最初是在苏俄刑法学的理论框架中展开的,后来随着基础理论的深入发展,逐渐引入德日刑法学,并在德日刑法学的话语系统中展开讨论,例如有关刑事责任的讨论就是一个极为典型的例子。最初的刑事责任概念是从苏俄引入的,是在罪—责—刑的框架内讨论的,例如张智辉的《刑事责任通论》(警官教育学院1995年版)。后来,刑事责任被纳入德日刑法学的话语体系,

---

  ① 参见[日]西田典之:《日本刑法各论》,3版,刘明祥、王昭武译,67~68页,北京,中国人民大学出版社,2007。

刑法学：向死而生

在三阶层的犯罪论体系中责任主义的意义上加以阐述，例如冯军的《刑事责任论》（法律出版社1996年版）。①

刑法教义学的发展，可以按照1997年刑法修订作为一个时间上的标志而分为前后两个阶段。在1997年刑法修订以前，我国刑法学在恢复重建20世纪50年代初期引入的苏俄刑法学的基础上，结合我国的刑事立法与刑事司法进行了本土化研究，其标志性的成果是高铭暄教授主编的《刑法学原理》（三卷本，中国人民大学出版社1993年版、1994年版）和马克昌教授主编的《犯罪通论》（武汉大学出版社1991年版）和《刑罚通论》（武汉大学出版社1995年版）。

高铭暄教授主编的《刑法学原理》是迄今为止篇幅最大的刑法总论的论著，共三卷，计148.7万字。该书是中国人民大学法学院刑法学科研究成果的汇集，除高铭暄教授、王作富教授领衔以外，中青年学者的研究成果也包含其中，尤其是博士论文的精华亦在其中。例如第十四章犯罪主体是赵秉志的博士论文、第十五章犯罪主观方面是姜伟的博士论文、第十六章定罪是王勇的博士论文、第二十章共同犯罪是陈兴良的博士论文、第二十一章一罪与数罪是黄京平的博士论文、第二十八、二十九、三十章关于量刑及量刑制度是周振想的博士论文。这些博士论文都对某些刑法专题作了深入研究，代表着当时刑法某一领域研究的前沿水平。以此为基础的《刑法学原理》一书在整体水平上达到了当时的最高水平，这也就不足为奇。该书的出版说明指出：本书以马克思列宁主义、毛泽东思想为指导，全面、系统地研究和总结新中国成立以来特别是改革开放以来中国刑事法律的理论与实践，并联系古今中外进行历史和比较研究，力求深刻探讨刑法总则的各项规范、制度和刑法的基本原理。同时，高度注重面向刑事立法和司法实际，努力阐明与研究实践中的新情况、新经验和新问题，以增强刑法学研究成果的应用价值。②《刑法学原理》一书与统编教材《刑法学》相比，在体系上并没有太

---

① 关于这段学术史的考察，参见陈兴良：《从刑事责任理论到责任主义——一个学术史的考察》，载《清华法学》，2009（2）。
② 参见高铭暄：《刑法学原理》，第1卷，北京，中国人民大学出版社，1993。

大的变化，主要是在理论深度上大为加强，因而具有代表性。只是在1997年刑法修订以后，该书未作及时修订。

马克昌教授主编的《犯罪通论》和《刑罚通论》两书，计136.4万字，尚未包含刑法序论的内容，因此在篇幅上与《刑法学原理》相当，并在1997年刑法修订后出版了修订版。该书反映了武汉大学法学院刑法学科的理论研究水平，除马克昌教授挂帅以外，也同时包含了中青年学者的研究成果，例如熊选国、王晨、鲍遂献、贾宇、张绍谦、刘明祥、莫洪宪、李希慧等，可谓人才荟萃。《犯罪通论》一书除了绪论以外，分为犯罪构成、犯罪形态和排除犯罪性行为三编。从内容上来看，犯罪构成体系没有变化，只是将排除犯罪性行为单列一篇，并置于犯罪形态论之后，不同于传统的刑法学体系。对此，作者指出：考虑到这类行为表面上好像符合犯罪构成，实际上并不符合犯罪构成，且有利于社会，因而在研究犯罪的基本要件之后，即研究这类行为，然后再研究修正的犯罪构成等问题，在逻辑顺序上不太合适；似不如按照犯罪构成、犯罪形态、排除犯罪性行为的顺序排列为宜，因而将"排除犯罪性行为"作为第三编，置于犯罪形态之后。[1] 上述调整当然是微小的，但也反映了作者的某种学术上的追求。尤其是，《犯罪通论》与《刑罚通论》两书充分地吸收了德日刑法知识，从而使其在学术上具有前沿性。例如在犯罪构成理论中，以较大篇幅介绍了德日刑法学中构成要件理论的演变历史；在危害行为中，以较大篇幅介绍了西方行为理论，包括因果行为论、目的行为论、社会行为论等；在刑罚权中，以较大篇幅介绍了西方国家关于刑罚权根据的理论；在刑罚消灭事由中，以较大篇幅介绍了前科消灭、复权等内容。以上情况表明，《犯罪通论》和《刑罚通论》两书在刑法知识的增量上作出了应有的贡献。

以1997年刑法修订为契机，我国刑法教义学的发展进入了一个新阶段。在1997年刑法颁行之际，我提出了刑法更迭与理论更新的命题，指出：面临刑法更迭，我国刑法理论又面临一个发展的契机，我们所期望的，是通过推进刑法学

---

[1] 参见马克昌：《犯罪通论》，55页，武汉，武汉大学出版社，1999。

刑法学：向死而生

科的基础理论研究，使刑法理论在高水平上更新，而不是在低水平上重复。① 当然，在当时的情况下，如何进一步提升我国刑法理论水平，这是一个关系到我国刑法学向何处去的问题。这个问题，我在《刑法哲学》一书中就提出来了，当时我认为提升我国刑法学水平的出路在于将刑法学升华为刑法哲学。我在《刑法哲学》一书的前言中指出：从体系到内容突破既存的刑法理论，完成从注释刑法学到理论刑法学的转变，这就是我们的结论。② 《刑法哲学》一书基于罪刑关系论的学术立场，对刑法知识进行了体系性的梳理与建构，力图建立起一个刑法哲学的理论体系，以此作为对传统刑法学的告别，并为我国刑法学理论的发展奠定基础。在这样一种超规范的哲学思维方法的引导下，我又分别完成了《刑法的人性基础》（中国方正出版社 1996 年版）和《刑法的价值构造》（中国人民大学出版社 1998 年版）两书，形成刑法哲学三部曲。刑法哲学研究，对于拓展刑法学的研究视域，提高刑法学的思辨水平，当然是具有重要意义的。但是，刑法哲学毕竟不是对刑法规范本身的研究，它与刑事立法与刑事司法都保持着相当的距离。在这种情况下，刑法学的突破仍然应当以刑法教义学为目标。在这方面，张明楷教授作出了其独特的贡献。张明楷教授正是在注释刑法学上发力，努力将其提升到刑法教义学高度的一个学者。张明楷教授在 1997 年出版的《刑法学》一书，开始了刑法教义学的探讨，而这一探讨的起点恰恰是刑法解释学与刑法哲学的关系界分。对此，张明楷教授指出：刑法解释学以解释现行刑法为主要任务，刑法哲学以研究刑法关于犯罪与刑事责任的规定的哲学基础为主要任务。不难看出，二者密切联系。离开了刑法哲学的刑法解释学，因为没有哲学基础，容易出现就事论事的解释，难以使刑法学深入发展。离开刑法解释学的刑法哲学，因为没有涉及刑法的具体规定，容易出现空泛的议论，难以适用于司法实践。因此，只有以法哲学为基础解释现行刑法的学科，才算是真正的刑法学。刑法解释学不是低层次的学问，对刑法的注释也是一种理论，刑法的适用依赖于解释。因此，没有刑

---

① 参见陈兴良：《法学家的使命——刑法更迭与理论更新》，载《法学研究》，1997（3）。
② 参见陈兴良：《刑法哲学》，前言 1，北京，中国政法大学出版社，1992。

法解释学就没有发达的刑法学,一个国家的刑法学如果落后,主要原因就在于没有解释好刑法,一个国家的刑法学如果发达,主要原因就在于对解释刑法下了功夫。就适用刑法而言,刑法解释学比刑法哲学更为重要。不能要求我国的刑法学从刑法解释学向刑法哲学转变。因为刑法解释学不仅重要,而且与刑法哲学本身没有明显的界线。① 尽管刑法哲学与刑法解释学之间没有明显的界线这一观点尚有可议之处,张明楷教授对刑法哲学与刑法解释学之间关系的论述是正确的:两者不是互相对立的,而是一种互动式的依存关系。在《刑法学》一书中,张明楷教授将传统的刑罚论改为刑事责任论是特点之一,但在犯罪论上并没有重大的结构性变动,尤其是作为犯罪论的基本框架的犯罪构成仍然采用传统的四要件,从张明楷教授以下这段话中反映出作者较为谨慎的态度:十多年来,对犯罪构成的探索可分为两个阶段:第一个是恢复阶段,重新恢复犯罪构成理论在刑法学体系中的地位;第二个是探讨阶段,对传统的犯罪构成理论进行探索与突破。② 由于我国对犯罪构成的研究起步较晚,又长时期受苏联刑法理论的影响,也没能正确看待德日等大陆法系国家的构成要件理论,因而,建立符合中国国情的犯罪构成理论体系,仍然是摆在刑法理论工作者面前的艰巨任务。③ 尽管如此,在《刑法学》一书中,张明楷教授对刑法总论与刑法各论的有关问题的论述上还是有所深化的。尤其是此前的刑法教科书大多采取主编制,学术个性不鲜明,而张明楷教授个人独著的刑法教科书无论是在内容上还是在表述上,都具有独特性。该书是在1997年刑法修订以后创作的一部具有个性的刑法教科书,使其从大量进行刑法条文替换但并没有在学术含量上有所增加的刑法教科书中脱颖而出,名噪一时,这不是偶然的。《刑法学》在2003年出版了第2版、2007年出版了第3版,经过大量的改动,张明楷教授形成了具有自身特色的刑法教义学体系,这是值得充分肯定的。从体系上来说,第2版将四要件的犯罪构成改为三要件的犯罪构成,去掉了犯罪客体要件,开始与四要件的犯罪构成体系告别。及至第3版,又

---

① 参见张明楷:《刑法学》,上册,3页,北京,法律出版社,1997。
② 参见高铭暄:《新中国刑法科学简史》,83页,北京,中国人民公安大学出版社,1993。
③ 参见张明楷:《刑法学》,上册,96页,北京,法律出版社,1997。

刑法学：向死而生

从三要件改为二阶层的犯罪构成：犯罪构成分为客观构成要件与主观构成要件。从内容上来说，从《刑法学》第2版开始，大量吸纳德日刑法学知识，以此作为对我国刑法规范进行理论注释的资源。尤其是在刑法各论对重点罪名进行了刑法教义学的论述，由此提升了我国刑法各论的研究水平。例如在关于诈骗罪的论述中，张明楷教授提出，诈骗罪的基本构造为：行为人实施欺骗行为—对方（受骗者）产生错误认识—对方基于错误认识处分财产—行为人或者第三者取得财产—被害人遭受财产损害。在此，张明楷教授还引入了机器不能被骗的原理，认为机器不能成为诈骗罪的受骗者，因为机器不可能存在认识错误。① 这些观点对我国的刑事司法都产生了重要影响。从张明楷教授的上述理论发展脉络来看，存在一个明显的突破传统的以苏俄刑法学为基础的理论框架，越来越多地引入德日刑法学的知识内容的转变过程。

对于刑法教义学的回归，也是我在1997年刑法修订以后的一个研究径路。这一回归以《刑法疏议》（中国人民公安大学出版社1997年版）为标志。该书以刑法法条为中心，进行了详尽的解释，尤其采用注疏方法，可以看作是对中国古代律学的一种致敬。当然，《刑法疏议》一书并没有采用严格意义上的刑法教义学方法，因而其学术含量并不高。我真正回归刑法教义学的著作，应该是《本体刑法学》（商务印书馆2001年版）。在该书的后记中，我论及了该书的写作初衷，指出：在本书的写作中，我尽量完整地提供刑法知识，从而使本书的内容具有稳定性。应当指出，我国目前的刑法知识，除历史传统的某些影响以外，基本上是外来的。各个不同的时期分别吸收不同的外来刑法知识，例如，最初是苏联的刑法知识，后来是德日的刑法知识，晚近是英美的刑法知识。这些刑法知识互相之间存在着思想理念上的冲突与逻辑进路上的矛盾，在我国刑法学体系中未能融为一体。在这种情况下，对我国的刑法知识做一次系统清理，消除内容上的抵牾，

---

① 参见张明楷：《刑法学》，3版，735、736页，北京，法律出版社，2007。关于机器不能被骗原理的进一步阐述，参见张明楷：《诈骗罪与金融诈骗罪研究》，89页以下，北京，清华大学出版社，2006。

29

使之协调统一,是十分重要的,也是将来我国刑法理论发展的基础。① 在以上论述中,我提出了刑法知识的清理的观点,《本体刑法学》一书本身就是在承担刑法知识的清理工作。知识清理首先是对现有知识的反思,也就是所谓"破"的工作,唯此才能为"立"提供地基。我对现行刑法学理论的反思,虽然可以追溯到《刑法哲学》一书的写作,但真正从刑法教义学视角的反思,则以《社会危害性理论:一个反思性检讨》(载《法学研究》2000年第1期)为标志。该文引发了对社会危害性理论的讨论,在一定程度上动摇了社会危害性在我国刑法学中的至尊地位,而它恰恰是刑法教义学的最大障碍之一。此后,沿着这一思路,我又先后发表了《社会危害性理论:进一步的批判性清理》(载《中国法学》2006年第4期)、《违法性理论:一个反思性检讨》(载《中国法学》2007年第3期)、《主客观相统一原则:价值论与方法论的双重清理》(载《法学研究》2007年第5期)、《形式与实质的关系:刑法学的反思性检讨》(载《法学研究》2008年第6期)等系列论文,这些论文都是以对刑法知识的清理为宗旨的。在此基础上,我出版了《刑法知识论》(中国人民大学出版社2007年版)一书,系统地汇集了我关于刑法知识的有关思考成果。在《刑法知识论》一书的出版说明中,我指出:法国著名学者利奥塔尔指出,科学知识是一种话语。刑法知识同样也是一种话语,作为一名刑法知识的生产者和传播者,我们都具有某种话语权。因此,我们必须谨慎地言说,在言说之前应当对言说本身进行反思与反省,这就是刑法知识论的价值之所在。② 在反思的同时还必须有所建树,在刑法知识的转型中,我以为方法论问题是极为重要的,尤其是在以往社会危害性理论的影响下,实质主义盛行,而教义学方法却是陌生的,因此刑法教义学方法之提倡就十分重要。在《刑法教义学方法论》(载《法学研究》2005年第2期)一文中,我对刑法教义学方法论的若干重大问题进行了初步探讨,并提出了刑法教义学的研究思路,指出:刑法学作为一个部门法学,既有其理论品格,又具有其技术的特征。因此,

---

① 参见陈兴良:《本体刑法学》,929~930页,北京,商务印书馆,2001。
② 参见陈兴良:《刑法知识论》,出版前言7页,北京,中国人民大学出版社,2007。

刑法学：向死而生

刑法学可以分为不同的理论层次，既包括形而上的刑法哲学研究，又包括形而下的规范法学的研究。在规范刑法学研究中，刑法教义学方法论之倡导十分必要。以往我们往往把规范刑法学等同于注释刑法学。实际上，规范刑法学在某种意义上更应当是刑法教义学。① 从刑法哲学到刑法教义学，这是一个经过了漫长的跋涉而走过的一条刑法学的学术之路，虽然带有我个人的印记，作为一个学术个案，又何尝不是我国刑法学的一段历史或者这段历史的一个细节。

四、历史反思：刑法知识的当代转型

历史并不仅仅是供人凭吊的，历史本身是现实的书写，同时也是未来的伏笔。考察我国刑法学的学术史，以下三个数字是不能遗忘的：100年、60年、30年。100年前的清末法律改革，对于我国刑法学来说，是近代史的起点；60年前的共和国建立，对于我国刑法学来说，是现代史的起点；30年的改革开放，对于我国刑法学来说，是当代史的起点。100年来，风起云涌，刑法更替，宛若梦幻。刑法学科，命运坎坷，向死而生，终至当下。忆昔抚今，感慨系之。现在，我国刑法学又来到了一个关键的时刻：刑法知识面临着重大转型。只有完成刑法知识的当代转型，我国刑法学才能突破瓶颈，进入到一个繁荣昌盛的发展阶段。周光权教授曾经提出"刑法学的突围"这一命题，指出：中国刑法学发展到今天，"一元化"趋向毫无松动的迹象，那就是传统苏联刑法理论对中国刑法学的全方位渗透和精神领地的长期占领。我们必须承认，苏联刑法理论尤其是社会危害性理论、闭合式的犯罪构成要件理论，组成了今天中国刑法学的骨架。虽然中国刑法学研究目前可以借用的资源还有德、日刑法理论，但是它们毕竟与我们目前所处的情势不能完全对应，这些刑法学上的稀缺资源，尤其是犯罪构成理论在我们看来只是一处可供观赏的"西洋景"②。在以上论述中，周光权教授确立了

---

① 参见陈兴良：《刑法教义学方法论》，载《法学研究》，2005（2）。
② 周光权：《刑法学的向度》，11页，北京，中国政法大学出版社，2004。

苏俄与德日这样一对对立的刑法学知识阵营，我国处在苏俄刑法学的占领状态。因此，所谓突围就是使我国刑法学去除苏俄刑法学的影响与遮蔽。当然，苏俄刑法学之引入我国已逾60年，虽然中间存在一个时间上的间断，但经过老一辈刑法学人的本土化努力，确实已经在很大程度上转化为中国话语，在我国的刑事立法与刑事司法中都打下了深刻的烙印，以至于产生了以他为我的某些错觉，例如社会危害性理论、犯罪概念，尤其是犯罪的实质概念与犯罪中的但书规定、犯罪的定量因素、四要件的犯罪构成体系、排除社会危害行为、犯罪预备、未遂与中止等，实际上都来自苏俄刑法学，但有时却被误认为是我国的独创，形成了幻象中的"自我"。而德日刑法学，对于我国来说，虽然清末民初是建立中国刑法学赖以效仿的样板，但因1949年的革命而发生了某种断裂。在这种情况下，德日刑法学成为一个我国刑法学所生疏的"他者"。因此，我国刑法知识的转型，恰如同从计划经济向市场经济的经济体制转轨，是从苏俄刑法学向德日刑法学的转向。我曾经指出，我国目前的刑法学知识中，苏俄刑法学知识与德日刑法学知识存在一种消长趋势：苏俄刑法学的影响日益萎缩，德日刑法学知识的影响逐日隆盛。但是，在刑法知识的基本构造上，还是受制于苏俄刑法学，这主要是指犯罪构成理论，从而造成了苏俄刑法学与德日刑法学之间的知识冲突。[①] 这种知识冲突将在一个较长的时间内存在，这一知识冲突解决的过程，就是一个刑法知识转型的过程。我以为，对此应当是可期待的。因此，推动我国刑法知识的转型，是我辈刑法学人责无旁贷的使命，也是我辈刑法学人对我国刑法学所能作出的最好贡献。

在从苏俄刑法学向德日刑法学的知识转型过程中，如何确立我国刑法学的主体地位与主体意识，这是一个不容回避的重大问题。在刑法知识转型过程中，我国刑法学的主体性是否会丧失，这是可能引起担忧的。我以为，这种担忧是不必要的。正如在计划经济与市场经济的讨论中，往往掺杂着姓社姓资的意识形态观念。但是，恰恰是姓社姓资的争论遮蔽了中国的主体性地位。其实，计划经济与

---

① 参见陈兴良：《刑法知识论》，49页，北京，中国人民大学出版社，2007。

刑法学：向死而生

市场经济都只不过是发展经济的一种体制性工具，发展经济才是硬道理，中国经济所具有的主体地位是不会因为计划经济还是市场经济的选择而丧失的。同样，不论是苏俄刑法学还是德日刑法学，也只是刑法教义学意义上的一种工具。只要刑法问题是中国的，无论是采用苏俄刑法知识还是德日刑法知识来解决，都不会动摇我国刑法学的主体性地位。关键问题在于：哪一种刑法知识更有利于我国刑法问题的解决？我认为，自从我国近代刑法学诞生以后，刑法学不再是中学而是西学，包括整个法学都是西学。刑法学也是如此。在这种情况下，我们本来就没有必要太在乎中西之分，而是要融入世界范围的刑法知识中去。只有这样，才能建立起中西刑法学的沟通与对话的机制，才能逐渐地在刑法知识上取得话语权。

那么，我国能否完全排拒外国刑法学建立起一套中国独特的刑法学知识体系呢？我的回答是：既不可能也无此必要。因为我国近代刑法是从德日引入的，与此同时也引入了德日刑法学；此后，又引入苏俄刑法及苏俄刑法学。从法治现代化的意义上说，我国是一个后发的现代化国家，在这种情况下，刑法相关问题在国外都已经得以充分研究，积累了丰富的刑法文化知识。我国不可能自外于此，另创一套，而应当吸收与借鉴先进的刑法知识来解决中国的刑法问题，并在此过程中逐渐形成我国刑法学的理论体系。

刑法知识的当代转型，是我国刑法学突围的根本之道。这种刑法知识转型的实现，我以为具有以下三个径路。

第一，人文社科知识的吸收。

刑法学，包括刑法教义学，归根到底是一种人文社会科学，应当具有人文底蕴。因此，我国刑法学的发展，也应当自觉地吸收人文社科知识以充实刑法学，并且成为刑法学发展的导引。从德国刑法学的演变来看，人文社科知识，尤其是哲学思潮对刑法学的牵引作用是十分明显的，每一次刑法知识的变革都是某一种哲学思潮在刑法学中的回应。例如我国台湾地区学者林东茂教授对刑法教义学与哲学之间的相关性作了知识论上的考察，指出：刑法体系的核心是犯罪论。犯罪论是在研究：一个刑法上所要过问的行为，在何种条件下，可以判断为犯罪？法律史上，个别刑法概念的创发与讨论，有很久远的时间。这些刑法概念被组织成

为一个体系,却是19世纪末的事。这一体系,我们现在称为古典犯罪论体系,主要创造人是李斯特(Franz Von Liszt)与贝林(Ernst von Beling)。古典体系的背景思想是经验主义,或法实证主义。古典体系之后,是新古典体系,以新康德哲学为思想基础,刑法概念的诠释,特别重文化价值。20世纪20年代开始,目的犯罪论带来体系发展上的大翻转,但体系内涵还有浓厚的价值思考。德国目前体系上的多数说,是新古典与目的论的结合,这一体系的内涵,依旧是新康德的价值哲学。20世纪70年代,德国著名刑法学家罗克辛创立的"目的理性"体系渐受注意,并产生影响。依罗克辛,目的理性体系是新康德哲学的彻底实践。百余年来犯罪论体系发展的背景思想,是从经验主义调整到文化价值的重视。文化价值的重视,不是理性主义(主知主义)所独有;不过,经验主义或法实证主义的信徒,不会在法律概念的诠释上畅谈价值理想。① 由此可见,正是哲学思想的嬗变推动着刑法学的犯罪论体系的更替。刑法学唯有及时地吸收以哲学为主的人文社科思想,才能不断地推动刑法学知识的发展。可以说,每一种刑法知识体系都具有其思想史基础和哲学基础。例如罗克辛教授在揭示目的行为理论的哲学基础时指出:目的性行为理论是建立在哲学的现象学和本体论理论之上的。这种哲学理论试图明确指出自然人存在的结构性原理,并且试图创设研究人的学术基础。对这样一种方案提出的建议是,一个享有优先权的人类学的基本概念,例如人的行为这样的基本概念,应当挪到一般犯罪理论的中心位置上来,并且,应当根据行为的存在特征,建立一个对立法者来说已经预先规定了物本逻辑结构(Sachlogischen Strukturen)的体系。② 应当指出,这些哲学思想作为刑法教义学的思想史基础,起到了一种方法论的作用,为刑法教义的逻辑展开提供了方法与规则。因此,只有深刻地掌握人文社会科学知识,才能对刑法知识具有根基性的理解。

---

① 参见林东茂:《一个知识论上的刑法学思考》,增订3版,18~19页,北京,中国人民大学出版社,2009。

② 参见[德]罗克辛:《德国刑法学总论》,第1卷,王世洲译,123页,北京,法律出版社,2005。

刑法学：向死而生

第二，德日刑法知识的借鉴。

刑法学是关于刑法的话语体系，而不是对法条的简单注释。因而，刑法知识具有方法论的意蕴，它为刑法教义学提供了逻辑起点。因此，作为一种方法论的刑法教义学是超越具有国别性的刑法的，可以为我所用。当然，在借鉴德日刑法知识的时候，还要建立在对德日刑法知识理性审视的基础之上。不可否认，德日刑法学本身并不是铁板一块，而是存在各种学派之争与观点聚讼。在这种情况下，我们应当借鉴的并不是各种具体的体系与观点，而是具有共识性的刑法学体系的建构工具。以犯罪论体系而论，在德日存在二阶层、三阶层甚至四阶层等各种不同体系，当然通行的是三阶层的体系，即构成要件该当性、违法性与有责性。尽管在犯罪成立条件上存在这种区别，但阶层性是其共通之处。在这个意义上，德日刑法学中的犯罪论体系可以称为阶层体系，以区别于我国刑法学中犯罪构成的平面体系。关于建立犯罪阶层体系的必要性，我国台湾地区学者许玉秀教授指出：固然犯罪判断最终所在意的是要不要处罚行为人，但是弄清楚是否予以处罚的理由何在，处罚轻重的理由何在，才真正能决定处罚的成效。当一个人不真正知道为什么被责罚，那么他也无从知道如何能免于责罚，无从知道将来如何行为，犯罪阶层理论提供的犯罪判断阶层构造，从分析和定位构成要件要素，可以提供一个精确判断犯罪成立与否以及处罚与否的步骤，借以确保刑罚制裁制度的合理和有效。① 因此，阶层体系的精髓在于为入罪与出罪提供逻辑论证，从而实现罪刑法定原则。阶层体系所具有的事实判断先于价值判断、客观判断先于主观判断、形式判断先于实质判断、定型判断先于个别判断等规则是必须严格遵循并且通过阶层性构造而予以制度性确认的。当然，在借鉴德日刑法学的时候，我们还是要持一种理性态度而不是机械照搬。对此，我国学者指出：大陆法系犯罪论体系的强势地位也需要我们在进行相关研究工作时有所警惕，避免因陷入不同程度的理论自卑而失去对该理论本身先在的审度和批判能力，从而使得对该理论

---

① 参见许玉秀：《当代刑法思潮》，59 页，北京，中国民主法制出版社，2005。

的研究成为单纯的引进和克服。① 借鉴是建立在比较的基础之上的,并且要考虑中国的具体国情。面对存在着纵向上的理论惯性与横向上的百家争鸣,即使是通说体系,仍多有分歧的德日刑法学知识,我们不能眼花缭乱,无所适从。尤其是考虑到我国法治发展阶段上与德日之间的差异,在刑法学知识的借鉴当中应当保持一种学术上的自主与自信。

第三,法治实践经验的汲取。

刑法学知识归根结底是为刑事法治服务的,它应当具有与法治实践的高度契合性。与此同时,我国刑法学还应当从刑事立法与刑事司法的法治实践中总结经验,将其上升到法理层面,由此形成刑法教义学与刑事法治实践之间的良性互动。例如我国刑法分则关于个罪的规定往往存在罪量要素,这一点是与德日刑法规定完全不同的。因此,德日刑法学中并没有形成一套成熟的理论学说,用于解释情节、数额、后果等犯罪成立的数量要素。在这种情况下,就应当立足于我国的刑事立法与刑事司法,形成具有中国特色的理论观点。刑法学作为一个部门法学,与刑事法治实践密切相关,正是刑事法治的发展对刑法学提出了更加精确、更加精密、更加精致的理论要求,从而不断地向刑法学理论的发展提供内在的推动力。我国刑法知识的当代转型,其内在动因也在于刑事法治的发展。因此,法治实践经验应当是刑法学知识的来源之一。

(本文原载《法律科学》,2010(1))

---

① 参见方泉:《犯罪论体系的演变——自"科学技术世纪"至"风险技术社会"的一种叙述和解读》,5页,北京,中国人民公安大学出版社,2008。

刑法知识的去苏俄化

我国刑法的知识传统可以追溯到古代的律学,自清末刑法改革引入大陆法系刑法制度以后,律学传统为之中断。尤其是在新文化运动的影响下,作为刑法典载体的语言发生了由文言文到白话文的嬗变,由此而使依附于语言的律学知识难以在近代刑法学中发生实际功用。随着大陆法系刑法制度引入而舶来的德日刑法学知识,虽然在20世纪三四十年代一度生成,但在1949年以后随着国民党六法全书的废除而遭废黜。20世纪50年代,苏俄刑法学知识进入我国,至1960年政治上与苏俄交恶,苏俄刑法学知识在我国的传播虽然只有短短7至8年时间,但其影响至今仍然深深地侵入我国刑法学知识。① 在20世纪80年代以后,我国刑法学知识得以复兴,德日乃至于英美的刑法学知识不断引入并日益发生重大影响,结合我国的刑事立法与刑事司法进行的本土化研究也取得了长足的进步,但我国刑法学却始终不能摆脱苏俄刑法学的影响,这是令人深思的。实际上,我国的其他部门法学包括刑事诉讼法学、民商法学甚至法理学和宪法学这样一些与政治话语具有直接关联性的法学部门,在20世纪50年代也同样是在苏俄法学的浸

---

① 参见陈兴良:《转型与变革:刑法学的一种知识论考察》,载《华东政法学院学报》,2006(3)。

润下发展起来的，但现在这些部门法学中苏俄法学的阴影已经荡然无存，唯独刑法学难以从苏俄刑法学的桎梏中解脱。原因何在？这是我一直思考的问题。我认为，我国刑法学目前仍然采用苏俄刑法学中的犯罪构成理论。而犯罪构成理论是整个刑法学知识的基本架构。因此，如欲摆脱苏俄刑法学的束缚，非将目前的犯罪构成理论废弃不用而不能达致。正是在这种情况下，我提出了刑法知识中的去苏俄化这一命题，以此作为我国刑法信条学知识体系形成的起始。

我国刑法学的苏俄化过程始于1950年。其中1950年出版的《苏联刑法总论》（上下册）① 一书具有标志意义，该书由苏联司法部全苏法学研究所主编，参与写作的孟沙金教授等人，均是当时苏联刑法学界的权威人物，该书并被苏联高等教育部特准法学研究所与大学法学院采作教本，是当时苏联官方钦定的刑法学教科书。该书向我国首次输入了苏联的犯罪构成理论，指出，每一犯罪构成系由以下四种基本因素形成起来的：(1) 犯罪的客体；(2) 犯罪的客观因素；(3) 犯罪的主体；(4) 犯罪的主观因素。这四种犯罪构成的要件缺少一种即不能成立犯罪。② 此后，又有大量的苏联刑法学教科书译介到我国，及至1958年出版的特拉伊宁的《犯罪构成的一般学说》一书，达到顶峰。③ 这本书的出版，标志着苏俄的犯罪构成理论已趋成熟。④ 该书对我国犯罪构成理论产生的深远影响，是难以估量的。可以说，我国目前的犯罪构成理论基本上还是在特拉伊宁的体系框架内思考而未获突破。我国在1957年出版的唯一有影响的刑法教科书⑤，就基本上以苏俄刑法学中的犯罪构成为摹本，形成了我国犯罪构成理论的雏形。该刑法教科书的犯罪构成体系由犯罪的客体、犯罪的客观方面、犯罪的主体、犯罪的主观方面构成，并论述了犯罪构成是刑事责任的唯一根据这一苏俄刑法学的重要命题。及至反右斗争以后，随着法律虚无主义思想的兴起，犯罪构成一时之间被打入冷

---

① 参见［苏］孟沙金等：《苏联刑法总论》，彭仲文译，上海，大东书局，1950。
② 参见［苏］孟沙金等：《苏联刑法总论》，彭仲文译，315页，上海，大东书局，1950。
③ 参见［苏］A. H. 特拉伊宁：《犯罪构成的一般学说》，王作富等译，北京，中国人民大学出版社，1958。
④ 参见何秉松：《犯罪构成系统论》，32页，北京，中国法制出版社，1995。
⑤ 参见中央政法干校刑法教研室：《中华人民共和国刑法总则讲义》，北京，法律出版社，1951。

宫，成为政治上的禁忌。正如我国学者指出的那样，"犯罪构成"一词不能再提了，犯罪构成各个要件不能再分析了，不准讲犯罪必须是主客观的统一，等等。① 这一描述是十分真实的。例如中国人民大学法律系刑法教研室在1958年出版的《中华人民共和国刑法是无产阶级专政的工具》一书中，关于怎样认定犯罪的论述，只字不提犯罪构成，而是以"以事实为根据，以法律为准绳"等审判原则和区分两类不同性质的矛盾等政治话语作为主要内容。② 这种情形一直持续到1976年。该年12月北京大学法律系刑法教研室编写了一本《刑事政策讲义》（讨论稿），该书虽名为刑事政策讲义，实际上是刑法讲义，其中在正确认定犯罪这一题目中，虽然论及为正确认定犯罪需要着重查明和分析的事实，包括：（1）被告的危害社会的行为；（2）行为的危害结果；（3）刑事责任年龄；（4）犯罪的故意和过失；（5）犯罪的目的和动机；（6）被告人的出身、成分和一贯的政治表现等。这些内容大多属于犯罪构成的要素，但在论述中同样讳言犯罪构成一词，并且强调，在认定犯罪的时候要以阶级斗争为纲，用阶级斗争的观点和阶级分析的方法分析问题，处理问题。③ 至1979年刑法颁行以后，我国刑法学理论开始复苏，这种复苏实际上也就是苏联刑法学的复活。例如在1979年刑法颁行以后，我国出版的第一本刑法教科书，是中央政法干校编著的刑法总则讲义和刑法分则讲义。④ 以总则讲义为例，其内容和1957年的版本并无实质区分，就犯罪构成理论而言则如出一辙。尤其是1982年出版的刑法统编教材，明确地将犯罪构成界定为我国刑法所规定的、决定某一具体行为的社会危害性及其程度而为该行为构成犯罪所必需的一切客观要件和主观要件的总和，并将犯罪构成要件确定为：（1）犯罪客体；（2）犯罪客观方面；（3）犯罪主体；（4）犯罪主观方面。⑤ 由于

---

① 参见杨春洗等：《刑法总论》，107页，北京，北京大学出版社，1981。
② 参见中国人民大学法律系刑法教研室：《中华人民共和国刑法是无产阶级专政的工具》，20页，北京，中国人民大学出版社，1958。
③ 参见北京大学法律系刑法教研室：《刑事政策讲义（讨论稿）》，118页以下，1976年12月内部印行。
④ 上述两书均由群众出版社于1980年出版。
⑤ 参见高铭暄主编：《刑法学》，97页，北京，法律出版社，1982。

刑法统编教材的权威性,犯罪构成理论由此而定于一尊。

从苏俄刑法学中的犯罪构成理论的中国化过程来看,尽管历经波折,并且也逐渐地被本土化,但苏联刑法学的痕迹还是不可抹杀的。我国刑法学的苏俄化,承续的基本上是斯大林时代形成的刑法学说,其政治上与学术上的陈旧性自不待言。即使在苏联解体以后,俄罗斯刑法学中的犯罪构成理论变化也不大。① 我国学者对苏俄犯罪构成理论的反思始于1986年,以何秉松教授发表在《法学研究》1986年第1期上的《建立具有中国特色的犯罪构成新体系》一文为标志,至今已经20年过去了,但苏俄犯罪构成体系仍然统治着我国刑法学。对此,维护与维持的观点仍是主流。现在,已经到了不得不作出抉择的时候,否则我国刑法学难以建立规范的知识体系。摆在我们面前的问题仍然是:我国刑法学知识的去苏俄化之必要性何在?

在我看来,我国刑法学知识的去苏俄化之必要性来自苏联犯罪构成理论自身的不可克服的缺陷。日本学者曾经指出评价一个犯罪论体系的两个标准:一是逻辑性,二是实用性。② 这里的逻辑性,是指犯罪构成体系的自洽性、合理性,因而也是科学性。实用性,也是犯罪构成体系在认定犯罪过程中适用上的便利性。就这两个评价指标而言,逻辑性是第一位的,逻辑性的考量应当优先于实用性。但在我国刑法学界讨论苏俄犯罪构成体系的弃留时,却往往将实用性放在优先位置上。例如有学者指出:"犯罪构成理论(指苏联引入的犯罪构成理论——引者注)已植根于司法工作人员的思想中,对这样一个既成的、已被广大理论工作者和司法工作人员接受的犯罪构成理论,有什么理由非要予以否定呢?否定或者随意改变之后,怎么能不给理论界和司法实务部门造成极大的混乱呢?"③ 混乱的担忧当然是可以理解的,但对苏俄犯罪构成理论不作彻底的清算,则我国刑法学理论将窒息。对于这一点,只有从苏俄犯罪构成理论的逻辑缺陷入手才能得以

---

① 参见薛瑞麟:《俄罗斯刑法研究》,118页,北京,中国政法大学出版社,2000。
② 参见[日]大塚仁:《刑法概说(总论)》,3版,冯军译,107页,北京,中国人民大学出版社,2003。
③ 高铭暄、王作富主编:《新中国刑法的理论与实践》,172页,石家庄,河北人民出版社,1988。

刑法知识的去苏俄化

揭示。

犯罪构成虽然不是刑法上的一个术语，但却是刑法理论的核心概念，直接关系到一种刑法理论的科学性。苏俄刑法学中的犯罪构成体系是对大陆法系的犯罪构成体系改造而来，两者之间存在渊源关系，对此苏俄学者并不否认。日本学者上野达彦曾经对这一改造过程作过生动的描述。① 在这一改造过程中，存在着政治化的倾向，同时也将大陆法系的递进式的逻辑结构改造成为耦合式的逻辑结构，这对犯罪构成体系的逻辑性造成的伤害是难以弥补的。大陆法系的犯罪论体系，从古典犯罪论体系到新古典的犯罪论体系，再到目的行为论的犯罪论体系，完成了体系化的任务，建立了刑法信条学。在这一体系化过程中，关键不是哪些要素纳入该体系，而是如何确定这些要素之间的关系。对此，德国学者罗克辛在论及犯罪论体系的历史发展时指出：学术性和体系性的工作，明显地不仅限于建立这些初步的基本概念。在很大程度上，这个工作包括了具体确定各类犯罪范畴的条件以及明确它们之间的关系。② 这一犯罪论体系的构造显然是受到了20世纪初盛行于德国的新康德主义存在与价值二元论思维范式的影响。问题不在于受何种哲学影响，关键在于这一犯罪论体系是否具有逻辑性与实用性。事实表明，这一犯罪论体系是符合认定犯罪的司法逻辑的：首先通过构成要件该当性以解决事实之是否存在的基本前提，然后从客观（违法性）与主观（有责性）这两个方面解决评价问题，两者之间存在逻辑上的位阶关系。正如日本学者所评价的那样：这一体系既符合思考、判断的逻辑性、经济性，又遵循着刑事裁判中犯罪认定的具体过程。③ 但苏俄刑法学家的改造，正是从政治上的批判入手的，例如苏俄学者在批判贝林的犯罪论体系时指出：德国学者贝林，以新康德主义的唯心哲学为基础，发挥了关于犯罪构成的"学说"；根据这种"学说"，即使有犯罪构成，仍不能解决某人是否犯罪的问题。照这种观点看来，犯罪构成只是行为诸事实特征

---

① 参见［日］上野达彦：《苏维埃犯罪构成要件理论发展史》，载《国外法学》，1979 (5)。
② 参见［德］罗克辛：《德国刑法学总论》，第1卷，王世洲译，121页，北京，法律出版社，2005。
③ 参见［日］大塚仁：《刑法概说（总论）》，3版，冯军译，109页，北京，中国人民大学出版社，2003。

的总和;说明每一犯罪的行为的违法性,乃是犯罪构成范围以外的东西;法律上所规定的一切犯罪构成,都带有纯粹描述的性质,其中并未表现出把行为当作违法行为的这种法律评价。谈到行为的违法性,它好像是属于原则上不同的另一方面,即"当为"的判断方面。法院并不根据法律而是依自己的裁量来确定行为的违法性。这样,关于某人在实施犯罪中是否有罪的问题,也就由法院裁量解决了。法院可以依自己的裁量来规避法律,如果这样做,是符合剥削者的利益的话。而有责性理论则被苏俄学者抨击为是唯心主义的罪过"评价"理论,根据这一理论,当法院认为某人的行为应受谴责时,法院就可以以自己否定的评断,创造出该人在实施犯罪中的罪过。主观唯心主义的罪过评价理论,使得资产阶级的法官们可以任意对所有他们认为危险的人宣布有罪。[①] 从中可以看出,苏俄学者将价值哲学斥责为唯心主义,并以机械唯物论作为其犯罪构成理论建立的哲学基础。在这种情况下,事实与评价之间的逻辑关系不复存在,一切犯罪成立的要素都塞入构成要件这一概念之中,将大陆法系犯罪论体系中只具有事实性质的构成要件这一要件,提升为犯罪成立要件的总和。但这一犯罪构成体系的根本缺陷在于以下三点。

(一) 事实与价值相混淆

在犯罪认定过程中,事实与价值是存在区分的:事实是评价的前提,因而首先要查明的是事实。这里的事实包括客观上的行为事实与主观上的心理事实。只有在事实的基础之上,才能对这一事实是否违法及有责进行评价。但苏俄的犯罪构成体系,将事实要素与评价要素混为一谈,未作区隔,由此带来的问题是:某一构成要件的性质难辨。例如,犯罪故意,是心理事实要素还是也包含规范评价要素?苏俄学者虽然承认"故意的罪过之成立,不仅以该人熟知形成该种犯罪构成的实际情况为前提,而且以熟知该行为之社会危险性为前提"[②],但由于犯罪故意中不包含非难的意蕴,从而不得不另创一个刑事责任的概念以解决主观上的

---

① 参见[苏]皮昂特科夫斯基:《社会主义法制的巩固与犯罪构成学说的基本问题》,载《苏维埃刑法论文选译》,第1辑,北京,中国人民大学出版社,1955。
② [苏]孟沙金等:《苏联刑法总论》,彭仲文译,374页,上海,大东书局,1950。

刑法知识的去苏俄化

可谴责性。

（二）犯罪构成的平面化

大陆法系的犯罪论体系各个犯罪成立条件呈现出递进的逻辑关系：有前者未必有后者，有后者则必有前者。因此，各个犯罪构成要件之间存在明确的位阶关系。司法工作者在进行犯罪认定的时候，必须严格地按照犯罪构成要件之间的位阶关系依次判断。并且，这一判断过程也是去罪化的过程，为辩护留下了广阔的空间。根据这一犯罪论体系，有罪抑或无罪，结论存在于判断的终点。但在苏俄的犯罪构成体系中，各个犯罪构成要件之间的位阶关系是不存在的，其顺序是可以根据不同标准随意拆分组合的，尤其是各个犯罪构成要件是一种耦合的逻辑结构。对于这一犯罪构成体系，日本学者曾经作过以下评论：把犯罪的构成要素区分为客观的东西和主观的东西，当然是可能的，但是，仅仅这样平面地区分犯罪要素，并不能正确地把握犯罪的实体。因此，这一体系有忽视客观的要素和主观的要素各自内在的差异之嫌，而且这样仅仅平面地对待犯罪的要素，既难以判定犯罪的成立与否，又难以具体地论及所成立的犯罪的轻重。① 这里难以判定的成立与否，应当理解为不符合认定犯罪的司法逻辑。苏俄的犯罪构成体系具有对犯罪的分析功能，即在已经认定犯罪的前提下，对这一犯罪的结构进行分析，我们可以将其一分为四。也就是说一个犯罪是由客体、客观方面、主体和主观方面这四个要件构成的。由此可见，苏俄的犯罪构成体系是在犯罪成立这一逻辑前提下对犯罪结构进行分析的理论，更合乎有罪推定的思维习惯。与此相反，大陆法系的犯罪论体系是从无罪到有罪的逻辑推演过程，更合乎无罪推定的思维习惯。

（三）规范判断的缺失

在苏俄的犯罪构成理论中，引入了社会危害性这一概念，并以此成立犯罪构成的本质。例如苏俄学者指出：根据苏维埃刑法，犯罪的实质就在于它的社会危害性。每一犯罪永远是而且首先是侵犯社会主义国家利益的危害社会行为。社会

---

① 参见［日］大塚仁：《刑法概说（总论）》，3 版，冯军译，107 页，北京，中国人民大学出版社，2003。

危害性是每一犯罪行为的基本内容,这种危害社会性确定了苏维埃法律中所规定的犯罪侵犯行为的阶级政治性质。因此,不应将犯罪构成简单地规定为犯罪诸特征的总合,而应将它规定为:按照苏维埃法律,说明某种侵犯社会主义国家利益的行为社会危害性的诸特征的总和。① 由于社会危害性是一个非规范或曰超规范的概念,而社会危害性的判断又先于具体犯罪构成要件的判断,因而犯罪构成要件就沦为社会危害性的附属物,即在已经作出社会危害性这一实质判断以后,再去找犯罪构成要件证实这一结论。在这种情况下,犯罪认定过程中规范判断缺失从而为破坏犯罪构成打开了方便之门。

时至今日,学术与政治之间的区隔已经形成,苏俄刑法学中的政治话语已经丧失了其正当性。至于哲学范式,机械唯物论不再具有天然合理性,价值哲学已经能够公正地对待,各种哲学思想只要具有科学性都可以为我所用。在这种情况下,我国与大陆法系刑法学的隔膜已经不复存在。其实,无论是苏俄刑法学还是大陆法系刑法学,对于我国来说都是舶来品,因此也不存在本土化的抗拒。既然都是舶来为什么不引入一个更为合乎逻辑性并且能够发挥认定犯罪的功用性的犯罪构成模式呢?而要做到这一点,前提条件是实现我国刑法知识的去苏俄化。

(本文原载《政法论坛》,2006(5))

---

① 参见[苏]A.B.哈萨洛夫:《关于犯罪构成概念的问题》,载《苏维埃刑法论文选译》,第1辑,53页,北京,中国人民大学出版社,1955。

社会危害性理论：一个反思性检讨

如果说我国刑法理论中要确定一个关键词，那么，这个关键词非"社会危害性"莫属。在《刑法哲学》一书中，我曾经把苏俄建立的社会主义刑法学体系称为"社会危害性中心论"的刑法学体系。[①] 我国刑法学承袭了苏俄的社会危害性中心论，因而可以把我国刑法理论称为社会危害性理论。社会危害性理论所显现的实质的价值理念与罪刑法定主义所倡导的形式的价值理念之间，存在着基本立场上的冲突。随着罪刑法定原则在我国刑法中的确立，社会危害性理论的命运引起我的强烈关注，尤其是在个别学者对社会危害性理论提出质疑[②]的情况下，理性地审视社会危害性理论，在此基础上重构刑法学中的犯罪概念，对于法治国刑法文化的建设具有重大意义。

一

社会危害性理论首先表现在对犯罪本质特征的界定上。因此，犯罪概念是反

---

① 参见陈兴良：《刑法哲学》，687页，北京，中国政法大学出版社，1997。
② 参见李海东：《刑法原理入门（犯罪论基础）》，6页以下，北京，法律出版社，1998。

思社会危害性理论的一个基本视角。根据犯罪概念是否包含社会危害性的内容，在刑法理论上将犯罪概念分为犯罪的形式概念与实质概念。对这两种犯罪概念的形成与发展过程的考察，可以清楚地勾画出社会危害性理论历史嬗变的轨迹。

在论及犯罪概念时，英国著名学者边沁指出："根据讨论的题目不同，这个词的意义也有所区别。如果这个概念指的是已经建立的法律制度，那么，不论基于何种理由，犯罪都是被立法者所禁止的行为。如果这个概念指的是为创建一部尽可能好的法典而进行的理论研究，根据功利主义的原则，犯罪是指一切基于可以产生或者可能产生某种罪恶的理由而人们认为应当禁止的行为。"① 在此，边沁区别了两个层次上的犯罪概念：一是规范意义上的犯罪概念，基于罪刑法定主义原则，一般是指法律所禁止的行为。二是实质意义上的犯罪概念，按照边沁的界定，是指一种禁止的恶。根据边沁的观点，这两种犯罪概念又可以说是犯罪的司法概念和犯罪的立法概念。犯罪的司法概念强调犯罪的实然性，即法律对某一行为的规定，从而根据行为的刑事违法性认定犯罪。犯罪的立法概念强调犯罪的应然性，即法律应当根据什么标准将某一行为规定为犯罪。在此，更为注重的是犯罪的社会政治内容。无疑，边沁这种二元的犯罪概念对于我们科学地建构犯罪概念理论具有重要意义。②

刑事古典学派虽然对犯罪的社会政治内容作了阐述，但在法律上更倾向于犯罪的形式概念。例如，意大利著名刑法学家贝卡里亚曾经一针见血地指出："犯罪界限的含混不清，在一些国家造成了一种与法制相矛盾的道德，成了一些只顾现时而相互排斥的立法。大量的法律使最明智的人面临遭受最严厉处罚的危险，恶和善变成了两个虚无缥缈的名词，连生存本身都捉摸不定，政治肌体因此而陷

---

① ［英］边沁：《立法理论——刑法典原理》，孙力等译，1页，北京，中国人民公安大学出版社，1993。

② 值得注意的是，我国学者也已经开始注意到犯罪概念的二元性。例如王世洲提出我国刑法理论中犯罪概念的双重结构，认为新的具有双重结构的犯罪概念应当由"立法概念"与"司法概念"组成，就是把犯罪概念分为说明尚未在法律上规定为犯罪但是应当在法律上规定为犯罪的行为的"立法概念"，和说明已经在法律上规定为犯罪的行为的"司法概念"。参见王世洲：《中国刑法理论中犯罪概念的双重结构和功能》，载《法学研究》，1998（5）。

社会危害性理论：一个反思性检讨

入危难的沉沉昏睡。"① 因而，贝卡里亚在刑法史上首次提出了"犯罪使社会遭受到的危害是衡量犯罪的真正标准"的命题。贝卡里亚认为这是一个显而易见的真理，发现这个真理并不需要借助于象限仪和放大镜，而且它们的深浅程度都不超出任何中等智力水平的认识范围，但是，由于环境惊人地复杂，能够有把握认识这些真理的人，仅仅是各国和各世纪的少数思想家。② 应当指出，贝卡里亚这里所说的"社会"，是一个抽象的概念，指奠基于社会契约之上的市民社会。在贝卡里亚看来，法律只不过是自由的人们的契约，社会借助于契约同它的每一个成员发生联系。而这个契约，就它的本质来说，是把义务加给双方的。犯罪，实际上就是对这种社会契约的违反，因而也是对社会契约所规定的义务的违反。在这种情况下，贝卡里亚主张罪刑法定，使犯罪概念法定化。唯有如此，才能保障公民不受法外制裁。由此可见，在贝卡里亚看来，对犯罪的社会危害性的界定与犯罪概念的法定化之间并不存在逻辑上的矛盾。在刑事古典学派思想的影响下，18世纪大陆法系的刑法典都强调犯罪的法定性。例如，1810年法国刑法典明确规定："法律以违警刑所处罚之犯罪，称违警罪。法律以惩治刑所处罚之犯罪，称轻罪。法律以身体刑或名誉刑所处罚之犯罪，称重罪。"这是对犯罪的一般规定，将犯罪的种类限于刑法分则规定的范围之内。有些国家的刑法典则明确规定了犯罪的形式概念。例如《瑞士刑法典》第1条明文规定：凡是为刑罚所确然禁止的行为，就是犯罪。这种犯罪的形式概念，正如日本刑法学者指出，是指作为刑法所规定的产生刑罚权要件的犯罪。这种意义的犯罪，我们可以给它下个定义，就是刑罚所规定的可罚行为。③

刑事实证学派力图突破犯罪的形式概念，从而确立犯罪的实质概念。例如，菲利指责古典学派把犯罪看成法律问题，集中注意犯罪的名称、定义，并且进行

---

① [意]贝卡里亚：《论犯罪与刑罚》，黄风译，69页，北京，中国大百科全书出版社，1993。
② 参见[意]贝卡里亚：《论犯罪与刑罚》，黄风译，67页，北京，中国大百科全书出版社，1993。
③ 参见[日]福田平、大塚仁编：《日本刑法总论讲义》，李乔等译，38页，沈阳，辽宁人民出版社，1986。

47

法律分析,把罪犯在一定背景下形成的人格抛在一边。① 加罗法洛则将规范主义的犯罪概念称为"恶性循环",显然不能满足一种社会学研究的需要。为此,加罗法洛追求犯罪的社会学概念,指出:犯罪一直是一种有害行为,但它同时又是一种伤害某种被某个聚居体共同承认的道德情感的行为,在此,加罗法洛提出了自然犯罪的概念。② 这种意义上的犯罪实质概念,就是把犯罪视为遗传与环境之间的力学结构关系中所发生的社会现象,可以说它是危害一般社会生活秩序的反社会伦理行为。③ 在某种意义上说,犯罪的实质概念是犯罪学上的犯罪概念。对于这种追求犯罪的实质概念的倾向,意大利学者杜里奥·帕多瓦尼引述刑法学界一部分人的观点,作了如下生动的评述:各种试图描述犯罪实质形象的努力,都可归结为为形形色色的犯罪寻找"最小公分母(minimo comun denominatore)",即寻找一个隐藏在刑事制裁措施背后的,可适用于所有犯罪的"常项(cifra)"。帕多瓦尼对追求犯罪的实质概念表示了极度的怀疑态度,指出:任何概念,只要不能科学地概括法律规定的所有犯罪,就不是犯罪的实质概念。因此,对每一个犯罪的实质概念来说,只要有一个相反的例子就足以说明它不具有"最小公分母"的性质。例如,当有人(指加罗法洛——引者注)将犯罪的实质描述为"用有害于社会的行为,侵犯了一般文明人所具有的怜悯和自制两种基本的利他主义感情"时,当然是提出了一个可以将大多数严重犯罪(如杀人、强奸、敲诈勒索等)包括在内的犯罪定义,但这个定义肯定不适用于擅入他人地域内放牧(《意大利刑法典》第 636 条)或妨害国家元首特权(《意大利刑法典》第 279 条)等犯罪行为,更不用说很大一部分轻罪了。④ 尽管如此,在刑法理论上,对犯罪的实质概念的寻找始终没有停止过,尤以刑事实证学派为甚。

---

① 参见 [意] 菲利:《实证派犯罪学》,郭建安译,24 页,北京,中国政法大学出版社,1987。
② 参见 [意] 加罗法洛:《犯罪学》,耿伟、王新译,16~17 页,北京,中国大百科全书出版社,1996。
③ 参见 [日] 福田平、大塚仁编:《日本刑法总论讲义》,李乔等译,38 页,沈阳,辽宁人民出版社,1986。
④ 参见 [意] 杜里奥·帕多瓦尼:《意大利刑法学原理》,陈忠林译,72 页以下,北京,法律出版社,1998。

社会危害性理论：一个反思性检讨

刑事古典学派与刑事实证学派各自在学理上主张的犯罪的形式概念与犯罪的实质概念，体现了两大学派在哲学观点与价值取向上的重大差别，其对刑法发展的影响各有侧重。在刑事古典学派的犯罪的形式概念的引导下，发展出具有实体内容的犯罪构成要件理论。构成要件具有规范意义，其产生与发展深受德国学者宾丁"规范论"的影响。日本学者小野清一郎指出：构成条件中的规范要素，是指构成条件中不但要有确定的事实，而且以规范评价为必要部分。这里面，既有以诸如"他人财物"之类的法律评价为必要的场合，也有以诸如"虚假文书"之类的认识评价为必要的场合，还有以诸如"猥亵行为""侮辱"之类的社会的、文化的评价为必要的场合，以及以"故意的""不法的"等完全是伦理的、道义的评价为必要的场合。然而，即使在不能像这样明显地应当属于规范要素的场合，在判断是否有符合构成条件的事实之际，也不可否认地有立于判断背后的法的、伦理的评价。表面看来是记述性的法律概念，可是在法官适用它的时候，往往也伴有规范的评价性的判断。所以从理论上讲，规范的、目的论的概念构成是必不可少的。总而言之，所谓构成条件，是将违法有责行为类型化、抽象化的法律概念，它尽可能地记述客观事实和在叙述形式中加以规定。不仅如此，还必须承认，这种记述和叙述，在实质上、整体上与规范相关并且含有评价的意味。①根据小野清一郎的观点，构成要件是事实、规范和评价的统一，在根据构成要件认定犯罪的时候，包含着法的、伦理的实质评价，但这种评价又是以规范为前提与基础的。由于构成要件理论的发达，在刑事古典学派的刑法理论中，犯罪概念只有宣告性的形式意义，因而在刑法典中规定犯罪的形式概念也就势所必然。刑事实证学派倡导犯罪的实质概念，这一犯罪的实质概念没有对刑事立法发生根本性的影响，大陆法系各国刑法典仍然恪守犯罪的形式概念，但由此却推导出与刑法的犯罪概念相区别的犯罪学的犯罪概念。例如，加罗法洛指出，为了科学地探求犯罪的原因，犯罪学必须放弃刑法的犯罪定义，因为刑法的定义所描述的犯罪

---

① 参见［日］小野清一郎：《犯罪构成要件理论》，王泰等译，32页，北京，中国人民公安大学出版社，1991。

仅仅是刑法所禁止的行为，并未揭示犯罪自身的本质。所以刑法所规定的犯罪，是一种形式上的犯罪。加罗法洛认为犯罪学应该研究实质上的犯罪，为此提出了自然犯罪的概念。所谓自然，具有非形式的意思，它是人类社会中某种立于特定时代的环境和急需独立于法律制定者的特定观念的存在物；而所谓自然犯罪，则是指那些在所有的文明社会中都会被视为犯罪，并且都会遭到惩罚的行为。[1] 因此，这里的自然犯罪，具有实质意义上的犯罪之蕴涵，这也正是犯罪学上的犯罪概念区别于刑法学上的犯罪概念之根本所在。由于犯罪学是刑法学的辅助学科，因而犯罪学上的犯罪概念及其演变通过刑事政策对立法产生影响，经过一定的立法程序，刑法在犯罪化与非犯罪化的双向运动中，犯罪的形式概念与犯罪的实质概念进行良性的能量交换与内容转换。

苏联刑事立法在刑法典中首次引入了犯罪的实质概念——实际上是犯罪的政治概念或曰阶级概念。犯罪概念的政治化，是与法的政治化联系在一起的，并且是法的政治化的必然产物。1919 年《苏俄刑法指导原则》的导言就提出了法的阶级定义。该指导原则第 6 条规定了犯罪的阶级概念，指出：犯罪是危害某种社会关系制度的作为或不作为。1922 年的《苏俄刑法典》第 6 条又对犯罪规定了一个更加扩展的、实质的和阶级的概念："威胁苏维埃制度基础及工农政权在向共产主义制度过渡时期所建立的法律程序的一切危害社会的作为或不作为，都被认为是犯罪。"基于该刑法典的犯罪阶级概念，从 20 世纪 20 年代中期开始，苏联刑法理论对犯罪的阶级概念作了充分的肯定，并将之视为苏维埃刑法与资产阶级刑法的根本区别。M. A. 切利佐夫—别布托夫指出："资产阶级刑法典是从形式上规定犯罪的定义，把犯罪看成是实施时即为法律所禁止并应受惩罚的行为。苏维埃立法则与此不同，它是从实质上，也就是从对法律秩序的损害上、危害上来规定犯罪的定义的。"[2] 实际上，这种犯罪的阶级概念是与法律虚无主义联系在一起。按照这种逻辑，犯罪阶级概念的规定可以取代刑法分则对具体犯罪的

---

[1] 参见谢勇：《犯罪研究导论》，29 页，长沙，湖南出版社，1992。
[2] ［苏］皮昂特科夫斯基等编写：《苏联刑法科学史》，曹子丹等译，19 页以下，北京，法律出版社，1984。

社会危害性理论：一个反思性检讨

规定。例如 P. H. 沃尔科夫断言："由于苏维埃刑事立法是从实质上理解犯罪，必然得出不要规定具体犯罪行为的刑事责任制度。"[①] 在这种情况下，苏俄学者提出了社会主义刑法法律形式的性质问题。20世纪20年代后期，苏俄著名法学家 E. B. 帕舒卡尼斯在《法的一般理论和马克思主义》一书中指出：法律形式产生于市场交易，它的渊源是交换关系。由于市场交易在资产阶级社会里获得了最充分的发展，所以法律形式在资产阶级社会里也就获得了完善的发展。在无产阶级专政时期，各种社会关系的法律形式也只是作为市场交易的存在而存在着。在帕舒卡尼斯的理论中，没有社会主义类型的法的位置；在他看来，将来法的整个消亡过程是从资产阶级法律形式到取消一切法律调整的过渡。[②] 换言之，社会主义社会没有交换关系，因而不存在法的社会基础。这种法的虚无主义，导致法的被取消，当然也包括刑法在内。帕舒卡尼斯明确地提出了取消刑法的问题，指出：犯罪和刑罚的概念，是法律形式最必不可少的概念，只有到作为上层建筑的法律开始全面消亡时，才能消除这种法律形式。如果我们在事实上，而不只是在口头上开始抛弃这种概念，不再依靠它们，就将是我们最终打破资产阶级法学狭隘观念的最好见证。[③] 犯罪与刑罚等刑法的基本概念既然被归之于资产阶级法学的狭隘观念，自在破除之列。但是，政府的权力如果没有法律的限制，人民的权利如果没有法律的保障，那么后果是极其可悲的。帕舒卡尼斯主张法律虚无，其本人恰恰就成了法律虚无主义的牺牲品。美国著名法学家庞德在一篇讲演中对帕舒卡尼斯的理论作出了以下评论："现在这位教授离开我们了。随着俄国现政府计划的确立，需要对理论进行变革。他还来不及在自己的教学中迎合秩序的这一变化。如果俄国有法律而不只是有行政命令，那么他就有可能失去工作，却不会

---

① ［苏］皮昂特科夫斯基等编写：《苏联刑法科学史》，曹子丹等译，21页，北京，法律出版社，1984。
② 参见［苏］皮昂特科夫斯基等编写：《苏联刑法科学史》，曹子丹等译，17页，北京，法律出版社，1984。
③ 参见［苏］皮昂特科夫斯基等编写：《苏联刑法科学史》，曹子丹等译，41页，北京，法律出版社，1984。

丧命。"① 因此，如果以犯罪的阶级内容取代犯罪的法律形式，那么，犯罪就成为一种政治压迫的工具与手段，丧失了确定的法律标准。在这种情况下，人民又怎么会有自由呢？可见，否定法律形式的单纯的犯罪的阶级概念是不足取的，是法律虚无主义的表现。在上述犯罪的阶级概念中，社会危害性成为犯罪的基本性质而得以肯定，并由此取代了犯罪的刑事违法特征。这一思想反映在刑法理论上，形成了社会危害性理论。例如特拉伊宁在1929年出版的《苏维埃刑法总则》中，抛弃了犯罪构成是责任根据的观点，把社会危害性作为刑事责任的根据，并以此为中心来建立犯罪论的体系。② 至此，一种以社会危害性为中心的刑法理论正式确立。

从20世纪30年代末期开始，苏俄刑法学界对刑法的虚无主义态度开始有所转变。值得一提的是 H. I. 杜尔曼诺夫在题为《犯罪概念》（1943年）的博士论文中首次把苏维埃刑法中犯罪实质概念的基本特征表述为：社会危害性、违法性、罪过、应受惩罚性和不道德性。正是杜尔曼诺夫，把犯罪的实质特征同形式特征结合起来研究。杜尔曼诺夫把犯罪确定为"危害社会的、违反刑事法律的、有责任的和依法应惩罚的作为或不作为"。按照杜尔曼诺夫的观点，指出犯罪的形式特征（依法应受惩罚性）可以给犯罪下一个全面的所谓形式上的定义。如果说犯罪的实质特征是行为的社会危害性，那么形式特征就是以违法性——罪过和人的责任能力为条件的应受惩罚性。③ 杜尔曼诺夫关于犯罪的形式概念与实质概念统一的观点，逐渐得到苏俄刑法学界的承认，并在刑事立法中得以认可。例如1958年《苏联和各加盟共和国刑事立法纲要》第7条反映了犯罪的两个基本特征：社会危害性和刑事违法性。1960年《苏俄刑法典》第7条规定："凡刑事法律所规定的侵害苏维埃的社会制度、政治和经济体系，侵害社会主义所有制，侵害公民的人身权利和自由、政治权利和自由、劳动权利和自由、财产权利和自由

---

① ［美］伯纳德·施瓦茨：《美国法律史》，王军等译，285页，北京，中国政法大学出版社，1989。
② 参见何秉松：《犯罪构成系统论》，29页，北京，中国法制出版社，1995。
③ 参见［苏］皮昂特科夫斯基等编写：《苏联刑法科学史》，曹子丹等译，19页，北京，法律出版社，1984。

社会危害性理论：一个反思性检讨

及其他权利和自由的社会危害行为，都认为是犯罪。形式上虽然具有本法典分则规定的某种行为条件，但是由于显著轻微而对社会并没有危害性的作为或不作为，都不认为是犯罪。"这个犯罪概念可以说是犯罪的形式概念与实质概念相统一的典型立法例。在这种形式与实质相统一的犯罪概念中，社会危害性仍然占有优势地位，被认为是犯罪的本质特征。例如，苏俄学者认为，法律关于实质的和形式的特征二者兼有的犯罪定义无损于犯罪的实质特征。不仅没有摒弃实质特征，而且还使立法有了改进和发展。① 由此可见，社会危害性在犯罪概念中的决定地位至高无上。

在我国，1979年《刑法》借鉴了苏联和东欧各国刑法关于犯罪的概念，其第10条首次在我国规定了犯罪的法定概念："一切危害国家主权和领土完整，危害无产阶级专政制度，破坏社会主义革命和社会主义建设，破坏社会秩序，侵犯全民所有的财产或者劳动群众集体所有的财产，侵犯公民私人所有的合法财产，侵犯公民的人身权利、民主权利和其他权利，以及其他危害社会的行为，依照法律应当受刑罚处罚的，都是犯罪；但是情节显著轻微危害不大的，不认为是犯罪。"我国著名刑法学家高铭暄教授指出：这个概念是实质概念，它揭露了犯罪的阶级性和对国家、对人民、对社会的危害性；它与资产阶级刑法中的犯罪的形式概念也即以犯罪的形式特征掩盖犯罪的阶级实质是根本不同的。② 但我国著名刑法学家马克昌认为，这一定义不仅揭示了在我国犯罪对社会主义国家和公民权利具有严重社会危害性的实质，同时也揭示了其法律特征——依照法律应当受刑罚处罚，所以不能认为它只是一个实质性的定义。③ 根据这种观点，1979年《刑法》第10条的犯罪定义是从犯罪的阶级实质和法律形式的统一上给我国社会上的犯罪所下的一个完整的定义。从表面上来看，将1979年《刑法》第10条规定的犯罪概念视为实质内容与法律形式的统一是正确的。因为在这一规定中，不仅

---

① 参见［苏］别利亚耶夫、科瓦廖夫主编：《苏维埃刑法总论》，马改秀等译，62页，北京，群众出版社，1987。
② 参见高铭暄：《中华人民共和国刑法的孕育和诞生》，35页，北京，法律出版社，1981。
③ 参见马克昌主编：《犯罪通论》，12页，武汉，武汉大学出版社，1991。

53

指出了犯罪的社会危害性的实质内容,而且规定了犯罪是依照法律应受刑罚处罚的行为。但考虑到1979年《刑法》第79条规定了类推制度,犯罪的社会危害性具有优越于犯罪的形式特征的地位,因而将其视为一个犯罪的实质概念也并无不可。

从犯罪的本质特征出发,一种关于刑法的社会危害性理论呼之欲出。在关于建立具有中国特色的刑法学体系的种种努力中,占主导地位的仍然是社会危害性中心论。按照这一观点,犯罪的社会危害性不仅是犯罪论,而且是整个刑法学体系的基石,有关犯罪与刑罚的一切问题都应从犯罪的社会危害性来解释。① 社会危害性理论几乎成为我国刑法的正统理论,是一种定论。

二

合理性(rationality)是德国著名学者韦伯在分析社会结构时提出的一个重要概念。韦伯把合理性的概念应用于社会结构分析时,作出了形式合理性和实质合理性的区分。形式合理性具有事实的性质,它是关于不同事实之间的因果关系判断;实质合理性具有价值的性质,它是关于不同价值之间的逻辑关系判断。形式合理性主要被归结为手段和秩序的可计算性,是一种客观合理性;实质合理性则基本属于目的和后果的价值,是一种主观的合理性。从纯粹形式的、客观的行动最大可计算的角度上看,韦伯认为,科学、技术、资本主义、现代法律体系和行政管理(官僚制)具有高度合理性。但是,这种合理性是纯粹形式的,它与实质合理性即从某种特殊的实质目的上看的意义合理性、信仰或价值承诺之间处于一种永远无法消解的紧张对立关系之中。在对待法的态度上,也存在着韦伯所说的"法逻辑的抽象的形式主义和通过法来满足实质要求的需要之间无法避免的矛盾"②。在此,韦伯提供了形式合理性与实质合理性这样一个分析框架。当我们

---

① 参见曾宪信:《建立具有中国特色的刑法学科科学体系的设想》,载《中南政法学院学报》,1986(1)。
② [德]马克斯·韦伯:《经济与社会》,下卷,林荣远译,401页,北京,商务印书馆,1997。

社会危害性理论：一个反思性检讨

将这一分析框架导入刑法理论的时候，我们就会发现在刑法中同样存在形式合理性与实质合理性的冲突。

上文我们谈到犯罪的形式概念与实质概念的对立。显然，犯罪的形式概念是以形式合理性为依托的，而犯罪的实质概念是以实质合理性为凭据的。两者之价值取向不同，是一个显而易见的事实。那么，在犯罪的形式概念与实质概念相统一的情况下，是否不存在这种形式合理性与实质合理性的冲突了呢？回答是否定的。在这种犯罪的实质特征与形式特征统一的犯罪概念中，如何处理犯罪的实质特征——社会危害性与犯罪的形式特征——刑事违法性的关系，就成为一个重大的问题。以往，我们过分地强调两者的统一性，忽视了两者的矛盾性。例如，苏联学者 B. M. 契柯瓦则指出：犯罪一方面是危害社会行为，同时也是违法行为。如果说社会危害性是对行为在实质上、在社会政治上的评价，那么，行为的违法性，它和刑法规范的抵触性，就是对它在法权上、法律上的评价。行为的社会危害性及违法性之间的关系，也可以表征出行为之实质的、社会政治的内容及在法权上和法律上的形式之间的关系。[①] 以上这种泛泛而论，似乎深刻，但并未触及要害问题。因为，犯罪的形式特征与实质特征的统一，只是一种应然的期待，而两者或多或少的矛盾则是一种实然的状态。我们不禁要问：在犯罪的形式特征与实质特征发生冲突的情况下，到底是服从犯罪的形式特征呢，还是服从犯罪的实质特征？这才是问题的关键。

犯罪的形式特征与实质特征发生冲突，主要发生在某一行为存在一定的社会危害性，但刑法并未将其规定为犯罪，因而不具有刑事违法性的场合。对于这种情形，如果将社会危害性理论贯彻到底，必然得到需要通过类推对这种行为予以定罪的结论。因此，社会危害性理论在相当长的一个时期内，就成为类推制度存在的理论根据。在修订后的刑法中，废除了类推制度，确立了罪刑法定原则，《刑法》第 3 条规定："法律明文规定为犯罪行为的，依照法律定罪处刑；法律没

---

① 参见中国人民大学刑法教研室编译：《苏维埃刑法论文选择》，第 1 辑，8 页，北京，中国人民大学，1955。

有明文规定为犯罪行为的,不得定罪处刑。"随着罪刑法定原则在我国刑法中的确立,刑事违法性作为犯罪的特征越来越引起重视。同时,我国学者也已经敏锐地发现了犯罪的法定概念与罪刑法定原则之间的矛盾,认为修订后的《刑法》第13条规定的犯罪定义中使用了"危害社会"字样,突出了社会危害性,并用"危害不大"字样,强调了社会危害程度大小对罪与非罪的决定意义。这样,就反映出修订后的刑法关于犯罪的定义中,存在社会危害性标准;同时该条明文确立了规范标准。在一个定义中同时使用了互相冲突、排斥的两个标准来界定犯罪,势必影响罪刑法定原则在犯罪定义中的完全彻底体现,使犯罪这个基本定义乃至整个刑法典的科学性大打折扣。① 或许正是看到罪刑法定原则确立以后对犯罪概念的影响,我国学者提出社会危害和依法应受惩罚性是相互依存、相互作用、相互制约的。它们是决定犯罪这一事物的不可分割的两个本质属性,是犯罪的两个最基本、最重要的特征。② 在这一论述中,社会危害性在犯罪概念中的地位有所下降,表明以往那种对社会危害性的过于绝对的认识在罪刑法定原则的感召下,有所转变。但是,在刑法理论上,社会危害性的理论仍然占主导地位,从而导致在司法适用中,对于某些问题理解上的观点对立。当然,我国刑法学界也有学者认为,社会危害性与罪刑法定原则不存在矛盾。③ 这种观点把社会危害性分为立法者那里的社会危害性与司法者那里的社会危害性。立法上的社会危害性与罪刑法定原则并不矛盾,这是毫无疑问的。司法上的社会危害性与罪刑法定原则何以不矛盾呢?论者认为,司法者那里的社会危害性,是指司法者依据行为的刑事违法性而认定该行为严重侵犯了国家、社会、个人利益而具有的社会危害性。这种社会危害性是有限定性的,即只有行为具有刑事违法性才能认定该行为具有社会危害性。不具有刑事违法性的行为,不论行为的社会危害性多么严重,都不能将该行为以犯罪论处。以司法者那里的社会危害性来认定犯罪,怎么会与

---

① 参见樊文:《罪刑法定与社会危害性的冲突——兼析新刑法第13条关于犯罪的概念》,载《法律科学》,1998(1)。
② 参见何秉松主编:《刑法教科书》,145页,北京,中国法制出版社,1997。
③ 参见李立众、柯赛龙:《为现行犯罪概念辩护》,载《法律科学》,1998(3)。

社会危害性理论：一个反思性检讨

罪刑法定原则相违背呢？我认为，上述理由是难以成立的。如果社会危害性是完全依据刑事违法性认定的，那么，这种司法上的社会危害又有什么实质意义？而且，论者同时又指出：脱离社会危害性仅从形式的方面考虑行为的违法性，从而将该行为以犯罪论处，确实维护了法律，但付出了牺牲公民个人的生命、自由、财产的沉重代价。因此，将社会危害性引入到犯罪概念中来，这样，对具备刑事违法性的行为的定罪与惩罚就不是变成理所当然的了。① 换言之，论者承认存在具备刑事违法性但不具备严重社会危害性的情形。这难道不是社会危害性与罪刑法定原则的矛盾吗？这里所谓不具备刑事违法性的社会危害性显然不是司法上的社会危害性。既然存在具备刑事违法性但不具备社会危害性的情形，当然也就必然存在具备社会危害性但不具备刑事违法性的情形。对于前一种情形，根据刑法谦抑原则以及期待可能性等理论可以阻却违法或者责任。而后一种情形则是我们需要实际面对的问题，列举如下。

其一，关于相对负刑事责任年龄阶段，即已满14周岁不满16周岁的人承担刑事责任范围问题。对此，在1979年《刑法》第14条第2款规定，已满14岁不满16岁的人应对杀人、重伤、抢劫、放火、惯窃罪或者其他严重破坏社会秩序罪负刑事责任。在此，法律规定的"其他严重破坏社会秩序罪"是一种概括性规定，内容并不确定，为司法解释留下了较大的余地。在刑法修订中，为了贯彻罪刑法定原则，1997年《刑法》第17条第2款将已满14周岁不满16周岁的人承担刑事责任的范围明确限制为下述犯罪：故意杀人、故意伤害致人重伤或者死亡、强奸、抢劫、贩卖毒品、放火、爆炸、投毒罪。但在刑法实施中，仍然存在解释问题。例如，在刑法规定的其他犯罪中，包含了上述列举之罪的内容时，能否以犯罪论处？以故意决水为例，已满14周岁不满16周岁的人故意决水，造成他人死亡、重伤及重大财产的损失。刑法显然没有规定已满14周岁不满16周岁的人对决水罪承担刑事责任，但上述决水行为实际上包含了故意杀人的行为。如果行为人明知自己的决水行为会发生他人死亡的结果，并且希望或者放任这种结

---

① 参见李立众、柯赛龙：《为现行犯罪概念辩护》，载《法律科学》，1998（3）。

果发生时，能否认定为故意杀人罪，从而追究刑事责任？我国学者指出，在这种情况下，如果得出否定结论，或许维护了罪刑法定原则，但不利于保护合法权利；如果得出肯定结论，则存在以下疑问：对于同样的决水行为，为什么已满16周岁的人实施时构成决水罪，而已满14周岁不满16周岁的人实施时构成故意杀人罪？这是需要进一步探讨的问题。[①] 这一问题更为突出地反映在绑架罪上。根据我国《刑法》第239条之规定，在犯绑架罪中，杀害被绑架人的，处死刑，并处没收财产。这里的杀害被绑架人，是指在劫持被害人后，由于勒索财物或者其他目的没有实现以及其他原因，故意将被绑架人杀害的行为。因此，这是一种典型的故意杀人行为，但被立法者作为绑架罪予以涵括，因而形成刑法理论上的包容竞合，即整体法与部分法之间的法条竞合。那么，已满14周岁不满16周岁的人实施绑架行为而杀害被绑架人的，是否承担刑事责任呢？对此，我国学者之间存在截然相反的两种观点：一是肯定说，认为由于这种犯罪行为危害性特别大，凡是年满14周岁并具有责任能力的人，均可构成。[②] 二是否定说，认为按照罪刑法定原则和《刑法》第17条第2款的规定，已满14周岁不满16周岁的人对这种行为不负刑事责任，但应当责令其家长或者监护人加以管教；在必要的时候，也可以由政府收容教养。[③] 以上两种观点实际上是形式合理性与实质合理性之间的冲突。

其二，关于单位犯罪承担刑事责任的范围，我国刑法明文规定：公司、企业、事业单位、机关、团体实施的危害社会的行为，法律规定为单位犯罪的，应当负刑事责任。但在我国刑法中，对于盗窃罪等少数罪名，并未规定单位犯罪。在司法实践中，却存在着单位实施的盗窃犯罪。在这种情况下，对于单位中的直接负责的主管人员和其他直接责任人员能否以盗窃罪论呢？对此，在刑法理论上存在争论，主要存在以下两种观点：第一种观点认为，为单位实施的盗窃行为，只要符合盗窃罪的构成要件，尽管依照单位实施的危害社会的行为，法律规定为

---

① 参见张明楷：《刑法学》，上册，168页，北京，法律出版社，1997。
② 参见王作富主编：《中国刑法的修改与补充》，176页，北京，中国检察出版社，1997。
③ 参见祝铭山主编：《中国刑法教程》，471页，北京，中国政法大学出版社，1998。

社会危害性理论：一个反思性检讨

单位犯罪的才负刑事责任的规定，对于单位不能以盗窃罪论处。但在这种情况下，对于单位的直接负责的主管人员和其他直接责任人员仍然应以盗窃罪论处。第二种观点认为，追究单位中的直接负责的主管人员和其他直接责任人员的刑事责任，是以单位构成犯罪为前提的。如果单位不构成盗窃罪，单位中的直接负责的主管人员和其他直接责任人员也不能以盗窃罪论处。我认为，单位盗窃与自然人盗窃在性质上是有所不同的。在单位盗窃的情况下，该盗窃行为是单位行为，而不是个人行为；而且，单位盗窃的财物是归单位所有而非归个人所有。因此，对于这种单位盗窃行为，应以单位犯罪论处。但在刑法没有规定单位可以成为盗窃罪主体的情况下，对于单位中的直接负责的主管人员和其他直接责任人员以盗窃罪追究刑事责任，确有违反罪刑法定原则之嫌。但对于这种单位盗窃行为不依法追究刑事责任，又有放纵犯罪之嫌。在此，就出现了实质合理性与形式合理性的冲突。

其三，关于渎职罪的主体，修订后的刑法严格限制为国家机关工作人员，并对其他国家工作人员，主要是指国有公司企业中从事公务的人员的玩忽职守、滥用职权的行为在刑法分则第三章规定了若干个罪名。但由于缺乏一个概括性的罪名，因而国家机关工作人员以外的其他国家工作人员，主要是指国有公司、企业、事业单位中的国家工作人员的大量玩忽职守、滥用职权行为，由于不符合刑法规定，因而无法追究刑事责任。在这种情况下，出现了"能办的不能犯，能犯的不能办"的状况。这里所说的"能办"，是指法律有规定，能够依法处理。这里所说的"能犯"，是指实际有可能实施某种犯罪。因此，所谓"能办的不能犯"，是指刑法中有规定的某些国家机关工作人员的渎职犯罪，在现实生活中十分罕见，由此形成法律虚置。所谓"能犯的不能办"，是指在现实生活中大量发生的其他国家工作人员的渎职行为，由于刑法没有规定而无法处理，因而形成法律短缺。这种能办与能犯的矛盾，生动地反映了刑法规定与现实犯罪的不相吻合。如果坚持实质合理性的立场，能犯的就应当能办，但办了又违法；如果坚持形式合理性的立场，不能办的就不办，无论是否能犯，但不办又失职。因此，在这种情况下，形式合理性与实质合理性的冲突也表现得十分明显。

59

在形式合理性与实质合理性冲突的情况下,我们应当选择前者而不是后者。因此,在犯罪的概念中,对于认定犯罪来说,刑事违法性是根本标准,社会危害性离开了刑事违法性就不能成为犯罪的特征。在当前法治国家的建设中,之所以将形式合理性置于首要的位置,是由以下原因决定的。

第一,以刑事违法性作为认定犯罪的根本标志的形式合理性体现了刑事法治的要求。

从人治到法治的转变,是人类文明进步的一个重要标志。在刑事法领域,同时存在这一从人治到法治的转变,这主要体现在犯罪认定的标准上。在人治社会,由于实行罪刑擅断,因而犯罪的概念是模糊的,犯罪的标准是混乱的。"不确定"被认为是这一时期刑法的主要特征。从罪刑擅断到罪刑法定,从不确定到确定,是刑事法治所带来的刑法领域的一场深刻革命。罪刑法定原则要求在认定犯罪的时候,要以确切的法律规定作为标准。只有法律才能设置犯罪,也只有根据法律规定才能认定犯罪。在这种情况下,法律成为区分罪与非罪的唯一标准。

第二,以刑事违法性作为认定犯罪的根本标志的形式合理性体现了人权保障的要求。

如果说,专制社会的刑法是以镇压犯罪、维护统治为使命的;那么,法治社会的刑法就是以人权保障为价值诉求的。人权保障要求以刑法的明文规定限制国家权力,尤其是限制司法权的滥用。而以刑事违法性作为认定犯罪的根本标志,就意味着司法机关只能在法律规定的范围内认定与处罚犯罪。没有触犯刑律,就没有犯罪,也就没有刑罚。这样,就明确地划清了通过司法机关行使的国家刑罚权与公民个人自由之间的界限。只有在这种情况下,刑法才能真正成为公民个人自由的大宪章。如果不是以法律规定作为认定犯罪的标准,而是以法律以外的其他因素,例如是否道德、是否对社会具有危害性作为认定犯罪的标准。这种标准本身的不确切性,就有可能成为侵犯人权的借口,从而使公民个人的自由处于一种危险的境况。

第三,以刑事违法性作为认定犯罪的根本标志的形式合理性体现了一般公正的要求。

社会危害性理论：一个反思性检讨

公正有一般公正与个别公正之分。在法律上，如果一般公正与个别公正能够兼得，当然十分理想。但在现实上，两者有可能存在冲突。在这种情况下，我们应当以追求一般公正为主，在保证一般公正的前提下实现最大限度的个别公正。就立法与司法两者而言，立法主要根据一般公正提供法律规则。在刑法上，就是确定犯罪的一般概念和认定犯罪的具体标准。司法主要根据法律规定，结合具体案情，使一般公正转化为个别公正（或曰个案公正）。但由于一般公正与个别公正在性质上的差别，有可能出现根据一般公正标准处理具体案件的时候，个别公正无法实现。这是因为，凡事都有例外。对于这种例外情况，刑法往往难以顾及。在出现例外的情况下，是遵循法律规定，牺牲个别公正实现一般公正，还是违反法律规定，牺牲一般公正实现个别公正，这里同样包含着形式合理性与实质合理性的冲突。我认为，法律虽然以追求公正为使命，但公正的实现又是相对的、有代价的。那种绝对公正的观念是不可取的，也无现实上的可能性。在认定犯罪的时候，严格坚持法律标准，以是否具有刑事违法性为根据。尽管可能使个别具有较为严重的社会危害性的行为无法受到法律制裁，但这是为维护法律的尊严、实现一般公正所付出的必要的代价。

根据以上论述，我认为在面临形式合理性与实质合理性的冲突的时候，我们应当坚持形式合理性。在这种情况下，社会危害性理论就不像过去那样是一种绝对的真理。尤其在司法活动中，对于认定犯罪来说，社会危害性的标准应当让位于刑事违法性的标准。只有在刑事违法性的范围之内，社会危害性对于认定犯罪才有意义。这样，对于社会危害性与刑事违法性的关系，我们就可以从立法与司法两个层面上考察。从立法上来说，由于立法是一种规范的构造，而社会危害性是创设罪名的实体根据与基础，因而可以说是社会危害性决定刑事违法性。因为正是社会危害性回答了某一行为为什么被立法者规定为犯罪这一问题。但从司法上来说，面对的是具有法律效力的规范和具体案件，因而某一行为是否具有刑事违法性就成为认定犯罪的根本标准。因为正是刑事违法性回答了某一行为为什么被司法者认定为犯罪这一问题。对于社会危害性与刑事违法性的关系，不仅可以从立法与司法两个层面来理解；而且，在刑法理论上，还可以从理论刑法学与注

释刑法学两个角度去分析。从理论刑法学的角度上说，把犯罪作为一种社会的与法律的现象进行研究，不仅要关注犯罪的法律特征，而且还要揭示犯罪的社会特征。在这种情况下，从刑法理论上界定犯罪，将犯罪本质定义为社会危害性与人身危险性的统一，即所谓犯罪本质二元论，是可以成立的。但从注释刑法学的角度上说，犯罪只是一种法律规定的行为。离开法律规定就没有犯罪可言。在这种情况下，必须始终把握犯罪的刑事违法性。社会危害性只有从刑法规定的构成条件中去寻找；人身危险性只有从刑法规定的犯罪情节中去认定。以往我国刑法理论，在界定犯罪概念的时候，没有区分立法上的犯罪概念与司法上的犯罪概念、理论刑法学上的犯罪概念与注释刑法学上的犯罪概念，从而笼统地将社会危害性作为犯罪的本质特征，带来了理论上的混乱。现在，我们反思社会危害性理论，并不是要全盘否定社会危害性在犯罪中的地位与意义，而是要将社会危害性这一超规范的概念转换成为法益侵害这一规范的概念。

三

将社会危害性的概念逐出注释刑法学领域，是否会使注释刑法学中的犯罪概念变成一个纯粹的法律形式，从而堕入形式法学的泥潭呢？为避免出现这种情况，我们需要引入一个具有实质意义的概念：法益及法益侵害。

法益这个概念可以轻而易举地理解为法律所保护的利益。刑法所保护的利益，相应也就称为刑法法益。法益这个概念起源于19世纪，作为对犯罪性质的一种理论概括，是由德国著名刑法学家毕伦巴姆率先提出的。虽然贝卡里亚对犯罪本质特征的"社会危害性"的论断有一针见血之功效，但社会危害性具有非实证的特征，是一种社会学的分析。因此，当费尔巴哈着手建立实证的刑法体系的时候，将"社会危害"这样一种社会学的语言转换为"权利侵害"这样一种法学的语言。在费尔巴哈看来，犯罪的本质和犯罪的侵害方面在于对主观权利的损害，刑法的任务乃是对主观权利进行保护，并相应保障公民的自由。费尔巴哈认为，犯罪不仅是对个别权利的侵害，国家也可以作为具有权利的一个人格来看

社会危害性理论：一个反思性检讨

待，因而对国家的犯罪也属于权利侵害。应该说，权利侵害说是以启蒙学派的人权理论以及古典自然法思想为基础，并从罪刑法定主义中引申出来的，它具有限定被扩张的犯罪概念的作用。当然，权利侵害说也存在一定缺陷，它只能涵括侵犯个人利益的犯罪，而难以包括侵犯国家利益与社会利益的犯罪，它所反映的是一种个人本位的犯罪观念。因此，费尔巴哈的权利侵害说被毕伦巴姆的法益侵害论所取代。毕伦巴姆在1843年发表的《犯罪概念中法益保护的必要性》一文中认为，法益恰恰不是权利，而是以国家强制力保护的个人或集体享有的、在自然意义上能够伤害的实体利益。[1] 在此，毕伦巴姆引入了法益的概念，强调犯罪的本质在于对法律所保护的一定利益的侵犯。在这一观点中，利益成为一个中心词。利益是指能够满足主体需要的某种内容，是人之所欲。在法学史上，曾经出现过一种利益法学，以德国著名法学家耶林为代表。耶林通过使人们注意权利背后的利益，而改变了整个法学理论。耶林认为，权利就是受到法律保护的一种利益。[2] 正是耶林使利益的概念从法学中脱颖而出：不是权利决定利益，而是利益决定权利。权利只不过是法律承认与调整的某种利益。在权利与利益的关系中，前者是形式，后者是内容。更为重要的是，利益是一个比权利的内涵更为丰富与广泛的实体概念，它可以分为个人利益、社会利益与国家利益。尤其是随着个人本位向社会本位的转变，社会利益在整个利益中所占据的份额越来越大，所占据的地位越来越重要。而权利的主体一般来说是个人，个人利益在法律上被确认，形成权利。权利这个概念很难将社会利益与国家利益包括进去，因而利益具有更大的理论涵括力。意大利学者杜里奥·帕多瓦尼在评论法益侵害说取代权利侵害说时指出："自然权利"的观念是启蒙时代刑法思想的核心，犯罪就是对自然权利的侵犯。随着时代的发展，人们逐渐用一个新的概念取代了"自然权利"这一提法。这个新的概念就是人们所说的"法益"（即法律对某种物质性、伦理性或精神性东西的肯定性评价）或"合法的利益"（这一概念强调的是法律所肯定的

---

[1] 参见李海东：《刑法原理入门（犯罪论基础）》，13页，北京，法律出版社，1998。
[2] 参见张文显：《当代西方法哲学》，120页，长春，吉林大学出版社，1987。

东西与其所有人的关系,所谓"利益"就意味着与所有人有利害关系)。帕多瓦尼还把这种以法益侵害为本质的犯罪概念称为客观的犯罪概念,认为强调"法益"或"合法利益"与犯罪间的直接关系,是客观的犯罪概念的核心。这种犯罪概念认为犯罪是一种社会的外部"感觉"(即使有些不一定是直接通过感官感觉)到的行为,其实质与犯罪行为人的意志无关。帕多瓦尼认为,法益除一部分是物质性的(如人的生命、拥有的财产等)以外,大部分都表现为观念的形态(如人的名誉、贞操、机密等),即作为一种价值而存在。① 应该说,帕多瓦尼对法益的论述是十分深刻的,对于我们理解法益的实质与界定法益的范围都具有重大的参考价值。当然,并非所有利益都是刑法的保护对象,只能那些重要的、基本的利益才是刑法所保护的,这种利益进入刑法保护范围,就形成刑法法益。就此而言,法益这个概念不仅以利益这一实体内容为基础,而且同样突出了法律的性质。尤其是德国学者宾丁在规范论的视野中揭示与把握法益,使法益的规范机能更为突出。在宾丁看来,"规范(norm)"处于优先地位,法益只是附体于"规范"并支持其"规范理论"的一个概念。规范基于立法者的意志而制定,其本身具有一定的完整性和体系性,行为人以侵害法益为中介达到了违反规范的结果,犯罪在实质上侵害了法益,在形式上违反了规范,但是这对于规范本身的权威并未削弱,因为规范先于法益而存在,受制于立法机关"主观上的决定"②。法益概念的确立,使刑法中的犯罪概念实质化,法益侵害成为犯罪的实质内容。

在我国刑法理论中,没有采用法益及法益侵害的概念,而是在引入苏联的社会危害性理论的同时,引入了犯罪客体这一独特的刑法概念,使之成为犯罪构成的首要条件。苏联刑法理论否定法益为犯罪客体的理论,认为将法益解释为犯罪客体是唯心主义的,是掩盖犯罪的阶级性和镇压革命的刑法的本质的。我国刑法

---

① 参见[意]杜里奥·帕多瓦尼:《意大利刑法学原理》,陈忠林译,76 页,北京,法律出版社,1998。帕多瓦尼将犯罪概念区分为客观的犯罪概念与主观的犯罪概念。客观的犯罪概念认为犯罪的实质在于对法益的侵害。主观的犯罪概念认为犯罪的实质就是违背忠于国家的义务,这是法西斯统治时期提出的犯罪概念。

② 丁泽芸:《刑法法益学说论略》,载北京大学《刑事法学要论》编辑组编:《刑事法学要论》,281页,北京,法律出版社,1998。

社会危害性理论：一个反思性检讨

理论也基本接受了苏俄刑法理论的这一观点，对于法益为犯罪客体的学说持否定态度。① 苏俄刑法学者将犯罪客体确定为犯罪行为所侵害的社会关系，从而将其与犯罪对象相区分。犯罪客体确立的理论根据是马克思在 1842 年所写的《关于林木盗窃的辩论》一文中的下述论述："……犯罪行为的实质并不在于侵害了作为某种物质的林木，而在于侵害了林木的国家神经——所有权本身，也就是在于实现了不法的意图。"② 应该说，马克思深刻地揭示了犯罪行为的本质：林木只是所有权的载体，所有权才是犯罪所侵害的实体内容。但这种所有权在法律上表现为一种权利，其进一步的本质又在于利益。侵害林木的国家神经实际上是触犯了法律所保护的某种利益。马克思的上述论断与法益侵害说并不矛盾，而且也难以从这一论断中引申出作为犯罪构成条件的犯罪客体。从中我们可以看到，经典作家的只言片语如何经过某些学者的加工与发挥，但由于这种观点是建立在断章取义之上的，因而缺乏充分的逻辑根据。

在我国刑法理论中，犯罪客体是刑法所保护而为犯罪所侵害的社会关系的表述，长期以来占统治地位。社会关系又进一步确定为是人们在生产过程和生活过程中形成的人与人之间的相互关系。由于社会关系具有抽象性，因而个别学者对此提出质疑，并以社会利益取而代之，认为犯罪客体是犯罪主体的犯罪活动侵害的、为刑法所保护的社会主义社会利益。③ 之所以用社会利益取代社会关系，主要理由在于：(1) 社会利益的内容广泛，几乎涵盖了整个社会，无论犯罪侵害的是生产力、生产关系、上层建筑或自然环境，都可以归结为对社会利益的侵害。(2) 社会利益具有多种多样的可能性，能适应犯罪客体具体化和多样化的要求，对犯罪客体的内容作出科学界定。(3) 社会利益可以通过利益主体的特点，揭露犯罪客体的社会属性和阶级属性，从而揭露犯罪的社会政治意义。(4) 社会利益的含义深刻而又通俗易懂，早已为人们所接受和广泛使用。④ 应该说，这种利益

---

① 参见刘生荣：《犯罪构成理论》，125 页，北京，法律出版社，1997。
② 《马克思恩格斯全集》，第 1 卷，168 页，北京，人民出版社，1956。
③ 参见何秉松主编：《刑法教科书》，243 页，北京，中国法制出版社，1997。
④ 参见何秉松：《犯罪构成系统论》，172 页以下，北京，中国法制出版社，1995。

侵害说与大陆法系国家刑法理论中的法益侵害说已经相当接近。尽管如此，这种观点仍然把犯罪客体作为稳固构成的要件。在我国刑法学界，早在20世纪80年代中期就有学者否认犯罪客体是犯罪构成要件，并对此作了论证。主要理由如下：（1）犯罪客体的内容与犯罪概念的内容相同，因而没有必要将犯罪客体单列为犯罪构成要件。（2）作为犯罪客体确立的理论根据的马克思论断，揭示的是犯罪行为的实质，不能作为犯罪客体的理论根据。（3）由于把犯罪客体说成是社会关系，与犯罪对象分离开来，其结果是把犯罪对象看作是可有可无的东西，忽视了对犯罪对象的研究。（4）在刑法学中把犯罪客体表述为社会关系，与其他学科关于客体的概念相矛盾。① 在我看来，上述观点是具有相当说服力的。由于在犯罪概念与犯罪客体的关系上，确实存在重复之嫌，因而，我认为应当把犯罪客体还原为刑法法益；然后将刑法法益纳入犯罪概念，以法益侵害作为犯罪的本质特征，由此取代社会危害性概念。法益侵害与社会危害性相比，具有以下优越性。

其一，规范性。社会危害性是对犯罪的一种超规范解释，尽管这一概念在某种情况下具有强大的解释功能，但恰在这一点上可能与罪刑法定原则形成冲突。李海东博士指出：对于犯罪本质做社会危害性说的认识，无论它受到怎样言辞至极的赞扬与称颂，社会危害性并不具有基本的规范质量，更不具有规范性。它只是对于犯罪的政治的或者社会意义的否定评价。这一评价当然不能说是错的，问题在于它不具有实体的刑法意义。当然没有人会宣称所有危害社会的行为都是犯罪和都应处罚。但是，如果要处罚一个行为，社会危害性说就可以在任何时候为此提供超越法律规范的根据，因为，它是犯罪的本质，在需要的情况下是可以决定规范形式的。社会危害说不仅通过其"犯罪本质"的外衣为突破罪刑法定原则的刑罚处罚提供一种貌似具有刑法色彩的理论根据，而且也在实践中对于国家法治起着反作用。② 这一论断是十分精辟的，值得我们重视。因为社会危害性是一个未经法律评价的概念，因而以社会危害性作为注释刑法中犯罪概念的本质特

---

① 参见张文：《关于犯罪构成理论的几个问题的探索》，载《法学论文集（续集）》编写组编：《法学论文集（续集）》，252页以下，北京，光明日报出版社，1985年。
② 参见李海东：《刑法原理入门（犯罪论基础）》，8页，北京，法律出版社，1998。

社会危害性理论：一个反思性检讨

征，并以之作为区分罪与非罪的界限，就会导致超法规的评价。这在罪刑法定原则的刑法构造中，是极为危险的。而法益侵害就不存在这种危险，因为法益侵害是以刑法评价为前提的，具有规范性。某种行为未经刑法评价，就不存在法益侵害的问题。

其二，实体性。社会危害性虽然是一种实质的观点，因而以社会危害性为内容的犯罪概念被称为是犯罪的实质概念。但由于社会危害性本身又是十分空泛的，不能提供自身的认定标准，因而又需要以刑事违法性作为社会危害的认定标准。在这种情况下，出现了循环论证的问题。由于这种循环论证，社会危害性丧失了其实体内容，成为纯然由刑事违法性所决定的东西。对此，李海东博士指出：社会危害性这类犯罪规范外的实质定义的致命弱点在于，在这个基础上建立起来的犯罪体系完全依赖于行为的规范属性，因而它又从本质上放弃了犯罪的实质概念。如果我们称犯罪的本质在于行为的社会危害性，显然，危害社会的并不都是犯罪，那么区别犯罪与其他危害社会行为的唯一标准就不可避免地只能决定于刑法是否禁止这个行为，也就是行为的刑事违法性。[①] 这种所谓实质认识由此也就成了一种文字游戏般的东西，其实质变成了由法律形式所决定的，因此也就是形式犯罪而已。换言之，社会危害性的认定在这种理论中完全依赖于行为的刑事违法性。由此可见，社会危害性与刑事违法性辩证统一的观点难以解决犯罪概念的实体内容，反而会陷入一种循环论证的逻辑窘境。以法益侵害描述犯罪的实质内容，既可以避免犯罪概念的形式化，又可以防止对犯罪实质作超规范的解释。因为法益侵害中的法益，是以法律所保护的利益为其实体内容的。正是这种利益的相当重要性，才有可能成为刑法保护的客体。但这种利益又不是泛泛而论的一般利益，是法规所保护的利益，就使得法益的认定上具有规范标准，进而使得实体内容与规范标准有机地统一起来。而对法益的这种侵害性，则描述了犯罪的本体特征，成为一个充实的犯罪概念，克服了社会危害性内容的空泛性。

---

① 参见李海东：《刑法原理入门（犯罪论基础）》，7页，北京，法律出版社，1998。

其三，专属性。社会危害性不是一种注释刑法的概念，在理论刑法学中或许可以有它的一席之地。但在以实证方法建构的注释刑法学中，社会危害性这种前实证的概念容易造成理论上的混乱。例如，把社会危害性作为犯罪的本质特征，就带来一个极大的困惑：本质特征应该是某一事物所特有的性质，但社会危害性并非犯罪所专有，其他违法行为也都具有社会危害性。为此，我国学者绞尽脑汁进行论述，出现了对作为犯罪本质特征的社会危害性的以下种种表述：严重的社会危害性、应受刑罚处罚的社会危害性、犯罪的社会危害性等，并在互相之间进行理论争论。实际上，这种争论本身是没有任何学术价值的，只是一种学术资源的浪费。法益侵害这个概念则科学、严谨，并且是刑法所专属的，它的引入可以克服许多无谓的分歧。刑法作为一门学科，在长期的法律实践活动过程中，形成了一些约定俗成的专业术语，即所谓法言法语。它是刑法文化的遗产，我们没有理由予以废弃，另创一套术语。但在过去相当长的一个时期内，我们把某个概念的使用上升到政治高度，从而损害了刑法自身的专业性。从法益侵害到社会危害性的历史嬗变，充分说明了这一点。随着刑法学科专业性的重视与加强，某些传统的刑法专属术语正在复活，法益侵害即是一例。

随着刑法法益概念在刑法中的地位的确立，现行刑法理论中犯罪客体的功能将由刑法法益所取代，因而犯罪客体也就失去了犯罪构成要件的地位。意大利学者杜里奥·帕多瓦尼认为"法益"是一个多重的功能的概念。该概念具有注释、运用功能（即能准确地说明犯罪所侵犯的"法益"，有助于理解刑法规定的目的），系统分类功能（即可以按照犯罪所侵犯的法益对犯罪统一进行分类，如洛克法典就是用这种方法按犯罪客观上所侵犯的法益将犯罪分为侵犯人身的犯罪、侵犯财产的犯罪、危害公共安全的犯罪等），系统的界定功能（任何犯罪都必须以侵犯特定法益为自己存在的条件）和刑事政策功能（立法者必须以对法益的侵害作为确定可罚性行为的标准）。[①] 由此可见，法益的这些功能完全可以取代犯

---

① 参见［意］杜里奥·帕多瓦尼：《意大利刑法学原理》，陈忠林译，77页，北京，法律出版社，1998。

社会危害性理论：一个反思性检讨

罪客体的功能。以往的刑法理论中，犯罪客体主要具有以下功能：（1）犯罪一般客体作为刑法所保护的社会关系整体揭示了一切犯罪的共同属性，进而认识犯罪的社会危害性。我们已经指出，对于犯罪属性的揭示是犯罪概念的功能，而不能由构成要件来承担。（2）犯罪的同类客体作为某一类犯罪行为所共同危害的社会关系的某一部分或某一方面，对于刑法分类具有重要意义。我认为，刑法分则体系是建立在犯罪分类基础之上的，而这种犯罪分类并不取决于犯罪所侵害的社会关系，而取决于犯罪所侵害的法益。在刑法理论上，通常将法益分为个人法益、社会法益和国家法益。而大陆法系的刑法分则体系就是建立在这种刑法法益分类的基础之上的。我国随着市场经济的发展，同样存在这种利益上的分化，因而也可以把犯罪分为侵害个人法益的犯罪、侵害社会法益的犯罪与侵害国家法益的犯罪。在刑法分则体系建立的时候，根据上述三种犯罪排列，不仅逻辑脉络清晰，而且具有事实依据，因此，在刑法分则犯罪的分类上，法益概念同样可以取代同类客体。（3）犯罪的直接客体作为某一种犯罪所具体侵害的社会关系，其作用在于认定某种具体犯罪的性质。但是，所谓直接客体是否具有这一作用是值得怀疑的，因为某一犯罪的性质是由该犯罪的构成要件决定的，而不是简单地决定于该犯罪侵害的社会关系。例如，故意杀人罪与过失致人死亡罪都侵害了人的生命法益，但能以此认为这是两种性质相同的犯罪吗？显然不能，更为重要的是，这种犯罪直接客体的法律根据也是值得怀疑的。我国学者指出：在分则各罪的规定中，一般并不直接规定犯罪客体（即直接客体）的内容。有一些学者在分析犯罪客体时，认为刑法对犯罪客体的规定方式多样，有时直接指出犯罪客体，有时只指出犯罪对象等，用以说明犯罪客体的法定方式。这些努力都在解决一个问题，即在具体犯罪的犯罪构成中一般不明确规定犯罪客体的现实下，如何说明犯罪构成法定化的问题。各种努力对犯罪客体的研究均有一定的意义，但仍然存在一个不可回避的难题，就是刑法分则条文没有明确规定的内容，仅用解释来说明其存在，能否认为是法定的。[①] 尽管这种观点没有完全否定作为犯罪构成要件的犯罪

[①] 参见李洁：《三大法系犯罪构成论体系性特征比较研究》，载陈兴良主编：《刑事法评论》，第2卷，446页，北京，中国政法大学出版社，1998。

客体在刑法分则中没有具体规定这样一个事实，但在这种没有法律规定的情况下，所谓直接客体的存在又怎么可能起到揭示犯罪性质的作用呢？综上所述，我认为在犯罪构成要件中，没有必要设置犯罪客体这样一个要件。直接客体的内容与功能完全可以由犯罪概念中的法益概念来承担。

当我们清理了传统刑法理论中的犯罪概念，尤其是将社会危害性质转换成为法益侵害，我们又回到注释刑法学中的犯罪概念上来了。犯罪概念是刑法的基础范畴，它的确立直接关系到刑法理论的进程。在犯罪概念中消解了社会危害性以后，如何重构犯罪概念，是一个值得研究的问题。在我看来，在确立刑法中的犯罪概念的时候，应当以刑事违法性为出发点，将刑事违法性作为犯罪的唯一特征。因此，只有法律规定的才是犯罪，法律没有规定的不是犯罪。根据罪刑法定原则，如果法律没有规定，即使行为的社会危害性再大，也不是犯罪。这里主要涉及犯罪的刑事违法性问题。在刑法理论中，刑事违法性是一个值得研究的问题。可以看到，我国刑法理论与大陆法系刑法理论相比较，关于刑事违法性在刑法理论体系中的地位形成了两种完全不同的处理结果。在我国刑法理论中，刑事违法性是作为犯罪的形式特征在犯罪概念中加以研究的。但由于在犯罪概念中强调社会危害性并将之确定为犯罪的本质特征，因而社会危害性与刑事违法性就成为内容与形式的关系。关于社会危害性与刑事违法性关系的以下论述在我国是一种通行的观点：行为的社会危害性是刑事违法性的基础；刑事违法性是社会危害性在刑法上的表现。① 基于这种认识，我国刑法理论中刑事违法性缺乏实体内容。在大陆法系刑法理论中，违法性不是作为犯罪特征，而是作为犯罪成立条件加以确立，形成了蔚为可观的违法性理论。在这一违法性理论中，形式违法性与实质违法性的观点值得我们参考。形式违法性是指违反法的规范，即违法性的形式概念。当然在违反法的规范的判断下，又有客观的违法性与主观的违法性之争。② 主观的违法性论将法的规范本质理解为对人的意思的命令禁止（命令说），

---

① 参见赵秉志主编：《新刑法教程》，81页，北京，中国人民大学出版社，1997。
② 参见［日］福田平、大塚仁编：《日本刑法总论讲义》，李乔等译，81页以下，沈阳，辽宁人民出版社，1986。

社会危害性理论：一个反思性检讨

认为违反这种命令禁止的就是违法。因此，只有具有责任能力的人的故意和过失的行为才存在违法问题。而客观的违法性论把法的规范的首要作用理解为客观评价规范，违反这种规范即违法。显然，以上两种观点对违法性的理解是互相对立的。但在大陆法系刑法理论中，由于违法性是与构成要件该当性和有责性并列的，如果按照主观违法性论的理解，则违法性与有责性的分界不复存在，因而在大陆法系刑法学界流行的是"违法是客观的，责任是主观的"这一说法。通说对违法性采客观的违法性论。与形式违法性相对应的是实质违法性，实质违法性指违法性的实质内容。在违法性的实质内容上，大陆法系刑法理论又存在侵害法益说与违反规范说之争。侵害法益说认为，违法性的实质在于对法益所造成的侵害；违反规范说认为，犯罪并非侵害主观上作为法的权利，而是在客观上侵害法的本身，即违反法程序。但法程序是一个十分含混的概念，作为违法性的本质难以实际把握。在这种情况下，侵害法益说就成为实质违法性判断上的通说。我认为，大陆法系刑法理论将违法性作为一个构成要件确立是值得商榷的。因为整个犯罪构成实际上就是刑事违法的构成。因此，将违法性作为犯罪构成的一个具体要件，是降低了违法性的意义。因此，我主张把刑事违法性作为犯罪的特征，在犯罪概念中加以研究。当然，在违法的理解上，我认为应当引入大陆法系的违法性理论，坚持形式违法与实质违法的统一，主观违法与客观违法的统一，使违法性真正成为一个具有实体内容的概念。

（本文原载《法学研究》，2000（1））

社会危害性理论：进一步的批判性清理

　　自从笔者在《法学研究》2000年第1期发表"社会危害性理论：一个反思性检讨"以来，我国刑法学界对社会危害性的讨论持久不衰，尤其是围绕着社会危害性与刑事违法性的关系展开了观点的交锋，并形成了互相对立的学术进路。笔者作为对社会危害性理论的发难者，这些年来对这一问题的思考从来没有中断过。在社会危害性理论问题上各种观点的争鸣，使笔者能够更为冷静地对社会危害性理论进行审视。在笔者看来，对社会危害性理论进行批判，是我国刑法知识之去苏俄化[①]的一个重要切入点。唯有如此，才能在彻底清算苏联刑法学影响的基础上，为我国刑法学期许一个美好的未来。本文拟对社会危害性理论作进一步的历史反思与逻辑辩驳，以期将这一问题的讨论引向深入。

一

　　社会危害性理论是苏俄刑法学的核心，这一理论是在反形式主义法学的基础

---

① 关于我国刑法知识的去苏俄化，笔者将另文探讨。

社会危害性理论：进一步的批判性清理

上形成的，因而具有实质主义法学的特征。在这种情况下，对法律的形式与实质的考察，也许是理解社会危害性理论的一个必要的知识背景。

相对于社会生活内容，法律只不过是一种形式，因而法律必然具有形式的特征。法律之发达，实际上就是法律形式的发达。当然，法律形式发达到一定程度，就会出现法律形式主义的倾向。这一点在古罗马法中表现得十分明显。意大利学者对古罗马法中法律行为的形式主义作了深刻揭示，指出：产生法律效力的私人行为，无论是具有物权方面的效力（即涉及所有权的转移或物权的设立），还是具有债方面的效力（即产生债），在最古老的时期均同一种严格的形式主义相符合。早期人曾表现出一种对形式的特别追求，这同当时的法所含有的宗教成分有关，同时早期人还具有在形式问题上的灵活性，因而他们的形式灵活地体现着对各种法律形势的确定。① 大陆法系是在继受罗马法的基础上成长起来的，尤其是中世纪以降意大利和德国之继受罗马法，极大地促进了近代西方法律的发达。② 对此，德国著名社会学家马克斯·韦伯曾经作过深刻的论述。韦伯认为，形式主义无疑是近代西方法治的一个重要特征。韦伯指出：司法形式主义使法律制度可以像技术性的理性机器那样运行。因而，它能够保证个人或团体在相对宽泛的自由制度里活动，并使之可预料自己行为的法律后果。③ 实际上，法律形式主义不仅体现在司法上，更重要的是体现在立法上的法典化倾向。一般认为，欧洲大陆从18世纪到19世纪经历了一个从自然法理论到形式法学理论的转变。所谓形式主义法律和形式法学理论，韦伯是指从罗马法的形式主义原则中发展出来的现代西方的理性法律，其重要特征是司法程序的理性化。这种理性化，韦伯称为合理性，并且是与实质合理性相对应意义上的形式合理性。我国学者指出，韦伯的合理性具有以下四个含义：（1）由法律或法规所支配的事物。（2）法律关系的体系化特征。这种法律体系的概念是一种特殊的法律思想模式，它特指受到罗

---

① 参见［意］朱塞佩·格罗索：《罗马法史》，黄风译，116 页，北京，中国政法大学出版社，1994。
② 参见戴东雄：《中世纪意大利法学与德国的继受罗马法》，北京，中国政法大学出版社，2003。
③ 参见［德］马克斯·韦伯：《论经济与社会中的法律》，张乃根译，227 页，北京，中国大百科全书出版社，1998。

马法的形式法律原则影响而发展出的现代西方的法律体系。(3)基于抽象阐释意义的法律分析方法。也就是说,只有通过逻辑分析、解释的法律概念,才能成为体系化形式中的法律规范。(4)由理智加以控制的,因而西方现代法律是理性的,由此区别于原始法律的非理性。① 应该说,韦伯对西方现代法律形式特征的揭示是十分深刻的,这种法律形式主义自有其合理性,但它与社会生活之间的紧张关系也是客观存在的。韦伯关注法律的形式主义特征,并非忽视社会生活对于法律的决定性意义,而是为了考察西方社会法律程序形成的内在机理。

法律的形式主义对于理解西方社会的法治是必要的,当然如果迷恋于法律形式主义,就会造成某种法律的迷信。对此,马克思充分揭示了法律形式赖以存在的经济基础,由此使我们将理性的触须伸向法律形式背后的经济关系。马克思在《政治经济学批判》序言中阐明了法的关系根源于物质生活关系的命题,认为无论是政治的立法或市民的立法,都只是表明和记载经济关系的要求而已。在马克思看来,立法者并不是在创制法律,只不过是将社会经济发展的规律翻译成法律。这种法律形式与社会生活,尤其是与经济关系的关系界定,并且前者被后者所决定的观点,对于正确地理解法律的实质具有重要意义。应当指出,马克思的上述观点,是在应然意义上论及法律,它不应当、也不可能取代对法律形式主义的理解。况且,社会生活和法律形式本身都是复杂的并且是丰富多彩的,法律形式除了受经济因素影响以外,还受到历史、文化、宗教和其他因素的影响,将社会生活,尤其是经济关系与法律形式简单加以对应,是一种庸俗化的观点,并且也是对法律形式自身丰富性的抹杀。

在苏维埃革命胜利以后,如何对待法律就成为一个问题。从法被社会生活决定直接推导出社会生活可以取代法的结论,在这种实质主义法学思维方法的指引下,一种法律虚无主义的氛围顿然形成。这种法律虚无主义是建立在对马克思关于法的论述的误解之上的。马克思曾经在批判资产阶级的法权观念时指出:你们

---

① 参见苏国勋:《理性化及其限制——韦伯思想引论》,220~222页,上海,上海人民出版社,1988。

社会危害性理论：进一步的批判性清理

的观念本身是资产阶级的生产关系和资产阶级的所有制关系的产物，正像你们的法不过是被奉为法律的你们阶级的意志，而这种意志的内容是由你们这个阶级的物质生活条件来决定的。① 从这个论断中，往往引申出法是统治阶级意志体现的观点，并被奉为马克思主义的经典论断。其实，正如美国学者指出：上面那段文字只是表明资产阶级社会的法律是阶级意志的体现而已，而不是对法律性质所作的一般性评价。就其本身而言，这段文字也没有包容这样一种指控，即统治阶级的意志始终是以损害非统治阶级利益的方法加以行使的。② 这里存在一个实然与应然的问题：法律在资产阶级那里实际上是其阶级意志的体现。能否由此得出结论：法律应该是统治阶级意志的体现。此外，法律与物质生活条件的关系究竟如何，由此而决定了在社会主义社会中法律的存在形式。对此，在十月革命后，苏联著名法学家斯图契卡提出了法是社会关系体系的命题，另一位苏联著名法学家 E. 帕舒卡尼斯则提出了法是法律关系体系的命题。1919 年 12 月，时任俄罗斯联邦司法人民委员的斯图契卡在《苏俄刑法指导原则》的文件中给法下了这样一个定义："法是与统治阶级利益相适应的、由该阶级有组织的力量保护着的社会关系体系（或秩序）。"这个法的定义集中地体现了斯图契卡的观点。根据这一观点，法是社会关系而不是法律规范。正如我国学者指出：这一观点在批判资产阶级法律形式主义，揭露资产阶级的法律规定往往与现实脱节的过程中，走向了另一个片面，忽视了法是由国家制定或认可的规范，忽视了在法的形成中国家的中介作用，把法说成是社会关系本身，忽视了法是社会关系的特殊形式，忽视了法不单纯是社会生活、社会关系的消极反映，而且还能积极能动地反作用于社会生活、社会关系。③ 从法是被社会生活所决定的命题中引导出法是社会生活本身，实际上否定了法的存在。而帕舒卡尼斯则把法等同于法律关系，认为法律关系并

---

① 参见《马克思恩格斯全集》，第 4 卷，485 页，北京，人民出版社，1958。
② 参见［美］E. 博登海默：《法理学：法律哲学与法律方法》，邓正来译，97 页，北京，中国人民大学出版社，1999。
③ 参见孙国华主编：《马克思主义法理学研究——关于法的概念和本质的原理》，473 页，北京，群众出版社，1996。

不是法律规范在生活中实现的结果,而是商品交换关系本身的直接反映,这就是"交换的法的观点"。这一观点以交换关系而非生产关系作为法存在的基础,而根据帕氏的观点,在社会主义社会,由于商品交换关系的消灭,从而必然导致法的消亡。美国学者指出:帕舒卡尼斯曾是苏联法律哲学家的前辈,最后则作为马克思主义的叛徒被判处了死刑,他的命运的兴衰可以说是法律思想史上的一个荒谬的故事。① 这个故事之所以荒谬,是因为帕舒卡尼斯鼓吹取消法律,包括取消刑法,而他正死于此。美国学者庞德对此作了生动的评论:"现在这位教授离开我们了。随着俄国现政府计划的确立,需要对理论进行变革。他还来不及在自己的教学中迎合新秩序的这一变化。如果俄国有法律而不只是有行政命令,那么他就有可能失去工作,都不会丧命。"② 十月革命胜利后初期,对法的形式主义的否定,导致法律虚无主义。经过20世纪30年代的肃反以后,苏联当局认识到法作为专政工具的必要性,因而开始形成社会主义法的官方理论,这一官方理论是由维辛斯基一手操纵的,因而也被称为维辛斯基法学。例如1938年7月,时任苏联科学研究院法学研究所所长的维辛斯基,在苏联第一次法学工作者大会上提出了官方的法的定义:"法是以立法形式规定的表现统治阶级意志的行为规则和为国家政权认可的风俗习俗和公共生活规则的总和,国家为保护、巩固和发展对于统治阶级有利的和惬意的社会关系和社会秩序,以强制力量保证它的施行。"这一法的定义,一直为苏联法学理论所沿用,并且传入我国,在相当长的一段时间内,成为我国权威教科书中法的定义的摹本。③

基于对法是统治阶级意志,被物质生活条件所决定的观点,作为最重要的法律形式之一的刑法,同样存在是否有必要存在的疑问。在苏维埃政权建立初期,甚至认为没有刑法典而造成的"法律真空"有利于同阶级敌人进行更加有效的和

---

① 参见孙国华主编:《马克思主义法理学研究——关于法的概念和本质的原理》,99页,北京,群众出版社,1996。
② 美伯纳德·施瓦茨:《美国法律史》,潘华仿译,285页,北京,中国政法大学出版社,1998。
③ 对维辛斯基法学的批判,参见张宗厚:《法学更新论——对传统法学的反思》,28~38页,昆明,云南人民出版社,1989。

社会危害性理论：进一步的批判性清理

无情的斗争。① 到了1920—1921年，是否制定刑法典的问题在实质上已经得到解决，但关于社会主义刑法究竟应当采取何种形式的问题则充满争议。当时颇为流行的观点是社会主义刑法典应当摈弃资产阶级刑法典的形式，例如库尔斯基曾一度主张制定一部"不包含各种犯罪确切定义"的法典。克雷连科等认为，刑法典分则的条文不应该包含法定刑，只给法院开列一个供自由选择惩罚方法的名目即可。斯图奇卡甚至曾经提出以问答的形式编纂法典，认为不采取逐条叙述内容的方法"将是未来无产阶级法律的一种形式，那样的法律形式就不存在资产阶级制度的任何阴影了"②。总之，当时的观点是社会主义刑法不仅在性质上而且在形式上都要与资产阶级刑法划清界限。在这种思想指导下，1919年《苏俄刑法指导原则》第6条提出了犯罪的阶级概念，指出："犯罪是危害某种社会关系制度的作为或不作为"。此后，1922年的《苏俄刑法典》第6条又对犯罪规定了一个更加扩展的、实质的和阶级的概念："威胁苏维埃制度基础及工农政权在向共产主义制度过渡时期所建立的法律秩序的一切危害社会的作为或不作为，都被认为是犯罪。"这就是犯罪的阶级概念，也是犯罪的实质概念的肇始。犯罪的实质概念被认为是社会主义刑法与资产阶级刑法的根本区别之所在，从而具有某种意识形态的特征。

犯罪的实质概念的关键词是社会危害性，这种社会危害性实际上就是阶级危害性。对此，苏联学者T.沃尔科夫指出："在刑法中，特别是在犯罪问题上，主要的一环是社会危害性，也可以理解为阶级危害性。"③ 至此，以社会危害性为中心的苏联刑法学得以形成，因为社会危害性不仅是犯罪的本质特征，而且贯穿于犯罪构成，也是刑事责任的基础，可以说是整个刑法学的中心。从法的阶级性到刑法的阶级性再到犯罪的阶级危害性，由此得出以社会危害性为本质的犯罪

---

① 参见［苏］皮昂特科夫斯基等编写：《苏联刑法科学史》，曹子丹等译，12页，北京，法律出版社，1984。

② ［苏］皮昂特科夫斯基等编写：《苏联刑法科学史》，曹子丹等译，13页，北京，法律出版社，1984。

③ ［苏］皮昂特科夫斯基等编写：《苏联刑法科学史》，曹子丹等译，20页，北京，法律出版社，1984。

的实质概念,如同一条红线一样贯穿其间。因此,对于社会危害性,我们不能仅就这一概念本身进行逻辑的解析,而应将其置于整个苏联法学理论,尤其是刑法学理论形成的社会背景当中进行某种历史的还原,由此揭示社会危害性理论本身所积淀的意识形态的蕴含。① 唯有如此,我们才能深刻地理解社会危害性之于犯罪、之于刑法的意义。就此而言,在我国目前关于社会危害性理论的讨论中存在着十分严重的非历史主义的方法论,它极大地妨碍了对社会危害性的政治本质的认识。

二

犯罪的实质概念是建立在对犯罪的形式概念的否定之上的。对此,苏联学者并不讳言,并且阐述了犯罪的形式概念与罪刑法定原则之间的关系,指出,在许多资产阶级的刑法典中,包含了对犯罪的形式概念。例如,《法国刑法典》第1条规定:重罪、轻罪与违警罪行为乃是依本法典应受刑事制裁之犯法行为。1937年的《瑞士刑法典》第1条,认为犯罪是"应受刑罚制裁之确实被禁止之行为"。此种对犯罪的形式定义与建立资产阶级刑法的一个基本原则具有密切联系,这个原则就是:"无明文规定科以刑罚者,不为罪"(Nullum crimen since lege)。这一原则乃是以保护资产阶级秩序为目的之资产阶级形式民主在刑法方面的表现。法国革命最激进的宪法——1973年宪法以如下形式规定形式自由的原则:"自由乃是在不损害他人权利范围内人人所赋有之随意行动之权"。形式自由的原则表现在上述资产阶级刑法的条文中:人民在不违反刑法的范围内有行动之一切自由。刑法典在形式自由的名义下,应明确规定何种行为为犯罪行为。由于在立法

---

① 对社会危害性标准背后的意识形态因素的深入分析,参见劳东燕:《社会危害性标准的背后——刑事领域"实事求是"认识论思维的质疑》,载陈兴良主编:《刑事法评论》,第7卷,199页以下,北京,中国政法大学出版社,2000。

社会危害性理论：进一步的批判性清理

方面实行这一原则，乃有犯罪之形式概念的出现。① 在这一论述中，从形式民主到形式自由，再到犯罪的形式概念之间的内在联系是明确的。这似乎也想为苏联的实质民主、实质自由以及犯罪的实质概念寻找某种正当性。但是，就实际功能而言，犯罪的形式概念与犯罪的实质概念到底存在何种差别呢？这是我们在考察这个问题的时候首先要论及的。

犯罪的形式概念使犯罪行为限于刑法的明文规定，对于刑法典来说具有封闭的功能，能够发挥通过限制国家的刑罚权从而保障公民个人权利的作用，这也是罪刑法定的题中应有之义。可以说，犯罪的形式概念是从罪刑法定原则引申出来的，亦是罪刑法定原则的逻辑延伸。尽管犯罪的形式概念在保障公民个人权利方面有所得；但也在保护社会利益方面有所失，这也是形式合理性与实质合理性的冲突所致。例如，德国学者在论及犯罪现象法律定义的后果时指出：就个人对社会而言，唯一以"法定主义"为准则对犯罪现象作出法律定义，加上人们防止专断行为的愿望，对个人无疑是一种有效的保护，但是，反过来，就社会对个人而言，按照这种法律定义与人们的愿望，社会秩序是否也可以得到同样的保护呢？疑问肯定是存在的。因为，法定主义具有保护个人、对抗各种权力专断的优点，但却不甚令人满意地给社会防卫带来了妨害。② 由此可见，犯罪的形式概念并非完美，它在获得形式合理性的同时，可能会导致实质合理性的丧失。另外，如果是犯罪的实质概念，以社会危害性甚至阶级危害性作为判断犯罪是否成立的标准，而完全摒弃在犯罪认定上的法律标准，甚至如同苏联学者所断言的那样："由于苏维埃刑事立法是从实质上理解犯罪，必然得出不要规定具体犯罪行为的刑事责任制度"③。在这样一种刑法中，立法只给出犯罪的实质概念，规定行为的社会危害性是犯罪认定的标准，没有刑法分则条文对各种具体犯罪的规定，甚

---

① 参见［苏］孟沙金等：《苏联刑法总论》，下册，彭仲文译，311～312 页，上海，大东书局，1950。

② 参见［法］卡斯东·斯特法尼等：《法国刑法总论精义》，罗结珍译，9～10 页，北京，中国政法大学出版社，1998。

③ ［苏］皮昂特科夫斯基等编写：《苏联刑法科学史》，曹子丹等译，21 页，北京，法律出版社，1984。

至也没有法定刑的规定。果然如此的话,则刑法形同虚设,司法的擅断不可避免,出入人罪也势所必然。在这种情况下,公民个人的权利与自由必将荡然无存,甚至性命亦难保,帕舒卡尼斯之死以及苏联20世纪30年代的大肃反不正是活生生的例证吗?确实,犯罪的形式概念也不能保证人权不受侵害,但在犯罪的实质概念下,司法权的滥用则几近必然。至于我国学者论及纳粹德国刑法典中规定的仍是形式的犯罪概念,但却没有起到保障人权的作用,反而成为纳粹主义者压制民主、镇压人民、推行法律的工具,使当时的法官囿于"法律就是法律"而无法秉承自己的良知来对抗恶法。[①] 这可能是出于论者对纳粹刑法史的不知,为此,我们有必要回顾这段纳粹刑法史——包括立法史与司法史。

1871年《德国刑法典》是德国近代史上的一部重要法典,它在结构、体例、原则和制度上都深受法国1810年刑法典的影响,包括贯彻了罪刑法定原则,规定了犯罪的形式概念。但在纳粹时期,自由主义的刑法原则完全被践踏。德国法西斯的刑法思想和原则集中体现在1933年发表的《国社党刑法》(Nationalsozialitisches strafrecht, Denkschrift des Preussiischen Jstizmisters)中,这是一个类似法典形式的文件。纳粹党上台后,根据这一文件表述的思想原则,对1871年刑法典进行了修改,其中最重要的修改之一就是完全抛弃罪刑法定主义原则,在很大程度上倒退到罪刑擅断。《国社党刑法》从刑法的中心任务是保护"国民全体"(指社会)和"国家"(国家是保护国民的手段)的基本观点出发,否定了罪刑法定主义原则,认为这个原则可能因保护个人而侵害"国民全体"。它声称"罪刑法定主义之命题,可以使公共危险者潜伏法网,与以达成反国民目的之可能性。"因此它主张,如果一种行为法律上没有规定要受惩罚,但是法律为了保护"国民全体"和"国家"的利益,可以在法律内选择一种刑罚加以惩罚。根据《国社党刑法》的这一原则,1935年6月把1871年《德国刑法典》第2条修改为:"任何人,如其行为依法律应受处罚者,或依刑事法律的基本原则和人民的

---

① 参见苏彩霞、刘志伟:《混合的犯罪概念之提倡——兼与陈兴良教授商榷》,载《法学》,2000(3)。

社会危害性理论：进一步的批判性清理

健全正义感应受处罚者，应判处刑罚。如其行为无特定的刑事法律可以直接适用者，应依基本原则最适合于该行为的法律处罚之。"而这一条原为："非犯罪行为完成前法律没有惩罚规定者，不得受罚。从犯罪行为完成到判决之期间，法律有变更时，适用最轻之法律。"① 在立法上，罪刑法定主义遭否定，则犯罪的形式概念亦不复存在，因为皮之不存，毛将焉附？罪刑法定主义正是犯罪的形式概念之皮。如果想对纳粹的刑事司法史有所了解，我们还可以读一下德国学者英戈·穆勒所著的《恐怖的法官——纳粹时期的司法》（王勇译，中国政法大学出版社2000年版）一书。为什么纳粹时期的法官是"恐怖的法官"呢？因为法官经过纳粹思想的洗脑，已经完全抛弃了法律形式主义对其职业的要求而成为元首的工具。法官受到的是这样一种告诫：法官的工作"不应受武断的判决或形式主义的、抽象的法律稳定原则所囿，而是应找到法律中得以表达的、并由元首来代表的人民法律观的明确原则（如果必要的话）及其限制。"在这种思想的灌输下，在司法实践中，《刑法典》（指1871年《德国刑法典》）第2条并未常为法院使用。该书作者不无嘲讽地指出：这就得归功于司法工作者们的努力，他们许久以来就发展了一套刑法理论以及许多程序手段，这使得修改刑法典几乎毫无必要。② 如果我们了解了这段纳粹刑法史，我们还会作出犯罪的形式概念没有起到保障人权的作用，反而成为纳粹压制民主、镇压人民、推行法律的工具的判断吗？事实上，犯罪的形式概念和作为其根基的罪刑法定主义首先成为纳粹的牺牲品。如果犯罪的形式概念得以切实贯彻，法外镇压的罪行就不会发生。因此，纳粹法学的方法论就是以实质主义反对形式主义，对犯罪以实质判断取代法律的形式判断。这一点，在帝国司法部部长居特纳的下述论段中表露无遗："纳粹主义以本质违法的概念代替了形式违法……因此，法律不再是确定罪与非罪的惟一依据。"那么，这里的"本质违法"是什么呢？对此，刑法教授威廉·饶厄于1921年进行了解释："当判决认为某行为的总体趋向对其国家和人民的弊大于利时，

---

① 由嵘主编：《外国法制史》，336～337页，北京，北京大学出版社，1992。
② 参见［德］英戈·穆勒：《恐怖的法官——纳粹时期的司法》，王勇译，66～68页，北京，中国政法大学出版社，2000。

该行为即是违法。"① 纳粹刑法史给我们上了生动的一课,它表明犯罪的形式概念被践踏、犯罪的实质概念获张扬之际,就是法治遭破坏、人权受侵犯之时。

罪刑法定原则与犯罪的实质概念之间的这种矛盾性是十分明显的。但在我国刑法学界,出现过一种强调罪刑法定主义的实质蕴含以消除这种矛盾的努力。这种观点认为,对罪刑法定原则存在两种不同的理解:一是形式主义的理解,把罪刑法定原则中的法理解为成文的、有权制定法律的机关所制定的法,把犯罪的本质归结为对法律规定的违反。二是实质主义的理解,把罪刑法定原则中的法理解为体现了"人类理性"的"自然法",在犯罪本质上强调犯罪行为的社会危害性（Nullum crimin sine iniuria,无社会危害不为罪）;只要行为的社会危害性达到了犯罪的程度,即使在没有法律明文规定的情况下,也应受到刑罚处罚;只要行为不具有应有的社会危害性,即使有法律的明文规定,也不得作为犯罪来处理。② 这里的实质主义的罪刑法定,不仅已经没有罪刑法定之实,而且也无罪刑法定之名。将这种思想冠以罪刑法定主义之名,实在是对罪刑法定主义的莫大亵渎。实际上,形式的罪刑法定主义确有其僵硬性,基于实质合理性的理念,罪刑法定主义存在实质化之倾向,但这种实质化是以有利于被告为前提的。例如,形式的罪刑法定主义绝对地否定类推,而实质的罪刑法定主义则允许有利于被告的类推,如此等等。至于以实质的罪刑法定主义为由,主张保留有罪类推③,则已经完全突破了罪刑法定主义的底线,为其所不容。在社会危害性理论的肯定性论述中,往往以实质的罪刑法定主义为根据,认为混合的犯罪概念满足了现代罪刑法定原则形式侧面与实质侧面的要求。④ 笔者认为,罪刑法定主义本身具有形式主义的特征,是建立在形式合理性基础之上的,必然以牺牲一定的实质合理性为

---

① [德] 英戈·穆勒:《恐怖的法官——纳粹时期的司法》,王勇译,69页,北京,中国政法大学出版社,2000。
② 参见陈忠林:《意大利刑法纲要》,10～11页,北京,中国人民大学出版社,1999。
③ 基于实质的罪刑法定主义,对有罪类推的合理性之论证,参见陈忠林:《从外在形式到内在价值的追求——论罪法定原则蕴含的价值冲突及我国刑法应有的立法选择》,载《现代法学》,1997（1）。
④ 参见苏彩霞、刘志伟:《混合的犯罪概念之提倡——兼与陈兴良教授商榷》,载《法学》,2000（3）。

社会危害性理论：进一步的批判性清理

代价。我们只能在形式范围内获得实质合理性，而不能超越形式去追求实质合理性。在形式合理性与实质合理性发生冲突的情况下，应以形式合理性优先，只有在有利于被告原则下，才能优先考虑实质合理性，这是罪刑法定主义的应有之义。因此，我们应当看到犯罪的形式概念与罪刑法定主义在内在精神上的一致性，以及犯罪的实质概念与罪刑法定主义在逻辑上的相悖性。就此而言，实质主义是值得警惕的。

犯罪的实质概念明显地与罪刑法定原则相抵触，并会造成侵犯人权的严重后果，因而在苏联刑法学界，基于对犯罪的实质概念的反思，提出了犯罪的形式特征与实质特征相结合的概念，这一犯罪概念也被称为混合概念。在苏联刑法学界，第一个把犯罪的实质特征和形式特征结合起来研究的是 H. 杜尔曼诺夫。杜尔曼诺夫认为，如果说犯罪的实质特征是行为的社会危害性，那么形式特征就是以违法性、罪过和人的责任能力为条件的应受惩罚性。[①] 犯罪的混合概念在强调社会危害性的同时，开始关注刑事违法性，这与苏联开始加强社会主义法制的背景具有一定的相关性。这一犯罪的混合概念首先在 1958 年《苏联和各加盟共和国刑事立法纲要》第 7 条得以确认，此后在 1960 年《苏俄刑法典》第 7 条作了规定，该条指出："凡刑事法律所规定的侵害苏联的社会制度及其政治体系和经济体系，侵害社会主义所有制，侵害公民的人身权利和自由，政治权利和自由、劳动权利和自由、财产权利和自由及其他权利和自由的危害社会的行为（作为或不作为），以及刑事法律所规定的其他各种侵害社会主义法律秩序的危害社会行为，都认为是犯罪。"此外，该刑法典第 6 条第 1 款还规定："行为是否构成犯罪和是否应受刑罚，根据实施该行为时的现行法律予以确认。"这一条文虽然未明示是罪刑法定原则，但实际上具有罪刑法定主义的内容，并且废除了类推。[②] 在犯罪的混合概念中，社会危害性自然占据主导地位，甚至有些苏维埃刑法学家仍然错误地把犯罪的社会危害性称作阶级危害性。例如苏俄学者指出："《纲要》

---

① 参见［苏］皮昂特科夫斯基等编写：《苏联刑法科学史》，曹子丹等译，22 页，北京，法律出版社，1984。

② 类推是在 1958 年 12 月通过的《苏联和各加盟共和国刑事立法纲要》中取消的。

83

(指 1958 年《苏联和各加盟共和国刑事立法纲要》——引者注)首次提出了兼有实质和形式特征的犯罪定义,并指出,犯罪就是刑事法律所规定的行为。这就意味着抛弃了过去苏维埃刑法中的类推制度。然而,这个规定并无损于犯罪的实质特征。《纲要》不仅没有摒弃实质特征,而且还使立法有了改进和发展。"[1] 由此可见社会危害性理论的根深蒂固。1989 年苏联解体以后,在 1993 年修订的《俄罗斯联邦刑法典》第 7 条关于犯罪概念的规定相沿未改,但 1996 年通过的《俄罗斯联邦刑法典》第 14 条第 1 款对犯罪的概念作出了如下规定:"本法典以刑罚相威胁所禁止的有罪过地实施的危害社会的行为,被认为是犯罪。"这一犯罪概念已经距离犯罪的形式概念不远,但仍然保留了社会危害性这一用语,由此而在俄罗斯刑法理论中出现了一个争议较大的问题,这就是刑事违法性与社会危害性哪一个更重要,但在有关刑法教科书中已经将犯罪的形式违法性放在第一位,而社会危害性放在第二位。例如俄罗斯刑法学家 A.B. 纳乌莫夫指出:"必须真正地拒绝采纳这些特征相互关系的见解,当犯罪的实质特征(社会危害性)作为定义的根据时,而形式特征(刑事违法性)就被解释为由其派生。显而易见,在法制国家里居于首位的应当是违法性特征。"[2] 可以预见,这一争论还将持续下去,直至在立法中恢复犯罪的形式特征为止,但理性的天平已经向刑事违法性这一犯罪的形式特征倾斜,这是一个不争的事实。

我国刑法中的犯罪概念是模仿苏联刑法典的结果。1950 年 7 月 25 日《中华人民共和国刑法大纲草案》第 7 条(犯罪的定义)规定:"凡反对人民政权及其所建立的人民民主主义的法律秩序的一切危害社会行为,均为犯罪。"显然,这是一个犯罪的实质概念。及至 1954 年 9 月 30 日《中华人民共和国刑法指导原则草案》第 1 条(什么是犯罪)规定:"一切背叛祖国、危害人民民主制度、侵犯公民的人身和权利、破坏过渡时期的法律秩序,对于社会有危险性的,在法律上应当受到刑事惩罚的行为(行为包括作为和不作为),都认为是犯罪。"这一犯罪

---

[1] [苏]别利亚耶夫、科瓦廖夫主编:《苏维埃刑法总论》,马改秀等译,62 页,北京,群众出版社,1987。

[2] 赵微:《俄罗斯联邦刑法》,15 页,北京,法律出版社,2003。

社会危害性理论：进一步的批判性清理

概念已经变成实质特征与形式特征统一的混合概念。此后，关于犯罪概念的表述大体上未作重大改动，一直到 1979 年 7 月 1 日正式颁布的《刑法》第 10 条对犯罪概念作了规定。苏俄从 1919 年犯罪的实质概念到 1960 年犯罪的混合概念这一转变，几年内在我国刑法草案中就完成了。耐人寻味的是，在 1918 年苏维埃革命胜利以后的第二年，即 1919 年就颁布了《苏俄刑法典》，而我国则在 1949 年中华人民共和国成立以后，到 1979 年才颁布第一部刑法。再过数百年，后人很难想象在 20 世纪中期中国这样一个人口达 7 亿之多的国家，居然 30 年之久是在没有刑法而有审判的情况下渡过的。1979 年刑法颁布以后，对于犯罪概念的规定，高铭暄教授曾经作过以下评价：这个概念是实质概念，它揭露了犯罪的阶级性和对国家、对人民、对社会的危害性；它与资产阶级刑法中犯罪的形式概念也即以犯罪的形式特征掩盖犯罪的阶级实质是根本不同的。[1] 考虑到当时我国刚从"文革"中走出来，思想还受到禁锢，盼望了 30 年的刑法终于颁布，这种赞美之辞也就不难理解。当然，更多的学者认为我国刑法中的犯罪概念属于混合概念，此为通说。

三

我国 1979 年刑法规定了类推制度，因而犯罪的混合概念并未受到批评，甚至社会危害性还为类推制度提供了理论根据。但在 1997 年刑法修订过程中，《刑法》第 3 条明文规定了罪刑法定原则，并废除了类推制度。正是在这一背景下，我国学者提出了罪刑法定与社会危害性相冲突的命题，并由此对社会危害性理论提出质疑，认为社会危害性是一个社会政治的评估，因而，它并不是一个法律规范上的概念。[2] 这样，就把社会危害性与罪刑法定的对立与矛盾凸显出来。由于社会危害性理论在我国刑法中的至尊地位，为社会危害性辩护的观点应声而起。

---

[1] 参见高铭暄：《中华人民共和国刑法的孕育和诞生》，36 页，北京，法律出版社，1981。
[2] 参见樊文：《罪刑法定与社会危害性的冲突——兼析新刑法第 13 条关于犯罪的概念》，载《法律科学》，1998（1）。

我个人的观点十分明确，就是主张彻底否定社会危害性理论。除了社会危害性理论本身具有的意识形态的历史沉淀，它实际上是法的对立面的实质主义思想的产物以外，还可以从以下三个方面进行逻辑的辩驳。

(一) 犯罪的法定概念的功能

犯罪的法定概念的功能问题是应当引起我们重视的。应当强调指出，我们在这里讨论的是犯罪的法定概念，亦即在刑法典中规定的犯罪概念，而非刑法理论上犯罪的一般概念。如果讨论犯罪的一般概念，那么，犯罪的形式概念可以说是同义反复、循环定义，因而是毫无意义的，当然只有揭示犯罪的本质特征的概念才是符合要求的。因此，主张刑法中应当规定犯罪的形式概念的学者，从来都不反对，甚至主张刑法理论上的犯罪的实质概念，在刑法学论著中也同时对犯罪的形式概念与犯罪的实质概念加以论述。例如日本刑法学者大塚仁指出："犯罪 (Verbrechen; Delikt; delit; crime)，在实质意义上，是指侵害社会共同生活秩序的人的行为，不问是年幼者的行为还是精神病者的行为。作为刑事学对象的犯罪，就是在这种意义上来理解的。但是，在刑法上，只应把被科以刑罚的东西认为是犯罪。……这样，刑法中的犯罪只限于违反刑罚法规、被评价为可罚的 (strafbar) 社会侵害性行为，这被称为形式意义上的犯罪。"[①] 对于为什么刑法中的犯罪概念应当是形式概念，大塚仁教授未作论证。其实，这是由刑法的目的所决定的。

关于刑法的目的这一提法，我国刑法学界并不多见，我国刑法学界一般都讨论刑罚目的而罕有讨论刑法目的的。其实，刑法目的与我国《刑法》第 2 条规定的刑法任务极为相近，但立场却又相去甚远。刑法目的是指为什么规定刑法，也就是刑法所欲达致的目的。这个问题关乎刑法的价值与立场。我国学者李海东博士曾经将刑法分为国权主义刑法与民权主义刑法，指出：刑法都有功利的一面，并遵循着一定的目的。历史上的许多刑法是以国家为出发点，而以国民为对象

---

① [日] 大塚仁：《刑法概说（总论）》，3 版，冯军译，89～90 页，北京，中国人民大学出版社，2003。

社会危害性理论：进一步的批判性清理

的，这类刑法我们称之为国权主义刑法。国权主义刑法的基本特点是，刑法所要限制的是国民的行为，而保护国家的利益。基于这一出发点和功利目标，国权主义刑法可以存在于任何法律发展阶段、任何立法形式中，甚至可以无须法律的形式。这一切从根本上取决于能否更有效地保护国家的利益。与此相反，民权主义刑法是以保护国民的利益为出发点而限制国家行为的刑法。也就是说，民权主义刑法的对象是国家。李斯特一语中的："刑法是犯罪人的人权宣言。"民权主义刑法的这一基本特点是当代刑法罪刑法定原则的核心所在。① 刑法制定的目的是限制国民还是限制国家，成为国权主义刑法与民权主义刑法的分歧。可以说，民权主义刑法总是会在刑法中规定犯罪的形式概念，因为犯罪的形式要素可以成为国家刑罚权的边界。而国权主义刑法则总是会在刑法中规定犯罪的实质概念，因为犯罪的实质要素，诸如社会危害性云云，其判断权是由作为国家代表的司法机关行使的，因而其司法权难免有滥用之虞。值得注意的是，我国刑法的规定始终存在价值上的冲突，正如同犯罪的混合概念中社会危害性与刑事违法性的紧张关系一样。我国《刑法》第3条规定的罪刑法定原则，是有人权保障内容的，就此似乎可以将我国刑法归入民权主义刑法，但我国《刑法》第2条以打击犯罪、保护人民为其主旨的刑法任务的规定，又似乎可以把我国刑法归于国权主义刑法。当然，我国《刑法》第2条关于刑法任务的规定是我国以专政为特征的刑法思想的体现，在现代法治社会有其忽视人权保障之弊，这也是难以否认的。

主张犯罪的混合概念的观点，往往以指责犯罪的形式概念只说明了什么是刑法中的犯罪，没有告诉我们一个行为为什么被立法者规定为犯罪为诉求。这一诉求最初是从阶级危害性立论的，因而以揭露资产阶级刑法的虚伪性作为政治攻击的策略。正如我国学者评论的那样，强调社会危害性是犯罪的本质特征之一，既是为了说明苏维埃社会主义刑法的优越性，同时也是批判西方资产阶级国家刑事立法虚伪性的重要途径。苏维埃学者认为，犯罪概念的形式定义掩盖了犯罪的社会本质，从而陷入逻辑上的封闭怪圈。犯罪是依法应受处罚的，依法应受处罚的

---

① 参见李海东：《刑法原理入门（犯罪论基础）》，4~5页，北京，法律出版社，1998。

87

是犯罪。至于行为为什么会被宣布为犯罪和应受刑罚处罚,则处在形式定义之外。① 正是沿着这一逻辑进一步引申,犯罪的混合概念既解决了犯罪是什么的问题,同样还解决了为什么是犯罪的问题。更有甚者,认为社会危害性不仅解决为什么,而且直接解决是什么的问题。例如我国学者指出:社会危害性作为犯罪的本质,回答的正是犯罪是什么的问题,它告诉人们犯罪是危害社会的行为。当社会危害性作为犯罪本质被规定在犯罪概念之中时,它就会发挥这样的功能,即既昭示民众何为犯罪,还要说明立法者为什么将一个行为规定为犯罪,帮助他们在实质上寻找根据。在后一层面上,社会危害性起着回答"为什么"的作用。但是,我们不能因为社会危害性理论具有能够说明立法者之所以将一行为规定为犯罪的功能,就认为社会危害性回答的是犯罪"为什么"是犯罪的问题。② 既然社会危害性既能回答犯罪是什么,又能回答为什么是犯罪,那么刑事违法性之必要性何在?如果这样的话,我们甚至又从犯罪的混合概念倒退到犯罪的实质概念上去了。可以想见,当犯罪是什么这个问题是由社会危害性而不是由刑事违法性来回答的时候,距离刑事法治将会是多么遥远。因此,犯罪的法定概念只解决犯罪是什么的问题,不应当、也不可能解决为什么是犯罪的问题。这是由犯罪的法定概念的功能所决定的,如果忽略了这一点,把犯罪的法定概念的讨论与犯罪的一般概念的讨论混为一谈,则会造成逻辑上的混乱。

在犯罪概念的讨论中,我国学者提出了犯罪概念的双重结构的观点,认为我国刑法理论中的犯罪概念应当分为立法概念与司法概念。立法上的犯罪概念是指具有严重的社会危害性、应当由刑法规定为犯罪、适用刑罚予以处罚的行为,它旨在说明尚未在法律上规定为犯罪但是应当在法律上规定为犯罪的行为。司法上的犯罪概念是指符合刑法规定的构成条件,应当适用刑罚予以处罚的行为,它旨在说明已经在法律上规定为犯罪的行为。③ 这里的犯罪的立法概念是应然意义上的犯罪概念,犯罪的司法概念是实然意义上的犯罪概念,这一思路当然有其可取

---

① 参见薛瑞麟:《俄罗斯刑法研究》,104 页,北京,中国政法大学出版社,2000。
② 参见刘艳红:《社会危害性理论之辨正》,载《中国法学》,2002(2)。
③ 参见王世洲:《中国刑法理论中犯罪概念的双重结构和功能》,载《法学研究》,1998(5)。

社会危害性理论：进一步的批判性清理

之处。但立法上的犯罪概念与司法上的犯罪概念十分容易产生误解；立法上的犯罪恰恰是指立法上没有规定的犯罪，而司法上的犯罪何尝又不是立法规定的？从这个意义上说，犯罪的法定概念既是立法上的又是司法上的，或者说从立法上的犯罪转化为司法上的犯罪。总之，从犯罪的法定概念的功能出发，刑法规定的犯罪概念只能是犯罪的形式概念。

（二）社会危害性与刑事违法性的关系

社会危害性与刑事违法性的关系，也是在论及犯罪的混合概念时无法回避的一个问题。社会危害性是犯罪混合概念中的实质因素，刑事违法性是指犯罪混合概念中的形式因素。因此，我国刑法学界传统的观点认为，社会危害性是犯罪的本质特征，刑事违法性是由社会危害性决定的，因而是犯罪的非本质特征。例如我国学者指出：犯罪行为的违法性，是以该行为具有社会危害性为依据的。也就是说，我国刑法所以确认某种行为是犯罪，是基于这种行为对社会具有危害性。对社会没有危害的行为，刑法就不会把这种行为规定为犯罪。所以，犯罪的违法性特征，是由其社会危害性所决定和派生的特征。[①] 这种观点完全是一种立法者的视角，从立法的角度来说，社会危害性决定刑事违法性的命题不无道理。但站在司法者的立场上，仍然坚持社会危害性决定刑事违法性，那么实际上意味着对犯罪的刑事违法性特征的完全否定。可以说，在强势的具有政治正确性的社会危害性面前，刑事违法性是弱势的，不得不以一种屈从的姿态呈现。为对社会危害性的解释功能加以区隔，使其更具合理性，我国学者提出对社会危害性进行分类的主张，认为社会危害性可以分为立法者那里的社会危害性与司法者那里的社会危害性。这里暂且不去讨论立法者那里的社会危害性，让我们来分析一下司法者那里的社会危害性。我国学者认为，司法者那里的社会危害性，是指司法者依据行为的刑事违法性而认定该行为严重侵犯了国家、社会、个人利益而具有的社会危害性。这种意义上的社会危害性是认定犯罪的标准。从本质上说，行为并不是

[①] 参见杨春洗等：《刑法总论》，90页，北京，北京大学出版社，1981。

因为违反刑法而构成犯罪,而是因为具有社会危害性才成为犯罪。① 按照论者的逻辑,司法者那里的社会危害性是依照刑事违法性而认定的。由此必然得出结论:没有刑事违法性就没有社会危害性,因而应该是刑事违法性决定社会危害性。但论者却另外得出结论,认为社会危害性而非刑事违法性是认定犯罪的标准,甚至还宣称在司法上行为不是因为违反刑法而构成犯罪,而是因为具有社会危害性而构成犯罪。只要稍具形式逻辑的知识,就不能不认为其中存在矛盾之处。如果是辩证地来看,在立法上是社会危害性决定刑事违法性,在司法上则是刑事违法性决定社会危害性,这一命题是可以成立的。这里所谓刑事违法性决定社会危害性,是指社会危害性以刑事违法性为限,不具有刑事违法性的行为就不存在司法意义上的社会危害性。既然在司法意义上社会危害性是由刑事违法性所决定,在认定犯罪的时候,只要遵循刑事违法性标准即可,又何必在刑事违法性之外另立社会危害性的标准呢?

鉴于作为犯罪的本质,社会危害性无法将犯罪与一般违法行为相区别,换言之,达到这种区分的目的不能没有刑事违法性,乃至于不能没有应受刑罚惩罚性。因而,我国学者在否定社会危害性一元的犯罪本质论的基础上,提出了二元甚至三元的犯罪本质论,二元是指社会危害性与应受刑罚惩罚性,三元则是在上述二元以外加上刑事违法性。② 其实本质特征是相对于非本质特征而言的,如果社会危害性、刑事违法性和应受刑罚处罚性都是犯罪的本质特征,那么也就意味着本质的贬值。即使三者都是犯罪的本质特征,同样还是存在三者的关系问题。这样,我们又回到了谁决定谁这个根本问题上来,对此,犯罪的三元本质说也没有给予正面的回答。事实上,我国学者已经看到了在驱逐社会危害性的概念以后,赋予刑事违法性以某种实质蕴含,使其发挥实质审查功能,以此建立违法性双层次审查机制之必要性③,以及引入法益概念,建立违法性冲突救济机制之可

---

① 参见李立众、柯赛龙:《为现行犯罪概念辩护》,载《法律科学》,1999(2)。
② 参见薛瑞麟:《俄罗斯刑法研究》,166页,北京,中国政法大学出版社,2000。
③ 参见米传勇:《刑事违法论——违法性双层次审查结构之提倡》,载陈兴良主编:《刑事法评论》,第10卷,27页以下,北京,中国政法大学出版社,2002。

社会危害性理论：进一步的批判性清理

能性。① 这些观点，对于终结刑事违法性与社会危害性的争论具有重大意义。笔者认为，社会危害性与刑事违法性的关系，已经涉及犯罪认定的具体标准，因而是一个犯罪构成问题，应当在犯罪构成的体系中得以妥当的解决。

（三）社会危害性与犯罪概念的但书规定

犯罪概念的但书规定，是指我国刑法关于犯罪概念的后半段的规定，犯罪情节显著轻微、危害不大的，不认为是犯罪。应当指出，犯罪概念的但书规定并非我国刑法的独创，它如同犯罪概念一样，来自苏俄刑法。1926年《苏俄刑法典》第6条附则就规定："对于形式上虽然符合本法典分则某一条文所规定的要件，但因显著轻微，并且缺乏损害结果，而失去危害社会的性质的行为，不认为是犯罪行为。"此后，《苏俄刑法典》一直沿袭了这一规定，只是文字略有改动。在1996年《俄罗斯联邦刑法典》中仍然保留了这一规定，该法第14条第2款规定："行为（不作为）虽然形式上含有本法典规定的某一行为的要件，但由于情节轻微而不具有社会危害性，即未对个人、社会或国家造成损害或构成损害威胁的，不是犯罪。"这一规定以不具有社会危害性为由，将行为从犯罪中排除出去，这被认为是社会危害性的出罪功能。在这一规定中，反映出社会危害性对于犯罪的决定意义，并且仍然贯穿着形式与实质二元对立的思维方法论。例如苏联学者指出：符合《刑法典》（指1962年《苏俄刑法典》——引者注）第7条第2款所规定要件的情节显著轻微的行为具有犯罪的形式特征，即刑事违法性。这种情节显著轻微的行为对社会没有危害性或根据社会主义法律意识尚未达到犯罪的程度。在后一情况，这种行为所具有的社会危害性非常之小，以至于从刑事法律的角度来看它不具有社会危害性。② 虽有刑事违法性而无社会危害性，不应作为犯罪认定，这就成为社会危害性是犯罪的本质特征的一个反面例证。无论如何，苏联刑法中犯罪概念的但书规定具有其合理性，但这一规定能否成为善待社会危害性观

---

① 参见梁根林、付立庆：《刑事领域违法性的冲突及其救济——以社会危害性理论的检讨与反思为切入》，载陈兴良主编：《刑事法评论》，第10卷，47页以下，北京，中国政法大学出版社，2002。
② 参见［苏］别利亚耶夫、科瓦廖夫主编：《苏维埃刑法总论》，马改秀等译，69页，北京，群众出版社，1987。

念的理由却仍然是一个有待论证的问题。

我国学者认为,犯罪概念但书规定的正面意思是社会危害大到一定程度才是犯罪。但书把定量因素明确地引进犯罪的一般概念之中,反映了人类认识发展的时代水平,是世界刑事立法史上的创新。① 但实际上,世界各国刑法中的犯罪都是存在数量因素的,只是如何处理的方式不同而已。对此,俄罗斯学者也承认,大多数外国的刑法典对情节轻微的行为都不予处罚。含有犯罪社会定义和法律定义的刑法典直接在关于犯罪的条款中规定情节轻微的行为不受刑罚,而含有犯罪形式定义的刑法典或者根本没有犯罪定义的刑法典,或者在其他规范中,或者在刑事诉讼立法中对情节轻微的行为作出规定。② 这个问题,在德、日等大陆法系国家,主要是通过实质的违法性和可罚的违法性理论在犯罪构成体系内解决的,下文将会论及。换言之,犯罪的形式概念对将轻微犯罪从犯罪概念中排除出去并无妨碍。

在论及犯罪概念的但书规定时,但书规定受到肯定的一个重要理由是它缩小了犯罪的范围,符合刑法谦抑原则。例如我国学者指出:刑事立法中在犯罪概念定性基础上所附加的定量限制将我国的犯罪圈划定在一个较小的范围内,从根本上凸现了刑法谦抑的精神,实践中产生了很好的社会效果。在这很好的社会效果中就包括使相当数量的公民免留污名劣迹。③ 言下之意,但书规定是对因犯罪情节显著轻微、不认为是犯罪的公民的有利之举。如果因犯罪情节显著轻微、不认为是犯罪而根本不受任何处罚,但书规定对于这些公民当然是一种宽宥举措。但事实并非如此,那些因但书规定出罪的人往往会受到劳动教养或者治安管理处罚。因为我国采取的是刑罚、劳动教养和治安处罚的三级制裁体系。在上述三种处罚上,只有刑罚处罚是司法性的处罚措施,劳动教养和治安处罚都是行政性的处罚措施。由于行政性处罚措施本身不具有对被处罚者诉讼权利保障的有效措

---

① 参见储槐植:《我国刑法中犯罪概念的定量因素》,载《法学研究》,1988(2)。
② 参见 [俄] H. 库兹涅佐娃、N. M. 佳日科娃:《俄罗斯刑法教程(总论)上卷·犯罪论》,黄道秀译,154页,北京,中国法制出版社,2002。
③ 参见张永红:《我国刑法第13条但书研究》,31页,北京,法律出版社,2004。

社会危害性理论：进一步的批判性清理

施，而且在劳动教养的情况下不经司法程序对公民剥夺人身自由达三年之多，均与法治原则相悖。更为重要的是，不构成犯罪所受到的劳动教养甚至比构成犯罪所受到的刑罚处罚还要重。在这种法律缺乏有效衔接的情况下，但书规定对出罪者并非福音，有时甚至处罚更重。在此，需要反思的恰恰是我国三级制裁体系本身。笔者认为，应当将劳动教养司法化，使之成为轻微犯罪的制裁方式。在刑法的改革中，可以考虑建立统一的犯罪概念（包括一般犯罪与轻微犯罪），提升对被处罚者的人权保障程度。在这种情况下，犯罪概念的但书规定也就丧失了其存在的必要性。不仅从立法上来说，犯罪概念的但书规定存在重大弊端，而且在司法上适用率低，并会造成标准失衡。总之，从立法与司法两个方面分析，犯罪概念的但书规定都存在重大缺陷，这种缺陷恰恰缘于其所依赖的社会危害性判断根据的不合理性。

四

社会危害性理论并非仅仅是犯罪概念的理论基础，它作为刑法中心，也贯穿于犯罪构成理论。因此，在关于社会危害性理论的考察中不能不论及犯罪构成体系。

在大陆法系刑法理论中，由于刑法采用犯罪的形式概念，犯罪构成要件就被认为是犯罪的实体内容，因而犯罪概念与犯罪构成之间是一种形式与实质的关系。犯罪的形式概念将犯罪界定为刑法所禁止并处以刑罚的行为。如果说，这一犯罪概念过于抽象，那么具有实体内容的犯罪概念就是符合构成要件的违法而且有责的行为。这样，就从犯罪概念过渡到犯罪构成，两者之间的逻辑关系十分明确。但在苏联刑法理论中，犯罪概念与犯罪构成的关系成为抽象与具体的关系。犯罪概念是对犯罪本质的抽象概括，犯罪构成是犯罪概念的具体化。由于犯罪的本质是社会危害性，因而犯罪构成也是以社会危害性为中心而展开的。例如苏联学者指出：犯罪构成是关于某种犯罪的法律概念，即从法律和社会政治的本质及其危害程度说明作为危害社会行为的犯罪的那些要件的总和。[①] 因此，犯罪构成

[①] 参见［苏］别利亚耶夫、科瓦廖夫主编：《苏维埃刑法总论》，马改秀等译，81页，北京，群众出版社，1987。

就是社会危害性的构成,社会危害性并非犯罪构成的一个独立要件,而是犯罪构成所反映的一种共同特征。对此,苏俄著名刑法学家特拉伊宁指出:行为的社会危害性是决定每个犯罪构成的基本的、本质的属性。只有危害社会的行为才能形成犯罪构成。由此可以直接得出结论说,社会危害性不能是犯罪的一个因素。社会危害性的意义比犯罪构成的一个因素的意义要大得多,因为社会危害性明显地表现在犯罪构成的全部因素的总和中,它是在刑法上对整个作为(或不作为)的评价。不这样理解社会危害性,企图把它看成是犯罪构成的一个因素,就必然会导致对社会危害性的意义估计不足,歪曲它的政治意义和刑法性质。① 在这种情况下,社会危害性就是犯罪构成之外的一个超规范的要素,尽管它是通过犯罪构成的规范要素体现出来的。关于犯罪概念与犯罪构成的关系,我国学者基本上承袭了苏俄刑法理论,因而了无新意。例如我国学者指出:我国刑法学中的犯罪构成理论是以我国刑法关于犯罪的概念为基础的,它的主要任务就是要研究对我国社会主义社会有危害性的犯罪是由哪些必不可少的要件构成的。换句话说,也就是要通过对犯罪构成要件的认定,使犯罪概念中所揭示的犯罪的本质特征和法律特征具体化。② 由于犯罪构成是犯罪概念的具体化,犯罪概念揭示的犯罪本质特征是社会危害性,因而犯罪概念与犯罪构成的关系也就转变成为犯罪构成与社会危害性的关系。

如果将社会危害性视为一种实质判断,那么这种实质判断就是自外于犯罪构成的。如果社会危害性是犯罪构成判断的唯一结果,那么在犯罪构成之外就不需要社会危害性的判断。但在苏联刑法学中逻辑并非如此展开,社会危害性是在犯罪构成之外需要进行独立判断的一个要素,由此形成对行为的社会危害性与犯罪构成的双重判断。现在需要思考的问题是:社会危害性判断会对犯罪构成要件的认定带来什么影响?其必然影响是使犯罪构成形式化,即具备犯罪构成尚不一定构成犯罪,另需进行社会危害性的实质判断。例如在具备犯罪概念的但书规定的

---

① 参见[苏]A. H. 特拉伊宁:《犯罪构成的一般学说》,63~64页,北京,中国人民大学出版社,1958。

② 参见曾宪信等:《犯罪构成论》,2页,武汉,武汉大学出版社,1988。

社会危害性理论：进一步的批判性清理

情况下，被苏联学者认为是形式上符合犯罪构成诸特征的，只是缺乏社会危害性而不构成犯罪。[①] 又如在正当防卫、紧急避险的情况下，其不负刑事责任的根据是什么？大陆法系刑法理论认为是违法阻却事由，但苏联及我国刑法理论则称为排除社会危害性的行为，认为排除社会危害性的行为是指外表上符合犯罪构成，实质上不具有社会危害性的行为。[②] 根据这一逻辑进路，犯罪构成有被形式化之虞。如果说，因为不具有社会危害性而将行为从犯罪中排除出去，无论在犯罪构成与社会危害性之间存在何种逻辑上的难以自洽之处，由于其结果是有利于被告人的，尚能容忍，那么，在犯罪构成被形式化以后，会不会发生犯罪构成被虚置，以社会危害性判断取代犯罪构成，这才是一个值得警惕的灾难性后果。在这种情况下，李海东博士的以下评论绝非危言耸听：如果要处罚一个行为，社会危害性说就可以在任何时候为此提供超越法律规范的根据，因为，社会危害性说不仅通过其"犯罪本质"的外衣为突破罪刑法定原则的刑罚处罚提供一种貌似具有刑法色彩的理论根据，而且也在实践中对于国家法治起着反作用。[③] 诚哉斯言。

如上所述，将社会危害性这种实质判断放在犯罪构成之外，就会使犯罪构成形式化，从而出现二元的犯罪判断标准的冲突，这一冲突的根源盖源自犯罪混合概念本身的形式特征与实质特征的分立。解决这个问题的唯一出路就是将实质判断纳入犯罪构成体系，并使实质判断受到形式判断的限制。在这里，以下三个问题值得探讨。

（一）实质判断在犯罪构成体系中的地位

社会危害性之判断，是一种实质判断而非形式判断。在苏联及我国刑法学中，社会危害性是放在犯罪构成之外的，没有纳入犯罪构成之中，认为将社会危害性视为犯罪构成的一个独立要件，是贬低社会危害性之于犯罪构成的意义。在这种情况下，实质判断与形式判断就成为两张皮，由此形成对立与冲突，其结果

[①] 参见［苏］采列捷里、马卡什维里：《犯罪构成是刑事责任的基础》，载《苏维埃刑法论文选译》，第1辑，71页，北京，中国人民大学出版社，1955。
[②] 参见高铭暄主编：《中国刑法学》，145页，北京，中国人民大学出版社，1989。
[③] 参见李海东：《刑法原理入门（犯罪论基础）》，8页，北京，法律出版社，1998。

往往是实质判断取代形式判断。在大陆法系的犯罪构成理论中,实质判断是包含在犯罪构成之中的,并且作为犯罪构成的一个独立要件,这就是大陆法系犯罪构成体系中的违法性。

这里必然要论及大陆法系刑法理论中的违法性理论,它与构成要件理论和责任理论可以并称是刑法学的三大理论,并且是大陆法系刑法理论的精华之所在。一般认为,大陆法系刑法理论中的违法性可以区分为形式违法性与实质违法性,而这一区分是由德国学者李斯特最初提出的,并且认为形式违法性与实质违法性是在违法性问题上两种相互对立的见解。① 此后,形式违法性与实质违法性已经不再是对立的见解,而是对违法性判断的两个不同层次。构成要件该当性是违法的前提,日本学者小野清一郎曾经援引迈耶尔的说法,认为构成要件该当性是违法性的认识根据或凭证。小野清一郎指出:这就是说,如果有符合构成要件的行为,仅此即可以推定为违法,二者的关系就如同烟和火的关系一样。除了在个别情况下能够证明具备阻却违法性的缘由之外,符合构成要件的行为即是违法行为。② 这个意义上的违法性,就是形式违法性。由于形式违法性是可以从构成要件该当性中推定而获得确认的,因而,违法性这一要件更主要的是对具备构成要件该当性的行为进行实质违法的判断,经过判断,如果具备违法阻却事由的就可以出罪。因此,实质违法性是在形式违法性判断之后的第二次判断。由于实质违法性的判断是在犯罪构成体系中进行的,因而赋予了犯罪构成要件以实质的性质,彻底地克服了犯罪构成形式化的危险。

(二) 实质判断的功能

在犯罪构成中,仅有形式判断是不够的,实质判断也是不可或缺的。关键问题在于:实质判断的功能如何加以界定。实质判断的功能无非有两种:一是入罪功能,二是出罪功能。所谓实质判断的入罪功能,是指基于对行为是否具有社会危害性这一犯罪的本质特征而将其认定为犯罪。实质判断的出罪功能,是指没有

---

① 参见余振华:《刑法违法性理论》,66~67 页,台北,元照出版社,2001。
② 参见[日]小野清一郎:《犯罪构成要件理论》,王泰译,14 页,北京,中国人民公安大学出版社,1991。

社会危害性理论：进一步的批判性清理

社会危害性可以作为不构成犯罪的根据，但具有社会危害性则不能成为犯罪的根据。在以往我国刑法学界对社会危害性的讨论中，对社会危害性大多泛泛而论，较多地阐述社会危害性的社会政治内容，因而使其具有浓厚的意识形态色彩，并且成为政治话语在刑法学中的直接体现，但对于社会危害性的功能却缺乏深入梳理。笔者认为，社会危害性作为一种实质判断，其功能可以分为入罪功能与出罪功能，像犯罪概念中的但书规定，排除社会危害性行为等均是社会危害性这一实质判断出罪功能的体现。就此而言，当然是具有其合理性的，善待社会危害性观念的命题也恰恰是建立在这一基础之上的，但如果对社会危害性判断的功能不加以限制，就会强化社会危害性的入罪功能，从而形成对法治的破坏。笔者之所以主张否定社会危害性的理论，主要就是因为作为一种超规范的实质判断标准，社会危害性理论潜藏着侵犯人权的危险。那么，否定社会危害性理论以后，是否会存在使犯罪认定标准形式化，社会危害性所具有的出罪功能也一并遭摈弃之虞呢？笔者认为，这种担忧是完全没有必要的。这里涉及犯罪构成理论中的一个重要问题，就是出罪机制的多元化与精致化。苏联及我国的犯罪构成理论具有简单化、单面化的倾向，各种犯罪构成要件之间存在"一有俱有、一无俱无"的依存关系。在这一犯罪构成体系中，出罪机制单一化，或者因不具有犯罪构成要件而出罪，或者因犯罪情节显著轻微而出罪，这两个出罪事由都是建立在社会危害性观念之上的，而社会危害性本身又具有模糊性与含混性，因而难免失之粗糙。但在大陆法系犯罪构成体系中，存在多元的出罪机制，为辩护留下了广阔的空间。以无罪而言，我国刑法中只有不具备犯罪构成而无罪。因此，正当防卫杀人无罪与精神病人杀人无罪在性质上并无区别；因为不具备杀人行为而无罪与未满14周岁的人杀人行为而无罪在法律评价上并无二致。但在大陆法系犯罪构成理论中，根据距离犯罪的远近可以区分出无罪的层次：缺乏构成要件该当性的无罪、违法阻却的无罪、责任阻却的无罪以及缺乏客观处罚事由的无罪。这些无罪在法律的意义上是各不相同的。例如，共犯从属性说，其从属性程度就是根据正犯距离构成犯罪的远近，分为以下四种形态：第一是最小从属形态，即认为只要正犯符合构成要件就够了。第二是限制从属形态，即认为需要正犯符合构成要件并且

97

是违法的。第三是极端从属形态,即认为需要正犯具有构成要件符合性、违法性和责任。第四是夸张从属形态,认为正犯除了具备构成要件该当性、违法性和责任之外,进而必须具备一定的可罚条件。① 这样一些从属形态在我国刑法理论中是不能区分的。此外,大陆法系刑法中还有各种出罪理论,例如社会相当性说、期待可能性说等,都在刑法解释论上发挥着重要作用。我们往往是指责这些理论提供的判断标准在一定程度上的模糊性,但这并不会影响其理论构造的精致性。更何况这是一种出罪理论而非入罪理论,赋予法官以更大的裁量权不会影响刑法的精确性。例如,大塚仁教授在评价期待可能性理论时满怀深情地指出:期待可能性正是想对在强有力的国家法规范面前喘息不已的国民的脆弱人性倾注同情之调的理论。② 每念及此,能不为其理论的人文关怀而感动?期待可能性,在日本刑法中是超法规的责任阻却事由,同样在违法阻却事由中也存在超法规的违法阻却事由。这种超法规的犯罪阻却事由,都是进行违法性或者有责性的实质判断的结果。入罪不可超法规,出罪可以超法规;与之相对应,实质判断不可入罪但可出罪,这都是实质判断应当遵循的原则。我国社会危害性理论之所以粗糙,就是没有形成这样一系列的判断规则。

(三)形式判断与实质判断的位阶关系

在揭示实质判断功能的基础上,我们还应当进一步考虑如何对实质判断的功能加以限制,使其只能出罪不可入罪,这个问题只能通过形式判断与实质判断之间建立起一种位阶关系才能得以妥当地解决。

我国刑法的犯罪构成体系具有平面性,各个构成要件之间具有依存性,因而他们只有排列上的顺序性,而不存在逻辑上的位阶性。但大陆法系的犯罪构成体系,各个构成要件之间存在位阶关系:构成要件该当性是第一要件,如果不具备这一要件,则犯罪认定过程即告中断,不再进入违法性的判断阶段。如果行为具备构成要件该当性,则可推定为违法,这里的违法是形式违法,因为构成要件本

---

① 参见 [日] 大塚仁:《刑法概说(总论)》,3版,冯军译,244页,北京,中国人民大学出版社,2003。

② 转引自冯军:《刑事责任论》,245页,北京,法律出版社,1996。

社会危害性理论：进一步的批判性清理

身就是一种违法类型。在具备形式违法的基础上，进行实质违法的判断，由此认定违法阻却事由。具备违法阻却事由，则犯罪认定过程即告中断，不再进行有责性的判断。如果行为具备实质违法性，则进一步对责任要件加以认定。不具备责任能力，或者存在责任阻却事由的，则仍然不可定罪。在这一犯罪认定过程中，一般认为，构成要件该当性的判断是事实的判断、形式的判断。例如日本学者大塚仁指出：构成要件该当性本来只是为了明确犯罪的形式的类型性意义，它只不过是以行为符合刑法规定的犯罪的大框架构成要件这种形式的判断为内容。当然，在确认规范性构成要件要素和明确所谓开放的构成要件的内容时，应当作某种程度的实质性考虑，但那也只是应该在决定行为的类型性意义所必要的范围内进行，不允许以具体的可罚性的存否为问题。[①] 由于是在构成要件该当性之后才进行实质违法性判断的，从而使这种实质判断只有出罪功能，而不可能成为独立于形式判断之外的另一单独的入罪标准。经过违法性的实质判断，就具有了犯罪之形式与实质的要素，进而考察是否具有责任要件。经过这样一种层层递进的构成要件的判断，事实要素与价值要素、形式要件与实质要件皆具备矣。可以说，正是形式判断先于实质判断这一规则，使实质判断只具有出罪功能而不可具有独立于法律形式之外的入罪功能。

应当指出，在日本刑法学界开始出现构成要件的实质解释论，也称为实质的犯罪论。其代表人物是日本学者前田雅英，其主张从合目的的、实质的角度出发判断构成要件该当性，认为构成要件该当性的判断，是从实质上判定是否存在达到值得科处刑罚的法益侵害。当然，前田雅英主张对违法性和有责性也应作实质解释：违法性的判断，必须是以优越的利益为中心的实质判断；责任必须是扎根于国民规范意识的实质的非难可能性。[②] 由此可见，所谓实质解释也就是实质判断。在日本刑法学界，构成要件的实质解释论并非通说，例如大谷实教授就主张以形式的犯罪论为基础，将犯罪论进行体系化，认为实质的犯罪论存在诸多不

---

① 参见[日]大塚仁：《刑法概说（总论）》，3版，冯军译，123页，北京，中国人民大学出版社，2003。
② 转引自李海东主编：《日本刑事法学者（下）》，328页，北京、东京，法律出版社、成文堂，1999。

妥,归纳起来主要还是涉及形式判断与实质判断的位阶关系。大谷实教授并不反对实质判断,只是认为在构成要件的解释上,在进行处罚的必要性或合理性的实质判断之前,应当从具有通常的判断能力的一般人是否能够得出该种结论的角度出发,进行形式的判断。申言之,以处罚的合理性、必要性为基准的实质判断,只要在查清是符合构成要件之后,在违法性以及责任的阶段进行个别、具体判断就够了。① 我国也有学者主张实质解释论,例如张明楷教授就提倡实质的解释论。这一提倡是以我国在犯罪构成符合性之外,不存在独立的违法性与有责性判断为逻辑前提的,在这种情况下,只有进行实质的解释,才能将不值得科处刑罚的行为排除在构成要件之外,进而实现刑罚处罚的合理性。② 应当指出,这种观点实际上并未将形式解释与实质解释加以区隔。换言之,在我国形式解释与实质解释本来也就没有区别,在这种情况下提倡实质解释是没有针对性的。只有在日本存在对构成要件形式解释的前提下,主张实质解释论才具有意义。笔者认为,我国刑法理论的当务之急是对形式解释与实质解释加以区分,然后再建构形式解释与实质解释之间的位阶关系。在没有做到这一点之前,引入实质的解释论有害无益。在我国犯罪的形式特征与实质特征相统一的混合概念中,形式判断与实质判断本来就混为一谈,而有实质判断优于、先于形式判断之危险性。③ 在这种情况下,主张实质解释论容易造成理论的混乱。就此而言,在我国当前的法律语境下,实质解释论不宜提倡。

(本文原载《中国法学》,2006(4))

---

① 参见[日]大谷实:《刑法总论》,黎宏译,73、74页,北京,法律出版社,2003。
② 参见张明楷:《刑法的基本立场》,113页,北京,中国法制出版社,2002。
③ 关于实质判断先于形式判断的观点,可参见黎宏:《罪刑法定原则下犯罪的概念及其特征——犯罪概念新解》,载《法学评论》,2002(4)。

违法性理论：一个反思性检讨

违法性理论也许是我国刑法学中最为匮乏的理论之一。虽然刑事违法性与社会危害性、应受惩罚性并列，被确认为是犯罪的三个特征之一，但违法性判断在犯罪构成中的缺失，在一定程度上造成了我国犯罪构成体系的逻辑混乱。罪刑法定原则在我国刑法中的神圣地位被确立以后，我国犯罪构成理论到底应当如何认识违法性在刑法中的功能与构造，这是当前我国刑法学研究中不可回避的一个重大理论问题。

一

违法，也称不法，是对人的行为的一种否定性的法律评价。当然违法与不法又存在一定的差别：违法是行为与法规范的矛盾；不法是评价为违法的行为本身。[1] 因此，违法强调的是行为所具有的与法规范相矛盾的性质，因而违法又通常称为违法性。而不法是指具有违法性的行为，这是一种评价的客体。违法是以

---

[1] 参见〔德〕汉斯·海因里希·耶赛克、托马斯·魏根特：《德国刑法教科书（总论）》，徐久生译，287~288页，北京，中国法制出版社，2001。

法为前提的，是对法的否定。因此，在关于法的一般理论中，通常都有关于违法问题的阐述。那么，法理学中的违法概念与刑法中的违法概念是否相等呢？法理学通常在法律责任中论及违法的概念，违法被界定为具有法定责任能力的个人或者组织违反法律规定，不履行法定义务，侵犯他人权利造成社会危害的行为。根据违法行为所触犯的法律规范的性质和危害程度，将其分为刑事违法、民事违法、行政违法和违宪行为。其中，刑事违法也称犯罪，是指触犯刑事法律规定，依法应受刑罚处罚的行为。刑事违法的社会危害性最大，是最严重的一种违法行为。[1] 在这四种违法行为的基础之上，形成了四种法律责任，这就是刑事责任、民事责任、行政责任与违宪责任。在以上论述中，刑事违法与犯罪是等同的概念，并且通过将违法分解为各种具体的违法形式，获得一般的违法概念，但对各种违法之间的关系则缺乏相关的论述。显然，法理学中刑事违法的概念与刑法中的违法性概念是不能等同的。尤其是在大陆法系的犯罪论体系中，违法性只是犯罪成立的要件之一，不能将违法性直接等同于犯罪。由此可见，刑法中的违法性具有自身的逻辑与功能，这是在刑法理论中需要深入研究的一个问题。

从苏俄刑法史可以获知，苏联十月革命以后曾经经历了在社会主义国家还要不要刑法典的争论。[2] 后来虽然制定了刑法典，但在刑法典中确立的是犯罪的实质概念，这就是1922年《苏俄刑法典》第6条的规定："威胁苏维埃制度基础及工农政权在向共产主义制度过渡时期所建立的法律秩序的一切危害社会的作为或不作为，都被认为是犯罪。"这一犯罪概念被称为是犯罪的实质定义，这里的实质是指犯罪的社会危害性或者阶级危害性。在这个犯罪的实质概念中，犯罪甚至不存在违法的评价。不具有违法性而可以构成犯罪，这在刑法史上是没有前例的，从中可以看出当时苏俄刑法学中盛行实质主义的思维方法。苏俄刑法学家将犯罪的实质定义区别于犯罪的形式定义，犯罪的形式定义是把犯罪看成是为法律

---

[1] 参见公丕祥主编：《法理学》，469页，上海，复旦大学出版社，2002。
[2] 参见[苏]皮昂特科夫斯基等编写：《苏联刑法科学史》，曹子丹等译，12页以下，北京，法律出版社，1984。

违法性理论：一个反思性检讨

所禁止，并应受惩罚的行为。① 苏俄刑法学家认为犯罪的形式概念掩盖了犯罪的阶级性，因而予以猛烈抨击，但在20世纪30年代末期开始，对法律虚无主义有所反思。在这种情况下，苏俄学者杜尔曼诺夫在写于1943年、公开发表于1948年的《犯罪概念》的博士论文中，首次把违法性纳入犯罪概念之中，主张犯罪的实质特征与形式特征相结合，由此形成所谓犯罪的混合概念，这一概念在1958年《苏联和各加盟共和国刑事立法纲要》第7条关于犯罪概念的规定中得以确立。② 在犯罪的混合概念中，虽然纳入了违法性特征，但它被认为是社会危害性的法律表现，决定于社会危害性。尤其是在犯罪的混合概念的基础之上，苏俄刑法学家在建构犯罪构成的时候并没有把违法性当作犯罪构成的要件，只是把违法性放在犯罪概念中讨论，由此形成的是犯罪客体—犯罪客观方面—犯罪主体—犯罪主观方面这样一个没有违法性要件的犯罪构成体系。例如A. H. 特拉伊宁指出：行为的社会危害性都是决定每个犯罪构成的基本的、本质的属性。只有危害社会的行为才能形成犯罪构成，由此可以直接得出结论：社会危害性不是犯罪构成的一个要素。③ 在特拉伊宁看来，社会危害性的意义比犯罪构成的一个要素的意义大得多，将社会危害性作为犯罪构成的个别要件，这是对社会危害性意义的贬低。正是在与社会危害性相对应的意义上，违法性也不是犯罪构成的个别要素。特拉伊宁曾经引述苏联学者 B. M. 契柯瓦则教授的话："社会危害性和违法性不是构成的个别要件，它们说明构成的全部要件的总和。"④ 在这种情况下，犯罪构成被看作是社会危害性的构成也是违法性的构成。因此，违法性就获得了犯罪的一般特征的地位。

---

① 参见［苏］皮昂特科夫斯基等编写：《苏联刑法科学史》，曹子丹等译，19~20页，北京，法律出版社，1984。
② 参见［苏］A. H. 特拉伊宁：《犯罪构成的一般学说》，王作富等译，22页，北京，中国人民大学出版社，1958。
③ 参见［苏］A. H. 特拉伊宁：《犯罪构成的一般学说》，王作富等译，63~64页，北京，中国人民大学出版社，1958。
④ ［苏］A. H. 特拉伊宁：《犯罪构成的一般学说》，王作富等译，66页，北京，中国人民大学出版社，1958。

在大陆法系犯罪论体系中，违法性是犯罪成立条件之一。例如德国学者贝林是客观的构成要件论的倡导者，主张构成要件与违法性相分离。按照贝林的想法，构成要件是纯客观的、记叙性的，也就是说，构成要件是刑罚法规所规定的行为的类型，但这种类型专门体现在行为的客观方面，而暂且与规范意义无关。构成要件相符性与违法性和责任完全没有关系。一件事符合构成要件，而它是否违法或是否有责任，则完全是另外的问题。规范的违法性和主观的责任问题，应与构成要件相符性分别审查，构成要件充其量不过是记叙性的、客观的东西。① 将违法性置于构成要件该当性之后，从客观上对构成要件该当性进行实质审查，从而为确立违法阻却事由提供统一根据，这是大陆法系的犯罪论体系的一般逻辑。但苏俄学者将作为犯罪成立条件之一的构成要件误读为犯罪成立条件之总和的犯罪构成，就此而对贝林的观点进行批判："资产阶级刑法学者贝林和他的拥护者们断言，犯罪构成是没有任何评价因素的单纯的事实总和。按照贝林的意见只是确定行为符合犯罪构成根本就没有解决关于该行为的违法性的问题。犯罪构成是一种纯粹描述性质的抽象的法律上的结构。贝林和他的拥护者们断言，关于违法性的论断也不是以犯罪构成为转移的。行为虽然不符合犯罪构成，但也可能是违法的。同时，我们应当注意，上述这些刑法学者是把违法性理解为行为与刑事法律以外的规范，即可与所谓文明规范等相抵触的。资产阶级对违法性的理解是以反动的观点为基础的，按照这种观点，犯罪人所违反的不是刑事法律，而是刑事法律以外的规范。资产阶级关于犯罪构成的概念与违法性概念的相互关系的理论，带有反动的资产阶级性质，并反映出帝国主义时期整个法权所特有的资产阶级法制的破坏过程。"② 在以上论断中，我们暂且抛开浓重的意识形态偏见不谈，就犯罪构成与违法性的一般概念以及两者关系而言，可以看出苏俄刑法学的犯罪构成理论与大陆法系的犯罪论体系之间的巨大差异，正确地解释这种差异对

---

① 参见［日］小野清一郎：《犯罪构成要件理论》，王泰译，22页，北京，中国人民大学出版社，2004。

② ［苏］采列捷里、马卡什维里：《犯罪构成是刑事责任的基础》，载《苏维埃刑法论文》，第1辑，64页，北京，中国人民大学出版社，1955。

违法性理论：一个反思性检讨

于我国当前的犯罪构成体系的重构具有重要意义。

在大陆法系刑法理论中，构成要件是犯罪成立的第一个要件，并且是一个纯事实要件。从大陆法系犯罪论体系的演变来看，开始是客观的构成要件论，例如在贝林那里，构成要件仅仅是客观的、记叙性的，它排除了规范要素和主观要素。只是到迈耶以后，才开始承认在构成要件中包括规范要素和主观要素。到了梅兹格，由于认为构成要件是不法类型，所以从正面肯定了构成要件中的主观要素及规范要素。① 尽管在梅兹格那里，构成要件不再是纯客观的要件，而是包含了规范要素与主观要素，但构成要件仍然是犯罪成立的条件之一。构成要件作为不法类型，仍然有待于通过违法性要件进行实质审查。因此，构成要件中的规范要素与违法性是完全不能等同的。但在苏俄刑法学中，犯罪构成是犯罪成立条件的总和，犯罪构成要件包括犯罪客体—犯罪客观方面—犯罪主体—犯罪主观方面这四大要件并且把社会危害性视为是决定每个犯罪构成的基本的、本质的属性。② 在这种情况下，苏俄刑法学中犯罪构成就成为犯罪成立条件的总和。但苏俄刑法学家将大陆法系犯罪论体系中的构成要件当作犯罪成立条件的总和来看待，建立在这一观念之上的批判，都是未能正确区分构成要件与犯罪构成两个概念之间的差异所致。因此，贝林认为行为具有构成要件该当性并没有解决行为的违法性问题，这在大陆法系的犯罪论体系中是完全成立的。但在苏俄刑法的犯罪构成理论中，行为符合犯罪构成表明犯罪成立在这种情况下不可能不具备违法性。这一差异是苏俄学者对德语中的 Tatbestand 一词的误读所致。这一误读从特拉伊宁开始，一直延续至今。如果特拉伊宁把构成要件改造为犯罪构成以此建立不同于大陆法系的犯罪论体系，那是完全可以理解的，但又反过来批判大陆法系的构成要件概念，则实在难以苟同。正如我国学者指出，特拉伊宁是在犯罪成立的意义上使用犯罪构成，并在这一意义上用犯罪构成取代费尔巴哈或者斯求贝

---

① 参见［日］小野清一郎：《犯罪构成要件理论》，王泰译，53、55 页，北京，中国人民大学出版社，2004。
② 参见［苏］А.Н. 特拉伊宁：《犯罪构成的一般学说》，王作富等译，63 页，北京，中国人民大学出版社，1958。

105

尔学说中的 Tatbestand（构成要件或犯罪事实）。特拉伊宁或是把费尔巴哈对 Tatbestand 的定义看成是对犯罪构成即犯罪成立所下的定义，或是以自己所创立的，作为犯罪成立所必须具备的诸要件的总和的犯罪构成这样一个概念标准，去驳斥费尔巴哈学说中仅作为犯罪外在事实的 Tatbestand，指出其存在所谓的割裂犯罪构成的统一概念的错误。特拉伊宁的结论是无法让人赞同的，因为他在问题的出发点上就偷换了概念。除特拉伊宁外，苏联其他一些学者也存在类似的误解。[1] 这个问题在苏俄刑法学中确是客观存在的，前引苏俄学者对贝林的批判也印证了这一点。由此可见，在犯罪构成这样一些基本概念上都需要正本清源，否则还将谬种流传。

在大陆法系的犯罪论体系中，在构成要件该当性之外，还存在违法性这一犯罪成立条件，并且将违法性又进一步分为形式违法性与实质违法性，此外还有客观的违法性与主观的违法性之分。那么，什么是这里的违法性呢？这里的违法性首先是指形式违法性，即对法规范的违反，这个意义上的违法性，是通过构成要件推定而来的，因而构成要件具有违法性的推定机能。在一般情况下，行为具备构成要件该当性的就可以认为具有违法性。当然，对于形式违法性的违法如何理解在刑法理论上也是存在争议的。一般采宾丁的规范违反说，认为犯罪不是违反刑罚法规，而是违反作为刑罚法规前提的规范。[2] 宾丁将法规与规范加以区分，认为刑法中的违法并非违反刑法，而恰恰是符合刑法规定的构成要件，其所违反的是刑法法规背后的规范。例如杀人罪，行为只有符合杀人罪的构成要件才具备违法性，杀人行为违反的是杀人罪的刑法规定背后的禁止杀人的规范。宾丁的这一理论虽然对于理解违法性具有一定意义，但如果不是从刑法法规本身而是从它之外去寻找违反的对象，似乎与违法一词的含义不符。这里涉及对刑法规范性质的理解，刑法规范是行为规范与裁判规范的统一。我国学者将这一原理称为刑法规范的二重性。这里的二重性，是指刑法规范既是面向裁判者的裁判规范，又是

---

[1] 参见肖中华：《犯罪构成及其关系论》，4~5 页，北京，中国人民大学出版社，2000。
[2] 参见 [日] 大塚仁：《刑法概说（总论）》，3 版，冯军译，301 页，北京，中国人民大学出版社，2003。

违法性理论：一个反思性检讨

面向一般人的行为规范，即刑法规范同时兼具裁判规范和行为规范两重属性。作为裁判规范，刑法规范为裁判者的裁判活动提供行为模式；作为行为规范，刑法规范又为社会大众的活动提供行为模式。这就是刑法规范的二重性。① 在确定刑法上的违法性时，对于裁判者与社会大众是有所不同的：对于裁判者来说，刑法的规定是直接违反的对象。例如，我国《刑法》第 65 条规定累犯应当从重处罚，如果裁判者对累犯不予以从重处罚，这时裁判者的行为是违反刑法的。又如我国《刑法》第 24 条第 2 款规定，对于中止犯没有造成损害的应当免除处罚。如果裁判者对没有造成损害的中止犯不予免除处罚，这时裁判者的行为是违反刑法的。从这个意义上说，刑法规范本身也是裁判者的行为规范。但对于社会大众来说，根据罪刑法定原则，只有在行为符合刑法规定的情况下，才应当认定为犯罪并受到刑罚处罚。从这个意义上，行为并没有违反刑法，而恰恰是合乎刑法也就是具有构成要件该当性。但每一种犯罪都是刑罚处罚的对象，它表明这种犯罪行为是为法律所禁止的，因而是不能为的。正是在这个意义上，刑法对于社会大众的行为具有引导功能，是一种行为规范。这种行为规范是禁止性规定，违反了就会受到刑罚处罚。由此可见，刑法对于裁判者是命令性规范，要求裁判者按照刑法规定进行定罪处罚的裁判活动。刑法对于社会公众是禁止性规范，违反这种禁止性规范是构成犯罪的应有之义。刑法对每一种犯罪行为的规定，都是对这种行为的禁止性的法律宣示。显然，我们在讨论刑法上的违法性的时候，不是在裁判规范意义上而言，而是就行为规范意义而论。在行为规范的意义上，刑法上的违法与其他违法在构造上是有所不同的，它所违反的是隐含在刑法规定中的禁止性规范。

建立在对刑法的禁止性规范违反之上的形式违法性是构成要件该当的通常后果，具有构成要件该当性就可以认定为具有形式的违法性。因此，构成要件该当性在逻辑上是前置于形式的违法性的。正因为形式的违法性与构成要件该当性之间具有这种表里关系，形式的违法性就不是犯罪成立的一个独立条件，它是作为

---

① 参见刘志远：《二重性视角下的刑法规范》，111 页，北京，中国方正出版社，2003。

构成要件该当的后果而依附于前者的。从这个意义上说,作为犯罪成立条件之一的违法性是指实质的违法性。实质的违法性理论,是德国著名刑法学家李斯特首倡的。李斯特将违法分为两种:一是形式违法,是指违反国家法规、违反法制的要求或禁止规定的行为。二是实质违法,是指危害社会的(反社会的)行为。李斯特指出:"只有当其违反规定共同生活目的之法秩序时,破坏或危害法益才在实体上违法;对受法律保护的利益的侵害是实体上的违法。如果此等利益是与法秩序目的和人类共同生活的目的相适应的。"[1] 实质违法,是进行实质判断,判断根据并非法律规范本身,而是法律规范之外的内容,诸如共同生活目的、法律保护的利益等是否受到侵害。李斯特关于实质违法性的理解,更为强调行为对法益的侵害,因而这种违法性的理论也称法益侵害说。此后,德国学者迈耶则更为强调行为对文化规范的违反,认为支配人们日常生活的是"文化规范",即宗教、道德、风俗、习惯、买卖规则、职业规则等决定人们行为的命令及禁止。人们的行为正是由这样一种规范所支配,而非受法规范所支配,因此,没有文化规范上的要求。例如业务上的义务时,行为人便不能被科处刑罚。[2] 迈耶的这种文化规范违反论,就是被苏俄学者批判的犯罪人所违反的不是刑事法律,而是刑事法律以外的规范,也就是文明规范的观点,认为这种观点是对法制的破坏。其实迈耶是在行为具有构成要件该当性的基础上讨论实质违法问题的。行为违反文化规范并不是构成要件该当之外的入罪根据,行为不违反文化规范则是构成要件该当之后的出罪根据。在这个意义上,构成要件是违法性的认识根据或者凭证。在迈耶看来,构成要件与违法性的关系,就如同烟和火的关系一样。在一般情况下,具有构成要件的行为就可推定为违法,除非存在违法阻却事由。而违法阻却恰恰是以文化规范作为根据的,即在没有违反文化规范的情况下可以阻却违法。这一结论是从违法性的本质是违反文化规范这一命题中推导出来的。因此,在迈耶的理论框架中,不是根据违反文化规范来认定具有构成要件,而恰恰是因具有构成要

---

[1] [德]李斯特:《德国刑法教科书》,修订译本,徐久生译,201页,北京,法律出版社,2006。
[2] 参见刘志远:《二重性视角下的刑法规范》,115页,北京,中国方正出版社,2003。

违法性理论：一个反思性检讨

件而认定违法。但如果不具有对文化规范的违反，则这种从构成要件该当性中推定的违法被阻却。根据这一逻辑，违反文化规范的违法本质论并不存在对法制的破坏。

如果说迈耶强调的是违法性的文化规范的违反性，那么，日本刑法学家小野清一郎则强调违法性的伦理规范的违反性。小野清一郎指出："伦理规范是国家法律的根底。所谓法，实际上就是由国家认可、限定、组织和形成的伦理。法的实质是伦理，不法本身就是伦理。"① 正因为小野将法的本质理解为伦理，所以违法也就是违反伦理规范。小野的伦理规范违反论与迈耶的文化规范违法论在性质上是相同的，都是从法之外寻找某种违法的实质根据。由于这种实质根据具有规范的性质，不同于法益侵害说，因而被称为是规范违反说。规范违反说到德国学者雅科布斯那里发展到顶峰。雅科布斯认为，社会的构造是通过规范实现的，正是规范决定了社会的同一性，没有没有规范的社会，正如同没有没有社会的规范一样，社会与规范之间具有高度的依存性。在雅科布斯看来，犯罪是对规范的违反，而惩罚犯罪就是为了保护规范，确证规范的有效性。雅科布斯指出："刑法的机能主义在此指的是这样一种理论，即刑法要达到的效果是对规范同一性的保障，对宪法和社会的保障。"② 雅科布斯的规范违反说中的规范又不同于迈耶的文化规范与小野的伦理规范，更多的是指社会规范。当然雅科布斯对社会的理解明显地受哈贝马斯的影响，将社会理解为是一个交往联系的构造。相对于文化规范与伦理规范，以社会规范解释法的本质是更为可取的，毕竟社会是一个无论是内涵还是外延都要比文化与伦理更为丰富的概念。当然，雅科布斯对社会的理解尤其是对社会与规范之间关系的理解是具有独特性的。雅科布斯主张的社会规范违反说具有理论上的魅力，在我国刑法学界亦引起共鸣。例如我国学者周光权教授就对雅科布斯的规范理解深表赞成，将规范作为刑法的实质性根据来强调，并进一步引申出公众认同作为刑法规范合理性的重要内容。③

---

① ［日］小野清一郎：《犯罪构成要件理论》，王泰译，30 页，北京，中国人民大学出版社，2004。
② ［德］雅科布斯：《行为责任刑法——机能性描述》，101 页，北京，中国政法大学出版社，1997。
③ 参见周光权：《刑法学的向度》，124 页以下，北京，中国政法大学出版社，2004。

规范违反说与法益侵害说之间在一定程度上形成了对立，但这种对立并不是绝对的，两者之间存在一定的关联性。例如法益这个概念并非纯事实的，不包含规范内容。因此，日本刑法学家大塚仁更多地揭示了两者的相关性，认为两者基本上是立足于共同的基础上，毋宁说只有并用两者才能正确地把握违法性的实质。因此，大塚仁认为，违法性的实质是违反国家、社会的伦理规范，给法益造成侵害或者威胁。① 大塚仁的观点是颇有些折中意味的，但法益侵害与规范违反也并不是完全并列。事实上。在一个规范不够健全的社会，对违法性本质的理解更多地强调法益侵害是能够成立的。只有在规范十分健全的社会，规范违反才具有对违法性本质的更强解释力。

通过以上对苏俄刑法学中的违法性与大陆法系刑法学中的违法性的对比，我们可以发现，苏俄刑法学中的违法性相当于大陆法系刑法学中的形式违法性，指某一行为在刑法中被规定为犯罪。而苏俄刑法学中的社会危害性相当于大陆法系刑法学中的实质违法性。在这两者之间虽然存在一定的对应关系，但根本区别在于：苏俄刑法学是把社会危害性和违法性的讨论放在犯罪构成之外进行的，并且形成了犯罪概念与犯罪构成之间关系的理论，尤其是对社会危害性判断的功能未予限制，尽管在刑法中规定"形式上虽然具有本法典分则所规定的某种行为的要件，但是由于显著轻微而没有社会危害性的作为或不作为都不认为是犯罪"（1960年《苏俄刑法典》第7条），因而社会危害性的实质判断似乎具有出罪功能。但在更多的情况下，社会危害性的实质判断具有入罪功能。而在大陆法系刑法学中，犯罪概念是形式概念，在犯罪成立条件中引入违法性这一要件。虽然违法性可以分为形式的违法性与实质的违法性，但形式的违法性是根据构成要件该当性推定的，具有实际功能的还是实质的违法性。由于实质的违法性是在具备构成要件和形式的违法性之后所进行的判断，因而实质的违法性没有入罪功能，只有出罪功能，即作为违法阻却的一般根据。

---

① 参见［德］李斯特：《德国刑法教科书》，修订译本，徐久生译，303页，北京，法律出版社，2006。

违法性理论：一个反思性检讨

二

我国刑法学中的违法性理论以及犯罪构成理论都来自苏俄刑法学，至今未能摆脱其束缚。我国刑法学仍然在犯罪概念中讨论违法性，并且把这种违法性称为刑事违法性，以此将它与其他违法行为加以区分。我国学者认为，行为的刑事违法性指行为违反刑法规范，也可以说是行为符合刑法规定的犯罪构成。如果行为不违反刑法规范，而只是违反行政法规范或者民法规范，那就只是一般违法行为，而不是犯罪。① 我国刑法学中的违法性概念被认为是从《刑法》第13条关于犯罪概念的规定中引申出来的，因为《刑法》第13条在犯罪概念的表述中有"依照法律应当受刑罚处罚"的规定，从这一表述引申出犯罪的刑事违法性与应受惩罚性这两个犯罪的特征。在1979年刑法中，由于我国刑法规定了类推制度，对于法无明文规定的行为也可以通过类推定罪。在这种情况下，刑事违法性对于某些犯罪来说并非一个必不可少的特征。在1997年刑法确认了罪刑法定原则以后，犯罪的刑事违法性开始受到重视，对刑事违法性与社会危害性的关系也开始进行反思。② 我国学者对刑事违法性的内容加以重新阐释。例如张明楷教授在犯罪的法律特征——刑事违法性的论述中，直接引入了大陆法系刑法学中的违法性理论，将刑事违法性分为形式的刑事违法性与实质的刑事违法性，并对两者的关系进行了阐述：形式的刑事违法性与实质的刑事违法性不是相对立的概念，而是相对应的概念，二者分别从形式的、外表的与实质的、内容的角度来探求违法性的实质，将二者结合起来就能完整地说明违法性的实质。不难看出，如果引入实质的刑事违法性的概念，那么，形式的刑事违法性与实质的刑事违法性的关系，便是人们通常所说的刑事违法性与社会危害性的关系，即刑法之所以禁止某种行为，是因为立法机关认为该行为具有了应受刑罚处罚的程度的社会危害性。因

---

① 参见马克昌主编：《犯罪通论》，3版，26页，武汉，武汉大学出版社，1999。
② 参见陈兴良：《社会危害性理论——一个反思性检讨》，载《法学研究》，2000（1）。

此，应受刑罚处罚程度的社会危害性是刑事违法性的基础，刑事违法性是应受刑罚处罚程度的社会危害性的法律表现。由于刑事违法性意味着行为违反刑法，所以也意味着行为人应受刑事追究。① 这一论述将我国传统刑法学中的社会危害性转换为实质的刑事违法性，以限制社会危害性的范围，由此纳入大陆法系刑法学的理论话语。这一努力是值得肯定的，也是笔者所见到的在我国刑法教科书中对刑事违法性的最为详尽的论述。但是，此刑事违法性并非彼违法性，我国刑法学中的刑事违法性与大陆法系犯罪论体系中的违法性是两个完全不同的概念。我国学者从违法性的审查机制角度对此作了比较，指出：我国的刑事违法由于社会危害性这一虚缥的、无实体内容的概念为理论支持，而蜕变为一个纯粹的形式概念即形式违法；同时由于刑事违法性的评价是以犯罪构成的评价形式进行的，而后者的评价只能是一次性的评价过程。据此，可以将我国的刑事违法评价总结为一次性的、违法性的形式审查。与大陆法系的从形式违法到实质违法的双层次审查机制相比，我国的刑事违法评价可以说是一种单层次的形式审查。② 正是这种功能上的重大差别，表明我国刑法学中的刑事违法性与大陆法系犯罪论体系中的违法性是在性质上有所不同的，因而也就不能简单地采用大陆法系的违法性理论作为对我国刑事违法性内容的阐述。更何况，仍然将违法性作为犯罪特征在犯罪概念中加以讨论，继续维系一种没有违法性的犯罪构成，违法性在刑法中的地位就不可能真正确立。

有所创新的是，在刑事违法性的实质阐述中，我国学者引入了刑事义务的概念，以刑事义务违反揭示违法性的实体内容。我国学者冯军教授较早地提出了刑事义务问题，认为刑事义务是刑事法律上规定的行为人必须履行的约束其行为的任务。③ 冯军教授主要是从刑事责任构造角度提出刑事义务的，把刑事义务作为刑事责任的首要内容。但是，冯军教授并未论及刑事义务与违法性的关系。我国

---

① 参见张明楷：《刑法学》，2版，100页，北京，法律出版社，2003。
② 参见米传勇：《刑事违法论——违法性双层次审查结构之提倡》，载陈兴良主编：《刑事法评论》，第10卷，25页，北京，中国政法大学出版社，2002。
③ 参见冯军：《刑事责任论》，38页，北京，法律出版社，1996。

违法性理论：一个反思性检讨

学者曲新久教授首先揭示了刑事违法性与刑事义务之间的关系，指出：犯罪的刑事违法性可以简单地表述为行为违反刑法规范，具体地表述为违反刑事义务。①曲新久教授把刑事义务看作是刑法规范的必不可少的内容，因而违反刑法规范主要就是指违反刑事义务。刑事义务不是直接规定在刑法条文之中，而是通过"……的，处……"结构形式的罪刑式法条抽象地表达出来，作为刑法规范的内容、作为罪刑式法条的逻辑前提而抽象地存在。例如刑法规定"故意杀人的处3年以上10年以下有期徒刑"，在这样一个刑法分则条文之中，"……的，处……"的结构形式所蕴含的内容，抽象地表述出"禁止杀人"的刑事义务，所以，一个人故意实施了非法剥夺他人生命的行为，表明其行为违反了"禁止杀人"的刑事义务，符合刑法条文中的罪状，而应当被处以刑法规定的刑罚。将刑事义务作为违法性的内容对于从实质上理解违法性是具有一定意义的。将刑法条文与刑事义务相区分，从刑法条文中揭示出隐含其后的刑事义务，以此作为刑事违法的对象。相对于宾丁将刑法法规与刑法规范相区分，以刑法法规作为刑事违法的对象更为可取。但是违反刑事义务意义上的刑事违法性到底是形式违法性还是实质违法性，违反刑事义务在犯罪构成要件中是否具有独立的地位，这些问题仍然没有得到根本解决。

对违法性研究，从刑法条文本身出发，这是一个正确的方向。以刑法条文为起点但又不能局限于刑法条文，只有这样，对于违法性的理解才能完成从形式的违法性到实质的违法性的转换。在分析我国刑法中的违法性的时候，我们首先看到的是刑法分则罪状中关于"非法"或者"违反法律规定"之类的规定，这些规定也是对某一犯罪行为的违法性的一种确认。那么，这种刑法分则罪状中的违法要素如何认识呢？这是在刑法的违法性理论中不能回避的问题。下面，笔者对刑法分则中规定的违法要素加以列举。

（1）第125条第1款非法制造、买卖、运输、邮寄、储存枪支、弹药、爆炸物罪。第2款非法制造、买卖、运输、储存毒害性、放射性、传染病病原罪，在

---

① 参见曲新久：《刑法的精神与范畴》，修订版，141页，北京，中国政法大学出版社，2003。

上述规定中，都包含"非法"的要素。（2）第126条违规制造、销售枪支罪中有"违反枪支管理规定"的要素。（3）第128条第1款非法持有、私藏枪支、弹药罪中有"违反枪支管理规定"的要素。第2款非法出租、出借枪支中有"非法"的要素。（4）第130条非法携带枪支、炸药、管制刀具、危险物品危及公共安全罪中有"非法"的要素。（5）第133条交通肇事罪中有"违反交通运输管理法规"的要素。（6）第139条消防责任事故罪中有"违反消防管理法规"的要素。（7）第159条虚假出资、抽逃出资罪中有违反公司法的规定的要素。（8）第176条非法吸收公众存款罪中有"非法"的要素。（9）第192条集资诈骗罪中有"非法"的要素。（10）第207条非法出售增值税专用发票罪中有"非法"的要素。（11）第208条第1款非法购买增值税专用发票、购买伪造的增值税专用发票罪中有"非法"的要素。（12）第209条第3款非法出售用于骗取出口退税、抵扣税款发票罪中有"非法"的要素。第4款非法出售发票罪中有"非法"的要素。（13）第225条非法经营罪中有"非法"的要素。（14）第228条非法转让、倒卖土地使用权罪中有"违反土地管理法规"的要素。（15）第230条逃避商检罪中有"违反进出口商品检验法的规定"的要素。（16）第238条非法拘禁罪中有"非法"的要素。（17）第244条强迫职工劳动罪中有"违反劳动管理法规"的要素。（18）第224条之一雇用童工从事危重劳动罪中有"违反劳动管理法规"的要素。（19）第245条非法搜查罪、非法侵入住宅罪中有"非法"的要素。（20）第251条非法剥夺公民宗教信仰自由罪中有"非法"的要素。（21）第252条侵犯通信自由罪中有"非法"的要素。（22）第281条非法生产、买卖警用装备罪中有"非法"的要素。（23）第282条第1款非法获取国家秘密罪中有"非法"的要素。第2款非法持有国家绝密、机密文件、资料、物品罪中有"非法"的要素。（24）第283条非法生产、销售间谍专用器材罪中有"非法"的要素。（25）第284条非法使用窃听、窃照专用器材罪中有"非法"的要素。（26）第327条非法出售、私赠文物藏品罪中有"违反文物保护法规"的要素。（27）第329条第2款擅自出卖、转让国有档案罪中有"违反档案法的规定"的要素。（28）第330条妨害传染防治罪中有"违反传染病防治法的规定"的要素。

违法性理论：一个反思性检讨

(29) 第334条第1款非法采集、供应血液、制作、供应血液制品罪中有"非法"的要素。(30) 第336条非法行医罪中有"非法"的要素。(31) 第337条逃避动植物检疫罪中有"违反进出境动植物检疫法的规定"的要素。(32) 第340条非法捕捞水产品罪中有"违反保护水产资源法规"的要素。(33) 第341条第1款非法猎捕、杀害珍贵、濒危野生动物罪以及非法收购、运输、出售珍贵濒危野生动物、珍贵濒危野生动物制品罪中有"非法"的要素。第2款非法狩猎罪中有"违反狩猎法规"的要素。(34) 第342条非法占用农用地罪中有"违反土地管理法规"的要素。(35) 第343条第1款非法采矿罪中有"违反矿产资源法的规定"的要素。第2款破坏性采矿罪中有"违反矿产资源法的规定"的要素。(36) 第344条非法采伐、毁坏国家重点保护植物罪，非法收购、运输、加工、出售国家重点保护植物、国家重点保护植物制品罪中有"非法"的要素。(37) 第345条第2款滥伐林木罪中有"违反森林法的规定"的要素。第3款非法收购、运输盗伐、滥伐林木罪中有"非法"的要素。(38) 第348条非法持有毒品罪中有"非法"的要素。(39) 第350条走私制毒物品罪、非法买卖制毒物品罪中有"非法"的要素。(40) 第351条非法种植毒品原植物罪中有"非法"的要素。(41) 第352条非法买卖、运输、携带、持有毒品原植物种子、幼苗罪中有"非法"的要素。(42) 第375条第2款非法生产、买卖军用标志罪中有"非法"的要素。(43) 第398条故意泄露国家秘密罪、过失泄露国家秘密罪中有"违反保守国家秘密法的规定"的要素。(44) 第405条第1款徇私舞弊发售发票、抵扣税款、出口退税罪中有"违反法律、行政法规的规定"的要素。(45) 第407条违法发放林木采伐许可证罪中有"违反森林法的规定"的要素。(46) 第410条非法批准征用、占用土地罪以及非法低价出让国有土地使用权罪中有"违反土地管理法规"的要素。(47) 第431条第1款非法获取军事秘密罪中有"非法"的内容。第2款非法提供军事秘密罪中有"非法"的要素。(48) 第432条故意泄露军事秘密罪、过失泄露军事秘密罪中有"违反保守国家秘密法规"的要素。(49) 第435条逃离部队罪中有"违反兵役法规"的要素。(50) 第439条非法出卖、转让武器装备罪中有"非法"的要素。

115

以上列举我国刑法分则中关于"违法"的规定都是狭义上的。广义上的违法，包括刑法分则规定的"违反国家规定"，则上述清单还要长得多。这里的"违反国家规定"实际上也是指违法。例如《刑法》第96条明确规定："本法所称违反国家规定，是指违反全国人民代表大会及其常务委员会制定的法律和决定，国务院制定的行政法规、规定的行政措施、发布的决定和命令。"那么，上述违法与刑法中的违法性之间是什么关系，这种违法要素在犯罪构成中又应当如何归属，这些问题在我国刑法学中以往鲜有涉及。

从我国刑法分则的规定来看，这里的违法并非指违反刑法，而是指违反其他法律。在有些条文中，已经明确地规定了违反的法律的内容；在另外一些条文中，虽然只是笼统地规定为违法，但根据内容也可以推断出其所违反的法律。例如《刑法》第176条非法吸收公众存款罪中的"非法"，是指违反银行法或者其他金融法规。这些以"非法"为内容的犯罪，都是刑法理论上的法定犯。法定犯是不同于自然犯的一种犯罪类型，它是指由于法律的禁止性规定而成立的犯罪，它与本身就具有犯罪性的自然犯有所不同。我国刑法中之所以存在比例如此之大的法定犯，和我国的立法体例存在一定的关系。在世界各国，对于刑法一般都采取了分立式的立法体例，即分别在刑法典、单行刑法与附属刑法中对各种犯罪加以规定。刑法典只规定具有普遍意义的犯罪，绝大多数属于自然犯。单行刑法是对特定人或者特定事项的规定，具有特别刑法的性质。绝大多数法定犯都规定在附属刑法中，形成所谓行政刑法。我国在1979年以后曾经出现过这种分立制，但在1997年刑法修订中，坚持制定一部统一的刑法典的立法理念从而取消了分立制。在1997年刑法修订以后，除1998年12月29日全国人大常委会《关于惩治骗购外汇、逃汇和非法买卖外汇犯罪的决定》以单行刑法的形式出现以外，其他均以《刑法修正案》的形式对刑法进行修改从而维持了大一统的刑法典的格局。在这种情况下，我国刑法分则规定中出现大量"违法"的要素并不奇怪，这种"违法"要素为认定某一具体犯罪提供了法律根据。这里呈现出了双重的违法结构，这种双重违法结构，是由行政不法与刑事不法的重合性而产生的。例如我国台湾地区学者林山田教授将不法分为三类：纯正的刑事不法、纯正的行政不法违法性理论：一个反思性检讨

和不纯正的行政不法。前两类各自具有刑事违法与行政违法的属性，两种不法没有重合。但第三类不纯正的行政不法则是指同时具有行政不法与刑事不法，因而出现了双重的违法结构。① 这里涉及刑法与其他法律之间的关系，我国学者指出，从刑法规范与其他法律规范的关系来看，刑事违法性表现为两种情况：一是直接违反刑法规范，二是违反其他法律规范但因情节严重进而违反了刑法规范。在后一种情况下，行为具有双重违法性，因而在承担刑事责任的同时，还可能承担其他法律责任。② 在双重违法性的情况下，在承担刑事责任的同时是否还承担其他法律责任应当受到一事不再理或者禁止双重处罚原则的限制。

在大陆法系刑法学中存在法秩序的统一原理，并以这一原理处理刑法与其他法律的关系，尤其是作为合法化事由的根据。德国学者指出：法秩序仅仅承认统一的违法性概念。在各个部门法的领域里所不同的只是违法行为的法律效果。因此，合法化事由也应当是从整体法秩序中归纳出来的。根据法秩序的统一性（Eirheit der Rechtsondnung）原则，无论是私法还是公法里的合法化事由，均可以直接运用到刑法领域里，同时也意味着，刑法中的特殊的合法化事由，同样可使其他法领域里的行为被合法化。③ 这里的法秩序的统一原理，是在出罪的意义上说的，也就是其他法律规定为合法的行为，在刑法中不能作为犯罪处理，这就是罗克辛提出的问题：在刑法中，民法性的或者公法性的许可或者侵犯权，是否能够在任何情况下都排除一个符合行为构成的举止行为的违法性？对此，罗克辛作了肯定回答。④ 与此相反的是另外一个问题，也是罗克辛提出的：一种对确定举止行为的民法性的或者公法性的禁止性存在，是否意味着在任何情况下，这种举止行为一旦同时满足了一个刑法规定的行为构成也就表现了刑法上的不法？对于这一问题，罗克辛认为不能简单地用"是"来回答，在一般情况下是这样的，

---

① 参见林山田：《经济犯罪与经济刑法》，修订3版，129页，台北，三民书局，1981。
② 参见张明楷：《刑法学》，2版，99页，北京，法律出版社，2003。
③ 参见［德］汉斯·海因里希·耶赛克、托马斯·魏根特：《德国刑法教书（总论）》，徐久生译，392页，北京，中国法制出版社，2001。
④ 参见［德］罗克辛：《德国刑法学总论》，第1卷，王世洲译，397页，北京，法律出版社，2005。

117

但是并不是必须这样做的。① 这里涉及在入罪问题上，是否存在违法性的统一性原理的问题。显然，在入罪问题上，民事上、行政上的违法不等同于刑事上的违法，尤其是在我国只有将严重的民事上、行政上的违法行为才规定为刑事违法的情况下更是如此。② 但在具有民事上、行政上的违法性的行为，又同时具备刑事上的不法性的，确实通常是可以作为犯罪处罚的。在这种情况下，刑事不法正是以民事上、行政上的不法为其逻辑前提的，即只有在具有民事上、行政上的不法的前提下，才有刑事不法可言。如果民事上、行政上是合法的，则不可能在刑事上认定为不法。在这种双重的违法结构中，刑事违法是建立在民事上、行政上的违法的前提之上的。例如根据《刑法》第133条的规定，交通肇事罪是指违反交通运输管理法规，因而发生重大事故，致人重伤、死亡或者使公私财产遭受重大损失的行为。由此可见，违反交通运输管理法规是交通肇事罪的前置性条件。如果某一行为没有违反交通运输管理法规，就不存在交通肇事的问题。

我国刑法分则规定中的"违法"要素到底归属于犯罪构成的哪一个要件，这也是一个值得研究的问题。在大陆法系刑法学中，最初是把构成要件当作纯事实的要件而不包含规范要素。例如按照贝林的想法，构成要件是纯客观的，也就是说，构成要件是刑罚法规所规定的行为的类型，但这种类型专门体现在行为的客观方面，而暂且与规范意义无关。只是到了迈耶以后，才承认在构成要件中包括规范要素。日本学者小野清一郎指出：构成要件中的规范要素，是指构成要件中不但要有确定的事实，而且以规范评价为必要部分。这里面既有以诸如"他人财物"之类的法律评价为必要的场合，也有以诸如"虚假文书"之类的认识评价为必要的场合，还有以诸如"猥亵行为""侮辱"之类的社会的和文化的评价为必要的场合，以及以"故意的""不法的"等完全是伦理的及道义的评价为必要的

---

① 参见[德]罗克辛：《德国刑法学总论》，第1卷，王世洲译，397页，北京，法律出版社，2005。
② 关于这个问题的详尽论述，参见李洁：《论罪刑法定的实现》，159页以下，北京，清华大学出版社，2006。

违法性理论：一个反思性检讨

场合。① 因此，我国刑法分则规定的"违法"等要素在大多数情况下都应当看作是构成要件该当性的要素而非违法性的要素。例如《刑法》第 252 条侵犯通信自由罪规定了三种行为：隐匿、毁弃或者非法开拆他人信件。在这三种行为中，对隐匿、毁弃并未冠以"非法"一词，唯独对开拆冠以"非法"一词。之所以出现这样的区分，与行为的性质有关。在一般情况下，构成要件行为是不法类型，因而这种行为本身就具有违法性。隐匿、毁弃他人信件均属此类不法性明显的行为。但也存在一些正常的行为因法律禁止而成为不法，这些行为必须以"非法"加以界定，否则难以与正常合法的行为加以区分。例如非法经营罪中的经营行为，非法行医罪中的行医行为，本身都是正常的经济行为或者业务行为，只有在违反法律规定的情况下才被规定为犯罪，这是法定犯的典型特征。对于开拆他人信件来说，在大多数情况下当然是违法的，但也确实存在合法的开拆。例如侦查人员经公安机关、国家安全机关或者人民检察院批准依法扣押、检查犯罪嫌疑人、被告人的信件，就是合法开拆他人信件。只有违反国家法律规定，私自开拆他人信件才是本罪构成要件的行为。因此，这里的违法是构成要件行为的要素。只有具备这些"非法"要素，才能成立构成要件行为，才具有形式上的违法性。

三

在构成要件的规范要素的基础上，才能进入到关于刑法上的违法性的讨论当中来。这里的刑法上的违法性，就是指违反刑法，或曰刑事违法性。

我国刑法学仿照苏俄刑法学，在犯罪概念中讨论刑事违法性，在犯罪构成要件中违法性是缺位的，在犯罪客体—犯罪客观方面—犯罪主体—犯罪主观方面形成的耦合式的犯罪构成体系中，并没有涉及违法性问题。在大陆法系犯罪论体系中讨论的违法阻却事由是放在犯罪构成之外加以讨论的。这一理论构造来自苏俄

---

① 参见 [日] 小野清一郎：《犯罪构成要件理论》，王泰译，56~57 页，北京，中国人民大学出版社，2004。

刑法学家特拉伊宁。特拉伊宁指出："在犯罪构成学说的范围内，没有必要而且也不可能对正当防卫和紧急避险这两个问题作详细的研究。"① 但特拉伊宁并没有明确说明不在犯罪构成学说范围内讨论正当防卫和紧急避险的充分理由。只是这么一句轻描淡写的话，就把正当防卫和紧急避险问题逐出了犯罪构成体系。对于这个问题，可以想见的理论是犯罪构成是从正面表明具备社会危害性的行为构成犯罪，而正当防卫、紧急避险是不具备社会危害性因而不构成犯罪的情形。犯罪构成解决的是在什么情况下构成犯罪，因而不能将正当防卫、紧急避险等不构成犯罪的情形纳入其中。笔者以为，这样一些说法都是似是而非的。正当防卫、紧急避险之所以不纳入犯罪构成体系，主要还是由苏俄刑法学中社会危害性理论的逻辑以及犯罪构成体系的结构所造成的。在苏俄刑法学的犯罪构成体系中，在功能上类似于大陆法系犯罪论体系中的实质违法性的社会危害性并没有作为犯罪构成要件加以确立，由此形成了犯罪概念与犯罪构成之间的一定程度的脱节。而在大陆法系刑法学中，犯罪直接被定义为符合犯罪构成的、违法的和有责的行为。② 在这种情况下，犯罪除了犯罪成立条件以外，没有自己的内容，从而将犯罪成立的判断完全交由犯罪构成要件来完成。但在苏俄刑法学中，犯罪概念的内容有别于犯罪构成，两者之间被认为是一般与具体的关系：犯罪概念为认定犯罪提供一般标准，而犯罪构成为认定犯罪提供具体标准。之所以有必要保留犯罪概念在认定犯罪中的独特作用，主要是因为犯罪的实质概念能够为具有社会危害性但刑法没有规定的行为类推定罪提供法律上的根据。这一逻辑在刑法存在类推制度的情况下似乎能够成立，但在类推制度取消以后则已经没有任何合理性，但仍然基于理论的惰性而被保留下来。依据正当防卫、紧急避险被当作排除社会危害性与违法性的事由放在犯罪构成之外加以考察，必然带来一个严重的问题，这就是犯罪构成的形式化。因此在苏俄刑法学中存在对犯罪构成是刑事责任的唯一根

---

① ［苏］A.H.特拉伊宁：《犯罪构成的一般学说》，王作富等译，272页，北京，中国人民大学出版社，1958。

② 参见［德］李斯特：《德国刑法教科书》，修订译本，徐久生译，169页，北京，法律出版社，2006。

违法性理论：一个反思性检讨

据这一命题的质疑。犯罪构成是刑事责任的唯一根据这个命题是特拉伊宁提出来的，被认为是社会主义法制原则的体现。① 但在以下两种情况下，这一命题是不能成立的：一是类推是在行为不具备犯罪构成的情况下定罪因而没有犯罪构成也可以定罪。苏俄学者也看到了这一点，因而指出：怎样才能使苏维埃刑事立法中的类推同犯罪构成是刑事责任的唯一基础的说法相协调呢？论者把这看作是犯罪构成和社会危害性及违法性相一致这个一般规则的例外情况。② 既然存在例外就不能说是唯一根据。二是正当防卫、紧急避险等是在具备犯罪构成的情况下而不定罪，因而有犯罪构成也未必定罪。关于正当防卫、紧急避险等行为到底是否具备犯罪构成，在苏俄刑法学中表述常常自相矛盾。基于社会危害性是犯罪构成本质属性，没有社会危害性也就没有犯罪构成的原理，往往会推论出正当防卫、紧急避险没有犯罪构成的结论。例如苏俄学者指出，正当防卫者的行为虽然表面上、形式上似乎存在有犯罪的因素，但因为缺乏社会危害性特征，所以也没有犯罪构成。③ 但也存在不同的论述，例如苏俄学者指出：在某种例外的场合，某人所实施的行为，虽然形式上也符合刑法典所载的犯罪构成的各种特征，但是由于特殊情况的存在它就不再是危害社会的违法的行为了。在这种场合，符合犯罪构成的诸事实特征的总和就成为一种不能作为刑事责任基础的空洞的形式。④ 这种矛盾来源于社会危害性与犯罪构成的分离，更来源于对社会危害性的强调，由此难以完成从社会危害性是刑事责任的唯一根据到犯罪构成是刑事责任的唯一根据的转变。只有将实质的违法性判断纳入犯罪构成体系之中，这个问题才能得到彻底解决。

---

① 参见 [苏] A.H.特拉伊宁：《犯罪构成的一般学说》，王作富等译，192 页，北京，中国人民大学出版社，1958。
② 参见 [苏] 采列捷里、马卡什维里：《犯罪构成是刑事责任的基础》，载《苏维埃刑法论文选译》，第 1 辑，70 页，北京，中国人民大学出版社，1955。
③ 参见 [苏] B.H.吉梁斯基：《苏维埃刑法理论中关于犯罪构成学说的几个问题》，载《苏维埃刑法论文选译》，第 1 辑，43~44 页，北京，中国人民大学出版社，1955。
④ 参见 [苏] 采列捷里、马卡什维里：《犯罪构成是刑事责任的基础》，载《苏维埃刑法论文选译》，第 1 辑，68 页，北京，中国人民大学出版社，1955。

在大陆法系刑法学中,构成要件该当性之后讨论的是违法性,在违法性中又主要讨论违法阻却事由。因此,这个意义上的违法性是指实质的违法性。实质的违法性是形式违法性的根据。它从法规范之外寻找根据,解决违法的原因。对于这种实质的违法性,我国学者是十分陌生的,我国刑法学中的刑事违法性实际上是形式的违法性,大陆法系刑法学中实质的违法性的功能在我国刑法学中主要是由社会危害性这个概念来承担的。因此,社会危害性概念是可以转换成为实质的违法性概念的。但问题并不像概念转换这么简单,而是因为我国刑法学中社会危害性自外于犯罪构成,使其与各个犯罪构成要件处于一种疏离关系,导致在犯罪构成之外去寻找社会危害性。无论是实质的违法性还是社会危害性,都是一种实质的判断。这种实质的判断如果不受规范的限制就会与罪刑法定原则相背离。在我国刑法中,社会危害性是在犯罪构成之外的一个独立判断要素,在行为具有社会危害性而不具备犯罪构成的情况下,就容易作出入罪的判断。为解决这个问题,笔者曾经提出改变社会危害性与刑事违法性的关系将刑事违法性而不是社会危害性作为区分罪与非罪的唯一标准,甚至主张将社会危害性逐出规范刑法学领域。[1] 现在看来,这一观点有简单化、情绪化之嫌。笔者认为,只有放弃我国目前通行的耦合式的犯罪构成体系,采用大陆法系的递进式的犯罪论体系,才能从根本上解决这个问题。在大陆法系递进式的犯罪论体系中,构成要件该当性、违法性与有责性这三个要件之间存在逻辑上的位阶关系,即后者以前者为前提,若无前者即无后者。在这样的犯罪论体系中,构成要件的判断是先于违法性的,违法性以构成要件该当性为前提。因此,实质的违法性的判断受到构成要件也就是形式的违法性的限制,只有在具备构成要件而又同时具有实质的违法性的情况下,才能进入有责性的判断。如果具备构成要件但不具有实质的违法性,则是违法阻却而出罪。例如非法侵入住宅罪,这里的非法是相对于合法进入他人住宅而言的。根据我国刑事诉讼法的规定,公安机关、国家安全机关、人民检察院和人民法院,为了执行搜查、拘留、逮捕等任务,依照法律规定的程序而进入他人住

---

[1] 参见陈兴良:《社会危害性理论——一个反思性检讨》,载《法学研究》,2000 (1)。

违法性理论：一个反思性检讨

宅的行为是合法的。这里讲的"非法"，是指两种情形：一种是未经主人同意强行闯入；另一种是经主人同意进入他人住宅后，主人又要求其退出而拒不退出。① 因此，有合法根据进入他人住宅或者经主人同意进入他人住宅，不具备构成要件行为。只有没有合法根据进入他人住宅或者未经主人同意进入他人住宅，才具备构成要件该当性。接下来再进行违法性的判断。违法性判断的任务是对具备构成要件的行为进行实质违法性的审查，缺乏实质违法性的行为被排除在犯罪之外。对于非法侵入住宅行为的实质违法性审查主要看是否存在违法阻却事由。例如在紧迫情况下犯罪分子潜逃入民宅，公安人员为抓捕犯罪分子而进入他人住宅，或者公民为躲避犯罪分子的不法侵害未经主人同意进入他人住宅躲藏的。这两种情形，前者是执行职务行为，后者是紧急避险行为，都是违法阻却事由。

在大陆法系刑法学中，对于构成要件与合法化事由的关系，是采用规则—例外关系（Regel-Aushahme-Beziehung）加以说明的。德国学者指出：在逻辑上表明，犯罪构成要件包含着被合法化事由作为"例外"打破的"规则"，因为必须具备特殊的前提条件，才能实现合法化事由。衡量基准通常是规范命令的尊重要求，故行为的构成要件该当性也被称为"违法性的凭证。"因此，不法类型的实现构成了具体犯罪行为的违法性，但有合法化事由介入的，不在此限。② 由于在大陆法系刑法学中，违法性是犯罪成立条件，没有违法性的"例外"是相对于构成要件该当性而言的，因而这种规则与例外的关系并未破坏犯罪成立条件的统一性。例如我国台湾地区学者将违法要件分为积极与消极两个方面，指出：阻却违法事由之确立，其有如在不法阶层里创设另一个消极之不法要件，倘若此消极要件存在行为人之行为即被法律所容许，而此消极不法要件又称"容许构成要件"（Erlau-bnistatbestand）或"合法化构成要件"（Rechtfertigurgsta-tbestand）③，

---

① 参见周道鸾、张军主编：《刑法罪名精释》，2版，394页，北京，人民法院出版社，2003。
② 参见［德］汉斯·海因里希·耶赛克、托马斯·魏根特：《德国刑法教科书（总论）》，徐久生译，388～389页，北京，中国法制出版社，2001。
③ 余振华：《刑法违法性理论》，41页，台北，元照出版社，2001。

这种"容许构成要件"具有对构成要件的抵消功能从而发挥出罪作用。但在苏俄和我国刑法学中,排除社会危害性是在犯罪构成体系之外进行判断的,它虽然也是一种例外,但却会使犯罪构成形式化,引发社会危害性与犯罪构成之间的紧张。对此,我国学者在评论俄罗斯刑法排除社会危害性行为的体系性位置时就揭示了这一问题上的自相矛盾——形式要件与实质内容的分离。一方面,俄罗斯刑法认为犯罪的成立需要同时具备犯罪构成的四个要件,只要四个要件同时具备,犯罪便得以成立,但另一方面却又强调,表面上符合犯罪特征的行为,实质上却不构成犯罪。这就是排除行为犯罪性的行为。这说明,符合了犯罪构成的四个要件也不足以定罪,却恰恰否定了犯罪构成四要件作为犯罪成立的充分条件的理论,在犯罪构成之外必定存在着决定犯罪成立与否的其他条件,这已是不言自明的了。① 由此可见,目前俄罗斯刑法学中,这个问题仍然没有得到妥善解决,这是苏俄刑法学的历史包袱。

对于苏俄和我国刑法学将排除社会危害性行为放在犯罪构成体系之外的做法,我国学者逐渐认识到其逻辑上难以通顺之处,因而提出各种解决方案。其中一种解决方案是在犯罪构成之外再提出犯罪成立条件的概念,认为犯罪构成不能等同于犯罪成立。犯罪的成立必须具备积极条件——行为符合刑法规定的犯罪构成;犯罪成立还必须具备消极条件——形式上符合或类似于犯罪构成的行为具有应受刑罚惩罚的社会危害性而不是正当行为。只有这两个条件同时具备,才能成立犯罪。我国学者将这一观点称为对称式的犯罪成立理论,以区别于传统的犯罪构成理论。② 另一种解决方案是以英美法系犯罪构成模式为基础结合中国大陆传统犯罪构成体系的合理要素,建立由犯罪基础要件和犯罪充足要件两个层次的犯罪构成体系。这里的犯罪充足要件,是指刑法中的正当化行为的不存在,具体包括法定的正当化行为以及各种超法规的正当化行为。③ 这一观点可以称为双层次的犯罪构成理论。上述两种观点都具有一定的新意,相对于传统的犯罪构成理论

---

① 参见赵薇:《俄罗斯联邦刑法》,129 页,北京,法律出版社,2003。
② 参见王政勋:《正当行为论》,47 页,北京,法律出版社,2000。
③ 参见田宏杰:《刑法中的正当化行为》,177~178 页,北京,中国检察出版社,2004。

违法性理论：一个反思性检讨

都有所突破，尤其是力图将排除社会危害性行为也就是将正当行为纳入犯罪要件体系中考虑，这是值得肯定的。但这两种观点也都存在不足之处。例如在对称式的犯罪成立理论中，以积极要件与消极要件的对应性为逻辑构造，但这两种要件之间的关系未能予以合理揭示。而在双层次的犯罪构成理论中，虽然未在犯罪构成之外另提犯罪成立的概念，而是将正当行为纳入犯罪构成中作为犯罪充足要件，但犯罪基础要件与充足要件之间的关系也同样是一个未能解决的问题。在英美法系刑法中，正当行为作为抗辩理由，是在诉讼中通过控辩之间的对抗得以解决的。但在大陆法系刑法学中，作为犯罪成立的实体条件，犯罪基础条件与充足条件的逻辑关系如何构造，仍然值得研究。

笔者主张将正当防卫、紧急避险等正当化事由作为一个违法性判断问题，纳入犯罪论体系中考虑。这样做的直接后果是直接采纳大陆法系中构成要件该当性、违法性、有责性的递进式结构，摈弃苏俄及我国刑法学中犯罪客体—犯罪客观方面—犯罪主体—犯罪主观方面的耦合式结构。苏俄及我国刑法学中的犯罪构成一词，是从大陆法系刑法中的构成要件一词改造而来。构成要件是犯罪成立条件中的事实性要件，尽管这里的事实并非纯客观事实，而是主观与客观统一的事实，并且包含着规范要素。苏俄学者在将构成要件改造成犯罪构成的时候，把有责性的内容纳入其中，但却使违法性缺位，把实质上的判断置于犯罪构成之外，这才带来犯罪构成的形式化以及社会危害性相分离等逻辑矛盾。苏俄及我国刑法学将违法性放在犯罪概念中讨论，但在违法性之外又另立一个概念这就是社会危害性，并赋予社会危害性以各种意识形态的内容，从而为政治服务，这就会形成与法治的对立。正因为在苏俄及我国刑法学中，社会危害性理论得以彰显，刑事违法性沦为形式的违法性，因而违法性理论式微。我国学者看到了刑事违法性与社会危害性之间的冲突，并将这种冲突理解为是形式违法性与实质违法性的双面冲突，主张将违法性界分为形式违法性和实质违法性，并且在接受法益侵害是实质违法性本质的意义上推崇与引入法益概念，这是为解决违法性的双面冲突、终结有关社会危害性理论的相关论争而迈出的第一步。[①] 这一设想是可取的。但将

---

① 参见陈兴良主编：《刑法学》，103页以下，上海，复旦大学出版社，2003。

我国刑法中的刑事违法性转换成为大陆法系犯罪论体系中的违法性，并以形式违法性与实质违法性加以阐述，这也仅仅是第一步而已。如果只有这一步而没有接下来的第二步，那这第一步的进步是十分有限的。那么，这关键的第二步是什么呢？在笔者看来，这关键的第二步就是将违法性纳入犯罪构成体系之中作为犯罪成立条件加以确立。因此，笔者认为，如欲恢复违法性理论在刑法中的功能，必须在犯罪构成体系上拨乱反正，重新采用大陆法系的犯罪论体系。例如在笔者主编的《刑法学》（复旦大学出版社 2003 年版）一书中，我们就采用构成要件该当性、违法性、有责性的递进式犯罪论体系，并设专章对违法性作了阐述，尤其是将违法阻却事由纳入其中。[1] 这是一种有益的尝试，唯有如此才能为违法性理论的重振提供广阔空间。

结语

在苏俄刑法学的影响下，社会危害性理论曾经成为我国刑法理论的中心。受到社会危害性是犯罪本质特征这一苏俄刑法学的核心命题的压抑，违法性理论在我国刑法学中从来未能占有一席之地。在 2000 年笔者对社会危害性理论进行了反思[2]，但现在看来如果没有对违法性理论的反思，对社会危害性理论的检讨就不可能是彻底的。因此，对违法性理论的反思可以说是对社会危害性理论反思的继续与深入，也是我国刑法学之去苏俄化的学术努力的一部分。刑法中违法性的问题，归根到底是一个犯罪构成的问题。在我国刑法学研究中，正在悄悄地进行着某种话语的转换。例如社会危害性概念就越来越多地被我国学者置换成为实质的违法性概念，力图将其纳入违法性理论中来加以界定。但是，如果不将违法性纳入犯罪构成体系中，那么，即使把社会危害性表述为实质的违法性也不能从根本上克服由于苏俄刑法学过于强调实质合理性而可能对罪刑法定原则的某种背

---

[1] 参见梁根林、付立庆：《刑事领域违法性的冲突及其救济——以社会危害性理论的检讨与反思为切入》，载陈兴良主编：《刑事法评论》，第 10 卷，47 页，北京，中国政法大学出版社，2002。
[2] 参见陈兴良：《社会危害性理论——一个反思性检讨》，载《法学研究》，2000（1）。

离。在这种情况下,违法性在刑法学中的体系性地位问题就转换成为一个犯罪构成模式的选择问题。对违法性理论的反思性检讨,也就势必归结为对犯罪构成体系的反思性检讨。经过以上的理论分析,本文的最后结论是直接采用大陆法系递进式的犯罪论体系,在此基础上充分展开刑法学中的违法性理论。

(本文原载《中国法学》,2007(3))

主客观相统一原则：价值论与方法论的双重清理

　　主客观相统一，亦称主观与客观相统一原则，被认为是社会主义刑法在批判资产阶级刑法客观主义与刑法主观主义的基础上形成的刑法原则，它具有价值论与方法论的双重含义。主客观相统一原则是苏俄刑法学的遗产之一，它在我国刑法学中产生了重大影响。如何正确认识主客观相统一原则对我国刑法学的功过是非，并对主客观相统一原则进行知识论上的清理，对于我国刑法学的发展具有积极意义。

一

　　在讨论主客观相统一原则之前，首先需要对主观、客观和统一这些概念加以界定。应当指出，主观与客观是哲学上的概念，是从思维与存在这一对范畴中引申出来的。在哲学中，尤其是近代哲学中，最重要的一对范畴就是思维与存在。思维与存在的关系是全部哲学中的基本问题。我国学者指出：存在、物质相对于思维来说的根本特性，就是它的客观性，即不以任何思维者的意识为转移的独立性；思维、意识相对于存在、物质来说的根本特性，则是它的主观性。主观是指

主客观相统一原则：价值论与方法论的双重清理

人的意识、精神、思维的主观性方面，特别是指主体所持有的精神（意识、思维）状态。① 因此，主观是思维的某种状态，而客观是存在的某种状态。

犯罪是一种社会存在，犯罪现象本身具有客观性，这是毫无疑问的。但犯罪并非一种完全的自在之物，而是立法的产物，也就是立法评价的客体。某一种行为是否构成犯罪，应以立法评价为标准。在这个意义上说，犯罪本身又包含着某种主观性，犯罪所具有的规范性也正是犯罪主观性的印记。当然，这个意义上的犯罪客观性与犯罪主观性并非规范刑法学所关注，而是一个立法论的问题。另外，犯罪是人的一种行为，人是犯罪主体，作为犯罪主体的人通过犯罪行为对客体造成了一定的损害。这里又涉及主体与客体的关系，也应当从哲学上加以厘清，尤其是主体与客体的关系能否直接对应于主观与客观的关系，这是一个时常容易发生误解的问题。在哲学上，主体是指有目的、有意识地从事实践和认识活动的人。而客体是主体活动所指向的，并反过来制约主体活动的外界对象。② 主体这个概念与主观以及主观性这两个概念之间存在密切联系。因为主观是人的意识和精神，主观性是指主观的本质特性，它们都从属于主体。换言之，主体包含主观和主观性。例如，犯罪人是犯罪的主体，犯罪的意识和意志属于犯罪的主观内容，这种犯罪的意识和意志虽然具有客观存在形式，但其内容具有主观性。另外，客体这个概念与客观以及客观性这两个概念之间存在密切联系。因为客体作为人的活动所指向的外界对象，其本身是一种客观实体，具有客观性。尤其应当指出，客体具有对象性特征，形成所谓对象性客体，就是主体本质力量所能达到的外在世界，是主体活动所设置的对象。也就是说，并不是所有的外在世界都是主体的对象性客体，只有和主体的本质力量相适应的外在世界才能成为对象性的客体。③ 因此，对象性客体总是和主体相联系并和主体的本质力量相适应的。犯

---

① 参见李德顺：《价值论》，63页以下，北京，中国人民大学出版社，1987。
② 参见齐振海、袁贵仁主编：《哲学中的主体和客体问题》，98、119页，北京，中国人民大学出版社，1992。
③ 参见齐振海、袁贵仁主编：《哲学中的主体和客体问题》，119页以下，北京，中国人民大学出版社，1992。

罪也是一样，犯罪行为总是指向一定对象的，杀人行为指向的是人，盗窃行为指向的是财物，人和财物就是这两种犯罪的客体：在这个意义上，对象与客体具有重合性。也就是说，在与主体相对应的意义上，对象就是客体，两者本为一物。

主客观相统一，这里的统一亦称有机统一或者辩证统一。但无论是有机统一还是辩证统一，都是指主观要素与客观要素的结合，亦即同时存在。对于这种同时存在的统一，我国学者称为共时性，认为这种共时性在我国主客观相统一的刑法理论中表现得十分明显。例如，在论述主观要素的"同时"涉及客观要素，反之亦然。总之，各要素之间你中有我，我中有你，在逻辑上密不可分。① 其实，主客观相统一并不在于要不要统一而在于如何统一。

以上对主客观相统一原则中的关键词的语义分析，可以帮助我们理解刑法中的主观主义与客观主义以及主观与客观相统一的含义。在论及刑法中的主观与客观的概念时，我国学者周光权教授使用了"令人困惑"一词。② 之所以"令人困惑"，主要是由于刑法中的主观与客观以及主观主义与客观主义具有多义性，并且含义并不确定，这就给理论分析带来了一定的困难。我国台湾地区学者蔡墩铭曾经指出：在刑法理论上，对主观主义与客观主义的分析评价不一，大体上存在以下三种见解。

其一，关于判断结果之妥当性。

从判断结果对何人妥当出发，可以区分为主观主义与客观主义。凡判断结果只对判断者为妥当性，为主观判断，属于主观主义的范畴。反之，判断内容不但对于判断者本身，而且对一般人亦属妥当者，为客观判断，属于客观主义的范畴。例如，关于过失犯罪中预见能力的判断，以当事人能否预见为标准，属于主观主义；以社会上一般人能否预见为标准，属于客观主义。

其二，关于判断内容之价值。

价值有属于个人的，也有属于社会与国家的。其中视个人价值为绝对的，为

---

① 参见齐文远、周详：《刑法、刑事责任、刑事政策研究——哲学、社会学、法律文化的视角》，3页以下，北京，北京大学出版社，2004。

② 参见周光权：《法治视野中的刑法客观主义》，5页，北京，清华大学出版社，2002。

主观主义;重视社会及国家价值的,为客观主义。对个人价值的尊重,虽然也是间接对社会及国家价值的尊重,但当个人价值与社会及国家价值发生冲突时,重视个人价值者宁可牺牲社会及国家价值而不放弃个人价值,在这一意义上,主观主义与客观主义仍有差别。

其三,关于价值判断之对象。

虽价值判断的对象限于人的行为,然而所谓人的行为,不仅指人的身体动静,而且指行为主体为实现其意志而外化的外部举动并引起结果的复杂历程。在观察人的行为时,着重主观要素,例如动机、意思、性格与人格的,是主观主义;着重客观的外部动作及外界所引起的结果的,是客观主义。①

在刑法的主观主义与客观主义的以上三种含义中,第二种含义上的主观主义与客观主义实际上是指个人本位与社会或国家本位,在我国刑法理论中使用主观主义与客观主义极为罕见,可以不予考虑。第一种含义上的主观主义与客观主义是指以何者作为判断标准,其判断结果才具有妥当性,因而是一个刑法方法论问题。第二种含义上的主观主义与客观主义是关系到刑法的基本立场的选择问题,因而是一个刑法价值论问题。刑法中的主观主义与客观主义以及主客观相统一的问题,具有价值论与方法论两个方面的含义,主要是在刑法价值论上讨论的,本文也以此为主,兼而论及方法论意义上的主观主义与客观主义。

二

在刑法学中,追溯客观主义与主观主义的谱系,都会涉及刑事古典学派与刑事实证学派,并且一般都把刑事古典学派称为客观主义,把刑事实证学派称为主观主义。② 但在学说之争意义上的客观主义与主观主义并不完全等同于在犯罪论体系中的客观主义与主观主义。而这一点恰恰是被苏俄刑法学家所混淆的。例如

---

① 参见蔡墩铭:《现代刑法思潮与刑事立法》,31页,台北,汉林出版社,1977。
② 关于刑法客观主义与刑法主观主义的理论展开,详见周光权:《法治视野中的刑法客观主义》,18页以下,北京,清华大学出版社,2002。

特拉伊宁曾经虚构了犯罪构成的客观结构与犯罪构成的主观结构,并把自己的犯罪构成称为是主客观相统一的犯罪构成结构,具有超越上述两种犯罪构成结构的价值。

犯罪构成的客观结构,是特拉伊宁对所谓"古典学者们"的犯罪成立理论的一种概括,被特拉伊宁归入"古典学者们"行列的学者包括:费尔巴哈、斯求贝尔[①]、贝林[②]、毕克迈耶尔等人。在这些学者中,费尔巴哈是将构成要件引入实体刑法的第一人,但费尔巴哈是将构成要件视为犯罪成立的一个客观条件确立的。特拉伊宁对费尔巴哈的思想作了以下引述:"古典学派"的刑法学者们认为罪过是刑事责任的必要前提。但是,他们十分肯定地提到首要地位的并不是主观因素,而是客观因素——行为的质,而不是主体的质。古典学派的代表们的犯罪构成学说,就是在这种客观根据上建立起来的。如费尔巴哈给犯罪构成下了如下的定义:"犯罪构成乃是违法的(从法律上看来)行为中所包含的各个行为的或事实的诸要件的总和……"可见,费尔巴哈在这里十分肯定地列入犯罪构成的只是表明行为的特征。费尔巴哈并没有忽略责任的主观根据——罪过的意义。可是,根据他所下的定义,罪过却处在犯罪构成的范围之外,也就是说:只有那些,第一,实现了犯罪构成,第二,行动有罪过的人,才负刑事责任。[③] 实际上,费尔巴哈并没有创立苏俄刑法学意义上的犯罪构成理论体系,而是在犯罪成立条件意义上把构成要件确立为客观条件,并与主观罪过相并列。从犯罪成立条件上来说,费尔巴哈是坚持主客观相统一的,但在犯罪成立的主客观条件中,费尔巴哈无疑是更为强调客观行为的,主观上的故意或者过失只是一种心理要素,是追究刑事责任的条件而已。费尔巴哈认为每个人在意志自由上是平等的、相同的,因此反映犯罪轻重程度主要取决于客观上的行为对权利的侵害程度。这样一

---

① 斯求贝尔(Stubel),德国刑法学家,在我国有各种译法,在《犯罪构成的一般学说》一书中译为施就别尔,本文一律改为斯求贝尔。

② 贝林(Beling),德国刑法学家,在我国有各种译法,例如贝林格、别林格等,在《犯罪构成的一般学说》一书中译为别林格,本文一律改为贝林。

③ 参见[苏]A.H.特拉伊宁:《犯罪构成的一般学说》,王作富等译,15页,北京,中国人民大学出版社,1958。

主客观相统一原则：价值论与方法论的双重清理

种刑法思想，在理论上概括为客观主义并无不可。由于费尔巴哈没有将罪过纳入构成要件，因而其构成要件理论也是客观主义的，这也没有问题。当然，特拉伊宁也看到了费尔巴哈这种客观主义立场的不彻底性，指出：费尔巴哈在作出犯罪构成的上述定义之后，接着又谈道："一定的违法的结果，通常是属于犯罪构成的；行为违法性的某种主观（属于犯罪人的心理方面的）根据，即（1）某种故意，或（2）某种意思表示，也往往属于犯罪构成。行为的外部特征，永远属于犯罪构成。"① 这里涉及当时对犯罪构成要件的争议。行为属于构成要件是没有疑问的，但结果是否属于构成要件，在费尔巴哈与斯求贝尔之间就存在不同观点。对此，日本学者泷川幸辰指出：斯求贝尔的特殊预防理论得出了犯罪结果不属于构成要件的结论。与此相反，费尔巴哈的一般预防理论则推导出犯罪结果正是属于构成要件的要素的结论。② 至于构成要件是否包含主观要素，涉及一般构成要件和特殊构成要件的界限之争。构成要件的概念存在一个从特殊构成要件到一般构成要件的转变过程，在费尔巴哈、斯求贝尔时代，占主导地位的还是特殊构成要件的概念，特殊构成要件是指刑法分则规定的违法类型。在某些刑法分则条文中规定了犯罪成立的主观要素，例如现在刑法理论上所说的目的犯之目的、倾向犯之倾向等，如果坚持彻底的特殊构成要件概念，这些要素似乎应当归入构成要件。但将这些主观要素归入构成要件，又使其构成要件理论上的客观主义立场无法贯彻到底。费尔巴哈所说的某种故意应指某种意图或者目的，而某种意思表示则是指某种主体倾向。

斯求贝尔也是被特拉伊宁归入主张犯罪构成客观结构论的古典学者之一。特拉伊宁指出：费尔巴哈的同代人斯求贝尔在1805年出版的犯罪构成的专著中，也就只把客观因素列入犯罪构成。斯求贝尔说："犯罪构成，乃是那些应当判处法律所规定的刑罚的一切情况的总和，因为这些事实是同责任能力无关的。"同

---

① [苏] A. H. 特拉伊宁：《犯罪构成的一般学说》，王作富等译，15页注（1），北京，中国人民大学出版社，1958。

② 参见 [日] 泷川幸辰：《犯罪论序说》，王泰译，32页，北京，法律出版社，2005。

时，在斯求贝尔看来，责任能力的概念包括一切主观因素，首先包括罪过。[①] 因此，特拉伊宁得出结论，斯求贝尔和费尔巴哈一样，都把罪过置于犯罪构成的范围之外。

贝林是被特拉伊宁列为持犯罪构成客观结构论的第三个德国学者，贝林坚持认为，构成要件仅仅含有被认为是客观记叙性的"结果"，而不包含规范的、主观的要素。[②] 从这个意义上说，贝林在构成要件上采取的是客观主义的立场。贝林的这一立场与他把构成要件看作是指导形象有关，并与其关于犯罪的类型性概念相联系。贝林指出：犯罪类型不是法定构成要件，法定构成要件是犯罪类型先行存在的指导形象（vorgelagertes Leitbild）。[③] 类型性、指导形象都是一些抽象的概念，是从日常生活事实中予以高度抽象的结果，由此形成法律上的规则，对于犯罪的具体认定具有指导意义。但正是这一点受到特拉伊宁的指责，认为这样一来，贝林就把犯罪构成由日常生活中的事实变成了脱离生活实际的抽象的东西，变成了"时间、空间和生活以外的"一个概念。[④] 也许贝林早就预料到这种指责，因而强调，刑法法定构成要件只是一些——当然是非常重要的——方法论的指示概念（Ordnungsbegriff），并把刑法规定内容会受到概念"形式主义"的威胁称为是杞人忧天（Gespensterfurcht）。因为如果构成要件使明确的地位和层次成为可能，那么它就不会给本质上合理的解释法则造成任何损害。就法律强制我们进入犯罪类型并因而引入构成要件中而言，法律本身就是"形式的"，在此方面，构成要件肯定无可非议。[⑤]

只要我们稍加留意就会发现，特拉伊宁所称的犯罪构成的客观结构论实际上

---

① 参见[苏] A. H. 特拉伊宁：《犯罪构成的一般学说》，王作富等译，15页，北京，中国人民大学出版社，1958。
② 参见[日] 小野清一郎：《犯罪构成要件理论》，王泰译，49页，北京，中国人民公安大学出版社，2004。
③ 参见[德] 贝林：《构成要件理论》，王安异译，27页，北京，中国人民公安大学出版社，2006。
④ 参见[苏] A. H. 特拉伊宁：《犯罪构成的一般学说》，王作富等译，15页，北京，中国人民大学出版社，1958。
⑤ 参见[德] 贝林：《构成要件理论》，王安异译，32页，北京，中国人民公安大学出版社，2006。

主客观相统一原则：价值论与方法论的双重清理

是指德国古典犯罪论体系的客观构成要件论。这里存在构成要件与犯罪构成之间的重大区别，在德国古典犯罪论体系中，采用的是古典三阶层体系，根据该体系，犯罪成立有三个条件：构成要件该当性、违法性和有责性。在这一体系中，构成要件是纯客观的、价值上中性无色的犯罪成立要件，违法是法规范的评价要件，责任是包括故意或者过失等心理事实的主观要件。由此可见，在古典犯罪论体系中，构成要件并非犯罪成立条件总和，而只是犯罪成立的一个客观要件。但特拉伊宁所称的犯罪构成是指苏维埃法律认为决定具体的、危害社会主义国家的作为（或不作为）为犯罪的一切客观要件和主观要件（因素）的总合。① 也就是说，犯罪构成是犯罪成立条件的总和，是客观要件与主观要件的统一。如果把古典犯罪论体系犯罪成立的三个条件，即构成要件该当性、违法性和有责性合起来，那么也是客观要件与主观要件统一的。由此可见，特拉伊宁混淆作为犯罪成立条件总和的犯罪构成与作为犯罪成立条件之一的构成要件，在此基础上对古典犯罪论体系的犯罪构成的客观结构论的定性完全是虚妄的，建立在这种虚妄的建构之上的批判与指责就变得毫无意义。

犯罪构成的主观结构是特拉伊宁为犯罪构成的客观结构设置的对立面，被特拉伊宁归入犯罪构成的主观结构的是"人类学者"和"社会学者"以及目的论的犯罪论体系创始人威尔泽尔（Welzel）。② 特拉伊宁所指的人类学者和社会学者是指刑事实证学派，刑事实证学派确实强调行为人的人身危险性，其刑法理论被称为行为人刑法，以与刑事古典学派的行为刑法相对应。但在刑事实证学派中，刑事人类学派的创始人龙勃罗梭并没有涉足规范刑法学，是一个纯粹的犯罪学家，因而并没有关于犯罪构成的论述。至于刑事社会学派的创始人菲利也主要是采用社会学方法对犯罪进行研究，创立了犯罪社会学，基于犯罪学原理对刑罚以及监狱制度的改造提出了个人见解，也没有关于犯罪构成的论述。在社会学者中，只

---

① 参见［苏］A. H. 特拉伊宁：《犯罪构成的一般学说》，王作富等译，48页以下，北京，中国人民大学出版社，1958。
② 威尔泽尔（Welzel），德国刑法学家，在我国有各种译法，例如魏采尔、韦尔哲尔等，在《犯罪构成的一般学说》一书中译为维尔采里，从叙述内容看应该是指 Welzel。

135

有李斯特是一位刑法学家，对犯罪构成理论作出了贡献。但李斯特在犯罪论体系上恰恰不是主观主义而是客观主义，并且被认为是古典犯罪论体系的创始人。例如古典犯罪论体系被称为贝林—李斯特体系，因为完整的体系结构固然是贝林于1906年发表的，但李斯特于1881年第一版教科书中已区分违法性和罪责，被视为最早区分刑法体系阶层之作，后世因而将贝林与李斯特合称为第一个犯罪论体系的创始者。① 换言之，李斯特在犯罪论体系上，不是主观主义而是客观主义。例如李斯特指出：犯罪永远是人的行为，也即犯罪人相对于外部世界的有意识的行为，并通过作为或不作为使外部世界发生变化。与人的意志无关的事件永远也不能实现犯罪构成，更确切地说，人的行为是作为"犯罪"评价的客体。② 由此可见，李斯特非常强调行为在犯罪构成中的首要地位，对于行为的理解所持的是一种被称为因果行为论的学说。但特拉伊宁称，社会学者们认为，在根本没有犯罪行为，从而实际上也没有刑法意义的"行为人"，而只有从统治阶级的利益看来是可疑和危险的"人身"时，也可以适用刑罚。照这个反动政策行事，犯罪构成在具体行为中客观上固定地表现为刑事责任的根据的意义，就逐渐消失了。因此，特拉伊宁指出：人类学者和社会学者的犯罪构成的主观结构，完全像早时的"古典学者"的客观结构一样，是阶级斗争发展的不同阶段在刑法方面反映的特殊形式。各学派斗争的深刻的政治根源是："古典学派"的客观主义反映出资本主义制度的巩固时期，而人类学者和社会学者的主观主义反映出资本主义制度在帝国主义时代的反动时期。③ 只要我们将李斯特等学者的观点与特拉伊宁的批判进行对照，就会发现特拉伊宁上纲上线式的批判是不着边际的。如果我们通过特拉伊宁的批判式眼光来了解人类学派、社会学派，那将会有极大的遮蔽。好在我们现在可以直接阅读李斯特的著作，了解李斯特的思想，这时才发现特拉伊宁的

---

① 参见许玉秀：《当代刑法思潮》，63页以下，北京，中国民主法制出版社，2005。
② 参见[德]李斯特：《德国刑法教科书》，修订译本，徐久生译，167页，北京，法律出版社，2006。
③ 参见[苏]A.H.特拉伊宁：《犯罪构成的一般学说》，王作富等译，27页以下，北京，中国人民大学出版社，1958。

主客观相统一原则：价值论与方法论的双重清理

批判完全没有事实根据，这已经不是一个观点问题，而是一个文风问题。

威尔泽尔是目的论的犯罪论体系的创始人，可以归属于新古典犯罪论体系，也称为新古典暨目的论综合体系。① 在古典犯罪论体系中，坚持客观构成要件论，但后来被称为新古典派学者的迈耶注意到了构成要件中的主观要素，这是一种主观违法要素，例如目的犯之目的、倾向犯之倾向等。迈耶虽然承认在构成要件中包含主观要素，但却没有从正面去加以肯定。到了梅兹格那里，由于认为构成要件是不法类型，所以从正面肯定了构成要件中的主观要素。② 但在梅兹格的犯罪论体系中，主观违法要素作为构成要件的内容，只是例外地存在，故意与过失仍然是有责性的内容。只有到了威尔泽尔提出目的行为论，犯罪论体系才发生了一次重大的变动。正如我国学者所说，从行为的目的结构中得出这样的结论，即故意必须与其他主观的不法特征一起，共同属于构成要件的范畴，因为构成要件的任务是在所有的对处罚具有重要意义的不法特征方面来说明行为。③ 其结果是，故意与过失作为一种心理事实纳入构成要件该当性中，违法性认识从故意中分离出来成为罪责要素。如果把构成要件等同于特拉伊宁的犯罪构成，那么威尔泽尔实现了犯罪构成的主观与客观相统一，可以说是最接近特拉伊宁关于犯罪构成的逻辑构造的。但特拉伊宁认为威尔泽尔从犯罪构成转到危险人身，并把威尔泽尔的理论归纳为"最终"说，即行为不但是原因，而且是一种有明显目的的"最终的"现象。特拉伊宁指责说：根据最终的理论，行为被当成了"意志"④，当然，这批判也是不得要领的。威尔泽尔从结果无价值到行为无价值，确有从客观主义向主观主义转向之倾向，但威尔泽尔并没有像特拉伊宁所说的那样，完全放弃犯罪构成，仅以人身危险作为定罪根据。

---

① 参见许玉秀：《当代刑法思潮》，72页，北京，中国民主法制出版社，2005。
② 参见〔日〕小野清一郎：《犯罪构成要件理论》，王泰译，54页以下，北京，中国人民公安大学出版社，2004。
③ 参见〔德〕汉斯·海因里希·耶赛克、托马斯·魏根特：《德国刑法教科书（总论）》，徐久生译，260页，北京，中国法制出版社，2001。
④ 〔苏〕A. H. 特拉伊宁：《犯罪构成的一般学说》，王作富等译，33页，北京，中国人民大学出版社，1958。

综上所述，特拉伊宁对犯罪构成的客观结构论与主观结构论的设定与批判，存在以下三个致命问题。

一是混淆刑法上的学派之争与犯罪论体系上的学说之争。在刑法学史上存在刑事古典学派与刑事实证学派之争，而刑事实证学派又分为刑事人类学派和刑事社会学派。从思想倾向上来说，刑事古典学派偏重于客观主义，刑事实证学派偏重于主观主义。但刑事古典学派与刑事实证学派之争，在更大程度上是犯罪学与刑法学的学科之争。在犯罪论体系上，也存在古典派、新古典派、目的行为论等学术谱系，它们之间存在学说之争，从演进过程来看，也有一个从注重客观到注重主观的发展趋势。但特拉伊宁却把犯罪论体系上的古典派等同于刑事古典学派，把目的行为论等同于刑事实证学派，这是一种对历史的误读。以李斯特为例，从思想谱系上来说，属于刑事实证学派，是刑事社会学派的创始人之一，但在犯罪论体系上却属于古典派，他和贝林共同创立了古典犯罪论体系。① 因此，特拉伊宁对犯罪构成的客观结构与主观结构的论述是违背历史事实的虚构。

二是混淆犯罪构成与构成要件这两个概念。构成要件该当性中的构成要件是从意大利中世纪程序法中引申出来的一个概念，引入刑法以后成为一个类型化的概念。当然，构成要件概念本身从贝林的抽象的、特别的、客观的构成要件，到主观违法要素的发现，再到目的行为论的主观构成要件的出现，经历了一个从客观到主客观相统一的嬗变过程。但构成要件的类型性、事实性与抽象性这些基本性质并没有发生变化。尤其应当指出的是，无论构成要件概念如何变化，它永远只是犯罪成立条件之一。但特拉伊宁的犯罪构成是在构成要件基础上发展起来的，是指犯罪成立条件的总和。由此可见，犯罪构成与构成要件之间存在根本差别。但特拉伊宁却无视这种差别，在犯罪构成的意义上曲解构成要件，然后在这种曲解的基础上进行批判。正如我国学者指出，特拉伊宁或是把费尔巴哈对 Tatbestand（构成要件）的定义看成是对"犯罪构成"即犯罪成立所下的定义，或是以自己所创立的、作为"犯罪成立所必须具备的诸要件的总和"的"犯罪构

---

① 参见 [德] 罗克辛：《德国刑法学总论》，第 1 卷，王世洲译，121 页，北京，法律出版社，2005。

主客观相统一原则：价值论与方法论的双重清理

成"这样一个概念标准，去驳斥费尔巴哈学说中仅作为犯罪外在事实的 Tatbestand，指出其存在所谓的割裂犯罪构成的统一概念的错误。特拉伊宁的结论是无法让人赞同的，因为他在问题的出发点上就偷换了概念。① 在这种偷换概念基础上的指责，是缺乏逻辑根据的。

三是混淆学术批评与政治批判。犯罪构成是一个犯罪成立条件问题，应当属于学术范畴。但特拉伊宁却将学术问题政治化、意识形态化，进行上纲上线的政治批判。这种以政治批判代替学术批判的恶劣文风，是苏俄理论遗产之一，其后果是既伤害了学术又伤害了政治，既伤害了被批判者又伤害了批判者。苏联的不少刑法著作，都存在学术问题政治化的倾向，在学术著作中充斥着政治教条。相对来说，特拉伊宁的《犯罪构成的一般学说》一书还算是学术性较强的一本著作，即便如此也深深受到意识形态的遮蔽。

三

在批判所谓的犯罪构成的客观结构论与主观结构论的基础上，特拉伊宁提出了犯罪构成问题上的主客观相统一的原则。特拉伊宁对此作了以下论证：

> 马克思主义的方法论，为正确解决犯罪构成学说的另一个问题——关于犯罪构成的客观结构和主观结构的问题——提供了一把钥匙。
>
> 刑法制定了同犯罪，即同人的一定的危害社会的行为作斗争的一套方法。人的任何一种行为，包括犯罪行为在内，不可能没有主观特征，即人的特征。同一个行为——甲用刀杀人和乙用刀杀人，正像甲和乙射击的准确程度一样，是各不相同的。所以不能说有"纯粹的"没有主观色彩的行为，而且犯罪构成也不可能建立在这种不带主观色彩的"纯粹的"行为的基础之上。主体和他的行为永远是不可分割地联系着的。
>
> 社会主义刑法，不是建立在客观因素与主观因素的脱离或对立的基础

---

① 参见肖中华：《犯罪构成及其关系论》，5页，北京，中国人民大学出版社，2000。

上，而是以辩证地结合对主体和他的行为的评价为基础的。①

那么，如何理解这里的主观与客观的辩证结合呢？主客观的辩证统一是来自黑格尔的一个哲学命题，基本上属于认识论的范畴。主观与客观的关系被认为是主体与客体关系的一种特殊表现。主观对客观的正确反映，即是真理。因此，真理作为主体认识活动的根本目标，实质上是指认识活动中主体和客体矛盾的解决，即主观和客观的统一。② 在刑法中，尤其是在犯罪构成中的主客观相统一，指的是犯罪的客观要素与主观要素的统一。这里的统一，实际上是指同时具备，缺一不可的意思。因为特拉伊宁虚构了犯罪构成的客观结构与主观结构，这两种学说是主客观不统一的，由此而使主客观相统一的犯罪构成原则获得了超越犯罪构成的客观结构和主观结构的政治正确性。

我国在犯罪构成理论上吸收了苏俄刑法学中的犯罪构成学说，尤其是特拉伊宁的犯罪构成理论对我国产生了较大的学术影响，主客观相统一也被确认为是定罪的基本原则之一。在论及客观的构成要件与主观的构成要件的关系时，我国学者指出，两者是紧密联系、相辅相成的。二者的关系具体表现为，客观的构成要件是主观的构成要件的外部存在，即危害行为是犯罪人的犯罪意志的外在表现或外化。通过对犯罪人实施的危害行为及其与该行为有关的客观事实特征的分析，就能充分了解行为人在实施危害行为时的主观心理活动，从而为确定犯意的成立提供可靠根据。而主观的构成要件则是客观的构成要件的内部动因或指挥。通过对行为人主观心理活动及其与此相关的主观事实特征的分析，就能对各种行为的性质作出准确的判断，从而为正确定罪量刑提供可靠的根据。③ 这个意义上的主客观相统一，是相对于只有主观犯意而没有客观犯行的主观归罪或者只有客观犯行而没有主观犯意的客观归罪而言的。而且，按照这一逻辑径路，很容易得出刑

---

① [苏] A. H. 特拉伊宁:《犯罪构成的一般学说》，王作富等译，43、46页，北京，中国人民大学出版社，1958。

② 参见齐振海、袁贵仁主编:《哲学中的主体和客体问题》，278页，北京，中国人民大学出版社，1992。

③ 参见马克昌主编:《犯罪通论（根据1997年刑法修订）》，92页，武汉，武汉大学出版社，1999。

主客观相统一原则：价值论与方法论的双重清理

法客观主义就是客观归罪、刑法主观主义就是主观归罪的结论。事实上，我国某些刑法教科书确实是在这个意义上理解主客观相统一原则的，认为主客观相统一的原则是与奴隶制和封建制刑法中的主观归罪和客观归罪的刑事责任原则根本对立的，同时，也是对资产阶级刑法理论中的主观主义和客观主义两种片面的定罪学说的否定。主观归罪和主观主义把犯罪意思作为犯罪成立的基本要件，把人身危险性、反社会性格、犯罪动机等主观要素，作为认定犯罪和适用刑罚的标准。至于是否实施了危害社会的行为，行为是否造成了危害社会的结果，行为和结果与被告人的主观心理状态之间有无联系，则不影响犯罪的成立。而客观归罪和客观主义则把客观上发生的实际危害作为犯罪的基本要件，认为只要有危害行为或者发生了危害结果，就应当追究行为人的刑事责任，至于行为人对其所实施的行为及其造成的结果，在主观上是否有认识，则可以不问。[1] 无疑，这一论述是建立在对刑法客观主义与刑法主观主义的根本性误读基础之上的，在此前提下引申出来的主客观相统一原则，其正当性是值得质疑的。对于这个问题，我国学者已经明确地指出：客观主义不是客观归罪，主观主义也不是主观归罪。[2] 因此，仅仅在反对客观归罪与主观归罪的意义上强调主客观相统一，可以说意义是极为有限的。实际上，犯罪成立中的客观要件与主观要件并非是否应当同时具备的问题，而是两者的关系如何建构的问题。恰恰在这个重大问题上，特拉伊宁没有给出正确的答案。这里存在两个问题值得关注：一是主观要件与客观要件的对应关系，二是主观要件与客观要件的位阶关系。关于这两个问题，特拉伊宁都没有正面论及，只有一些似是而非的提法。例如，关于主观要件与客观要件的对应关系，也就是这两个要件之间是否具有依存性？在古典派犯罪论体系和新古典派的犯罪论体系中，都将以行为为核心的客观要件视为是可以与主观要件相区隔的独特要件。因此，客观要件与主观要件的关系就是：客观要件可以独立于主观要件而存在，这是一种纯客观的判断。但主观要件却必须以客观要件的存在为其逻辑

---

[1] 参见赵秉志、吴振兴主编：《刑法学通论》，43页，北京，高等教育出版社，1993。
[2] 参见张明楷：《刑法的基本立场》，57页以下，北京，中国法制出版社，2002。对此的深入分析，参见聂立泽：《刑法中主客观相统一原则研究》，38页，北京，法律出版社，2004。

前提，不能脱离客观要件而独立存在。例如贝林在论及主观要件与客观要件时指出：如果硬要把"内在要素"从行为人精神层面上塞入构成要件之中，那么就会踏上一个方法论的歧途。因为，这种不纯粹的构成要件根本不可能再发挥其作为客观方面和主观方面共同指导形象的功能。果真如此，则不仅心理因素会混迹于实行行为中也即在客观的行为方面出现了。而且主观方面也就成了一个完全受压迫的形象会受到挤兑，责任也必须扩张，直至所有的犯罪成立要素责任必须同时扩展到一个责任自己的构成要素上面。具体而言，硬要在构成要件中塞入行为人的主观观念，根据《刑法》[①]第59条之规定，则行为人的故意就已经包含了该观念，即故意中本来就有故意的观念。此种同语反复，使得方法论的明确性荡然无存。[②]贝林的这段话是十分耐人寻味的。贝林的一个基本观念，就是要把客观方面与主观方面区别开来，并将客观要素纳入构成要件之中，主张客观的构成要件论。为什么将主观要素纳入构成要件，方法论的明确性就荡然无存？在贝林看来，只有客观要素才能发挥指导性形象的作用，如果把主观要素混杂到构成要件当中，就会形成同语反复。这里的同语反复，按照我的理解，是指一种循环论证的关系。循环论证是逻辑上的一种被认为缺乏根据的论证方法，即互为论据。由于论据本身的正确性都没有得到论证，因而循环论证是无效的。而客观要件与主观要件的循环论证，是指客观要件与主观要件各以对方为成立的前提。在这种情况下，就会出现贝林所说的方法论上的明确性荡然无存。在苏俄及我国的犯罪构成体系中，犯罪的客观要件与主观要件之间就存在这样一种各自以对方为存在前提的依存关系，我称之为一存俱存、一损俱损的关系。特拉伊宁并没有论及犯罪构成各个要件或者要素之间的关系，他只是强调对于成立具体犯罪构成来说，必须具备形成该犯罪构成的全部因素。缺少其中的任何一个因素，就会使该犯罪构成不能成立；因而，无论哪个环节发生脱节现象，整个链条就要失散。在这种（而且仅仅在这种）意义上，同一个犯罪构成的一切因素，都同等重要；对于成

---

① 指《法国刑法典》。
② 参见[德]贝林：《构成要件理论》，王安异译，16页以下，北京，中国人民公安大学出版社，2006。

主客观相统一原则：价值论与方法论的双重清理

立具体犯罪构成来说，它们都是同等必要的。① 强调各个构成要件同等重要，并不能解决犯罪的客观要件与主观要件的关系问题。我国学者对犯罪构成各要件之间的关系作了以下论述：所谓犯罪构成是构成犯罪的主客观要件的总和，是指犯罪构成的主客观要件，同时存在于犯罪构成的整体之中，而不能脱离整体各自独立存在。各个要件之间的关系，是相互依存，不可缺少的。它们并不像机器的部件那样在没有组装成机器整体时，可以各自独立存在。② 这一论述不仅强调犯罪的各个要件缺一不可，而且强调各个要件处于彼此依存的关系之中。这里体现的是一种整体性思维方法，即在犯罪构成这个整体当中，各个要件才获得了存在的意义，单个地来看这些犯罪构成要件是不能单独存在的。可以说，在苏俄及我国的犯罪构成体系中，犯罪的客观要件与主观要件的逻辑关系没有获得科学的解决，为这一体系在司法适用中的混乱埋下了祸根。

犯罪的客观要件与主观要件的排列，也就是位阶关系，也是涉及主客观相统一的另外一个重要问题。在大陆法系的犯罪论体系中，尽管随着犯罪论体系从古典派到新古典派，再到目的行为论的演进，构成要素的体系性地位有所调整，但基本上遵循了一个规则，这就是客观要件先于主观要件，定型要件先于非定型要件，事实要件先于评价要件，按照这样一个顺序对犯罪构成要件进行排列，形成了结构稳定的犯罪论体系。但在苏俄及我国的犯罪构成体系中，虽然犯罪构成要件通常是按照犯罪客体—犯罪客观方面—犯罪主体—犯罪主观方面这样一个顺序排列的，但这一排列是缺乏逻辑根据的，一般认为是根据这些犯罪构成要件对于犯罪成立的重要性而排列的。例如之所以把犯罪客体排在第一位，是因为客体是决定犯罪性质的，对于犯罪成立具有决定性意义。因为苏俄学者认为犯罪构成的分析，也就是在刑事法律的条文上，或在具体危害社会行为的个人身上发现犯罪构成的要件，必须经常从犯罪客体开始。③ 我国学者也基本上承袭了这一排序，

---

① 参见〔苏〕А. Н. 特拉伊宁：《犯罪构成的一般学说》，王作富等译，76页，北京，中国人民大学出版社，1958。
② 参见曾宪信等：《犯罪构成论》，24页，武汉，武汉大学出版社，1988。
③ 参见〔苏〕贝斯特洛娃：《苏维埃刑法总论》，110页，北京，中央人民政府法制委员会，1954。

143

在相当长的一个时期内,并没有认为这一排列顺序存在不妥之处。此后,我国刑法学界开始对犯罪构成要件的逻辑顺序进行考察,并提出了犯罪主体—犯罪主观方面—犯罪客观方面—犯罪客体的排列顺序。这一排列顺序的根据在于:符合犯罪主体条件的人,在其犯罪心理态度的支配下,实施一定的犯罪行为,危害一定的客体即社会主义的某种社会关系。在这四个要件中,犯罪主体排列在首位,因为犯罪是人的一种行为,离开了人,就谈不上被行为所侵犯的客体,更谈不上人的主观罪过。因此,犯罪主体是其他犯罪构成要件成立的逻辑前提。在具备了犯罪主体要件以后,还必须具备犯罪主观方面。犯罪主观方面是犯罪主体的一定罪过内容。犯罪行为是犯罪主体的罪过心理的外化,因而在犯罪主观方面下面是犯罪客观方面。犯罪行为必然侵犯一定的客体,因而犯罪客体是犯罪构成的最后一个要件。① 显然,这一犯罪构成要件的排列顺序是以行为人实施犯罪行为的逻辑进程为线索的,它不同于通说以司法者发现犯罪的逻辑进程为线索。现在看来,考虑到犯罪构成主要是为认定犯罪提供标准,因而以司法者认识犯罪的过程为中心线索似乎更为妥当。当然,在苏俄及我国的犯罪构成体系中,犯罪的客观要件与主观要件的顺序可以随意组合排列,这本身就说明其犯罪构成的内在逻辑关系没有获得解决,尽管同时存在主客观要件,但主客观要件如何统一的问题仍然存疑。因此,我认为,只有引进大陆法系递进式的犯罪论体系,主客观相统一的问题才能得以解决。

四

主客观相统一,是我国刑法理论中使用频率极高的一个用语,并且获得了政治上的正确性。李海东博士曾经将主客观相统一等原则看作是在方法论上对于规

---

① 参见赵秉志、吴振兴主编:《刑法学通论》,84 页以下,北京,高等教育出版社,1993。这部分内容是我执笔的,但主要观点是赵秉志教授主张的,参见赵秉志:《犯罪主体论》,49 页,北京,中国人民大学出版社,1989。在此,赵秉志教授在我国刑法学界第一次提出"从犯罪构成内部四方面要件在决定犯罪时的逻辑顺序看,犯罪主体要件处于首位"的命题。

主客观相统一原则：价值论与方法论的双重清理

范科学的基本背离，在基本思维的形式逻辑上是典型的似是而非的诡辩。① 这一批评当然是极为严厉的，却不无道理。为什么主客观相统一是以科学名义出现的，结果却被指责为反科学？其中缘由是令人深思的。我以为，刑法学作为一门规范科学，也就是刑法教义学，具有其自身的逻辑构造，在方法论上刑法学研究必然受到哲学的影响，但在刑法学研究中照搬哲学原理又是不可行的。在这个问题上，刑法因果关系是一个绝好的例子。可以说，刑法因果关系是刑法学中一个较为复杂的问题。在大陆法系刑法理论中存在条件说、原因说和相当因果关系说等的争论，因而后来兴起的客观归责理论又试图在一定程度上取代因果关系学说。但在苏俄及我国刑法学中，因果关系不仅复杂而且混乱，其根源就在于对刑法因果关系套用一些哲学原理，因而在规范的研究中混杂了形而上学的内容，这就是所谓必然因果关系与偶然因果关系问题。特拉伊宁在论及刑法因果关系时指出：马克思主义列宁主义的奠基者，不但揭示了因果性的客观的唯物主义的实质，为了了解各种专业知识领域内的因果关系，马克思主义还用它的整个思想体系和原则来武装研究人员。在这些条件下，社会主义刑法理论家的直接而明显的任务，就是要根据马克思、恩格斯和列宁所建立的关于因果关系的一般学说，来研究刑法中因果关系的学说。可惜，直至今天，苏维埃刑法理论还没有解决这项任务。产生这种结果的原因，就是在社会主义的刑法理论中人们企图把马克思主义关于因果性学说的某些术语机械地搬到刑法方面，而不是真正地解决问题。② 特拉伊宁所说的某些术语的机械照搬，就是指区分必然因果关系与偶然因果关系，只承认必然因果关系是刑事责任根据。对于这一说法，特拉伊宁是不赞成的，特拉伊宁自己提出了所谓因果性程度论③，但在苏俄刑法学界充斥着的仍然是必然因果关系说与偶然因果关系说之争。这一关于因果关系的争论从 20 世纪

---

① 参见李海东：《刑法原理入门（犯罪论基础）》，10 页，北京，法律出版社，1998。
② 参见［苏］A. H. 特拉伊宁：《犯罪构成的一般学说》，王作富等译，128 页，北京，中国人民大学出版社，1958。
③ 参见［苏］皮昂特科夫斯基等编写：《苏联刑法科学史》，曹子丹等译，56 页，北京，法律出版社，1984。

刑法研究（第五卷）

80年代初传入我国，成为我国刑法学中讨论的一个热点问题，五花八门的各种观点都是围绕着必然因果关系和偶然因果关系展开的，可以说，这是一场毫无意义的讨论，它无助于刑法因果关系问题的解决。因此，在苏俄及我国刑法学理论中，哲学原理不是作为方法论而是作为学说在刑法学中机械地照搬套用，这对于刑法学的科学性是一种极大的伤害。主客观相统一原则，首先涉及的当然是刑法学的价值论问题，实际上它还涉及刑法学的方法论问题，这个问题的实质是刑法知识的哲学基础问题。

在大陆法系刑法学中，刑法学派的演进都具有各自不同的哲学基础。在犯罪论体系上也是如此。一般认为，犯罪论体系经过了以下发展阶段：（1）古典犯罪论体系，以李斯特和贝林为代表，在20世纪初期处于统治地位；（2）新古典派犯罪论体系，以梅兹格为代表，在1930年前后相当流行；（3）目的行为论的犯罪论体系，以威尔泽尔为代表，出现在1940年代以后。德国学者罗克辛指出，这三种犯罪论体系分别与三种哲学思想相联系：古典犯罪论体系受到19世纪以来在思想史方面的自然主义的重要影响。新古典犯罪论体系的哲学基础是新康德主义的价值哲学。目的行为论的犯罪论体系是建立在哲学的现象学和本体论理论之上的。[①] 由此可见，刑法知识的嬗变是一定的哲学方法论引入刑法学理论研究的结果。

古典犯罪论体系作为在刑法学上第一个有影响的犯罪论体系，它是建立在主客观相区隔的基础之上的：客观要素放在构成要件中解决，主观要素放在责任中解决，并且强调犯罪的客观要素，力图通过构成要件所具有的客观性对刑罚权加以限制，从而避免司法专横。这种自然主义的刑法学在因果行为论中得以体现。例如李斯特指出：行为（Handlung）是相对于外部世界的任意举止（willkuerlliches Verhalten），具体地讲，这一任意行为能够改变外部世界，不论是造成某种

---

① 参见［德］罗克辛：《德国刑法学总论》，第1卷，王世洲译，122页以下，北京，法律出版社，2005。

主客观相统一原则：价值论与方法论的双重清理

改变的作为（Tun），还是造成某种改变的不作为（Unterlassen）。① 因果行为论完全从客观上考察行为并将行为与行为人的主观要素相切割。虽然因果行为论也强调行为的心素，即对活动身体或不活动的意志（有意性），但又认为，在此意义上的意志，是人们对其身体的支配，是一种自我决定，这种意志引起了肌肉的紧张，或者使肌肉无所作为。贝林指出：对行为概念而言，意志是根植于意志自由还是意志不自由，都无关紧要。意志自由对责任问题才具有重要意义。② 但在责任问题上，古典犯罪论体系主张的又是心理责任论，把作为心理事实的故意或者过失作为责任条件。因此，正如日本学者小野清一郎所指出的那样：19世纪的刑法学对行为——其他方面也如此——的认识是自然科学的、实证主义的、自然主义的。小野指出：最明确地表示这种观点的学者，就是贝林。他的刑法总论体系，从行为论开始，按符合构成要件的行为、违法行为、有责行为、可罚的行为的顺序加以论述，最后又在行为论中论及了一般的违法性和责任性。尽管如此，他的行为概念从根本上讲还是停止在自然科学之上的。③ 这种采用自然科学的方法对刑法进行研究，是18世纪以来启蒙思想传播的结果。正如德国学者指出：启蒙哲学宣告，自然和知识都是自足的，两者都必须从它们自身的本质上去理解，不存在理智所不能认识的昏暗神秘的"某物"。自然和知识，它们的本质其实就是一些原则，理智完全能够认识这些原则，因为理智从自身演绎出这些原则，并系统地阐明这些原则。我们正是应该用这种基本观点，来说明科学知识何以在整个启蒙思想中具有至高无上的、几乎是无限的威力。④ 在这种情况下，自然科学对社会科学，包括刑法学的影响都是巨大的，社会科学出现了对自然科学模仿的倾向，这主要表现为社会科学对客观性的追求。马克斯·韦伯在关于社会

---

① 参见［德］李斯特：《德国刑法教科书》，修订译本，徐久生译，176页以下，北京，法律出版社，2006。

② 参见［德］贝林：《构成要件理论》，王安异译，65页以下，北京，中国人民公安大学出版社，2006。

③ 参见［日］小野清一郎：《犯罪构成要件理论》，王泰译，76页，北京，中国人民公安大学出版社，2004。

④ 参见［德］E.卡西勒：《启蒙哲学》，顾伟铭等译，43页，济南，山东人民出版社，1996。

科学方法论的阐述中，提出了两个关键词：一是客观性，二是价值中立。① 这两个概念之间又是具有相关性的：正是出于对社会科学研究中的客观性的考虑，才应当尽量避免过多的价值判断，从而坚守价值中立的立场。正如我国学者指出：就价值中立的主张包含着回避价值判断而言，韦伯强调一般经验科学的客观性原则。但就价值中立允许运用价值关联的分析而言，韦伯的客观性是社会科学意义上的"客观性"②。尤其是韦伯创立了一种理想类型的研究方法。韦伯指出：专门方法论的最重要成就，就是使用"理想类型"建构起来的关于具体学科的对象与方法概念。因此它们高居于特殊科学之上，以致特殊科学在这些讨论中单纯依据自身很难达到自我认识。由于这一原因，植根于它们自己主题之内的方法论讨论，对于特殊学科的自我认识来说也许更为有用。韦伯甚至直截了当地指出：在经验的法律研究中，法学概念可以而且应当被作为理想类型使用。③ 在古典犯罪论体系中，贝林坚持客观主义的立场，其关于构成要件是一种指导形象的命题，就是直接在刑法学研究中采用类型性方法的结果。贝林指出，当前的刑法已经压缩在类型之中，即是说，"类型性"是犯罪的一个概念性要素。在犯罪概念中引入类型性时，应该考虑到：此处必须避免违法性和责任之间表现一致。我们不可以说，犯罪是符合类型的、有违法性的、有责的行为。更确切的表达是：犯罪是类型化的违法有责行为。④ 因此，尽管古典犯罪论体系存在不尽完善之处，但对于以构成要件为中心的犯罪成立条件的体系化建构是刑法学中的一笔宝贵财富。

新古典犯罪论体系是在古典犯罪论体系基础上发展起来的，它改变了古典犯罪论体系价值中立的客观主义立场，引入了价值判断，并对事实与价值作了切分，从而导致了刑法学的一次知识更新。新古典犯罪论体系的哲学基础是新康德主义的价值哲学。新康德主义是从康德哲学的基础上发展起来的，其核心的价值

---

① 参见［德］马克斯·韦伯：《社会科学方法论》，杨富斌译，146页，北京，华夏出版社，1999。
② 张志林、陈少明：《反本质主义与知识问题》，151页，广州，广东人民出版社，1995。
③ 参见［德］马克斯·韦伯：《社会科学方法论》，杨富斌译，141、209页，北京，华夏出版社，1999。
④ 参见［德］贝林：《构成要件理论》，王安异译，27页，北京，中国人民公安大学出版社，2006。

主客观相统一原则：价值论与方法论的双重清理

概念可以追溯到康德"应当"与"是"相区分的道德观。康德在事实与价值两个领域之间，划下一条分明的界线，这一划界实际上就是现象界与本体界的区分。在哲学语言上，前者表现为"是"，后者表达为"应当"[①]。显然，"是不是"的问题是一种事实判断，而"应不应当"的问题是一种价值判断。在康德那里，虽然指出了事实与价值的区分，但并没有特别强调价值。价值问题在文德尔班（W. Windelband）和李凯尔特（H. Richert）那里，被赋予特别高的地位。他们把价值当作哲学的核心，企图建立一种哲学新形态，即价值哲学，这是新康德主义弗赖堡学派哲学的主要特点。[②] 新康德主义的价值哲学引入刑法学，犯罪论体系发生了重大变化，择其重要者，包括构成要件中主观要素与规范要素的发现和规范责任论的提出。古典犯罪论体系由于坚持自然主义立场，因而构成要件是纯客观的、事实的概念。从迈耶开始，承认在构成要件中包括规范要素和主观要素。尤其重要的是，以往的责任要素是故意或者过失等心理事实，这是道义责任论和心理责任论的立场，责任的问题同样也被归结为是一个事实问题而非价值问题。但在新康德主义的价值哲学的影响下，弗兰克对责任论进行了改造，他在使行为人受到非难的违背义务的意志构成中看到了罪责："如果行为人因其行为而被非难，那么，使他有罪责的是一个被禁止的态度"（规范的罪责概念）。故意犯罪在无责任能力情况下罪责非难消失，因为不能要求精神病患者具备与法律相适应的意志构成。在紧急避险情况下，尽管行为人具备责任能力和故意，责任非难可以否定，因为在当时以其他方法不可避免生命危险的情况下，法秩序并不要求英雄行为。在过失犯罪情况下，罪责非难不是针对行为人"缺少对结果的认识"的否定，而是针对行为人所表现出来的在履行其注意义务时的不注意。[③] 申言之，新古典犯罪论体系通过在责任论中引入价值哲学，实现了心理要素与归责要素的分离，从而使犯罪成立条件中包含了主观上的非难可能性。此外，在因果

---

① 陈嘉明：《建构与范导——康德哲学的方法论》，249 页，北京，社会科学文献出版社，1992。
② 参见袁贵仁：《价值学引论》，20 页，北京，北京师范大学出版社，1991。
③ 参见［德］汉斯·海因里希·耶赛克、托马斯·魏根特：《德国刑法教科书（总论）》，徐久生译，256 页，北京，中国法制出版社，2001。

149

关系问题上，也走出了条件说与原因说之争，摆脱了自然主义的束缚，提出了相当因果关系说。所谓相当因果关系，是一般化的看问题方法，即按照一般的看法判断是否产生这样的结果。这种评价所依据的多是经验法则或实验法则，因而，在其背后有社会的伦理的评价。① 在这种情况下，刑法因果关系的认定中就包含了价值判断。当然，新古典犯罪论体系和古典犯罪论体系相比，在内容上发生了变化，但在犯罪论结构上却没有变动。正如德国学者指出：新康德主义的思想和刑法的自然主义比较起来，对于刑法学的体系和方法简直就是一场革命，但是令人惊讶的，刑法体系四个阶层的区分方法和阶层顺序的结论，却在原有的范围内继续存在。② 因此，新古典犯罪论体系与古典犯罪论体系之间仍然存在较为明显的承继关系。

目的行为论的犯罪论体系是以现象学的本体论哲学作为根据的，它摈弃了事实与价值的二元论，又重新回归存在论的一元论，但它与古典犯罪论体系所持的自然主义完全不同。如果说，古典犯罪论体系是由外而内，即由客观追溯主观，强调客观性；那么，目的行为论的犯罪论体系是由内而外，即由主观回溯客观，人的行为是建立在人的内心活动外化为行为的认识基础之上的③，强调主观性。这里涉及现象学哲学，在某种意义上，现象学也是对康德哲学的一种发挥。康德将现象与物自体加以区分与对应，但现象学认为现象与本质之间是合一的，事物本身是依赖于意识而存在的物质实体，是在意识活动或人的存在过程中显现出的内容。因此，现象学企图消除传统哲学中主观与客观等二元对立，回归一元论，但这一元既非物本身也非现象，而是在意识中呈现出来的事物本身。在胡塞尔的现象学哲学中，一个重要概念是意向性（intentionality）。胡塞尔用意向性来建立包括物理的和心理的、外在的和内在的对象在内的一切现象。意向性是表示意

---

① 参见［日］小野清一郎：《犯罪构成要件理论》，王泰译，107 页，北京，中国人民公安大学出版社，2004。
② 参见许玉秀、陈志辉合编：《不移不惑献身法与正义——许逎曼教授刑事法论文选辑》，274 页，台北，新学林出版有限公司，2006。
③ 参见［德］汉斯·海因里希·耶赛克、托马斯·魏根特：《德国刑法教科书（总论）》，徐久生译，259 页，北京，中国法制出版社，2001。

主客观相统一原则：价值论与方法论的双重清理

识活动与意识对象之间必然的、结构性关系的概念。胡塞尔通过对意向活动的分析来确定意识对象，即通过意识的显现过程来说明现象。① 威尔泽尔将现象学哲学引入刑法学，提出了目的行为论，这是对因果行为论的否定，在目的行为论中，强调行为的目的性。根据威尔泽尔的看法，行为不是任意的肌肉刺激所形成的，而是特定种类的意志行动依目的促成行为，或者行为和特定种类的意志行动有目的关系。总之，意志作为特殊的、有规制能力的、有意义的因果要素，是架构行为的要素。② 因此，在刑法的行为中，不是意志依从于身体举止，恰恰相反，是身体举止依从于意志。威尔泽尔不仅从根本上颠覆了行为的概念，而且重构了构成要件的概念，故意成为构成要件的内容，并且是主观的构成要件的核心。对于威尔泽尔来说，故意即目的，目的即故意。目的行为论的犯罪论体系的出现，意味着构成要件更加主观化；构成要件判断所应处理的，不只是行为的纯粹的客观面。③ 由于心理事实归入构成要件，事实与责任的区分更加彻底，罪责的概念更为纯粹。当然，目的行为论本身也存在缺陷，主要在于它只能解释故意行为而对过失行为束手无策。其结果是，故意犯和过失犯不得不完全分离，但小野清一郎认为，这就不再是体系化的问题，而是关系责任的本质的问题了。故意和过失，即使在有无主观目的这一点上有区别，但是从道义的、规范的立场上看，它们的本质是相同的。对此，小野清一郎评价道：大概，威尔泽尔是从站在存在论、事物逻辑的立场上对过去的刑法学中的自然主义倾向进行批判这一点出发的，但他的目的行为论却恰恰没有从自然主义中解脱出来。④ 因此，尽管目的行为论的犯罪论体系为刑法学带来了新知识与新方法，但其犯罪论体系现在已经不被采用。

现在德国流行的是罗克辛的目的理性的或者功能性的犯罪论体系。罗克辛在

---

① 参见赵敦华：《现代西方哲学新编》，108 页，北京，北京大学出版社，2001。
② 参见许玉秀：《当代刑法思潮》，137 页，北京，中国民主法制出版社，2005。
③ 参见林东茂：《一个知识论上的刑法学思考》，36 页，台北，五南图书出版公司，1999。
④ 参见［日］小野清一郎：《犯罪构成要件理论》，王泰译，79 页，北京，中国人民公安大学出版社，2004。

阐述本人的犯罪论体系与传统的犯罪论体系的区别时指出，"因果主义"（指古典犯罪论体系——引者注）和"目的主义"（指目的行为论犯罪论体系——引者注）在具体方面虽然有很多不同，但是，在这一点上，它们是一致的：它们都是从实在的现实情况（造成或者对行为的操纵）出发的，并且由这些实在的现实情况引导出体系性构造。与此相反，我所发展出来的犯罪原理体系选择的是一条完全不同的道路：它问的是社会的目的、刑法和刑罚的功能（任务），并且，根据位于这些目的之后的刑事政策的价值决定来建造这个体系。因此，人们谈论的是一种目的理性的或者功能性的体系性构造。它的基本思想是，不法的结构能够从刑法的任务中发展出来，相反，罪责的结构（我在这一点上说的是"责任"）能够从刑罚的目的上发展出来。[1] 在罗克辛这一犯罪论体系中，存在两个核心范畴，一个是从刑法任务中推导出来的法益保护，不法主要是实现刑法的法益保护机能，将那些不具有对法益侵害性的行为从构成要件中排除出去，以此作为对行为的实质审查。另一个是从刑罚目的中推导出来的预防必要性，强化罪责的实质内容，以此作为对行为人的实质审查。罗克辛的犯罪论体系具有某种综合的性质，试图统一新康德主义和新黑格尔主义，并且是新古典与目的论的整合。在这体系中更加彻底地贯彻了价值哲学，从刑法的目的设定性中而不是从本体的预先规定性中引导出犯罪论体系。[2] 这里的本体的预先规定性，是指行为、因果关系、物本逻辑结构等物自体的要素，罗克辛认为不是价值被事实所决定，而是事实被价值所决定。在犯罪论体系中，应当根据刑法的价值需要设定犯罪的构成要素，并以刑法价值对这些犯罪的构成要素进行实质审查。在这种情况下，罗克辛提出了客观归责论，以作为对构成要件的实质判断；提出了可非难性，以作为对罪责的核心命题；如此等等。

犯罪论体系的演变，在体系构造上并无太大的变动，但其内容却发生了重大革命，这一刑法知识的革命正是由其所依据的哲学不同而引发的，这里体现出刑

---

[1] 参见［德］罗克辛：《德国犯罪原理的发展与现代趋势》，王世洲译，载梁根林主编：《犯罪论体系》，9页，北京，北京大学出版社，2007。

[2] 参见［德］罗克辛：《德国刑法学总论》，第1卷，王世洲译，124页，北京，法律出版社，2005。

主客观相统一原则：价值论与方法论的双重清理

法知识与作为方法论的哲学知识之间的关联性。在各种犯罪论体系中，都存在如何处理主观与客观的关系问题。随着犯罪论体系的发展，主客观之间的简单对应关系已经不复存在，主客观的关系互相纠缠在一起，例如主观要素的客观化与客观要素的主观化等。此外，价值考量参与到主客观的关系中来，对主客观的逻辑构造产生了根本性的影响。所有这些，对于我们正确地理解主客观的关系都具有重大影响。

五

从发生学的谱系上考察，苏俄刑法学中的犯罪构成体系产生于20世纪40年代前后，在苏联十月革命以前，当时俄国的刑法学家受到古典犯罪论体系的影响，已经初步形成了犯罪构成理论。例如特拉伊宁指出：在俄国著作中，把犯罪构成作为主、客观因素的总和，作了比较深刻的论述。[①] 十月革命以后，一度盛行的法律虚无主义几乎导致刑法的消亡，尽管1926年《苏俄刑法典》颁行，但在意识形态的主导下，犯罪构成理论仍然处于艰难的生长之中。直到1946年特拉伊宁的《犯罪构成的一般学说》一书的问世，才标志着苏俄犯罪构成体系的正式建立。[②] 从时间上来说，20世纪40年代，德国已经从新古典犯罪论体系演变到目的行为论的犯罪论体系，在犯罪论体系中越来越明显地引入价值判断与规范判断。这种观点，受到苏俄刑法学家的批判。当然，这种批判是存在逻辑混乱的。例如，苏俄刑法学者对弗兰克的罪过理论进行了批判，指出：著名的德国新康德主义者莱因加尔德·弗兰克在其著作《论罪过概念的建立》（1907年）中以及在对刑法典的注释中，非常详尽地发挥了关于放弃统一的罪过概念的理论。弗兰克认为，不能用故意和过失来限制罪过的内容。除了这个狭义的罪过概念以

---

① 参见［苏］A. H. 特拉伊宁：《犯罪构成的一般学说》，王作富等译，17页，北京，中国人民大学出版社，1958。

② 参见［苏］皮昂特科夫斯基等编写：《苏联刑法科学史》，曹子丹等译，43页，北京，法律出版社，1984。

外,还必须创立包括评价在内的更加一般的罪过概念。伦理的评价乃是罪过的本质。弗兰克将一个人实施行为时的各种情况的通常意义都包括在罪过概念内。弗兰克将影响犯罪人的责任的诸客观要素,其中也包括加强、加重罪过及免除罪过的情况,都理解为包括在这个广义的罪过概念之内的通常伴随在一起的情况。除此以外,包括在罪过概念之内的还有责任能力。苏俄学者还批评了 B.C. 乌捷夫斯基和 Т.Л. 塞尔格叶娃所提出的不仅包括有主观情况还有客观情况在内的广义的罪过或有罪概念,按其本质来说,它们这些是导向这种新康德主义的罪过概念的。在这里,犯罪的主观方面和客观方面的界限被抹杀了。① 在罪过概念中引入评价要素,被苏俄刑法学家称为罪过评价论,破坏了统一的罪过概念。其实,弗兰克的观点是将责任与主观心理要素相分离,在责任中确立以期待可能性为核心的规范责任论。这种观点是从占典犯罪论体系的存在论向新占典犯罪论体系的价值论的转变,但却受到苏俄学者站在存在论立场上的批判。

主客观相统一与价值评判之间的关系如何处理,我以为是苏俄刑法学中始终未得到解决的一个问题。主客观相统一基本上是一个存在论的命题,它所要解决的是归因问题。而价值判断所要解决的是归责问题,它是一个规范论的命题。从存在论到规范论,从归因到归责,我认为是整个犯罪论体系演进的一条基本线索。对于主客观相统一原则的方法论清理,也应站在这样一个历史的高度考察。

主客观相统一作为一个存在论的范畴,是指犯罪成立的客观要素与主观要素的同时具备,苏俄的犯罪构成理论就是建立在这一基础之上的。例如苏俄学者指出:辩证唯物主义在考察人们的行为时所持的出发点,是行为中的客观因素和主观因素的统一。犯罪行为也和人们的任何其他有意志的行为一样,乃是所实施的危害社会行为的客观属性和主观属性一定的统一。主观(人的故意、过失)表现在客观上,即表现在对苏维埃社会有危害的一定的外界变化上。没有表现在客观行为上的故意和过失,就没有罪过的特征。但是,人的行为中的客观和主观的统

---

① 参见 [苏] B.C. 曼科夫斯基:《苏维埃刑法中的罪过问题》,载《苏维埃刑法论文选译》,第1辑,166页以下,北京,中国人民大学出版社,1955。

主客观相统一原则：价值论与方法论的双重清理

一，当然并不能抹杀二者间的区别。因此，也就不能把犯罪的客观方面同主观方面混为一谈，尤其不能把人所实施的行为和所发生的犯罪结果之间的因果关系这一方面，同这一事件发展中的人的罪过的这另一方面混为一谈。人们行为中的主观和客观的辩证统一，乃是正确了解社会主义刑法上的犯罪构成的基础。犯罪构成永远是犯罪行为必要的客观特征和主观特征的统一。[①] 既然犯罪构成是客观要素与主观要素的统一，那么，这种犯罪事实判断是如何转换成为一个价值判断的呢？或者，归因如何转化为归责？关于这个问题，在苏俄刑法学中是以实质性的政治的意识形态的判断解决的，这就是所谓社会危害性问题。在苏俄刑法学中，社会危害性理论的产生要早于犯罪构成。例如苏俄学者 T. N. 沃尔科夫在 1935 年就提出犯罪的本质特征是社会危害性，也可以理解为阶级危害性。从这一基本立场出发，沃尔科夫得出结论：犯罪构成的要件只具有次要意义，一个人之所以被追究刑事责任不是由于他的行为，而是由于他具有阶级危害性。[②] 在犯罪构成理论形成以后，如何处理社会危害性与构成要件之间的关系就成为一个难题。

在苏俄刑法学中，社会危害性是作为犯罪的本质特征提出来的，因而在犯罪概念中赋予实质的价值蕴含，由此形成犯罪概念——实质的价值判断与犯罪构成——形式的事实判断这样一种对应关系。换言之，在苏俄刑法学中，价值判断是不包含在犯罪构成之中的。作为价值判断标准的社会危害性与犯罪构成之间的关系，在苏俄刑法学上始终存在争议。苏俄学者坚持社会危害性不是犯罪构成的个别要件而是犯罪构成的属性。例如特拉伊宁指出：在一切场合，行为的社会危害性都是决定每个犯罪构成的基本的、本质的属性。只有危害社会的行为才能形成犯罪构成。由此可以直接得出结论说，社会危害性不能是犯罪构成的一个因素。社会危害性的意义比犯罪构成的一个因素的意义要大得多，因为社会危害性明显地表

---

① 参见［苏］皮昂特科夫斯基：《社会主义法制的巩固与犯罪构成学说的基本问题》，载《苏维埃刑法论文选译》，第 1 辑，86 页，北京，中国人民大学出版社，1955。
② 参见［苏］皮昂特科夫斯基等编写：《苏联刑法科学史》，曹子丹等译，20 页以下，北京，法律出版社，1984。

155

现在犯罪构成全部因素的总和中，它是在刑法上对整个作为（或不作为）的评价。① 由此可见，在苏俄犯罪构成体系中，社会危害性是在犯罪构成之外的一种实质判断，但这种社会危害性的实质价值内容究竟是对主客观要素的判断还是主客观要素具备以后的当然后果，还是语焉不详的。由于社会危害性没有受到形式要件的限制，因而这种实质判断往往导致对犯罪构成本身的否认。尤其是在存在类推制度的情况下，社会危害性作为入罪根据显然是独立于犯罪构成的另外一种判断。而在大陆法系的犯罪论体系中，尽管从古典犯罪论体系到现今通行的目的理性的、功能性的犯罪论体系，在内容上发生了重大变化，从纯事实构成发展到越来越多地引入价值判断，甚至以价值观念对构成事实的设定本身进行审查，但在构成要件、不法、有责的犯罪论结构上并无太大的变化。对于通说而言，始终把构成要件当作犯罪成立的第一要件，即便是对犯罪构成要件作实质解释，也还是受到构成要件本身的限制。因此，从政治的价值判断到规范的价值判断，无论在实质内容上还是在逻辑位阶上，都需要完成双重的变革。

我国目前刑法学界是把主客观相统一原则看作定罪原则②，甚至主张主客观相统一原则是我国刑法中的基本原则。③ 但在存在论的意义上的主客观相统一原则对于定罪的意义极为有限，它只是宣示了定罪需要同时具备客观要件与主观要件，而未能对两者的关系作出科学定位。而且，相统一的提法具有一定的迷惑性，因此我国学者对此提出了质疑，认为主客观相统一是一种流传范围最广、影响力最大的折中说。这一折中可能存在的问题是：（1）对于犯罪的客观要件、主观要件需要分别判断，例如对于实行行为、间接故意是否存在，必须分别进行判断。判断过程极其复杂，不是主客观相统一这一口号能够概括的。（2）西方没有任何学派不同时考虑主观、客观，但是从来不提主客观相统一这样的命题，难道

---

① 参见［苏］A. H. 特拉伊宁：《犯罪构成的一般学说》，王作富等译，63页以下，北京，中国人民大学出版社，1958。
② 我曾在定罪原则的意义上论及主观与客观相统一，参见拙著：《本体刑法学》，383页以下，北京，商务印书馆，2001。
③ 参见聂立泽：《刑法中主客观相统一原则研究》，59页以下，北京，法律出版社，2004。

主客观相统一原则：价值论与方法论的双重清理

我们的概括能力就是强于他们？（3）主客观相统一这类口号，使得思维简单化。混淆了很多复杂的关系，容易使人误解为主、客观要件同等重要，是半斤八两的关系。① 我以为这一批评是十分到位的，我国刑法学中存在大量主客观相统一之类的似是而非的标语式东西，严重地损害了我国刑法学的科学性。我以为，在清理主客观相统一原则的基础上，应倡导法益原则和责任原则。法益原则是对客观要素实质审查的原则，将法益侵害作为不法的判断根据，由此限制刑罚的发动。自从李斯特提出法益概念，并提出"作为法益保护的刑法"这一重要命题以来②，法益保护始终作为刑法的根基而存在。犯罪是一种法益侵害行为，而刑罚则是为法益保护而存在。在这种情况下，刑法就在法益这一概念上得到了统一。法益保护既为刑法干涉提供了正当根据，又对刑法干涉限定了范围。法益原则意味着，只有在法益受到侵害的情况下才能受到刑罚处罚，无法益侵害则无刑罚。与此同时，责任原则是对主观要素实质审查的原则，由此形成主观归责的根据。这里的责任，是指意志形成的非难可能性。在德国，责任原则（Schuldgrundsatz）被视为刑法责任的决定性的主观的前提条件。刑事处罚只能建立在下列确认的基础上，即基于导致犯罪决意的意志形成，可对行为人进行非难，而且，对行为人的刑事处罚，不得重于行为人根据其责任所应当承担的刑罚。③ 责任原则确立了无责任则无刑罚，刑罚轻重不能超过责任程度的规则。前者是定罪上的责任主义，后者是量刑上的责任主义。责任原则以非难可能性为中心，以归责合理性为依归，以期待可能性为标准形成了一个完整的理论体系。法益原则与责任原则之间又具有一定相关性：前者受到后者的限制。因此，法益侵害的判断必然发生在归责之前，如果不存在法益侵害则无归责必要。但存在法益侵害并不必然导致刑事追诉，还要进行归责的判断，若无可归责性仍然不构成犯罪。在这个意义上说，刑法不仅是作为法益保护而存在的，法治国的刑法必然是责任主义的刑

---

① 参见周光权：《刑法学的西方经验与中国现实》，载《政法论坛》，2006（2）。
② 参见［德］李斯特：《德国刑法教科书》，修订译本，徐久生译，5页，北京，法律出版社，2006。
③ 参见［德］汉斯·海因里希·耶赛克、托马斯·魏根特：《德国刑法教科书（总论）》，徐久生译，490页，北京，中国法制出版社，2001。

法。以法益原则和责任原则取代主客观相统一原则，以规范的理论内容取代空洞的政治说教，乃犯罪论体系发展之必然。当然，法益原则和责任原则仍然是较为抽象的教义性法理，为实现这两个原则，必须建构逻辑严密的犯罪论体系。只有以构成要件该当性、违法性、有责性的犯罪论体系取代犯罪客体、犯罪客观方面、犯罪主体、犯罪主观方面的犯罪构成体系，主客观相统一原则才会最终丧失存在的正当性。

（本文原载《法学研究》，2007（5））

形式与实质的关系：刑法学的反思性检讨

在刑法学中，尤其是在犯罪构成理论中，形式与实质的关系也许是最为混乱的一个问题。如何从刑法理论上对形式与实质的关系进行正本清源的清理，是当前我国刑法学中的一个重大课题，它对于推动我国刑法的知识转型具有重要意义。本文拟以形式与实质的关系为中心线索，对刑法学中的犯罪的形式概念与实质概念、犯罪构成的形式判断与实质判断、刑法的形式解释与实质解释这三个理论问题展开反思性检讨。

一、犯罪形式概念与实质概念

在哲学上，形式与实质是对客观事物的性质的一种揭示。在刑法学中，形式与实质首先用来描述犯罪的概念。因此，在犯罪概念问题上如何处理形式与实质的关系，关乎刑法学的理论根基，值得进行追根溯源式的深入研究。

犯罪概念是刑法的基石范畴，也是刑法学研究的出发点。一般的刑法体系书，都必然涉及犯罪概念问题。在大陆法系国家刑法中，大多未对犯罪作出定义式的规定，例如德国、日本、意大利、法国的刑法典都是如此。这些国家的刑法

典之所以未对犯罪概念作出规定，是因为从各国刑法典规定的罪刑法定原则中可以合乎逻辑地引申出犯罪的形式概念，即基于"法无明文规定不为罪"的命题必然得出法律明文规定的才是犯罪的结论。因此，尽管有些大陆法系国家刑法典规定了犯罪概念，也只是犯罪的形式概念。例如在论及犯罪的形式概念时，一般都援引1937年《瑞士刑法典》第1条的规定："凡是用刑罚威胁所确实禁止的行为"就是犯罪行为。① 但这一规定在1971年修订后的《瑞士刑法典》中已经不见其踪影，第1条以罪刑法定原则的规定代之；在2003年修订的《瑞士刑法典》中也是如此。由此可见，秉承罪刑法定原则的大陆法系国家刑法典，似乎没有规定犯罪概念之必要。当然，刑法典对犯罪概念不予规定，并不意味着在刑法理论上对犯罪概念不加研究。事实上，大陆法系国家的刑法学家都承认刑法学所研究的是犯罪的形式概念。例如意大利学者指出："犯罪"（reato）是"刑事违法"的同义词。它意味着违反了刑法规范，即违反了以刑法典为"重罪"和"轻罪"规定的主刑为制裁措施的法律规范。这个以法定制裁措施为基础的犯罪概念，尽管是一个形式概念，但这个概念可以从形式上将犯罪行为与其他违法行为明确地区别开来，因而是保障正确适用刑法的首要条件。② 犯罪的形式概念对于限定犯罪的范围，体现罪刑法定原则的精神，当然是具有实质意义的，但它对于犯罪认定的司法活动的意义是有限的。在这种情况下，在刑法学中就出现了所谓犯罪的实体概念。例如德国学者指出：犯罪是法秩序以刑罚作为制裁手段的人的行为。此等形式上的犯罪概念并没有说明，在何种实体条件下应当科处刑罚。也就是说，立法者可以对何种行为方式予以刑罚威胁。由于《基本法》（第2条第1款）是保障一般的行为自由，所以，刑法中的要求和禁止规定，只有当刑罚这一国家最为严厉的制裁方式，是在保障人类社会的共同生活的权利所必需时，始可提出

---

① 参见高铭暄主编：《刑法学》，61页，北京，法律出版社，1984。
② 参见［意］杜里奥·帕多瓦尼：《意大利刑法学原理》，注评版，陈忠林译评，68页，北京，中国人民大学出版社，2004。

形式与实质的关系：刑法学的反思性检讨

（实体的犯罪概念）。① 在这个意义上的犯罪，是指符合构成要件的违法而且有责的行为。显然，从犯罪的形式概念过渡到犯罪的实体概念，这是对犯罪现象认识的进一步深化。根据犯罪的实体内容，就可以为认定犯罪提供一般的法律标准。在这个意义上，犯罪的实体概念是犯罪论体系的逻辑起点。

犯罪的实体概念当然不能等同于犯罪的实质概念。犯罪的实质概念是从犯罪的本质这样一个问题中引申出来的，而在大陆法系国家刑法理论中，一般都把法益侵害当作犯罪的本质，这就是在犯罪本质上的法益侵害说。② 犯罪的实质概念主要是回答为什么将某一行为规定为犯罪的问题，因而具有明显的立法视角。如果说犯罪的形式概念是一个犯罪的司法概念，那么犯罪的实质概念就是一个犯罪的立法概念。在这个意义上说，犯罪的实质概念与犯罪的形式概念在功能上是存在明显差别的。对此，意大利刑法学者指出：在司法实践中，显然不能以这种伦理或道义意义的实质概念作为认定犯罪的标准（因为它没有抽象出所有犯罪所共同具有的、并能区别罪与非罪界限的共同特征）。于是，犯罪的实质概念的作用就从"教义构建"（dogmatico ricostrutitivo）（本来是为了寻找界定现有体系中所有犯罪的总标准）转移到了刑事政策领域。由于现实中的犯罪并不总是符合这种实质意义的犯罪概念，提出并坚持这种概念实际上具有限制立法者的目的，即让立法者以犯罪的实质概念为基础来选择、决定可以被规定为犯罪的行为。③ 在这个意义上，犯罪的实质概念是一个应然的犯罪概念，而犯罪的形式概念则是一个实然的犯罪概念。刑法教义学中的犯罪概念只能是犯罪的形式概念，而犯罪的实质概念则是在对刑法进行超规范研究时所应当采用的犯罪概念。

犯罪的形式概念与犯罪的实质概念，是采用两种不同的标准对犯罪所下的定义。犯罪的形式概念是以刑法规定为根据定义犯罪，因此采用的是规范的标准。

---

① 参见［德］汉斯·海因里希·耶赛克、托马斯·魏根特：《德国刑法教科书（总论）》，徐久生译，64页以下，北京，中国法制出版社，2001。
② 参见［日］大塚仁：《刑法概说（总论）》，3版，冯军译，91页，北京，中国人民大学出版社，2003。
③ 参见［意］杜里奥·帕多瓦尼：《意大利刑法学原理》，注评版，陈忠林译评，73页，北京，中国人民大学出版社，2004。

161

因为规范相对于社会生活来说具有形式的特征,所以被称为犯罪的形式概念。犯罪的实质概念是以一定的伦理道义或者政治教义为根据定义犯罪,因此采用的是价值的标准。这种价值内容是刑法规范的内容与实体,因而被称为犯罪的实质概念。由此可见,犯罪的形式概念与犯罪的实质概念各有自身的标准,亦各有自身的功能,两者只有对应性而无对立性。

将犯罪的形式概念与犯罪的实质概念对立起来,并试图以犯罪的实质概念取代犯罪的形式概念的努力,肇始于十月革命以后的苏俄刑法学。1922年《苏俄刑法典》第6条首次规定了犯罪的实质概念,自此,犯罪的形式概念和犯罪的实质概念进入一个纠缠不清的时期。例如苏俄刑法学者指出:决定犯罪的概念,可以有两种方法,一种是对犯罪概念的形式定义,另一种是实质定义。犯罪的形式定义就是规定:犯罪乃是法律所禁止将以刑罚为制裁之行为。形式的犯罪定义并不能揭示犯罪的实质。规定犯罪为法律所禁止将以刑罚为制裁之行为,这无异于说犯罪乃是立法者所认为犯罪之行为。形式的犯罪定义并不能使人理解:何以立法者承认此种或别种行为为犯罪行为。犯罪概念的实质定义旨在答复这一问题。实质定义应该规定:在该国刑事立法中认为犯罪行为之实质的社会特征。苏俄学者在区分犯罪的形式概念和犯罪的实质概念的基础上进而指出:社会主义的刑事立法给予犯罪概念以实质定义。它规定实质上何种作为与不作为在我社会主义国家认为是犯罪的。在1992年《苏俄刑法典》第6条中,对犯罪所下定义是:"凡以反对苏维埃国家机构或破坏由工农政权所建立步向共产主义机构过渡时期之法定程序之一切作为与不作为,一概认为危害社会行为"。社会主义刑法在对犯罪概念作出实体的定义时,同时也就决定了社会主义刑法的社会意义。① 在此,苏俄学者完全把犯罪的形式概念与犯罪的实质概念对立起来,并且打上了一种意识形态的标识:犯罪的形式概念是资产阶级刑法所特有的,而犯罪的实质概念则是社会主义刑法所具有的,两者的对立乃是资产阶级刑法与社会主义刑法之间的对立。例如苏俄学者指出:犯罪的实质概念,在苏维埃刑法中具有巨大的理论上和

---

① 参见[苏]孟沙金等:《苏联刑法总论》,下册,彭仲文译,307页,上海,大东书局,1950。

实际上的意义。它提示了作为上层建筑一部分的苏维埃刑事立法所具有的阶级的和政治上的意义,指出了苏维埃刑法和资产阶级刑法之间在原则上的、阶级上的直接对立的区别。[①]

应当指出,苏俄学者是在犯罪的法定概念的意义上论及犯罪的实质概念的。如前所述,大陆法系国家在刑法典中一般都没有明确规定犯罪概念,其犯罪的形式概念是罪刑法定原则的应有之义。但以1922年《苏俄刑法典》为始作俑者,社会主义国家开始在刑法中规定犯罪概念,而且规定的都是犯罪的实质概念。在刑法中所规定的犯罪概念应当是一个犯罪的司法概念,为司法机关正确地认定犯罪提供标准,只有以规范为特征的犯罪的形式概念才能承担这一使命。但苏俄学者却对犯罪的形式概念进行了意识形态的批判,并在《苏俄刑法典》中确立了犯罪的实质概念。这一犯罪的实质概念直接否定了罪刑法定原则,为类推提供了理论根据,为罪刑擅断大开方便之门。苏俄学者正是从否定法律形式开始,陷入法律虚无主义的泥潭而难以自拔。例如苏俄学者 E. B. 帕舒卡尼斯把苏维埃的法说成是"形式是资产阶级的,内容是社会主义的"。E. B. 帕舒卡尼斯把将来法的整个消亡过程看成是从资产阶级法律形式向取消一切法律形式的直接过渡。[②] 基于"形式是资产阶级的,内容是社会主义的"这一命题,形式是必须坚决否认的,内容才是应当保留的。殊不知,相对于社会生活而言,法律本身就是形式,对形式的否定最终必然意味着对法律的否定。事实上,社会主义法的内容是不可能脱离法的形式而存在的。犯罪的实质概念正是这种法律虚无主义思想的产物,因为犯罪的实质概念摈弃了犯罪的违法性特征,从而为根据实质的价值判断认定犯罪提供了根据。例如苏俄学者 T. H. 沃尔科夫断言:由于苏维埃刑事立法是从实质上理解犯罪,必然得出不要规定具体犯罪行为的刑事责任制度。[③] 根据这一构

[①] 参见[苏] B. M. 契柯瓦则:《与制定苏联刑法典草案有关的苏维埃刑法上的几个问题》,载《苏维埃刑法论文选译》,第1辑,7页,北京,中国人民大学出版社,1955。
[②] 参见[苏] 皮昂特科夫斯基等编写:《苏联刑法科学史》,曹子丹等译,17页,北京,法律出版社,1984。
[③] 参见[苏] 皮昂特科夫斯基等编写:《苏联刑法科学史》,曹子丹等译,21页,北京,法律出版社,1984。

想，一个犯罪的实质概念可以代替整个刑法，它可以为法官认定犯罪提供实质根据，因而出现了"不需要刑法分则的刑法典"的荒谬命题，对刑事法治的破坏作用可想而知。直到 20 世纪 30 年代末期，对刑法持虚无主义态度的现象开始有所纠正。在这一背景下，出现了把犯罪的实质特征同形式特征结合起来的所谓犯罪的混合概念。

在苏俄最早提出犯罪的混合概念的是杜尔曼诺夫。杜尔曼诺夫将犯罪确定为"危害社会的、违反刑事法律的、有责任能力的和依法应受惩罚的作为或不作为"。按照杜尔曼诺夫的观点，根据犯罪的形式特征（依法应受惩罚性）可以给犯罪下一个全面的所谓形式上的定义。如果说犯罪的实质特征是行为的社会危害性，那么形式特征就是以违法性、罪过和人的责任能力为条件的应受惩罚性。①犯罪的混合概念在苏俄刑法中的确立，表明在一定程度上向法治的回归，例如类推的取消等，这当然是具有历史进步意义的。在犯罪的概念中恢复形式特征，这本来是对犯罪的实质概念的某种否定，也是犯罪的实质概念是社会主义刑法区别于资产阶级刑法的根本特征之类的政治命题破产的标志，正确的做法应当是彻底回归犯罪的形式概念。但由于所谓犯罪的混合概念在表面上具有超越犯罪的形式概念与犯罪的实质概念的全面性，反而具有讽刺意味地再次获得了政治正确性。

犯罪的混合概念认为，犯罪具有实质特征与形式特征：实质特征是指犯罪的社会危害性，形式特征是指犯罪的刑事违法性。例如苏俄学者在论述 1958 年《苏联和各加盟共和国刑事立法纲要》第 7 条关于犯罪的定义时指出：《纲要》首次提出了实质的和形式的特征二者兼有的犯罪定义。然而，这个规定并无损于犯罪的实质特征。《纲要》不仅没有摒弃实质特征，而且还使立法有了改进和发展。关于犯罪的实质特征与形式特征的关系，苏俄学者指出：刑事违法性是社会危害性的法律表现，因为只有社会危害行为才有可能触犯刑事法律。只有同时兼有社会危害性与刑事违法性这两个要件，犯罪的概念才能成立，缺少其中的任何一个

---

① 参见［苏］皮昂特科夫斯基等编写：《苏联刑法科学史》，曹子丹等译，22 页，北京，法律出版社，1984。

形式与实质的关系：刑法学的反思性检讨

要件，都不能构成犯罪。① 如果说，犯罪的实质概念具有与罪刑法定原则之间的抵触性，那么，犯罪的混合概念则以一种貌似辩证统一的逻辑将实质特征与形式特征结合起来。在苏联解体以后，尽管有些俄罗斯学者强调犯罪概念的实质特征是同极权主义意识形态相联系的，因此主张恢复犯罪的形式定义②，但最终还是主张在犯罪概念中保留社会危害性这一特征的观点占据上风。1996年《俄罗斯联邦刑法典》第14条第1款规定："本法典以刑罚相威胁所禁止的有罪过地实施的危害社会的行为，被认为是犯罪。"这一犯罪概念去除了《苏俄刑法典》关于犯罪概念表述中的政治意识形态的内容，以极为抽象的形式表述社会危害性。俄罗斯学者认为，这一规定保留了1958年《苏联和各加盟共和国刑事立法纲要》首次提出的犯罪的实体—形式定义。犯罪的这一定义再次给予其实体特征——行为的社会危害性以优先地位，同时指出其有罪过性、违法性和应受刑罚的性质。③ 可见，犯罪的混合概念目前在俄罗斯仍然是主流的观点。

我国1979年《刑法》第10条关于犯罪概念的规定，是以《苏俄刑法典》第7条的规定为摹本的。这一犯罪概念从一开始就被我国学者认为是犯罪的实质概念，并以此与犯罪的形式概念相对立。④ 这种把犯罪概念理解为是犯罪的实质概念的观点，还停留在苏俄20世纪50年代初期的认识水平上，即使与苏联在1958年以后将犯罪的实质概念已经转变为犯罪的混合概念的理论相比，也已经相当地隔膜。此后，在我国刑法学界才出现犯罪的混合概念的观点，认为我国1979年《刑法》第10条是从犯罪的阶级实质和法律形式的统一上给我国社会的犯罪所下的一个完整的定义。⑤ 目前，犯罪的混合概念已经成为我国刑法学界的通说，在社会危害性理论在我国占据着正统地位的情况下，犯罪的混合概念获得

---

① 参见［苏］别利亚耶夫、科瓦廖夫主编：《苏维埃刑法总论》，马改秀等译，65页，北京，群众出版社，1987。
② 参见薛瑞麟：《俄罗斯刑法研究》，104页，北京，中国政法大学出版社，2000。
③ 参见［俄］斯库拉托夫、列别捷夫主编：《俄罗斯联邦刑法典释义》，上册，黄道秀译，21页，北京，中国政法大学出版社，2000。
④ 参见高铭暄：《中华人民共和国刑法的孕育和诞生》，36页，北京，法律出版社，1981。
⑤ 参见高铭暄主编：《新中国刑法学研究综述》，87页，郑州，河南人民出版社，1986。

了存在的合理性。① 笔者从对社会危害性理论进行反思性检讨的立场出发，对犯罪的混合概念进行了批判，主张在刑法中规定犯罪的形式概念。② 我国1997年《刑法》第13条关于犯罪概念的规定基本上承袭了1979年《刑法》第10条的规定，因此，从实然上来说，我国目前刑法中的犯罪概念仍然是一个混合概念，但从应然上来说，提出犯罪的形式概念，尽管在立法上尚未被采纳，笔者认为对于刑法法理上正确地界定犯罪仍然具有积极意义。

相对于犯罪的形式概念与犯罪的实质概念，犯罪的混合概念更容易获得政治上的正确性。在对犯罪的混合概念进行深入反思的时候，笔者认为犯罪的混合概念存在以下三个明显缺陷。

(一) 方法的谬误

犯罪的混合概念以形式与实质相统一为标榜：既照顾了犯罪的法律特征，又揭示了犯罪的实质内容。形式与实质相统一，是哲学原理。但基于实质决定形式这一命题，在将形式与实质相统一这一哲学原理用于对犯罪现象作分析的时候，往往出现贬低形式的倾向。苏俄学者对犯罪形式概念的抨击，主要思想武器之一就是形式主义，大陆法系刑法学也被妖魔化为形式主义法学。例如苏俄学者就将古典派刑法学称为概念法学，指出："古典学者"在刑法方面反映了资产阶级的民主原则，他们在研究刑法问题时，遵循了严格的形式主义的方法。"古典学者们"不仅把阶级斗争和犯罪的阶级性的问题置于刑法科学的范围之外，而且连作为实际生活现象的犯罪的问题也置于刑法科学的范围之外。正因为如此，所以在古典学派的信徒们看来，刑法科学具有概念法学的一切特征。③ 这里的概念法学一词完全是在贬义上使用的。其实，概念法学是法教义学的另一种表述，它应该具有在特定语境中的褒义。我国学者亦将犯罪的形式概念指摘为法律形式主义，

---

① 关于为犯罪的混合概念的合理性辩护的观点，参见刘艳红：《社会危害性理论之辩证》，载《中国法学》，2002 (2)。

② 参见陈兴良、刘树德：《犯罪概念的形式化与实质化辩正》，载《法律科学》，1999 (6)。

③ 参见 [苏] A. H. 特拉伊宁：《犯罪构成的一般学说》，王作富等译，13、14页，北京，中国人民大学出版社，1958。

形式与实质的关系：刑法学的反思性检讨

指出：这种犯罪概念（指犯罪的形式概念——引者注），是只强调行为特征的、超阶级的、法律形式主义的概念，它没有也不可能说明犯罪的本质。① 对法律形式主义的指摘，恰恰暴露了对法治的本质理解上的偏差。法治当然可以分为形式法治与实质法治，但形式法治是法治的逻辑前提，只有在法律形式所提供的空间范围内，实质理性才有可能获得。例如德国学者韦伯揭示了在法律当中存在着的形式与实质之间的冲突，指出：法律逻辑的抽象的形式主义与他们欲以法律来充实实质主张的需求之间，存在着无可避免的矛盾。但韦伯认为法律形式本身是具有独立价值的，它也是法治的应有之义。因为法律形式主义可以让法律机制像一种具有技术合理性的机器那样来运作，并且以保证各个法利害关系者在行动自由上，尤其是在对本身的目的行动的法律效果与机会加以理性计算这方面，拥有相对最大限度的活动空间。② 但苏俄学者在犯罪的实质概念中完全否认犯罪的形式特征，使犯罪的司法判断取决于政治目的，从而陷入法律虚无主义。在犯罪的混合概念中，虽然强调犯罪的形式特征与实质内容相统一，但仍然坚持犯罪实质内容对于形式特征的优越性，因此仍然无法满足法治的形式要求。形式与实质相统一是对客观事物认识的一种哲学方法，当然具有其科学性，犯罪现象也确实存在形式与实质这两个层面。但在刑法典中确立犯罪概念是为法官认定犯罪提供法律标准，从而体现罪刑法定原则。在这种情况下，犯罪的形式概念才是合理的、能够胜任的。而犯罪的混合概念为认定犯罪提供的标准是模糊的，因而会混淆罪与非罪的界限。因为犯罪的形式特征与实质内容并不总是能够统一的，在两者存在矛盾与冲突的情况下，到底是按照形式特征认定犯罪还是按照实质特征认定犯罪，法官会面临两难选择。基于实质优于形式的观念，在这种情况下，法官往往会根据犯罪的实质内容而认定为犯罪。在这个意义上说，犯罪的混合概念只不过是变相的犯罪的实质概念，它并没有彻底清除犯罪的实质概念背后的法律虚无主义，而是使这种法律虚无主义以一种更为隐蔽的方式存在。我们应该毫不留情地

---

① 参见曾宪信等：《犯罪构成论》，12页，武汉，武汉大学出版社，1988。
② 参见［德］马克斯·韦伯：《韦伯作品集 IX 法律社会学》，康乐、简惠美译，220页以下，桂林，广西师范大学出版社，2005。

167

揭露犯罪的混合概念所具有的实质主义性质,为恢复犯罪的形式概念提供方法论上的辩护。

(二) 功能的混淆

苏俄学者将犯罪的实质概念与犯罪的形式概念对立起来,在犯罪的混合概念中又将犯罪的形式特征与实质内容统一起来,都是以只有一个犯罪概念,尤其是只有一个官方的犯罪概念为逻辑基础的。在只有一个犯罪概念这样的前提下,犯罪的混合概念当然是最为可取的,因为它吸收了犯罪的形式特征与实质内容,超越了犯罪的形式概念与犯罪的实质概念。但恰恰是只有一个犯罪概念这个逻辑前提本身是不能成立的。实际上,犯罪是一种复杂的社会现象和法律现象,可以从不同角度加以定义,因此存在各种不同的犯罪概念。例如英国著名学者边沁就意识到在犯罪概念上的混乱,并指出了这种混乱的危害性:通常意义上,犯罪这一术语,不仅不完善,而且容易产生歧义。除非我们从重构犯罪概念入手,否则,在刑事法律科学中我们将永远无法消除这些歧义。根据边沁的观点,应当从立法与司法这两个层面界定犯罪:如果这个概念(指犯罪——引者注)指的是已经建立的法律制度,那么,犯罪就是被立法者基于无论何种理由所禁止的行为。如果这个概念指的是为创建一部尽可能好的法典而进行的理论研究,根据功利原则,犯罪是指一切基于可以产生或者可能产生某种罪恶的理由被人们认为应当禁止的行为。[①] 边沁从犯罪概念的功用对犯罪概念作了区分。除此以外,还可以根据学科的性质对犯罪概念作区分,例如刑法学的犯罪概念与犯罪学的犯罪概念,如此等等。因此,犯罪的形式概念与犯罪的实质概念本无所谓对错,关键是在何种语境中使用。如果在犯罪学研究中使用犯罪的形式概念,显然是荒谬的,正如同在刑法学(这里是指刑法教义学)中使用犯罪的实质概念一样荒谬。

现在的问题在于:在刑法中规定犯罪的概念,也就是犯罪的法定概念,其功能到底是什么?对此,苏俄学者在论述中往往语焉不详。刑法规范具有行为规范

---

① 参见 [英] 吉米·边沁:《立法理论》,李贵方等译,286页以下,北京,中国人民公安大学出版社,2004。

形式与实质的关系：刑法学的反思性检讨

与裁判规范的双重属性，因此犯罪概念的规定也是如此。一方面，犯罪的法定概念对于公民具有行为引导机能，为刑法禁止的行为提供一张清单。另一方面，犯罪的法定概念对于法官具有规制机能，要求法官在刑法规定的范围内定罪处罚。在这种情况下，如果给法官提供的是一个犯罪的实质概念而不是一个犯罪的形式概念，实际上是赋予了法官一种实质判断的权力，其必然结果是导致罪刑擅断。因此，笔者主张在刑法中应当规定犯罪的形式概念并不是对犯罪的实质概念的否认，而是基于犯罪的法定概念的功能而得出的结论。在刑法中应当规定犯罪的实质概念的主张，恰恰是混淆了犯罪的法定概念的功能。

（三）角色的错乱

犯罪的形式概念、实质概念或是混合概念，都不仅仅是一个犯罪如何定义的技术问题，背后反映的是定义者的角色定位问题。如前所述，犯罪的实质概念是犯罪的立法概念，而犯罪的形式概念是犯罪的司法概念。只有立法者按照立法的思维逻辑，才能作出犯罪的实质定义。而司法者按照司法的思维逻辑，只能对犯罪进行形式定义，而不能脱离法律规定对犯罪加以实质定义。由此可见，犯罪的形式概念与犯罪的实质概念的分立及其在各自语境中的使用，是以立法权与司法权的分立、立法者与司法者的角色定位为前提的。刑法的法定概念采用犯罪的实质概念，实际上是使司法者充当立法者，使刑法限制司法权的规制机能荡然无存。而刑法的法定概念采用犯罪的混合概念，则使立法者与司法者的角色错乱，也同样损害刑法机能的正常发挥。正是在这个意义上，苏俄刑法中的犯罪的实质概念，以及后来的犯罪的混合概念，都是其一体化的权力格局与政治体制在刑法中的折射，并且深刻地反映了工具主义的刑法观念。例如苏俄学者指出：刑法是同私有制、社会划分为阶级和国家一起产生的。刑法从它产生的第一天起就是统治阶级用来镇压被剥削者反抗的工具。[①] 基于这种统治阶级与被统治阶级对立的国家观，以及建立在此基础之上的刑法工具主义，打击犯罪成为刑法的唯一功

---

① 参见［苏］别利亚耶夫、科瓦廖夫主编：《苏维埃刑法总论》，马改秀等译，1页，北京，群众出版社，1987。

能，而罪刑法定原则所具有的对国家刑罚权的限制机能是根本没有存在余地的。出于打击犯罪的需要，立法权与司法权的划分，以及用立法权来限制司法权的必要性都不复存在。这一切都统一在人民意志之下。正如苏俄学者指出：苏维埃刑法没有、也不必向任何人隐瞒自己的阶级实质。因为，苏维埃刑法从产生之日起就表达了绝大多数人民——劳动人民的意志。目前，它仍体现了全体人民的意志。所以，苏维埃刑事立法必将提出犯罪的实质和阶级的定义。① 在这种政治与法律不分、权力没有分化的情况下，立法者与司法者的角色区分也没有出现。因此，犯罪的实质概念以及犯罪的混合概念，是政治刑法或者说是敌人刑法的必然结果，它与市民刑法或者说是法治刑法是格格不入的，罪刑法定原则所要求的犯罪的法定概念只能是犯罪的形式概念。

二、犯罪构成的形式判断与实质判断

犯罪构成是指犯罪成立条件，大陆法系刑法理论称之为犯罪论体系。在犯罪论体系中如何处理形式判断与实质判断的关系，对于犯罪论体系的构造具有重大意义。

值得注意的是，我国刑法学界在关于刑法方法论的讨论中，引入了形式的犯罪论与实质的犯罪论这一对范畴，赞同实质的犯罪论，进而主张由实质的犯罪论上升到实质的刑法立场，并提倡与之适应的实质刑法解释学。② 关于刑法的形式解释与实质解释的问题，在本文第三部分讨论，在此笔者仅就形式的犯罪论与实质的犯罪论问题加以辨析。

形式的犯罪论与实质的犯罪论之分，来自日本学者大谷实。大谷实指出：承

---

① 参见［苏］别利亚耶夫、科瓦廖夫主编：《苏维埃刑法总论》，马改秀等译，60页，北京，群众出版社，1987。

② 关于实质的犯罪论，在我国是张明楷教授首倡的，张明楷教授在构成要件论意义上的实质解释论指的就是实质的犯罪论，不同于法律解释意义上的实质解释论。参见张明楷：《刑法的基本立场》，95页以下，北京，中国法制出版社，2002；另参见刘艳红：《走向实质解释的刑法学——刑法方法论的发端、发展与发达》，载《中国法学》，2006（5）。

形式与实质的关系：刑法学的反思性检讨

认构成要件的独立机能，以社会的一般观念为基础，将构成要件进行类型性地把握的犯罪论，通常被称为形式的犯罪论，与此相对的就是实质的犯罪论。实质的犯罪论对形式的犯罪论进行批判，认为作为形式的犯罪论的中心的犯罪的定型或类型的内容不明，因此，在形式的犯罪论中，追求保障人权、保护国民利益的处罚范围难以适当划定，主张在刑罚法规的解释，特别是构成要件的解释上，应当从处罚的合理性和必要性出发的观点，换句话说，应当从当罚性这一实质的观点出发来进行。按照这种观点，刑法是行为规范，但更应当是以法官为对象的裁判规范，即不外乎是为了导入实质的当罚性判断的规范，因此，罪刑法定原则中的明确性原则或刑法的严格解释原则并不重要，应当从处罚的必要性和合理性的立场出发，对刑罚法规或构成要件进行实质性的解释。[1] 从大谷实以上对形式的犯罪论与实质的犯罪论的对比论述中，我们可以看出：两者的根本区别在于对构成要件是作形式解释还是实质解释。其实，就犯罪论而言，无所谓形式的犯罪论与实质的犯罪论之分，任何犯罪论都包含形式判断与实质判断，当然两者的关系如何处理那是另外一个问题。按照笔者的理解，只有构成要件才有形式的构成要件与实质的构成要件之分。因此，所谓形式的犯罪论是指坚持形式的构成要件论的犯罪论，而所谓实质的犯罪论是指坚持实质的构成要件论的犯罪论。尽管大谷实宣称自己是主张形式的犯罪论的，但从大陆法系犯罪论体系的历史演变过程来看，存在一个构成要件逐渐从形式化向实质化转变的过程。对此，日本学者西原春夫曾经作过以下评论：本来作为价值无涉的概念来把握的构成要件概念，包含着越来越多的价值，更多地包含着主观性和规范性这两种要素。因此，本来被认为具有独立于违法性之机能的构成要件，与违法性的关系也越来越紧密，最终埋没在违法性之中，在考察这一段历史时，已经无法看到构成要件光辉繁荣的景象了。使构成要件概念内容丰富起来的，就是从构成要件论的繁荣、发展中所体现出来的；但是，其发展的结果表现出来的是由于内容过于丰富、包含了太多的价值，反而使构成要件埋没在价值中，变得没有什么内容，从而便失去了其本身固

---

[1] 参见［日］大谷实：《刑法总论》，黎宏译，73页，北京，法律出版社，2003。

有的机能。必须注意的是，构成要件论发展的历史实际上也正是构成要件论崩溃的历史。① 构成要件论崩溃之说，当然不无危言耸听之嫌，但说形式的构成要件论崩溃，则是符合实际情况的。从形式的构成要件论向实质的构成要件论的演变，带来的不仅是对构成要件论自身的影响，而且对整个犯罪论体系的构造造成了重大的冲击。

在大陆法系的犯罪论体系中，以构成要件作为犯罪成立的首要条件，它最初承担的是形式判断的使命。构成要件理论主要是由德国学者贝林创立的，在李斯特—贝林的古典犯罪论体系中，构成要件理论占有重要地位。尽管在贝林那里，从早期将构成要件看作是犯罪类型到晚年改变为指导形象，存在一个演变过程，但构成要件的客观性与记叙性是始终强调的。例如小野清一郎指出：按照贝林的想法，构成要件是纯客观的、记叙性的，也就是说，构成要件是刑罚法规所规定的行为的类型，但这种类型专门体现在行为的客观方面，而暂且与规范意义无关。构成要件相符性与违法性和责任完全没有关系。一件事符合构成要件，而它是否违法或是否有责任，则完全是另外的问题。规范的违法性和主观的责任问题，应与构成要件相符性分别审查。构成要件充其量不过是记叙性的、客观的东西，这就是贝林的观点。② 这是贝林在1906年出版的《犯罪论》中的观点，及至1930年出版的《构成要件理论》一书中，面对构成要件中的主观要素与规范要素的发现，贝林对此不得不予以承认，但以更为广义的"法定构成要件"概括之，竭力将其与构成要件加以区分，并对两个概念的混淆发生了某种担忧，指出：倘若人们把"构成要件"理解为法律的抽象观念，即"法定的构成要件"，就会有误解的危险，因为这样会使人进一步将"总的犯罪构成要件"当作犯罪概念性要素的整体，名义上包含了违法性和有责性。因为人们随后就会再次把"总的犯罪构成要件"当作犯罪概念性要素的整体，在名称上包含着违法性和有责

---

① 参见［日］西原春夫：《犯罪实行行为论》，戴波、江溯译，56页，北京，北京大学出版社，2006。
② 参见［日］小野清一郎：《犯罪构成要件理论》，王泰译，22页，北京，中国人民公安大学出版社，2004。

形式与实质的关系：刑法学的反思性检讨

性，从而与"刑法特论分则"也即单独的犯罪类型相提并论，混为一谈。① 贝林的意思是：构成要件仍然是纯客观的、记叙性的，包含主观的、规范要素的构成要件可以称为"法定的构成要件"，但若无限制地扩张构成要件的内容，将违法性、有责性都包含进来，那么构成要件就成为犯罪类型的同义词。同时，贝林还为构成要件所具有的形式特征作了有力的辩护，指出：因为人们认识到，刑法法定构成要件只是一些——当然是非常重要的——方法论的指示概念（Ordnungsbegriff），人们也就相信，刑法规定内容就会受到概念"形式主义"的威胁。这是杞人忧天！因为如果构成要件使明确的地位和层次成为可能，那么它就不会给本质上合理的解释法则造成任何损害。就法律强制我们进入犯罪类型并因而引入构成要件中而言，法律本身就是"形式的"，在此方面，构成要件肯定无可非议。② 贝林所倡导的纯客观的、记叙性的构成要件论，本身就具有通过构成要件所具有的这种形式性，起到防止法官的恣意与推断的限制作用，从而实现罪刑法定主义的价值。

如果说，新古典派发现的主观的违法要素和规范的构成要素，在一定程度上使构成要件的形式化产生动摇。那么，威尔泽尔的目的行为论则进一步加剧了构成要件的实质化。这里的构成要件的实质化，是指更多的行为在构成要件中出罪，这意味着实质判断的前移。例如，医师用手触摸女患者的生殖器官，按照贝林的构成要件理论，这是具有猥亵罪的构成要件该当性的行为，只不过行为人在主观上不具有猥亵的意图，因而具有主观的正当化事由而在违法性中予以排除而已。但若在构成要件判断阶段就考虑主观上是否具有猥亵意图，则根本不存在猥亵行为，因而不具有构成要件该当性。目的行为论最初是将故意移入构成要件，后来又将过失移入构成要件。因为行为是受目的支配的，如果不联系行为人的主观心理性要素，是无从认定行为性质的。在这种情况下，构成要件的客观性不复存在。主观要素在构成要件中的引入，意味着构成要件更多地包含实质判断。尤

---

① 参见 ［德］贝林：《构成要件理论》，王安异译，20 页以下，北京，中国人民公安大学出版社，2006。
② 参见 ［德］贝林：《构成要件理论》，王安异译，31 页以下，北京，中国人民公安大学出版社，2006。

其是威尔泽尔提出的社会相当性理论，在构成要件中直接引入了价值判断。社会相当性理论（Lehre vonder sozialen Adaequanz）表明，以符合义务的注意而为之行为，且该行为属于历史形成的社会共同生活秩序范围内的行为，不属于犯罪构成要件范畴，即使它与侵害刑法所保护的法益的危险有联系。[①] 当然，社会相当性的判断到底是属于构成要件的判断还是属于违法性的判断，在刑法理论上一直存在争议。即使是首创社会相当性理论的威尔泽尔，对于社会相当性理论在犯罪论体系中的地位亦多次反复：开始，将社会相当性理论定位于构成要件该当性的范围，成为构成要件的阻却事由；后来，又将社会相当性视为习惯法的正当事由，亦即将社会相当性定位为违法判断的范畴，成为阻却违法的事由；此后，又回复构成要件该当性的范畴。[②] 将社会相当性纳入构成要件的判断，主要是担忧因其判断标准的暧昧性而损及构成要件的确定性，降低构成要件的保障功能。尤其是发生混淆构成要件该当性与违法性判断的层次，使违法性判断混杂到构成要件判断之中。笔者认为，这种担忧是没有必要的。因为社会相当性作为一种实质的价值判断，是在构成要件的形式判断之后进行的。即使存在标准模糊的问题，因为它只涉及出罪而没有入罪功能，也不会影响构成要件的保障功能。而且，在违法性中只作违法阻却的判断，即使在构成要件中进行社会相当性的判断，也不会损害违法性要件的独立性。类似于社会相当性理论，日本学者宫本英修创立了可罚的违法性理论。所谓可罚的违法性，是指行为的违法性需要刑罚这种强力的对等，具有与刑罚相适应的质与量。而且，作为量的问题，是指在犯罪中都各自被预定了一定严重程度的违法性，即使看起来行为符合犯罪类型（构成要件），但是，其违法性极其轻微（零细的反法行为），没有达到法所预定的程度时，就不成立犯罪；作为质的问题，是指违法性虽然并不能说是轻微的，但是，其违法

---

① 参见［德］汉斯·海因里希·耶赛克、托马斯·魏根特：《德国刑法教科书（总论）》，徐久生译，310页以下，北京，中国法制出版社，2001。

② 参见黄丁全：《社会相当性理论研究》，载陈兴良主编：《刑事法评论》，第5卷，324页，北京，中国政法大学出版社，2000。

行为的质与刑罚不相适合。① 对于可罚的违法性在犯罪论体系中的地位，同样存在争议。例如藤木英雄就把可罚的违法性当作构成要件阻却事由，这种见解明显受到威尔泽尔社会相当性理论的影响，认为社会相当性理论与可罚的违法性（实质的违法性）理论在基础上是共通的，两者之间属于表里一体的关系，从而为其构成要件该当性阻却说提供了理论支持。② 当然，主张形式的构成要件论的学者，例如大塚仁、大谷实都主张把可罚的违法性在犯罪论体系上的位置放在违法性论之中讨论。例如大谷实指出：以可罚的违法性为基准来判断有无构成要件该当性的话，在判断抽象的、类型的、形式的构成要件该当性的时候，就会加入具体的、非类型性的、实质的价值判断，使构成要件该当性的判断变得不明确，损害构成要件的人权保障机能。③ 将可罚违法性放在构成要件中讨论，当然是一种构成要件实质化的做法，它是否会损害构成要件的保障机能，笔者的回答是否定的，正如同社会相当性理论一样。

社会相当性理论判断标准的模糊性是最为形式的构成要件论所诟病的，因而在形式的构成要件论在"第二次世界大战"复苏以后，又被纳入违法性中讨论，成为违法阻却的根据，尤其是超法规的违法阻却的实质根据。但德国学者罗克辛的客观归责理论，以一种具体标准的建构，为构成要件的实质化提供了巨大的理论支撑。罗克辛指出：过去信条学的出发点是，客观行为构成会由于行为人举止行为对结果具有因果性而得到满足。在那些刑事惩罚显得不恰当的案件中，人们在故意实施的犯罪中，试图通过否定故意来免除刑罚。罗克辛以威尔泽尔经常使用的"在暴风雨就要来的时候，把别人派到森林里去，希望他会被雷劈死"为例。以往的理论认为，在这个案例中，存在杀人行为，因为对杀人行为作了形式判断，只要引起他人死亡的行为就是杀人行为。而且，根据条件说，该杀人行为

---

① 参见［日］大塚仁：《刑法概说（总论）》，3版，冯军译，314页，北京，中国人民大学出版社，2003。
② 参见刘为波：《可罚的违法性理论》，载陈兴良主编：《刑事法评论》，第10卷，80页，北京，中国政法大学出版社，2002。
③ 参见［日］大谷实：《刑法总论》，黎宏译，184页，北京，法律出版社，2003。

与死亡结果之间存在"若无前者,即无后者"的关系,因而存在因果关系。威尔泽尔认为,该人的行为之所以不构成犯罪是因为没有杀人故意。在此,行为人对他人死亡显然存在着一种希望或者愿望,但不是故意所要求的那种对事件的发生真正产生影响的强大意志。罗克辛认为,这种观点是不能成立的。行为人主观上故意是有的,之所以不构成犯罪,是因为事件客观偶然性。仅仅因为我们没有把一个纯粹偶然造成的死亡在客观上评价为法律意义上的杀人。[①] 显然,客观归责理论对杀人作了实质的而非形式的解释。客观归责理论以危险为核心概念,形成制造不被允许的危险、实现不被允许的危险等一系列具体判断标准,对构成要件进行实质性的价值判断。客观归责理论基于法秩序的目的和要求,着眼于行为客观方面的性质,在客观构成要件中就可以确定不法行为的类型,而且能够消除传统构成要件形式性判断的弊端,大大缩减了条件理论适用产生的过度扩张,因而使犯罪的重心能移到客观构成要件方面。[②] 当然,主张形式的构成要件论的学者对客观归责理论是持否定态度的。例如大塚仁就认为,客观归责理论想抑制条件说对因果关系范围的扩大,在这一点上,具有与相当因果关系说同样的志向,其适用的实际,可以说也与相当因果说没有大的差别。但是,所谓客观归责的观念本身和其刑法理论体系上的地位等,尚缺乏明确性,存在不少问题。应该说,没有放弃相当因果关系说而采用这种理论的必要。[③] 因此,大塚仁仍然坚持相当因果关系说,否定客观归责理论。其实,客观归责理论与因果关系理论还是存在重大区分的。因果关系理论基本上是以自然科学为基础的,在采用条件说的情况下,是对行为与结果之间关系的一种形式判断。在相当因果关系中虽然以相当性为内容引入了一定程度的实质判断,但因为它是以条件说所确定的因果关系为框架的,因此它仍然具有因果性的方法论特征。所谓因果性的方法论特征是指因果关系是以行为与结果的客观存在为前提的。因此,在行为、结果、因果关系三者

---

① 参见[德]罗克辛:《德国刑法学总论》,第1卷,王世洲译,245页,北京,法律出版社,2005。
② 参见王扬、丁芝华:《客观归责理论研究》,129页,北京,中国人民公安大学出版社,2006。
③ 参见[日]大塚仁:《刑法概说(总论)》,3版,冯军译,164页,北京,中国人民大学出版社,2003。

形式与实质的关系：刑法学的反思性检讨

之间呈现出递进式关系。即使没有因果关系，也不能否认行为与结果的客观存在。但客观归责的判断则与之不同，尽管它是以条件说为前提的，但若缺乏客观归责，则行为不属于构成要件的行为，因而这是基于归责而对构成要件行为的一种实质判断。例如在"暴风雨来临时把别人派到森林里去，希望他会被雷劈死"的案例中，指派行为与被指派者被雷劈死以及两者之间的条件关系都是具备的，但由于指派行为没有制造法所禁止的危险，因而在客观上不能将被雷劈死的结果归责于指派行为。在这种情况下，杀人行为不存在，即否定了指派行为具有杀人的性质。客观归责所具有的回溯性的实质审查方法，是不同于因果性判断的，这是客观归责理论的特色。当然，我国也有学者认为客观归责理论是以将实行行为概念形式化为前提的，只要实质地理解"类型化"的实行行为概念，客观归责理论似乎也是不需要的。① 这是从实质的构成要件论角度对客观归责理论的批评。但笔者认为，客观归责理论本身也是一种实质的构成要件论，只不过它采用的归责性方法不同于直接对实行行为作实质判断的方法。

应该指出，上述构成要件的实质化仍然是以维持构成要件该当性、违法性和有责性的犯罪论体系为前提的。但在日本刑法学界也存在否认构成要件与违法性分立的犯罪论体系，例如西原春夫就主张采取并不承认构成要件或者构成要件该当性是独立的犯罪要素的立场，而是把构成要件作为违法性的标记并入违法性中讨论，由此脱离构成要件论的犯罪论体系。② 这一观点的基本逻辑是这样的：本来作为价值无涉的概念来把握的构成要件概念，包含了越来越多的价值，因此，具有独立于违法性之机能的构成要件，与违法性的关系越来越紧密，最终埋没在违法性之中。正是在这个意义上，西原春夫提出了"构成要件论发展的历史实际上也正是构成要件论崩溃的历史"的命题。构成要件的实质化的最终结果导致其命运的终结，在西原春夫看来这是构成要件的一种宿命。当然，这也只是一种学说而已。此外，日本学者前田雅英也是以实质的犯罪论而自称的学者，在犯罪论

---

① 参见周光权：《刑法总论》，157页，北京，中国人民大学出版社，2007。
② 参见［日］西原春夫：《犯罪实行行为论》，戴波、江溯译，47页，北京，北京大学出版社，2006。

体系上自成一体。前田雅英认为构成要件该当性的判断,具有"选择值得处罚的法益侵害行为的机能"。换言之,符合构成要件的行为具有值得科处刑罚的违法性,他反对形而上学地、形式主义地解释构成要件。① 在这种情况下,前田雅英形成了以下的犯罪论体系:首先探讨客观的构成要件(实行行为、构成要件的结果、因果关系等),然后说明虽然符合客观构成要件却不具有违法性的事由(即违法阻却事由);其次探讨主观的构成要件(故意、过失、目的等),然后说明虽然符合主观构成要件却不具有责任的事由(即责任阻却事由)。② 显然,前田雅英是以构成要件为框架,纳入客观性要素与主观性要素,然后将违法阻却与责任阻却作为消极性的排除事由,由此最终实现构成要件的实质化。

综观上述大陆法系犯罪论体系的演变,可以看出如何处理形式与实质的关系是一条基本线索。其中,构成要件从形式向实质的发展是最为引人瞩目的。无论犯罪论体系的结构如何调整与变动,一个基本原则从来没有动摇过,这就是形式判断先于实质判断。任何犯罪论体系都包含形式判断与实质判断,问题只是在于两者的位置如何摆放。例如,在贝林的犯罪论体系中,构成要件是形式化的,属于形式判断,而实质判断是在违法性与有责性中完成的。大谷实、大塚仁都坚持形式的犯罪论,但并不能由此认为在其犯罪论中不包含实质判断,这一点大谷实讲得很清楚:以处罚的合理性、必要性为基准的实质的判断,只要在查清是符合构成要件之后,在违法性以及责任的阶段进行个别、具体判断就够了。③ 而此后随着构成要件的实质化,也并没有否认构成要件所具有的形式判断功能。例如客观归责理论就是对客观构成要件的双重考察:首先考察行为与结果的因果关系,这是一种形式判断;其次考察结果的客观归咎,这是一种实质判断。在这种情况下,实质判断始终受形式判断的限制,它仅具有出罪功能。即使是西原春夫以违法性取代构成要件,也还是把构成要件当作认定违法性的标识。正是在这个意义上,我们必须破除对形式的犯罪论与实质的犯罪论的以下认识误区:以为形式的

---

① 参见李海东主编:《日本刑事法学者(下)》,348页,北京、东京,法律出版社、成文堂,1999。
② 参见李海东主编:《日本刑事法学者(下)》,329页,北京、东京,法律出版社、成文堂,1999。
③ 参见[日]大谷实:《刑法总论》,黎宏译,74页,北京,法律出版社,2003。

形式与实质的关系：刑法学的反思性检讨

犯罪论否认实质判断的必要性，实质的犯罪论则否认形式判断的必要性。

形式判断与实质判断的混乱是从苏俄刑法学开始的，并且与苏俄刑法典确立的犯罪的实质概念有着密切联系。例如，苏俄学者指出：作为苏维埃刑法指导原则的犯罪实质概念，应当成为整个《苏联刑法典》的基础。一般的实质定义，无论在刑法典的体系结构中，无论在其个别制度的规定中，以及在犯罪构成的叙述中，都应当加以具体化。① 在这种情况下，犯罪构成纳入了以犯罪的实质概念为中心的刑法学体系，社会危害性成为犯罪构成体系性建构的基础。在此基础上建立起来的犯罪客体—犯罪客观方面—犯罪主体—犯罪主观方面的犯罪构成体系，社会危害性是基石范畴。正如特拉伊宁所称：不仅在分析和判断犯罪时，必须从它作为社会危害行为的实质内容出发，就是在分析和判断犯罪构成及其各个因素时，也应当考虑到社会主义审判的这项极重要的原则；无论是理解犯罪的整个构成或是理解构成的各个因素，都应当采取作为社会危害行为的犯罪的概念所要求采取的方法。② 在犯罪的实质概念的指导下，苏俄的犯罪构成具有明显的实质主义色彩。尤其是在犯罪构成要件的排列顺序上，犯罪客体放在第一位，犯罪客体的认定就是实质判断的过程。

犯罪客体是苏俄刑法学的犯罪构成体系中极具特色的一个要件，它是以马克思的以下论断为根据而建立的："犯罪行为（盗窃林木的行为——引者注）的实质并不在于侵害了作为某种物质的林木，而在于侵害了林木的国家神经——所有权本身"③。在这一论述中，马克思通过盗窃林木行为的表象得出该行为的实质是侵犯国家所有权这一结论，这显然是实质判断的结果。苏俄学者对犯罪客体的规范学说进行了批判。被纳入犯罪客体的规范学说的有李斯特关于法益的观点、塔干茨夫关于犯罪的客体即表现在生活利益中的法律规范的观点。苏俄学者认为

---

① 参见［苏］B. M. 契柯瓦则：《与制定苏联刑法典草案有关的苏维埃刑法上的几个问题》，载《苏维埃刑法论文选译》，第 1 辑，北京，中国人民大学出版社，1955。
② 参见［苏］A. H. 特拉伊宁：《犯罪构成的一般学说》，王作富等译，79 页，北京，中国人民大学出版社，1958。
③ 《马克思恩格斯全集》，第 1 卷，168 页，北京，人民出版社，1956。

这些学说是在与社会关系的隔离中研究规范，因而提示了犯罪客体是一定的社会关系。① 显然，作为犯罪客体的社会关系具有超规范的意蕴。按照苏俄的犯罪构成理论，犯罪的认定从犯罪客体开始，就是把超规范的实质判断放到了第一位，此后的形式判断都不能不受到这一实质判断结论的主导。在这个意义上说，苏俄的犯罪构成是实质判断先于形式判断的。正如我国学者指出：将犯罪客体作为要件，可能使实质判断过于前置。通说的刑法理论中，客体作为犯罪成立的首要条件，所谓客体是刑法所保护而为犯罪所侵害的社会关系，这就涉及实质判断。此判断一旦完成，行为就被定性，被告人无法为自己进行辩护，这是一种过分强调国家权力的作用的做法，它可能会导致司法适用上先入为主的危险，不利于保障人权和实现法治。② 笔者认为，这一论断是十分正确的，它一针见血地指出了苏俄及我国目前的犯罪构成体系存在的根本缺陷。

以犯罪的实质概念为逻辑起点建构的犯罪构成体系，把实质判断放在形式判断之前，从而损害了犯罪构成体系的内在合理性，这也是我国目前的犯罪构成体系非改不可的重要理由。值得注意的是，我国刑法学界在引入日本刑法理论中的形式的犯罪论与实质的犯罪论的同时，以其实质的犯罪论作为我国犯罪构成的四要件理论辩护的一个重要理论根据。例如，我国学者提出了犯罪构成符合性判断的价值属性的命题，认为：在立法层面，犯罪构成要件是立法者所作的价值判断；在司法层面，犯罪构成要件符合性判断是司法者所作的价值判断；在我国与大陆法系犯罪论体系之比较层面，我国的犯罪构成符合性判断也应是价值判断。因而，价值判断当属我国犯罪构成符合性判断的灵魂。③ 论者这里所说的犯罪构成符合性判断肯定不同于大陆法系犯罪论体系中的构成要件该当性判断，而应该相当于定罪的概念。论者强调定罪中的价值判断，也即实质判断的重要性，这当然是对的，但问题在于：将定罪中的规范判断，也即形式判断置于何地？规范判断与价值判断、形式判断与实质判断，这两者的关系究竟应当如何处理？这才是

---

① 参见［苏］孟沙金等：《苏联刑法总论》，下册，彭仲文译，326 页，上海，大东书局，1950。
② 参见周光权：《刑法总论》，93 页，北京，中国人民大学出版社，2007。
③ 参见齐文远、苏彩霞：《犯罪构成符合性判断的价值属性辩正》，载《法律科学》，2008（1）。

当前我国犯罪构成理论迫切需要解决的问题。笔者以为,脱离规范判断、形式判断这一前提而奢谈价值判断、实质判断是极为危险的。我们必须建立起形式判断先于实质判断的理念,使实质判断只有出罪功能而无入罪功能。

三、刑法的形式解释与实质解释

刑法的形式解释与实质解释是我国学者提出的,在德、日刑法学中并无形式解释论与实质解释论的对峙。在我国刑法学界,较早论及形式解释与实质解释的是梁根林教授。梁根林在刑法解释的目的的名目中论及是形式解释论还是实质解释论时,指出:在形式的罪刑法定观念支配下的19世纪的刑法解释论,一般倾向于采纳形式解释论与主观解释论,20世纪以来,在实质的罪刑法定观念的主导下的刑法解释论则多坚持实质的解释论与客观解释论。[①] 从这一论述来看,梁根林基本上是把形式解释等同于主观解释,实质解释等同于客观解释,并按照这一逻辑展开讨论的。但形式解释与实质解释是相对于刑法文本解释而言的,而主观解释与客观解释则是以刑法解释追求的宗旨而论的,两者似乎不能混同。此后,在引入日本刑法学形式犯罪论与实质犯罪论的基础上,进一步展开对形式解释论与实质解释论的研究。例如刘艳红教授提出了"走向实质解释的刑法学"的命题[②],苏彩霞博士则提出了实质的刑法解释论的立场。[③] 这些讨论,对于推动我国刑法教义学的研究当然是有所裨益的。但是,不可否认,在其中也存在一些误读与误解,若不对此加以辨析,则必将不利于我国刑法学的健康发展。

形式解释论与形式犯罪论、实质解释论与实质犯罪论,这两者之间到底是否存在逻辑上的关联性,这是首先需要厘清的问题。我国学者往往认为两者之间存在直接关联,并从形式犯罪论引申出形式解释论,从实质犯罪论引申出实质解释

---

① 参见梁根林:《罪刑法定视域中的刑法适用解释》,载《中国法学》,2004(3)。
② 参见刘艳红:《走向实质解释的刑法学——刑法方法论的发端、发展与发达》,载《中国法学》,2006(5)。
③ 参见苏彩霞:《实质的刑法解释论之确立与展开》,载《法学研究》,2007(2)。

论。例如，我国学者指出：形式的犯罪论者主张对犯罪构成要件进行形式的解释。根据实质的犯罪论者的主张，对刑法中的犯罪构成要件的判断不可避免地含有实质的内容，即某种行为是否构成犯罪应从处罚的必要性和合理性的角度进行判断。因此，对刑罚法规和构成要件的解释应该从这种实质角度进行。总之，实质的犯罪论者主张的是实质的刑法解释。① 应当说，这样一种结论是似是而非的。形式犯罪论并非只主张形式判断，而是认为应当在实质判断之前先进行形式判断。例如大谷实指出：在构成要件的解释上，在进行处罚的必要性或合理性的实质判断之前，应当从具有通常的判断能力的一般人是否能够得出该种结论的角度出发，进行形式的判断。② 同样，主张实质犯罪论也不是否认形式判断。之所以发生上述误解，笔者认为是对解释一词的误读以及没有把解释与判断两个概念区别有关。关于形式犯罪论与实质犯罪论的论述中，也经常提到对构成要件是作形式解释还是实质解释。其实，这里的形式解释与实质解释，应当是指形式判断与实质判断。尽管判断也可以在一定意义上理解为解释，但两者之间还是存在重大区分的。对构成要件作形式解释，是指对一个行为是否符合构成要件作形式上的判断，这是一种规范判断。例如，对杀人行为作形式判断，只要在客观上引起他人死亡结果的行为就是杀人行为。因此，暴风雨就要来的时候把别人派到森林里去，希望他会被雷劈死这一行为就属于杀人行为。而对构成要件作实质解释，是指对一行为是否符合构成要件作实质上的判断，这是一种价值判断。例如，对杀人行为若作实质判断，则上述行为就不能认定为杀人行为，因为该行为没有制造法所禁止的危险。而刑法解释学中的解释，是指对刑法条文的文字进行阐释，使之被理解并被适用。由此可见，这是两种含义完全不同的解释，但我们现在却经常将两者混淆。当然，也有学者已经看到这一点。例如张明楷教授指出：在刑法学研究中，形式解释与实质解释在不同场合可能具有不同含义。③ 在形式解释

---

① 参见刘艳红：《走向实质解释的刑法学——刑法方法论的发端、发展与发达》，载《中国法学》，2006（5）。

② 参见［日］大谷实：《刑法总论》，黎宏译，73页，北京，法律出版社，2003。

③ 参见张明楷：《刑法学研究中的十大关系论》，载《政法论坛》，2006（2）。

形式与实质的关系：刑法学的反思性检讨

与实质解释的题目下，张明楷分别讨论了构成要件的解释和刑法解释学意义上的解释，但在笔者看来对两者的区分还是不够的。考虑到在不同场合混用解释一词容易引起误解，笔者主张在形式犯罪论与实质犯罪论意义上采用判断一词，即对构成要件作形式判断还是实质判断。在刑法解释学意义上采用解释一词，对某一刑法条文作形式解释还是实质解释。只有在澄清了上述解释一词含义的基础上，我们才能进入对形式解释论与实质解释论的评论。

如前所述，在传统的刑法解释方法中，并无形式解释与实质解释之分，梁根林教授将其和主观解释与客观解释相提并论，显然不是一种具体的刑法解释方法，而是指刑法解释的基本理论，对此大体上不会存有争议。在主观解释论与客观解释论之争中，目前客观解释论在我国刑法学界与司法实践中较为通行。例如最高人民法院有关业务庭室在李宁组织男性从事同性性交易案的裁判理由中明确指出：根据刑法解释原理，对于刑法用语，应当适应社会发展，结合现实语境，作出符合同时代一般社会观念和刑法精神的解释。[1] 除了极端的主观解释论与客观解释论以外，两者的差别也许没有我们想象的那么大。当然，在目前我国刑法规定相对滞后的情况下，倡导客观解释论是具有现实合理性的。但客观解释论又不能完全同实质解释论画等号，因为客观解释仍然要受罪刑法定原则限制，罪刑法定原则为刑法解释划定了边界，无论是形式解释还是实质解释都不能违背罪刑法定原则。这里涉及刑法解释与罪刑法定原则的关系，这是在评价形式解释与实质解释时最需要认真对待的。

在论及形式解释与实质解释时，我国学者分别对应于形式的罪刑法定与实质的罪刑法定。例如我国学者提出：形式的刑法解释论只能满足罪刑法定原则的形式侧面，实质的刑法解释论则体现了现代罪刑法定原则形式侧面与实质侧面之要求。[2] 在罪刑法定原则问题上，存在形式主义的罪刑法定原则或称罪刑法定原则的形式侧面与实质主义的罪刑法定原则或称罪刑法定原则的实质侧面之分。但对

---

[1] 参见最高人民法院刑一庭、刑二庭编：《刑事审判参考》，2004年第3辑，142页，北京，法律出版社，2004。

[2] 参见苏彩霞：《实质的刑法解释论之确立与展开》，载《法学研究》，2007（2）。

于这个问题,在理解上存在巨大差别。例如陈忠林教授在介绍意大利学者曼多瓦尼的实质的合法性原则,即实质主义的罪刑法定原则时指出:坚持"实质的合法性原则"必然推出的两点结论是:(1)只要行为的社会危害性达到了犯罪的程度,即使在没有法律明文规定的情况下,也应受刑罚处罚;(2)只要行为不具有应有的社会危害性,即使有法律的明文规定,也不得当作犯罪来处理。① 这是一种赤裸裸的实质主义,它既无罪刑法定之形又无罪刑法定之神,根本不能称为实质主义的罪刑法定原则。通常来说,罪刑法定原则在初始时,其形式侧面更多地受到强调,因而罪刑法定原则具有形式主义的特征,这是为人权保障所必需。此后,为克服罪刑法定原则的僵硬性,开始强调罪刑法定原则的实质侧面,即实质主义的罪刑法定原则。但实质主义的罪刑法定原则并非对罪刑法定原则的形式侧面的完全否定,而是在形式理性的基础上以及框架内追求实质理性,因而是将更多的虽然符合法律规定但却不具有处罚必要性或者合理性的行为排斥在犯罪范围之外。例如基于实质主义的罪刑法定原则,容许有利于被告人的类推等。经由形式主义的罪刑法定原则演变为实质主义的罪刑法定原则,这当然是一种历史性的进步。但我国目前正处在从以往不受规范限制的恣意司法到罪刑法定原则转变的过程之中,形式理性的司法理念在我国还没有建立起来。在这种情况下,过于强调实质主义的罪刑法定原则,不能不令人担忧。因此,笔者还是强调目前我国迫切需要的是形式理性而非实质理性。

基于以上对形式主义的罪刑法定原则与实质主义的罪刑法定原则的界分,再来考察形式解释与实质解释,笔者认为不能简单地贬形式解释而褒实质解释,而是强调在罪刑法定原则所允许的范围内进行刑法解释。例如,类推解释是一种本义上的实质解释,但在罪刑法定原则下是绝对禁止类推解释的。因此,到底什么是罪刑法定原则所允许的解释限度,这才是我们所关心的,对于这种解释结论是通过形式解释获得还是通过实质解释获得,那才是无关紧要的。

为使我们对在罪刑法定原则下如何把握刑法解释的限度有更为深刻的理解,

---

① 参见陈忠林:《意大利刑法纲要》,11 页,北京,中国人民大学出版社,1999。

形式与实质的关系：刑法学的反思性检讨

在这里笔者想以故意毁坏财物罪为例加以探讨。根据我国《刑法》第275条的规定，故意毁坏财物罪是指故意毁坏公私财物，数额较大或者有其他严重情节的行为。在认定本罪的时候，关键问题是如何界定这里的毁坏？我国刑法学界通常将毁坏解释为毁灭或者损坏。毁灭，是指使用各种方法故意使公私财物的价值和使用价值全部丧失。损坏，是指将某项公私财物部分毁坏，使其部分丧失价值和使用价值。① 根据以上解释，毁坏是使财物的价值或者使用价值全部或者部分丧失的行为，因而一般来说是指对财物的物理性毁坏。但在日本刑法学中，对类似于我国刑法中的毁坏的毁弃、损坏的解释，并不限于物理性毁坏，而是指有害于物之效用的一切行为，也就是采用效用侵害说而非物质性毁坏说。② 根据日本判例，以下行为均属于毁弃、损坏：向餐具撒尿的行为；放走鱼池内鲤鱼的行为；放走小鸟的行为等。我国学者也引入日本的学说，对毁坏作较为广泛的解释。例如张明楷教授主张一般的效用侵害说，认为毁坏不限于从物理上变更或者消灭财物的形体，而是包括丧失或者减少财物的效用的一切行为。所谓财物效用的丧失与减少，不仅包括因为物理上、客观上的损害而导致的效用丧失或者减少（使他人鱼池的鱼游失、将他人的戒指扔入海中），而且包括因为心理上、感情上的缘故而导致财物的效用丧失或者减少（如将粪便投入他人餐具，使他人不再使用餐具）；不仅包括财物本身的丧失，而且包括被害人对财物占有的丧失（如将他人财物隐藏）等情况。③ 周光权教授也有类似的论述：毁坏，原本的意义是指物理上的毁损，但是故意毁坏财物中的毁坏又不限于此，有必要对其作广义上的理解，不仅是指毁弃、损坏，还包括其他使财物丧失其效用的行为。在特殊情况下，不具有不法取得的意图，但是又剥夺所有人的财物占有权的抛弃、隐匿、在原财物中掺入其他成分的行为，也可以视为财产毁坏行为。④ 从上述解释来看，

---

① 参见胡康生、郎胜主编：《中华人民共和国刑法释义》，425页，北京，法律出版社，2006。
② 参见［日］西田典之：《日本刑法名论》，刘明祥、王昭武译，213页，北京，中国人民大学出版社，2007。
③ 参见张明楷：《刑法学》，750页，北京，法律出版社，2007。
④ 参见周光权：《刑法各论讲义》，148页，北京，清华大学出版社，2003。

物理性毁坏,是形式解释的结论,也是本义解释。效用毁损,已经是一种扩大解释,是实质解释的结论。因为效用毁损具有与物理性毁坏在价值上的等同性,都是使财物的价值或者使用价值全部丧失或者部分丧失。在这个意义上理解毁坏,还是在罪刑法定原则所允许的范围之内。但进一步地将毁坏引申为使被害人对财物占有的丧失,甚至使被害人财物遭受损失的一切行为,则逾越了罪刑法定的界限。在司法实践中存在值得研究的案例,例如上海市静安区人民检察院诉朱某故意毁坏财物案[1],被告人朱某为泄私愤,侵入他人股票交易账户并修改密码,在他人股票交易账户内,采用高进低出股票的手段,造成他人资金损失数额巨大。对此,法院认定被害人朱某犯故意毁坏财物罪,判处有期徒刑1年6个月,宣告缓刑2年。关于本案,法官在裁判理由中作了以下论证:

> 使财物的价值降低或者丧失是故意毁坏财物的本质特征。所谓毁坏,就是毁灭或损坏。这种行为的本质就是使其侵害的对象全部或部分丧失其价值或使用价值。毁坏的方式通常以一种直观的物理的方式表现出来,如打碎杯子或者将杯子上的手柄打断等等。但随着社会的进步,新生事物与新现象日益增多,毁坏财物的方式也呈现出多样性。具体表现是,某些有形物即使不使其物理上发生变更,也同样可以降低其价值或使用价值,某些无形物在客观上往往都是通过非物理的手段使其价值降低或灭失。在此情况下,如果我们仍坚持传统思维,将物理上的毁损方式视为故意毁坏财物罪的唯一行为方式,就不能适应实践中保护公私财产的客观需要,就背离了立法者设立故意毁坏财物罪的立法原意。

我们认为,认定毁坏财物的行为,不应将眼光局限于行为手段是否具有物理性质,而应着眼于毁坏行为的本质特征,即该行为是否使刑法所保护的公私财物的价值或使用价值得以降低或者丧失,只要能使财物的价值或使用价值得以降低或丧失,都可以视为毁坏行为。本案中,被告人朱某利用高进低出买卖股票的方

---

[1] 参见《中华人民共和国最高人民法院公报》,2004年卷,303页,北京,人民法院出版社,2005。

法使被害人的股票市值降低，实际上使作为财产性利益代表的股票丧失部分价值，这就是毁坏他人财物的行为。①

这一论证明显地采用了实质解释论的方法，对此并无异议。关键问题在于：这一解释结论是否超出了在罪刑法定原则下刑法解释所应有的限度？如果本案高进低出买卖股票使他人财产受到损失的行为可以解释为毁坏，那么，刑法规定的毁坏一词就丧失了界限功能，故意毁坏财物罪就演变成故意使他人财物遭受损失的犯罪。无论对毁坏一词作何种宽泛的解释，高进低出买卖股票的行为都难以为毁坏一词所涵摄。在此，存在一个符合普通公众语言习惯、因此具有法的可预期性的问题。在司法实践中，还有类似的案例。例如将装在袋中、摆在庭院周围大量不同型号的纽扣倒在地上，掺杂在一起。这些纽扣有成品，也有半成品；有合格品，也有不合格品。经有关鉴定机构的鉴定，损失为 12 万元。对于本案，控方以故意毁坏财物罪起诉。② 在此，又提出了将各种纽扣"掺杂在起"的行为是否属于毁坏财物的问题。如果将毁坏理解为使他人财物造成损失，则该行为也属于毁坏。但如此理解毁坏，确实在很大程度上超出了公众的认知能力。

四、结语

形式与实质的关系，是我国刑法学中的一个重大理论问题。以往我们习惯于重视实质轻视形式，或者以形式与实质相统一这类模棱两可的话语界定刑法学中形式与实质的关系。笔者认为，在罪刑法定原则下，应当倡导形式理性。因此，犯罪的形式概念具有合理性，犯罪构成的形式判断应当先于实质判断，对于刑法的实质解释不能逾越罪刑法定原则的藩篱，这就是本文的结论。

（本文原载《法学研究》，2008（6））

---

① 参见卢方主编：《经济、财产犯罪案例精选》，416 页以下，上海，上海人民出版社，2008。
② 参见邓子滨：《就一起故意毁坏财物案向虚拟陪审团所作的辩护》，载陈泽宪主编：《刑事法前沿》，第 4 卷，187 页以下，北京，中国人民公安大学出版社，2008。本文虽是向"虚拟"陪审团所作的辩护，但据笔者所知，这是作者为一起真实案件所作的辩护。

形式解释论的再宣示

　　形式解释论与实质解释论正在成为我国刑法学派之争的一个方面。[①] 这一争论不仅是刑法解释的方法论之争，而且是刑法本体的价值论与机能论之争，甚至可以上升到刑法观的层面，由此而形成形式刑法观与实质刑法观的对峙。[②] 我是主张形式刑法观的，并且从形式刑法观的基本立场出发，推演出形式解释论的结论。因此，对于形式解释论与实质解释论之争，不应局限在刑法解释这一范围，而应当从形式刑法观与实质刑法观的对立中，探寻形式解释论与实质解释论的分歧所在，由此阐述形式解释论的理据。

一

　　形式解释论与实质解释论首先涉及的是一个刑法解释方法论问题，因此可以在解释论的层面上予以展开。应当指出，在法律解释学中，本来并无形式解释论

[①] 参见陈兴良：《走向学派之争的刑法学》，载《法学研究》，2010（1）。
[②] 参见刘艳红：《实质刑法观》，北京，中国人民大学出版社，2009；邓子滨：《中国实质刑法观批判》，北京，法律出版社，2009。

形式解释论的再宣示

与实质解释论之分,而只有客观解释论与主观解释论之别。我国学者梁根林教授较早地在刑法解释的目标意义上提出了形式解释论与实质解释论这对范畴,指出:"法律解释论关于法律解释的目标向来就有主观解释论与客观解释论、形式解释论与实质解释论之争。主观解释论强调探询立法者的立法原意,这是一种强调尊重和忠实于立法者通过法律文本表达的立法原意的解释论,因而亦称形式解释论。而客观解释论则着重发现法律文本现在应有的客观意思。简言之,这是一种强调法律文本的独立性、试图挣脱立法者的立法原意,而根据变化了的情势与适用的目标,挖掘法律文本现在的合理意思的解释论,因而又称为实质的解释论。与此相适应,刑法解释论亦存在着关于解释目标的形式解释论与实质解释论。"①

在以上论述中,梁根林教授将主观解释论等同于形式解释论,而将客观解释论等同于实质解释论,这是值得商榷的。正如有学者所说,上述两者并不是同一个问题。主观解释论和客观解释论之争主要解决的是刑法条文的含义应不应该随着时间、外部世界以及人们的价值观念的变化而流变的问题,而形式解释论与实质解释论之争主要解决的是解释的限度问题,即解释是否只能严格遵循刑法条文的字面含义的问题。② 因此,主观解释论与客观解释论和形式解释论与实质解释论之间,虽然存在某种重合,但还是两个不同的范畴。例如,在刑法解释的立场上,我是主张客观解释论的。但在刑法解释的限度上,我又是主张形式解释论的,两者并不相悖。其实,主观解释论与客观解释论的问题,在我国基本上已经得到解决,即客观解释论几成通说。我国最高人民法院在有关的指导性案例中,也明显地倡导客观解释论。③ 而形式解释论与实质解释论问题,则是我国刑法学界当前关注的一个争议问题。因此,只有从我国刑法知识的背景出发,才能充分

---

① 梁根林:《罪刑法定视域中的刑法适用解释》,载《中国法学》,2004 (3)。此外,梁根林教授在该文中还论及一种折中解释论的观点。
② 参见许浩:《刑法解释的基本立场——对实用主义法律解释观的论证》,载《东方法学》,2008 (6)。
③ 参见陈兴良:《判例刑法学》,上卷,30页以下,北京,中国人民大学出版社,2009。

189

理解形式解释论与实质解释论作为法解释方法论之争的现实意义。

在解释论意义上，我国学者阐述了形式解释论与实质解释论的含义，指出："在当前中国刑法的解释问题上，存在形式解释论与实质解释论的争论。形式解释论主张忠诚于罪状的核心意义，有时候甚至仅仅是自己熟悉的法条的含义。实质解释论主张以犯罪本质为指导，来解释刑法规定的构成要件。对于实质上值得科处刑罚但又缺乏形式规定的行为，实质解释论主张在不违反民主主义与预测可能性的前提下，对刑法作扩张解释。当刑法条文可能包含了不值得科处刑罚的时候，通过实质解释论，将单纯符合刑法文字但实质上不值得刑罚处罚的行为排除在犯罪之外。"① 以上论述明确地提出了形式解释论与实质解释论的对峙。引起我关注的是论者提出的实质解释论的两种情形：第一，对于实质上值得科处刑罚但又缺乏形式规定的行为，通过实质解释可以入罪。第二，对于刑法条文可能包含的不值得科处刑罚的行为，通过实质解释予以出罪。对于第二种情形，形式解释论也并不会反对，因为有利于被告人的出罪解释并不违反罪刑法定原则，也不违反形式解释论的宗旨。换言之，在形式解释的基础上进行实质解释，将那些虽然符合法律文本的形式特征但并不具有处罚必要性的行为排除在构成要件之外，即使符合构成要件也还可以通过违法阻却事由和责任阻却事由而排除在犯罪之外，这并不违反罪刑法定原则，也是形式解释论的应有之义。正如日本学者大塚仁指出："关于刑罚法规，也并非否定一切的自由解释。特别是对在有利于行为人的方向进行的解释，不受罪刑法定主义的限制，实际上也可以从超法规的观点广泛地承认违法阻却事由和责任阻却事由。"②

但是，在某些实质解释论者的论域中，往往把形式解释论视为法条主义，即只是根据法律文本的字面含义，甚至是通常含义对刑法进行形式的、机械的解

---

① 李立众、吴学斌主编：《刑法新思潮——张明楷教授学术观点探究》，67页，北京，北京大学出版社，2008。

② ［日］大塚仁：《刑法概说（总论）》，3版，冯军译，78～79页，北京，中国人民大学出版社，2003。

形式解释论的再宣示

释，因而形式解释论不要实质标准，不要实质正义。① 这种观点把形式解释论与实质解释论之争描述为要不要实质判断之争，这是对形式解释论的一种误解，甚或是一种虚构。建立在这种误解或者虚构基础上对形式解释论的批判，正如周详博士所言，难免存在"射偏靶子"的嫌疑。② 其实，形式解释论，至少是主张形式解释论的我，并不反对实质判断，更不反对通过处罚必要性的实质判断，将那些缺乏处罚必要性的行为予以出罪。形式解释论与实质解释论的根本区分仅仅在于：在对刑法进行解释的时候，是否先进行形式判断，然后再进行实质判断。换言之，在形式判断与实质解释判断之间形成逻辑上的位阶关系。尤其是在刑法没有所谓的形式规定的情况下，能否通过实质解释将其入罪？

因此，形式解释论与实质解释论之间的分歧的焦点在于上述第一种情形，即能否通过实质判断将实质上值得科处刑罚但又缺乏形式规定的行为入罪？对此，形式解释论是持坚决否定态度的，但实质解释论对此却持肯定的态度。这里的"法律缺乏形式规定"，到底是法律有规定还是法律没有规定？如果法律有明文规定，即使是隐形规定的情形，也完全可以通过法律解释方法予以揭示，又何必采取所谓实质解释论呢？如果法律没有规定，又怎么可能通过实质解释而将其行为入罪呢？而且，在以上论述中，实质上值得科处刑罚这一判断是先于法律有无规定的形式判断的。在这一实质判断的强势主导下，罪刑法定原则遭受践踏。在这种情况下的解释就不再是对法律文本的严格解释，而完全超越了法律文本。

那么，实质解释论如何对待罪刑法定原则所具有的对刑法解释的限制机能呢？我国学者为实质解释论作了以下辩护："实质解释论屡受批判的主要原因是实质解释论可能会违背罪刑法定。这是对实质解释论的一种误读。凡是解释，不管是形式解释还是实质解释，都是以文本为依据的，否则就谈不上是一种解释。实质解释论事实上也是坚持罪刑法定主义的。只不过在实质解释论者眼里的罪刑法定，不仅具有形式的侧面，而且还具有实质的侧面。刑法在适用的过程中，不

---

① 参见苏彩霞：《实质的刑法解释论之确立与开展》，载《法学研究》，2007（2）。
② 参见周详：《建立一座法律解释论的"通天塔"——对实质的刑法解释论的反思》，载陈兴良主编：《刑事法评论》，第26卷，72页，北京，北京大学出版社，2010。

仅仅能实现形式正义,还必须实现实质正义。"[1] 按照以上论述,实质解释是以法律有明文规定为前提的。确实,凡是解释必须都以文本为依据,但以文本为依据的解释并不必然与罪刑法定原则相符合。只有当被解释的行为包含在法律文本当中时,这种刑法解释才是符合罪刑法定原则的;而当被解释的行为并不包含在法律文本当中,法律文本只是提供了"最相类似"的规定,这种解释是类推解释,其与罪刑法定原则相违背是毋庸置疑的。质言之,法律解释既可能是法内解释,又可能是法外解释。只有法内解释才是符合罪刑法定原则的;而法外解释并不符合罪刑法定原则。因此,不能认为只要是依据法律文本所作的解释就一定符合罪刑法定原则。

此外,以上论述提出了一个涉及罪刑法定原则内容的重要命题:罪刑法定的形式侧面和实质侧面,或者说是形式的罪刑法定与实质的罪刑法定。据此推理,形式解释论坚持的是形式的罪刑法定原则,而只有实质解释论才不仅坚持形式的罪刑法定,而且还坚持实质的罪刑法定。论者认为,从形式的罪刑法定到实质的罪刑法定,这是一个罪刑法定原则从初级形态向高级形态的发展。同样,从形式解释论到实质解释论也是解释论从初级形态向高级形态的演变,由此而为实质解释论寻找进化论的依据。应该说,这种观点还是具有较大市场的。例如梁根林教授指出:"大体而言,在形式的罪刑法定观念支配下的19世纪的刑法解释论,一般倾向于采纳形式的解释论与主观解释论,20世纪以来,在实质的罪刑法定观念主导下的刑法解释论则多坚持实质的解释论与客观解释论。"[2] 在此,需要对罪刑法定原则的精神加以正确地领会,而这正是评判形式解释论与实质解释论的关键之所在。

二

罪刑法定原则是启蒙思想留给近代刑法的最大遗产,也是法治社会刑法的内

---

[1] 李立众、吴学斌主编:《刑法新思潮——张明楷教授学术观点探究》,67页,北京,北京大学出版社,2008。

[2] 梁根林:《罪刑法定视域中的刑法适用解释》,载《中国法学》,2004(3)。

形式解释论的再宣示

在精神之所在。然而，罪刑法定原则本身也经历了一个演变过程，即从绝对的罪刑法定原则到相对的罪刑法定原则。应该说，绝对的罪刑法定原则与相对的罪刑法定原则主要还是一个立法的问题，即刑法是否设置相对确定的法定刑，是否授予法官刑罚裁量权。当然，在刑法解释问题上，同样也折射出罪刑法定原则的嬗变。绝对的罪刑法定原则是禁止法官对刑法进行解释的。例如孟德斯鸠就认为，如果允许法官对法律进行解释，法官在有关一个公民的财产、荣誉或生命的案件中，就有可能对法律作有害于该公民的解释。① 而贝卡里亚则明确地指出，严格遵守刑法文字所遇到的麻烦不能与解释法律所造成的混乱相提并论。因而，贝卡里亚力图阻止人们进行致命的自由解释，认为这正是擅断和徇私的源泉。② 以上对法律解释必要性的根本否定当然是难以成立的，因为法官所从事的并不是一种人性化的"自动归类工作（Supsumtionsautomaten）"，法官必须总是在法律文本各种可能的含义之间加以选择，而这种根据特定规则进行的创造性活动，就被人们称为解释。③ 因而，刑法解释对于刑法适用来说是必不可少的，没有刑法解释也就没有刑法适用。然而，能否由此引申出实质的罪刑法定原则则是值得置疑的。

实际上，在与形式的罪刑法定原则相对应意义上的实质的罪刑法定原则，最初是从意大利的实质的合法性原则中引申出来的。例如我国学者陈忠林教授在翻译意大利学者的著作时曾经论及在意大利刑法学界，罪刑法定原则又被称为合法性原则，而合法性原则又分为形式的合法性与实质的合法性原则。陈忠林教授指出："意大利著名刑法学家 F. Mandovani 等权威人士认为，所谓'形式的合法性原则（il principio di legalità for male）'，是一种将'法'仅仅理解为立法机关制定的成文法，视形式上违法为犯罪本质，强调法律表现形式及内容的确定性，相对强调刑法保护公民自由的倾向；所谓'实质的合法性原则'（il principio di

---

① 参见［法］孟德斯鸠：《论法的精神》，上册，张雁深译，12页，北京，商务印书馆，1961。
② 参见［意］贝卡里亚：《论犯罪与刑罚》，黄风译，13页，北京，中国大百科全书出版社，1993。
③ 参见［德］罗克辛：《德国刑法学总论》，第1卷，王世洲译，84~85页，北京，法律出版社，2005。

legalità. sostanzial），则是指视正义为法的本质，强调'无社会危害不为罪'（nullun crimen sine iniuria），强调维护社会的基本条件是刑法的首要任务。鉴于'形式主义的合法性原则'与中国刑法学界所说的'罪刑法定原则'有基本一致的内容，而赞成在意大利应坚持'形式的合法性原则'，是意大利刑法学界基本上一致的主张，故本书仍按中国的习惯，将意大利刑法中的'合法性原则'译为'罪刑法定原则'。"①

由此可见，意大利刑法学界虽然存在形式的合法性原则和实质的合法性原则之说，但对应于罪刑法定原则，只能是形式的合法性原则，并且意大利的通说也是如此。换言之，实质的合法性原则是与罪刑法定原则完全相悖的。尤其是所谓实质的合法性原则在犯罪本质上强调"无社会危害不为罪"，认为在认定犯罪时可以撇开法律规定的形式，直接以行为对社会的危害作为认定犯罪的标准。② 这种理论与我国传统的社会危害性理论如出一辙，因为"无社会危害不为罪"这一命题是十分容易推导出"有社会危害即为罪"这一反面命题的。以上命题都是以犯罪的实质内容否定犯罪的形式要素，从而导致对法治的破坏。

然而，陈忠林教授在论述我国刑法的时候，却采取了明显认同所谓实质的罪刑法定原则的思想进路，指出："西方刑法学中对罪刑法定原则的实质主义理解，从任何时代的任何法律都不可能包罗万象、尽善尽美这一正确前提出发，反对将法律条文视为僵死的教条，强调发挥法官在司法过程中的主观能动性，追求具体案件中具体正义。这些对于人们正确地认识法律的性质和保证法律能动的正常发挥，防止法律规定脱离社会的现实需要和在法学领域反对将法律视为纯粹概念的堆砌的形式主义的倾向，都有着不可忽视的积极作用。"③ 尽管陈忠林教授也指出了对罪刑法定原则的实质理解存在着最终被盲目的直觉引进法律虚无主义泥坑

---

① [意] 杜里奥·帕多瓦尼：《意大利刑法学原理》，注评版，陈忠林译评，14页，北京，中国人民大学出版社，2004。
② 参见陈忠林：《意大利刑法纲要》，11页，北京，中国人民大学出版社，1999。
③ 陈忠林：《从外在形式到内在实质的追求——罪刑法定原则蕴涵的价值冲突与我国应有的立法选择》，载《现代法学》，1997（1）。

形式解释论的再宣示

的危险，但仍然主张罪刑法定原则的实质价值。尤其是陈忠林教授在译注意大利学者的著作中，虽然已经指出只有形式的合法性原则才对应于罪刑法定原则，而实质的合法性原则与罪刑法定原则根本无关，甚至完全相悖，但陈忠林教授却仍然把形式的合法性原则称为对罪刑法定原则的形式理解，把实质的合法性原则称为对罪刑法定原则的实质理解，由此虚构出形式的罪刑法定原则与实质的罪刑法定原则之间在价值上的对立。陈忠林教授指出："在法的本质问题上在实在的制定法以外去寻求法的真谛，把'罪刑法定原则'中的法理解为体现了'人类理性'的'自然法'，在实际生活中为人们所遵循的'活法'或'司法创造的法' (nullun crimen sine iniuria)；在法的价值取向问题上着重强调了人的利益应服从社会的需要，将维护社会生活的基本条件作为刑法的首要任务，在刑法的渊源问题上强调刑法表现形式的多样性和内容的不确定性（Nullum crimin sine iniuria——无社会危害不为罪），这就是西方刑法学中对'罪刑法定原则'的实质主义理解。"①

由是，本来与罪刑法定原则无关的实质的合法性原则，就被转换为实质的罪刑法定原则，不仅与罪刑法定原则有关，而且还是一种对罪刑法定原则的正确理解，由此彻底颠覆了以人权保障为价值取向的罪刑法定原则，至少使罪刑法定原则面目模糊。

陈忠林教授从形式的罪刑法定原则和实质的罪刑法定原则的对立出发，对如何解决罪刑法定原则与类推的关系作了以下解读，指出："如何对待类推，实质上就是如何对待'罪刑法定原则'的实质理解和形式主义理解中所包含的价值冲突问题。如果视法的确定性为法的第一生命，以保障公民自由为刑法的终极目标，认为法律的公平正义等内在价值应屈从于法律的表现形式，刑法保卫社会公共利益的作用得让位于保障公民个人自由的功能，那么废除类推就是当然之义。如果认为公平正义为法律能否存在的根据，强调保护社会的利益是刑法的首要任

---

① 陈忠林：《从外在形式到内在实质的追求——罪刑法定原则蕴涵的价值冲突与我国应有的立法选择》，载《现代法学》，1997（1）。

务,在法律外在的表现形式与法律应有的内在价值有矛盾时,将法律的内在价值摆在首位,当个人的自由与社会的利益发生冲突时,个人的自由应服从社会的利益,承认类推的合理性也是自然的选择。个人自由与社会利益、法律的确定性与法律的内在价值,这两对现代法制社会最基本的价值冲突就这样历史地摆在了我们的面前。"[1]

尽管陈忠林教授认为对于上述两难选择不允许只选择矛盾的一方面而牺牲矛盾的另一方面,但是,陈忠林教授强调我国刑法应当追求罪刑法定原则的内在价值,并且力图论证类推制度与罪刑法定原则的内在价值并无冲突之处,从而呼吁在1997年刑法修订时保留1979年刑法中的类推制度。由此可见,这种并不排斥类推的罪刑法定原则,即所谓实质的罪刑法定原则,其实并非罪刑法定原则,它与罪刑法定原则所包含的形式理性是背道而驰的。可以说,这种实质的罪刑法定原则正是实质解释论的理据。例如陈忠林教授提出现代法治归根到底是人性之治、良心之治,由此引申出常识、常理、常情是现代法治的灵魂之命题。[2] 将这一命题适用于刑法解释,就会将实现常识、常理、常情作为刑法解释的根本目的。[3] 在这种情况下,常识、常理、常情就成为实质解释论得以体认的实质正义。问题在于,是否应当区分立法与司法这两个层面:在立法层面上,常识、常理、常情作为设罪制刑的依据完全是正确的。但是,如果在司法层面将常识、常理、常情作为实质正义凌驾于刑法之上,这将是十分危险的。

关于形式的罪刑法定原则与实质的罪刑法定原则之分,如前所述,实质的罪刑法定原则其实不是罪刑法定原则,而只是我国学者对意大利刑法学中的实质的合法性原则的一种解读。然而,罪刑法定的形式侧面与实质侧面,则是日本刑法学界通行的观点。日本学者一般认为,罪刑法定原则具有以下六个派生原则:(1)刑法不溯及既往;(2)排除习惯法原则;(3)禁止类推原则;(4)禁止绝对

---

[1] 陈忠林:《从外在形式到内在实质的追求——罪刑法定原则蕴涵的价值冲突与我国应有的立法选择》,载《现代法学》,1997(1)。
[2] 参见陈忠林:《刑法散得集》,37页,北京,法律出版社,2003。
[3] 参见王凯石:《刑法适用解释》,192页,北京,中国检察出版社,2008。

形式解释论的再宣示

不定期刑；（5）刑法明确性原则；（6）刑法内容适当原则。① 在上述六个派生原则中，前四个体现的是罪刑法定原则的形式侧面，后两个反映的是罪刑法定原则的实质侧面。应该说，反映罪刑法定原则实质侧面的两个派生原则，主要是受美国法学的影响。日本学者大塚仁指出："美国法学中的'法律条文明确性（definiteness）理论'、（因不明确而无效的理论 Void for vagueness doctrine），即关于适正地告诉国民什么是犯罪以及作为法官适用法的指针，刑法缺乏明确性时，应该拒绝适用它；'实体的正当程序（Substantive due process）理论'，即宪法的适正程序条项要求刑事程序具有适正性和刑事立法的实体内容具有合理性，反之，就是违宪，这些都与上述罪刑法定主义的派生原则密切相连。"② 应该指出，上述罪刑法定原则的实质侧面在精神上与罪刑法定原则的形式侧面是完全相同的，都具有人权保障的价值蕴含。对此，有日本学者指出："罪刑法定原则要成为实质的保障人权原理，除了仅仅要求在行为时存在规定有犯罪和刑罚的法律还不够，而且，该刑罚法规还必须是适当的。罪刑法定原则时至今日仍然能够作为刑事立法和刑法解释学的指导原理长盛不衰、蒸蒸日上，主要是因为在民主主义、自由主义之类的形式原理之上，还有更高层次的普遍原理，即（实质的保障人权原理）做支撑。这个原理，蕴含着保障人的基本自由、尊重人的基本权利的思想，也就是说，在实质性地保障着个人尊严为背景的权利和自由不受国家刑罚权的肆意侵害。"③ 以上论述将人权保障、民主主义的原理贯通罪刑法定原则的形式侧面与实质侧面，对此我是赞同的。但是，日本学者将罪刑法定原则的实质侧面视为相对于罪刑法定原则的形式侧面而言是在价值位阶的更高层次上的，对于这一观点我并不赞同。实际上，罪刑法定原则的形式侧面主要是以立法权限制司法权。④ 古典学派都是立法至上主义者，力图采用成文化的刑法典限制法官的

---

① 参见［日］大塚仁：《刑法概说（总论）》，3 版，冯军译，70～71 页，北京，中国人民大学出版社，2003。
② ［日］大塚仁：《刑法概说（总论）》，3 版，冯军译，71 页，北京，中国人民大学出版社，2003。
③ ［日］曾根威彦：《刑法学基础》，黎宏译，12 页，北京，法律出版社，2005。
④ 禁止溯及力原则，又称禁止事后法原则，同时具有对司法权与立法权的限制。

197

恣意。而罪刑法定的实质侧面则是对立法权本身的限制，无论是不明确即无效还是实体内容的正当性，都是指对立法权的限制，因而具有法治的功能。因此，罪刑法定原则的形式侧面和实质侧面具有各自的功能，两者不具有同等价值，根本不存在价值上的高低之分。可以想见，如果只强调罪刑法定原则的实质侧面，一部明确而正当的刑法，即使完全符合罪刑法定原则的实质侧面，但如果不通过罪刑法定原则的形式侧面对司法权加以限制，那么罪刑法定原则的实质侧面也只能是一纸空文而已。

值得注意的是，在意大利刑法学中，同样存在明确性与确定性原则（il principio di tassitità e di determinateezza），它要求关于犯罪和刑事制裁的规定必须清楚，不得将它们适用于法律没有明确规定的案件。① 上述原则与日本刑法学中的罪刑法定原则的实质侧面是极为接近的，只不过罪刑法定原则的实质侧面主要是对立法权的限制。意大利刑法学中的明确性原则是对立法权的限制，而确定性原则是对司法权的限制。因为明确性主要涉及立法应如何规定犯罪构成的技术问题，确定性主要解决应如何解释（理解）法律，特别是是否允许类推的问题。② 但在意大利刑法学中，明确性与确定性原则自然属于形式的合法性原则的三个从属性原则之一，而不属于实质的合法性原则。由此也可以看出，日本刑法学中的罪刑法定原则的实质侧面属于罪刑法定原则的范畴，因而根本不同于意大利刑法学中的实质的合法性原则，也即我国刑法学者所言的实质的罪刑法定原则。关键在于：如何正确处理罪刑法定原则的形式侧面与实质侧面的关系。有日本学者批评了以下从罪刑法定原则的实质侧面引申出来的实质解释论的观点，指出："从刑法实质解释的角度出发，有见解认为，在解释的时候，必须在语言可能具有的意义的范围、国民的预测可能性的范围和保护法益、处罚的必要性之间进行比较衡量。按照这种见解，'解释的实质处罚范围和实质的正当性（处罚的必要性）成正比，和条文通常意义之间的距离成反比。'但是，罪刑法定原则是即便具有

---

① 参见［意］杜里奥·帕多瓦尼：《意大利刑法学原理》，注评版，陈忠林译，16页，北京，中国人民大学出版社，2004。
② 参见陈忠林：《意大利刑法纲要》，24页，北京，中国人民大学出版社，1999。

形式解释论的再宣示

处罚的必要性,也不得予以处罚的原则,因此,在确定处罚范围的时候,不应当加入处罚的必要性考虑。罪刑法定原则是即使牺牲处罚的必要性,也要保障国民基于预测可能性进行行动的自由的原则。"[1]

上述观点所强调的即便牺牲处罚的必要性也要保障国民基于预测可能性进行行动的自由原则,追求的是罪刑法定原则的形式理性,以此作为刑法解释的方法论,就是形式解释论。日本学者在以上论述中所批评的见解,就是日本著名刑法学者前田雅英的观点,在某种意义上可以说,前田雅英教授是实质解释论的首创者。张明楷教授在介绍前田雅英教授关于罪刑法定主义与刑法解释的观点时指出:"前田坚持罪刑法定主义原则,但他反对形式的罪刑法定主义,主张从实质的观点修正罪刑法定主义。罪刑法定主义的民主主义与自由主义的思想基础,使得刑法在规制行为时,必须考虑宪法上的必要性,即罪刑法定主义与实体的正当程序具有密切关系,故必须从实质上理解罪刑法定主义。前田认为,对刑法的解释必须符合宪法。解释刑法时,首先是确定用语可能具有的含义,然后确定该刑罚法规的保护法益,考虑刑法保护的必要性,再后,当符合构成要件的行为具有一定价值时,要对该价值与被害法益的价值进行衡量;此后,计算处罚该行为对其他案件的影响效果;最后,考虑解释结论与其他法律规范的协调统一性。关于解释允许的范围,前田教授提出了一个著名的公式:'解释的实质的允许范围,与实质的正当性(处罚的必要性)成正比,与法文通常的语义成反比。'即处罚的必要性越高,允许解释的范围就越大,距离法文的通常语度越远,允许解释的范围就越小。"[2]

在以上论述中,张明楷教授称前田雅英反对形式的罪刑法定主义,主张实质的罪刑法定主义。我不禁要问:这里的形式的罪刑法定主义与实质的罪刑法定主义是否对应于罪刑法定原则的形式侧面与罪刑法定原则的实质侧面?如果回答是肯定的,那我难以理解的是:前田雅英反对罪刑法定原则的形式侧面的理由何

---

[1] [日]曾根威彦:《刑法学基础》,黎宏译,15页,北京,法律出版社,2005。
[2] 李海东主编:《日本刑事法学者(下)》,32页,北京、东京,法律出版社、成文堂,1999。该书第14章前田雅英系张明楷撰写。

在？因为罪刑法定原则的形式侧面在主张民主主义与自由主义的思想基础上，强调人权保障，其所追求的刑法价值与罪刑法定原则的实质侧面是完全相同的。更何况，罪刑法定原则的形式侧面的机能在于限制司法权，罪刑法定原则的实质侧面的机能在于限制立法权，多么完美的结合！两者根本不存在互不相容的理由。如果回答是否定的，那么形式的罪刑法定主义意在何指？张明楷教授是前田雅英教授的追随者，从张明楷教授对罪刑法定原则的形式侧面和实质侧面之关系的界定来看，显然天平是偏向于罪刑法定原则的实质侧面的，因而与前田雅英教授的立场完全一致。由此推测，前田雅英教授反对形式的罪刑法定原则，是在一定意义上反对罪刑法定原则的形式侧面。我们且看张明楷教授对罪刑法定原则的形式侧面与实质侧面之关系的以下论述："罪刑法定原则的形式侧面与实质侧面同时发挥着作用，虽然实质侧面是后来才产生的，但决不能因为它的产生而否认形式的侧面。"[1] 从以上这段话来看，张明楷教授是罪刑法定原则的形式侧面与实质侧面的统一论者。但又不尽然，张明楷教授揭示了罪刑法定原则的形式侧面与实质侧面之间的冲突，指出："诚然，形式侧面与实质侧面确实存在两个方面的冲突：一是成文法的局限性决定了刑法不可能对所有犯罪作出毫无遗漏的规定，即存在实质上值得科处刑罚，但缺乏形式规定的行为；二是成文法的特点决定了刑法条文可能包含了不值得科处刑罚的行为，即存在符合刑法的文字表述，实质上却不值得处罚的行为。对于这两个方面的冲突，不可能仅通过强调形式侧面，或者仅通过强调实质侧面来克服，只有最大限度地同时满足形式侧面与实质侧面的要求，才能使冲突减少到最低限度。"[2]

张明楷教授指出的第一个冲突，也就是中国古人所说的"法有限，情无穷"之矛盾。古人云："先王立法置条，皆备犯事之情也。然人之情无穷，而法之意有限，以有限之法御无穷之情，则法之不及人情也。"[3] 由此可见，法的有限性与情的无穷性之间的矛盾古今皆然。然而，古今对待这一矛盾的态度有所不同：

---

[1] 张明楷：《罪刑法定与刑法解释》，68页，北京，北京大学出版社，2009。
[2] 张明楷：《罪刑法定与刑法解释》，68页，北京，北京大学出版社，2009。
[3] 佚名：《别本刑统赋解》，载《枕碧楼丛书》。

形式解释论的再宣示

古代社会盛行类推以及比附援引，因而通过类推克服成文法的局限性，实现尽可能多的人之情。在现代法治社会，遵循罪刑法定原则，法无明文规定不为罪。在法律没有明文规定的情况下，即使存在实质上的处罚必要性，也不能定罪处罚。在这种情况下，怎么可能存在罪刑法定原则的形式侧面与实质侧面的冲突呢？令人百思不得其解。然而，张明楷教授不仅认为存在冲突，而且认为，对此应当在不违反民主主义与预测可能性的原理的前提下，对刑法作扩大解释。[①] 令我诧异的是，在法律缺乏形式规定的情况下，居然可以通过扩大解释将之入罪，这不是类推规定又是什么呢？

需要进一步追问的是：对应于形式规定的是实质规定，那么，法律的实质规定到底如何界定？难道存在一种脱离法律文本（形式）的实质规定吗？由此可以明白，实质解释论所认为的罪刑法定原则形式侧面的缺陷需要通过罪刑法定原则的实质侧面加以补救的含义：其一，刑法不可能对所有犯罪作出毫无遗漏的规定。因此，对于那些没有刑法的形式规定但具有处罚必要性的行为，需要通过罪刑法定原则的实质侧面予以入罪。其二，刑法虽然规定为犯罪但没有处罚必要性。因此，需要通过罪刑法定原则的实质侧面予以出罪。现在的问题是：刑法不可能对所有犯罪作出毫无遗漏的规定，这果真是罪刑法定原则形式侧面的缺陷吗？

我认为，刑法不可能对所有犯罪作出毫无遗漏的规定根本就不是罪刑法定原则形式侧面的缺陷。如果说这是一种缺陷的话，应该是成文法的缺陷或者局限。罪刑法定原则是在成文法的这一局限的基础上，不得已而作出的一种价值选择：即使牺牲实质合理性也要坚守形式合理性，对于法无明文规定的行为，无论具有何种社会危害性都将其排除在犯罪的法定范围之外。可以说，基于罪刑法定主义的理念，刑法没有规定本身就是一种规定，即不认为是犯罪的规定。因此，在罪刑法定主义的语境中，刑法规定具有双重蕴含：有明文规定的是犯罪，没有明文规定的不是犯罪。而我们往往对罪刑法定原则存在一种误解，似乎它只对有罪作

---

① 参见张明楷：《罪刑法定与刑法解释》，68 页，北京，北京大学出版社，2009。

了规定，对无罪未作规定。其实不然：没有明文规定本身就是规定。这才是罪刑法定原则的应有之义！在这种情况下，刑法不可能对所有犯罪作出毫无遗漏的规定，怎么能说是罪刑法定原则的形式侧面的缺陷呢？如果认为这是罪刑法定原则形式侧面的缺陷，那么我们就必然回到犯罪的实质概念上去，即只要具有社会危害性就应当认定为犯罪。由此，罪刑法定原则的实质侧面就蜕化为意大利刑法学中的实质的合法性原则。因此，所谓罪刑法定原则的形式侧面与实质侧面的冲突，其实是刑法中的形式与实质的矛盾，也可以说是法律形式主义与法律实质主义的矛盾。就罪刑法定原则的形式侧面与实质侧面而言，根本就不存在所谓冲突。

在这种情况下，我们应当进一步追问：实质解释论试图通过罪刑法定原则的实质侧面去克服的形式侧面与日本刑法学中的罪刑法定原则的形式侧面与实质侧面是同一概念吗？张明楷教授在论及罪刑法定原则的形式侧面时指出："罪刑法定原则的形式侧面的法律主义，要求司法机关只能以法律为根据定罪量刑，而不能以习惯等为理由定罪量刑，以及法官不得溯及既往，不得类推解释法律，不得宣告不定期刑等，都是为了限制司法权力，保障国民自由不受司法权力的侵害。所以，罪刑法定原则的形式侧面，完全体现了形式法治的要求。"①

以上对罪刑法定原则的形式侧面的界定是完全正确的，尤其是将罪刑法定原则定位于对司法权的限制，表明其所具有的人权保障价值。因此，罪刑法定原则的形式侧面本身具有实质价值。这个意义上的罪刑法定原则的形式侧面又为什么需要罪刑法定原则的实质侧面来加以限制呢？关于罪刑法定原则的实质侧面，张明楷教授指出："实质的侧面由来于作为罪刑法定原则思想基础的民主主义与尊重人权主义。罪刑法定原则的实质的侧面包括两个方面的内容：一是刑罚法规的明确性原则；二是刑罚法规内容的适正原则。实质的侧面主要在于限制立法权，充满了对立法权的不信任。换言之，实质的侧面反对恶法亦法，这正是实质法治

---

① 张明楷：《罪刑法定与刑法解释》，27 页，北京，北京大学出版社，2009。

的观点。"①

以上对罪刑法定原则的实质侧面的界定同样是正确的，它体现的是对立法权的限制。那么，我不禁要问：为什么对罪刑法定原则的形式侧面与实质侧面的界定都是正确的，而采用罪刑法定原则的实质侧面以克服形式侧面的缺陷的观点又是错误的呢？问题在于实质解释论在这一命题中调换了核心概念：所谓罪刑法定原则形式侧面是指恶法亦法的法律形式主义；而所谓罪刑法定原则实质侧面是指恶法非法的法律实质主义。在这种情况下，罪刑法定原则的形式侧面与实质侧面之间的关系就被界定为恶法亦法与恶法非法的对立，即法律形式主义与法律实质主义的对立。所谓通过罪刑法定原则的实质侧面克服形式侧面的缺陷，就是采用恶法非法的法律实质主义消解恶法亦法的法律形式主义。在法与非法之间，只能二者必居其一。因此，在罪刑法定原则的形式侧面与实质侧面之间，必然以实质侧面否定形式侧面。而罪刑法定原则的形式侧面与实质侧面的统一，只不过是一句空话罢了。

正如前述，罪刑法定原则的形式侧面与实质侧面之间的冲突并不存在，完全是一种主观臆造，因为罪刑法定原则的形式侧面旨在限制司法权，防止司法擅断。因此，罪刑法定原则形式侧面的对立面是司法的恣意；而罪刑法定原则的实质侧面旨在限制立法权，避免立法专横。因此，罪刑法定原则实质侧的对立面是立法的妄为。

当实质解释论认为罪刑法定原则形式侧面存在缺陷的时候，并不是形式侧面的缺陷。应当指出，坚持形式理性的立场，对于法无明文规定但实质上值得科处刑罚的行为不予处罚，正是实行罪刑法定原则的必要代价。这又怎么能说是罪刑法定原则形式侧面的缺陷呢？对于这个问题，只能采用立法方法加以补救，而决不能通过所谓扩大解释（实为类推解释）加以纠正。即便赞同通过罪刑法定原则的实质侧面对形式侧面的缺陷加以克服这种说法，事实上也是不可能实现的。因为罪刑法定原则的实质侧面是限制立法权，其内容是法律规定的明确性与正当

---

① 张明楷：《罪刑法定与刑法解释》，46～47 页，北京，北京大学出版社，2009。

性，它怎么可能对所谓罪刑法定原则的形式侧面加以纠正呢？因此，实质解释论之实质，绝非罪刑法定原则的实质侧面之实质也。

那么，实质解释论之实质又是什么呢？从实质解释论的论述来看，是指处罚必要性，而这种处罚必要性本身就是所谓实质正义。本来，罪刑法定原则的实质侧面是说，立法者应当禁止处罚不当罚的行为，禁止残虐的、不均衡的刑罚。换言之，应当把具有处罚必要性的行为规定为犯罪。既然如此，司法者只要严格依照法律规定对某一行为定罪处罚，就可以将立法上的实质正义转化为司法上的形式正义，将立法上的一般正义转化为司法上的个别正义。那又怎么会出现根据处罚必要性对法律没有形式规定的行为扩大解释为犯罪的问题呢？因此，对罪刑法定原则的形式侧面进行补救的所谓处罚必要性，根本不是罪刑法定原则的实质侧面的应有之义。张明楷教授指出："刑法的解释就是在心中充满正义的前提下，目光不断地往返于刑法规范与生活事实的过程。"① 上述命题中的正义既凌驾于刑法规范之上，又存在于生活事实之外。我不禁要问：这是谁之正义？何种合理性？（套用美国伦理学家麦金太尔的书名）。在罪刑法定原则之下，超越法律就没有正义。由此可见，形式解释论与实质解释论之争，实际上是对罪刑法定原则的理解之争。如何正确地解读罪刑法定原则的内在精神，才是对形式解释论与实质解释论作出正确判断的关键之所在。

三

形式解释论与实质解释论的对立，当然肇始于对罪刑法定原则的不同理解，但又不仅于此，还涉及彼此殊异的解释方法论。其中，核心问题在于如何寻找罪刑法定原则下刑法解释的边界。如前所述，在罪刑法定原则下，基于法无明文规定不为罪的理念，其所要限制的是司法权的滥用，即将法无明文规定的行为通过刑法解释而予以入罪。但罪刑法定原则从来不禁止法官对法有明文规定的行为通

---

① 张明楷：《刑法分则的解释原理》，9页，北京，中国人民大学出版社，2004。

形式解释论的再宣示

过刑法解释而予以出罪。因此,所谓刑法解释的边界是指入罪解释的边界,这是一个逻辑前提。质言之,将法有明文规定的行为加以出罪本身根本不涉及形式解释还是实质解释的问题。① 因此,我们关注的焦点是:在对法无明文规定,按照实质解释论的表述,在法律没有形式规定的情况下,能否通过刑法解释予以入罪? 只有在这一问题上,才存在形式解释论与实质解释论之争。同时,我们还应当明确,这里的刑法解释主要是指学理解释,在一定情况下可以包括司法解释,但无论如何不能包括立法解释。但是,主张实质解释论的苏彩霞教授通过对我国当前九个刑法立法解释进行实证研究得出结论:我国刑法立法解释均采取了实质的解释立场,以此论证坚持与维护这一实质解释立场的功能价值。② 我以为,刑法的立法解释采取实质解释立场并不能成为刑法实质解释论的正当性的论据。既然是立法活动,也就无所谓受到法律文本限制的问题,只要在立法权限之内,立法者完全可以基于一定的立法目的创制刑法规范。在这个意义上,立法解释可以都是实质解释。但不能由此得出结论,因为立法解释采用实质解释方法,所以司法解释或者学理解释也可以采用实质解释方法。更何况,根据我国学者的研究,九个刑法法解释可以分为两类情况:一是明确刑法规范具体含义的解释,二是补充立法性质的解释。③ 上述刑法立法解释都没有超出立法解释的权限,基于立法解释的特殊性,其所采取的解释方法并不当然可以被其他刑法解释所采用。在此,解释主体对解释方法的制约性,是一个有待于进一步研究的问题。因此,形式解释论与实质解释论的根本对立在于:在刑法没有所谓形式规定的情况下,能否将具有实质上的处罚必要性的行为通过扩大解释予以入罪。对此,形式解释论的观点是断然否定的,而实质解释论的立场则是肯定的。对这个问题,形式解释论赞同在可能的语义的范围内,对刑法进行严格解释。应该说,形式解释论并非

---

① 实质解释论往往认为,刑法的实质解释具有将具有处罚必要性的行为入罪与将不具有处罚必要性的行为出罪这样两种功能,参见刘艳红:《实质刑法观》,北京,中国人民大学出版社,2009;邓子滨:《中国实质刑法观批判》,237~238 页,北京,法律出版社,2009。
② 参见苏彩霞:《我国刑法立法解释立场的实证考察》,载《浙江大学学报(哲学社会科学版)》,2010 (3)。
③ 参见唐稷尧:《事实、价值与选择:关于我国刑法立法解释的思考》,载《中外法学》,2009 (6)。

如同实质解释论所描述的那样，拘泥于刑法条文的字面含义。我国学者认为形式解释论关注的就是词语的核心含义，并认为核心就是全部，而只有实质解释论才以可能的语义作为解释的限度。① 实际上，可能的语义并非实质解释论的专利，形式解释论同样主张以可能的语义作为解释的边界。关键问题在于：如何界定这里的可能的语义。德国学者罗克辛提出了将可能的语义作为解释界限的命题，指出："解释与原文界限的关系绝对不是任意的，而是产生于法治原则的国家法和刑法的基础上：因为立法者只能在文字中表达自己的规定，在立法者的文字中没有给出的，就是没有规定的和不能'适用'的。超越原文文本的刑法适用，就违背了在使用刑罚力进行干涉对应当具有的国家自我约束，从而在自己的思想中考虑应当根据法律规定来安排自己的行为。因此，仅仅在可能的词义这个框架内的解释本身，就能够同样起到保障法律的预防性作用，并且使违反禁止性规定的行为成为应受谴责的。"②

以可能的语义作为刑法解释的界限，为区分法内与法外提供了一个客观可以验证的标准。尽管可能的语义本身往往也是难以界定的，但有这样一个标准总是比没有这样一个标准更好一些。正如德国学者指出："法律的意思只能从条文的词义中找到。条文的词义是解释的要素，因此在任何情况下必须将'可能的词义'视为最宽的界限。"③

在寻找可能的语义的时候，必须从语义解释开始，但又不限于语义解释。对此，有德国学者指出："每个解释，皆是依照自然的和特别的法学名词术语字义，从法律条文的所用文字（Wortlant）上开始（文理理解），字义多义时，以法律的产生史（Entstehungsgeschichte des Gesetzes）（历史解释）和在整个法律体系中的系统的相关性（Systemzusammenhang im Gesetzesganzen）（系统解释作为

---

① 参见许浩：《刑法解释的基本立场——对实用主义法律解释观的论证》，载《东方法学》，2008(6)。
② [德]罗克辛：《德国刑法学总论》，第1卷，王世洲译，86页，北京，法律出版社，2005。
③ [德]汉斯·海因里希·耶塞克、托马斯·魏根特：《德国刑法教科书（总论）》，徐久生译，197页，北京，中国法制出版社，2001。

进一步的辅助手段)。解释的重点是问寻法律的特别保护功能(besondere Schutzfuntion des Gesetzes)和法律的客观意思与目的(objetiven sinn und Zweck des Gesetzes)(客观—目的解释)。"① 在此,涉及各种刑法解释方法的位阶关系。在以上论述中,德国学者按照语义解释、历史解释、系统解释、客观—目的解释这样一个顺序为各种刑法解释方法的适用提供了一个指引,实际上就是对各种刑法解释方法的位阶关系的描述。在以上位阶关系中,语义解释也就是文义解释或者文理解释居于首选的位置。我国学者在论及各种法律解释方法的位阶关系时,提出了语义解释是法律解释方法的优位选择的命题,认为在法律解释过程中,应当把追求文义作为法律解释的起点和终点。② 对此,我深以为然。在对刑法规定进行语义解释时,如果某一行为并未被通常语义所包含,则须进一步辨别是否在语义的射程之内。只有当它被可能的语义所包含,但存在多重含义时,才需要采取其他各种方法最终确定其含义。值得注意的是,主张实质解释论的苏彩霞教授亦认为在可能的文义之界限"点"上,文义要素具有绝对优先性,指出:"文义解释是一切解释的出发点,这是安定性优先的刑法解释目标对解释顺序的要求。不仅如此,要实现安定性优先,还要求文义具有界限功能。即文义不仅是一切解释的出发点,更是一切解释的终点。任何解释,不管其出于体系上的考虑或者刑事政策上的目的的考虑,都不能超过刑法用语的'可能文义'范围。"③

如果真的以可能的语义限制其他解释方法,那正好符合形式解释论的立场。因为可能的语义作为一种形式要素为刑法解释划定了边界。但实际上,在实质解释论那里,可能的语义并不能成为刑法解释的边界,而恰恰是处罚必要性决定可能的语义,因而刑法解释的边界不是由可能的语义划定的,而是由处罚必要性这一实质价值要素界定的。在这种情况下,目的解释并非如苏彩霞教授所说的是在可能的文义界限内成为"解释方法之魁",而是完全超越可能的语义,成为具有

---

① [德]约翰内斯·韦赛尔斯:《德国刑法总论》,李昌珂译,24页,北京,法律出版社,2008。
② 参见陈金钊:《文义解释:法律方法的优位选择》,载《文史哲》,2005(6)。
③ 苏彩霞:《刑法解释方法的位阶与适用》,载《中国法学》,2008(5)。

优先效力的解释方法。我们可以来看苏彩霞教授是如何论证目的解释的:"基于妥当性的目的的解释可能出现两种情况:(1) 当刑法字面规定包含了某种不当罚的行为时,目的解释基于妥当性考虑,从处罚的必要性出发限缩解释犯罪构成要件,从而保障了公民自由;(2) 当刑法用语通常含义未能包括某种当罚的行为时,目的解释基于妥当性考虑,在不超出可能文义的范围内,将该种行为实质地扩张解释进来,从而保护合法权益。"①

如前所述,以上第一种情况与形式解释论并无分歧。在第二种情况中,苏彩霞教授把通常含义与可能语义加以区分,因此形成超出通常含义但不超出可能语义的对应关系。但是,通常含义与可能语义之间究竟是什么关系并未界定。其结果是可能语义随处罚必要性而呈现出弹性。例如,张明楷教授一再引用前田雅英教授关于实质解释的基准的以下公式②:

解释容许范围＝处罚必要性/核心含义的距离

以上公式可以概括为解释容许范围与处罚必要性成正比,而与核心含义的距离成反比。张明楷教授指出:"不能只考虑行为与刑法用语核心含义的距离远近,也要考虑行为对法益侵害的程度;因此,处罚的必要性越高,对与刑法用语核心距离的要求就越缓和,作出扩大解释的可能性就越大。"③ 这里的核心含义也就是所谓通常含义,它并不受可能语义的限制。在处罚必要性与核心含义的距离这两个要素中,真正决定解释容许范围的是处罚必要性而非可能的语义。可能的语义是随着处罚必要性的增大而不断扩张的,因而成为一条不设防的边界。在这个意义上的扩大解释,亦即实质解释根本没有预测可能性可言。

在形式解释论与实质解释论的争论中,形式解释论往往被实质解释论指责为因为不做实质判断而将没有处罚必要性的行为入罪。例如张明楷解释就称,形式的解释导致在构成要件之外寻找定罪的标准,从而违反罪刑法定原则的初衷;此

---

① 苏彩霞:《实质的刑法解释论之确立与开展》,载《法学研究》,2007 (2)。
② 参见 [日] 前田雅英:《刑法总论讲义》,4 版,日文版,74 页,东京,东京大学出版社,2001。
③ 张明楷:《罪刑法定与刑法解释》,69 页,北京,北京大学出版社,2009。

形式解释论的再宣示

外，形式的解释在许多情况下会扩大处罚范围。① 同时，张明楷教授又称，实质解释论的目的是：只能将值得科处刑罚的行为解释为犯罪行为，换言之，实质解释是一种限制解释。② 以上观点本身是建立在将形式解释论误解为只要形式解释不要实质解释基础之上的，对此，我在前文已经澄清。我更关注的问题在于：果然形式解释论是扩张解释而实质解释论是限制解释吗？对此，周详博士指出："认真考证实质解释论者和形式解释论者的解释结论，我们又发现一个'怪现象'：实际上很多有争议的案件，或者在具体的理论争议问题上，与实质解释论宣称的限制解释论完全相反，实质解释论者的结论并不是限制解释，相反形式解释论者的结论倒更像是限制解释。"③ 此言甚是。形式解释论之所以不会如同实质解释论所说的那样成为扩张解释，是因为形式解释论在作了形式解释以后还要进行实质解释，这是一种双重限制，其解释结论就是限制解释。而实质解释论之所以不能如同自己所宣称的那样成为限制解释，是因为实质解释以后无法再作形式解释，因而形式解释被实质解释所取代，形式解释对实质解释的限制机能荡然无存，其结果是通过实质解释而将所谓刑法没有形式规定的行为解释为犯罪，这就必然使其解释结论变成扩张解释，甚至类推解释。为了解实质解释论是如何通过处罚必要性的实质判断而突破可能语义之边界，将刑法没有形式规定的行为入罪的，我们可以讨论以下三个刑法用语的解释问题。

1. 冒充军警人员抢劫

我国《刑法》第 263 条将冒充军警人员抢劫规定为抢劫罪的加重处罚事由。在刑法理论上，一般都将这里的冒充解释为假冒，这也是语义解释的应有之义，在语义学上根本不存在分歧，例如我国学者指出："冒充军警人员抢劫是指假冒现役军人、武装警察、公安机关和国家安全机关的警察、司法警察等身份。即无上述的身份，例如，无业人员冒充人民警察，或者是有此种军警人员身份冒充另

---

① 参见张明楷：《刑法学研究中的十大关系论》，载《政法论坛》，2006（2）。
② 参见张明楷：《刑法的基本立场》，117 页，北京，中国法制出版社，2002。
③ 周详：《建立一座法律解释的"通天塔"——对实质的刑法解释论的反思》，载陈兴良主编：《刑事法评论》，第 26 卷，73~74 页，北京，北京大学出版社，2010。

一种军警人员的身份——士兵冒充警察；冒充与自己职业相同的高级职务人员——士兵冒充军官，不应适用上述规定。"①

应该说，以上解释是符合立法本意的，也符合社会公众对这一规定的预测可能性。但张明楷教授却对冒充作了与众不同的解释，即将冒充解释为假冒与充当。张明楷教授在论及真正的军警人员显示其军警人员身份进行抢劫的行为应如何处理时指出："从实质上说，军警人员显示其真正身份抢劫比冒充军警人员抢劫更具有提升法定刑的理由。刑法使用的是'冒充'一词，给人印象是排除了真正的军警人员显示真实身份抢劫的情形。但是，刑法也有条文使用了'假冒'一词，故或许可以认为，冒充不等于假冒。换言之，'冒充'包括假冒与充当，其实质是使被害人得知行为人为军警人员，故军警人员显示其身份抢劫的，应认定为冒充军警人员抢劫。"②

以上解释存在以下三个方面的问题值得质疑。

第一，实质优先的思维方法。实质解释论的根本问题在于实质判断先于形式判断，从而以实质判断取代形式判断。在解释论中，实质解释论是以价值判断取代语义判断，从而突破可能语义的限制。从语义上来说，冒充就是假冒，因而根据简单的语义解释就可以排除真正的军警人员适用加重处罚规定的可能性。那么，又为什么非要把真正的军警人员显示真实身份抢劫解释为冒充军警人员抢劫呢？根据就在于军警人员显示真实身份抢劫比冒充军警人员抢劫更有加重处罚的必要性。在这种情况下，如果把军警人员显示真实身份抢劫排除在冒充军警人员抢劫之外，就是一种形式解释论，这种形式解释论未能将更有加重处罚必要性的情形解释进来，因而需要采用实质解释论加以纠正。这样一种逻辑，岂非破坏罪刑法定原则的逻辑？

第二，可能语义的真实界限。实质解释论在作一般性论述时，常常把通常语义与可能语义加以区分，由此构造了虽然超出通常语义，但却没有超过可能语义

---

① 王作富主编：《刑法分则实务研究（中）》，3 版，1083 页，北京，中国方正出版社，2007。
② 张明楷：《刑法学》，3 版，717 页，北京，法律出版社，2007。

形式解释论的再宣示

这样一种情形，似乎无懈可击。然而，当落实到具体问题的时候，我们就会发现，可能语义变得无影无踪，通常语义则成为随便可以超越的边界。问题之所以出现，我以为在于并非任何词语都有一定弹性的意义域。某些词语具有多义性，或者具有较为宽阔的意义域，对此可以在可能的语义范围内进行价值选择。因此，存在通常语义与可能语义之区分，但在绝大多数情况下，语词的含义是较为确定的，因而不存在通常语义与可能语义之区分。对此也就只能采用语义解释而不能进行实质解释。冒充一词就是如此，它的含义就是假冒。但张明楷教授把假冒当作通常语义，然后以实质判断为可能语义设定边界。这种把适用于特殊情况——存在通常语义与可能语义区分的解释论方法推广到适用于所有的情况，并且进一步在理论上提升为实质解释论，其潜藏着的危险是不难洞察的。值得注意的是，实质解释论者为论证实质解释的重要性，对语词的通常含义加以曲解。例如苏彩霞教授指出："'没有任何法律会基于它的一般性而对所有的个案都是公正的'，由于语言的多义性、不周延性，简单的字面解释反而有时会损害实质的正义与人权的实质保障。如我国《刑法》第111条规定，为境外的机构、组织、人员窃取、刺探、收买、非法提供国家秘密、情报的，处5年以上10年以下有期徒刑。对于这里的'情报'，如果仅作形式的字面解释，即'关于某种情况的消息或报告'则只要为境外机构、组织、人员窃取、刺探、收买、非法提供一切'关于某种情况的消息或报告'的行为，均构成危害国家安全的为境外的机构、组织、人员窃取、刺探、收买、非法提供情报罪。在这种形式上做到了将司法权限制在法条的文义范围内，实现了人权的形式保障，但显然不当地扩大了本罪的刑罚处罚范围，实质地损害了人权与自由。"[1]

以上论述的目的在于论证，即使是像"情报"这样的语词也需要实质解释，如果只作形式解释的话就会扩大本罪的处罚范围。照此推理，"秘密"一词更需要作实质解释，因为形式解释可能解释为"不为人所知晓的事项"，这更是扩大了本罪的处罚范围。这样一种论证虽然采用了归谬法，但其本身却是荒谬的。因

---

[1] 苏彩霞：《实质的刑法解释论之确立与开展》，载《法学研究》，2007（2）。

为它把语义解释贬低为望文生义或者说文解字。德国学者在论及语义解释即文理解释时指出:"文理解释意味着,人们试图从语言的意义上推论出法律意思。这种解释的主要难点在于,必须首先搞清楚,是法学上的语义起决定作用,还是一般的语言适用起决定作用。"① 德国学者指出了语义解释中的两种语义,一是法学上的语义,即专业用语;二是一般语言,即日常用语。在进行语义解释的时候,首先应当明确某一语词是专业用语还是日常用语。一般来说,专业用语尤其是法律用语都是具有特定含义的,应当依据有关专业规范或者法律规定进行解释。而日常用语是非专业的,在日常生活中使用的,对此应当按照语词日常含义加以解释。像国家秘密、情报,本身就是法律用语,应当采用以法律解释法律的方法进行语义解释。即使是日常用语,在一般情况下也是具有约定俗成的含义的。例如,情报就具有特殊含义,而不是字面所显示的"关于某种情况的消息和报告"。因此,尽管苏彩霞教授一再强调文义要素具有绝对优先性,文义解释视词典为"堡垒"②,但在实质解释论面前,语义解释这个"堡垒"不攻自破,从而为实质解释敞开了广阔的防线。

即使是主张实质解释论的刘艳红教授也不赞同张明楷教授将冒充解释为假冒和充当,认为将冒充军警人员抢劫的行为解释为涵盖真正军警抢劫行为,是一项违背了罪刑法定原则的类推解释,而不是符合罪刑法定原则的扩大解释。刘艳红教授指出:"这也是实质的刑法解释论提出了一个问题:当基于实质可罚性进行解释时,解释的边界何在?"③ 这是一个好问题。对于这个问题,实质解释论真该三思而后行。

第三,论证手法的为我所用。张明楷教授在论证冒充应包括假冒和充当时,提到在别的刑法条文中也使用了假冒,既然在一部刑法中,假冒与冒充两个用语并存,其含义应当是有所区别的。这是对立法意图的一种揣测,当然也不失为一

---

① [德]汉斯·海因里希·耶赛克、托马斯·魏根特:《德国刑法教科书(总论)》,徐久生译,191页,北京,中国法制出版社,2001。
② 苏彩霞:《实质的刑法解释论之确立与开展》,载《法学研究》,2007(2)。
③ 刘艳红:《走向实质的刑法解释》,222页,北京,北京大学出版社,2009。

种论证手法。但问题在于，我国刑法中使用冒充一词的也不限于冒充军警人员抢劫一处，在《刑法》第 279 条招摇撞骗罪中，也采用了冒充一词。招摇撞骗罪是指冒充国家机关工作人员进行招摇撞骗的行为。张明楷教授指出冒充国家机关工作人员的身份进行招摇撞骗存在三种情况[1]，此处的冒充为什么又不解释为假冒与充当呢？由此可见，其对同一用语的解释并不能前后一贯。事实上，在刑法中同一用语有不同解释或者不同用语有相同解释，这些现象都是存在的，对此，应当结合不同的语境加以解释。

2. 毁坏财物

我国《刑法》第 275 条规定了故意毁坏财物罪。那么如何理解这里的毁坏呢？对于毁坏，我国学者一般解释为毁灭和损坏，指出："故意毁坏财物罪的法定行为方式是毁坏，顾名思义，毁坏包括毁灭和损坏两种行为。所谓毁灭，是指使公私财物灭失或者全部毁坏，使其已经不存在或者虽然存在，但已丧失全部使用价值。所谓损坏，是指使公私财物受到破坏，从而部分地丧失价值或者使用价值。"[2]

应该说，以上语义解释大体上是正确的，符合毁坏一词的日常用法，因而具有预测可能性。当然，这一解释只涉及毁坏的两种程度，但没有涉及毁坏的两种形态：物理性的毁坏与功能性的毁坏，将功能性毁坏包含在毁坏一词当中，应该说没有超过可能的语义。应该指出，对毁坏一词如何理解，在刑法理论上是存在争议的，主要存在以下三种观点[3]：（1）效用侵害说。认为损毁是指损害财物的效用的所用行为。这是从广义上理解损毁概念的主张，在日本处于通说的地位。根据此说，不仅直接造成财物全部或部分毁坏导致其丧失效用的情形构成对财物的毁损，而且财物的外形并未毁坏，只是其效用受损者，也应视为毁损。例如，把财物隐藏在所有者难以发现的处所；将他人的金银首饰丢弃到湖海之中；在他人字画上涂墨水污物；将他人鱼塘的闸门打开让鱼流失；把别人的鸟笼打开让笼

---

[1] 参见张明楷：《刑法学》，3 版，756 页，北京，法律出版社，2007。
[2] 王作富主编：《刑法分则实务研究（中）》，3 版，1083 页，北京，中国方正出版社，2007。
[3] 参见刘明祥：《财产罪比较研究》，418～420 页，北京，中国政法大学出版社，2001。

中的小鸟飞走；在他人的餐具中投入粪、尿；如此等等，都属于毁损财物的行为。效用侵害说又分为一般的效用侵害说与本来的用法侵害说两种不同的具体主张。其中，前者认为，只要是侵害了财物的一般效用就构成毁损；但后者认为，只有造成财物的全部或部分损害，并使之处于不能按其本来的用法使用的状态，才能视为毁损。(2) 有形侵害说。认为毁损是指对财物施加有形的作用力，从而使财物的无形价值、效用受损，或者损害物体的完整性的情形。明显没有施加有形力的场合，毁坏财物罪不可能成立。按照此说，对他人餐具中投入粪尿使之不能再次使用的，因为对餐具施加了有形力，所以构成毁坏财物罪。如果仅仅只是将财物隐藏起来，则由于没有对其施加有形力，即便是损害了其效用、价值，也不能视为对财物的毁损。不过，也有持此说的学者不赞成这种观点，认为隐匿财物的行为本身就是对财物施加了有形力，应视为对财物的毁损。有形侵害说是德国的通说。不过，德日两国的有形侵害说并非完全相同。例如，日本的有形侵害说对把金戒指投入河海中是否属于施加了有形力的毁损行为的问题没有涉及，而德国的有形侵害说认为，投弃行为不是施加有形力的行为，因而不构成毁坏财物罪。另外，德国的有形侵害说认为，使他人的鱼、鸟逃走，把他人的金戒指投弃到河海之中，之所以不构成毁坏财物罪，不仅仅只是对财物没有施加有形力，更重要的是并非使之不能按财物的本来用法使用。这同日本的有形侵害说十分强调对物采取本身的侵害有所不同。(3) 无形的毁损说。认为毁损是指对财物的整体或部分造成无形的破坏或毁坏，从而使此种财物完全不能或部分不能按其本来的用法使用。按照此说，毁损的实质不在于是否对财物施加了有形的作用力，也不在于是否损害财物的效用，而在于其所采用的手段是否导致财物遭受物质的破坏，并且使之不能或者很难恢复原状，因而不能按其本来的用法使用。反过来，如果只是造成财物轻微的损坏，很容易恢复原状，并未达到不能按其本来的用法使用的程度，则不能说是对财物的毁损。由此而论，使他人鱼塘里的鱼流失，将笼中之鸟放飞，把金银首饰丢弃到湖海之中，将物品隐藏起来，在餐具中投入粪尿，由于没有杀伤鱼和鸟，没有对首饰、物品、餐具等造成物质的破坏，因而不能构成毁坏财物罪。但隐匿财物的行为并非一概不能处罚，如果行为人有非法取形式解释论的再宣示

得的意思，那就应该以盗窃罪定罪处罚。目前，物质的毁损说虽然不是日本刑法理论上的通说，但支持者近年来有逐渐增加的趋势。

在以上三种观点中，把财物予以隐匿使财物所有人丧失对财物的使用权不属于毁坏财物。虽然隐匿也能使他人丧失财物的价值，但财物本身没有被毁，不能因为隐匿财物符合使财物的价值降低或者丧失的本质特征就将其认定为故意毁坏财物罪。除此以外，在上述三种观点中，对毁坏含义的理解是不同的，从宽到窄分别是：效用侵害说——有形侵害说——物质的毁损说。在这三种观点中，物质的毁损说较为符合毁坏的本义，强调财物物理性的价值的丧失或降低。有形侵害说则将对财物的有形侵害与无形侵害加以区分，只有有形侵害才是毁坏，无形侵害不是毁坏。但如何界定侵害的有形性与无形性存在较大争议。至于效用侵害说，对于毁坏的理解过于宽泛，已经超出毁坏的字面含义。

在德国刑法理论中，关于如何理解毁坏同样存在争议。例如将他人饲养的鸟放飞的行为，是否可以构成毁坏财物罪？对此，主流的观点认为，将他人饲养的鸟放飞的行为构成的只是一个不受罚的（纯粹的）"脱离占有"（Besitzentzhung）行为；少数人的观点认为，对所有权人确定的用途目的的任何挫败，都可以成立破坏或者毁坏的概念。对此，德国学者韦赛尔斯教授指出："少数人的观点已经超出了法律文字字义对扩张性解释划定的界限，因为在适用损坏的概念时，行为人的对物自身的作用（Einwirkung des tätesquf die Sache selbst）无论是直接的还是间接的他们都未予考虑。"[①] 由此可见，尽管德国刑法典对损坏并未规定必须要以对财物的物理上损害作为实现构成要件的前提条件，但基于对损坏这一用语的解释，德国刑法理论的主流观点还是倾向于对损坏作严格解释，避免将破坏他人占有但并未对财物本身造成物理性或者功能性毁损的行为都理解为损坏财物的行为。

对于毁坏一词，各国刑法理论存在不同见解，这是十分正确的。相对来说，日本对毁坏一词的理解较宽，而德国对毁坏一词的理解较窄，在以上观点中，张

---

① ［德］约翰内斯·韦赛尔斯：《德国刑法总论》，李昌珂译，28 页，北京，法律出版社，2008。

明楷教授赞同效用侵害说,指出:"对《刑法》第275条所规定的'毁坏'理解,不能单纯以人们的日常用语含义为根据,而应注意到刑法规定故意毁坏罪所要保护的法益。虽然对毁坏的理解超出了该语可能具有的含义,但只要没有超出该语可能具有的含义,又能实现刑法的目的,就应当采取这种解释。效用侵害说正是如此。"① 效用侵害说强调的是结果,即刑法所保护的法益——财物效用受到损害,但对于行为人是否采用毁坏的方式进行损害则并未顾及。实际上,毁坏首先是一种行为,在财物效用受到损害的情况下,我们还要考察该财物效用的损害是否是由行为人的毁坏行为所引起。只有这样,才不至于使毁坏的含义过于宽泛。例如,对于采用高进低出方式进行股票操作而使他人财产损失的行为,是否构成故意毁坏财物罪,关键是如何理解这里的毁坏。对于此类案件,我和张明楷教授的观点是对立的,这种对立恰恰是形式解释论和实质解释论之争在个案上的体现。对此,我认为:如果本案高进低出买卖股票使他人财产受到损失的行为可以解释为毁坏,那么,刑法规定的毁坏一词就丧失了界限功能,故意毁坏财物罪就演变为故意使他人财物遭受损失的犯罪,无论对毁坏一词作何种宽泛的解释,高进低出买卖股票的行为都难以为毁坏一词所涵摄。在此,存在一个符合普通公众语言习惯,因而具有法的可预测性的问题。② 张明楷教授不同意我的上述观点,指出:"能否将高进低出买卖股票评价为毁坏,需要将规范向事实拉近,将事实向规范拉近,而将二者拉近时需要考虑事物的本质。当高进低出买卖股票导致他人遭受数额较大的财产损失(丧失了应有价值),刑法规定故意损坏财物罪就是为了保护他人财产免遭损失(保护他人的财产价值)时,就有必要将毁坏解释为使他人财物(股票)价值减少或者丧失的行为。"③ 在以上论述中,张明楷教授再一次强调事物的本质,肯定了法益侵害的结果。然而,这只是结果的本质。那么,行为的本质又在哪里呢?按照这样一种思路,很容易陷入结果归罪的泥坑。实质解释论反复亮出"实质"这面大纛,似乎大纛一张,妖魔尽散。其实,问题

---

① 张明楷:《罪刑法定与刑法解释》,210页,北京,北京大学出版社,2009。
② 参见陈兴良:《形式与实质的关系:刑法学的反思性检讨》,载《法学研究》,2008(6)。
③ 张明楷:《罪刑法定与刑法解释》,212页,北京,北京大学出版社,2009。

并非如此简单。我们可以来看法官按照这一实质解释论是如何将高进低出买卖股票行为解释为毁坏财物并进而入罪的:"使财物的价值降低或者丧失是故意毁坏财物的本质特征。本案中,被告人朱某利用高进低出买卖股票的方法使被害人的股票市值降低,实际上使作为财产性利益代表的股票丧失部分价值,这就是毁坏他人财物的行为。"① 使财物的价值降低或者丧失是故意毁坏财物的本质特征这是正确的,但这只是故意毁坏财物罪的结果特征而非行为特征。因而据此反推凡是使财物的价值降低或丧失的就是毁坏财物,这是一种以结果倒推行为的逻辑方法,如果不加以限制,就会得出错误结论。正确的表述应该是:采取毁坏财物的方法使财物的价值降低或丧失才是故意毁坏财物罪的本质特征。因此,在刑法明确地对行为特征作了描述的情况下,以结果特征反证行为特征是违反逻辑的。

3. 法条竞合从重选择

法条竞合是从法条上区分犯罪之间的界限的一种理论分析工具,它不同于想象竞合。想象竞合是犯罪的竞合,对于想象竞合应采从一重罪处断的原则。但法条竞合按照不同类型,应当依法处断。尤其是在特别法与普通法竞合的情况下,除法律有明文规定的以外,应当采特别法优先于普通法原则。但是,按照特别法优先于普通法适用法条,有时会出现难以实现实质正义的情形。对此,能否改而采用重法优于轻法的原则呢?对于这个问题,实质解释论是持肯定态度的,由此而使依照刑法或者司法解释本应出罪的行为得以入罪,使依照刑法规定或者司法解释本应轻处的行为得以重处。

我国《刑法》第 266 条规定的诈骗罪与金融诈骗罪之间存在特别法与普通法之间的竞合。司法解释对各种不同的诈骗罪规定了不同的数额标准。普通诈骗以 2 千元为起刑点,票据诈骗、金融凭证诈骗、信用卡诈骗以 5 千元为起刑点,贷款诈骗、保险诈骗以 1 万元为起刑点。那么,行为人以金融诈骗行为而数额没有达到金融诈骗的起刑点但已经达到普通诈骗的起刑点,对此能否以普通诈骗罪处罚?对此,张明楷教授认为应认定为普通诈骗罪。这显然是一种实质解释论的解

---

① 卢方主编:《经济、财产犯罪案例精选》,416~417 页,上海,上海人民出版社,2008。

释结论,其理由在于:"从整体上说,金融诈骗实际上是比普通诈骗更为严重的犯罪,不管是从法益侵害的角度来考虑,还是从刑法的规定方式来考虑,都可以得出这一结论。既然如此,对于采取其它方法骗取 2 000 元以上的便以诈骗罪论处,而对于骗取贷款或者保险金,或者使用伪造的金融票据、信用卡等诈骗 2 000 元以上没有达到 5 000 元的,反而不以犯罪论处,便有悖于刑法的公平正义性。"[1] 在此涉及刑法对于普通诈骗罪与金融诈骗罪分设普通法与特别法的立法目的之理解。我认为,并不能从法条中得出金融诈骗一定比普通诈骗罪更为严重的结论。对此,不同的人会有不同的解读。在这种情况下,根据个人的价值判断而反致定罪,其合理性是极为可疑的。

此外,我国《刑法》第 236 条规定了强奸罪,包括奸淫幼女型的强奸罪。而《刑法》第 360 条又规定了嫖宿幼女罪,嫖宿幼女其实是一种特殊的奸淫幼女,关于强奸罪与嫖宿幼女罪之间的关系,在刑法理论上存在不同见解。例如我国有学者从强奸罪的对象是无性同意能力的幼女,而嫖宿幼女罪的幼女是具有性同意能力的,因而认为上述两罪因犯罪对象的不同呈现互斥关系。[2] 当然,通说还是认为上述两罪之间存在特别法与普通法的竞合关系。但从两罪刑罚上比较,嫖宿幼女罪的法定最高刑是 15 年,而强奸罪具有法定加重处罚事由的,处 10 年以上有期徒刑、无期徒刑或者死刑。在这种情况下,如果嫖宿幼女行为具备《刑法》第 236 条规定的加重处罚事由的,能否以强奸罪处无期徒刑或者死刑呢?对此,张明楷教授的回答是肯定的,指出:"(在这种情况下)法律虽然没有明文规定按普通条款规定定罪量刑,但对此也没有禁止性规定,而且按特别条款定罪不能做到罪刑相适应时,按照重法优于轻法的原则定罪量刑。"[3] 这就是一种从重选择,选择的根据仍然是罪刑相适应这一实质标准。其实,嫖宿幼女与奸淫幼女孰轻孰重仍然是一种价值判断。嫖宿幼女是以嫖娼形式出现的奸淫幼女,从被害人角度

---

[1] 张明楷:《诈骗罪与金融诈骗罪研究》,342~343 页,北京,清华大学出版社,2006。
[2] 参见车浩:《论强奸罪与嫖宿幼女罪的关系——兼论法条竞合与想象竞合的适用》,载《法学研究》,2010 (2)。
[3] 张明楷:《嫖宿幼女罪与奸淫幼女型强奸罪的关系》,载《人民检察》,2009 (17)。

形式解释论的再宣示

来说具有牟利目的,从被告人角度来说自认为是一种性交易,因而无论如何,嫖宿幼女行为的性质都要轻于奸淫幼女。即使从被害人同意的法理上来说,在嫖宿幼女的情况下,幼女具有事实上的性同意能力,而在奸淫幼女的情况下,幼女没有事实上的性同意能力。但无论是事实上具有性同意能力还是没有性同意能力,在法律上都是无效的,因而在法律上没有性同意能力是其共通之处,竞合关系也正是建立在这一基础之上。刑法将嫖宿幼女另设罪名,规定了较轻的法定刑,表明刑法评价上嫖宿幼女的性质轻于奸淫幼女。那么,为什么没有加重处罚事由的嫖宿幼女轻于奸淫幼女,具有加重处罚事由的嫖宿幼女却重于强奸幼女呢?根据形式解释论的观点,在特别法与普通法竞合的情况下,无论如何都应当按照特别法优于普通法原则适用法条,而不能根据个人的价值判断对法条进行从重选择。

四

形式解释论与实质解释论的对立,实际上是罪刑法定原则与社会危害性理论之争在解释论上的折射,其特殊背景是我国 1997 年刑法确认的罪刑法定原则和随之发生的我国刑法知识的当代转型。我们可以看到,实质解释论的理论资源主要是来自苏俄并经过本土化的社会危害性理论以及来自日本的实质的犯罪论。我国学者以法益概念为中介,将两者巧妙地嫁接在一起,从而使实质解释论以一种学术姿态进入司法实践,被司法实践所接受,并且产生了较大的影响。因此,对实质解释论的批判,必须从曾经主导我国的社会危害性理论切入。

我国刑法以及刑法知识都是在 20 世纪 50 年代从苏俄引进的,刑法解释论也不例外。苏俄学者在论及刑法解释时,指出:"在对刑事法律的解释中,常以某种原则性的政治前提,一定的方法为其基础。资产阶级的法学家的这些方法,就是形式法学方法,苏维埃刑法学所引用的法律解释方法——辩证法唯物论的方法,是具有原则性的差异的,苏维埃科学对刑事法律的解释,是在严格遵守社会主义法制的基础之上,其重心不仅在法律文句的阐明,而且在社会内容之阐明,

并且认为刑法的规范并不是一成不变的定理，而是在发展的。"① 在以上论述中，苏俄学者把资产阶级的法律解释方法称为形式法学方法。这里的形式法学方法，在很大程度上就是指形式解释论。而苏俄所倡导的解释方法则称为辩证法唯物论，也就是辩证唯物论。虽然苏俄学者主张法律解释应以严格遵守社会主义法制为前提，但其重心不仅在法律文句的阐明，而且在其社会内容之阐释，这实际上就是一种实质解释论。

应当指出，这种在法律解释上的实质主义是与苏俄刑法没有实行罪刑法定原则具有密切相关性的。苏俄刑法典基于阶级专政的政治需要，在刑法中保留了类推制度，以便对于那些刑法分则没有明文规定，但在实际上被认为是具有社会危害性的行为予以刑事惩罚。因此，1926年《苏俄刑法典》第7条确立了犯罪的实质概念。可以说，不受罪刑法定主义限制的犯罪实质概念，为苏俄刑法学所贯穿的法律实质主义思维方法提供了法律根据。犯罪的实质概念与犯罪的形式概念的对立，是法律实质主义与法律形式主义的方法论对立的根源。因此，有苏俄学者指出："苏维埃刑法，一方面坚决地摒弃在刑法典条文结构上的一切不确定的叙述，同时也反对那种对刑法规范作法律形式的和款条式的理解。法律形式的方法和那种在实质上、阶级上和政治上对待刑法问题的态度是毫不相容的。"② 这种在法律规定上的实质主义、在法律解释上的实质主义与在法律适用上的实质主义，都在一定程度上反映了在苏维埃社会主义法制建设中的法律虚无主义的影响。

我国在20世纪50年代初期引入苏俄刑法学，同时也引入了法律实质主义的方法论。在中国的政治现实中，法律虚无主义盛行，社会主义法制被彻底废弃，这就是从1957年到1979年之间刑法的命运。及至1979年刑法颁布，我国进入一个法治的时代。当然，由于历史的惯性，在1979年刑法中不可避免地存在着

---

① 苏联司法部全苏法学研究所主编：《苏联刑法总论》，上册，彭仲文译，271页，上海，大东书局，1950。
② ［苏］В. М. 契柯瓦则：《与制定苏联刑法典草案有关的苏维埃刑法上的几个问题》，孔钊译，载中国人民大学刑法教研室编译：《苏维埃刑法论文选译》，第1辑，5页，北京，中国人民大学出版社，1955。

形式解释论的再宣示

苏俄刑法学中的法律实质主义方法论的影响。例如，1979年《刑法》第10条规定的是犯罪的实质概念，我国学者认为这一犯罪的实质概念揭露了犯罪的阶级性和对国家、人民、社会的危害性；它与资产阶级刑法中的犯罪的形式概念也即以犯罪的形式特征掩盖犯罪的阶级实质是根本不同的。① 尤其是1979年《刑法》第79条规定了类推制度，对那些刑法分则没有明文规定的行为也可以援引最类似的条文定罪判刑，充分表明了1979年刑法所具有的法律实质主义的价值取向。

　　刑法学中的法律实质主义以社会危害性理论作为其理论形态，社会危害性是犯罪的本质特征，也是犯罪构成的本质特征，由此形成社会危害性中心论的刑法学。应该说，在法治不健全的情况下，社会危害性为定罪之司法活动提供了一种实质判断的根据，从而将那些根本不具有社会危害性的行为排除在犯罪概念之外，具有一定的历史作用。然而，社会危害性本身是一种缺乏规范标准的价值判断。如果使社会危害性凌驾于法律规定之上，必然对法治造成极大的冲击。尤其是我国1997年刑法确认了罪刑法定原则，某一行为只有在刑法具有明文规定的情况下，才能依照法律规定定罪处刑，法律没有明文规定的，不得定罪处刑。在这种情况下，我国学者敏锐地发现了社会危害性理论与罪刑法定原则之间的矛盾和冲突。② 社会危害性理论提供的是一种实质标准，而罪刑法定原则倡导的是一种形式标准，两者的关系如何处理是一个值得研究的问题。应该指出，这是在我国刑法确认罪刑法定原则以后，我国学者开始对社会危害性理论提出质疑。此后，我国学者阮齐林教授明确地提出了在罪刑法定原则确认以后，刑法解释从实质解释论到形式解释论的转变，指出："罪刑法定原则的确立，还将导致刑法解释方法论的转变，即由重视实质的解释转向重视形式的解释。在罪刑法定原则之下，刑法形式上的东西将居于首要的、主导的地位。犯罪首先是法律形式上存在的犯罪，即刑法分则具体条文明文规定应受刑罚处罚的行为。法无明文规定，即使是滔天罪恶，也不是法律意义上的犯罪。因此，犯罪的形式定义、法律特征及

---

　　① 参见高铭暄：《中华人民共和国刑法的孕育和诞生》，36页，北京，法律出版社，1981。
　　② 参见樊文：《罪刑法定与社会危害性的冲突——兼析新刑法第13条关于犯罪的概念》，载《法律科学》，1998 (1)。

221

犯罪的法定要件将成为首要的问题。"①

应该说，阮齐林教授的上述观点是完全正确的，它所昭示的是罪刑法定原则对于法无明文规定的行为的出罪功能，这也正是形式解释论的基本立场。可以说，形式解释论所要实现的是通过法律的形式要件将法无明文规定的行为排斥在犯罪之外。例如刘艳红教授在批评阮齐林教授的上述观点时指出："这种观点显然是片面地理解罪刑法定原则的结论，它只看到了罪刑法定的成文法主义等形式侧面，而忽略了刑罚法规的适当性等实质侧面；只看到了形式的犯罪概念具有罪刑法定原则之机能，而忽略了实质的犯罪概念同样具有罪刑法定原则之机能。通过实质的刑法解释，方能实现只有严重侵害法益的行为才会被解释在刑法犯罪圈，以实现我国《刑法》第13条但书部分规定的出罪机制。"②

以上论述将罪刑法定的实质侧面理解为社会危害性，并且将实质侧面的社会危害性作为认定实质的犯罪概念的根据。我认为这是对罪刑法定原则实质侧面的误解。如前所述，罪刑法定的形式侧面主要是限制司法权，而罪刑法定原则的实质侧面主要是限制立法权，从而保证刑法的实质正义。③ 如果这一理解是正确的话，那么根据罪刑法定原则的实质侧面，刑法的规定本身具有明确性与适当性已经体现了实质正义。因此，司法机关按照罪刑法定原则的形式侧面认定的犯罪，理所当然地具有实质上的社会危害性。但是，刘艳红教授认为根据罪刑法定原则的形式侧面认定的只是形式的犯罪，还需通过罪刑法定原则的实质侧面才能排除

---

① 阮齐林：《新刑法提出的新课题》，载《法学研究》，1997（5）。其后，阮齐林教授的观点有所转变，认为罪刑法定原则要求形式的解释论排斥实质的解释论显然是片面的。例如其在《绑架罪的法定刑对绑架罪认定的制约》[载《法学研究》，2002（2）]一文中指出：脱离我国刑法对绑架罪的特定模式，仅仅从法律形式上分析绑架罪的构成要件是不对的。因此，我国学者认为，阮齐林教授已经纠正了自己的形式解释论的立场，不能把他当作形式解释论者。参见周详：《形式解释论与实质解释论之争》，载《法学研究》，2010（3）。我认为，如果把形式解释理解为对法律仅仅作形式解释而不作实质解释，则阮齐林教授确实改变了自己的立场，即从形式解释论转变为实质解释论。但如果形式解释论并非不要实质解释，而是主张在形式解释的基础上再作实质解释，那么，阮齐林教授的解释只是从片面的形式解释论转变为全面的形式解释论。除非阮齐林教授完全否认形式解释的必要性，可以对法律径直作实质解释，才能说阮齐林教授真的从形式解释论转变为实质解释论。这一说明之所以必要，是为了澄清对形式解释论的误解。

② 刘艳红：《实质刑法观》，147～148页，北京，中国人民大学出版社，2009。

③ 参见张明楷：《罪刑法定与刑法解释》，62页，北京，北京大学出版社，2009。

没有严重侵害法益的行为，从而认定实质的犯罪。如此一来，罪刑法定原则的实质侧面就不是对立法权的限制，而成为对司法权行使的实体保障。显然，这一对罪刑法定原则的实质侧面的理解与其本义并不符合。

不仅如此，刘艳红教授还对罪刑法定原则的司法功能作了过度解读。其实，对于司法而言，罪刑法定原则的精神，就在于法无明文规定不为罪。至于法律明文规定的行为在司法过程中是否一定有罪，这并非罪刑法定原则的功能。诚然，倡导罪刑法定原则的实质侧面，使刑法关于犯罪的实体规定具有明确性与正当性，在一定程度上满足罪刑法定原则的实质正义要求。但是，如前所述，那是对立法权的限制。在司法活动中，基于罪刑法定原则的形式侧面认定的构成要件该当行为，即使不具有实质违法性，也应当通过违法性这一实质加以排除，而这与罪刑法定原则并不矛盾，但它本身并不是罪刑法定原则的机能。而刘艳红教授却赋予罪刑法定原则以双重机能：一方面是将法无明文规定的行为通过形式侧面排除在犯罪圈外；另一方面是对法有明文规定的行为再通过实质侧面，将没有严重侵害法益的行为排除在犯罪圈外。这样一种对罪刑法定原则的理解既不符合罪刑法定原则的本意，又不具有实现的可能性。

更为重要的是，通过罪刑法定原则的实质侧面贬低形式侧面，从而影响罪刑法定原则限制机能的正常发挥，尤其是推行开放的犯罪构成要件①，甚至会消解罪刑法定原则的形式侧面的作用。例如刘艳红教授对罪刑法定原则的形式侧面作了以下批评："由于形式的罪刑法定原则过分钟情于形式法治国的形式与程序，远离法律的自由价值，特别是缺乏限制立法者的立法权限的机能，容易使刑法成为统治者推行自己意志的工具，将不公正的规则制定为强有力的国家法律，以合法的形式干涉公民正常的生活。因此，形式的罪刑法定原则及其所主张的构成要件理论，理所当然地遭到了人们对其包含的潜在危险性的担忧及对这种学说的批判。"②

---

① 参见刘艳红：《开放的犯罪构成要件理论研究》，北京，中国政法大学出版社，2002。
② 刘艳红：《实质刑法观》，68页，北京，中国人民大学出版社，2009。

以上对形式的罪刑法定原则的批评，如果我的理解没有错误的话，就是对罪刑法定原则的形式侧面的批评，完全是建立在对其误解之上的。罪刑法定原则严守法无明文规定不为罪的边界，对司法权加以限制，它是保障了公民个人的权利与自由，怎么可能是远离法律的自由价值呢？至于对立法权的限制本身也不是罪刑法定原则的形式侧面的机能。如果按照上述逻辑，罪刑法定原则的形式侧面没有对立法权加以限制，因而远离法律的自由价值。那么，罪刑法定原则的实质侧面没有对司法权加以限制，因而是否同样远离法律的自由价值？这一论断显然是不能成立的。在实质解释论这种对罪刑法定原则的形式侧面和罪刑法定原则的实质侧面贬此褒彼的观点中，将罪刑法定原则的实质侧面等同于社会危害性，从而将本来处于与罪刑法定原则相冲突境地的社会危害性转而以罪刑法定原则的实质侧面的名义成为罪刑法定原则的应有之义。而罪刑法定原则与社会危害性的冲突就转化为罪刑法定原则的形式侧面与实质侧面的矛盾。在罪刑法定原则的实质侧面比形式侧面更具有正当性的思想主导下，罪刑法定原则所坚守的形式理性黯然消解。而实质解释论正是以社会危害性为其根据的，这一判断可以从刘艳红教授的以下论断中表露无遗："罪刑法定原则的内容决定了需要进行实质的解释，罪刑法定原则虽然体现的是形式的合理性，但这种形式合理性之中也含有实质的一面，这就是实体正当原则。禁止处罚不当罚的行为也罢，犯罪规定的正当也罢，无非都是强调刑法法定之罪必须具有实质的合理性，在判断一行为是否为刑法规定的犯罪范围时，应从实质方面去寻找根据，而实质的合理性是与社会危害性紧密相连的，根据实质合理性的社会危害性理论来指导刑法分则中具体犯罪适用的解释就成为必然。同样，也只有这样的解释才能与罪刑法定原则中的实质的一面的内容相适应、吻合。"[①] 由此可见，社会危害性是实质解释论的核心，所谓处罚必要性就是根据社会危害性加以判断的。因此，破除实质解释论必须对社会危害性理论进行彻底批判。

我在《社会危害性理论——一个反思性检讨》中，对社会危害性理论进行了

---

① 刘艳红：《社会危害性理论之辨证》，载《中国法学》，2002（2）。

形式解释论的再宣示

批判性反思，提出了将社会危害性的概念逐出注释刑法学，也就是刑法教义学领域的命题。与此同时，我主张引入一个具有实质意义的概念：法益及法益侵害，因而完成从社会危害性到法益侵害性的转换。① 我至今仍坚持上述观点，然而由于当时在四要件的犯罪构成理论框架内，罪刑法定原则与法益侵害之间的逻辑关系未能充分展开。这一理论问题，直到在四要件犯罪构成理论与三阶层的犯罪论体系的转换中才有机会进一步探讨。尤其涉及法益在三阶层的犯罪论中的体系性地位，我认为更要谨慎对待。

应该指出，在我国刑法学界倡导法益理论最有力的是张明楷教授，张明楷教授将德日刑法理论与我国传统刑法理论加以打通，力图完成从苏俄刑法学到德日刑法学的话语转换。在论及社会危害性与法益侵害性的关系时，张明楷教授指出："从我国刑法理论的现状来说，一般认为社会危害性是犯罪的本质属性，而犯罪的社会危害性实质上是对法益的侵害性，故社会危害性大体上相当于上述实质的违法性，在我国刑法理论中，违法性仅指形式的违法性，而违法性与社会危害性是统一的。因此，如果将上述关于犯罪的本质与违法性实质的不同观点纳入我国刑法理论来考虑，实际上就是关于社会危害性即犯罪本质的争论。"② 从以上的论述来看，张明楷教授是把社会危害性与法益侵害性相等同的，同时又认为社会危害性相当于德日三阶层的犯罪论体系中的违法性，这一判断是完全正确的，因为违法性是在具备构成要件该当性以后的一种实质判断。但张明楷教授又强调了法益的解释论机能，指出："法益的解释论机能，是指法益具有作为犯罪构成要件解释目标的机能。即对犯罪构成要件的解释结论，必须使符合这种犯罪构成要件的行为确实侵犯了刑法规定该犯罪所要保护的法益，从而使刑法规定该犯罪、设立该条文的目的得以实现。"③

张明楷教授在上述论断中所说的犯罪构成要件是在犯罪成立条件意义上而言的。在这种语境中，强调法益的解释论机能或许问题还不大。因为犯罪构成要

---

① 参见陈兴良：《社会危害性理论——一个反思性检讨》，载《法学研究》，2000（1）。
② 张明楷：《法益初论》，273页，北京，中国政法大学出版社，2003。
③ 张明楷：《法益初论》，216页，北京，中国政法大学出版社，2003。

件，也就是我国传统的四要件，在四要件之间存在的是平面关系而非位阶关系。因此，行为只要符合犯罪构成要件就构成犯罪，而犯罪必然具有法益侵害性，这个意义上的法益侵害性是犯罪本质。但张明楷教授在三阶层的犯罪论体系中的构成要件论意义上提出形式的解释论与实质的解释论之争，并且强调法益对构成要件解释的指导意义。在这种情况下，实质解释论就是在实质的构成要件论与实质的犯罪论的层面上得以展开。罪刑法定原则与社会危害性之争也就在形式的犯罪论与实质的犯罪论之争的名义下被讨论。日本学者大谷实对形式的犯罪论与实质的犯罪论作了以下论述，指出："承认构成要件的独立机能，以社会的一般观念为基础，将构成要件进行类型性地把握的犯罪论，通常被称为形式的犯罪论。实质的犯罪论对形式的犯罪论进行批判，认为作为形式的犯罪论的中心的犯罪的定型或类型的内容不明，因此，在形式的犯罪论中，追求保障人权保护国民利益的处罚范围难以适当划定，主张在刑罚法规的解释特别是构成要件的解释上，应当从处罚的合理性和必要性的观点，换句话说，应当从当罚性这一实质观点出发来进行。按照这种观点，刑法是行为规范，但更应当是以法官为对象的裁判规范，即不外乎是为了导入实质的当罚性判断的规范。因此，罪刑法定原则中的明确性原则或刑法的严格解释原则并不重要，应当从处罚的必要性和合理性的立场出发，对刑罚法规或构成要件进行实质的解释。"①

大谷实教授自称是主张形式的犯罪论的，而其所引的实质的犯罪论观点来自前田雅英教授。其实，形式的犯罪论与实质的犯罪论所涉及的主要是构成要件与违法性之间的关系：将构成要件与违法性相分离，在构成要件中作形式判断，在违法性中作实质判断，从而主张构成要件的行为类型；在构成要件中作处罚必要性的实质判断，从而主张构成要件的违法行为类型说。在论及形式的构成要件与实质的构成要件时，前田雅英教授指出："在考虑构成要件的真相的时候，首先成为问题的是和违法性的关系。就像此前所阐述的，关于两者的关系的见解存在着以下两种立场的重大区别：将罪刑法定主义作形式性的把握，将构成要件认为

---

① ［日］大谷实：《刑法讲义总论》，2 版，黎宏译，87～88 页，北京，中国人民大学出版社，2008。

形式解释论的再宣示

和违法性判断相分离的纯粹的客观的记述性行为的类型（框架）的传统立场；实质性地理解犯罪类型从而将构成要件理解为作为违法行为的类型化的立场。前者是以重视构成要件的'明示怎样的行为被处罚的机能（罪刑法定主义的机能）'的见解为基础，认为构成要件由客观的、形式的、记述的而且无价值的东西构成的。因此在构成要件中当然不包含规范性的或主观性的事情，即使该当了构成要件，这终究也只是符合形式性的框架，所以关于犯罪的成立与否不能做过多的描述。与此相对，理解为作为违法类型的构成要件的立场认为构成要件和违法性原则上没有区别。该当于作为只将违法的行为类型化的构成要件的行为，原则上就当然成为违法的行为。"①

由此可见，形式的构成要件论与实质的构成要件论之争，并不是要不要实质的法益侵害性判断之争，而是将实质判断前置于构成要件论还是后置于违法性论之争。形式的构成要件论是古典的犯罪论体系创始人贝林所主张的，贝林充分强调了构成要件对于罪刑法定原则限制机能的现实化的促进作用。正如我国有学者指出的："（贝林）竭力主张认为只有具备该当犯罪类型的轮廓时才能被处罚，这里的该当犯罪类型就是构成要件的该当性。行为不具备这一特征，即使具备违法性和有责性，行为人仍然不能受到刑事追究，这便是贝林构成要件理论的形式化特征。显然，贝林力图通过维持构成要件的事实性与形式性以达到使构成要件客观化的目的，最终与罪刑法定原则的明确性要求建立排他性的映射关系。"②

而实质的构成要件则是把法益侵害性的实质判断以处罚必要性的名义在构成要件阶段完成，因而出现实质判断过于前置的问题。实质判断过于前置带来的后果是消解了形式要件的限制机能，使构成要件从承担排除在形式上不具备构成要件该当性行为的出罪机能转向从实质上认定具有处罚必要性行为的入罪机能。我认为，这对罪刑法定原则的形式侧面大有损害。

值得注意的是，张明楷教授在从苏俄的刑法话语到德日的刑法话语的转换过

---

① ［日］前田雅英：《现代社会和实质的犯罪论》，日文版，47页，东京，东京大学出版社，1992。
② 邵栋豪：《从明文到明确：语词变迁的法治意义——Beling构成要件理论的考察》，载《中外法学》，2010（2）。

227

程中,存在着思维跳跃的现象。例如,张明楷教授指出:对于刑法规定的犯罪构成要件,仍然必须从实质意义上进行解释,从而使刑法规定的犯罪真正限定在具有严重的法益侵害性的行为之内。因为刑法是用文字规定犯罪构成要件的,但文字的多义性、变化性以及边缘意义的模糊性等特点,决定了单纯根据文字的字面含义对构成要件做形式解释时,必然导致将一些不具有实质的刑事违法性的行为认定为犯罪。[①] 在以上论述中,出现了两个概念:犯罪构成要件与构成要件。犯罪构成要件是苏俄的四要件的犯罪构成要件,是指犯罪成立条件的总和。而构成要件是指德日的三阶层的犯罪论体系中的构成要件,它只是犯罪成立的第一个要件。对于犯罪构成要件当然要进行实质解释,否则就会使其形式化而导致将一些不具有实质的刑事违法性的行为认定为犯罪。但构成要件未必一定要进行实质解释,对构成要件进行形式解释,而将实质判断置于违法性阶层。在这种情况下,怎么能够得出结论:对构成要件做形式解释就必然会导致将一些不具有实质的刑事违法性的行为认定为犯罪呢?显然,张明楷教授是将对犯罪构成要件做形式解释会出现的消极后果转嫁给对构成要件的形式解释,这在逻辑上是难以成立的。

在三阶层的犯罪论体系中,实质判断到底是放在构成要件阶层还是放在违法性阶层,这是可以继续争辩的。我并不反对构成要件的实质化,但我认为这种实质化是一种事实的实质化而非价值的实质化。事实的实质化和价值的实质化是完全不同的。以杀人为例,对杀人的形式解释是指将杀人界定为引起死亡的所有行为。如此形式地理解杀人,会使杀人的范围过于宽泛。因而通过客观归责,对杀人进行实质地限制,这是一种事实的实质化,而事实的实质化也是以形式解释为前提的。而杀人的价值实质化是指法益侵害性的判断,尽管在构成要件阶层具备事实实质化的杀人行为,但在违法性阶层存在违法阻却事由,例如属于正当防卫杀人,则因缺乏法益侵害性而出罪。因此,法益侵害性的判断应当在违法性阶层进行。

法益理论是德国学者李斯特所大力弘扬的,李斯特认为,法律所保护的利益

---

① 参见张明楷:《刑法的基本立场》,126 页,北京,中国法制出版社,2002。

即法益（Rechtsgueter），法益就是合法的利益。① 李斯特提出了作为法益保护的刑法，可见其对于法益的重视。但李斯特同时认为，法益侵害是一个违法性判断的问题，他将实质违法界定为是指危害社会的（反社会）行为，指出："违法行为是对受法律保护的个人或者集体的重要利益的侵害，有时是对一种法益的破坏或危害。对重要利益的保护是法律的首要任务。通过对因受法律保护而上升为法益的重要利益进行认真的界定，利益之矛盾，法益之冲突也不可能被完全排除。构成法制度最后和最高任务的人类共同生活目标的要求，在此等矛盾、冲突中牺牲价值低的利益，如果只有以此为代价才能维护价值高的利益的话。据此可以得出以下结论：只有当其违反规定共同生活目的之法秩序时，破坏或危害法益才在实体上违法，对受法律保护的利益的侵害是实体上的违法，如果此等利益是与法秩序目的和人类共同生活目的相适应的。"② 法益侵害的判断是一种价值判断，也是一种实质违法的判断，它应当受到构成要件判断的限制。只有在具备构成要件该当性的基础上，才能进行这种实质判断，否则必将危及罪刑法定原则。

结语

罪刑法定原则的形式理性为形式解释论提供了思想资源，同时也对我国当前的刑法知识给予了理念支撑，唯此才能与实质解释论厘清各自的学术立场和勘定彼此的理论边界，并在思想与知识这两个层面形成与实质解释论之间的学派之争。

（本文原载《中国法学》，2010（4））

---

① 参见 [德] 李斯特：《德国刑法学教科书》，修订译本，徐久生译，6 页，北京，法律出版社，2006。
② [德] 李斯特：《德国刑法学教科书》，修订译本，徐久生译，201 页，北京，法律出版社，2006。

形式解释论与实质解释论：事实与理念之展开

站在实质解释论的立场上，我国学者吴学斌提出了"超越法律形式主义"的命题，指出：考虑到我国目前的司法实践已经深深地陷入了法律形式主义的泥坑，甚至是一种残缺的法律形式主义的陷阱之中而不能自拔。这种机械的、封闭的法律思维无法满足法律开放性的要求，将刑法变成了一部"死法"，影响"正义"等法律理念在司法中的实现。[①] 这里涉及对我国刑事司法现状的一个基本判断：我国目前的刑事司法实践果真如同吴学斌教授所言，深深陷入了法律形式主义的泥坑？吴学斌教授为证实上述判断，提出了一个例证，这就是所谓"陈某一夫娶二妻案"。该案案情如下：

1994年，陈某在广东省湛江市某玩具厂打工时认识了在同一工厂打工的海南姑娘叶某，两人很快恋爱并同居。1998年1月，叶某回海南探亲。在叶某回海南的四个月里，陈某与该工厂的另一女孩戴某恋爱并同居。后来，陈某一直在叶某和戴某之间周旋，直至2000年7月叶某、戴某明白真

---

① 参见吴学斌：《刑法适用方法的基本原则——构成要件符合性判断研究》，13页，北京，中国人民公安大学出版社，2008。

形式解释论与实质解释论：事实与理念之展开

相为止。明白真相后的叶某、戴某为了最后能够嫁给陈某，竟答应三人同居。2001 年，叶某、戴某同时怀孕。眼看着叶某、戴某两人的肚子一天天地大起来，陈某感到麻烦了，赶谁谁也不愿意走。无奈之下，陈某抛出了一个同娶二女入门的想法。这个想法遭到叶某和戴某的极力反对。陈某威胁说："谁不愿意要夫妻名分的，可以离开。"此时的叶某、戴某已是大腹便便（叶某的预产期是 6 月下旬。戴某的预产期是 6 月上旬）。为了那可怜的名分，两人谁也不愿意向对方屈服，谁也不愿意退出。终于，一个惊世骇俗的"一男二女同日举行婚礼"的计划在广西壮族自治区东兴市江平镇某村出笼了。2001 年 5 月上旬，陈某按当地婚俗向亲友们发出了陈某、叶某、戴某三人联名的结婚请柬。他们不顾市、镇两级妇联、司法办和村委干部的劝阻，于 2001 年 5 月 16 日在陈某家举办了婚宴。

在上述案件中，陈某虽然同日与二女举行了婚礼，但陈某与二女均未办理结婚登记手续。因此，陈某等人是否构成重婚罪，关键在于如何理解重婚罪中的结婚，即这里的结婚是指经登记而有效的法律婚，还是包括未经登记而同居的事实婚？如果包括事实婚，是指一次事实婚还是两次事实婚（事实重婚）都可以构成重婚罪？如果是一次事实婚，则事实婚是在法律婚之前还是在法律婚之后，或者无论前后都构成重婚罪？总之，这是一个十分专业的刑法问题。

如果坚持形式解释论的观点，重婚罪中的结婚，应当是指法律婚而不包括事实婚。事实婚在我国农村地区是客观存在的。随着《婚姻法》的普及，事实婚呈现逐渐减少的趋势。法律如何对待事实婚存在一个演变过程，并且在民事法和刑事法之间存在某种冲突。1994 年 2 月 1 日，民政部颁布了《婚姻登记管理条例》，其中第 24 条规定："符合结婚条件的当事人未经结婚登记以夫妻名义同居的，其婚姻关系无效，不受法律保护。"这表明，我国民事法不承认事实婚的法律效力，而将其视为非法同居，不给予法律保护。本来刑法中的重婚罪是对婚姻关系的保护，其对婚姻的理解应当与《婚姻法》保持一致，但 1994 年 12 月 14 日，最高人民法院发布的《关于〈婚姻登记管理条例〉施行后发生的以夫妻名义非法同居的重婚案件是否以重婚罪定罪处罚批复》却指出：新的《婚姻登记管理条例》

231

（1994年1月12日国务院批准，1994年2月1日民政部发布）发布施行后，有配偶的人与他人以夫妻名义同居生活的，或者明知他人有配偶而与之以夫妻名义同居生活的，仍应按重婚罪定罪处罚。这一司法解释仍将事实婚解释为重婚罪中的结婚，本身就是一种实质解释，突破了结婚这一概念的法律特征。由此，《婚姻法》对结婚的形式性解释与刑法对结婚的实质性解释形成了鲜明的对照。即使将事实婚解释为结婚，在司法实践中还需要区分：先有法律婚后有事实婚、先有事实婚后有法律婚，以及前后两个事实婚（事实重婚，不包括第一个事实婚姻解除以后又有一个事实婚的情形）等三种情况。那么，是否上述三种情况都构成重婚罪呢？对此，最高人民法院在"方伍峰重婚案"的裁判理由中指出：根据最高人民法院的前述批复，事实婚仍可作为重婚罪的构成要件。对最高人民法院批复中的所谓"有配偶的人"，应理解为是指已经依法登记结婚的人。对未经依法登记而以夫妻名义共同生活的人，不能称之为"有配偶的人"。因此，已经登记结婚的人又与他人以夫妻名义同居生活的，或者明知他人已经登记结婚，还与之以夫妻名义同居生活，今后同样构成重婚罪。对于先有事实婚姻，又与他人登记结婚和两次及两次以上均是事实婚姻的，则依法不构成重婚罪。[①]

根据以上裁判理由，即使承认事实婚姻可以作为重婚罪的构成要件，也只有先有法律婚后有事实婚这一种情形才构成重婚罪。而先有事实婚后有法律婚，以及前后两个事实婚这两种情形均不构成重婚罪。陈某所谓的一男娶二女案，是陈某与二女同时构成两个事实婚，它与前后两个事实婚虽然有所不同，但从性质上来说仍然属于事实重婚而非法律重婚。对于本案，当地司法机关采取了谨慎的态度，因为这种行为是属于重婚还是非法同居，在现行法律上未见明确的界定，在司法实践中也没有先例。此案之所以难以被认定为重婚罪，是因为陈某虽然同时迎娶了叶某、戴某，但在同时迎娶叶某、戴某之前，陈某并没有配偶。所以，难以认定陈某符合重婚罪所要求的"有配偶而重婚"的要件。同样，叶某、戴某在与陈某同时举行婚礼之前，陈某也是没有配偶的，所以，叶某、戴某也不存在

---

① 参见最高人民法院：《刑事审判参考》，第2辑，17页，北京，法律出版社，1999。

形式解释论与实质解释论：事实与理念之展开

"明知他人有配偶而与之结婚"这一重婚前提。而且，本案中的陈某、叶某、戴某并没有办理结婚登记手续。所以，他们三人充其量只能构成一种事实婚，两个事实婚不构成重婚。对于以上观点，吴学斌教授认为，这是对《刑法》第258条规定的机械的法律形式主义的理解，并以本案证明法律形式主义过于注重文字的严格意义而忽略文字背后的规范意义与目的的弊端。在此基础上，吴学斌教授对本案发表了以下入罪的论证意见：一夫一妻的婚姻制度是文明社会的进步标志，为现代社会所积极接受和坚决维护。重婚罪的规范意义在于禁止任何人以任何方式危害这种婚姻制度。如果认为无效婚姻、事实婚姻并非婚姻，而是非法同居关系或同居关系；一男二女未办结婚登记但同时举行婚礼，以夫妻名义同居生活的不构成重婚罪，那么，我国《婚姻法》规定的"一夫一妻制"原则和《刑法》第258条关于重婚罪的规定，就只能形同虚设了；保护妇女、儿童的合法权益也就只能是一句空谈。事实上，重婚者，无论前后是两个事实婚姻，还是其中之一是事实婚，都在实质上是对这种婚姻制度的一种挑衅和违反，同时也与社会公认的正义与公平价值相冲突。《刑法》第258条的"有配偶"，当然包括事实婚上的配偶。因此，从规范的目的以及社会公认的正义与公平价值的角度而言，陈某、叶某、戴某的行为应该属于刑法的调控范围。① 在以上论述中，我专门点出了"实质"二字：这一论述确实体现了法律实质主义的思维方法，从重婚罪的本质特征是破坏一夫一妻的婚姻制度出发，推导出事实重婚破坏了一夫一妻的婚姻制度，具有了重婚罪的本质特征，因而在实质上构成了重婚罪。通过这一实质推理，将一个本来不具备重婚罪的构成要件的行为予以入罪。

值得注意的是，吴学斌教授将我在上文所引述的重婚案的裁判理由，即"对于先有事实婚，又与他人登记结婚和两次及两次以上均是事实婚姻的，则依法不构成重婚罪"指责为是法律形式主义的典型思维，其结果导致一夫一妻的婚姻制度和刑法关于重婚罪的规定形同虚设，而且助长犯罪人规避法律的激情，这显然

---

① 参见吴学斌：《刑法适用方法的基本原则——构成要件符合性判断研究》，22页，北京，中国人民公安大学出版社，2008。

是与现代法律的精神相违背的。① 对于这一观点，我是不以为然的。重婚以存在有效的婚姻为前提，而事实婚并非有效的婚姻，按照形式解释论，当然不能成为重婚罪的构成要件。最高人民法院关于重婚罪的司法解释，在我看来已经在一定程度上扩张了重婚罪的范畴，仍被指责为法律形式主义，可见其实质解释论立场之偏颇。

陈某重婚案是否应当被定罪充分展示了形式解释论与实质解释论在个案上的分歧。其实，对形式解释论与实质解释论进行个案的检验并非我的本意，在此我只是想指出这样一个值得深思的问题：我国目前的刑事司法实践已经深深地陷入了法律形式主义的泥坑这一判断符合实际吗？我的回答是断然否定的。恰恰相反，我国目前的刑事司法实践已经深深陷入了法律实质主义的泥坑，由此逾越了罪刑法定原则的樊篱，这才是事实真相。为此，我可以提出司法解释和个案判决这两个方面的例证。

司法解释作为一种对法律文本的权威性阐述，对于司法实践的刑法适用具有重要的指导意义。在罪刑法定原则下，司法解释不得逾越立法权，这是刑事法治的应有之义。然而，在司法解释中存在着越权司法解释。有学者指出：越权刑法司法解释具有狭义和广义两种含义。狭义的越权刑法司法解释，是指超出了法定解释权限的刑法司法解释，即本来有司法解释权的，但超出了解释规则。质言之，这种越权是"越解释权"。广义的越权刑法司法解释除了狭义的越权刑法司法解释外，还包括无权司法解释，即没有法定的司法解释权的国家机关对刑法所作出的解释。质言之，这种越权是"越其实有职权"。具体来说，越权司法解释包括有司法解释权的机关作出的违背解释规则的解释和无司法解释权的其他国家机关作出的解释。② 越权司法解释超越了司法解释的权限，将无罪行为解释为有罪行为，从而侵越了立法权。因此，越权刑法司法解释是违反罪刑法定原则的。应该指出，这种越权的入罪解释时有发生。例如我国《刑法》第 227 条第 1 款规

---

① 参见吴学斌：《刑法适用方法的基本原则——构成要件符合性判断研究》，23 页，北京，中国人民公安大学出版社，2008。

② 参见赵秉志：《刑法解释研究》，305～306 页，北京，北京大学出版社，2007。

形式解释论与实质解释论：事实与理念之展开

定了伪造、倒卖伪造的有价票证罪。2000 年 12 月 5 日，最高人民法院《关于对变造、倒卖变造邮票行为如何适用法律问题的解释》（以下简称《解释》）规定："对变造或者倒卖变造的邮票数额较大的，应当依照刑法第二百二十七条第一款的规定定罪处罚。"按照前引《解释》，对变造或者倒卖变造邮票的行为，应当以伪造或者倒卖伪造的有价票证罪论处。在这种情况下，将刑法适用于伪造的规定扩张适用于变造，抹杀了伪造与变造之间的界限。而在我国刑法中，伪造与变造是有所不同的。例如，《刑法》第 170 条规定了伪造货币罪，第 173 条规定了变造货币罪。又如，《刑法》第 280 条第 1 款规定了伪造、变造国家机关公文、证件、印章罪，第 280 条第 3 款规定了伪造、变造居民身份证罪。由此可以推论，对变造行为需要处罚的，刑法应有特别规定。在刑法没有特别规定的情况下，对变造行为按照伪造之罪论处，可以说是一种越权解释。当然，在如何衡量是否越权上，实质解释论与形式解释论之间也是存在分歧的。例如，根据实质解释论的观点，上述司法解释就没有越权。① 因此，越权刑法司法解释之作出，在很大程度上是实质解释论的结果，它造成对罪刑法定原则的违反。因为实质解释论强调将值得处罚的行为解释为犯罪，而对是否值得处罚又往往采用实质标准，即是否具有社会危害性，由此造成法律界限的突破。

　　法律实质主义在司法实践中的表现，更多地反映在个案判决中，肖永灵投寄虚假炭疽杆菌素，就是一个生动的案例。2001 年 10 月间，被告人肖永灵通过新闻得知炭疽杆菌是一种白色粉末的病菌，国外已经发生因接触加有炭疽杆菌的邮件而致人死亡的事件，因此，认为社会公众对收到类似的邮件会产生恐慌心理。同年 10 月 18 日，肖永灵将家中粉末状的食品干燥剂装入两只信封里，分别邮寄给上海市人民政府某领导和上海东方电视台新闻中心陈某。同年 10 月 19 日、20 日，上海市人民政府信访办公室工作人员陆某等人及东方电视台陈某在拆阅上述夹带有白色粉末的信件后，造成精神上的高度紧张，同时引起周围人们的恐慌。经相关部门采取大量措施后，才逐渐消除了人们的恐慌心理。上海市第二中级人民法院对本案审理后认为，被告人肖永灵通过向政府新闻单位投寄装有虚假炭疽

---

① 参见张明楷：《罪刑法定与刑法解释》，216～217 页，北京，北京大学出版社，2009。

杆菌信件的方式,以达到制造恐怖气氛的目的,造成公众心理恐慌,危害公共安全,其行为构成了以危险方法危害公共安全罪,公诉机关指控的罪行成立。上海市第二中级人民法院于2001年12月18日以(2001)沪二中刑初字第132号刑事判决书对肖永灵作出了有罪判决,认定其触犯了《刑法》第114条的规定,构成以危险方法危害公共安全罪,判处有期徒刑4年。在法定上诉期间,被告人肖永灵未提起上诉。① 对于本案,有学者指出:在肖永灵"投寄虚假的炭疽杆菌"一案中,法院将"投寄虚假的炭疽杆菌"的行为解释为《刑法》第114条中的"危险方法",这既不符合此种行为的性质,也不符合《刑法》第114条的立法旨趣,已经超越了合理解释的界限,而具有明显的类推适用刑法的性质。② 我认为,以上评论是一针见血的。投寄虚假的炭疽杆菌行为在客观上根本不具有危害公共安全的性质,它与投寄炭疽杆菌行为的性质根本不同,连类似关系都不存在,称之为类推适用已经是一种客气的说法。后来的立法补充规定也说明了这一点。在上述判决作出后的第11天,即2001年12月29日,全国人大常委会通过的《刑法修正案(三)》增设了故意传播虚假恐怖信息罪。相关的立法理由指出:这种投放假炭疽菌或者变造虚假信息的行为,会使人们难辨真假,危害更大,应当予以刑事制裁。由于这种行为不可能实际造成传染病的传播,不属于危害公共安全方面的犯罪,难以适用危害公共安全罪的规定,而当时刑法中又缺乏相应的规定,因而,《刑法修正案(三)》增加了对这种犯罪的规定。③ 而正是在当时刑法没有规定的情况下,肖永灵被定罪了,其与罪刑法定原则的冲突十分明显。由此可见,罪刑法定主义的司法化绝非一日之功,它涉及刑事司法理念的转变、刑事司法制度的改革和刑事司法技术的提升。在此,对刑法到底是采用形式解释论,还是实质解释论,是一个重要的问题。一种行为是否构成犯罪,首先应当考虑的是这一行为是否在形式上符合刑法规定的构成要件,而不是首先考虑这一行为是否具有

---

① 参见游伟、谢锡美:《"罪刑法定"原则如何坚守——全国首例投寄虚假炭疽杆菌恐吓邮件案定性研究》,载游伟主编:《华东刑事司法评论》,第3卷,256页,北京,法律出版社,2003。
② 参见周少华:《罪刑法定在刑事司法中的命运——由一则案例引出的法律思考》,载《法学研究》,2003(2)。
③ 参见全国人大常委会法律工作委员会刑法室:《中华人民共和国刑法条文说明、立法理由及相关规定》,604页,北京,北京大学出版社,2009。

形式解释论与实质解释论：事实与理念之展开

实质上的社会危害性。实质解释论在对刑法文本解释的过程中，将实质判断置于优先、优势、优越的位置，在很大程度上冲击了罪刑法定原则设置的犯罪的形式界限。

通过以上分析，我们可以得出如下结论：在我国目前的刑事司法实践中，完全没有深深陷入法律形式主义的泥坑，因而需要采用实质解释论加以拯救的问题；而恰恰是深深陷入了法律实质主义的泥坑，因而需要引入形式解释论加以纠正。对事实判断的不同，决定了在价值选择上的差别。可以说，客观事实是破解形式解释论与实质解释论之争的最好方式，因为事实胜于雄辩。然而，我们又不能满足于摆事实，还要讲道理，我们需要揭示形式解释论与实质解释论对立背后更深层次的理据上的对立。我认为，在某种意义上说，形式解释论与实质解释论之争不仅是构成要件论之争，甚至是刑法机能论之争、刑法观之争。

就刑法机能而言，刑法理论一般认为，刑法具有人权保障与社会保护这两种机能。日本学者曾根威彦将刑法机能称为社会控制机能，又把这种社会控制机能分为第一次社会控制机能与第二次社会控制机能，认为第一次社会控制机能是刑法作为被组织起来的社会力量即国家用来维持社会秩序的社会控制手段。因此，第一次控制机能就是法益保护机能。第二次社会控制机能是为了保障国民的权利、自由对统治力量（国家）本身进行控制，这就是刑法对控制社会的主体即国家自身的控制。因此，第二次社会控制机能是一种控制之控制，就是人权保障机能。在论及这两种刑法机能之间的关系时，曾根威彦教授指出：刑法的第二次社会控制机能，就是通过制约国家的刑罚权的行使，保障罪犯不受国家滥用权力的侵害，并进而保障一般国民的权利和自由，这就是刑法的人权保障机能（刑法的人权大宪章机能）。刑法在处罚罪犯，保障国民的法益的同时，还通过排除无目的地处罚罪犯，以保障国民的人权。在有值得刑罚处罚的侵害重要生活利益的行为，但没有处罚该行为的规定的时候，就有刑法的法益保护机能和人权保障机能之间的矛盾和冲突。这种场合，近代刑法，是优先考虑对后者的保障的。罪刑法定原则体现的就是这一点，看重第二次控制社会机能特点的近代刑法，在此显示出了其本来意义。① 由此可见，人权保障与社会保护都是刑法的社会机能，前者

---

① 参见［日］曾根威彦：《刑法学基础》，黎宏译，6～7页，北京，法律出版社，2005。

体现为罪刑法定原则,后者体现为法益保护原则。当两者发生冲突的时候,刑法的人权保障机能无疑是居于优先位置的,这也是近代法治社会的应有之义。而张明楷教授对于人权保障机能与社会保障机能采取一种调和的立场,指出:法益保护机能主要依靠刑罚的宣示与适用来实现,人权保障机能则主要依赖限制刑罚权的适用而实现。换言之,刑罚的适用,与保护法益成正比,与人权保障成反比。如何既最大限度地保护法益,又最大限度地保障自由,就成为难题。结局是,刑法必须在法益保护机能与人权保障机能之间进行调和。但这种调和没有明确的标准,只能根据适用刑法时的客观背景与具体情况,在充分权衡利弊的基础上,使两个机能得到充分发挥。① 这种调和论对人权保障机能与社会保护机能的关系作了一种模糊处理。我认为,在立法上要尽可能地对具有严重的法益侵害性,因而值得处罚的行为以构成要件的形式明确地加以规定,从而体现刑法对法益的保护。但在司法上,则应当严格遵守罪刑法定原则。当值得刑罚处罚的法益侵害行为没有刑法的明文规定的时候,绝对不能基于法益保护的实质根据而对其予以处罚。在此,人权保障机能是优先于社会保护机能的,对此不能调和。而且,三阶层的犯罪论体系的三个阶层分别体现刑法的三种价值:人权保障、社会保护和个人的决定自由。三阶层的排列所具有的位阶性,已经表明刑法这三种价值的位阶关系,即人权保障价值优先于社会保护价值,即刑法只有在罪刑法定原则范围内实现其社会保护机能。当成立不法以后,只有在基于导致犯罪决意的意志形成,可对行为人进行非难的情况下,才能加以刑事处罚。因为责任原则是以个人的决定自由为逻辑前提的。② 正是在这个意义上,李斯特宣称:罪刑法定原则是刑事政策不可逾越的樊篱。对此,我深表赞成。

张明楷教授曾经提出行为功利主义刑法观的命题,认为行为功利主义是依据行为自身所产生的效果的好坏,判断行为的正当与否,规则功利主义则根据在相同的具体境遇里,每个人的行为所应遵守准则的好或坏的效果,判定行为的正当

---

① 参见张明楷:《刑法学》,3版,26页,北京,法律出版社,2007。
② 参见[德]汉斯·海因里希·耶赛克、托马斯·魏根特:《德国刑法教科书(总论)》,徐久生译,490~491页,北京,中国法制出版社,2001。

形式解释论与实质解释论：事实与理念之展开

与否。张明楷教授认为行为功利主义刑法观的要义在于：刑法绝对排斥对正当行为的处罚，评价行为正当与否，应当采取行为功利主义，因而应当采取结果无价值论，在两种法益存在冲突的情况下，应当通过法益的衡量，判断行为正当与否。① 刑法排斥对正义行为的处罚当然是正确的，问题在于如何实现这一目的。犯罪论体系的阶层性设置，通过构成要件该当性与违法性这两个要件达致上述目的：构成要件该当性是通过形式判断将不具有构成要件该当性的行为排除在外，违法性则是通过实质判断将那些虽然具有构成要件该当性但不具有法益侵害性，因而不具有实质的违法性的行为予以出罪。由此可见，行为功利主义作为个别判断的、实质的判断行为正当与否的标准，只能在违法性阶层上采用。而在构成要件该当性中，仍然应当坚持规范的、形式的判断，从而坚守罪刑法定原则。在这个意义上，构成要件该当性应当坚持的恰恰不是行为功利主义而是规则功利主义。即使是主张构成要件的实质化，这种实质化同样应当受到形式要素的限制。因此，当张明楷教授将行为功利主义的实质违法观上升为行为功利主义的刑法观的时候，从一个正确的思想前提出发，就有可能得出偏颇的结论，这是必须提防的。对此，我的基本立场是主张一种规则功利主义刑法观，其要义在于：功利主义是一种效果论，以此区别于义务论。义务论是根据行为是否违反道德义务来判断一个行为的善恶，而效果论是根据行为造成的结果的好与坏来判断一个行为的善恶。从义务论到效果论，这是判断善恶标准以及方法论上的重大转换。因为义务往往具有先在性、先验性，是在漫长的历史过程中形成的，是世代人类社会生活经验的积累，因而具有传统性与保守性，当代人或具体人在这种义务面前处于从属和被动的地位。因此，根据义务论来判断善恶，实际上是对历史的服从、对秩序的服从、对前人的服从。当历史形成的秩序与当下的社会相冲突时，义务论的不合理性就会凸显。而效果论将善恶判断的根据从义务转换成为当下的效果时，就把善恶的判断权从传统与历史那里夺了回来，赋予当代人以更大的善恶判断权。当然，义务论与效果论也并非绝对对立。因为一定义务规则的形成同样是根据当时的效果，而当下以效果作为善恶的判断根据也同样会形成一定的规则。

---

① 参见张明楷：《行为功利主义刑法观》，载《法制日报》，2010-03-24。

239

在这个意义上说，义务论是历史的效果论，而效果论是当代的义务论。

规则功利主义具有两个要素：一是相同情况作相同判断；二是判断的根据是规则。也就是说，好或者坏的标准不是具体、个别的判断，而是根据规则的一般判断。在根据规则判断这一点上，规则功利主义与义务论具有相通之处，只不过义务论的义务是历史的规则，而规则功利主义的规则是现实的规则。因此，如果抹杀规则的先验性，就会混淆义务论与效果论的界限。而行为功利主义根据行为自身所产生的好或者坏的效果，来判断行为的正确或者错误。由此可见，行为功利主义的特点在于：一是强调个别判断与实质判断；二是强调行为自身对于善恶判断的意义。应当指出，行为功利主义并不是否认规则在善恶判断中的意义，它只是反对对规则的过分迷信与崇拜。两者的区别在于：在遵守普遍规则会带来特殊情况下的坏的效果时，还要不要遵守规则？凡是对此问题作出肯定回答的，就是规则功利主义；凡是对此问题作出否定回答的，就是行为功利主义。

到底是赞同规则功利主义还是行为功利主义，这里涉及一个如何对待规则的问题。在任何一个社会，规则都是十分重要的。没有规则也就没有法治，因为法治就是规则之治。任何规则都是存在例外的，在某些情况下，遵守规则也会产生恶的效果，在这种情况下，还要不要遵守规则？如果这只是一种例外之恶，那么就不应当通过破坏规则而避免这种恶，而应当将恶看作是遵守规则所带来的不得不承受的代价。如果一种规则通常会产生恶的结果，那么这种规则本身就是恶的，应该修改规则。无论如何，规则都必须得到遵守，这种规则意识，恰恰是法治所要求的。① 在我国当下社会中，法治规则意识尚未完全建立。在这种前法治时代，我国应该大力弘扬规则功利主义。相对于实质刑法观，我毋宁主张形式刑法观；相对于行为功利主义，我毋宁主张规则功利主义。当然，相对于实质解释论，我毋宁主张形式解释论。

这就是本文的结论。

(本文原载《法制与社会发展》，2011（2）)

---

① 参见陈兴良：《评行为功利主义刑法观》，载《法制日报》，2010-03-24。

刑法知识的转型与刑法理论的演进

在改革开放30年这样一个大的背景下,目前各个领域以及各个学科都在进行对这30年实践的总结和反思。从这个意义上来说,2008年可以说是总结和反思的一年。这里的30年是以1978年为改革开放的元年起算的,以这一年为开端我们国家逐渐走上了正轨。

转眼之间30年过去了,在此期间我国的各个方面、各个领域都取得了重大的进步,这种进步应该是有目共睹的。今天我是想从刑法学这样一个学科的角度来对这30年走过的历程做一个历史回顾,因为我是1978年的3月份进入北大学习的,今年正好是我入学30周年。我是北大法律学系77级的学生,78级是在9月份入学的,今年是我们77级和78级同学的入学30周年。今年5月2日,我们法律学系77级和78级的同学在北大举行了纪念活动,纪念我们入学30周年。在纪念活动上,苏力院长做了一个讲话,这个讲话在网上也可以看到,有关的报纸也刊登了,给我感受最深的是苏力的这一句话:"我们并不是这30年历史的见证人,我们本身就是这段历史,是这段历史的一个细节。"确实,我们可以说是这30年历史的亲历者,我们并不是在见证这30年的历史,而是亲身参与了这30年的历史,我们是这段历史的一个细节,是这段历史的某个个案。

作为一名刑法学者,我亲历了刑法学 30 年来的恢复重建,对于这 30 年的发展来说,我也是一个学术个案,因此,首先对此历程做一个回顾。大家现在才开始接触到刑法学,因此可能只知道刑法学的现状,对于现在的刑法学的演变历史大家可能并不熟悉。我深切感受到以下这句名言意义深刻:如果不知道历史就不懂得现实,只有从历史当中才能读懂现实。

近代刑法学的正式诞生,是以 1764 年意大利著名的刑法学家贝卡里亚发表《论犯罪与刑罚》为标志的,至今已有两百四十多年的历史。在此以后也有几个对近代刑法学的发展具有重要历史意义的年份。首先是 1801 年,这一年德国著名刑法学家费尔巴哈出版了《现行德国普通刑法教科书》,标志着刑法学科体系的正式建立;然后是 1881 年,德国著名刑法学家李斯特出版了《德国刑法教科书》,这本刑法教科书在刑法理论推进方面可以说是一个重大的标志;1906 年德国著名的刑法学家贝林出版了《犯罪论》,这本书在近代刑法学史上具有重大意义,它意味着犯罪论的古典学派正式诞生。李斯特和贝林被认为是在犯罪论体系中的古典学派。自 1906 年到现在已经过去了一百多年,在这一百年当中,德国的刑法理论又有了重大的发展。从《犯罪论》开创的古典学派到新古典学派,到威尔泽尔的目的主义犯罪论体系,一直到现在在德国占主导地位的以罗克辛为代表的目的理性主义犯罪论体系,德国刑法理论可以说是源远流长、一脉相传。德国的这一套犯罪论体系后来在日本得到移植并且逐渐形成了具有日本特点的犯罪论体系,以及以这个犯罪论体系为基础的刑法理论。这是近代刑法学理论的一个大背景,在此只能以非常粗略的线条来勾画。

然而,同一时期的中国正处在清末,当时在沈家本的主持下正在进行法律改革,这项法律改革的主要内容就是刑法改革,基本思路就是要引入大陆法系。因此,在沈家本的领导下经过新派和旧派、保守派和革新派的反复争论和多年较量,最后在 1910 年颁布了《大清新刑律》。《大清新刑律》的颁布意味着延续了两千多年的中华法系的终结,标志着中国近代法制的诞生。伴随着《大清新刑律》的制定,大陆法系的刑法开始引入。尤其是在《大清新刑律》的制定过程中,聘请了日本东京大学的刑法学教授冈田朝太郎作为刑法修订的顾问。随着刑

刑法知识的转型与刑法理论的演进

法的制定，也引入了大陆法系的刑法知识。1911年孙中山发动辛亥革命，推翻清王朝，建立了中华民国，中国进入民国时期。因此，《大清新刑律》只是刚刚颁布，实际上来不及真正实施就失效了。所以，可以说它是一部短命的刑法。但正是这部短命的刑法，在中国此后的刑事立法当中具有深远的历史意义。在中华民国成立以后一直到1928年，才制定中华民国的第一部刑法。此间，在北洋军阀期间，还制定了一部《暂行新刑律》，它基本上就是《大清新刑律》的翻版。直到1928年才颁布了中华民国的第一部刑法，1935年又颁布了中华民国的第二部刑法。在民国时期，刑事立法得到了很大的发展。与此同时，大陆法系有关刑法理论也逐渐引入到了我国，并产生了非常巨大的学术影响。

现在回顾这段刑法与刑法学的历史，在某种意义上也是了解我国刑法与刑法学的历史积累的过程，最近几年有些出版社出版了民国时期的法学著作，包括民国时期的刑法学著作。从这些著作可以看到20世纪三四十年代我国学人在刑法学研究上所作出的努力。应该说，从当时世界的情况来看，我国学人对刑法学研究的这些成果还并不是落后的，甚至可以说与当时的德国、日本的刑法学术水平不相上下。到了20世纪50年代初，新中国成立以后，我国在政治上引入了苏俄的制度，在学术上也是完全引入了苏俄的理论，包括在刑法学中出现了苏俄化的现象。也就是说，随着对于国民党的司法制度的清算，从《大清新刑律》所延续下来的法统就中断了，不仅法统中断了，而且以此为基础的学术研究的历史也中断了。从这个时候开始，我国的刑法学研究就另起炉灶，完全推翻了原先那一套，开始学习苏俄。20世纪50年代初，在学习苏俄的高潮中，我们翻译了大量苏俄的刑法教科书，尤其是1958年中国人民大学出版了苏联著名刑法学家特拉伊宁的专著《犯罪构成的一般理论》，这本书对中国的刑法学理论研究产生了重大的影响。苏俄的刑法学在某种意义上来说本身也属于大陆法系，在十月革命以前，沙俄的刑法知识、德国以及其他的大陆法系国家的刑法知识也是相通的。但在十月革命以后，随着政治化的需要，苏俄的刑法知识就对大陆法系的刑法知识进行重新改造和嫁接，建立了具有苏俄特征的刑法学理论体系。

苏俄的刑法知识在20世纪50年代初就传入我国，对我国现在的刑法知识的

243

形成产生了深远的影响。从20世纪50年代中期开始,随着我国逐渐开展大规模的政治运动,其中以1957年的反右派斗争作为一个标志,我国进入了一个政治动乱时期,一直到"文化大革命"。因此,从1957年开始到1978年这样长达20年的时间里我国的经济发展停滞不前,社会发展也可以说是停滞不前,我国的理论研究同样是停滞不前。所以当1978年开始改革开放的时候,可以说我国的刑法学是在一种学术的废墟上建立起来的。我在这里用了"学术废墟"这个词,大家对这个词所表达的内容可能还没有深刻的印象,这种学术废墟到底是一个什么样的状态?这里,我以一本书给大家做一个参照,书名叫《刑事政策讲义》,是北京大学法律系刑法教研室1976年12月印行的一个内部的读本。它是个讨论稿,我在1979年9月15日上刑法课的时候领到的,是当时的一本刑法教学参考书。我是在1979年9月份开始上刑法这门课的,当时正处在中华人民共和国第一部刑法颁布的两个月之后,尚未生效的时候。之所以以这么一本《刑事政策讲义》作为刑法参考教材,是因为当时没有刑法教材。从这本书可以看出当时刑法学的理论研究所处的状态,可以说是学术废墟的真实写照。这本书的内容只有政治性,没有学术性。这本书名义上讲的是刑事政策,但实际上讲的是一些当时比较风行的教条,正是这些政治教条成为刑法学研究的主要内容,在这里把书中10个专题的题目给大家介绍一下。

第一个题目是我国政法机关的性质和任务。"文化大革命"时期提倡所谓的打倒公检法,由军管会来办案,军管会撤销后才成立了公安局。直至1977年左右才恢复法院,检察院则是到了1979年才恢复。这本书写成于1976年,当时没有法院也没有检察院,政法机关只有以公安机关为主体的一些所谓的专政机关。

第二个题目是实行党委领导下的群众路线。党的领导和群众路线,是中国政法工作的两个基本原则,在这本书中也作了充分的强调,尤其是要克服司法工作的神秘主义。当时有一个名词,大家一定都熟悉,这就是群众专政,这和我们现在讨论的大众化与精英化,是两种完全不同的思路。

第三个题目是正确区分和处理两类不同性质的矛盾。这也是具有中国特色的刑法理论命题,是毛泽东思想在刑法理论中的体现。将两类不同性质的矛盾的分

刑法知识的转型与刑法理论的演进

析方法用于对犯罪问题的研究，就出现了两类不同性质的犯罪这样的命题。都是杀人，有的是阶级敌人杀人，这是敌我矛盾。有的是人民之间的杀人，这是人民内部矛盾。对此，判刑应当是不同的；否则，就是混淆了两类不同性质的矛盾。

第四个题目是惩办和宽大相结合的政策。这倒是一个刑事政策问题，但当时明显具有政治化、军事化的特点，是从对敌斗争经验中总结出来的，用于和犯罪作斗争。这与当时把犯罪问题作为一个政治问题加以考虑的背景，是密不可分的。

第五个题目是取证和调查研究。这主要是一个证据的问题，因为当时根本就没有刑事诉讼法，更不知程序正义为何物，所以在刑事理论中，只有取证和调查研究这一与证据有关的内容被保留下来了，并且与群众路线有着密切的关系。

第六个题目是犯罪及犯罪根源。当时在犯罪问题上政治化的倾向十分严重，把犯罪看作是阶级斗争的表现。至于犯罪根源，则是根据经典著作的观点，归结为私有制，认为私有制是犯罪的总根源，只要消灭了私有制就消灭了犯罪。那么，在实行公有制的社会主义国家为什么还有犯罪存在呢？根据列宁的理论，那是旧社会的痕迹，或者说是新社会的胎记。因此，有的学者把社会主义国家的犯罪说成是无源之水，最终必然被消灭。

第七个题目是正确认定犯罪。这是唯一一个与刑法相关的论题，但这里不能讲犯罪构成，而是强调在认定犯罪中的阶级分析观点。例如，认定犯罪的首要原则就是以阶级斗争为纲，坚持党的基本路线，用阶级斗争的观点和阶级分析的方法分析问题，处理问题。这样，认定犯罪活动的法律性不复存在，而其政治性却受到特别的强调。

第八个题目是镇压反革命和打击各种刑事犯罪。这部分内容相当于我们现在的刑法分则，由于并不存在刑法，因而，有关罪名不是根据法律认定的，而是根据政策确定的。其中论及的罪名是：反革命罪、杀人罪、放火罪、强奸罪、流氓罪、盗窃罪、诈骗罪、贪污罪、投机倒把罪、破坏革命军人婚姻罪、破坏知识青年上山下乡罪。除了杀人、盗窃这些刘邦入关约法三章之罪以外，都带有明显的时代烙印。

245

第九个题目是正确运用刑罚方法同犯罪做斗争。这部分内容相当于我们现在刑法中的刑罚论。在刑罚的性质认识上,强调刑罚是无产阶级专政的工具。但把两类矛盾的思想贯彻到刑罚适用上,又把对敌人专政的刑罚与对人民内部的犯罪分子受到的刑事处罚加以区分,认为这不属于专政的范围。

第十个题目是对敌对阶级分子和其他违法犯罪分子的劳动改造。这部分内容相当于现在的监狱法,但劳动改造之类的话语,其政治性十分明显。

这本书反映了当时刑法知识的状况,可以说,内容十分广泛,涉及刑事法的各个学科,用刑事政策将其串联起来。当然,刑法内容也包含在里面。对于本书的内容,我们可以从三个方面来分析。

1. 政治话语取代学术话语。在这本书当中可以说充满了政治性而没有学术性的话语,因为在当时的历史背景之下,学术性是完全受到排斥的,既不能从事学术研究,也不能从事学术思考,政治性和学术性完全合而为一,学术性完全被政治性所取代。所以这本书里所讲的内容都是一些政治性的内容,是党的一些基本路线,党的一些工作方法,党的一些政策精神以及阶级斗争这样一些政治话语,这样一种研究并不是学术的研究。

2. 政治判断取代规范判断。因为在当时根本就没有法律,在刑事法领域没有法律,它是无法可依的。因此在这本书里可以看出来它是没有规范判断的,有的只是政治判断,最多有一些政治上的把握,比如,在这本书里面专门有个题目讲的是正确认定犯罪,在此我看了它并没有给出一个规范的犯罪的概念。什么是犯罪?认定犯罪首先要有一个标准,根据这个标准才能去认定犯罪,这个标准应该是一个规范的标准。但是在这本书里面没有规范的犯罪概念。因此,这样一部著作所反映出来的都是一些政治性的判断,而没有一种规范的判断,缺乏法律的性质,不具有法律性的思考。

3. 政治逻辑取代法律逻辑。这本书里面讲的很多都是政治问题,根本不是法律问题,比如说这里面的对敌对阶级分子和其他违法犯罪分子的劳动改造,包括对敌对右派分子的社会改造,这些都是专政的一些措施,它不是用法律逻辑来论证的。如果根据法律逻辑来推理,在法律上先是一个人的什么行为能构成犯

刑法知识的转型与刑法理论的演进

罪，然后才能适用刑罚，然后执行刑罚，这是法律的逻辑。但是在这里面说对敌对右派分子进行社会改造，那么这些敌对右派分子之所以要对他们进行专政进行改造，是因为他们的阶级出身，所以不管这些人有没有实施犯罪行为都要对他们实行专政，这种专政的逻辑建立在阶级斗争的基础之上，所以它根本不是一种法律的逻辑推理。

这本书就是在那个特殊的时期我们的刑法知识的范本，在这段时期要想找本关于刑法方面的书可以说找不到，这是唯一的范本。前些天北京师范大学法学院的一个博士生来找我，他要对我国的刑事政策历史做一个综述，听说有这么一本书但到处找不到，就给储槐植教授打电话，储教授说他也没有，说我这里可能有，让他来找我看看有没有这本书，结果我一找就从书架上找到了这本书。在这个意义上讲，这本书几乎成为文物了。

从这本书我们可以看到当时的刑法学的研究状态完全是一个学术废墟，可以说是一无所有。不仅一无所有，而且还有一大堆废墟堆在那里，所以我国现在的刑法学是在这样一个学术废墟上来恢复重建的。只有这样，我们才能对我国这30年发展的刑法学的理论现状有一个更深刻的了解。

应该说，经过这30年的发展，我国刑法学的研究确实取得了非常瞩目的成就。随着1979年《刑法》的颁布，我国的刑法学理论研究就开始恢复重建，这种刑法学理论的恢复重建的动因就是1979年《刑法》的施行，因为刑法要适用，就需要理论进行指导。在这种情况下，围绕刑法适用的理论研究就逐渐发展了起来。最开始这种研究只是对刑法条文的叙述，理论层次相当低。与此同时开始恢复了20世纪50年代初从苏俄引进的刑法学研究，因为中间中断了20年，在恢复的时候首先想到的就是恢复苏俄的刑法学。因此在20世纪80年代初期，以教科书的写作为主要标志，逐渐建立起了我国的一套刑法知识体系，这套刑法知识体系基本上是对20世纪50年代从苏俄引进的刑法学知识的一种本土建构。

这套刑法学知识体系中最具代表性的就是犯罪构成理论，犯罪构成理论也就是大陆法系所称的犯罪论体系。可以说，犯罪论体系是整个刑法知识的精华之所在，正如有些学者所讲的那样，犯罪论体系是整个刑法学科王冠上的宝石，它是

刑法知识的精华，最能体现刑法知识的专门性、专业性和技术性。这套犯罪构成理论对刑法适用，尤其是对犯罪认定具有重要的指导意义。可以说，犯罪构成体系决定了刑法的理论结构和逻辑框架。因此，在20世纪80年代初期从苏俄引进的四要件的犯罪构成体系开始重获得新生，直到现在仍然具有重大的学术影响，它成为刑法学叙述的中心线索。这个时期基本上是以从1979年《刑法》颁布一直到1997年《刑法》修订作为一个时间段，这个时间段是我国刑法学从废墟恢复正常的一个阶段，并且有了一定的发展，基本形成了一套具有中国本土特色的刑法话语体系。刑法理论研究从它的成果上来说是发展很快的，在我们学习刑法的时候（1979年）是没有刑法教科书的，不仅刑法没有教科书，而且当时的任何一门课都没有教科书，因此我说我们这一代人是在没有教科书的情况下度过我们的本科时期的，和现在的同学们面临着太多的教科书、太多的学术论文、学术著作无从选择相比，正好处于两个极端，我们当时处于一种知识饥渴的状态。

第一本教科书是在1981年出版的，这就是北大刑法学科的杨春洗教授、甘雨沛教授、杨敦先教授等编写的《刑法总论》，这一本教科书可以说是当时最早的刑法学教科书。后来在1982年，高铭暄教授主编了全国法学统编教材《刑法学》。以《刑法学》的出版作为标志，我国的刑法学体系的框架就基本建立了起来，所以理论研究就逐渐地开展起来了。因为我是从1979年开始学习刑法这门课，到1982年在本科毕业以后考上中国人民大学刑法专业研究生就开始专门研习刑法，这段历史是亲身经历过来的。最开始的刑法学著作就只有这些教科书或是一些解释刑法的小册子。第一本刑法学专著是1986年才出版的，是现在上海社科研究院法学研究所所长顾肖荣教授的硕士论文，论文名是《刑法中的一罪与数罪问题》（上海学林出版社1996年版）。这本书也就10万字左右，讨论罪数问题，是一个小薄本，但在当时是我所见到的第一本刑法专著，该书给我留下深刻的印象。我国刑法学就是在这样的基础上慢慢发展起来的。经过大致10年的努力，刑法知识的积累达到了一个饱满的程度，大量刑法学教科书、大量刑法学论文和大量刑法学专著出版，这样刑法知识就出现了爆炸的态势。应该说，在法学各个学科当中，刑法学的起步发展是走在各个部门法学的前面的，主要是因为刑

刑法知识的转型与刑法理论的演进

法颁布得比较早。这里面涉及法学研究和各个部门法之间的关系问题，法学这门学科是以"法"作为研究对象的，因此，只有法治发展，法学才能发展，法学的发展永远不可能超越法治的发展。可以说，一个国家的法治越发达，它的法学就越发达。

在部门法中，刑法是最早颁布的，因此刑法学也就最早发展起来。民法是在1986年才颁布了《民法通则》，还有一些其他法律就更晚了，因此刑法是成熟得比较早的，但是我们也必须要看到在刑法知识中，到目前为止仍然留下苏俄刑法学深刻的印记，这一点在其他学科恰恰相反，它们受苏俄的影响已经看不到了，这也是引起我思考的一个问题。在20世纪50年代初整个中国法学苏俄化的过程中，不仅刑法学苏俄化，而且民法学、宪法学各个法学都是学的苏俄法学。这么多年过去了，刑法以外的学科，即民法、行政法、诉讼法等学科中苏俄的影响可以说是荡然无存，但是为什么在刑法知识当中还深深地打上了苏俄刑法学的烙印？这个问题值得我们思考。我认为，主要是因为我国现在所采用的仍然是从苏俄引进的四要件犯罪构成体系，它决定了刑法学理论的基本框架，这样的框架没有改变，苏俄刑法学的烙印就不可能消除。

正是在这样一个背景之下，我提出了刑法知识的转型这个命题，这也是刑法学这个部门法学发展的特殊性所决定的。刑法学这个学科在各个部门法学科中起步是比较早的，发展得比较成熟，但是当刑法知识发展到一定程度，我国现在面临着一个刑法知识的转型，而在其他部门法学科里面，可能不存在这样的转型，这也是我国刑法学所面临的一个挑战，当然这也是一个契机，这也是我所要讲的刑法的契机和转型。那么刑法知识为什么要转型？它如何转型？如何来完成这样的转型？这也正是我这些年来思考的问题，也是我所做的学术努力——推动我国刑法知识的转型。

正如我前面所讲的，我国现在的刑法学知识是在苏俄刑法学的废墟上建立起来的，也就是说，在1978年刑法学学科恢复重建的时候，我们是在学术废墟的基础上重建的，但是我们只是对这个废墟作出了一个简单的清理，而没有对这个废墟做进一步的考察就恢复重建了这样一个刑法学知识体系。现在看来，这个废

墟本身就是一个很大的问题，因为我们按照苏俄刑法的这一套知识体系做到一定程度就很难再往前走了。之所以很难再往前走了，是因为这一套框架已经容纳不下更多的刑法学知识，并且已经对刑法学知识的发展产生了束缚。之所以这样说，我觉得主要是由于以下两个原因造成的。

第一个原因是刑事立法和刑事司法的发展。我前面也讲过，刑法知识和法治本身是具有密切联系的，刑法学理论发展的动因在于满足法治建设的实际需求。在没有法治的情况下，也就没有刑法学；在法治落后的情况下，对刑法学的需求也不旺盛。因此，比较粗浅的刑法学理论总是和比较低级的刑事法治相联系的。随着刑事法治的进一步发展，就逐渐要求比较精致的刑法学，刑法学从粗糙到精致这样的发展，并不是刑法理论自身的逻辑演绎的结果，而恰恰是刑事法治推动的结果，是刑事法治的实际需求所得出的结果。从这里可以看出，我们从苏俄引进的刑事法学说在苏俄本身就是在不重视法制、政治口号压倒法制这样的背景下产生的，因此，苏俄刑法学本身具有先天的缺陷。引用到我国以后，虽然也做过某些弥补的工作，但还是它那一套，因此在一个法制不太健全的时期，这一套比较粗糙的理论还能解决一些现实的问题，还能够满足预防和打击犯罪的需求。但随着刑事法治的进一步发展，这一套比较粗糙的理论就不能满足法治建设，因为法治建设要求的是一套比较精致的刑法理论，所以，对于刑法知识的精致性的需求就成为刑法学发展的必然趋势。对刑法学知识的精致性，我们往往存在一些误区，把它看成一种烦琐的经院哲学，认为这样一种思维以及它的成果是把简单问题复杂化，所以我们在思想上往往对这套理论的思维持排斥态度，认为这是烦琐哲学。

我们往往强调刑法理论应该研究实际问题、解决实际问题，这里面就存在一个刑法知识的大众化和刑法知识的精英化的对立。最近我看到一篇论文讨论刑法知识的精英化和大众化的问题，这是一个需要深入思考的问题。我们过去追求的都是一种大众化的刑法知识，这种大众化是具有政治性和正当性的，而精英化的刑法知识具有精致性和精确性的特点，往往受到排斥。到底怎样来看待这个问题？我们的刑法理论当然要解决实际问题，不能是无病呻吟、闭门造车，但是又

刑法知识的转型与刑法理论的演进

必须看到理论解决实际问题并不是头疼治头、脚疼治脚这样直接的方法，必须是一种理论的解决方法，这种理论性的方法具有制度性的特征，具有一般性的特征。在刑法学理论发展的初始阶段，理论缺乏层次上的划分，整个理论从整体上来看都是同样浅显的，所以我经常讲的一句话，就是在当时这种状态下，我们大学的研究刑法的著名教授和一个基层法院的法官思考的是同一个问题。这样一种状况是很不正常的，因为基层法院的法官所思考的问题和著名的刑法学教授思考的不应该是同一个问题，如果一个大学的刑法学教授去思考一个非常个案的、低等性的问题，显然说明我们的理论太浅显。因此这种理论的发展首先就要呈现出一种不同的理论层次。要体现出这种不同理论层次，要有一些能够实际解决问题的解决案件的刑法知识，但是更应该有一些高层次的，对刑法尤其是刑法的基本问题来作出形而上学的、追根究底的思考，而恰恰是后者代表了一个民族、一个国家的刑法学思考的最高水平。

在某种意义上来说，这种刑法知识的精致性和精确性恰恰属于刑事法治发达国家对于刑法知识的需求。在刑事法治的语境中，通过刑法来对个人的权利和自由进行保障是法治的根本标志。从这个意义上来说，在刑法知识当中，它必然包含着某种精英化的话语，这种话语在刑法学的知识当中应当占有一席之地，所以刑法学的发展本身在于这种思维的措施逐渐向更加广阔的领域拓展，不是满足于对个案的解释，不是满足于对法条简单的注释，而是把刑法放入社会的背景之下来进行思考。正如德国著名的刑法学家耶赛克所讲：刑法只是人类精神生活的一个点，人的精神生活的一个侧面。因此我们只有从人类精神生活更高的层次上来把握刑法，才能真正掌握刑法的精髓，而不是满足于对刑法规范表象的理解。这样一种对刑法精确性和静止性的分析对刑法理论不断的发展起到了促进作用，在客观上也能更大限度地满足法治建设的实际需求。从这个意义上来说，刑法的转型不是从自身意义上来讲的，而是为刑事法治的发展而形成的社会需求所决定的。

第二个原因是对外开放。我认为，对外开放不仅仅是在经济上，而且是在学术上、思想上、文化上的，刑法学也是如此。通过刑法学的对外开放，我们能面

对更为广阔的世界，吸收世界上对刑法学研究的最新成果，从而促进我国刑法学的进步。因为我们过去在错误的政治教条的影响下，在刑法的研究过程中出现了苏俄化的现象，也就是说把苏俄的刑法作为唯一的刑法知识来引进，而对其他的刑法知识持完全排斥的态度。对外开放以后，学术上的自我封闭状态被打破，使我们能接触到来自英美的、德日的，以至于来自其他国家的刑法知识，这里就出现了一个我国的刑法知识如何与其他国家的刑法知识进行对话、交流、争论的重要问题。我们过去在自我封闭的状态下发展起来的刑法理论知识，是无法和其他发达国家的刑法理论知识来交流对话的，它们缺乏一种对话的共同平台和一种共同的话语模式。这一点在犯罪构成理论上体现得非常明确。因为我们过去采用的是苏俄的犯罪构成，这样一个刑法知识的理论是犯罪理论的一个基本框架。在一个对刑法知识需求不是非常精致的情况下，这个理论框架还是能够满足现实的需求，但随着刑事法治的不断发展以及其他国家刑法知识的不断涌入，就会发现这两种知识之间存在着不相容性，因为犯罪论体系是一个基本的逻辑，在某种意义上说它是刑法基本的思维方法。如果思维方法不一样，很多问题都没办法进行对话，没办法进行交流，因此需要对传统的刑法知识进行进一步的反思，在这种背景之下，我提出了刑法知识的转型这一命题。

在刑法知识的转型里，一方面，存在一个如何评价传统的刑法知识，尤其是传统的犯罪构成理论的问题。我认为，传统的刑法知识体系，尤其是犯罪构成理论在过去法治不是很发达、法学知识比较落后的情况下，确实能够满足司法实践的需求，其在历史上曾经发挥了重要作用，对此应当充分进行肯定。但是我们也应该看到，随着刑法知识的进一步推进，我们必须对传统刑法学知识进行反思和检讨，只有这样才能开辟将来刑法知识发展的正确道路。可以说，目前我国正处于转型过程当中，当然这种转型只是才开始，远远没有完成，现在大多数人都是在传统的刑法教科书指导下成长起来的，也是借助于现行的犯罪构成体系来进行刑法思考的。在司法过程中，传统的犯罪构成体系还有很大的市场，对于司法实践还有很深的影响。在这种情况下，想要推进刑法知识的转型，必然会受到来自现实的阻力，对此我们必须要有深刻的认识。另一方面，我们又必须看到这样一刑法知识的转型与刑法理论的演进

种刑法知识转型的趋势是不可阻挡的，当然这种转型不是一蹴而就的，而是一个逐渐推进的过程，是一个逐渐被大家所接受的过程。

我们可以看到，现在教科书里占主导地位的还是四要件犯罪构成体系，应该说这套理论本身已经反映出刑法知识的陈旧性。在这种情况下，我个人一直在推动引入大陆法系的三阶层的犯罪论体系，以此来取代现在的四要件犯罪构成体系。对此，我总是遇到这样一个问题，一直有人问我为什么一定要用三阶层的犯罪论体系来取代四要件的犯罪构成体系？总是有人认为现在四要件的犯罪构成体系在司法实践中不是用得很好吗？为什么要去取代它？这里面其实涉及对两种理论的评价问题，一种理论比另一种理论具有更大的优越性，或者一种理论完全失去适用性，它的更新才能顺利地完成；否则，这种理论的更替会存在困难。关于这个问题，我个人的观点是，我国现在的四要件犯罪构成体系主要缺乏内在的逻辑性，这种内在逻辑性的缺乏使得这样一种犯罪构成体系在判断一些较为复杂的刑法理论问题的时候就往往会产生一些混乱，这种混乱足以影响这种理论的适用性。而三阶层的犯罪论体系本身具有内在的逻辑性，只有内在逻辑才能最大限度的保证定罪的准确性，而衡量刑法知识的主要标准就在于这种刑法知识是否能保证定罪准确性。为什么说四要件的犯罪构成体系存在内在的逻辑混乱？这种内在逻辑混乱主要体现在哪些方面？而三阶层的犯罪论体系为什么是精致的？它的优越性体现在哪里？这种问题首先需要作出回答。

正如我前面所讲的，犯罪构成理论不仅仅是犯罪成立条件的总和，并不是简单地把犯罪成立条件捏合在一起，也不仅仅在于给定罪提供一个法律标准，更为重要的是犯罪构成本身是一种定罪的思维方法，因此只有我们掌握了一种精确的具有内在逻辑性的定罪方法，我们才能保证定罪准确。否则，在定罪上就会出现一些出入人罪的结果，这是要竭力避免的。另外，主要有以下三个关系需要我们认真加以思考。

第一个是主观判断和客观判断的位阶关系。因为任何犯罪都是由主观和客观两个方面构成的，因此在任何情况下对构成犯罪来说，都需要主观和客观两个方面来判断。但在定罪过程中，到底先考察客观方面还是主观方面，对客观判断和

253

主观判断是否要求优先关系？我觉得这是一个非常重要的问题。在三阶层的犯罪论体系中，是坚持客观判断先于主观判断的，也就是先进行客观判断，再进行主观判断，如果没有客观判断就不能进入主观判断，因此客观要件对于主观要件具有推定功能。比如说杀人，杀人首先要有杀人行为，然后才考虑是否具有杀人故意。杀人行为在客观上是可以独立于杀人故意的，也就是说，判断一个人有没有杀人，我们应先考察有没有杀人的行为，再来考察主观上有没有杀人故意。如果连杀人行为都没有，那就不可能有杀人故意。因为杀人故意是指实施杀人行为时的主观心理状态，杀人故意在逻辑上是以杀人行为为前提的，就是说只有行为是杀人行为，然后才说杀人行为是不是故意实施的。如果连杀人行为都没有，怎么可能具有杀人故意呢？这就是客观判断要先于主观判断的原则。为保证定罪正确，必须严格遵循这种逻辑上的位阶关系来思考客观要件和主观要件的问题。但我国现在的四要件犯罪构成体系中，这种客观要件和主观要件的关系并不是固定的，而是可以随意排列的。也就是在司法判断过程中，若主观要件好找就先找主观要件，然后再来找客观要件。在一些比较简单的刑事案件中，先判断主观要件还是客观要件也许不会影响定罪结论，因此在法治需求比较低的情况下，这些理论缺点就不会暴露。但对于解决一些疑难的问题来说，尤其在疑难案件中，到底先作出客观判断还是主观判断，最后得出的结论是不一样的，就会有差错。比如，我们经常举的一个例子，甲为了让乙去死，他明知在森林里散步如果打雷很容易被劈死，而希望乙在要打雷下雨的时候到森林里面去散步，结果乙果然被雷劈死了。像这样一个案件，如果严格按照先作出客观判断再作出主观判断来进行认定，我们首先去考虑甲有没有杀人行为，也就是说他在打雷的时候把乙派到森林里去散步这个行为本身是不是杀人行为，必须首先考虑清楚。显然，这不是一个杀人行为。因为这个行为本身不包含剥夺他人生命的现实危险性，对这个行为不能认定为杀人行为。因为这不是一个杀人行为，所以不需要去考虑甲主观上有没有杀人故意，因为这里没有杀人行为就不需要判断杀人故意，这样司法判断就中断了。但如果不是根据先客观判断后主观判断这样的顺序来进行，而是首先来考虑甲主观上有没有杀人故意，那就很容易认为这个案子里甲具有杀人故意。也刑法知识的转型与刑法理论的演进

就是说甲把乙派到森林里去散步是为了让他死,把这个主观动机当成杀人故意。既然杀人故意都有了,那杀人行为怎么可能没有呢?杀人行为当然有,就是甲派乙到森林里去被雷劈。因此,结论就是甲构成故意杀人罪。但采用三阶层的犯罪论体系就能对这个案件作出正确的判断。另外,首先就要把让一个人死的故意和杀人的故意分开,让人死的故意和杀人的故意是不一样的。想让一个人死可以采用各种方法,但是到底能不能构成故意杀人罪,关键看客观上是否具有杀人行为,在杀人行为的问题上要根据行为人是否具有致使他人死亡的现实危险性来进行判断。从这个案例就可以看出来,先作出客观判断还是先作出主观判断对同一个案件得出的结论是不一样的,先作出主观判断再作出客观判断就容易把一个非罪行为认定为犯罪行为,因此就不能保证定罪的正确性。从客观判断与主观判断的关系上来看,显然是三阶层的犯罪论体系具有优越性。

  第二个是形式判断和实质判断的位阶关系。在三阶层的犯罪论体系中,形式判断先于实质判断,这也是一个基本原则。也就是在认定一个人有罪还是无罪的时候,首先应该作出形式上的判断,如果形式上的判断是否定的,就不能再继续进行实质判断。因此先进行构成要件该当性判断,具有构成要件该当性是形式判断,随后再进行实质判断,也就是违法性的判断。违法性判断作为一种实质判断,由于是在形式判断之后进行的,因而它具有出罪性,而不具有单独的入罪性。比如,正当防卫杀人的案件,首先应判断是否具有构成要件的杀人行为,具有杀人的构成要件该当即的行为,然后再继续实质性判断,即是否存在违法性,因为正当防卫不具有实质上的违法性,就把它从犯罪中予以排除。这样就用形式判断来限制了实质判断,实质判断具有出罪功能而不具有单独的入罪功能,这种限制体现了罪刑法定的基本要求,体现了对公民个人权利和自由的刑法保障。但在我国的四要件犯罪构成体系中,形式判断和实质判断的关系是非常混乱的,我们始终强调社会危害性是犯罪的本质,因此把社会危害性放在了非常重要的位置上,从而往往把实质判断放在形式判断之前。考察一个人是否构成犯罪,首先,判断这个人的行为有没有社会危害性,然后再考虑是否具有刑事违法性,这样实质判断先于形式判断的做法就会使实质判断来压抑形式判断,使形式判断不能发

255

挥对实质判断的限制功能，因此容易把无罪的行为认定为有罪的行为，容易违背罪刑法定的原则。这样一个缺点是显而易见的，也就是它不是先考虑形式的要件而是先考虑实质的要件，只要这种行为具有社会危害性就往往找一些这样那样的罪名，所以实质判断凌驾于形式判断之上恰恰是反法治性。这也是我国现在的四要件犯罪构成理论所包含的，在这之中第一个就是犯罪客体，而犯罪客体就是刑法所保护的社会关系，看这个社会关系有没有受到损害，而社会关系受没受到损害就是一个实质判断。这种实质判断先于形式判断的定罪方法是很危险的，是会破坏法治的。

第三个是类型判断和个别判断的位阶关系。在构成要件的判断中，有些要件是类型性的，有些要件是个别性的。例如，构成要件就具有类型性的特征，是类型学思维在刑法学中的生动体现。构成要件的行为，可以根据其类型性的特征加以把握，在定罪中是最先需要认定的。而行为动机则具有个别性，必须在确定了行为以后才能去追究行为的动机，否则就会从动机推断行为，这是定罪之大忌。此外，一些本来是实质性的判断，也采用类型化的方法。例如违法性的判断，对于法益是否受到侵害的认定，具有实质性的特征。现在通过建立类型化的违法阻却事由，从反面加以判断。也就是说，不具有违法阻却事由的情况下，就具有违法性。在大陆法系的三阶层的犯罪论体系中，遵循的是类型性的判断先于个别性的判断的原则。为什么这么说呢？主要是类型性的判断具有基本的标准，具有客观上的可操作性，因此先作出类型性的判断再来作出个别性的判断，能够更大限度地保证定罪的正确性，防止司法擅断。但是在四要件的犯罪构成体系中，对于类型性判断和个别判断的位阶关系并没有严格的逻辑上的要求，因此就会出现判断上的混乱。

这里所讲的是三个方面的比较，从中可以看出来三阶层的犯罪论体系具有它的优越性，它能满足定罪更为精致、精确的法治上的需求，因此这样的犯罪论体系是有它的好处的。当然要从我国的四要件的犯罪构成体系转变为三阶层的犯罪论体系是一个逐渐推进的过程，是一个逐渐被大家所认同的过程。但是，我们首先要来加以推动，如果我们不去推动它，犯罪构成理论本身就很难得到更新和改

刑法知识的转型与刑法理论的演进

造,这就是我现在提出刑法知识需要转型的背景。

这里我所讲的是刑法知识的转型和刑法理论的演进。应该说,这两个命题是不一样的。刑法知识转型并不是刑法理论演进的必然结果,也就是说刑法知识量的增长并不必然导致刑法理论的演进。刑法知识转型需要我们进一步去推动它,如果离开了我们的学术努力,那么刑法理论就永远只能在低水平的层次上重复,就不会有理论上的创新,就很难满足日益增长的法治建设对刑法理论需求,在这方面我个人认为是具有迫切性的。随着刑法知识的转型必然伴随着刑法理论的演进,那么刑法理论的演进是怎样一种路径呢?我个人基本的思考认为刑法知识的转变必然使刑法知识呈现多维的走向。以往我们把刑法知识单纯地理解为刑法的规范知识,把刑法的思考局限在法条上,这种情况就使得刑法理论受制于法条,成为对法条简单的注释,这样一种刑法理论是低层次的。我认为刑法知识的演进需要我们对刑法作出全方位的思考,这种全方位的思考至少有以下四个方面。

第一是对刑法进行形而上的思考,这也就是所谓在刑法之上研究刑法。我们要超越规范,要有超越规范的叙述逻辑,去思考刑法赖以存在的价值基础,这种思考主要是对刑法本源性的思考和追溯,需要弄清刑法知识赖以生长的地基,要清理这个地基。这样的思考实际上是一种刑法的哲学思考。这种思考是要把学术的注意力从规范上进一步提升,要深入到刑法规范后面的价值理念来提升刑法的学术水平,这样的一种水平对我们刑法知识的演进来说是非常重要的,如果没有这样一种刑法哲学的思考,那我们的刑法知识就只能保持在一种非常低的状态,很难具有理论的升华。因此,从 20 世纪 80 年代末,我就开始了对刑法知识的哲学思考,这种思考正是在对当时的刑法知识的不满以及寻求刑法知识的突破的背景下展开的。这种刑法知识的哲学思考主要是为了引进一种哲学的思维方法,对刑法的问题进行理论的清理。我大概用了 10 年的时间进行刑法哲学研究,在 1992 年出版了《刑法哲学》(中国政法大学出版社 1992 年版)。此后,我又先后出版了《刑法的人性基础》(中国方正出版社 1996 年版)和《刑法的价值构造》(中国人民大学出版社 1998 年版)这三本书,基本上都是对刑法的形而上思考。尤其是《刑法的人性基础》和《刑法的价值构造》,被我称为是没有法条的刑法,

也就是它探讨的不是一个具体的法条,不是探讨的具体的刑法规则,而是探讨刑法背后的人性基础和价值构造,是对刑法整体性的思考,这样的思考在我个人刑法学术的研究生涯当中是非常具有意义的。1999年,我出版了第一本自选集,就是《走向哲学的刑法学》(法律出版社1999年版),今年出了第2版,这里面收集了一些论文,这些论文大概是我在1989年到1999年之间写的,这个书名本身是具有象征意义的,它表明了我的学术努力,就是努力去向刑法哲学这个方向迈进。走向哲学这个词是动态的,是有趋势性的,表明了我的学术方向。这本自选集记载了我的那段学术生涯,对我来说是具有纪念意义的。我认为,刑法哲学的研究是刑法知识研究的重要组成部分,它是处于刑法知识顶端的理论形态。

第二是对刑法的规范研究,也就是在刑法之中研究刑法。这种刑法学就是一种规范的刑法学,规范刑法学就是以德日为代表的刑法知识体系,经过二百多年的发展,德日的犯罪论体系已经形成了一个严密的逻辑体系,这套逻辑体系具有精致性,对于我们现在的刑法问题思考来说,是具有工具性的。也就是说,刑法问题实际上是一个技术问题,是一个专业问题,对某个案件应该怎么来处理,这和看病是一样的,和医学是一样的。医学要诊断病症,它有一套技术来保证诊断的准确性。刑法也是如此。某个行为是不是构成犯罪,构成什么犯罪,都有一套知识来保证判断的准确性。看病关系到人的生命,把病诊断错了,可能会送命。刑法定罪涉及一个人的生杀予夺,它也是非常重大的,不能含糊,所以在定罪过程中要有一套工具性的知识,这种规范性的刑法知识可以说就是工具性的知识。在定罪当中所依照的法律是有国别的,在我们中国犯罪,必须依照我们中国刑法来定罪,而不能根据德国刑法去定罪,也不能根据日本刑法去定罪,这就是法律有国界。但刑法知识是可以超越国界的,是超越规范的,因为定罪的活动是人类的经验活动,在长期刑事司法活动中进行理论总结就形成了这样一套定罪的刑法知识,这套知识是有工具性价值的。许多疑难案件我们可能还没有碰到,但他人可能早就碰到了,并且可能已经有了一套比较成熟的处理这类案件的理论知识,在这种情况下,当然可以将这套理论运用到我们案件的定罪上,而不需要自己再去发明一套理论。

刑法知识的转型与刑法理论的演进

这里有一个思维经济性的问题，先看看别人是怎么处理的，再来看是不是能借鉴，而不是自我封闭起来。碰到这种情况自己想一套办法来处理，就太不经济了。过去我们往往把刑法看作一个专政问题，因此强调了国家与国家之间在刑法上的差异性，但实际上犯罪问题是各国所碰到的。所以，在如何定罪问题上，它的共同性要大于它的差异性。我们完全可以借鉴那些法治比较发达国家的刑法理论，用来引入到我国的规范当中作为对我们规范的解释，这点我觉得是非常重要的。

当然，这里面既要看到刑法理论知识超越国界的一面，也要看到其对于法律规定的依赖问题的一面，在引入国外刑法知识的时候我们要看到中国的法律能不能支持这套理论知识，需要考虑到法律规范上的差别。如果不考虑法律规范上的差别，随便引入国外的刑法知识，可能会跟我国的法律规范发生冲突。有些法律的概念在其他国家法律环境下是正确的，但到我国这里可能就有问题，因为我国的法律语境不一样，我们过去在这点上还是缺乏思考的，最典型的就是罪数理论。我国现在的罪数理论中，关于罪数的理论形态有连续犯、营业犯，还有徐行犯等一大堆概念。这些概念都是外国刑法学者根据外国刑法所发明的，是建立在这样一个法律规则之上——也就是同种罪数罪实行并罚，但如果对所有的同种数罪都实行并罚，就会带来司法上的极大不便，因此就创造了一种方法来对同种数罪并罚加以限制，这样就出现了连续犯等概念。连续犯就是同种数罪，按照同种数罪并罚原则，连续犯就要并罚，但考虑到连续犯有客观上的犯罪行为的连续性，主观上犯罪意思的连续性，因此只要认定了连续犯就不并罚。但是我国刑法中的同种数罪根本就不并罚，我国的数罪并罚指的是异种罪数罪的并罚，同种数罪根本就不并罚，在这种情况下，像连续犯这样一些定位在同种数罪并罚的法律语境中的概念在我们这里是毫无意义的，因为我们同种数罪都不并罚，在同种数罪里面再去区分连续犯与非连续犯又有什么意义呢？没有意义。所以，这些概念的引进就具有一定的盲目性，没有看到这些概念背后所产生的规范体系。这也反映出刑法理论对刑法规范的依赖性，是以一定的刑法规范为前提，刑法规范不一样，刑法知识的基础也是不一样的。应该说，刑法的规范知识是非常重要的，它

使我们能正确的解释刑法、理解刑法,所以刑法的规范知识是刑法知识的主体部分,我们学习刑法知识主要是学习刑法规范知识。因此我们应当吸收和借鉴那些合适的刑法规范知识,用它来解释我国的刑法规范,使我国的刑法规范问题能得到妥善的解决,以便能够使刑法规范得到有效实施,这样一种规范刑法学知识的积累和运用也是非常重要的。

这些年来我也一直在做规范刑法学知识的研究,应该说,我做刑法哲学研究的契机恰恰是对当时规范刑法知识状态的不满,因此我是把刑法哲学的知识和刑法规范的知识对立起来。当时我提出一个命题,也就是要把刑法的规范知识——当时我称为注释刑法学,提升为刑法哲学的知识,用刑法哲学知识来取代刑法规范知识。这样一个命题就把刑法规范知识和刑法哲学知识对立了起来。从现在来看,这样的判断是存在问题的。实际上,刑法规范知识和刑法哲学知识并不是互相否定互相取代的关系,而是刑法知识不同的面向,不同的表现方式,我们不仅应该有对刑法形而上的思考,应该有刑法的哲学思考,而且应该有对刑法规范本身的思考,要有丰富的刑法规范知识。因此,从1997年以来我发生了学术转向,从对刑法的哲学研究转变为对刑法的规范研究,先后出版了《规范刑法学》等刑法规范知识的著作,在刑法的规范知识方面不断进行努力,尤其致力于引入大陆法系中的三阶层的犯罪论体系。今年我出版了另外一个论文集,就是《走向规范的刑法学》(法律出版社2008年版),这本自选集是对1997年以来的10年间我的刑法学术的一个总结,这个书名也是具有标志性的,表明了我的学术转向,学术注意力的转移:从刑法的哲学研究转变到刑法的规范研究。我现在越来越体会到刑法规范研究的重要性,刑法规范知识塑造了一个国家刑法知识的基本品格,因此一个国家刑法实施的水平在很大程度上取决于规范刑法知识的水平,我们应当致力于规范刑法学的研究。

如果能对刑法的规范进行科学的解释,这也反映了理论对规范的消化、塑造的功能。在定罪当中的问题,仅仅靠刑法条文是没办法解决的,在很多情况下都是靠刑法理论来支撑的,这种理论支撑主要是规范刑法的支撑。我讲一个具体例子。关于绑架罪,刑法规定以勒索财物为目的绑架他人构成犯罪,这是法律规

刑法知识的转型与刑法理论的演进

定。法律规定不能脱离具体案件，如果脱离了具体案件，我们也可能觉得这个法律规定得很清楚、很明确，但在司法实践中就会出现问题。比如，甲乙两个被告人扣押了丙，把丙绑到一个宾馆里，跟他要钱。但丙身上没有钱，就逼迫他去家里取信用卡，然后到取款机上取钱，取了 3 万块钱。这样一个案件到底是绑架罪还是抢劫罪呢？这里就涉及绑架罪的"以勒索财物为目的"的含义，到底是向谁勒索？向被害人本人勒索是不是绑架罪的勒索财物？如果向被害人本人勒索就是绑架罪的勒索财物，这样的案件就应该定绑架罪；如果绑架罪的勒索财物不是指向他本人勒索，而是指向被绑架人的亲属或者其他人勒索，利用被绑架人的亲属或者其他人对被绑架人的生命安危表示担忧而进行勒索，那么该案就不能定绑架罪。这两种判断到底选择谁呢？前者还是后者？在这种情况下，这个法律规定本身并不能给出答案，我们该如何处理这类案件呢？

我认为，在本案中，甲乙实施的是抢劫行为而不是绑架行为，也就是我们把绑架罪的勒索财物理解为是向被绑架人以外的其他人，利用对被绑架人的生命安危表示担忧而勒索财物，因此这样的案件不应该定绑架罪而应当定抢劫罪。但我们对这个法律规范做这样的解释的根据是什么？这里的刑法知识不是规范本身所提供的，我们都说是根据法律规定来定罪，而这个法律规定是靠司法者来解释的，解释为这样就是这样，解释成那样就是那样；解释成这样就有罪，解释成那样就无罪。所以，刑法适用需要刑法理论与刑法知识的支撑，这里面就需要提供一种理论依据：我们可能说为什么必须是向被绑架人以外的其他人勒索才叫绑架，而向被绑架人本人勒索不能认定为绑架？我们可能会说德国刑法是这么规定的，日本刑法也是这么规定的，德国刑法与日本刑法在法律条文上就是这样写的，因此它做这样一种理解肯定就是没问题的。但是我国在刑法条文上没有这么写，我们为什么也做和德国刑法、日本刑法一样的解释？因此，有的持不同观点的同志有可能就会这样说：我们定罪是根据中国刑法定罪，而不是根据德日的刑法定罪。但是我们为什么还要坚持这样的观点？运用一种理论来解决这个问题，和按照德国刑法与日本刑法来定罪是不是有差别？这种差别表现在什么地方？另外我们可能还会说，中华民国 1935 年《刑法》的罪名是绑架勒索罪，勒索也就

261

是把被绑架人当作人质来向其亲属索要赎金，当时的刑法也是这么规定的。当然，人们也会说民国刑法早就作废了，现在用的是中华人民共和国刑法，怎么能把民国刑法的知识当作我们刑法的知识来源呢？这句话很有道理。我讲这个例子是要说明一个什么问题呢？就是说我们在定罪的时候要依照法律规定，但实际上法律并没有提供一个完整的定罪标准，在很多情况下要取决于我们对法律的理解。因此，立法者所制定的法律规范实际上是不完整的，是半成品，它在很大程度上要靠理论来重新塑造，这个规范的品格在很大程度上要靠理论来决定，理论具有塑造的功能，它塑造某个罪名的内容，规范知识提供了理论塑造的基本框架，这就是刑法理论的作用。所以，规范的刑法学知识绝不是规范的简单附庸，它对刑法知识本身具有某种决定作用，具有塑造作用，它的功能是非常之大的，我们要了解一个国家的刑法是怎么实施的，看法律条文往往是看不明白的，甚至是枉然的，还必须看它的理论上怎么说。在某种意义上来说，法官往往不是单纯地根据某个法条去定罪，而在很大程度上是依照理论去定罪，离开了刑法理论法官是无法定罪的，这也是规范的刑法知识对于规范的适用的重要意义，这是刑法知识的第二个维度。

第三是在刑法之外的刑法，也就是引入社会学的知识、经济学的知识、人类学的知识等来对刑法进行研究，由此而形成刑法的社会学、经济学、人类学等。这种刑法知识对于我们认识刑法、把握刑法也是非常重要的。也就是我们要把刑法放在人文科学知识的背景之下来加以把握，只有这样才能深切把握刑法的本质和精神，在这方面的学术努力我们还需要进一步加强，我相信这方面的研究加强以后，我们对刑法的理解就会进一步的深化。

第四是在刑法之下研究刑法，也就是我正在研究的判例刑法学。也就是说刑法不仅仅是一个规范，而且刑法的知识还反映在判例的过程当中。如果说规范的刑法知识还是一种刑法的文本知识，那么判例刑法的知识就是一种实践的刑法知识。我们需要对判例进行研究，因为我们的刑法实施都是以规范为中心的，要么就是法律规范，要么就是理论规范，反正都是那些以规范为中心的理论来展开的逻辑。这点和外国的刑法著作是有很大差别的。外国刑法著作在逻辑演绎过程当刑法知识的转型与刑法理论的演进

中会引用大量的判例,这些判例可能是逻辑演绎的出发点,这样的刑法理论问题都是从判例中引申出来的,活生生的判例就为刑法知识的生长提供了大量的素材,判例是刑法知识的增长点。但是在我国的刑法理论中,由于我们没有建立正式的判例制度,判例对刑法知识的促进作用并没有真正的表现出来。我认为,我国将来需要推动判例研究,实际上在整个法学知识当中,尤其是在各个部门法知识中,判例的研究具有重要的理论价值。现在最高人民法院要建立具有中国特色的案例指导制度,没有说判例制度,而是案例指导制度。我国现在对案例指导制度进行理论研究的学者中,相当多是搞法理研究的,是从方法论的角度研究的。但是我们搞部门法的学者更需要对判例进行研究;如果说,搞法理研究的学者追求的更多的是对方法论的探究,那我们搞部门法的学者对判例进行研究,可能更主要的是对判例中的裁判理由进行规范的考察,通过在裁判理由和规范刑法之间来进行某种对比,以便发现规范的刑法知识在具体案件中如何运用。我认为这是将来我国刑法知识的增长点,也是我们整个法学知识的增长点。应当说,在我国现在的刑法知识研究中,已经开始注重判例研究。最近我也正在进行刑法判例研究,努力推进刑法判例知识的研究来促使刑法的适用,刑法的适用不仅仅是纯粹地依赖逻辑演绎,而且包含着对活生生的判例的科学借鉴与合理参照,用判例来促进和推动我国的刑法理论研究。

  刚才我讲的就是我国刑法知识的四个向度,这四个向度的发展就能反映我国刑法知识的演进趋势和发展方向。我个人认为,我国现在刑法知识经过 30 年的发展已经有了很大的进步,但是也必须看到我国现在的刑法知识和其他国家,如德国、日本、英美相比较,还是处于向它们学习的阶段,我们还需要不断地提升我国的刑法知识,使我国的刑法知识为推动中国的法治发展方面作出应有的努力。我国刑法学在新时期已经走过了 30 年,这 30 年间我国的刑法知识是从学术的废墟上恢复建立起来的,再过 30 年,我个人认为,我国的刑法知识就能达到能够和德国、日本、英美这些法治发达国家在刑法学知识层面上平等地进行交流和对话的水平,这样的目标是我们所追求的。也正如我刚才所讲的,德日的刑法知识从 1764 年算起已经有二百四十多年的历史,即使以 1906 年贝林的《犯罪

论》出版为标志,也已历经整整 100 年,已经经过了 4 代、5 代甚至更多代的刑法知识的演进。但是我国的刑法知识如果从 1910 年《大清新刑律》颁布开始到现在也才是 100 年,但是在这 100 年里面,有多少年是应该除掉的?我刚才讲了从 1958 年到 1978 年这 20 年是要除掉的,这里完全是个空白。至于在 1949 年以前又有 30 年是要除掉的,那段时间是内忧外患,在战乱的情况下是没有法制的,也就没有刑法知识。所以我国这 100 年来真正的刑法理论研究的时间也就不到 50 年。算上我们这 30 年加上之前的 20 年,也就不到 50 年,但人家是经过二百多年,至少也是经过了一百多年。所以我国的刑法学术历史是非常短的,如果我国将来再过 30 年,也只有 80 年,再过 30 年别人就将近三百年。所以,我们在刑法学理论发展的时间上是有很大差距的。像现代化一样,我们是后发的现代化,别人现代化早就完成了,所以我们要努力向上,要不断提升自身的刑法知识水平。只有这样才能无愧于我们的时代,无愧于我们的社会,才能作出我们刑法学者对我国刑事法治应有的贡献。

(本文原载《人大法律评论》,2009 年卷,北京,法律出版社,2009)

评行为功利主义刑法观

功利主义是一种效果论，以此区别于义务论。义务论是根据行为是否违反道德义务来判断一个行为的善恶，而效果论是根据行为造成的结果的好与坏来判断一个行为的善恶。从义务论到效果论，这是判断善恶标准以及方法论上的重大转换。因为义务往往具有先在性、先验性，是在漫长的历史过程中形成的，是世代人类社会生活经验的积累，因而具有传统性与保守性，当代人或具体人在这种义务面前处于从属和被动的地位。

因此，根据义务论来判断善恶，实际上是对历史的服从、对秩序的服从、对前人的服从。当历史形成的秩序与当下的社会相冲突时，义务论的不合理性就会凸显。而效果论将善恶判断的根据从义务转换成为当下的效果时，就把善恶的判断权从传统与历史那里夺了回来，赋予当代人以更大的善恶判断权。当然，义务论与效果论也并非绝对对立。因为一定义务规则的形成同样是根据当时的效果，而当下以效果作为善恶的判断根据也同样会形成一定的规则。在这个意义上说，义务论是历史的效果论，而效果论是当代的义务论。

规则功利主义具有两个要素：一是相同情况作相同判断；二是判断的根据是规则。也就是说，好或者坏的标准不是具体、个别的判断，而是根据规则的一般

判断。在根据规则判断这一点上，规则功利主义与义务论具有相通之处，只不过义务论的义务是历史的规则，而规则功利主义的规则是现实的规则。因此，如果抹杀规则的先验性，就会混淆义务论与效果论的界限。

而行为功利主义根据行为自身所产生的好或者坏的效果，来判断行为的正确或者错误。由此可见，行为功利主义的特点在于：一是强调个别判断与实质判断；二是强调行为自身对于善恶判断的意义。应当指出，行为功利主义并不是否认规则在善恶判断中的意义，它只是反对对规则的过分迷信与崇拜。两者的区别在于：在遵守普遍规则会带来特殊情况下的坏的效果时，还要不要遵守规则。凡是对此问题作出肯定回答的，就是规则功利主义；凡是对此问题作出否定回答的，就是行为功利主义。

到底是赞同规则功利主义还是行为功利主义，这里涉及一个如何对待规则的问题。在任何一个社会，规则都是十分重要的。没有规则也就没有法治，因为法治就是规则之治。任何规则都是存在例外的，在某些情况下，遵守规则也会产生恶的效果，在这种情况下，还要不要遵守规则？如果这只是一种例外之恶，那么就不应当通过破坏规则而避免这种恶，而应当将恶看作是遵守规则所带来的不得不承受的代价。如果一种规则通常会产生恶的结果，那么这种规则本身就是恶的，应该修改规则。无论如何，规则都必须得到遵守，这种规则意识，恰恰是法治所要求的。

行为无价值与结果无价值是不法理论，即判断一个行为是否具有实质违法性，到底是根据行为本身，还是根据行为造成的危害结果或者危险。因此，行为无价值与结果无价值之区分，就在于行为违法还是结果违法。

行为无价值论可以分为一元的行为无价值论和二元的行为无价值论。一元的行为无价值论认为只有行为才是判断违法的根据，结果是偶然的产物，仅仅是客观的处罚条件；二元的行为无价值论将行为无价值与结果无价值结合起来，具有折中的意味。

对此，我要作三点说明：第一，这里的违法性是指实质违法而不是形式违法。形式违法是指符合构成要件，即违反刑法，而实质违法是指违反刑法以外的

评行为功利主义刑法观

规范，包括法律规范、伦理规范、文化规范、技术规范等。刑法的实质违法的根据不在于刑法本身，而在于刑法以外的其他规范。第二，行为无价值论与结果无价值论都属于刑法客观主义的范畴，从而有别于刑法主观主义理论。结果无价值论完全以法益侵害结果作为违法判断的根据，将故意与过失作为责任要素，因而坚守了更为彻底的刑法客观主义立场。行为无价值论则主张在对行为的违法性进行判断的时候，不能离开故意与过失，因而故意与过失也是违法判断的根据，强调一种主客观统一的违法结构，偏重于刑法主观主义。第三，关于道德主义的问题，因为行为无价值论是根据规范违反说来判断行为是否违法，而这里的规范主要是指伦理规范，所以，行为无价值论掺杂了一定的道德主义。而结果无价值论完全根据法益侵害结果来判断违法，则不存在道德主义的影响。在行为无价值的二元论中，由于已经引入了结果无价值的考量，所以道德主义的色彩也已经大大淡化。

（本文原载《法制日报》，2010-03-24）

四要件：没有构成要件的犯罪构成

构成要件（Tatbestand）是整个犯罪论体系的基石范畴与核心意念。尽管从古典派的犯罪论体系到新古典派的犯罪论体系，以及后来的目的主义的犯罪论体系与目的理性的犯罪论体系，构成要件的内涵与外延都发生了重大的嬗变。然而，构成要件的基本功能并没有废弃，它仍然是三阶层的犯罪论体系的基础。苏俄刑法学从一开始就把构成要件转换为犯罪构成，而犯罪构成是犯罪成立条件的总和，因而四要件并不是建立在构成要件基础之上的，我称之为没有构成要件的犯罪构成。本文拟从构成要件的理论出发，对四要件的犯罪构成体系进行批判性考察。

一

构成要件一词是费尔巴哈首先引入实体刑法的，因而从刑法学的立场出发，一般都把构成要件理论的源头追溯到费尔巴哈。那么，费尔巴哈是在什么含义上使用构成要件一词的呢？对此，俄国学者指出：费尔巴哈只把犯罪行为的客观要件归入 Tatbestand 中，而把主观属性（罪过）排除在犯罪构成要件之外，将它

四要件：没有构成要件的犯罪构成

们看作是犯罪人负刑事责任和具备可罚性的第二个（除 Tatbestand 之外）独立的条件。① 由此可见，在费尔巴哈那里，构成要件是指客观的构成要件，并不包含行为人的主观要件。构成要件的概念在十月革命前就已经传入俄国，但沙俄刑法学接受费尔巴哈的构成要件概念以后，对其加以广义的理解，从而形成主客观相统一的构成要件的概念。俄国学者在回顾这段历史时指出：19 世纪中叶，俄国的刑法学家接受并将 Tatbestand 引入到了学术用语中，这个词译成俄语后就是犯罪构成。这样，这一问题（以及其他问题）就"迁移"到了俄国的刑法理论中。Tatbestand 在学说中被广义地解释为一定数量的必要的客观要件与主观要件，不能增加，亦不能减少。② 对于十月革命前沙俄时期对构成要件的研究状况，特拉伊宁明确指出：革命前俄国的著作，对犯罪构成问题也很少关注。在俄国革命前的刑法著作中，没有关于犯罪构成的专门书籍或专题研究。③ 与此同时，特拉伊宁又指出：前面已经指出，俄国革命前的刑法著作，对于犯罪构成的一般学说没有予以很大的注意。但是，不能不指出，在俄国的著作中，却把犯罪构成作为主、客观因素的总和，作了比较深刻的论述。④ 特拉伊宁对十月革命前沙俄学者对于犯罪构成研究状况所作的评价似乎是自相矛盾的：一方面说"很少注意"，另一方面又说"作了比较深刻的论述"。如果我们把"很少注意"的犯罪构成看作是犯罪构成的一般条件，而把"作了比较深刻的论述"的犯罪构成视为是犯罪成立的具体条件，则以上困惑可以迎刃而解。在沙俄时期没有形成犯罪构成的一般学说，未能将犯罪构成当作一个专属概念进行体系性的建构。但沙俄学者对犯罪成立的实体条件作了较为深刻的论述，并且这些犯罪成立条件是包含了

---

① 参见何秉松、［俄］科米萨罗夫、［俄］科罗别耶夫主编：《中国与俄罗斯犯罪构成理论比较研究》，4 页，北京，法律出版社，2008。
② 参见何秉松、［俄］科米萨罗夫、［俄］科罗别耶夫主编：《中国与俄罗斯犯罪构成理论比较研究》，5～6 页，北京，法律出版社，2008。
③ 参见［苏］А.Н. 特拉伊宁：《犯罪构成的一般学说》，王作富等译，5 页，北京，中国人民大学出版社，1958。
④ 参见［苏］А.Н. 特拉伊宁：《犯罪构成的一般学说》，王作富等译，17 页，北京，中国人民大学出版社，1958。

主客观条件的，只不过没有纳入犯罪构成的体系中加以研究。例如，特拉伊宁在论及沙俄学者H. C. 塔甘采夫没有研究犯罪构成的一般学说时，引用了塔甘采夫的以下论述：同任何法律关系一样，犯罪行为的重要要件可以归结为三大类：(1) 行为人——实施犯罪行为的人；(2) 犯罪人的行为所指向的东西——侵害的客体或对象；(3) 应当从形式上和实质上受到审理的犯罪的侵害行为本身。[①] 在此，塔甘采夫勾画了主体—客体—行为这样一个结构，而这一结构正是从法律关系的思维方法中引申出来的，即法律关系的主体、法律关系的客体和法律关系的事实本身。我国学者曾经引述塔甘采夫的以下论述：作为对实际存在的法律规范的侵害、对法律所保护的生命利益的侵害，犯罪是产生于侵害者与侵害对象之间的某种重要的关系，它本身包含独有的特征或要件，并以此为根据构成一般类型的法律关系，并且该类法律关系中犯罪作为刑事的可罚的不法而占有一席之地。这些说明犯罪行为要件的总和在刑法科学中，特别是在德国学者的著作中被称为犯罪构成。[②] 在此，塔甘采夫明确地把侵害者（主体）、侵害对象（客体）与侵害行为并列，而犯罪构成只不过是说明犯罪行为的要件总和。由此可见，这里的犯罪构成虽然已经包含了客观要素与主观要素，但仍然不是犯罪成立条件的总和，因为犯罪主体与犯罪客体尚在所谓的犯罪构成之外。当然，在包含了主观要素的情况下，塔甘采夫所说的犯罪构成与古典派犯罪论体系所主张的客观的构成要件已经存在明显区别。

将犯罪构成改造成为犯罪成立条件的总和，这是苏俄学者完成的，其中特拉伊宁功不可没。特拉伊宁把对于犯罪成立具有决定意义的各种主客观要件都纳入犯罪构成这一理论框架，对犯罪构成作出了以下界定：犯罪构成乃是苏维埃法律认为决定具体的、危害社会主义国家的作为（或不作为）为犯罪的一切客观要件和主观要件（因素）的总和。以上客观要件包括客体，而主观要件包括主体，因

---

① 参见[苏]A. H. 特拉伊宁：《犯罪构成的一般学说》，王作富等译，5页注（2），北京，中国人民大学出版社，1958。

② 参见何秉松、[俄]科米萨罗夫、[俄]科罗别耶夫主编：《中国与俄罗斯犯罪构成理论比较研究》，281页，北京，法律出版社，2008。

四要件：没有构成要件的犯罪构成

而形成四要件的犯罪构成体系。这四要件就是指：犯罪客体、犯罪客观方面、犯罪主体、犯罪主观方面。这一四要件的犯罪构成体系，遂成苏俄刑法学的通说。

我国目前通行的四要件的犯罪构成体系是在 20 世纪 50 年代初期从苏俄引入的。虽然从 20 世纪 50 年代后期至 70 年代后期，在整整 20 年的时间内，犯罪构成理论被打入冷宫，但在 20 世纪 80 年代初期，随着我国法治重建，四要件的犯罪构成体系重新登上我国刑法的学术舞台。我国的犯罪构成体系，以四要件为框架，完全是苏俄犯罪构成的翻版，没有任何变化。经过苏俄刑法学者的改造以后，构成要件转换成为犯罪构成，而犯罪构成是犯罪成立条件的总和，甚至在犯罪规格的意义上使用犯罪构成概念。例如我国学者指出：作为犯罪规格的犯罪构成，是以刑法对构成犯罪必要条件的规定为存在前提的。只要有刑法（不论其表现形式如何），只要刑法规定了构成犯罪的必要条件（不论是否完善），使之成为构成犯罪的规格，就有犯罪构成。① 由此得出的必然结论就是：只要存在刑法，就存在犯罪构成。因此，奴隶社会、封建社会都存在犯罪构成。在犯罪规格意义上的犯罪构成，已经完全背离构成要件这一概念的特定含义。因此，四要件的犯罪构成是没有构成要件的犯罪构成。

二

如前所述，构成要件一词是费尔巴哈引入实体刑法的，但真正在构成要件概念的基础上建构犯罪论体系的，是德国刑法学家贝林。事实上，作为古典派的犯罪论体系的另一创始人李斯特，在其刑法教科书中并没有把犯罪论体系建立在构成要件概念的基础之上。李斯特虽然把犯罪定义为符合犯罪构成的、违法的和有责的行为②，但在李斯特的犯罪论体系中并没有构成要件这一阶层。李斯特是在犯罪的特征的名目下讨论犯罪成立条件的，其犯罪成立条件分别为：（1）作为行

---

① 参见樊凤林主编：《犯罪构成论》，335～336 页，北京，法律出版社，1987。
② 参见 ［德］李斯特：《德国刑法教科书》，修订译本，徐久生译，169 页，北京，法律出版社，2006。

271

为的犯罪；（2）作为违法行为的犯罪；（3）作为有责行为的犯罪。此外，李斯特还讨论了可罚性的客观条件，即客观处罚条件。只是到了贝林，构成要件概念才发挥基石作用，以此建立犯罪论体系。① 贝林的构成要件论具有以下三个特征。

（一）构成要件的指导形象功能

贝林认为，在构成犯罪的各种要素中，构成要件具有特殊的功能，它是一种观念指导形象。这里的指导形象，是指构成要件具有决定犯罪性质的功能，并且其他要素都对构成要件具有依附性。贝林形象地把构成要件比喻为一个钩子，指出：法官相当于有了一个钩子，他可以把案件悬挂在这样一个钩子上面。因为，所有犯罪类型（独立、直接的或者附属、间接的）都离不开一个行为指导形象的法定构成要件。然后分别进行排除，即客观方面的相关行为是否充足（Genüger）法定构成要件（一般称为构成要件符合性）。这是由揭示犯罪形态而与构成要件建立联系的问题，也即处于优先考虑地位的问题。因为所有后续研究都有赖于该问题的解决，该问题本身相对于其解决的答案则具有独立性。② 由此可见，构成要件相对于其他犯罪成立条件具有优位性，只有存在构成要件，其他犯罪成立条件才能依附于构成要件而存在。

（二）构成要件的类型性特征

犯罪本身是一种类型性的存在，各种犯罪都是一种犯罪类型。构成要件不能直接等同于犯罪类型。如果说，贝林在早期曾经把构成要件与犯罪类型画等号，那么，在晚期贝林已经纠正了这一观点。尽管如此，构成要件类型在很大程度上决定着犯罪类型，因而构成要件是前置于犯罪类型而存在的。贝林指出：每个法定构成要件肯定表现为一个"类型"，如"杀人"类型、"窃取他人财物"类型等。但是，并不是意味着这种——纯粹"构成要件"的——类型与犯罪类型是一样的。二者明显不同，构成要件类型绝不可以被理解为犯罪类型的组成部分，而应被理解为观念形象（Vorstellungsgebild），其只能是规律性的、有助于理解的

---

① 关于贝林的构成要件论，参见王充：《论德国古典犯罪论体系——以贝林（Beling）的构成要件理论为分析对象》，载《当代法学》，2005（6），35页及以下。

② 参见 [德] 贝林：《构成要件理论》，王安异译，30页，北京，中国人民公安大学出版社，2006。

四要件：没有构成要件的犯罪构成

东西，逻辑上先于其所属的犯罪类型。① 构成要件所具有的类型性特征，为犯罪认定提供了一个基本框架，并且使其他个别性要素有所依归，这对于定罪来说是十分重要的。

（三）构成要件的客观性与事实性

在贝林的构成要件论中，构成要件具有客观性与事实性。客观性是与主观性相对应的，贝林恪守"违法是客观的，责任是主观的"原则，将不法与责任加以区隔。在构成要件中只讨论犯罪成立的客观要素，至于主观要素则在有责性中讨论，那是一个如何对违法后果承担责任的问题。事实性是与规范性相对应的，贝林主张构成要件是中性无色，不包含价值判断的。价值判断是在违法性阶层进行的，因而使构成要件具有形式性。

构成要件的客观性，是贝林的构成要件论最遭人诟病之所在。此后，新古典派的犯罪论体系发现了主观的构成要件要素，这主要是指主观违法要素。而目的行为论体系完成了从心理责任论向规范责任论的转变以后，将故意与过失这些心理要素从责任中分离出来，并将其纳入构成要件，由此使构成要件成为同时包含客观要素与主观要素的内容，在很大程度上颠覆了贝林的构成要件论。② 关于构成要件的性质，目前在刑法理论上仍然存在不同见解，主要包括以下三说：一是行为类型说，认为构成要件是形式性的、价值中立性的行为类型，并不具有违法推定机能、责任推定机能。二是违法行为类型说，认为构成要件属于违法行为类型，因而肯定构成要件该当性具有违法推定机能。三是违法有责行为类型说，认为构成要件既是违法行为类型，同时也是有责行为类型。③ 在以上三说中，涉及构成要件与违法性、有责性之间的关系。贝林对构成要件的观点属于行为类型说，他严格地将构成要件与违法性加以区隔。而违法行为类型说则承认构成要件

---

① 参见[德]贝林：《构成要件理论》，王安异译，6～7页，北京，中国人民公安大学出版社，2006。

② 关于在贝林以后构成要件论的发展，参见郑军男：《德日构成要件理论的嬗变——贝林及其之后的理论发展》，载《当代法学》，2009（6），59页以下。

③ 参见[日]西田典之：《日本刑法总论》，刘明祥、王昭武译，51～53页，北京，中国人民大学出版社，2007。

的违法推定机能，为此承认对于违法推定具有意义的主观违法要素，但故意与过失仍然是责任要素，否认构成要件具有责任推定机能。而违法有责行为类型说则将故意与过失纳入构成要件，使构成要件同时具有违法推定机能和责任推定机能。在以上三说中，我以为违法行为类型说是可取的，它坚持了违法与责任的界分，使构成要件的客观性在一定限度上得以维系，因而更有利于发挥构成要件的机能。

应当指出，在三阶层的犯罪论体系中，无论对构成要件作何种理解，它与四要件的犯罪构成体系中的犯罪构成要件的概念都是完全不同的。但在苏俄及我国刑法学对于构成要件的理解上，往往存在着混淆之处。其中，苏俄学者特拉伊宁基于对构成要件与犯罪构成这两个概念的混淆而对贝林的构成要件论的批判，是最为不堪的。例如特拉伊宁将贝林的构成要件论称为犯罪构成的客观结构，并作了以下批判，指出：这种人为地割裂犯罪构成的统一的概念的作法，以后得到了更进一步的表现。"犯罪学说"这一专著的作者别林格（指贝林，引者注，下同）提出了下面的一般原则："凡是违法地和有罪过地实现某种犯罪构成的人，在具备可罚性的条件下，就应当受到相应的惩罚。"别林格把犯罪构成同那种作为犯罪构成而不具有任何主观色彩的行为混为一谈，使主体的抽象行为达于极限。别林格说："犯罪构成是一个没有独立意义的纯粹的概念。违法的有罪过的行为在形成犯罪构成后，就成了犯罪行为。犯罪构成本身存在于时间、空间和生活范围之外。犯罪构成只是法律方面的东西，而不是现实。"犯罪构成是犯罪的无形的反映。这样一来，别林格就把犯罪构成由日常生活中的事实变成了脱离生活实际的抽象的东西，变成了"时间、空间和生活以外的"一个概念。① 在以上批判中，特拉伊宁是站在主客观相统一的犯罪构成论的立场上，指责贝林人为地割裂了犯罪构成的统一概念。实际上，贝林的构成要件只是三阶层的犯罪论体系的第一个阶层，即使主张客观的构成要件论，也不存在违反主客观相统一的问题，只

---

① 参见［苏］A. H. 特拉伊宁：《犯罪构成的一般学说》，王作富等译，15~16页，北京，中国人民大学出版社，1958。

四要件：没有构成要件的犯罪构成

不过在有责性中讨论主观要素。至于特拉伊宁指责贝林把构成要件由生活事实变成了脱离生活的抽象的东西，恰恰是特拉伊宁混淆了构成要件与符合构成要件的事实之间的关系。例如贝林揭示了观念印象与事实存在的叠加（Zusammenwerfung）的辩证关系，指出："杀人"的观念形象是从与此相对应的真实事实中推导出来的。但是，一旦推导出来，那么逻辑上可以明确：该观念形象不仅不同于其涵慑（Subsumierbar）的犯罪事实（Vorkommennisse），而且在该形象未出现于犯罪事实中的时候还保留着其内容。① 由此，构成要件作为一种法律形式的观念形象，与该当于这一构成要件的事实是有所不同的。特拉伊宁把构成要件等同于犯罪事实，正好说明其不了然于构成要件的抽象性。因此，特拉伊宁对贝林的指责是没有任何事实根据的。

三

从内容与性质上来说，构成要件与犯罪构成是两个完全不同的概念。在德日刑法学中，尽管三阶层的犯罪论体系经历了复杂的嬗变过程，构成要件的内涵也发生了深刻的变动，但构成要件的概念仍然是三阶层的犯罪论体系的基础，这一点是不可动摇的。

应该指出，刑法学中的构成要件具有特定的含义，它和一般意义上的构成要件是有所不同的。对此，日本学者小野清一郎指出：在这个时期（指19世纪——引者注），构成要件却超出了刑法学的领域，被当作一般法学的概念来使用了，以致在哲学、心理学等文献中，也偶尔可以看到这个词。在一般法学上，则由于一定的法律效果发生，而将法律上所必要的事实条件的总体，称为"法律上的构成要件"。我国的民法学者，把它称为"法律要件"。在刑法学上，犯罪的构成要件，其理论性只是它其中的一种情况——因为在历史上，刑法中最早出现的构成要件概念是采用一般法学的思维方式得出的。但是必须注意的是，按照一般法学

---

① 参见［德］贝林：《构成要件理论》，王安异译，6页，北京，中国人民公安大学出版社，2006。

275

的用法，构成要件一词仅仅意味着是法律上的、抽象的、观念性的概念。与此相反，在心理学等方面，在使用"Tatbestand"一词时，基本上是指事实性的东西。① 在此，小野清一郎指出了刑法学中的构成要件与一般法学上的构成要件以及心理学上的构成要件的区别。心理学上的构成要件是事实性的概念，而一般法学上的构成要件是观念性的概念。一般法学上的构成要件是发生法律效果的条件，而这一点与刑法学上的构成要件是有区别的。在刑法学的构成要件的演变过程中，存在一般的构成要件与特殊的构成要件。例如弗兰克指出：所谓一般构成要件，是指成立犯罪所必需的要素的总和；所谓特殊构成要件，则是指各种犯罪所特有的要素。② 但作为三阶层的犯罪论体系之基石概念的构成要件，是指特殊的构成要件，或称具体的构成要件，它是指刑法分则规定的具体犯罪的成立条件。对此，小野清一郎指出：构成要件理论中的构成要件，即是刑法各条中规定的"罪"，亦即特殊化了的犯罪概念。换言之，它就是特殊构成要件，而不是一般构成要件的意思。从一般构成要件——这个概念是否有必要存在也是值得怀疑的——方面来看，构成要件相符性，既要有符合构成要件的事实，这是它的一个要素，又要去考虑违法性和道义责任等问题。构成要件作为特殊性规定的概念，在某种程度上是具体的，但是作为法律上规定的概念，它又未免是抽象的、形式的，它与所有法律观念一样需要加以解释。③ 在此，小野清一郎明确地把构成要件界定为刑法分则所规定的特殊的构成要件，它与犯罪成立条件总和的一般的构成要件是不同的。与此同时，贝林及其同时代人的著作中还经常使用一个概念：法定的构成要件。这里的法定，是指刑法分则对具体犯罪的规定，因而构成要件是以刑法分则规定为中心形成的一个法律概念。在刑法分则中对某一个具体犯罪的规定，通常是对行为等客观事实的规定，只有在个别情况下规定了目的、意图

---

① 参见［日］小野清一郎：《犯罪构成要件理论》，王泰译，5页，北京，中国人民大学出版社，2004。
② 参见［日］小野清一郎：《犯罪构成要件理论》，王泰译，4页，北京，中国人民大学出版社，2004。
③ 参见［日］小野清一郎：《犯罪构成要件理论》，王泰译，12~13页，北京，中国人民大学出版社，2004。

四要件：没有构成要件的犯罪构成

等主观要素以及身份等主体要素。至于故意、过失、责任能力等对于犯罪成立来说具有一般意义的责任要素，都是在刑法总则中规定的，因而不属于构成要件的范畴，即使是主张违法有责行为类型说的小野清一郎，在回答属于一般责任条件的故意过失是否也属于构成要件这个问题时，也指出：在被类型化并且特殊化的限度内，是应当属于的。① 这里所谓"被类型化并且特殊化的限度内"，我理解，就是指在刑法有明文规定的情况下。构成要件之所以必须是特殊的、以刑法分则规定为限的，主要是为了正确地实现构成要件的机能。在刑法理论上，一般认为构成要件具有以下机能：一是保障机能，亦称罪刑法定原则机能；二是个别化机能；三是违法性推定机能。② 此外，经常论及的还有构成要件的故意规制机能和诉讼法机能等。

（一）构成要件的保障机能

构成要件的保障机能是指罪刑法定原则的法律明文规定是通过在刑法分则中设立构成要件完成的，因而构成要件是罪刑法定原则实现的保障。正如我国学者指出：在现代刑事立法中，对于犯罪的处罚除了在刑法总则中规定一般要件以外，在刑法分则中更是对各种具体的犯罪设置了相应的构成要件，这已经成为现代刑事立法技术上的特色。这显然是为贯彻罪刑法定主义，应其明确性要求而为的。③ 因此，正确地理解构成要件的概念，对于正确地理解罪刑法定原则是具有直接关联的。基于罪刑法定原则的立场，对于开放的构成要件等理论都要保持足够的警觉。

（二）构成要件的个别化机能

构成要件的个别化机能是指通过构成要件将此罪与彼罪加以区分。当然，客观构成要件论对于个别化机能的实现是有限的，如果把故意或者过失纳入构成要件，就会使构成要件的个别化机能大为提升。例如，如果限于客观的构成要件，

---

① 参见〔日〕小野清一郎：《犯罪构成要件理论》，王泰译，69页，北京，中国人民大学出版社，2004。
② 参见〔日〕曾根威彦：《刑法学基础》，黎宏译，185页，北京，法律出版社，2005。
③ 参见劳东燕：《刑法基础的理论展开》，180页，北京，北京大学出版社，2008。

则杀人罪、过失致人死亡罪和故意伤害（致人死亡）罪在构成要件阶层是无法区分的，这也正是反对客观的构成要件论的理由之一。但是，我认为构成要件的个别化机能不是绝对的，对于大多数犯罪，通过构成要件该当性这一阶层，就可以实现犯罪个别化。但对于少数犯罪来说，虽然在构成要件中不能实现个别化，但经过有责性的判断而实现个别化，这是一种分阶段地个别化。尽管如此，在构成要件阶层还是具有一定程度的个别化机能。

（三）构成要件的违法性推定机能

构成要件的违法性推定机能，这是违法行为类型说所具有的。因为构成要件的内容是刑法禁止的行为，实施构成要件的行为在通常情况下都具有违法性，除非存在违法阻却事由。即使是在形式的构成要件论中，由于构成要件具有违法性推定机能，因而构成要件在很大程度上获得了实质的违法性。在目前的构成要件中，包含了以客观归责为内容的实质判断，因而其所具有的违法性推定机能更为明确。

（四）构成要件的故意规制机能

构成要件的故意规制机能，是指凡是构成要件要素都是故意所认识的客体，从而限制或者决定了故意的内容。关于构成要件的故意规制机能，以往我国刑法学界重视不够。当然，在四要件的犯罪构成体系中，根本就不存在构成要件的故意规制机能。对于故意规制机能，日本学者指出：犯罪原则上必须出于故意，但是，由于故意的内容是对符合构成要件的客观事实的认识和实现的意思，因而，在结局上，决定成立故意所必要的事实范围的还是构成要件。构成要件具有规制故意内容的机能。这一机能被称为故意规制机能。① 构成要件的故意规制机能是构成要件的类型性特征，为具有个别性判断性质的故意认定了某种范围，对于正确地理解故意的内容具有重要意义。构成要件的故意规制机能昭示了以下原则：凡是构成要件要素都是故意所应当认识的，没有这种认识也就没有与构成要件相

---

① 参见［日］大谷实：《刑法讲义总论》，2 版，黎宏译，103 页，北京，中国人民大学出版社，2008。

四要件：没有构成要件的犯罪构成

关的故意。因此，在奸淫幼女的情况下，幼女年龄属于构成要件要素，当然是故意所应当认识的内容，没有这一认识也就不能成立奸淫幼女的故意。此外，对于身份犯来说，主体自身的身份也是故意认识的内容。

（五）构成要件的诉讼法机能

构成要件的诉讼法机能是指构成要件是刑事诉讼中的指导形象，它对于确定诉因、管辖、证明都具有重要意义。对此，日本学者小野清一郎曾经作过详尽的分析①，在此不赘。

四

苏俄学者创立的四要件的犯罪构成体系，是以犯罪构成为中心的。如前所述，这一犯罪构成是指犯罪成立条件，因而在犯罪构成中已经看不到构成要件的踪影，构成要件所具有的特征与机能也荡然无存。

在三阶层的犯罪论体系中，定罪的过程分为构成要件该当性、违法性与有责性这样三个步骤，依次递进，因而构成要件的内容是较为单纯的，即使在目的行为论出现以后，构成要件的内容虽然大为扩张，但仍然局限于事实性的内容。但在四要件的犯罪构成体系中，犯罪构成承载了事实与价值、主观与客观、形式与内容等各种犯罪成立要素。这样一种犯罪构成概念，正如我国学者所说，是一元化的、闭合式的犯罪构成。这一犯罪构成具有以下特征：（1）犯罪构成是主观要件与客观要件的统一；（2）犯罪构成是事实评价和规范评价的统一；（3）犯罪构成是刑事违法性和社会危害性的统一；（4）犯罪构成是形式违法性与实质违法性的统一；（5）犯罪构成是客观危害与个人责任的统一；（6）犯罪构成是评价过程与评价结论的统一。将这么多的内容统一于犯罪构成，必然带来消极后果。正如我国学者指出：对犯罪是否成立的评价是一项极其复杂的工作，犯罪构成绝不等

---

① 参见［日］小野清一郎：《犯罪构成要件理论》，王泰译，199页及以下，北京，中国人民大学出版社，2004。

于各项要件的简单罗列，犯罪评价不是搭积木之类的游戏。四大构成要件相加，可能得出行为成立犯罪的结论；但也可能得出其他的令人难以接受的结论，部分之和并不是随时都等于整体。这是需要我们警惕的事情。① 本来，构成要件是认定犯罪的一种"抓手"，借助于构成要件可以对犯罪成立的各种要素起到一种纲举目张的作用。但当构成要件被改造为犯罪构成以后，各种犯罪成立要素"一锅烩"，消解了构成要件的机能。

其实，苏俄学者特拉伊宁在改造构成要件过程中，在其犯罪构成体系的背后隐约地存在构成要件的影子。例如，在论及犯罪构成的因素时，特拉伊宁曾经指出，在着手解决这个复杂的任务——犯罪构成因素的分析和分类——之前，必须限制一下它的范围：必须指明，哪些情况，尽管它们对于负刑事责任说来绝对必要，但不能认为是犯罪构成的因素。应当指出，这种情况有两类：(1) 表明主体本身的情况；(2) 表明主体行为的情况。② 这里的表明主体本身的情况，是指刑事责任能力。特拉伊宁认为责任能力并不是犯罪构成的因素，也不是刑事责任的根据。责任能力通常在犯罪构成的前面讲，它总是被置于犯罪构成的范围之外。这里的表明主体行为的情况，是指行为的社会危害性。特拉伊宁认为行为的社会危害性都是决定每个犯罪构成的基本的、本质的属性。但社会危害性不是犯罪构成的一个因素。那么，到底什么是犯罪构成的因素呢？特拉伊宁指出：为了理解犯罪构成因素的性质，必须注意下面一点：只有法律赋予它刑法意义，并因而列入分则规范罪状中的那些特征，才是犯罪构成的因素。③ 联系到特拉伊宁关于"罪状是每个构成的'住所'"的命题，我们可以得出结论，这种由刑法分则的罪状规定的犯罪构成因素不正是三阶层的犯罪论体系中的构成要件吗？责任能力属于责任问题，不是在构成要件中讨论的，至于犯罪主体中讨论的是特殊主体，也

---

① 参见周光权：《犯罪论体系的改造》，146 页，北京，中国法制出版社，2009。
② 参见［苏］А. Н. 特拉伊宁：《犯罪构成的一般学说》，王作富等译，60 页，北京，中国人民大学出版社，1958。
③ 参见［苏］А. Н. 特拉伊宁：《犯罪构成的一般学说》，王作富等译，68 页，北京，中国人民大学出版社，1958。

四要件：没有构成要件的犯罪构成

就是身份犯之身份问题。而社会危害性作为对构成要件的实质判断也不是构成要件的具体要素，而是在违法性中讨论的。至于正当防卫、紧急避险这些属于排除社会危害性的情形，按照特拉伊宁的逻辑，当然也不在构成要件中讨论。显然，这样一种具有构成要件性质的犯罪构成概念与作为犯罪成立条件总和的犯罪构成概念之间，存在着深刻的内在逻辑。我国学者把特拉伊宁的观点称为二元的犯罪构成论，指出：在作为刑事责任根据的广义的、实质的犯罪构成概念和分则特殊的、法律的、狭义的构成要件概念之间，是特拉伊宁在西方三要件论与苏俄刑法传统和制度上左右摇摆的表现之一。① 可以说，特拉伊宁经历了一个从三阶层到四要件的艰难而无奈的转变。特拉伊宁的《犯罪构成的一般学说》一书根据苏俄政治意识形态的需要历经三次修改，然而我们还是可以从中发现贝林的构成要件论的蛛丝马迹。

在此后苏俄刑法学与我国刑法学的四要件的犯罪构成体系中，特拉伊宁的狭义的犯罪要件的阴影也被消除，构成要件被彻底改造成为犯罪成立条件总和，它是对刑法总则与刑法分则的犯罪成立条件的一种抽象。我国目前有不少学者都对这种四要件的犯罪构成体系进行了批判，并且提出了各种重构我国犯罪构成体系的思路。在这些思路中，除了对四要件进行简单的排列组合的观点以外，一种具有相当影响力的观点是以罪状为中心重建构成要件论，为我国的犯罪构成体系提供支撑。例如我国学者阮齐林教授认为应当把犯罪表述为该当罪状、违法、有责的行为，由此建立一个模仿三要件论的体系。阮齐林教授在论述罪状论时指出：首先以行为触犯刑法罚则即该当分则条文的罪状为犯罪的第一要件。在此，重要的是把罪状（或通过分则罪状描述的因素）当作一个整体掌握，作为犯罪构成论的核心。在罪刑法定的制度下，这是最基本的要求。在三要件论中，称其为"构成要件"，在法国理论中，称其为"法定要素"，在英美理论中，称其为"犯罪定

---

① 参见阮齐林：《评特拉伊宁的犯罪构成论——兼论建构犯罪构成论体系的思路》，载陈兴良主编：《刑事法评论》，第13卷，11页，北京，中国政法大学出版社，2003。

义"。犯罪构成的一般理论应当以此为中心展开。①

应当说，阮齐林教授在犯罪构成体系中直接引入罪状的概念，强调犯罪构成的第一个要件是刑法分则所规定的罪状，在一定程度上还原构成要件论，是具有一定想象力的。此外，李立众博士构筑的德日式犯罪成立之路，基本轮廓是罪状符合性、不法性与罪责性。② 其中，以罪状符合性为内容的是罪状符合论。然而，李立众博士强调罪状是一个总则性的刑法概念，以此发挥罪状的机能。但从所列机能来看，都是三阶层的犯罪论体系中构成要件的机能。这样，就使我思考一个问题：为什么不径行恢复使用构成要件一词，而是要采用罪状一词？对此，李立众博士从三阶层论核心术语的本土转换的角度进行了论证，主要理由是德语中的 Tatbestand 一词本身为"行为情况"之义，并不含"要件"或者"要素"的意味，如依汉语，毋宁称之为"构成事实"；日本用语乃谓之构成要件，不但文字与原意颇有出入，且易生误解。③ 这里的误解是指与犯罪构成或犯罪构成要件混淆。我认为，构成要件一词已经约定俗成，只要从犯罪构成中将其复原即可，没有必要改称为罪状。罪状虽然属于刑法分则性规定，与构成要件的性质接近，但罪状引入犯罪论体系，存在一个重新适应的过程。更为重要的是，将构成要件改为罪状以后，无法与德日刑法学相衔接。如果构成要件改为罪状，是否以后翻译德日刑法学著作也一并将 Tatbestand 译为罪状？而德日刑法学中，除犯罪论体系中的构成要件一词以外，其刑法分则中都有罪状一词，那么，这两个罪状如何区分？这些问题不解决，会在对外学术交流上徒添障碍。不如直接采用构成要件一词，对构成要件重新解释，将它从四要件的犯罪构成中解放出来。

本文的结论是：我国刑法学应当对特拉伊宁进行拨乱反正，完成从犯罪构成到构成要件的转换，废弃没有构成要件的犯罪构成，这是我国犯罪论体系发展的必由之路。

(本文原载《法学家》，2010 (1))

---

① 参见阮齐林：《评特拉伊宁的犯罪构成论——兼论建构犯罪构成论体系的思路》，载陈兴良主编：《刑事法评论》，第13卷，21页，北京，中国政法大学出版社，2003。
② 参见李立众：《犯罪成立理论研究——一个域外方向的尝试》，190页，北京，法律出版社，2006。
③ 参见李立众：《犯罪成立理论研究——一个域外方向的尝试》，179页，北京，法律出版社，2006。

人格刑法学：以犯罪论体系为视野的分析

我国在20世纪50年代引入了苏俄刑法学，以社会危害性理论为中心的苏俄刑法学曾经在我国一统天下。20世纪80年代至90年代初期我国刑法学还是以恢复重建为主，因而苏俄刑法学的本土化获得了较大的进展。从20世纪90年代中期开始，随着经济上的对外开放，在学术研究上也呈现出一种对外开放的态势。在刑法学中，德日的与英美的刑法知识被系统地引入我国，尤其是西方近代史上的各种刑法流派在我国都得到呼应，我国刑法学研究开始向多元化方向发展。其中，以北京大学张文教授为代表的人格刑法学的崛起，可谓是侧重于主观主义与行为人主义的刑法学在我国的再生，对此应当予以高度的关注。

刑事古典学派建立在客观主义基础之上的行为刑法与刑事实证学派建立在主观主义基础之上的行为人刑法之间的对立，是近代西方刑法学史上的一条基本线索。这两个学派的互相抗衡、互相融合，在很大程度上推动了近代刑法学的发展。刑事古典学派以自由主义、罪刑法定主义等为号召，主张建立在客观主义基础之上的以行为为本位的刑法。而刑事实证学派则以团体主义、防卫社会为价值取向，主张建立在主观主义基础之上的以行为人为本位的刑法。在这种情况下，行为刑法还是行为人刑法，成为一个哈姆莱特式的选择，尖锐地摆在每一个刑法学人的面前。当然，刑事古典学派与刑事实证学派都存在一种深刻的片面，因而互相妥协、互相折中就成为一种必然的趋势。在近代刑法学史上，行为刑法逐渐地吸收行为人刑法的思想，这是不可否认的。因此，行为刑法与行为人刑法的折中，仍然有一个以行为刑法为主还是以行为人刑法为主的问题。笔者认为，行为刑法应当是基本的理论框架，行为人刑法只能对行为刑法起到一种补充的作用。在此，笔者谨以犯罪论体系为视角，对人格刑法学进行一些评论。

在犯罪论体系上，行为刑法与行为人刑法也是存在对立的。这主要表现为一元的犯罪论体系与二元的犯罪论体系之间的对立。一元的犯罪论体系，是以“行为”为中心所设立的犯罪论体系，亦即系在行为中认定犯罪的实体，并以“行为”为成立犯罪的必要原理。[①] 在德日刑法学中，一元的犯罪论体系始终是犯罪论体系的主流。自李斯特—贝林创立构成要件该当性违法性与有责性的古典的犯罪论体系以后，历经新古典的犯罪论体系、目的论的犯罪论体系和目的理性的犯罪论体系，尽管在内容上有所发展，但三阶层的理论框架并无根本性的改变。而二元的犯罪论体系则是指将成立犯罪的要件，从“行为”与“行为者”两方面作二元的研究。自“行为”方面言，必须该行为具有构成要件该当性而无行为正当化事由之存在（即无阻却违法事由之存在）；自“行为者”方面言，必须有“责任性”之存在，唯此之所谓“责任性”并非关于“行为”本身之属性，而系关于实施违法行为之“行为者”的人格之属性（特质）。[②] 根据我国台湾地区学者洪福增的介绍，二元的犯罪论体系包含以下三位德国教授所主张的类型。

坎托罗维索（Kantorowicz）的体系见图 1。

- 可罚的行为
  - 客观的行为面
    - 行为
    - 构成要件该当性
    - 阻却违法事由欠缺
  - 主观的行为者面
    - 行为层
    - 责任
    - 阻却责任的处罚事由之欠缺

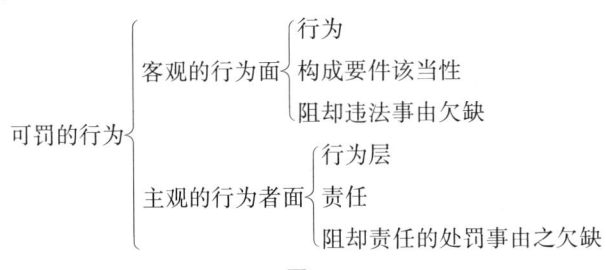

图 1

① 参见洪福增：《刑法理论之基础》，6 页，台北，台湾刑事法杂志社，1977。

② 参见洪福增：《刑法理论之基础》，22 页，台北，台湾刑事法杂志社，1977。

在上述二元的犯罪论体系中，客观的行为面相当于一元的犯罪论体系中的构成要件该当性与违法性，而主观的行为者面则除行为者这一要素以外，相当于一元的犯罪论体系中的有责性。除非这里的责任是行为者的责任而非行为责任，否则上述二元的犯罪论体系虽然分为客观的行为面与主观的行为面，但在其内容上将难以与一元的犯罪论体系相区别。

拉德布鲁赫（Radbruch）的体系见图2。

犯罪成立要件 { 犯罪 { 构成要件该当性 / 违法性 } 犯罪人 { 归责可能性 / 归责能力 } }

图 2

在上述二元的犯罪论体系中，犯罪这一要件相当于二元的犯罪论体系的构成要件该当性。当然，由于拉德布鲁赫采目的论的犯罪论体系，其构成要件中包含了客观的构成要件与主观的构成要件。而犯罪人这一要件，与目的论的犯罪论体系建立在规范责任论之上的有责性在内容上是相同的。

米特迈尔（Mittermgier）的体系见图3。

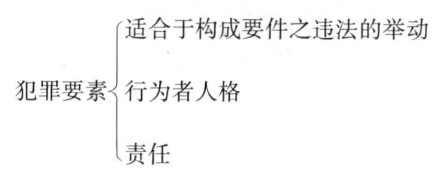

犯罪要素 { 适合于构成要件之违法的举动 / 行为者人格 / 责任 }

图 3

在上述二元的犯罪论体系中，适合于构成要件之违法的举动相当于一元的犯罪论体系中的构成要件该当性与违法性，而责任相当于一元的犯罪论体系中的有责性。行为者人格是这一二元的犯罪论体系所特有的，这也是与一元的犯罪论体系的根本区别之所在。因此，上述二元的犯罪论体系是最为纯正的二元的犯罪论体系。

通过以上一元的犯罪论体系与二元的犯罪论体系的比较可以看出，一元的犯罪论体系与二元的犯罪论体系在结构上存在共通之处，即都把构成要件该当性放在第一位。只有在具备了构成要件该当性这一要件以后，才可以对犯罪人进行责

任的追究。因此，二元的犯罪论体系虽然强调犯罪人的人格在定罪中的重要性，但由于受到构成要件该当性这一客观要件的限制，二元的犯罪论体系自然不会堕落为主观归责，从而坚守了法治国的价值理念。当然，二元的犯罪论体系都从行为（犯罪）与行为人（犯罪人）这两个方面建构犯罪论体系，把行为人（犯罪人）要件放在与行为（犯罪）要件平起平坐、相提并论的位置上，从而体现其行为与行为人的二元性。但是，行为与行为人的二元区分不能对应于客观与主观的二元区分，因为一元的犯罪论体系虽然分为构成要件该当性、违法性与有责性这三个要件，但根据古典的犯罪论体系，构成要件该当性与违法性是客观要件，而有责性是主观要件。因此，二元的犯罪论体系如果仅仅把行为人要件界定为主观要件，则与一元的犯罪论体系还是难以在实质上加以区分。在这一点上，米特迈尔的二元的犯罪论体系，明确地将行为者人格作为犯罪成立的一个要件，这才能充分体现二元的犯罪论体系的性质。最后应当指出，随着行为刑法与行为人刑法的互相融合，一元的犯罪论体系并非纯正的行为刑法的犯罪论体系。同样，二元的犯罪论体系也不是纯正的行为人刑法的犯罪论体系。可以说，一元的犯罪论体系从古典的犯罪论体系到目的理性的犯罪论体系的演变过程，就是在三阶层的框架内不断吸纳行为人刑法的内容的过程。而二元的犯罪论体系则是在形式上将行为刑法与行为人刑法共同纳入一元犯罪论体系。因此，现在的一元的犯罪论体系是实质上的二元的犯罪论体系，而二元的犯罪论体系则是形式上的二元的犯罪论体系。申言之，目前已经不存在绝对的一元的犯罪论体系。无论是以行为为本位的一元的犯罪论体系，还是以行为人为本位的一元的犯罪论体系，两者都是兼顾行为与行为人的二元的犯罪论体系。之所以出现上述行为刑法与行为人刑法相互融合的趋势，笔者认为是与从法治国到文化国的价值论演变，以及从存在论到规范论的方法论转变密切相关的。当然，在德日刑法学中，占主导地位的还是一元的犯罪论体系。之所以如此，是由行为与行为人的主次关系所决定的。对此，我国台湾地区学者认为二元的犯罪论体系将行为与行为人并列，存在轻重不分之弊[①]，值得

---

① 参见洪福增：《刑法理论之基础》，24 页，台北，台湾刑事法杂志社，1977。

人格刑法学：以犯罪论体系为视野的分析

考虑。

　　这里需要予以特别关注的是威尔泽尔的目的论的犯罪论体系。相对于古典的与新古典的犯罪论体系而言，威尔泽尔的目的论的犯罪论体系具有从客观向主观转向、从事实向规范转向，同时也具有从行为向行为人转向的特征。尤其是人的违法论的提出，取代了物的违法性，将对行为人的强调从有责性阶层提前到违法性阶层。在违法性这一要件中，威尔泽尔将不法与行为人并列。在目的论的犯罪论体系中，成立犯罪的第二个条件是"行为与行为人"，威尔泽尔特别提到了"作为犯罪学类型的行为人"，其重视"行为人"对于成立犯罪的意义。这种将行为与行为人作为犯罪的构成要素建立体系的立场，学界称之为二元的犯罪论。因此，威尔泽尔的目的论的犯罪论体系也被归入二元的犯罪论体系。[①] 但是，威尔泽尔的目的论的犯罪论体系，虽然在违法性阶层中，同时强调行为不法与行为人的不法，直接将行为人作为刑事不法的评价对象，但其行为人要素还是被包含在违法性要件之中，三阶层的基本格局并没有被打破，对于行为人也没有在整个犯罪构成上与行为平起平坐。在这个意义上，还是应当把威尔泽尔的目的论的犯罪论体系归入一元的犯罪论体系。但也不否认，威尔泽尔兼采二元论。[②] 笔者认为，这一评价是公允的。

　　张文教授倡导的人格刑法学，并非绝对的行为人刑法，而是行为刑法与行为人刑法互相融合的一种人格刑法学，张文教授指出：我们所倡导的人格刑法学，是指顺应刑法发展思潮将行为刑法与行为人刑法既作了结合，又作了发展。结合表现在，以客观行为为前提，以犯罪人格这一主观性质的事物为补充，形成客观的危害社会行为＋主观的犯罪人格这样一种二元的定罪量刑机制；对犯罪人格的考虑，并非仅是为了从理论上改变犯罪处罚的根据，或仅主张犯罪人格之于量刑的意义，而是在于，突破现行的以行为为中心的定罪机制，将犯罪人格由以往的量刑阶段推进到定罪阶段。在量刑阶段仍然保持现行的以行为及人格为考察点的

　　[①] 参见李立众：《犯罪成立理论研究——一个域外方向的尝试》，116页，北京，法律出版社，2006。
　　[②] 参见洪福增：《刑法理论之基础》，17页，台北，台湾刑事法杂志社，1977。

二元机制。这种将犯罪行为与犯罪人格并重、以犯罪行为与犯罪人格二元因素为定罪与量刑机制的刑法观,我们称之为人格刑法学,以区分于单以行为为中心的行为刑法和以行为人为中心的行为人刑法。① 根据以上关于人格刑法学的定义,人格刑法学与行为刑法和行为人刑法的根本区分在于:在定罪阶段,是否把犯罪人格作为一个独立的定罪根据。定罪问题是通过犯罪论体系解决的,因而在犯罪论体系中如何纳入犯罪人格这一要素,就成为人格刑法学的标志。张文教授曾经提出在其人格刑法学基础之上的二元论的犯罪论体系。这一体系的特点是将犯罪构成改为犯罪人构成,因而把犯罪要素称为犯罪人成立要素。这一要素分为两个方面:第一方面是事实判断要素,主要是指法定的刑事违法行为类型,包括行为、结果、行为主体身份、故意、过失等内容。第二方面是价值判断要素,主要是指法定的刑事责任承担条件,包括排除合法辩护事由、认定犯罪人格(见图4)。②

犯罪人成立要素 ｛ 事实判断要素—法定的刑事违法行为类型 ｛ 行为、结果 / 行为主体、身份 / 故意、过失
价值判断要素—法定的刑事责任承担条件 ｛ 排除合法辩护事由 / 认定犯罪人格

图 4

由此可见,张文教授将上述情形称为犯罪人成立要素,而不是犯罪成立要素,在此处体现了在犯罪与犯罪人这两个要素当中,侧重于犯罪人的价值取向。在事实判断要素与价值判断要素这两个方面,刑事责任当然是一个价值评价问题,但在事实判断要素中的刑事违法本身也包含价值评价。就此而言,事实与价值的区分并不是彻底的。当然,在上述体系中,将犯罪人格作为一个独立要素在犯罪人成立要素中加以确立,这是其人格刑法学的重要体现。而在这一点上,与米特迈尔的二元的犯罪论体系是较为接近的,后者也把行为者人格当作独立的犯

---

① 参见张文等:《人格刑法导论》,67页,北京,法律出版社,2005。
② 参见张文:《是以行为为中心,还是以犯罪人为中心?——关于犯罪论体系根基的思考》,载梁根林主编:《犯罪论体系》,北京,北京大学出版社,2007。

人格刑法学：以犯罪论体系为视野的分析

罪要素。因此，张文教授关于犯罪论体系的构想属于二元论的犯罪论体系，这是没有问题的。

如前所述，自从目的论的犯罪论体系以后，德日刑法学开始从行为刑法向行为人刑法转变，但基本格局是在行为刑法的体系中容纳行为人刑法的内容，体现了以行为刑法为主、以行为人刑法为辅的原则。在人格刑法学上也是如此。例如日本大塚仁教授是人格刑法学的积极倡导者，但他对于二元的犯罪论体系也是持否定态度的。大塚仁教授在评论二元的犯罪论体系时指出：像上述那样理解作为犯罪概念基底的行为及行为人的意义时，想把两者作为犯罪构成要素同等考虑的二元犯罪论，也是不能支持的。应该认为，行为人处在行为的背后，是第二层次的问题。即使构成要件上表示着一定的行为人类型，它也只不过是构成要件的要素，对符合构成要件的行为人的具体评价，结局不外乎是违法性及责任的问题。在上述的诸见解中，坎托罗维奇和拉德布鲁赫所意图的行为人性，主要与责任一面相关，米特迈尔提出的行为人意味着违法性和归责的前提。因此，在犯罪概念的基底中补充地承认行为人的意义时，就没有必要对以行为概念为基本的犯罪论体系再加修正。①

大塚仁教授的人格刑法学思想主要是透过三阶层的犯罪论体系实现的：在构成要件该当性中采人格行为论、在违法性中采人的违法论、在有责性中采人格责任论。因此，人格行为论、人的违法论、人格责任论就如同一条红线，使形式上一元的犯罪论体系成为实质上二元的犯罪论体系。对于大塚仁教授的这一人格刑法学在犯罪论体系中的体现方式，张文教授提出了批评，认为这是一种准人格刑法学或者"半截子"人格刑法学，指出：根据大塚仁人格刑法学的思想，定罪仍然实行的是单一的行为中心论，人格在这里的作用不过是被用来说明作为犯罪构成的行为，符合犯罪构成的行为是体现了行为人人格的行为。也就是说，它仍然只是如同新派一样，揭示了行为背后所隐藏的东西——人格，并没有让这种隐藏

---

① 参见〔日〕大塚仁：《刑法概说（总论）》，3 版，冯军译，123 页，北京，中国人民大学出版社，2003。

的东西从行为这一遮羞布后面浮现出来,发挥其在定罪方面的作用。在刑罚理论部分,人格刑法学确实发挥了实效,即人格本身对量刑确实具有实质性的影响,而非仅仅是当作处罚对象的行为的说明。但是,这种实效实际上也只是新派行为人刑法观贯彻结果的继续罢了。既然称为人格刑法学,而刑法学是包括定罪和量刑两大部分的,只有在定罪和量刑两部分都贯彻行为与人格并重的思想,才能称得上是人格刑法学。① 对于大塚仁教授在刑罚论部分体现的人格刑法学思想,张文教授并没有否定。关键是在犯罪论中,张文教授认为大塚仁并没有体现人格刑法学思想,即没有把人格与行为并列作为定罪的独立要件,而只是把人格隐藏在行为背后作为行为的一个要素。因此,大塚仁教授的人格刑法学是"半截子"的;犯罪论无人格刑法学,刑罚论才有人格刑法学。正是在这一点上,张文教授的人格刑法学与大塚仁教授的人格刑法学明显地区分开来了。在某种意义上,可以说,大塚仁教授的人格刑法学是一种较为保守、也是较为含蓄的人格刑法学,而张文教授的人格刑法学则是一种较为激进的、也是较为张扬的人格刑法学。

那么,大塚仁教授的犯罪论果真是一个人格刑法学的犯罪论吗?笔者并不这么认为。应该说,大塚仁教授在犯罪论体系中以人格行为论、人的违法论、人格责任论等为主要内容构筑了人格的犯罪理论。大塚仁教授在论及人格的犯罪理论时指出:在尊重自由主义契机的刑法学中,不能脱离现实表现出的犯罪行为论及犯罪人的危险性,而且,行为人只有作为现实的犯罪行为的主体才看出其意义。这样,应当以作为相对自由主体的行为人人格的表现的行为为核心来理解犯罪。站在这种基本观点上的犯罪理论,可以称为人格的犯罪理论。② 因此,笔者认为大塚仁教授的人格刑法学与张文教授的人格刑法学之间的区别,并不在于在犯罪论中是否要考虑人格这一要素,而是如何体现人格这一要素。大塚仁教授认为,通过人格行为论、人的违法论和人格责任论,已经能够在犯罪论中体现人格刑法学思想。而张文教授则认为,只有把人格作为定罪的一个独立要件,才能真正体

---

① 参见张文等:《人格刑法导论》,63 页,北京,法律出版社,2005。
② 参见〔日〕大塚仁:《刑法概说(总论)》,3 版,冯军译,63 页,北京,中国人民大学出版社,2003。

人格刑法学：以犯罪论体系为视野的分析

现人格刑法学思想。

　　这里涉及犯罪行为与犯罪人格之间的关系问题。犯罪行为是指构成要件该当且违法的行为，对此是没有异议的。而犯罪人格也称犯罪个性，是一种严重的反社会人格。可以认为，犯罪人格是在生物的与社会因素制约下的一种趋向于犯罪的稳定心理结构，它对犯罪行为具有原发性。① 由此可见。犯罪人格与犯罪行为之间具有十分密切的联系。现在的问题是：犯罪行为与犯罪人格是否具有逻辑上的表里关系，即只要有犯罪行为必然存在犯罪人格，反之亦然。换言之，是否存在没有犯罪行为但有犯罪人格，或者没有犯罪人格但有犯罪行为之情形？笔者的回答是肯定的，像过失犯罪等犯罪类型，都并未存在犯罪人格。犯罪人格大多存在于暴力犯罪与性犯罪等自然犯中。因此，犯罪行为与犯罪人格具有可分离性：任何犯罪都必然存在犯罪行为，但并非任何犯罪都存在犯罪人格。由此可见，对于犯罪成立来说，犯罪行为与犯罪人格的作用并非等量齐观的。犯罪论体系如果是犯罪构成体系而不是犯罪人构成体系，那么，在犯罪论体系中只能采一元的犯罪论体系，即以行为刑法为主，以行为人刑法为辅。但如果犯罪构成是犯罪人构成而非犯罪构成，那么一元的犯罪论体系是难以采纳的，非但如此，而且二元的犯罪论体系也难以接受，而应当在犯罪论体系之外，另外建构犯罪人体系。张文教授在论及犯罪危险性人格的主体归属性时，指出：行为人在犯罪危险性人格支配下实施了犯罪行为，即为犯罪人，其人格可称为犯罪人格。据此，判断一个人是否为犯罪人，除了根据他是否实施了刑法规定的行为、是否触犯了刑事法律之外，还应看他是否具有犯罪危险性人格。笔者以为，不具备犯罪危险性人格者，即使其行为符合刑法规定的构成要件，也不应将其定罪，并称之为犯罪人。只有违反了刑法规范并具备了犯罪危险性人格的人，才是犯罪人。② 以上这一论断是张文教授人格刑法学的精华之所在。根据以上逻辑我们可以排列出以下两种情形：

---

　　① 参见陈兴良：《刑法的人性基础》，307 页，北京，中国人民大学出版社，2006。
　　② 参见张文等：《人格刑法导论》，106 页，北京，法律出版社，2005。

第一种情形，行为符合构成要件——没有犯罪人格，不能定罪；

第二种情形，行为符合构成要件——具有犯罪人格，应当定罪。

在以上两种情形中，第二种情形争议不大，关键是第一种情形，行为完全符合构成要件仅仅因为没有犯罪人格而不予定罪。在这种情况下，相对于一元的犯罪论体系，处罚范围必将缩小，这就是张文教授所倡导的非犯罪人化：目前按照刑事法律被规定为犯罪的人，根据新犯罪人说对其中没有犯罪危险性人格而落入刑法视野者，使其主体行政违法化即成为违法行为者。对其处罚实行非刑罚化处以行政处罚。[①] 犯罪行为与犯罪人，本来是一种作品与作者的关系，犯罪行为是犯罪人的作品，犯罪人是犯罪行为的作者。因此，是犯罪行为决定犯罪人，只要实施了犯罪行为就是犯罪人。但张文教授的人格刑法学则在一定程度上颠覆了犯罪行为与犯罪人之间的关系，如果没有犯罪人格，则即使实施了犯罪行为也不是犯罪人。在这种情况下，犯罪构成就转变为犯罪人构成。而犯罪人构成是在犯罪构成的基础上再加上犯罪人格的要件。张文教授的这一人格刑法学思想，在自身逻辑上是能够成立的。问题只是在于人格刑法学的观点是否具有刑事政策上的可接受性和司法上的可操作性，这是值得关注的。

我国刑法中的犯罪概念本身就是较为狭窄的，因而扩大犯罪圈就成为我国刑法学界的主流呼声。根据张文教授的犯罪人构成体系，虽然犯罪范围没有重大变动，但那些实施了我国刑法分则所规定的犯罪行为的人，却因为不存在犯罪人格，而被排除在犯罪的范围以外。对此，在刑事政策上是否具有可接受性，这是一个十分现实的问题。这里所谓刑事政策上的可接受性，是指刑事政策能否容忍这种情况，这一点又取决于：非犯罪人化是否会削弱刑法的惩治力度？在目前我国社会治安不好，犯罪率较高的情况下，实行这种非犯罪人化存在着较大的政治风险，接受起来是有相当难度的。张文教授指出：二元论的结果是使刑法的打击面变窄了，只有那些既实施了法益侵害行为，又具有人格恶性的行为人才能进入

[①] 参见张文等：《人格刑法导论》，236页，北京，法律出版社，2005。

人格刑法学：以犯罪论体系为视野的分析

刑法的视野，这是符合刑法谦抑性要求的。① 对于刑法谦抑性，笔者当然是赞同的。但对于那些非犯罪化以后的犯罪行为并非根本不受处罚，而是作为行政违法行为受到行政处罚。这一点，恰恰是笔者所担忧的。非犯罪化一样存在形式上的非犯罪化与实质上的非犯罪化之分。形式上的非犯罪化，是指某一行为只是不作为犯罪处罚，但作为行政违法行为处罚。而实质上的非犯罪化是指不仅不作为犯罪处罚而且不作为行政违法行为处罚。实质上的非犯罪化涉及国家权力与公民自由之间的结构性调整：实质上的非犯罪化，表明国家权力对公民个人行为的干预范围缩小，公民自由也随之扩张。但在形式上的非犯罪化的情况下，公民自由没有缩小，而只是国家权力中的司法权与行政权的结构性调整：随着形式上的非犯罪化司法权缩小而行政权扩张。就司法权的行使与行政权的行使而言，二者相较之下前者更有利于公民，后者却不利于公民。因为，通过司法程序的刑罚处罚，由于存在公检法三机关的制约以及获得律师辩护，因而被告人的诉讼权利依法受到保障。但治安性与行政性的处罚却是行政机关，尤其是公安机关在没有其他机关制约也没有赋予被处罚者以各种程序性权利的情况下独自决定适用的，因而虽有效率却有悖法治的基本要求。② 非犯罪人化也是如此，同样存在着形式上的非犯罪人化与实质上的非犯罪人化，只有非犯罪人化以后不受任何处罚才是实质上的非犯罪人化。而非犯罪人化以后，又受到行政处罚，仍然不是真正意义上的非犯罪人化而是形式上的非犯罪人化。对于这个问题，需要引起我们的警觉。

　　以犯罪人格作为犯罪人成立的要件，最大的问题还在于司法上的可操作性。行为刑法之所以被人接受，与对于行为认定的标准明确可行，是具有密切关系的。因为行为是客观的、可以把握的，因而具有明确性，可以作为罪刑法定主义的基础。即使是刑事实证学派的代表人物之一的李斯特，也竭力主张行为人刑法，提出了"应受处罚的不是行为而是行为人"的著名命题。但在犯罪论体系上，他创立了以因果行为论为基础的一元的犯罪论体系，主张在犯罪论体系中贯

---

① 参见张文等：《人格刑法导论》，208页，北京，法律出版社，2005。
② 参见陈兴良：《犯罪范围的合理定义》，载《法学研究》，2008（3）。

293

彻自然主义与实证主义。对此，我国台湾地区学者林东茂教授作了以下生动描述：李斯特是古典体系的创建者之一，他甚至企图在刑事立法上贯彻实证主义的精神。他在1913年为《德国刑法典》修正案所提的建议，就企图以自然科学的语言，精确地描述犯罪类型。举例说，他建议侮辱罪应该这样规定："一连串的喉结抖动，血脉偾张，引致他人之不愉快情绪，为侮辱罪，处一年以下自由刑。"被侮辱者是否气得跳脚大家有目共睹，一切眼见为凭，不要作价值判断。以这种生物学的语言描述侮辱，多么精确，多么客观。①

这就是操作上的可行性向原理的正确性的妥协。相对于客观行为，犯罪人格是更为隐蔽，也是更难测量的。对于这一点，人格刑法学的主张者都是承认的。例如，大塚仁教授把犯罪征表主义看作是行为人刑法向行为刑法的妥协性理论，因为在现代科学的水平上，只有以表现于外部的行为为中介才能认识犯人内部的危险性。大塚仁教授认识到将主观主义行为人主义彻底化，犯罪概念就会变得暧昧，具有侵害行为人自由之虞。这种缺点，通过采用征表主义也不能除去。② 对于犯罪人格的这种模糊性，刘艳红教授指出：作为一个新的定罪条件，犯罪危险性人格是一个抽象的概念，并非一目了然，而是需要经过专业的判断的，由于犯罪危险性人格的鉴定在司法实践中并不存在，人格的鉴定并不规范，一些心理学上的研究也还不十分成熟，因而这种定罪条件本身也要进一步的研究和完善。对犯罪危险性人格的鉴定也成了人格的犯罪论体系中最薄弱的一环。③ 如果犯罪人格的测量这一问题不解决，将犯罪人格作为定罪要件，就在很大程度上缺乏可操作性。至于犯罪人格是作为入罪要件还是出罪要件④，笔者认为取决于行为构成

---

① 参见林东茂：《道冲不盈——兼读法律本质》，载陈兴良主编：《刑事法评论》，第24卷，北京，北京大学出版社，2009。
② 参见［日］大塚仁：《刑法概说（总论）》，3版，冯军译，61页，北京，中国人民大学出版社，2003。
③ 参见刘艳红、许强：《人格的犯罪论体系之建构》，载梁根林主编：《犯罪论体系》，北京，北京大学出版社，2007。
④ 关于这个问题的论述，参见翟中东：《刑法中的人格问题研究》，109、110页，北京，中国法制出版社，2003。

与行为人构成之间的位阶关系。只要把犯罪人格的认定放在行为具有构成要件该当性以后的一个环节,则无论把犯罪人格称为定罪要件还是出罪要件,它在客观上都只有出罪功能。除定罪以外,量刑当中如何考虑犯罪人格也存在一个可操作性问题。行为刑法是完全以行为的法益侵害程度作为量刑的基础,这是一种报应刑主义。而行为人刑法则完全以人身危险性作为量刑的基础,这是一种目的刑主义。目前德、日刑法学的通说是采并合主义,即以报应确定刑罚的上限,以目的调节具体刑罚。张文教授虽然反对并合主义[1],提倡教育刑,但在人格刑法下的量刑基础及其方法上,主张对犯罪人的裁量,不仅要考虑客观行为,而且要考虑犯罪人的人格状况。从这一观点来看,似与并合主义并无根本区别。问题在于:犯罪人格在量刑中占据什么地位?是以行为为主还是更多地考量犯罪人格的因素,这对于量刑具有重大影响。

综上所述,人格刑法学是一种美好的构想,是未来的刑法学。生在当下的笔者,虽然向往未来,但更立足于现实。因此,笔者还是站在一元的犯罪论体系的立场上、向二元的犯罪论体系表示致敬。

(本文原载《华东政法大学学报》,2009(6))

---

[1] 参见张文等:《人格刑法导论》,295 页,北京,法律出版社,2005。

行为科学视野中的刑法学

从行为科学的意义上说,刑法是一种社会行为的控制手段。自从近代刑事人类学派与刑事社会学派勃兴,报应刑主义衰落以后,预防与矫正问题的提出,使得行为科学方法在刑法中的实际运用成为可能。本文以行为科学诠释犯罪行为及其刑事惩罚,作为将行为科学引入刑法学研究的一种尝试。

一

行为的可控制性,是基于行为科学对人类行为内在机制的揭示而得出的结论。对人类行为的认识是对人的本性理解的重要内容之一,可以说,只有正确地揭示了人类行为的内在机制,才能科学地认识人的本性。无疑,在对人类行为的认识史上,行为科学是一个历史的里程碑。在此之前,人们只是把行为视为人的本能,对人之如何行为并没有予以科学揭示。当然,也有一些哲学家已经通过直觉对行为机制有了一定的认识。例如16世纪法国著名哲学家笛卡儿认为,生物的某些自发性动作具有外显性,行为有时与外显活动有一定的关系。笛卡儿已经行为科学视野中的刑法学

推测到行为具有外部可控性。① 及至 19 世纪,行为主义作为心理学的一种思潮与学派在西方兴起,对人类行为的内在机制进行了大量的研究,主要是从生理学角度来阐释人类行为。现代人类行为研究肇始于俄国著名生理学家巴甫洛夫在 20 世纪初进行的实验,他做了对狗的大量实验,提出了条件作用理论。巴甫洛夫研究了刺激与强化物之间的时间间距的影响,考察了刺激的多种属性能够获得控制的程度,也探讨了条件刺激不被强化时,其引起反应系力逐渐丧失的过程——他把这一过程叫作"消退"②。真正使行为研究发展成为一个富有影响的学派的是美国心理学家华生。华生推广了巴甫洛夫的"刺激—反应"原理,认为人的一切行为都是条件作用的结果,都是后天学习而来的。并且,他提出人的学习行为表现出了两条主要规律:频因律与近因律。前者是指某一反应对某一刺激发生的次数越多,该反应就越可能对该刺激再次发生;后者是指某一反应对某一刺激在时间上发生得越近,该反应就越可能对该刺激再次发生。华生的理论被称为学习理论或曰学习心理学。在此基础上,美国著名心理学家斯金纳发展出一种操作性行为的理论,他不满足于"刺激—反应"这一简单模式来解释人的一切行为。在他看来,人的行为可分为两类:一类是由某一特定刺激引发的反射性行为,他称之为应答行为;但是,人的大多数行为不属于此类,而属于由环境引发的复杂的操作行为。操作行为由存在于环境中的各种刺激所引发,这些刺激太多且太复杂,我们很难确定究竟是其中哪些刺激引发了行为。但是我们可以看出不同的环境会产生不同的行为,而环境的改变则会引起行为的改变。斯金纳认为人的行为不仅要受环境的制约,而且要受强化作用的影响,也就是说,要受行为所带来的结果的影响。通过对动物的大量实验,斯金纳发现强化作用主要有三种:(1)正强化,即某一行为如果会带来使行为者感到愉快和满足的东西,如食物、金钱、赞誉、爱等,行为者就会倾向于重复该行为;(2)负强化,即某一行为如果会消除使行为者感到不快和厌恶的东西,如噪声、严寒、酷热、电击、责骂等,行为者

---

① 参见 [美] 斯金纳:《科学与人类行为》,45 页,北京,华夏出版社,1989。
② [美] 斯金纳:《科学与人类行为》,51 页,北京,华夏出版社,1989。

也会倾向于重复该行为;(3)惩罚,即某一行为如果会带来令行为者不快的东西或者会取消令行为者愉快的东西,行为者就会倾向于终止或避免重复该行为,换言之,惩罚刚好是正强化与负强化的反面。基于上述发现,斯金纳提出,既然人的行为取决于环境和强化,那么我们完全可能通过改变环境和运用各种强化手段来改造和控制人的行为。由此,斯金纳提出"文化设计"这一概念。这里的文化即是社会环境,它使那些生活在这一环境中的人的行为得以形成和维持。[①] 因此,文化设计就是根据行为科学的原理,依照一定的价值观念,选择与创造一定的社会环境。显然,在这个意义上,斯金纳行为科学引入了一个能够使之产生效益的社会领域。

行为科学的研究成果,极大地丰富了对人类行为的内在机制的认识,并且为人类行为的社会控制提供了科学根据。法律,包括刑法,是一种社会控制的工具。正如美国著名法学家庞德指出:"在近代世界,法律成了社会控制的主要手段。"[②] 法律对社会的控制,尤其是刑法对社会的控制,是通过对人的行为的调控而实现的,其中,刑事惩罚担当了重要的角色。因此,行为科学的基本原理可以用来重新诠释犯罪行为及作为对这种行为的控制手段的刑事惩罚,并能给我们以一种全新的启示。

二

美国著名心理学家斯金纳曾经提出内在人与外在人的概念。当人们无法解释人类行为的时候,就用内在人(inner man)加以解释,认为人有内在人与外在人之分,外在人受内在人支配与制约,外在人(outer man)十分相似于内在人,内在人是仿照外在人的模式虚构出来的,用内在人的行为来解释外在人的行为,这是一种被斯金纳称为心理主义的解释。斯金纳指出:内在人的功能的确是提供

---

① 参见 [美] 斯金纳:《超越自由与尊严》,143 页,贵阳,贵州人民出版社,1987。
② [美] 庞德:《通过法律的社会控制》,10 页,北京,商务印书馆,1984。

行为科学视野中的刑法学

了某种解释,但这一解释本身却不能得到解释,由此,解释便中止在内在人这里。内在人不是过去历史与现实行为的中介,而是产生行为的中心。[1] 行为科学彻底摈弃了这种心理主义的解释,不是从人的内心,而是从外部环境中去寻找对人类行为的解释。这就是外部环境决定人类行为的观点,这也是行为科学的重要命题之一。

如果我们试图对犯罪行为作出解释,也会面临是从人的内心世界还是从人的外部环境来解释的问题。在中世纪,由于宗教神学的影响,往往把犯罪和其他异常行为归咎于恶魔鬼怪,罪犯被认为是在某一方面和世界外部的魔怪有着不正常关系的人。这种解释,把犯罪归结为外在的超自然的力量作用的结果。乃至近代,刑事古典学派,无论是报应主义者康德、黑格尔,还是规范功利主义者贝卡里亚、费尔巴哈都以意志自由来解释犯罪行为。黑格尔在《法哲学原理》一书中用其晦涩的语言表达了这样一种思想:犯人的行为是按其意志选择的结果,而意志是自由的,因此,加于犯人的刑罚也是他选择的结果。由此引申出黑格尔的一句名言:"刑罚既被包含着犯人自由的法,所以处罚他,正是尊敬他是理性的存在。"[2] 刑事古典学派立论于意志自由的犯罪解释理论,正像行为科学所批评的心理主义那样,将意志自由看作是内在人,而犯罪行为则是外在人,内在人操纵着外在人。尽管这种理论在用人本身来解释人的犯罪行为这一点上,相对于中世纪用超自然的外在力量来解释犯罪行为有所进步,但用意志自由仍然不能科学地揭示犯罪行为的内在机制。

随着进化论思想的传播,人类学成为一门学科,因而从遗传的角度解释人类行为的风气盛行一时。此前,在西方曾经风行过骨相学,骨相学是用生理现象解释心理现象的最初尝试。弗兰西斯、高尔顿首先把进化理论用于人类行为的研究,高尔顿在《遗传的天才》一书中,假定在过去某一时期人类世系中曾有过变异而且这些变异曾有可能保存下来。因此,高尔顿极端重视遗传,认为不仅天才

---

[1] 参见〔美〕斯金纳:《超越自由与尊严》,12页,贵阳,贵州人民出版社,1987。
[2] 〔德〕黑格尔:《法哲学原理》,103页,北京,商务印书馆,1961。

是遗传的，罪犯同样是遗传的。他在进行"犯罪型"的人体测量学的研究以后，得出如下结论：犯罪中良心的缺欠，像他们不因为自己的罪恶而真诚悔恨所表明的那样，使初次熟悉监狱生活细节的人全部都感到惊奇。很少在囚犯中看到有痛心失望的情景；他们的睡眠从未被不安之梦搅扰过。因此，高尔顿认为，所有这些都是受生物学上的条件限制的；个人生来不仅具有颅骨和面貌的特征，不仅有天才或低能的差别，而且具有内在的罪恶气质。[①] 真正将人类学理论引入刑法学，并建立了刑事人类学派的是意大利著名刑法学家龙勃罗梭。龙勃罗梭的早期思想可以概括为一个毁誉交加的命题：天生犯罪人。龙勃罗梭用行为决定论的观点来解释犯罪，认为意志自由只是哲学家的虚构，在现实生活中，人的行为是受遗传、种族等先天因素制约的，对于这些人来说，犯罪是必然的。龙勃罗梭首倡行为决定论，并将遗传视为犯罪的唯一原因。后来菲利、李斯特等人接受了行为决定论，但对犯罪原因的解释却由龙氏的生物原因的一元论转向生物、心理、社会原因的多元论，由刑事人类学派走向刑事社会学派。菲利以犯罪饱和论著称，认为在一定的社会条件下，必然产生一定的犯罪，就像氧和氢相结合必然产生水一样。菲利明确指出："自然环境和社会环境具有一定程度的影响，就像行为人的生理和心理机制在一定程度上都是健康和茁壮的一样。因此，有关犯罪自然起源的自然观察和实际结论如下：每一种犯罪都是行为人的身体状况与社会环境相互作用的结果。"[②] 李斯特则更重视社会环境对犯罪的影响，认为犯罪是客观环境条件造成的必然的而且是不可避免的结果。[③] 应该说，刑事社会学派从社会环境对犯罪的决定意义上揭示犯罪原因较之刑事人类学派简单地将犯罪原因归结为遗传，更为科学，但刑事社会学派仍然没有能够科学地揭示犯罪行为产生的具体机制。借助于行为科学，能够完成这一任务。

行为科学反对从有机体内部寻找行为的原因，按照斯金纳的说法，从有机体的内部寻找行为的原因通常掩盖了一些可以直接用于科学分析的变量。这些变量

---

① 参见［美］墨菲、柯瓦奇：《近代心理学历史导引》，192页，北京，商务印书馆，1987。
② ［意］菲利：《犯罪社会学》，46页，北京，中国人民公安大学出版社，1990。
③ 参见甘雨沛、何鹏：《外国刑法学》，上册，119页，北京，北京大学出版社，1984。

行为科学视野中的刑法学

存在于有机体的外部,处在有机体现在和过去的环境中,它具有一种适合一般科学方法的物理状态,使我们对行为的解释就像科学解释其他事物一样成为可能。① 因此,只能从外部环境解释人类行为。斯金纳指出:在相当长的一段时间里,人们都未明确意识到环境对行为的作用,是笛卡儿第一个提醒说,也许环境在决定行为方面起着主动作用,环境的激发作用被称为"刺激"(该词源于拉丁语,原指刺棒),而作用于生物的效应被称为"反应"。"刺激"与"反应"一起被认为形成了一种"反射作用"。环境不仅刺激或鞭策,它还进行选择。在考虑环境对有机体的作用时,我们不仅要考虑它在有机体反应前的作用,还要考虑到反应后它对有机体的作用,而行为是由作用的结果形成并维持的。一旦认识到这一事实,我们就能从更广泛的范围来阐述有机体与环境之间的相互作用。如此一来,就会产生两种重要结果。其中之一涉及基础分析:作用于环境进而产生结果的行为("操作"行为)可通过安排一定的环境条件进行研究。另一个结果是实践性的:我们对环境可以加以控制。我们将看到,操作行为技术已有相当的进展,也许还可证明,它可能适应于我们的诸种问题。② 由此适用于对犯罪行为的解释,我认为,犯罪作为一种行为,尽管是一种反社会并为刑法所确认为违法的行为,仍然具有与一般人类行为一样的产生机制。犯罪行为的根本原因在于社会环境的影响与制约,根据马克思主义的观点,犯罪行为是一定的社会物质生活条件的产物,离开了这一点,就不能科学地阐述犯罪行为的原因。当然,在运用行为科学具体解释犯罪原因上,我认为犯罪学中的犯罪行为的分化性联想——强化理论具有一定的价值。美国著名犯罪学家萨瑟兰根据行为科学,经过对犯罪现象的研究提出了分化性联想理论,认为犯罪总与不良交往有关,它和任何复杂行为一样,在实施以前得有一个学习过程。个体可以区别各种对他起作用的刺激,经过对区别出的某种刺激的多次尝试后,该种刺激便会与有机体的某种反应建立联想,形成分化性反应。所以犯罪行为的学习过程,就是一种个体对某种刺激建立

---

① 参见[美]斯金纳:《科学与人类行为》,29页,北京,华夏出版社,1989。
② 参见[美]斯金纳:《超越自由与尊严》,15~17页,贵阳,贵州人民出版社,1987。

特定反应的过程；犯罪行为的学习，仅仅依赖于刺激和反应在时间和空间的接近性。在此基础上，伯吉斯、艾克斯进一步运用斯金纳的操作性条件反射理论，认为犯罪行为发生于这样一种环境中，在那里犯罪行为曾被强化过，导致人们不去控制或抑制实施犯罪行为的反应。而且，人的行为不仅仅是某种刺激的反应，这种行为操作本身对于个体建立与该行为相应的刺激——反应联想具有强化作用，即增强某种刺激与有体机的行为反应之间的联想，从而影响这种行为在以后的发生频率。这就是在萨瑟兰的分化性联想理论基础上发展起来的分化性联想——强化理论。① 应该指出，萨瑟兰等犯罪学家运用行为科学对犯罪行为的起因的解释，对于我们深入地理解犯罪行为的产生机制是具有一定意义的，它不满足于社会环境决定犯罪行为这样一个简单的命题，而是从微观上阐发了社会环境与犯罪行为是如何互相作用因而引发犯罪行为的内在机制。

运用行为科学对犯罪行为进行解释，会遭到一个棘手的问题，就是如何认识人的责任。刑事人类学派与刑事社会学派完全否定意志自由，因而也就否定了建立在意志自由基础上的道义责任，从而指出社会责任的理论。那么，行为科学如何看待人的责任呢？斯金纳指出：在传统观念里，一个人是自由的，他的行为并不是被什么外在原因引起的，就此而言，他是自主的。如果他越轨造次，他将为此承担责任，并接受公正的惩罚。当科学分析揭示出行为与环境之间存在的出人意料的制约关系时，就必须对这种观念及相应的实践重新加以认识。② 斯金纳提出的问题是具有一定深度的，其结论是对意志自由与人的责任的不定。斯金纳指出：当行为被归结于人的遗传禀赋起的作用时，责任这一概念就更为无力了。例如斯金纳指出：不同个体的性行为在程度上都有差异，受性强化作用的影响大小也不尽相同。那么，他们在控制自己的攻击性或性行为方面，是否应该负同样的责任？而且，对他们实行同样的惩罚是否公平？由此，斯金纳明确提出否定责任这一概念，认为责任的概念对这一问题毫无裨益，因为问题的核心表现在人的可

---

① 参见沈政主编：《法律心理学》，207～208 页，北京，北京大学出版社，1986。
② 参见［美］斯金纳：《超越自由与尊严》，18 页，贵阳，贵州人民出版社，1987。

行为科学视野中的刑法学

控制性方面。运用惩罚手段并不能改变遗传的缺陷,只能通过长期的遗传工程方面的工作来实现这一改变。所以须加以改变的并非是自主人的责任,而是环境状况或遗传作用,人的行为不过是这些状况或作用的产物。① 应该说,斯金纳关于应当改变环境来减少犯罪的观点本身是有一定意义的,但全盘否定意志自由与人的责任则显然是一种机械唯物主义的观点。事实上,人与环境是互动的,人在受环境支配的同时,环境也在一定程度上受人的支配,应当将这两者辩证地统一起来。在这个意义上说,人具有一定的意志自由,这种意志自由表现为"借助于对事物的认识来作出决定的那种能力",这里的事物也应当包括客观环境。

三

刑事惩罚是作为对犯罪行为的一种社会反应而存在的。在刑法学史上,对刑罚的解释是五花八门的,但大体上可以分为两种观点:一是报应主义;二是功利主义。报应主义将刑罚视为犯罪之因的必然之果,是恶有恶报的报应规律的表现。因此,报应主义用因果律解释犯罪与刑罚之间的关系,失之于简单与片面。例如,英国著名刑法史学家斯蒂芬公然宣称"报应之于刑罚有如性欲之于婚姻"②,是一种社会公正感的满足。功利主义则注重刑罚对犯罪的社会功利效果,试图以刑事惩罚威慑或者消除犯罪,再矫正犯罪人。规范功利主义者贝卡里亚运用当时的心理学原理,认为刑罚是一种阻力,其作用在于抵消犯罪欲念对人的引力,其具体做法就是把犯罪与痛苦联系起来,从而阻止人们去实施犯罪行为。在此,贝卡里亚运用了休谟联想主义心理学的相似律、时空律和因果律,以此解释刑事惩罚的性质及功效。③ 此后费尔巴哈继承了贝卡里亚的观点,进一步提出心理强制说。费尔巴哈认为,犯罪人之所以犯罪,主要是受了潜在于行为中的快乐的诱惑与不能得到快乐时潜在的痛苦的压迫。为此,必须以成文法的形式明确规

---

① 参见[美]斯金纳:《超越自由与尊严》,74~75页,贵阳,贵州人民出版社,1987。
② [英]斯蒂芬:《英国刑法史》,英文版,37~38页,1908。
③ 参见黄风:《贝卡里亚及其刑法思想》,120页,北京,中国政法大学出版社,1987。

定罪刑价目表。基于刑事立法的这种威慑作用，潜在犯罪人就不得不在心理上对犯罪的利弊得失根据舍小求大、趋利避害的功利原则进行仔细权衡的基础上，因恐怖铁窗之苦而舍弃犯罪之乐，自觉地抑制违法的精神动向，使之不外化为犯罪行为。应该说，费尔巴哈的心理强制说是借鉴了有关行为科学的理论。首先是桑代克的"效果律"，桑代克（1874—1949）指出：在对同一个情境作出的几个不同的反应中，将会更加紧密地与这情境相联结。因此，当这情境再次出现时，那些反应也更可能发生；反之，在其他情况相同时，那些对动物将产生或带来不舒服感觉的反应，将会削弱它们跟这情境的联结，以至于在这情境又出现时，这些反应再次产生的可能性较小。这种满足或不舒服的程度越高，它加强或削弱情境与反应之间的联系的力量就越大。① 费尔巴哈就是利用刑罚所带来的痛苦来消除犯罪的欲念，因而令人想起用某种厌恶刺激制止某种动物习惯动作的心理学实验。难怪这要引起理性主义者黑格尔的强烈不满，认为这是一种庸俗的心理学观念。② 其次，费尔巴哈还借鉴了华生关于语言的心理学理论。华生认为心理过程是行为的内在形式，语言和思维的关系特别受到重视。言辞，作为情境的替代物起作用，能唤起情境自身引起的同样反应。一个词的"含意"不过是对那个词的一种条件反应。③ 费尔巴哈从心理强制说中推导的罪刑法定原则，就主张以文字的形式明确具体地规定罪刑价目表，从而起到威慑作用，这显然是利用了语言的特定的心理学意义，通过"内隐的肌肉行为"而抑制外在犯罪行为。

　　行为功利主义者龙勃罗梭、菲利、李斯特等人更强调对犯罪人的关注，在刑罚的观念上发生了重大的变化。行为功利主义者不再把刑罚作为一种对犯罪的报应（如同报应主义那样），甚至不再把刑罚作为一种威吓手段（如同规范功利主义那样），而认为是对犯罪人的一种矫正手段。菲利指出："科学真理的成就将使刑事司法变成一种自然功能，用以保护社会免受犯罪这种疾病的侵害，铲除所有

---

① 参见［美］布赖：《行为心理学入门》，陈维正、龙葵译，34～35页，成都，四川人民出版社，1987。
② 参见［德］黑格尔：《法哲学原理》，103页，北京，商务印书馆，1961。
③ 参见［美］墨菲、柯瓦奇：《近代心理学历史导引》，337～338页，北京，商务印书馆，1987。

行为科学视野中的刑法学

今天尚存的复仇、憎恶、惩罚等未开化的遗痕。"① 菲利还指出了刑罚替代物的观念,认为为积极预防犯罪起见,必然要到刑罚以外去寻找种种刑罚之替代物。菲利指出:"我们相信制裁措施将来要退居到次要位置上去。我们相信各种立法都将以社会卫生治疗代替对病症的治疗,使社会卫生治疗天天都得到运用。因此,我们可以建立起预防犯罪的理论。"② 美国著名犯罪学家萨瑟兰甚至更为极端地主张抛弃刑罚,而代之以对罪犯的矫治方法。在这种情况下,刑罚已不再称为刑罚,而称之为处遇(treatment)或曰制裁(sanction)。这种思想方法,可以视为一种刑罚技术化的努力,其特点就是使刑罚的内容非伦理化,在行刑过程中大量地运用行为治疗方法以矫正犯罪人。

应该说,行为功利主义关于刑罚的观念十分类似于行为科学关于惩罚的理解。在行为科学中,惩罚,包括刑事惩罚,通常是指一种相倚联系的建立,其目的在于通过强化作用,引导人们不要以一定方式行事。斯金纳曾经论及惩罚的作用:其一是直接制止当时的行为③,同样,刑事惩罚作为一种社会控制手段,也具有上述作用。由此可见,行为科学是完全从厌恶刺激的意义上理解刑事惩罚的,其主要方法就是设定一种相倚关系,斯金纳认为,惩罚的最重要作用就是形成厌恶条件。但是这种厌恶条件的效果不是一劳永逸。在多次回避了惩罚时,条件负强化物便开始消退。与惩罚行为不一致的反应就会得到越来越弱的强化,受到惩罚的行为最终就会产生。当惩罚再次发生时,厌恶刺激又被重新条件化,做别的事情的行为又会得到加强。当停止惩罚时,被惩罚的行为又会产生。④ 设立相倚关系,就是根据行为控制的需要,对欲使其改变的行为予以惩罚,从而导致行为的矫正。显然,在斯金纳看来,惩罚就是为消除犯罪行为而设立的一种厌恶条件。因为一个人受到惩罚之后,不会再以同样方式重复某一行为。基于这一设想,惩罚措施被设计出来,要从人的总体行为中消除那些招致麻烦的、危险的和

---

① [意]菲利:《实证派犯罪学》,21页,北京,中国政法大学出版社,1987。
② [意]菲利:《实证派犯罪学》,54页,北京,中国政法大学出版社,1987。
③ 参见[美]斯金纳:《科学与人类行为》,172~176页,北京,华夏出版社,1989。
④ 参见[美]斯金纳:《科学与人类行为》,415页,北京,华夏出版社,1989。

不妥当的行为。①

　　基于行为科学对刑事惩罚的理解,行为治疗方法在刑事矫正中受到广泛的重视。行为之所以可以治疗,其基本原理在于:如果所有的行为都要遵循学习的规律,那么变态行为也应属于习得性行为,而这一点正是行为心理学所坚持的。变态行为并不是"病态",它所习得的方式跟所谓的正常行为一样,而它与后者的区别仅仅在于,它是非适应性的。② 在行为科学中,行为治疗方法主要有交互抑制方法、系统脱敏方法等。交互抑制,有时也称为反条件作用,即一个与不适应反应不相容的正常反应如果由引发前者的刺激而诱发,这刺激跟这不适应反应之间的联系便会削弱。系统脱敏就是对那种引起不适反应之间行为的刺激逐渐减弱直到消除,以便对反刺激形成新的反应。这种行为治疗方法可以用于行刑实践。③ 行为矫正主要用来矫正具有某种行为问题的犯罪人,例如矫正性倒错犯罪人。在美国,比奇(Beech,1971),曾经通过系统脱敏法对恋童癖进行行为矫正,即通过电刺激的阴性作用逐渐降低性欲倒错的强度,使性变态者对倒错的性对象,如儿童等不再发生性感。具体办法是先让性变态者坐在实验室观看屏幕上投射的幻灯片,每当出现儿童等倒错性对象时,同时出现电击;相反,每当屏幕上出现成年妇女的图像时,非但没有电击,而且还给予奖励。巴洛(Barlon)和阿格雷斯(Agras,1973)利用消退法成功地治疗了同性恋者。在屏幕上先呈现裸体的男人像,这时同性恋者出现了倒错的性意念,但屏幕上男人像很快地逐渐变得暗淡;转而变成裸体女人的图像。这样,就会使倒错的性意念转化为正常的性意念。④ 由上可见,行为科学中行为治疗方法在刑事矫正中的使用,使得行为功利主义者所主张的刑事矫正的思想得以实现。当然,彻底否认刑罚的报应性及刑罚本身所具有的伦理评价因素是不可取的,但这种关于刑事惩罚的观念较之将刑罚本质简单地归结为报应的报应主义仍然有着历史进步意义。不过,完全将刑

---

①　参见[美]斯金纳:《超越自由与尊严》,61~62页,贵阳,贵州人民出版社,1987。
②　参见[美]布赖:《行为心理学入门》,陈维正、龙葵译,65页,成都,四川人民出版社,1987。
③　参见[美]巴特勒斯:《矫正导论》,251页,北京,中国人民公安大学出版社,1991。
④　参见沈政主编:《法律心理学》,379~380页,北京,北京大学出版社,1986。

事惩罚作为一种社会控制手段,并在刑事矫正中广泛运用行为治疗的方法,会碰到一个价值判断问题:控制者与被控制者之间的关系问题。为了避免一些人处于另一些人的绝对控制之中,斯金纳提出文化设计者必须考虑两点:一是安排有关的反控制,使控制与反控制之间保持平衡;二是使控制者也成为他所控制的群体的一员,民主社会的特点之一就是控制者同时也是被控制者。只有这样,我们才能避免控制者滥用控制。从而,斯金纳指出对控制的控制。[①] 体现在刑法中,就是要兼顾刑法的社会防卫机能与人权保障机能,真正使刑法成为人民自由的大宪章。

(本文原载《当代法学》,1993(4))

---

① 参见[美]斯金纳:《科学与人类行为》,415页,北京,华夏出版社,1989。

犯罪价值论

如果说，犯罪存在论是以行为决定论为基础，那么，犯罪价值论就是以意志自由论为前提的。犯罪存在论着眼于对客观存在的犯罪现象的描述性分析，而犯罪价值论则立足于对犯罪人及其犯罪行为的价值性判断。犯罪价值论是刑法学的重要内容之一，它的研究对于推进刑法理论具有重大意义。

一、犯罪价值论的理论根基

犯罪是一种社会现象，同时，犯罪又是一种法律现象。犯罪作为一种法律现象，是立法者对危害行为予以否定的法律评价而加以认可的结果。因此，犯罪价值论应当从刑法出发对犯罪行为作出否定性的评价。那么，犯罪作为一种社会现象与作为一种法律现象，两者之间具有什么样的关系呢？这是一个涉及犯罪的社会性与法律性以及刑法评价的客观基础的重要问题，有必要从理论上加以探讨。

刑法是法的重要表现形式之一。因此，对法的性质的理解制约着对刑法性质的认识。关于法的性质，在历史上存在各种不同的理解。归纳起来，较为著名的是以下两种观点：（1）客观法的概念。例如孟德斯鸠提出：从最广泛的意义来

犯罪价值论

说，法是由事物的性质产生出来的必然关系。在这个意义上，一切存在物都有它们的法。由此可见，是有一个根本理性存在着的。法就是这个根本理性和各种存在物之间的关系，同时也是存在物彼此之间的关系。① 这就是孟德斯鸠所说的"一般的法"。这种一般的法，实际上是在客观规律的意义上使用的，因而孟德斯鸠把法与规律视同一体。毫无疑问这是典型的客观法的概念。（2）主观法的概念。例如黑格尔指出：法的基地一般说来是精神的东西，它的确定的地位和出发点是意志。意志是自由的，所以自由就构成法的实体和规定性。至于法的体系，是实现了的自由的王国，是从精神自身产生出来的，作为第二天性的那精神的世界。② 由此可见，黑格尔强调的是法的主观意志性，因而是典型的主观法的概念。我认为，法是客观规律性与主观意志性的统一。首先，法所体现的是客观规律。也就是说，法不是立法者的主观臆断，也不是法学家的幻想，而是以社会现实的客观规律性为前提的。根据唯物论的观点，法所体现的是社会物质生活条件。法只能确认或者记载某种经济关系，而不可能对这种经济关系发号施令。其次，法又有主观意志的属性。因为法是以立法的形式体现出来的，立法者通过对客观规律的认识并将其上升为法律规范，所以这种法律规范必然打上立法者的主观意志的烙印。最后，法的这种客观规律性与主观意志性具有辩证的统一关系。立法者的主观意志只有符合客观规律，才能在社会生活中发挥作用。如果与客观规律相抵触，即使制定了，也必将在客观上归于无效。同时，客观规律也只有通过立法上升为法律规范，才能成为社会普遍遵守的行为规则，从自在之物走向自为之物，在生活中发挥更大的作用。刑法作为法的一个部门，也同样具有这种客观规律性与主观意志性，并在与犯罪的关系上得以体现。

犯罪，作为一种社会现象是先于法律而存在的，它与法产生于同样的物质生活条件。同时，犯罪作为一种法律现象，又是立法者通过法律的形式加以确立的，因而具有违法性的特征。正如马克思指出：违法行为通常是不以立法意志为

---

① 参见 [法] 孟德斯鸠：《论法的精神》，上册，1页，北京，商务印书馆，1961。
② 参见 [德] 黑格尔：《法哲学原理》，10页，北京，商务印书馆，1961。

转移的经济因素造成的；但是，正如实施少年犯处治法所证明的，判定某些违反由官方制定的法律的行为是犯罪还是过失，在一定程度上则取决于官方。这种名词上的区别远不是无关紧要的，因为它决定着成千上万人的命运，也决定着社会的道德面貌。法律本身不仅能够惩治罪行，而且也能捏造罪行，尤其是在职业律师的手中，法律更加具有这方面的作用。例如，像一位卓越的历史学家所正确指出的，在中世纪，天主教僧侣由于对人的本性有阴暗的看法，就依靠自己的影响把这种观点搬到刑事立法中去了，因而他们制定的罪行比他们宽恕的过错还要多。① 在这里马克思深刻指出了犯罪的双重性：它是由社会物质生活条件所决定的，因而具有客观规律性；它又是由立法者以法律形式确认的，因而具有主观意志性。当立法者不是正确地反映客观规律的时候，他们往往在捏造犯罪。因此，根据马克思的观点，立法机关，甚至执法机关的法律评价可以把普通的过错行为变成应受刑事惩罚的行为，可以臆造犯罪。问题只在于确定：立法者这种自由扩展到什么限度？②

犯罪存在的客观性，是刑法禁止的客观基础。犯罪行为的客观标准只能是行为在客观上所具有的社会危害性。刑法的禁止评价只是确定对社会秩序与社会关系的侵害所造成的实际社会危害。因此，正如苏联刑法学家斯皮里多诺夫指出的：犯罪活动（和犯罪现象）是客观存在——不以立法者如何评价为转移。它的客观社会实质，是它能给社会带来实际危害，所以，与这个实质相应的能引起危害行为的法的本质，使作为犯罪活动、行政过失和公民违法行为等危害的官方法律禁止成为必要和可能。社会机体在法律禁止方面的实际要求，体现在社会对行为的客观态度方面，形成了像马克思所说的"真正的法"。这种法在自然历史发展过程中形成，立法者只需要揭示并以法律的形式拟定出来。③ 因此，在犯罪学理论中，那种"烙印论"或者"标签论"的观点是不能成立的。这种理论重视反应，并且突出地把人视为受到外界决定的被动的社会目标。该理论把相互作用论

---

① 参见《马克思恩格斯全集》，第13卷，552页，北京，人民出版社，1962。
② 参见［苏］Л. И. 斯皮里多诺夫：《刑法社会学》，84页，北京，群众出版社，1989。
③ 参见［苏］Л. И. 斯皮里多诺夫：《刑法社会学》，85页，北京，群众出版社，1989。

犯罪价值论

和权力冲突论相混合，认为越轨行为是一种社会定义的结果，而定义是由资本主义社会内部力量对比决定的。监督机构为了维护统治阶级的权力，对社会下层进行有选择的制裁，从而产生违法和犯罪问题。① 根据这种理论，犯罪是由刑事法律产生的，罪犯是被打上犯罪烙印的人。这种烙印理论的根据是社会作用理论，根据这种理论，社会是人们相互作用的结果。而人的集体为了维护自己与环境的平衡（"原状稳定"），就规定行为规范，并期望人们能始终不渝地遵循。假如这些期望证明无效，制裁就会发生——这是一个新的"相互作用"形式（interaction）。因此，烙印理论也被叫作相互作用的方式。② 应该说，这种烙印理论对于揭露资本主义社会刑法禁止评价的主观随意性是有一定意义的，由此会得出只有消灭资本主义法律及其制度才能消灭犯罪现象的结论是革命的与激进的，因此，这种理论是一种比较彻底的自由主义犯罪学理论。它把法定犯罪定义的产生原因问题纳入犯罪原因研究的范畴。③ 当然，烙印理论过于夸大立法对犯罪的评价作用，把犯罪完全纳入主观范畴加以说明，在一定程度上否认犯罪作为社会存在的客观性，因而具有片面性。

犯罪存在的主观性，是指犯罪虽然是一种社会现象，但毕竟只有通过立法的形式才能加以禁止性评价，因而违法性是犯罪的一个重要特征。在犯罪学理论中，批判犯罪学否认犯罪的法律概念而主张犯罪的社会学概念。例如美国犯罪学家昆尼和威尔德曼指出：对于某些犯罪学家来说，虽然一种墨守法规的犯罪概念使他们至少可以开始研究现存法律制度的作用，但是，现在仍然需要一种不为官方的、既定的犯罪定义所束缚的批判犯罪学。这种犯罪学被要求服务于所有人的需要，而不是我们社会中极少部分人的利益，这一部分人即是指那些对国家政策和立法权力拥有控制权的上层分子。这种犯罪学，不仅不为少数人服务，而且还被要求能揭露我们基本制度中的矛盾。正是这些矛盾，在这个国家（指美国——引者注）里已经产生并继续产生野蛮的、有犯罪基因的结构。这样一种犯罪学，

---

① 参见［德］施奈德：《犯罪学》，571 页，北京，中国人民公安大学出版社，1990。
② 参见［苏］Л. И. 斯皮里多诺夫：《刑法社会学》，81 页，北京，群众出版社，1989。
③ 参见白建军：《犯罪学原理》，91 页，北京，现代出版社，1992。

需要的是我们最基本的人类尊严感，满足的是我们人类基本的需要。因此，批判犯罪学将犯罪定义为：危害社会的侵犯人类基本权利的行为。[①] 批判犯罪学坚持犯罪的社会学概念，而不是拘泥于犯罪的法律概念，对于深刻地研究社会犯罪现象具有一定的意义。但这种理论完全摆脱犯罪的法律概念，过于强调犯罪的客观性，在一定程度上否认了立法者对于犯罪的禁止性评价作用，因而同样具有片面性。

我认为，犯罪是客观性与主观性的统一，犯罪概念也是社会学概念与刑法学概念的统一。在犯罪学研究中如此，在刑法学中同样如此。犯罪价值论，考察的是立法者对于犯罪的评价作用，这种评价是建立在客观存在的犯罪现象基础之上的，任何片面强调或者彻底否认法律对犯罪的评价作用的观点都是不可取的。这一点通过对自然犯与法定犯的分析可以明显地看出来。在罗马法中存在"自体恶"（malainse）与"禁止恶"（malaprohibita）之别。自体恶是指某些不法行为本身即具恶性，此等恶性系与生俱来的，而不待法律之规定，即已存在于行为之本质中。相对地，另一些不法行为的恶性系源自法律的禁止规定，而非行为与生俱来的或行为本身所具有的。因此，有些不法行为，尽管法律对它不加规定，但根据伦理道德的观点，依然是应予非难的行为。相反，有些不法行为在伦理道德上是无关紧要的，它之所以成为不法行为，纯系因法律的规定。至今，在刑法中往往利用这种理论来解释刑事不法（自然犯）与行政不法（法定犯）的区别。[②] 自然犯是一种自体恶，这种犯罪具有强烈的伦理性。它显然是先于法律评价而存在的，具有一定的客观性与普遍性。但自然犯作为犯罪进入刑法领域，仍然有待于刑法规定，只有将这种伦理上的可非难性上升为刑法的禁止性评价，才能正式确认为刑法上的犯罪。因此，对于自然犯来说，仍然不可缺少刑法的评价作用。当然，与法定犯相比，自然犯的刑法评价所起的作用小一些。法定犯是一种禁止恶，某一行为只是由于法律的禁止规定才被确认为犯罪。但绝不能由此否认法定

---

① 参见［美］昆尼等：《新犯罪学》，6～11页，北京，中国国际广播出版社，1988。
② 参见林山田：《经济犯罪与经济刑法》，修订3版，112页，台北，三民书局，1981。

犯的客观性,更不能将法定犯视为纯意志的产物。事实上,立法者之所以将此一行为而不将彼一行为规定为犯罪,仍然是由一定的社会生活条件决定的。只有立足于社会现实,才能真正揭示法定犯的客观性。

从犯罪的客观性与主观性,可以引申出刑法中犯罪的实质概念与形式概念。在大陆法系刑法理论中,存在犯罪的实质概念与形式概念之分。犯罪的实质概念实际上是犯罪的社会学概念,而形式概念则是指犯罪的刑法学概念。前者注重揭示犯罪的社会实质内容,后者主要揭示犯罪的法律形式特征。例如,日本刑法学家大塚仁指出:犯罪分为实质意义的犯罪和形式意义的犯罪。实质意义的犯罪,是指广泛的反社会的行为,即是指侵害社会生活利益(法益)的人的行为。在此意义上的犯罪,不论是精神病人所实行的杀人,或是幼童实行的放火,都可以理解为广泛地包含在侵害社会共同生活秩序的人的行为中。形式意义的犯罪,是指在实质意义的犯罪中具有可罚性的,即在法律中被科以刑罚的行为。[①] 在大陆法系刑法理论上,也涉及实质意义上的犯罪概念,但主要以形式意义上的犯罪概念为主。在刑事立法中,大陆法系各国一般都规定犯罪的形式概念,即把犯罪规定为违反刑法应受刑罚处罚的行为。但是,苏联刑法学家将大陆法系刑法典中的犯罪形式概念一概斥为形式主义法学,而主张在刑法典中采用犯罪的实质概念,这一主张在 1919 年《苏俄刑法指导原则》、1922 年《苏俄刑法典》以及 1926 年《苏俄刑法典》中得以体现。例如,苏联刑法学家 M. A. 切利佐夫—别布托夫指出:资产阶级刑法典是从形式上规定犯罪的定义,把犯罪看成是实施时即为法律所禁止,并应受惩罚的行为。苏维埃立法则与此不同,它是从实质上,也就是从对法律秩序的损害上、危害上来规定犯罪的定义。此外,Т. И. 沃尔科夫甚至断言:由于苏维埃刑事立法是从实质上理解犯罪,必然得出不要规定具体犯罪行为的刑事责任制度。[②] 这里显然表现出一种法律虚无主义的观念。这种思想在 20 世纪 20 年代曾经盛行一时,主要表现在把法律形式与社会内容对立起来。例如当

[①] 参见[日]木村龟二主编:《刑法学词典》,98 页,上海,上海翻译出版公司,1991。
[②] 参见[苏]皮昂特科夫斯基等编写:《苏联刑法科学史》,曹子丹等译,19~20 页,北京,法律出版社,1984。

时苏联著名法学家帕舒卡尼斯断言,法律形式不从属于它的社会内容,因而主张以行政规章取代法律。法律虚无主义导致对法制的极大破坏,从而发生了肃反扩大化中成千上万人头落地的悲惨后果。美国法学家对帕舒卡尼斯的观点作了最好的评论:现在这位教授离开我们了。随着俄国现政府计划的确立,需要对理论进行变革。他还来不及在自己的教学中迎合新秩序的这一变化。如果俄国有法律而不只是有行政命令,那么他就有可能失去工作,却不会丧命。[①] 鉴于这一血的教训,苏联法学家杜尔曼诺夫最早开始把犯罪的实质特征同形式特征结合起来研究,这一研究得到其他苏联法学家的肯定。1958年《苏联和各加盟共和国刑事立法纲要》把苏联学者经过多年创造性讨论而制定的犯罪定义从立法上确定下来。该纲要第七章反映出犯罪的两个基本特征——社会危害性和刑事违法性。[②] 这个犯罪概念被认为是实质概念与形式概念的统一。我认为,刑法典中的犯罪形式概念是从罪刑法定主义中引申出来的。根据罪刑法定主义,犯罪是由刑法分则明文规定的,法无明文规定不为罪。因此,罪之法定化,就表现为刑法典应当确立犯罪的形式概念。犯罪的实质概念,否定了犯罪的形式特征,必然导致法制的破坏与罪刑法定的否定,为司法擅断大开绿灯。而犯罪的实质概念与形式概念的统一,貌似全面,但在犯罪的实质特征与形式特征发生冲突的情况下,到底以何者作为认定犯罪的标准?如果以实质特征为准,仍然会导致司法擅断。若以形式特征为准,那么犯罪的实质概念就纯属多余。因此,我主张从罪刑法定主义出发,在刑事立法中应当确立犯罪的形式概念。

犯罪的实质概念在刑法理论研究中具有积极的意义。因为刑法理论研究不仅仅是机械地注释法律的规定,而且包含着对法律规范的价值评价,所以不能满足于犯罪的形式概念。在这里,涉及对犯罪的本质的认识。日本刑法学家大塚仁指出:围绕犯罪的观念,存在着古典学派的行为主义、客观主义与近代学派的行为人主义、主观主义的对立,此乃周知的事实。古典学派认为犯罪是客观上表现出

---

① 参见[美]伯纳德·施瓦茨:《美国法律史》,285页,北京,中国政法大学出版社,1989。
② 参见[苏]皮昂特科夫斯基等编写:《苏联刑法科学史》,曹子丹等译,21页,北京,法律出版社,1984。

的犯人的各个具体行为；近代学派则不然，正像其口号"应受处罚的不是行为，而是行为人"所表明的，认为处罚的对象应该是行为人所具有的社会危险性。上述对立进而导致了在把握犯罪行为意义上的现实主义与征表主义的对立。现实主义以古典学派的客观主义为基础，认为现实表现于外界的犯人的行为本身是犯罪；征表主义则以近代学派的主观主义为前提，认为行为人的社会危险性表现在行为人所实施的行为之中。近代学派作为一种观念，虽然提出了所谓行为人的危险性，但实际上怎样认定这种危险性却是至难的问题。以今日之科学尚不能完全解明行为人犯罪的危险性，一百多年以前的当时的科学就更是难于解明了。因此，近代学派的学者们不得不解释道，犯人所实施的犯罪行为是该犯人本身具有的危险性的表现，犯罪行为是认识行为人的危险性的基础。[①] 在这里，刑事古典学派与刑事实证学派的分歧，就表现为社会危害性与人身危险性之间的对立。刑事古典学派认为，犯罪人基于意志自由而实施的危害社会行为，应当归责于犯罪人，这就是道义责任论。而刑事实证学派则认为，犯罪人不存在意志自由，其犯罪行为是由生理的、社会的、心理的诸因素决定的，人身危险性就是犯罪人的根本特征，因而出于社会防卫之必要，应当对犯罪人进行惩罚，这就是社会责任论。在《刑法哲学》一书中，我提出了犯罪本质二元论的观点，提出：社会危害性与人身危险性相并列，都是犯罪的本质特征，这就是犯罪本质的二元论。[②] 在犯罪本质二元论的基础上，我还应当进一步指出，刑事实证学派的行为决定论对于犯罪学研究是具有积极意义的，因为犯罪学是犯罪存在论。而刑法学中的犯罪论，不能以行为决定论为基础，而只能以刑事古典学派的意志自由论为前提，因为它是一种犯罪价值论，主要涉及犯罪的刑法评价问题。当然，在刑法学研究中，应当汲取刑事实证学派的研究成果，例如人身危险性的理论，以弥补与充实刑事古典学派之不足。

二、犯罪存在的社会评价

犯罪存在的社会评价，是指从社会意义上评价犯罪，阐明犯罪的社会危害

---

① 参见［日］大塚仁：《犯罪论的基本问题》，1～2页，北京，中国政法大学出版社，1993。
② 参见陈兴良：《刑法哲学》，152页，北京，中国政法大学出版社，1992。

性，从而为刑事责任提供社会基础。犯罪存在的社会评价，不同于对犯罪存在的社会解释。根据对犯罪存在的社会解释，犯罪作为一种社会现象，其存在具有一定的社会原因。这种社会原因不以立法者的意志为转移，它决定于一定的社会生活条件。而犯罪存在的社会评价，则是在对犯罪社会原因的正确认识的基础之上，揭示犯罪行为的社会意义。犯罪虽然是个人的一种行为，但任何个人无不生活在一定的社会生活之中，因而其行为都具有一定的社会意义。犯罪的这种社会意义，就表现为一定的社会危害性。

社会危害性的评价，是一个历史的范畴。在最初的时候，犯罪行为与民事侵权行为之间并不存在严格的界限。只是随着国家权力的加强，犯罪才成为一个独立的范畴。正如英国刑法学家特纳指出：就为英国法制史著书立说的人们而言，在古代法中，刑事的和民事的违法行为之间并无明显的区别，两者被称为"黏合物"。任何损害个人的行为，达到一定程度便是损害社会，因为社会是由个人组成的。因此，说犯罪是一种危害社会的违法行为，这固然不错，但并未把犯罪与侵权行为区别开来。两者的区别仅在于程度不同。普通法的古代史表明了现在意指真正的区别的用语，起初为何不是作为科学的分类术语，而是作为感情的标志。正是如此，"重罪"一词原来是指某种残酷、凶暴、邪恶或卑鄙的东西。特纳还论述了犯罪的原始状态，指出，犯罪一词最早出现于 14 世纪，从重罪一词原来的含义中，能再精确不过地找到犯罪的含义：它给人们的印象是某种不名誉、邪恶或卑鄙的东西。任何行为，只要任何特定社会的某一具有足够权力的部门感到有害于其自身的利益，如危及其安全、稳定或舒适，该部门便通常将其视为特别邪恶，并力图以相应严厉的措施加以镇压。而且，只要可行，它便确保将国家主权所能支配的强制力用于防止危害或惩罚造成危害的任何人。这种危害行为便被称为犯罪。① 由此可见，尽管在历史上犯罪曾经具有浓厚的伦理非难色彩，但之所以将某一种行为确认为犯罪，仍然在于这一行为侵害了社会利益，因而具有社会危害性。

---

① 参见 [英] 塞西尔·特纳：《肯尼刑法原理》，1~2 页，北京，华夏出版社，1989。

犯罪价值论

社会危害性这个概念，最早是由贝卡里亚提出来的，贝卡里亚认为犯罪对社会的危害是衡量犯罪的真正标尺。他还根据犯罪对社会的危害的性质，把犯罪分为三类："有些犯罪直接地毁伤社会或社会的代表；有些犯罪从生命、财产或名誉上侵犯公民的个人安全；还有些犯罪则属于同公共利益要求每个公民应做和不应做的事情相违背的行为。"① 在此，贝卡里亚实际上是把犯罪的社会危害性分成三种类型：一是对国家利益的侵犯；二是对个人利益的侵犯；三是对社会利益的侵犯。贝卡里亚从国家、个人、社会三个角度对犯罪进行社会评价，深刻地揭示了社会危害性的内涵，具有十分重大的意义。此后，德国刑法学家费尔巴哈提出了权利侵害论，认为犯罪的本质和犯罪的侵害方面在于对主观权利的损害，刑法的任务乃是对主观权利进行保护，并相应保障公民的自由。应该指出，费尔巴哈的权利侵害说是从罪刑法定主义中引申出来的，它具有限定被扩张的犯罪概念的作用。而且，费尔巴哈的权利侵害说抛弃了中世纪将犯罪视为邪恶、将道德责任与法律责任混为一谈的犯罪观念，从法律上严格界定犯罪的范围，具有一定的历史进步意义。当然，费尔巴哈的权利侵害说也存在一定的缺陷：权利侵害只能涵括侵犯个人利益的犯罪，而难以包括侵犯国家利益与社会利益的犯罪。正如日本刑法学家大塚仁指出：这种权利侵害说当然也把握了犯罪的一方面，但是，在犯罪中也包含着很多难以明确是权利侵害的部分。② 因此，费尔巴哈的权利侵害说很快为毕伦巴姆的法益侵害说所取代。毕伦巴姆倡导"财"（Gut）之理论，认为各种之财，一部分系自然所赋予，另一部分系人类社会的发展与市民的结合之成果，国家应本其权力对于生存在国家中的一切人加以同样的保障，基于理性限定犯罪的概念，因而毕伦巴姆成为法益论的开拓者。法益论认为，犯罪所侵害的是各种之财。从事物的本性观察，犯罪之所以应受处罚，是因为国家权力同样保障的财为归责于人类意思之侵害或危险。③ 法益的概念提出以后，其内容由物质化进而精神化。毕伦巴姆基于法律所保护之财，与侵害概念之相关关系，倾向于

---

① ［意］贝卡里亚：《论犯罪与刑罚》，黄风译，69 页，北京，中国大百科全书出版社，1993。
② 参见［日］大塚仁：《犯罪论的基本问题》，4 页，北京，中国政法大学出版社，1993。
③ 参见陈朴生：《刑法专题研究》，62 页，台北，三民书局，1988。

法益之具有具体的、有形的对象之性格,因而认为在法益中包括生命、名誉、人格的自由、财产、宗教的伦理的全部观念。关于犯罪的本质,除法益侵害说以外,德国刑法学家还提出义务违反说,认为犯罪的本质不是法益的侵害,而是义务的违反。但义务违反的观念,正如日本刑法学家大塚仁评价的那样,乍见把握了所有犯罪共通的性质,但是,它过于模糊,与法益侵害的观念相比,缺乏具体性,不能充分发挥认识各个罪的具体性质的机能。只是在刑法科于行为人以特别的义务,违反该义务而实施的行为受到刑法的特别评价时,我们不能不承认义务违反的观念所具有的作用。因此,大塚仁认为,关于犯罪的本质,基本上要根据法益侵害说,并且考虑到各个罪中法益侵害的样态来认识。但是,对于以行为主体一定的义务违反为中心要素的犯罪,为了补充法益侵害说,有必要并用义务违反说。而且,那些只有考虑到行为人的义务违反方面才能正确把握其性质的犯罪,可以称其为义务犯。① 当前,在大陆法系的刑法理论中,法益侵害说是通说,它从法益侵害的角度揭示了犯罪的本质特征,从而为犯罪的评价提供了基础。

法益是法律所保护的利益,这种利益是指一个主体具有与之有关系的一种对象或者状态的价值。因此,法益本身是一个价值评判的概念。

(1)国家法益。国家法益是指国家专属的法益,因而与社会法益及个人法益有所不同。由于对犯罪的评价是以国家立法形式出现的,国家为维护自己的生存基础,必然将侵犯国家的法益的行为宣布为犯罪。对国家法益的保障,是以限制个人的自由为代价的。但在现代社会,国家是基本的社会组织,一切政治生活与经济生活都是在国家组织下进行的。因此,确保国家权力的安全行使,具有重要意义。

(2)社会法益。社会法益是一种公共利益,它有别于国家法益和个人法益,但与国家法益和个人法益又具有密切的联系。以社会法益与国家法益的关系而言,维护社会秩序是国家的重要职能之一,没有稳定的社会秩序就不会有稳定的

---

① 参见[日]大塚仁:《犯罪论的基本问题》,7页,北京,中国政法大学出版社,1993。

国家统治,因为国家统治建立在社会秩序的基础之上。就社会法益和个人法益的关系而论,社会法益能还原成个人法益。日本刑法学家西原春夫指出:社会利益脱离个人利益而成为单独的利益,其方法与国家利益的情况有所不同。这里,社会性的道义秩序成为独自的保护利益,国民有遵守这种道义秩序的义务,违反该义务,也就被认为其中有违法性。依据上述观点,如发行、销售以及公开得到淫秽的书刊和画册的行为,因其违反性的道义秩序,是违法的,构成犯罪。即使在密室给成人看黄色电影,也因有损于性道义秩序而成为犯罪。[1]

(3) 个人法益。对个人利益的侵害为什么具有社会意义?这个问题涉及对犯罪性质与价值的理解。在古罗马法中,犯罪(delitto)是指一切受刑罚打击的非法行为。同一般非法行为一样,犯罪要求具备两个要件:对某一权利的侵害的严重性和主观意愿(即罪过)。具体的后果是较严重的,因为,犯罪行为对秩序造成侵害的严重性使得犯罪人不仅应承担赔偿责任,而且要受到刑罚。犯罪被区分为公犯(delicta publica)和私犯(delicta privata)。对于前一类犯罪,刑罚具有公共特点,即由国家科处刑罚(poena publica),无论对它们是否提起公共诉讼;对于第二类犯罪,即我们在这里论述的犯罪,人们为个人而接受刑罚,在早期历史时代,这种刑罚导致以钱赎罪。[2] 在这里,私犯当然归于犯罪的范畴,但和真正意义上的犯罪——公犯,还是存在重大区别的。正如我国罗马法学家周枏指出:私犯是侵害私人的财产或人身,这在当时被认为是对公共秩序影响不大的行为,行为人一般仅负损害赔偿责任,对被害人给付金钱,原则上也只有被害人才有权起诉。被害人也可放弃请求赔偿的权利。所以,罗马的私犯与近现代民法上的侵权行为虽在范围上有所不同,但在性质上并无区别。[3] 根据《法学阶梯》的分类,当时的私犯有以下四种:1) 盗窃;2) 抢劫;3) 财产上损害;4) 人身伤害。[4] 对此,英国著名法学家梅因指出:"在罗马法所承认的民事不法行为的开

---

[1] 参见[日]西原春夫:《刑法的根基与哲学》,46~47页,上海,上海三联书店,1991。
[2] 参见[意]彭梵得:《罗马法教科书》,401页,北京,中国政法大学出版社,1992。
[3] 参见周枏:《罗马法原论》,下册,781页,北京,商务印书馆,1994。
[4] 参见[古罗马]查士丁尼:《法学总论——法学阶梯》,190页,北京,商务印书馆,1989。

头有窃盗罪（Furtum）。我们在习惯上认为专属于犯罪的罪行被完全认为是不法行为，并且不仅窃盗，甚至凌辱和强盗，也被法学专家把它们和扰害、文字诽谤及口头诽谤联系在一起。所有这一切都产生了'债'或者法锁，并都可以用金钱支付以为补偿。"① 罗马法对犯罪与不法行为的这种划分，表明古代罗马人的犯罪概念中包括对国家社会集体所加损害的内容。② 这时的犯罪的危害性仅仅被看作是对国家或社会的危害，对个人的侵害仅是私人之间的关系，通过民事诉讼的方式加以解决。这种观念反映了早期罗马人对于犯罪价值认识上的肤浅。随着社会的发展，罗马人对犯罪的危害性的认识不断深化，终于出现了一个被梅因称为从"不法行为"改变为"犯罪"的过程：起初，罗马立法机关对于比较凶暴的罪行并没有废止民事救济，它给被害人提供了他一定愿意选择的一种赔偿。但是，即使在奥古斯多完成其立法以后，有几种罪行仍继续被视为"不法行为"，而这些罪行在现代社会看起来，是应该作为犯罪的，直到后来，在一个不能确定的时期，当法律开始注意到一种在"法学汇纂"中称为非常犯罪（crimina extraordinaria）的新的罪行时，它们才成为刑事上可以处罚的罪行。无疑，有一类行为，罗马法律学理论是单纯地把它们看作不法行为的。但是社会的尊严心日益提高，反对对这些行为的犯罪者在给付金钱赔偿损失以外不加其他较重的处罚，因此，如果被害人愿意，准许把它们作为非常（extraordinem）犯罪而起诉，即通过一种在某些方面和普通程序不同的救济方式而起诉。从这些非常犯罪第一次被承认的时期起，罗马法国家的犯罪表一定和现代世界任何社会中所有的同样的长。③ 也正是从这个时候开始，对于侵害个人法益的不法行为才真正从社会意义上评价为犯罪。

社会危害性作为对犯罪的社会评价的基础，不仅应当从法律角度理解，更为重要的是从社会角度认识。从社会学上来说，社会危害性的集中表现就是对一定的社会关系的侵犯。可以说，社会关系是揭示犯罪本质的关键。因此，首先要对

---

① ［英］梅因：《古代法》，208页，北京，商务印书馆，1959。
② 参见［英］梅因：《古代法》，217页，北京，商务印书馆，1959。
③ 参见［英］梅因：《古代法》，222页，北京，商务印书馆，1959。

犯罪价值论

社会关系这个概念进行社会学分析。苏联刑法学家斯皮里多诺夫指出，社会关系是社会成员之间的关系，而不是作为物种（homo sapiens）代表的人们之间的关系；个人所有的社会特性，都是从社会上获得的；社会关系具有无个性的特点，因为对社会来说，重要的与其说是个人对幻想代替某种社会地位的描述，不如说是履行职能的能力；人们的个人行为不是别的，而是社会职能；等等。由此可以得出，除了社会关系的直接参与者——成为社会职能化身的人以外，同时参加社会关系的还有一个最有权威的当事者——社会。这就意味着，社会关系实际上在任何时候都不只是那种按"鲁滨孙—星期五"类型建立起来的两个社会作用之间的联系。就像整体在两部分之间的关系中一样，社会经常存在于具有社会特性的人们之间的关系中。①

社会关系理论为我们评判个人的行为提供了一种社会学的标准。犯罪对社会关系的侵害，往往是通过人和物得以实现的。人是一定社会关系的主体，这就表明人不是孤立的存在，而是存在于一定的社会关系的网络系统之中，他在社会劳动分工系统中有着自己的地位，同其他社会成员存在着有机联系。因而，犯罪人对个人的侵害，实际上是对社会造成损害。这样，就使只是对个别社会成员造成损害的犯罪成为社会性的、具有社会意义的现象。不仅如此，个人在社会关系中的不同地位，还决定着对其侵害的社会犯罪行为的社会危害性程度。在一定社会中，虽然法律面前人人平等，没有高低贵贱之分，但个人在社会关系中实际所处的地位是有所不同的，因而其所体现的社会关系也就存在区别。正是犯罪所侵害的关系的不同性质，决定着犯罪的社会危害性程度。物是一定社会关系的客体，离开了人不存在社会关系；同样，离开了物也不存在社会关系。但是，在人与物发生关系的场合，体现的都是人与人之间的关系。正如马克思指出：在盗窃林木时，犯罪行为的实质，并不在于侵害了作为某种物质的林木，而在于侵害了林木的国家神经——所有权本身。②

---

① 参见［苏］Л. И. 斯皮里多诺夫：《刑法社会学》，27～28页，北京，群众出版社，1989。
② 参见《马克思恩格斯全集》，第1卷，168页，北京，人民出版社，1956。

不仅从主体与客体可以看出社会关系对于评价社会危害性的重要意义,而且从行为意义的认定上社会关系也发挥着重要作用。在刑法理论上,存在自然行为论与社会行为论之分。自然行为论是在19世纪占据刑法学主流的思想,即把刑法中的行为与从自然科学的,特别是从物理的角度所认识的行为同等看待。挥动拳头殴打人的头部,此种表现于外界、属于人的身体活动的积极性动作或者同时其结果导致了被害人头部发肿的事实是行为,可以说是极容易理解的行为论。作为属于自然行为论的例子,可以举出李斯特的见解。李斯特认为行为是由有意的(willkürlich)举动引起的外界变更。因此,自然行为论关注的是行为的物理性,它以发动于外界的身体活动及随之而引起的外界的变更为中心阐述行为的意义。社会行为论是在否定自然行为论的基础上,由德国刑法学家谢密特首倡的。根据社会行为论,行为价值不在于个人的恣意行为而在于社会的规范性。人的行为要素,一是记述要素的恣意性,一是规范要素的社会性。恣意性要受社会性的制约。因社会要素具有规范性,此规范性来自千百万的个人恣意行为在社会要素的规范性的约束下,并经过大调整而凝结为一个大的目的行为整体。而这一整体性的无限扩大即成为目的性的宇宙。因此,目的行为之重要性不在于个人的恣意,而在于社会的规范性,即每个个人的恣意行为必须受社会规范的规律。社会人群的恣意行为千式万样,若无社会规范之规律性的存在,就不会有社会历史的存在,以致不会有人类的文明史的存在。针对这样的严峻事实,就显示出社会性规范的重要性,同时又显示出法律强制的必要性。法律的强制规范基于社会性规范。人的行为,在刑法评价之前,已有社会性规范评价。因此,人的行为归根到底是在社会性规范规律之下的社会意义的,即有社会价值的行为。在刑法理论中,所谓犯罪构成的行为事实的中性、无颜色的论点是不全面的,因为一切行为在未经法律规范评价之前已经经过社会性规范的评价。有条文记叙的罪状的行为,实非中性、无颜色。显然,社会行为论立足于社会性,揭示了犯罪行为的本质特征。自然行为论与社会行为论相比较,前者的物理性难以说明不作为的行为性,只有根据后者的社会性才能阐明不作为的行为性。不作为犯罪的行为性,必须也只能从一定的社会关系中得以洞察。同样,价值的观念,也只有在社会关系犯罪价值论

中找到实际的内容。行为之所以具有社会危害性，归根到底也只在于它侵害了一定的社会关系。因此，无论是作为还是不作为，其否定的价值只有在一定的社会关系中才能得以说明。在一定的社会，人与人结成一定的社会关系，这种社会关系通过法律加以确立，这就形成以权利义务关系为核心的法律关系。权利、义务是同一法律关系的两个不同的侧面，两者互相依赖、互相转化。承担一定法律义务实际上就是他人的权利得以实现的前提，而行使本人的权利也必须以他人履行一定义务为基础。因此，公然侵害他人的权利（作为）是一种具有社会危害性的行为，不履行自己应当并且能够履行的义务（不作为），同样是侵害他人的权利因而具有社会危害性的行为。在这个意义上说，不作为与作为具有等价性，即在否定的价值上是相同的，而这种等价性就是由其所侵害的社会关系的性质所决定的。从一定的社会关系出发，就可以确定无疑地阐述不作为的行为性。

社会危害性作为对犯罪存在的社会评价，具有丰富的社会政治内容，它是与社会生活息息相关的。因此，社会危害性作为评价标准，它是犯罪行为的客观存在的社会属性。同时，这种社会危害性又是由立法加以确认的，因而犯罪行为具有违法的特征。如何正确地理解社会危害性的客观现实性与主观确认性之间的关系，具有重要意义。苏联刑法学家斯皮里多诺夫指出：危害社会秩序的行为的多样性和每个行为客观造成的损害程度的历史变异性，把评价犯罪的危害性的标准问题提到了首位。如果没有这样的标准，要社会对犯罪作出自觉的或公正的反应，这基本上可以说是不可思议的。从社会学的理论观点看，行为同社会发展的客观规律相适应的程度，是评价人的行为标准。[①] 这里的社会发展的客观规律是对人的行为评价的终极标准，对法与犯罪最终都应当以此为标准而作出评价。对于犯罪来说，只有那些与社会发展规律相抵触的行为，在终极的意义上才能被认为是具有社会危害性的，因而在刑法上应当予以禁止性的否定评价。但是，社会发展的客观规律是不以人的意志为转移的客观存在，它不会主动发挥对人的行为的评价作用。只有在认识这种社会发展的客观规律的基础上，以法律的形式加以

---

① 参见［苏］Л. И. 斯皮里多诺夫：《刑法社会学》，48页，北京，群众出版社，1989。

确认，才能使之上升为对人的行为的评价标准。但法律标准是否真实地反映了社会发展的客观规律以及反映的好坏，又是一个有待评判的问题。在这种情况下，刑法标准的形成就具有重大意义。苏联刑法学家斯皮里多诺夫指出：社会发展规律，其中包括法律形式的发展所依赖的规律的可能性，决定着法在形成过程中受到其他许多因素的影响。法正是以这样的，而不是以其他的规范和法律关系的形态而存在，这一点是许多经济的、政治的和社会—文化的因素相互作用的最终结果。在说明把社会关系转变为法律关系结构的性质时，不能忽视这样一种情况，即法对经济制度的反映不是对现存社会制度的消极的"镜式"反映。相反，上层建筑，其中包括法，是积极的，它本身不仅对自己反映的事物，而且对它自身的形成和发展都有影响。这就使法变成一种相对独立的社会现象。法作为相对独立的社会特殊现象，它的进一步演变可以巩固和发展它的这种独立性。[①] 法的这种相对独立性，使得在认定社会危害性的时候，成为独立的评价标准。但法的这种评价标准在具体适用中，又受到社会评价标准的制约与补充。在大陆法系刑法理论中，存在社会相当性的理论。日本刑法学家福田平指出：社会的相当性以及社会相当行为这个词，最近在刑法学上常常被使用。其主要倡导者之一威尔泽尔对此下了一个定义："所谓社会的相当行为，是指在社会生活中，历史上所形成的社会伦理性的秩序范围里，由这种秩序所允许的行为。"根据威尔泽尔的观点，如果凡侵害了社会生活中的一切权益，就算违法并加以禁止的话，那我们的社会生活环境只能是静止不动的。有秩序的社会生活必须发挥生气勃勃的机能，只有在侵害一定法益超过了必要和不得已的程度时，才能作违法而加以禁止。所以，在社会生活中历史上所形成的范围内，机动的活动行为，也就是社会的相当行为，并不违法；只有超越了社会的相当性行为才算违法。[②] 社会相当性的理论对于社会危害性的评判具有一定的意义。

---

① 参见［苏］Л.И. 斯皮里多诺夫：《刑法社会学》，66~67页，北京，群众出版社，1989。
② 参见［日］木村龟二主编：《刑法学词典》，177~178页，上海，上海翻译出版公司，1991。

犯罪价值论

三、犯罪存在的个体评价

犯罪存在的个体评价，是指通过对犯罪存在的社会评价阐明了犯罪的社会性的基础上，进一步从个体意义上评价犯罪，阐明罪犯的人身危险性，从而为刑事责任提供理论基础。犯罪存在的个体评价，不同于对犯罪存在的个体解释。根据对犯罪存在的个体解释，犯罪作为人的一种行为，具有其人格根据。犯罪行为是由犯罪人格所制约的，具有行为模式的一贯性。而犯罪存在的个体评价是以犯罪存在的个体解释为基础，确定主体的责任问题。犯罪存在的个体评价也不同于对犯罪存在的社会评价。犯罪存在的社会评价是个体评价的基础和前提，从社会意义上评价犯罪的危害性。而个体评价则是针对犯罪人的一种主体性评价，其落脚点是主体的责任性。责任是由一定的个人来承担的，虽然从犯罪的产生来看，与社会有着密切联系，但社会不可能直接承担这种责任。当然，这里所说的是法律责任，事实上，社会也必然对犯罪付出代价。

德国哲学家包尔生就曾经指出，我们在此发现一种双重的责任：首先，我们坚持个人本身有责任，然后是塑造他的集体即他的家庭、社会阶级、民族乃至一般人类也有责任，最后是全人类本身也有责任。下述情况实际上是到处发生的，即我们总是通过一个团体的个别成员的善恶来判断这一团体的价值。但这并不是说我们就没有必要评价个人，相反，对个人的评价依然是其他范围较大的评价的基本前提。个人是一个点，我们的感情和判断从这个点向他所属的整体扩展。包尔生还指出：理论家们，由于不断地沉思形而上学自由的问题，或者惶惶然地凝视统计数字，才不断陷入各种各样奇怪的困惑和疑问之中。比方说社会是否有权利惩罚，它自身是否就是有罪的和应负责任的。同样的犯罪的比例不断地以一种自然事件的规律性重复出现，像假誓、凶杀和其他不道德的罪恶，看来就像有一种必然性在起作用，那些特殊的罪犯就像是牺牲品一样，被选出来犯罪，以完成社会的犯罪指标。对此我们回答道：这是相当真实的；社会是有罪的，因而也应受惩罚，它产生具有犯罪倾向的个人，也为犯罪提供诱惑和机会。但社会难道就

没有受到惩罚吗？首先，犯罪本身不就是对它的惩罚吗？被侵犯的人跟罪犯一样都是社会的成员。由犯罪引起的畏惧不安的感觉是对社会的进一步惩罚。那加于罪犯的惩罚本身又是对它的一个外加的惩罚：罪犯是作为社会的一个成员受罚的，因为社会通过这个成员犯了罪。其次，社会作为一个整体也受到它自己施加的惩罚：一个民族把许多钱花在监狱和教养所上，提供看守、供养和雇用大批人的开支，这不就是对它的一个惩罚吗？① 应当说，这种对问题的考虑是深刻的，犯罪确实不仅仅是个人责任的问题，而且是一个社会问题。但从法律上来说，追究的只能是个人的责任。

那么，个人承担刑事责任的根据是什么呢？对于这个问题，刑事古典学派与刑事实证学派存在着不同的观点。刑事古典学派以道义责任论而著称。道义责任论是认为刑事责任的根据存在于道义上的非难可能性中的理论。该理论以自由意思论作为前提，认为具有自由意思的人虽然可按其自由意思实施合法行为，但结果导致违法行为时，就有道义上非难的可能性。也就是说，能够意识到道义上的规范并能按意识决定自己行动的具有精神能力的人（责任能力者），虽然意识到行为的违法却仍然实施了该行为（故意），或者至少可能意识到这一点却因不注意而实施了该行为（过失）时，那么对此所施加的道义上的非难就是责任的核心。该理论是以自由意思论作为前提的，因此行为者不是被作为自由意思主体的因素，问题的核心是有关各个行为的责任（个别行为责任）。该理论认为，各个行为中的坏意思里就有非难的依据（意思责任）。这样，在对外部表现出来的行为加以处罚这一点上，该理论反映了客观主义的观点，从而成为古典学派的刑事责任论。道义责任论是在反对封建刑法罪刑擅断的基础上提出的，它对于限制刑法机能的扩张从而实现人权保障具有积极的意义。同时，它将责任理解为道义非难性，以意志自由为前提作为归责的根据，具有一定的科学性。当然，道义责任论也存在不足之处，主要表现为：从抽象的理性人出发，形而上学地认识人的意志自由，没有看到人的行为的社会制约性，因而忽视了刑事责任的社会性。而

---

① 参见〔德〕包尔生：《伦理学体系》，393～395页，北京，中国社会科学出版社，1988。

犯罪价值论

且，将人的行为与行为的人予以割裂，个别地确定行为的责任。

刑事实证学派主张社会责任论，该理论根据行为决定论，即犯罪必然取决于行为人的素质和环境的观点，批判了道义责任论。社会责任论指出，对于具体行为从道义上非难行为人是毫无意义的，因为犯罪人实施犯罪行为是由其本人的素质和环境所决定的，没有理由从道义上加以非难。然而，犯罪人一般是对社会实施危害行为的具有危险性格的人，社会必须摆脱具有这种危险性格的人的侵害以保护自己。这就是刑罚的重要性，而这种必须承受刑罚的地位就称为刑事责任。该理论认为，构成责任的不是各个具体的行为，而是对社会造成危险的行为人的性格。那么，各个具体行为在社会责任论中是否被完全忽视了呢？事实上并非如此。社会责任论认为，应该以各个具体行为中所反映出来的行为人危害社会的性格（社会危害性）作为基础来论述责任。也就是说，各个行为只是证明了行为人性格的危险性。社会责任论从社会的角度出发研究刑事责任问题，认为刑事责任的本质是防卫社会。尤其是注重犯罪人的人身危险性，强调刑罚个别化，具有一定的科学性。但社会责任论从根本上否定人的意志自由，从行为决定论出发阐明责任根据，这就在一定意义上否定了责任本身所具有的非难性。正如日本刑法学家大塚仁指出：近代学派所提倡的社会责任论认为，具有危险性的犯人应当被加以社会防卫处分的地位是责任。近代学派虽然也常使用"社会非难"等词，但是，既然以认为犯罪是由遗传和环境所产生的这种决定论的立场为前提，就不能对犯罪人进行真正意义上的非难。因为，如果在犯罪之外不曾有其他的可能性，如果不承认自由的存在，非难就不能成立。牧野博士率直地指出，与其称为社会责任论，不如称为"社会措施论"。这可以说极端地表明了社会责任论的本质。①

我认为，犯罪人的犯罪不是完全被决定的，而是根据本人的意愿选择的，当然这种意愿本身又不能脱离一定的社会物质生活条件。因此，犯罪人应当对本人的危害社会的行为承担刑事责任。同时，人的行为又不是孤立的，而是具有行为模式的连续性与一贯性。这种行为模式的连续性与一贯性的基础就是犯罪人格。

---

① 参见［日］大塚仁：《犯罪论的基本问题》，169页，北京，中国政法大学出版社，1993。

因此，刑事责任的根据不仅在于通过其行为表现出来的社会危害性，而且在于支配着这种行为的犯罪人格。由此可见，刑事责任是建立在犯罪人的社会危害性与人身危险性相统一的基础之上的。唯有如此，才能揭示刑事责任的本质。正是在这个意义上，我赞同人格责任论。

人格责任论发端于第二次世界大战前在德意志展开的梅兹格的行状责任论和鲍凯尔曼的生活决定责任论等，在日本最早由安平政吉博士和不破武夫博士所采纳，在战后特别尽力于该理论之发展的是团藤重光博士。人受到素质和环境的制约，但在这种制约下具有行动的自由，同时在某种程度上也可以支配制约，这就是人格责任论所谓的人的基础。该理论认为，责任的基础不仅仅是具体的行为，而且是行为人内在的性格。人格责任论认为，犯罪行为是行为人人格的具体化，并且也是主体的具体化。这就是说，犯罪行为并不是自然且必然地暴露了行为人一定的性格，而是行为人根据人格特性，在各种内在的和外在的条件下，有选择地排除其他可能性而实施的行为，因此行为只是人格动态中的一个方面而已。从这一点来看，必须首先承认行为本身就是刑事责任的基础，于是就提出了行为人对具体犯罪行为的人格态度问题。从这个意义上来说，人格责任论可以认为就是行为责任论。然而，由于在犯罪行为的背后可以预料存在着潜在的人格体系，因而不可能撇开这一点而只对行为进行论述。再则，其背后存在的这种人格也是在受素质和环境制约的同时形成的。因而在行为人能够独立自主地实施某行为的范围内，可向行为人对其人格形成施加非难。这种行为责任与人格形成责任，可以从概念上进行区别，前者一般是主要的，即第一位的，后者为次要的，即第二位的。但是，行为责任本身也是对行为中的人格态度进行理解并作责任判断的，因此它是具有人格性的责任。此外，如果脱离过去的人格形成的过程，一般不可能真正了解犯罪行为发生时的人格。因此要想把握行为中的人格态度，就必须要涉及过去的人格形成，两者应该结合起来加以考虑。像这样的行为责任与人格形成责任，总称为人格责任。

日本刑法学家福田平认为，人格责任论在刑法理论上显示的实际意义有以下几点：首先，这是作为惯犯加重责任的依据，该理论认为习惯性是量刑时加重刑

犯罪价值论

罚的根据。但是按照强调个别行为责任的道义责任论的观点，加重刑罚的根据是规范意识，这样的话，违法性意识薄弱的惯犯就只存在轻微的责任。如果按照人格责任论的观点，只要在具有这种习惯性的人格形成上可对行为人非难，就可依此认定行为人责任重大。其次，关于违法性的认识问题，该理论认为只要对违法性有认识可能的即可成立故意。其根据是既然故意责任的本质可从人格态度的直接规范性中去了解，并由此来认识事实，那么由于行为人所面临的是有关规范的问题，这样，对违法性的认识与可能有意识之间，就完全不存在质的区别；另外，既然对事实有认识并且容忍了，那么即便没有违法性的认识，但只要有此可能性，就认定是直接反规范的人格态度。因此，故意的成立只要是对违法性有认识可能性的即可。作为过失责任核心的不注意（对于危险的无意识、紧张程度不够）反映了无意识的人格态度。因此，正因为有了人格责任论，过失责任才有了正确的依据。此外，人格责任论还具有作为量刑、定刑标准的意义。① 由此可见，行为本身不是孤立的，而是受行为人的人格支配的，行为的反复性与规律性都可以在人格体系中找到合乎逻辑的根据；对犯罪行为也应作如是观。立足人格责任论，一方面肯定人对本人行为的道义上的责任，因而具有非难可能性；另一方面又从受制于社会环境的人格上分析行为，从而纳入人身危险性的内容。

　　人格责任论既吸收了道义责任论建立在意志自由基础之上的可非难性观念，又汲取了社会责任论将具体行为视为犯罪人性格的体现的人身危险性观念，形成了一种综合的责任论。人格责任论并不否认人的意志自由。正如日本刑法学家大塚仁提出：所谓相对的自由意思的思想，不仅在今日的哲学上得到广泛的支持，而且在犯罪学的领域里也得到了实证，应当作为刑法学的基础来采用。只有站在这一立场上，才可能就符合构成条件的违法的个别行为对实施它的作为主体性存在的行为人进行责任非难。② 从意志自由论出发，可以阐明责任的可非难性。责任的可非难性，与主观罪过、客观行为以及主体特征有着密切的联系。

---

　　① 参见［日］木村龟二主编：《刑法学词典》，222～223 页，上海，上海翻译出版公司，1991。
　　② 参见［日］大塚仁：《犯罪论的基本问题》，170 页，北京，中国政法大学出版社，1993。

329

首先，人的主观罪过是以意志自由为前提的。在罪过心理中，包含着人的认识因素与意志因素。认识因素是指人的主观认识问题，它是意志自由的基础。意志因素是指人对其行为所造成的危害结果的一种主体倾向。显然，只有在意志自由的情况下，才能反映出主体的这种反社会倾向。如果行为人的行为完全是被决定了的，也就根本谈不上人的意志的问题。在犯罪故意中，犯罪人具有明显的违法认识，并且决定实施这一行为。因此，犯罪人在实施犯罪这一点上，其意志是自由的。正是这种意志自由，可以说明为什么犯罪人具有期待可能性，因而可以为刑事责任提供理论根据。那么，如何用意志自由解释犯罪过失呢？例如，菲利就认为意志自由说不能解释为什么过失，尤其疏忽大意的过失应当负刑事责任。[①] 在英美法系，有些法学家认为，纯属疏忽大意的人的心理状态似乎根本谈不上邪恶，并且可以说未表现出任何报应理论可据以责难之处。[②] 我认为，这种观点是不能成立的。在过失犯罪的情况下，行为人在实施犯罪行为时，其意志似乎是不自由的，也就是说不自觉。但是，这种不自由是以能够自由为前提的。因为在过失犯罪中，客观上具备了认识行为与结果间的必然联系的充分条件，能不能获得对客观必然性的认识完全取决于行为人愿不愿意发挥自己实际具有的主观能动性。[③] 在这个意义上说，过失犯罪的行为人在实施犯罪行为时所表现出来的不自由，只是一种现象，在这种现象的后面，包含着行为人的自由选择，尽管这是一种无意识的选择。正如哈特指出，在惩罚过失犯罪时，决定性的因素是我们所惩罚的那些人应在其行为之时具备正常的实施法律行为和不实施法律禁止的行为的身体与心理上的能力以及发挥这些能力的公平机会。[④] 因此，意志自由论完全可以解释过失犯罪的刑事责任的主观根据问题。

其次，人的客观行为同样也是在其意志支配下实施的，缺乏意志自由条件下实施的行为，不认为是具有刑法意义的行为。由此可见，是否属于刑法意义上之

---

① 参见［意］菲利：《实证派犯罪学》，12页，北京，中国政法大学出版社，1987。
② 参见［英］哈特：《惩罚与责任》，126页，北京，华夏出版社，1989。
③ 参见张智辉：《试论过失犯罪负刑事责任的理论根据》，载《法学研究》，1982（2），11页。
④ 参见［英］哈特：《惩罚与责任》，145页，北京，华夏出版社，1989。

犯罪价值论

行为,应以行为是否受主观意志支配为标准。在不可抗力的情况下,行为人虽然已经认识到危害结果的发生,但意志上受外力的作用,失去了意志自由,其行为不能视为刑法意义上的危害行为,不能作为犯罪追究其刑事责任。

最后,犯罪主体的确立也是以人的意志自由为基础的。犯罪主体的核心是刑事责任能力的问题。我国刑法中的刑事责任能力,是指行为人构成犯罪和承担刑事责任所必需的,行为人具备刑法意义上的辨认和控制自己行为的能力。刑事责任能力包括认识能力和意志能力。认识能力是指行为人具备对自己的行为在刑法上的意义、性质、作用、后果的辨别能力;意志能力是指行为人对自己是否实施为刑法所禁止的行为的控制能力。如果说,认识能力是对是非善恶的分辨能力,那么,意志能力就是对是非善恶的选择能力。由此可见,刑事责任能力的本质,是行为人实施危害社会行为时其相对的自由意志能力的存在。因此,在某种意义上说,刑事责任能力可以说是自由意志能力。人的意志自由不是与生俱来的,而是随着人的年龄增长而逐渐获得的。法律规定一定的年龄,在此年龄之前推定行为人不具备意志自由,因而不能成为犯罪主体,这种法定年龄就是刑事责任年龄。同时,人的意志自由又不是与生俱存的,它还会因为某种精神疾患而丧失。在这种情况下,行为人丧失了意志自由,因而不能成为犯罪主体。总之,意志自由是犯罪主体的前提。

人格责任论肯定人身危险性在刑事责任本质中的地位。那么,人身危险性与意志自由是否矛盾呢?我的回答是否定的。人身危险性是以一定的犯罪人格为基础的。尤其是惯犯的犯罪心理在多次犯罪活动中逐渐受到强化,形成了犯罪习癖,养成了犯罪人格,其所犯罪行具有重复性和习惯性,难以控制本人的犯罪欲念。在这种情况下,犯罪人似乎丧失了意志自由。但在实际上,正如亚里士多德指出,行为人应对这种习性负责,因为这种习性的养成是行为人放任对自己欲望控制的结果,它是以意志自由为前提的。这就是所谓人格形成责任。在日本刑法学界,平野教授否定这种人格形成责任,认为不仅没有明确存在于行为背后的性格和环境是使责任变重还是使责任变轻的问题,而且要明确能够就人格形成过程承担责任的存在于其背后的东西在现实上(恐怕在理论上也)是不可能的。对

此，日本刑法学家大塚仁指出：的确，对人格形成的具体的意义和程度进行科学精密称量，至少在现时点上是不可能的。但是，对于实施某犯罪行为的行为人的人格，其迄今为止的人格形成如何，根据该行为人的素质和所处的环境，是能够在今日的科学中进行相当程度的正确评价的，即使不完全，在通过努力能够认识的范围内把它作为责任判断的资料来使用，则无疑是必要的。不能脱离过去的人格形成来论及行为人的人格的意义。[①] 我认为，大塚仁的观点是正确的。至于犯罪人格形成是使责任变重还是变轻，我认为不可一概而论。惯犯与偶犯相比，因为其犯罪人格化，形成了犯罪习癖，易于重犯，难以矫正，所以应当从重处罚。而在具有同等犯罪人格的情况下，则要具体分析犯罪人格的形成过程，凡受外界环境因素影响较大，人的意志支配程度较小的，对犯罪人格形成的责任较小；反之，则责任较大。

（本文原载《法制与社会发展》，1995（6））

---

① 参见［日］大塚仁：《犯罪论的基本问题》，170～171页，北京，中国政法大学出版社，1993。

刑罚存在论

刑罚是对犯罪的社会反应。刑罚可以从存在论与价值论两个方面进行研究。刑罚价值论是以犯罪价值论为基础,考察刑罚的各种功能与目的,这是一种刑法学的研究。而刑罚存在论,是以犯罪存在论为前提,把刑罚作为一种控制现象加以研究,这是一种刑罚学的研究。刑罚存在论立足于刑罚的现实存在,揭示刑罚的社会基础,对刑罚作出实证分析,其任务在于揭示刑罚现象存在的客观现实性,并为制定科学的刑事控制模式提供根据。在刑罚存在论的意义上,刑罚的存在是不以人的意志为转移的,因而是以行为决定论为前提而展开的刑罚学理论。本文对刑罚存在论的理论根基进行初步探究,以期建立刑罚学的理论框架。

一

刑罚是作为犯罪的对应物而产生的,是社会对于犯罪的一种反响。在相当长的历史时期内,刑罚被视为是对付犯罪的唯一手段。随着刑事古典学派的勃兴,刑罚问题逐渐受到社会重视。但刑事古典学派主要关注的是刑罚的轻缓化。例如,贝卡里亚从刑罚人道主义出发,对封建社会的严刑苛罚作了猛烈的抨击。贝

卡里亚指出：纵观历史，目睹由那些自命不凡、冷酷无情的智者所设计和实施的野蛮而无益的酷刑，谁能不触目惊心呢？目睹帮助少数人、欺压多数人的法律容忍成千上万的人陷于不幸，从而使他们绝望地返回到原始的自然状态，谁能不毛骨悚然呢？目睹某些具有同样感官、因而也具有同样欲望的人在戏弄狂热的群众，他们采用刻意设置的手续和漫长残酷的刑讯，指控不幸的人们犯有不可能的或可怕的愚昧所罗织的犯罪，或者仅仅因为人们忠实于自己的原则，就将他们指为罪犯，谁能不浑身发抖呢？[①] 贝卡里亚虽然抨击了封建刑罚，尤其是提出了废除死刑的著名观点，但贝卡里亚刑事政策思想的中心是借助于刑罚的心理威慑作用预防犯罪。菲利引用埃莱罗的话："古典派犯罪学者写了数卷关于死刑和酷刑的书，但有关预防犯罪方面的著述仅仅几页而已。"菲利接着评价道：古典派犯罪学的历史使命在于减轻刑罚。因为其诞生在代表个人主义和自然权利的法国大革命前夕，古典派是对中世纪野蛮刑罚进行的抗议。因此，古典派犯罪学实际的辉煌业绩在于宣传了废除中世纪最野蛮的刑罚，如死刑、严刑拷打和肢体刑等酷刑。[②]

刑事实证学派开始对犯罪原因进行研究，同时将刑罚建于预防犯罪的基础之上。首先是龙勃罗梭提出治罪新方法，认为犯罪是体质上遗传的结果，而具有先天的倾向，几乎是不可救药的。教育与监狱，皆不足以救之，因此产生治罪的新方法。龙勃罗梭之所谓治罪新方法，就是在废除传统的镇压性刑罚体系并代之以纯粹预防性质的刑罚体系的同时，寻找出种种刑罚之代替物，并力求对传统的刑罚制度进行根本性变革。菲利则把刑事古典学派关于刑罚改革的使命称为减轻刑罚痛苦，而把刑事实证学派关于刑罚改革的使命定为减少犯罪数量。他指出：我们将接过古典派犯罪学的现实的和科学的使命，担负起一种更为高尚而又富有成效的任务——在减轻刑罚的同时减少犯罪。菲利认为，古典派犯罪学注意的仅仅是刑罚，注意犯罪发生之后借助于精神和物质方面的各种恐怖后果来确定镇压措

---

① 参见［意］贝卡里亚：《论犯罪与刑罚》，黄风译，42页，北京，中国大百科全书出版社，1993。
② 参见［意］菲利：《实证派犯罪学》，45页，北京，中国政法大学出版社，1987。

施。而刑事实证学派则注意对犯罪人的矫正。菲利指出：我们可以得出一个历史的法则，在人类处于最野蛮的状态下，其刑法典都只有惩罚规定，而没有关于矫正犯罪的规定；随着人类文明的进步，则出现了与此相反的只有矫正而没有惩罚的观念。① 因此，刑事实证学派开创了刑罚研究的新纪元，虽然刑事实证学派没有创立刑罚学这样一门学科。菲利在犯罪学或犯罪社会学的范畴内阐述刑罚学的内容，称之为犯罪对策。此后发展起来的刑事政策学及社会防卫运动，无不起源于刑事实证学派。正如美国刑法学家齐林指出：在刑罚学的一方面，菲利为意大利学派或实证学派完成了一件同样的事业。他把与刑罚相当的资料，或是以代替刑罚的资料，收集一处，研究出一种司法的理论，并不采用古典派的罪犯的自由意志学说。这种理论是社会应该负责的理论。在他的刑罚学大纲中，刑罚相当办法，或我们称为预防办法的，占了重要地位。② 我认为，刑事实证学派对于刑罚学的贡献主要在于以下几点。

1. 刑罚观念的变革。刑事古典学派中，康德与黑格尔的报应主义，将刑罚完全视为一种报应，因而根本谈不上对刑罚的专门研究。贝卡里亚、边沁、费尔巴哈等人的功利主义，虽然提出了预防犯罪问题，但其思想核心是通过刑罚的层次性、及时性和不可避免性达到心理强制作用。在贝卡里亚的《论犯罪与刑罚》一书中，专门讨论了如何预防犯罪问题，但内容空泛，不具有专业特点，实际上难以操作。因此，从总体上说，刑事古典学派还是倚重于刑罚的惩罚性。刑事实证学派从刑罚的惩罚性走向刑罚的矫正性，把犯罪人作为犯罪预防的重点，通过各种矫正措施，使之不再犯罪。换言之，刑事实证学派从一般预防转向个别预防。由于犯罪人的特定性，因而刑罚的矫正功能可以得到切实的落实，从而使刑罚从空洞的心理强制发展为具体的矫正措施，为刑罚学奠定了理论基础。

2. 科学方法的引入。关于刑罚的研究，刑事古典学派注重的是思辨、方法，尤其是康德、黑格尔，醉心于犯罪与刑罚之间的因果报应关系，而没有科学地论

---

① 参见［意］菲利：《实证派犯罪学》，46页，北京，中国政法大学出版社，1987。
② 参见［美］齐林：《犯罪学与刑罚学（三）》，503页，北京，商务印书馆，1937。

证刑罚的功能。从刑事实证学派开始,科学方法引入刑法领域,不仅用于研究犯罪,而且用于研究刑罚,大大地拓展了刑罚研究的范围,使之成为一个独立的研究领域。对此刑事政策之科学化贡献较大者,有以龙勃罗梭、菲利、加罗法洛等学者为代表的意大利各犯罪学者,以及李斯特、艾克斯纳、梅兹格、阿沙芬堡等学者为代表之德意志各犯罪学派诸学者。他们分别从各实证科学的立场,如人类学、社会学、心理学、精神医学、生物学等立场,阐明犯罪人陷于犯罪之原因,为刑事政策提供科学的基础。尤其是李斯特强调刑事政策之科学性,认为:刑事政策,如果缺乏科学的基础,则刑事政策家只能成为一好事家(Dilettant)。① 我认为,刑罚学的研究当然应当坚持人道主义的原则,但更为重要的是引入科学原则,以期以刑罚的实证分析,为控制犯罪提供理论根据。

3. 独特视角的确立。在刑罚的研究上,刑事古典学派所研究的只是刑法所规定的刑罚,因而这是一种规范的研究。刑事古典学派把刑罚视为镇压犯罪的唯一手段,而又简单地将刑罚归结为监禁,主要研究监禁期限的长短。根据犯罪人的法律责任,再处以事先规定好的相应程度的刑罚。正如菲利所说的那样,整个刑法典在其最后的分析中仅为一个计算刑罚的对数表而已。② 而刑事实证学派则从控制犯罪的角度把刑罚作为一种矫正措施加以研究,突破了规范的狭窄视角。在这种情况下,刑罚不再是简单的法律规定,而是控制犯罪,尤其是矫正犯罪人的一种手段,从而使刑罚的研究进入一个广阔的社会视野。

自从刑事实证学派的大力倡导以来,对刑罚的实证研究取得了很大的进展。但由于刑罚学未能像犯罪学那样自成一体,而是包含在犯罪学中或者在刑事政策的名义下开展研究,因而与犯罪学相比较,这门学科极不成熟。在我国刑法学研究中重犯罪论而轻刑罚论,这种情况同样影响了刑罚学的研究。为此,有必要确立刑罚学作为一门独立学科的理论根基。那么,刑罚学研究的理论根基是什么呢?这就是刑罚作为一种社会现象的存在,这里涉及刑罚学研究的内容、对象与

---

① 参见张甘妹:《刑事政策》,12页,台北,三民书局,1979。
② 参见[意]菲利:《实证派犯罪学》,46页,北京,中国政法大学出版社,1987。

刑罚存在论

方法界定。

二

刑罚学一词，英文为 Penology，与刑事政策之意义较为接近。刑事政策一语，起源于德国，由德国刑法学家费尔巴哈在其所著刑法教科书中首先使用，尔后由李斯特等学者推广，逐渐被大陆法系国家普遍采用，并最终成为一门科学——刑事政策学。在英美等国无刑事政策一语，现在使用德文 Kriminal Politik 的英译 Criminal Policy 一语，但并不普遍，也未形成独立学科，而是将刑事政策之研究并入犯罪学之中，或者另称刑罚学。严格地说，英美犯罪学中所谓刑事政策的内容与大陆法系犯罪学的刑事政策是有区别的，英美犯罪学中主要涉及的是刑事司法中对犯罪的审判与对犯罪人的处遇。一般地说，在英美国家，与大陆法国家中刑事政策学较为接近的还是刑罚学一词。例如《牛津法律大辞典》没有刑事政策一词，而有刑罚学（Penology）的条目，指出：刑罚学是研究在不同国度不同时代采用的惩罚和处置罪犯的原理和方法，以及这些方法的优劣，哪些目前仍在使用，哪些值得推广的一门学科。[①] 此外，美国学者齐林（John Lewis Gillin）著有《犯罪学与刑罚学》一书，犯罪学是对于犯罪原因的探讨，刑罚学是对于犯罪处罚的研究。德国虽然是刑事政策一词的发源地，国内未见德国刑事政策学译本，但从施奈德《犯罪学》一书的内容来看，并不包含刑事政策的内容。在日本，犯罪学与刑事政策学混用，日本犯罪学家菊田幸一主张包括狭义的犯罪学和刑事政策学在内的犯罪学。在苏联，不存在专门的刑事政策学，在犯罪学中，虽是有预防犯罪的内容，但并非刑事政策研究。在我国台湾地区，犯罪学、刑事政策学与刑罚学三个概念并用。我国台湾地区学者张甘妹主张将犯罪学之研究范围限于犯罪原因之研究即狭义的犯罪学，而将犯罪防止对策之研究，归入刑事政

---

① 参见《牛津法律大辞典》，684 页，北京，光明日报出版社，1988。

策学之范围。① 因此，张甘妹所著《犯罪学原理》与《刑事政策》两书，基本上是作上述分工编写而成。但我国台湾地区学者林纪东认为，刑事政策可分为广义狭义两说，广义说认为刑事政策是探求犯罪的原因，从而树立犯罪的对策；狭义说则认为刑事政策是探求犯罪的原因，批判现行的刑罚制度及各种有关制度，从而改善或运用现行刑罚制度及各种有关制度，以防止犯罪的对策。两说相对照，以探求犯罪的原因为刑事政策的起点，以防止犯罪为刑事政策的终极目标，是两说相同的地方。所不同者，狭义说以改善或运用现行刑罚制度等方面为范畴，广义说则不限于这个范围而已。因而，林纪东的刑事政策学内容与日本菊田幸一的犯罪学内容完全相同，我国台湾地区学者林山田著有《刑罚学》一书，林山田指出：刑罚就刑事法学、刑事政策学与犯罪学等观点，探讨刑事刑罚理论与保安处分理论以及刑事刑罚制度与保安处分制度之规范的与经验的科学。② 因此，在林山田看来，刑罚学与犯罪学、刑事政策学是不同的学科。

在我国，犯罪学的内容大体上与苏联相同，刑罚学一词也有专门采用的，例如邱兴隆、许章润所著《刑罚学》一书，该书把刑罚学界定为关于刑罚的哲理及在刑事实践中之贯彻的科学。该书认为，犯罪学，即使是按照广义犯罪学理论，也不是从总体上一般地研究刑罚问题，而是把研究的领域局限于刑罚对犯罪的预防作用以及刑罚同其他预防犯罪的措施的关系。③ 因而把刑罚学与犯罪学相区别。近年来，我国又引入刑事政策这一概念，开展对刑事政策学的研究，并先后出版了刑事政策学的专著。马克昌教授认为，我国的刑事政策是指中国共产党和人民民主政权，为了预防犯罪、减少犯罪，以至消灭犯罪，以马克思主义、毛泽东思想为指导，根据我国的国情和一定时期的形势，而制定的与犯罪进行有效斗争的指导方针和对策。④ 而这些刑事政策的具体内容主要是指：我国的基本刑事政策——惩办与宽大相结合的政策；对少年犯罪的政策——教育、感化、挽救的

---

① 参见张甘妹：《刑事政策》，2页，台北，三民书局，1979。
② 参见林山田：《刑罚学》，2版，1页，台北，台湾商务印书馆股份有限公司，1983。
③ 参见邱兴隆、许章润：《刑罚学》，3页，北京，群众出版社，1988。
④ 参见马克昌主编：《中国刑事政策学》，5页，武汉，武汉大学出版社，1992。

政策；对少数民族犯罪的政策——两少一宽的政策以及综合治理方针。又如杨春洗教授指出：刑事政策是国家或执政党依据犯罪态势，对犯罪行为和犯罪人运用刑罚及有关措施以期有效地实现惩罚和预防犯罪目的的方略。我国刑事政策是指我们党和国家为有效地惩罚和预防犯罪，依据我国的犯罪状况和犯罪产生原因而确定的，对犯罪行为和犯罪人，区别不同情况，运用刑罚或其他处遇手段的行动准则和方略。① 据此，刑事政策学的主要内容也是论述社会治安综合治理方针、惩办与宽大相结合的政策、对罪犯的改造政策、对违法犯罪的未成年人的方针等内容。由此可见，我国刑事政策学与大陆法系国家的刑事政策学相比较，在内容上存在重大差别。这主要是因为政策这个词，在我国政治生活中广泛使用，并通常是指党的政策，这种政策往往是指政党为实现一定历史时期的路线和任务而规定的行动准则。在我国以往的刑法研究中，本来就论述了对于刑法具有指导意义的有关刑事政策，例如惩办与宽大相结合。而我国当前的刑事政策学基本上就是对这些现存的刑事政策的注释与解说。在这种情况下，所谓刑事政策学充其量不过是现行刑事政策之解释，而不能称其为一门独立的理论学科。考虑到我国刑事政策一词特定的政治含义，即使采用了刑事政策学这一名称，也无法与国际上的学术研究接轨。因此，我主张采用刑罚学这个术语，在与犯罪学相对应的意义上使用。

三

那么，刑罚学的研究对象是什么呢？这里涉及对刑罚一词的理解。刑罚一词有以下含义：广义的刑罚，乃指一切具有刑罚性格的法律效果，包括刑事刑罚（Kriminalstrafe，Criminal Punishment）与保安处分以及行政罚、秩序罚和纪律罚等；狭义的刑罚，仅指最具刑罚特性的刑事刑罚；折中的刑罚，指犯罪行为的

---

① 参见杨春洗主编：《刑事政策论》，第5期，北京，北京大学出版社，1994。

两大法律效果,即刑事刑罚与保安处分。① 刑法学研究的刑罚一般是指法定的刑罚,主要是对法定刑罚的规范分析。而刑罚学作为一门实证学科,它不以法定的刑罚为限,而是研究广义上的刑罚,即作为犯罪的法律效果的各种刑事措施。刑罚学的研究,离不开法定的刑罚。但法定的刑罚不是绝对的,而是相对的存在。刑罚化与非刑罚化的辩证运动是刑罚发展的一般规律。在历史上,死刑曾经是一种主要的刑罚方法,随着社会文明的进步与发展,死刑的残酷性与社会的文明性形成越来越大的反差,因而形成了世界性的废除死刑与限制死刑的国际潮流,已经有些国家废除了死刑。可以预想,在将来,死刑必将在刑罚体系中消失。与此相反,有些新的犯罪处置措施将会上升为刑罚,并越来越引起人们的重视。不仅如此,从历史的观点来看,刑罚的观念也是处于不断变化之中的。古代关注的是刑罚的惩罚性,而近现代关注的是刑罚的矫正性。在理论上有一种观点,认为刑罚是一个惩罚性的概念,因而主张废除这一概念,而代之以社会防卫方法或者制裁、处遇等中性用语。但无论怎样变换名称,刑罚作为犯罪处置法,其特有的属性是难以抹杀的。

在刑罚学中,主要从预防犯罪这样一个刑事政策观念出发,对刑罚进行事实与经验的分析。李斯特在说明刑事科学的任务时,曾对刑法学与刑罚学的任务作了如下区分:刑法学——为实践中揭露犯罪训练刑法领域的专职人员,刑罚学——解释刑罚的原因。② 尽管李斯特没有对刑罚学作进一步的解释,但解释刑罚的原因这一别有深意的提法,值得我们深思。犯罪学虽然与刑法学一样,都对犯罪进行研究,但犯罪学以犯罪原因为其研究对象,从而形成独立的学科,而刑法学则以犯罪的法定特征为其研究对象,有别于犯罪学,因而两者相安无事,互相促进。那么,刑罚学与刑法学一样,也都研究刑罚,在其具体内容上是否有区别呢?李斯特认为刑罚学研究刑罚原因,这与犯罪原因恰好相对应。但犯罪原因容易理解,刑罚原因则不易解释。我认为,所谓刑罚原因就是某种刑罚之所以为

---

① 参见林山田:《刑罚学》,2版,1页,台北,台湾商务印书馆股份有限公司,1983。
② 参见邱兴隆、许章润:《刑罚学》,4页,北京,群众出版社,1988。

刑罚存在论

刑罚的原因。这就是从预防犯罪的目的出发,根据一定的刑事政策,考察什么样的犯罪处遇措施可以成为刑罚。而刑法学之研究刑罚,是以法定的刑罚为出发点,作出规范的解释。因此,刑罚学不同于刑法学,它具有不同于刑法学的特殊对象。刑法学对刑罚是一种规范性研究,而刑罚学对刑罚则是一种对策性研究。在这个意义上,刑罚学与刑事政策学存在一定的相通之处。

值得注意的是,在犯罪学研究中,往往把犯罪对策包括在内,并认为犯罪对策就是刑事政策。例如王牧教授认为,刑事政策就是犯罪对策的意思。刑事政策又可以分为刑事惩罚政策和社会预防政策。刑事惩罚政策是指国家机关运用刑事法律与违法犯罪斗争的一切手段、方法和措施。它涉及的主要内容有:刑事立法的政策原则和立法实践活动,揭露犯罪事实和犯罪人,追究、惩罚犯罪和刑罚的执行。而社会预防政策则是指消除和削弱形成人的消极个性后引起犯罪的原因、条件和因素,从而防止、减少和根除犯罪的社会活动。[①] 我认为,从我国对政策一词容易造成误解来看,刑事对策一词更能够真实地表达大陆法系国家刑事政策学的内容,但在刑事对策中把社会预防政策包括进来则是值得商榷的。我已经指出,犯罪学中不应包含犯罪预防,尤其是社会预防的内容。同样,在刑事政策学或者我们所说的刑罚学中,也不应包括社会预防的内容;刑事政策与社会政策是有所区别的。对刑事政策作过于广义的理解,实在难以把握。更为重要的是,犯罪总是发生在一定社会之内的,社会生态环境对于刑事法律活动来说具有制约性。刑事政策是在既定社会条件下遏制犯罪的一定措施,至于其他社会性预防政策,实际上是很难对犯罪发生控制作用的。所以,我认为可以把刑事政策理解为犯罪对策,而这里的犯罪对策只能是狭义上的犯罪的刑事对策,这就是在刑事司法中专门用来处置犯罪的种种措施,这种措施可以称为广义上的刑罚。所以,刑事政策学可以归结为刑罚学。在刑罚学的体系中,既包括宏观的刑事控制模式的研究,又包括微观的刑事矫正模式的探讨:前者在于刑事控制模式(刑罚体系、轻重)的建设性探讨,后者是刑事措施在犯罪人矫正过程中具体作用的研究,两

[①] 参见王牧:《犯罪学》,383、391页,长春,吉林大学出版社,1992。

者成为刑罚学的专门研究对象。

刑罚学的研究方法，在考察刑罚学研究的理论根基时也是一个值得重视的问题。我国台湾地区学者林山田认为，刑罚学系以刑罚与保安处分的理论和制度为其研究客体。因此，其研究方法应该同时运用规范的方法（normative Methohen）与经验的方法（empirische Methoden），以此两种方法同时并重而进行刑罚的研究。一方面就规范科学的观点，以演绎与归纳的方法探讨与刑罚和保安处分有关的法学理论及有关的法条规定；另一方面应就经验科学（empirische Wissenschaft oder Erfahrung swissenschaft）的观点，以经验法则的实证法研究各种刑罚手段与保安处分在刑事政策上的功能。[①] 我认为林山田先生在刑罚学的研究方法上兼采规范与经验两种方法，因而在内容上与刑法学很难区分。刑法学对刑罚的研究，完全是一种规范分析的方法。因此，刑罚学如欲成为一门独立学科，而不是简单地以刑罚为对象的综合研究，就应当具有不同于刑法学的规范方法的独特研究方法，这就是实证分析方法，也即经验的方法。所以，我认为刑罚学是一门实证的学科，以不同于作为一门规范学科的刑法学。刑罚学的研究，主要就是在犯罪学提供的各种科学根据的基础上，对犯罪的刑事处置对策与方法的研究。

（本文原载《政治与法律》，1995（4））

---

① 参见林山田：《刑罚学》，2版，9页，台北，台湾商务印书馆股份有限公司，1983。

犯罪存在的个体解释

犯罪不仅是一种社会存在，而且是一种个体存在。当然，这里的个体是作为社会成员存在的，离不开社会这个生态环境。但对犯罪的社会解释绝不能代替个体解释。本文拟对犯罪存在进行个体解释，以期推进犯罪学的理论研究。

犯罪存在的个体解释的出发点是个体，这里的个体是社会关系的一定主体，因而只有在社会解释的总体框架下才能对犯罪存在作出科学的个体解释。在犯罪学中，犯罪存在的个体解释基本上有三种倾向。

1. 人类学解释，又称生物学解释。德国犯罪学家施奈德指出：现代犯罪生物学理论与实证主义及其先驱者相衔接。这些理论不再断言犯罪仅仅是或主要是由遗传引起的。但是对于这种理论来说，天赋—环境方案具有根本性意义，这一方案还得到第三种成分的补充：犯罪人个性。这种个性不仅由遗传天赋和外界的社会影响所规定，而且也积极参与塑造天赋和环境。因而只有作案人及其社会环境受到调查并且同非犯罪的对照组作比较，所以可以将它称为以作案人为中心的方案。按照现代犯罪生物学理论，在遗传因素和环境因素之间存在一种不断的相互作用。一个人的环境不仅指狭义的空间（例如植物、动物、建筑物）环境，而且指广义的全部社会外界因素的总和，其在某种程度上也取决于个人对环境的选

择。但是，社会环境因素对一个人的个性产生重要影响。过去的环境多多少少反映在现在的个性里。因此环境因素对犯罪成因起双重作用：从中、长期看，环境参与塑造犯罪人个性；从短期看，环境诱发犯罪行为。遗传的体质和环境是动态地相互影响的因素。① 由此可见，现代犯罪生物学理论立足于对犯罪人个性的解释，在解释的时候虽然不再将遗传视为决定犯罪的唯一因素，但仍然十分重视遗传因素对犯罪人个性的影响。随着现代科学技术的发展，犯罪生物学越来越以科学的面貌出现。例如美国犯罪学家泰勒，根据威尔逊《社会生物学》的基本观点，对同卵双生、XYY染色体异常、经前综合征、雄激素与暴力犯之关系、精神分裂症与酗酒的生物因素、敌意行为的生化原因等问题作了研究，以生化原因解释人的行为，尤其是犯罪行为。泰勒引用一位科学家的话：用药物于人体以分解社会行为的方法是非常可行的，这种方法是把人的社会行为分成各自独立的部分，根据行为的联系来判定其意义和后果。这一方法有赖于遗传神经结构演化为适当的理由。而且，还可以利用荷尔蒙决定行为理论，在荷尔蒙、脑生物化学和行为之间建立功能联系，侵犯行为是把各种疑惑联系起来的最有趣的区域。② 应该说，犯罪行为作为人的行为，具有一定的生物学根据。尤其是与某些人的本能联系比较紧密的自然犯，例如强奸、杀人、伤害等犯罪，与人的生物因素具有一定的联系。但犯罪生物学过于突出生物因素在犯罪解释中的地位，在没有得到确切的科学证明之前，难以确信。

2. 行为学解释。行为学，也称行为科学，它原是心理学中的一个流派，但已经从传统心理学中分离出来自成一个独立的学科。美国著名心理学家斯金纳曾经提出内在人与外在人的概念。当人们无法解释人类行为的时候，就用内在人（inner man）加以解释，认为人有内在人与外在人之分，外在人受内在人支配与制约，外在人（outer man）十分相似于内在人，内在人是仿照外在人的模式虚构出来的，用内在人的行为来解释外在人的行为，这是一种被斯金纳称为心理主

---

① 参见［德］施奈德：《犯罪学》，397页，北京，中国人民公安大学出版社，1990。
② 参见［美］泰勒：《遗传与犯罪》，62页，北京，群众出版社，1986。

犯罪存在的个体解释

义的解释。斯金纳指出：内在人的功能的确是提供了某种解释，但这一解释本身却不能得到解释，由此，解释便中止在内在人这里。内在人不是过去历史与现实行为的中介，而是产生行为的中心。① 行为科学彻底摈弃了这种心理主义的解释，不是从人的内心，而是从外部环境中去寻找人类行为的解释。这就是外部环境决定人类行为的观点，这也是行为科学的重要命题之一。行为科学反对从有机体内部寻找行为的原因，按照斯金纳的说法，从有机体的内部寻找行为的原因通常掩盖了一些可以直接用于科学分析的变量。这些变量存在于有机体的外部，处在有机体现在和过去的环境中，它具有一种适合一般科学方法的物理状态，使我们对行为的解释就像科学解释其他事物一样成为可能。② 因此，只能从外部环境解释人类行为。斯金纳指出：在相当长的一段时间里，人们都未明确意识到环境对行为的作用，是笛卡儿第一个提醒说，也许环境在决定行为方面起着主动作用，环境的激发作用被称为"刺激"（该词源于拉丁语，原指刺棒），而作用于物质的效应被称为"反应"。刺激与反应一起被认为形成了一种"反射作用"。环境不仅刺激或鞭策，它还进行选择。在考虑环境对有机体的作用时，不仅要考虑它在有机体反应前的作用，还要考虑到反应后它对有机体的作用，而行为是由作用的结果形成并维持的。一旦认识到这一事实，我们就能从更广泛的范围来阐述有机体与环境之间的相互作用。如此一来，社会产生两种重要结果。其中之一涉及基础分析：作用于环境进而产生结果的行为（"操作"行为）可通过安排一定的环境条件进行研究。在这些环境中，特定的结果"相倚于"这一特定的行为。随着这种相倚联系变得越来越复杂，它们便可履行对行为的解释功能。另一个结果是实践性的：我们对环境可以加以控制。的确，人的遗传天赋只能缓慢地改变，而个人环境的改变则具有迅速和戏剧般的效应。我们将看到，操作行为技术是有相当进展的，也许还可证明，它可能适用于我们的诸种问题。③ 由此适用于对犯罪行为的解释。

---

① 参见［美］斯金纳：《超越自由与尊严》，12页，贵阳，贵州人民出版社，1987。
② 参见［美］斯金纳：《科学与人类行为》，29页，北京，华夏出版社，1989。
③ 参见［美］斯金纳：《超越自由与尊严》，15～17页，贵阳，贵州人民出版社，1987。

我认为,犯罪作为一种行为,尽管是一种反社会并为刑法所确认为违法的行为,仍然具有与一般人类行为一样的产生机制。因此,行为科学对犯罪原因的解释具有一定的价值。美国著名犯罪学家萨瑟兰根据行为科学,经过对犯罪现象的研究提出了分化性联想理论,认为犯罪总与不良交往有关,它和任何复杂行为一样,在实施以前得有一个学习过程。个体可以区别各种对他起作用的刺激,经过对区别出的某种刺激的多次尝试后,该种刺激会与有机体某种反应建立联想,形成分化性反应。所以,犯罪行为的学习过程,就是一种个体对某种刺激建立特定反应的过程;犯罪行为的学习,仅仅依赖于刺激和反应在时间和空间上的接近性。在此基础上,伯吉斯、艾克斯进一步运用斯金纳的操作性条件反射理论,认为犯罪行为发生于这样一种环境中,在那里犯罪行为曾被强化过,导致人们不去控制或抑制实施犯罪行为的反应。而且,人的行为不仅仅是某种刺激的反应,这种行为操作本身对于个体建立与该行为相应的刺激—反应联想具有强化作用,即增强某种刺激与有机体的行为反应之间的联想,从而影响这种行为在以后的发生频率。这就是在萨瑟兰的分化性联想理论基础上发展起来的分化性联想——强化理论。[①] 应该指出,萨瑟兰等犯罪学家运用行为科学对犯罪行为的起因的解释,对于我们深入地理解犯罪行为的产生机制是具有一定意义的,它不满足于社会环境决定犯罪行为这样一个简单的命题,而是从微观上阐发了社会环境与犯罪行为是如何互相作用而引发犯罪行为的内在机制。

3. 心理学解释。犯罪存在的心理学解释是指用犯罪人的心理因素来解释犯罪原因。犯罪的心理学解释存在各种不同的观点,其中较为著名的是奥地利心理学家弗洛伊德的精神分析理论。精神分析理论是一种深度心理学(depth psychology),它并不停留于任何心理现象的表面价值,而认为在任何心理现象的背后都隐匿着其他重要、更富于深远意义的精神作用,因而它将要寻根问底地通过深入的精神分析来揭露这些隐匿于深处的精神作用。弗洛伊德明确否定意志自由论,指出:你们每一个人对于精神自由和意志作用都有一种根深蒂固的信念。这

---

① 参见沈政主编:《法律心理学》,207~208页,北京,北京大学出版社,1986。

犯罪存在的个体解释

种信念是绝对地非科学的，是必然要在同样控制着精神生活的决定论主张的面前投降的。弗洛伊德正是从绝对的决定论出发，所以就认为人的精神生活中从日常琐事到睡眠做梦，从正常人的偶然错误到心理失常者的各种症状，无不具有深远复杂的含义。① 弗洛伊德认为，人都具有一定的人格，人格由三部分构成，即伊德（Id）、自我（ego）和超自我（superego）。伊德是由一切与生俱来的本能冲动所组成，它是人格的一个最难接近而又极其原始的部分。它只受快乐原则的支配，盲目地追求满足。自我就是现实化了的本能，是在现实的反复教训下，从伊德所分化出来的一部分。从伊德所分化出来的这一部分，由于现实的陶冶，变得渐识时务；不再是受快乐原则的支配去盲目地追求满足，而是在事实原则或现实原则的指导下，既要获得满足，又要避免痛苦。自我负责与现实接触，并且在超自我的指导下，监督和管制伊德的活动。超自我是道德化了的自我，是人格的最后形成的而且最文明的部分。弗洛伊德是一个精神分析学家，最初根本没有，稍后也只在原则上认识到他的心理动态学说具有的犯罪学意义。1915 年，弗洛伊德在一篇关于"知罪犯罪人"的论文中为犯罪学中的心理分析学派奠定了基础，然而他本人没有再进一步加以发展。弗洛伊德认为，这些人犯罪，正是因为犯罪行为是受到禁止的，而且实施犯罪行为给他们带来一种精神上的轻松感觉。一种长期压在他们心头的、来历不明的，而实际上来源于俄狄浦斯情结的过失感，通过犯法同某种行为联系了起来，而且具有了一种能够意识到的、比较容易忍受的形态。实施犯罪，就是为了把一种来源于俄狄浦斯情结的先在的过失感同实施联系起来，并且通过遭受惩罚来减轻这种过失感。这种明显的犯罪行为掩盖了本来意义上的俄狄浦斯情结。② 因此，根据弗洛伊德的精神分析理论，犯罪是某些人格变态类型的表现形式，在这些变态人格中，内心的控制（自我和超自我）不能抑制住本我的那种原始的背离社会的本能。

应该说，以上三种对犯罪的个体解释都有一定可取之处，可供借鉴。但犯罪

---

① 参见杨清：《现代西方心理学主要派别》，346~347 页，沈阳，辽宁人民出版社，1980。
② 参见［德］施奈德：《犯罪学》，500~501 页，北京，中国人民公安大学出版社，1990。

347

是生物、环境与心理三者互相作用的结果。因此，我主张以犯罪人格作为基本的分析框架，对犯罪存在进行综合性的个体解释。

人格（Personality）一词来自拉丁文面具（Persona）。面具是在戏台上扮演角色所戴上的特殊脸面，它表现剧中人物的身份。把面具指义为人格，实际上说明两层意思：首先，一个人在生活舞台上演出的种种行为；其次，一个人真实的自我。把人格说成是面具那样的东西，说明人格就是表现于外的、在公众场合上的自我。我们把自己显示于世界的就是我们的人格，这种说法正好表明人还有由于某些原因不显示的、蕴藏起来的东西。面具一词经过心理学界和其他有关领域的多种应用并产生了不少演变之后，瑞士心理学家荣格将它采用于自己的学说之中，其含义指自我的外延。① 应该说，人格是一个广泛应用于哲学、心理学、社会学、法学的概念，其中，心理学中人格概念更具有意义。经荣格等人的努力，创立了人格心理学。人格心理学对于我们解释个体犯罪原因具有重要意义。这是因为，人可以用一系列恒定的行为模式去描述，换言之，人格是前后一贯的行为模式。犯罪是人的一种行为，那么，这种行为是孤立存在的吗？对此，刑事古典学派作了肯定的回答。因此，他们认为应受惩罚的是行为。而刑事实证学派则作了否定的回答，认为犯罪行为是人身危险性的外部表现。因此他们认为应受惩罚的不是行为而是行为人。显然，从人格心理学来说，刑事实证学派的观点是有道理的，因为它正确地揭示了行为与行为人之间的内在关系。在一定意义上说，人身危险性的客观基础就是犯罪人格。

心理学家阿尔波特在《人格：心理学的解释》（1937年）一书中认为，人格就是真实的人（what a man really is），其含义是指：人格是人所是的和人所做的，它（人格）存在于行动的后面，在个人的内部。为了避开把人格仅仅作为一种假定的实体，阿尔波特提出人格确实是存在于人的某些实际的、现实的东西。所以在阿尔波特的体系中，人格是活生生地、完备地起作用的。因此，人格是个体内部心理物理系统的动力组织，它决定一个人行为和思想的独特性。对这个定

---

① 参见陈仲庚等：《人格心理学》，1~2页，沈阳，辽宁人民出版社，1986。

犯罪存在的个体解释

义的含义可以进行以下分析。第一，动力组织（dynamic organization）：这是指人格是不断变化的组织结构。阿尔波特认为人格从来不是已经形成的东西，而是正在变成的东西。虽然一个人从一种经验到另一种经验具有一定的类似性，以保持其同一性（identity），但是在某一个特殊经验面前，他从来不是完全同一个人。因此，人格是组织的、有连续的，但不断地改变着，或者说变成不同的东西。第二，心理物理系统（psychophysical systems）：也说是心理生理系统，表示人格既不是完全心理的，也不是完全神经的，这一组织分享躯体的及心理的机能，两者无法解脱地结合，成为个人的一个整体。第三，决定（determine）：阿尔波特认为人格不是一种抽象或一种随便的虚构，它实际存在着。阿尔波特深信人绝对不是简单的环境的消极反应者，人的行为产生于人内部的人格结构。人格倾向性若被适合的刺激激发，人的真实本性就从他的行动中表现出来。第四，行为和思想特点（characteristic behavior and thought）：这是指人格在个体性方面的重要性。阿尔波特强调研究个别的人，而不强调制约人类的规律。没有两个相同的人，因此要了解一个特定的人的方法是对这个特定的人进行研究。[①] 根据人格心理学理论，我们可以对犯罪作出以下个体解释：犯罪行为对于犯罪人来说，不是偶然的孤立的行为。即使对于犯罪当中的偶犯来说也是如此，只不过偶犯没有形成稳定犯罪人格，因而受外部环境影响较大而已。因此，偶犯也被称为机会犯。惯犯则是形成了稳定的犯罪人格，因而其犯罪行为是这种犯罪人格的必然产物。只要这种犯罪人格不予以矫正，其犯罪行为就不可能杜绝。除偶犯与惯犯这两个极端以外，大部分犯罪人都具有一定的犯罪人格，只不过犯罪人格的稳定程度有所区别罢了。因此，对犯罪存在进行个体解释，必须从犯罪人格的形成入手。

犯罪人格（criminal personality）也称犯罪个性，是一种严重的反社会人格。犯罪人格的形成，是一个复杂的生理与心理、社会与个人的互相作用过程。在人格形成过程中，生理的或者说生物的因素具有一定的意义。这种生物性对于人来

---

① 参见陈仲庚等：《人格心理学》，61～62页，沈阳，辽宁人民出版社，1986。

说，就是一种先天因素，即所谓天赋。美国心理学家赫根汉指出：许多卓越的人格理论家都至少是部分地把恒定的行为模式归于先天遗传。事实上，几乎所有的人格理论都是基于某种先天因素的假设之上，无论是生理需要说（如弗洛伊德、斯金纳、马斯洛等），还是自我实现倾向说（如荣格、罗杰斯、马斯洛等），或者是社会志趣论（如阿德勒等），都莫不如此。这样一来，问题就不再是基因是否影响人格，而是在何种程度上和什么方式上影响人格。[1] 我认为，否认生物因素对人格的影响是错误的，同样，生物决定论也是不可取的。生物性只是制约人格形成的因素之一，对于犯罪人格的形成也是如此。例如，暴力攻击性犯罪，尤其是性攻击行为，与人的生理具有较为密切的联系，但又不能将其视为形成这种犯罪人格的唯一成因。除了生物因素以外，起着更为重要作用的是环境的影响，这里的环境主要指外部的社会环境。绝对的环境决定论，将人说成是一个机械地反映环境的生物体，贬低了人的主观能动性。我认为，环境不是自动地对人发生作用的，人对环境有一个主动的吸纳过程。在这种吸纳过程中形成犯罪心理结构，从而导致犯罪人格的形成。因此，人格的形成离不开作为主体的人与作为客体的环境的互相作用。主体在与外部环境发生联系时，受到客体的深刻的制约。经常影响主体的各种事物，有些适合主体的需要，符合主体的意愿；有些则不符合主体的需要，使主体的实践发生困难。总之，客观事物不断地渗透到主体的生活经历之中，影响着主体的生活活动。这些客体的影响通过认识、情绪和意志活动在主体的反映机构里保存下来、固定下来，构成一定的主体态度体系，并以一定的形式表现在主体的行为之中，构成每个主体的特定行为方式，从而形成行为模式的一贯性与恒定性。主体的这种心理结构一旦形成，不仅对于行为具有决定作用，而且对于外在环境的影响也起着选择的作用：凡是符合固有的主观心理意愿的，就予以吸纳；凡是违背固有的主观心理意愿的，就予以排斥。人的这种心理的不断积淀，形成稳定的心理结构，人格正是这种心理结构的综合显示。对于犯罪人来说，犯罪人格的形成也是这样一个复杂的心理过程。

---

[1] 参见 [美] B.R. 赫根汉：《现代人格心理学历史导引》，3页，石家庄，河北人民出版社，1988。

犯罪存在的个体解释

不仅如此，人格的形成还是一个社会化过程。在社会学上，主体与客体互相作用而获得主体的社会属性的过程，称为社会化。在社会化过程中，社会使人类个体逐步接受文化传统、群体生活准则，获得社会生活的各种能力。换言之，社会化就是一定的社会特性在相互有联系的个人中间延伸与发展的过程。所以，社会化是个人与社会的一致性，是个人被社会的同化。社会化是一种标准化评价与改造，即按照整个社会或社会集团的规范统一要求与矫正人们的行为方式，这是社会化标准原理。① 但社会化并不可能对每一个人都按照社会规范来塑造。社会本身就是一个复杂的综合体，社会上既存在以主流的意识形态为核心的主文化，也存在着形形色色的偏离主流意识形成的亚文化。社会化是个人接受社会主文化以及与主文化一致的某些亚文化的过程。同时，个人可能发生接受跟社会主文化偏离的某些亚文化或者反文化的过程，也即发生个人对于社会的偏离或逆反的过程。其中，接受偏离社会文化的部分亚文化特质与模式的过程，叫不完全社会化；接受反文化的过程，叫反社会化。这种反社会化进程实质上也是社会化过程中断与失败的表现，因此，也可以称为主体社会化缺陷。这种缺陷主要表现为：第一，个人认识方式（特别是思维方式）的偏离，以及由此而引起的个人意识和自我意识的缺陷；第二，价值定向的蜕变而导致道德意识的退化或恶化；第三，个人法律意识的缺陷。个人总是通过一定的认识辨别是非善恶，通过价值定向、道德意识和法律意识，进而调节和控制自己的心理和行为。以上三方面构成个性心理的主导方面，它们的缺陷，必将对个性结构的其他方面产生不良影响，导致种种心理和行为的缺陷。因为，以上三方面是个人社会心理的核心构成，其缺陷可造成整个个性的失调。② 反社会对于犯罪人格形成具有深刻的影响，在犯罪人格中，反社会意识或曰敌对意识占有十分重要的地位。

犯罪人格是在生物的与社会的因素制约下的一种趋向于犯罪的稳定心理结构，它对犯罪行为具有原发性。具体的犯罪行为正是在这种犯罪人格的支配下，

---

① 参见宋林飞：《现代社会学》，459 页，上海，上海人民出版社，1987。
② 参见高汉声主编：《犯罪心理学》，111 页，南京，南京大学出版社，1993。

351

通过一系列的主客观条件表现出来。其中主观条件主要表现为犯罪动机,而客观条件则主要表现为犯罪情境。犯罪动机产生于人的需要,这是一种反社会的消极需要,这种需要是社会环境的消极因素和条件逐渐影响的结果:首先是改变个体原有的需要结构,使它逐步发生不良的变化,逐步形成适应外界不良环境的倾向。而需要的改变,逐渐导致个体行为动机的演变,促使反社会需要结构真正形成,最终引起犯罪动机,犯罪动机进一步产生犯罪目的,犯罪目的在一定的社会情境中外化为犯罪行为。在犯罪人格没有得到矫正之前,这一从犯罪动机到犯罪行为的发展过程将持续发生,从而进一步影响犯罪人格,形成更为稳定的犯罪心理结构。

在使用犯罪人格解释个体犯罪原因的时候,应当注意以下两个问题:首先,犯罪人格与正常人格的关系。这个问题的实质是:犯罪人是否具有不同于正常人的特殊人格?对此,在犯罪学理论上存在不同观点。德国犯罪学家施奈德指出:有人试图用心理检测法来查明违法和犯罪人的个性,并且与非违法和非犯罪人的个性作对比。卡尔·F. 许斯勒和唐纳德·R. 克雷西发现犯罪与个性因素没有联系。他们分析了133次犯罪心理调查,并且只在其中42%的调查中确认在犯罪人和非犯罪人之间存在差别,一种犯罪个性意义上的特殊性。可是这一结果在方法上也是有懈可击的,因为全部犯罪抽样调查都来源于监狱,监狱环境可能对个性产生了影响。戈登·P. 沃尔多和西蒙·迪尼茨对94次经验型犯罪心理学调查进行复审。在这次94次研究的76次中,他们都在犯罪组和非犯罪对照组之间找到统计学上的显著区别。全部94次对比调查都是用现代化的可靠的个性测试法进行的,其中56次调查运用了客观的心理检测法,这56次调查中有51次都证明在违法与非违法青少年之间存在统计学上的显著区别。[①] 我认为,犯罪人格不是独立于正常人格的另一种人格,犯罪人格与正常人格有异有同,犯罪人虽然是实施犯罪行为的人,具有人格上的偏颇,但他还同样具有与正常人格的相似之处,只不过是在正常人格中具有犯罪的特殊属性而已。相对来说,自然犯的人格与正

---

① 参见 [德] 施奈德:《犯罪学》,423页,北京,中国人民公安大学出版社,1990。

犯罪存在的个体解释

常人格偏差较大，而法定犯的人格与正常人格偏差较小。当然，在犯罪人身上也可能出现交替人格。在心理学中，交替人格（alternation personality）指在同一个人身上交替出现二种或三种各有特色，彼此分离的人格。① 交替人格并非意味着一个人具有几个不同的人格，只是说在同一个人身上出现几种不同的人格表现而已。具有这种交替人格的犯罪人，往往以伪装的正常人格掩盖其犯罪人格，因而使人感觉其行为模式不连贯，实际上则并非如此。其次，犯罪人格属于人格障碍（personality disorder），指不伴精神症状的人格适应缺陷，其行为倾向的发展没有明确的起讫时间，发展缓慢，极难治疗，但也不是不可矫正的状态。这些行为倾向组成不被社会允许的、不得体的行为形式。② 人格障碍中有一种反社会型人格障碍（antisocial personality disorder），与犯罪人格具有一定的联系。具有这种变态人格的犯罪人，应是龙勃罗梭所说的疯狂犯罪人和菲利所说的精神病犯。菲利指出：就精神病犯而言，进一步研究就会发现，这种罪犯也包括精神处于完全错乱和适当状况中间状态的人。③ 因此，菲利所称的精神病犯是一个广义的概念。应该说，在犯罪人中，确实存在这种具有变态人格的犯罪人，这些人由于人格缺陷而十分容易引发反社会行为，他们具有与正常人不同的人格特征。但不能在犯罪人格与变态人格之间画等号，大多数犯罪人还是具有正常人格，只不过具有犯罪的心理特征而已。因此，不能在犯罪人与正常人之间划出一条人格上的截然区别的界限。

（本文原载《中外法学》，1995（4））

---

① 参见罗大华：《法制心理学词典》，204 页，北京，群众出版社，1989。
② 参见陈仲庚等：《人格心理学》，416 页，沈阳，辽宁人民出版社，1986。
③ 参见［意］菲利：《犯罪社会学》，23 页，北京，中国人民公安大学出版社，1990。

论社会主义初级阶段的犯罪原因

一

社会主义社会存在犯罪，这是一个有目共睹的事实，任何人都不会否认。但是，如何认识社会主义社会存在犯罪这一事实，尤其是如何认识社会主义社会存在犯罪的原因，却是一个极为复杂的问题。我们认为，关键在于如何正确认识犯罪与社会主义初级阶段之间的关系。以下两种观点都是值得商榷的。

第一种观点认为，社会主义社会根本不产生犯罪，在社会主义社会存在的犯罪是旧社会的痕迹。这是一种在相当长一个时期内流行于我国法学界的观点。根据这种观点，犯罪之所以还在我国存在，主要是因为我国的社会是刚刚从半封建、半殖民地社会脱胎出来的，处在共产主义社会形态的第一阶段，还不是在自身基础上已经充分发展和成熟了的社会，它在社会的经济、政治、文化、思想意识等方面还保留着旧社会的痕迹。[①] 更为形象的是有人把社会主义社会的犯罪称

---

① 参见欧阳涛等：《经济领域严重犯罪问题研究》，52页，北京，法律出版社，1984。

论社会主义初级阶段的犯罪原因

为流发性犯罪,认为社会主义社会脱胎于旧社会之后,旧社会的某些犯罪因素必然流入新社会,从而形成所谓流发性犯罪。① 上述观点否定社会主义社会本身产生犯罪,而从旧社会的痕迹中去寻找社会主义社会的犯罪原因。我们认为,在20世纪50年代,由于大多数犯罪是对新生政权的不满,是对社会主义制度的反抗,因而,在当时的历史条件下把犯罪原因归结为以私有制为基础的剥削制度遗留给我们的祸害,是符合当时的实际情况的,也容易为人们理解和接受。但是,在社会主义社会已经建立四十多年的今天,剥削阶级作为一个完整的阶级在我国已经消灭的情况下,仍然把犯罪原因归咎为旧社会的痕迹,显然是难以自圆其说的。之所以存在这样的观点,就在于这些同志把我国现存的社会主义初级阶段与马克思主义经典作家所设想的作为共产主义第一阶段的社会主义社会混为一谈,因而得出社会主义社会根本不产生犯罪的结论,这是不符合客观实际的。这种认为社会主义社会本身不会产生犯罪的传统观念,禁锢了人们的思想,严重地阻碍了对我国犯罪原因问题的深入研究,也不利于我们正确地制定社会主义社会如何有效地减少犯罪、预防犯罪的切实可行的法律、法规和有关方针政策。为此,我国犯罪学界有人提出社会主义社会本身同样也不可避免地产生犯罪的观点。② 我们认为,这种观点是正确的。所谓社会主义社会也产生犯罪,是指犯罪是社会主义社会的经济结构和社会结构的产物。社会的经济结构,有广义与狭义之分。广义的经济结构,是指生产方式的结构,它包括生产力结构和生产关系结构这两个方面。狭义的经济结构,主要是指生产关系结构。我们说社会主义社会的经济结构产生犯罪,主要是指社会主义生产关系对于犯罪的产生具有重要的原因作用。例如,社会主义生产关系中多种所有制并存,就不可避免地产生某些犯罪现象。除社会主义社会的经济结构以外,社会主义社会的社会结构,也与犯罪的产生具有不可分割的关系。所谓社会结构,是指社会各个部分的配合与组织。具体地说,社会结构是所有制关系以及物质和精神产品生产过程的社会分工、社会组合

---

① 参见夏吉先:《犯罪源流与对策》,19页,上海,上海社会科学院出版社,1987。
② 参见魏皓奔:《社会主义社会同样产生犯罪》,载《法学》,1986(1)。

关系的总和。我们社会主义社会的社会结构,基本上是与社会主义的物质生产方式相适应的,但由于长期以来我们工作上出现的严重失误,造成社会结构内部的某种失调,影响和破坏了各种社会结构之间的平衡,导致犯罪的产生。从以上分析,我们可以得出结论:社会主义社会的经济结构与社会结构的某些缺陷与失调,是社会主义社会产生犯罪的根源之一,那种否认社会主义社会自身会产生犯罪的观点是不现实的。

第二种观点认为社会主义制度产生犯罪。我国犯罪学界有人不仅认为社会主义社会产生犯罪,而且进一步肯定社会主义制度产生犯罪。例如有人指出:过去我们没有认识到我国社会主义社会所处的历史阶段是一个很长的历史发展过程,也没有认识到我国社会主义还处在初级阶段。这种认识上的偏差,使我们在研究社会主义制度下的犯罪原因问题上,把违法犯罪案件的多少、违法犯罪率的高低,简单地同社会主义制度的优越性联系在一起,从而导致了社会主义制度不产生犯罪的结论。因此,这些学者主张,只有把社会主义社会中的违法犯罪现象置于现实的社会主义制度中去考察了解,才能科学地、全面地揭示和解决违法犯罪的原因这一重大的理论课题。[①] 我们认为,这些学者对社会主义社会的犯罪原因进行大胆探索的精神是极为可贵的,但结论是否科学值得推敲。关键问题在于:社会主义社会与社会主义制度是不是同一回事。否认社会主义制度产生犯罪的学者指出:社会主义社会与社会主义制度是联系密切而又相互区别的两个不同概念。社会主义社会是以社会主义制度为标志的社会,它作为一种社会形态,在经济、政治、文化各个领域不可能是纯而又纯的,即主要是社会主义的,但同时也有资本主义的乃至封建主义的东西;从其成员来说,主要是以工农为主人翁的广大劳动人民,但同时也存在着剥削阶级分子或其他敌对分子。因此,社会主义社会产生犯罪毫不奇怪。而社会主义制度则不同,尤其是社会主义的根本政治制度、经济制度和分配制度等,是决定社会主义社会本质和发展方向的,它本身不

---

① 参见魏平雄主编:《犯罪学》,131、133 页,北京,中国政法大学出版社,1989。

论社会主义初级阶段的犯罪原因

仅不会产生犯罪,而且是预防、减少乃至最终消灭犯罪的根本保证。① 而肯定社会主义制度产生犯罪的学者则认为,社会主义社会与社会主义制度是不可分割的。社会是人类生活的综合体,是各种社会关系的总和,而社会制度则是这些关系的规范体系。社会主义制度是无产阶级在取得国家政权的历史条件下形成的社会关系和与此相联系的社会活动的规范体系,是社会主义社会的根本制度。因此,社会主义社会与社会主义制度是不可分割的。没有社会主义社会,就没有社会主义制度。既然肯定社会主义社会存在并产生犯罪,那么,它就不能不同某些制度上存在的问题有关。② 在以上两种观点中,我们赞同第一种观点,认为社会主义社会与社会主义制度既有联系,又有区别,两者不可混为一谈。一定的社会制度只能存在于一定的社会形态之中,社会主义制度也只能存在于社会主义社会,这是毫无疑义的。社会主义社会中占主导地位的是社会主义制度,它决定着社会主义社会的性质。但社会主义社会又不是纯而又纯的,它既存在社会主义的成分,又存在非社会主义的成分。这里所说的社会主义的成分,主要就是指社会主义制度,它不仅不产生犯罪,而且抑制犯罪的产生;而正是那些非社会主义的成分产生犯罪。同时,社会主义制度还不够完善,存在缺陷,这也在一定程度上导致犯罪的产生。即使是肯定社会主义制度产生犯罪的学者,在具体论述时也指出:我国的社会主义制度还不很完善,现行的一些制度,包括行政管理制度、经济管理制度、干部制度、劳动就业制度等,还存在这样那样的缺陷和弊端。这些缺陷和弊端往往是引发和滋生违法犯罪的土壤和条件。③ 我们认为,这些论述无疑是正确的,但社会主义制度的缺陷产生犯罪与社会主义制度产生犯罪不可相提并论。作为社会主义制度来说,它并不产生犯罪。

二

我国目前所处的社会主义初级阶段不同于马克思主义经典作家所说的共产主

---

① 参见邵名正主编:《犯罪学》,100 页,北京,群众出版社,1987。
② 参见魏平雄主编:《犯罪学》,132 页,北京,中国政法大学出版社,1989。
③ 参见邵名正主编:《犯罪学》,100 页,北京,群众出版社,1987。

义社会的第一阶段,这是我们在考察社会主义初级阶段的犯罪原因时必须明确的一个问题。我国目前所处的社会主义初级阶段,其含义不仅仅是一般所说的发展顺序上的第一阶段,而主要是指在我国这样一个经济文化不发达的国家,社会主义社会成熟程度上的一个特殊的发展阶段。社会主义初级阶段的概念,一方面反映了社会主义的一般本质,说明我国已经进入社会主义社会。另一方面,又反映了现阶段我国社会主义社会的特殊性,说明我国的社会主义社会成熟程度还很低。因此,我国社会主义初级阶段与马克思所设想的共产主义社会的第一阶段相比,具有如下特征。

第一,我国的社会生产力虽然有了很大的增长,但无论是劳动生产率还是物质技术基础的总水平和人均收入仍然很低;地区的发展很不平衡,城乡之间、地区之间的差别还很大。

第二,以公有制为基础的社会主义的基本经济制度虽然已经在我国确立,但生产的社会化程度还很低,存在着以公有制为主体的多种经济成分、多种经营方式。作为主体的公有制本身也不成熟,在全民所有制经济内部,还存在着中央和地方、部门和企业、企业和企业之间复杂的利益关系;在集体所有制经济内部,也还存在利益差别。除此以外,现在还有私营经济、中外合资和外国人独资企业等,作为社会主义经济的补充。

第三,存在与公有制为主体的多种经济形式相适应的多种分配方式。这种分配主要表现为在以按劳分配为主的前提下,实行多种分配办法,包括各种合法的劳动所得、合法的生产条件带来的所得,以至某些合法的剥削所得等。

第四,我国的经济虽然已有很大发展,但自给自足的自然经济、半自然经济以及僵化的计划经济模式下的产品经济仍然占有相当大的比重。

第五,社会主义的民主和法制还不健全,党和国家的政治生活的民主化、经济管理的民主化、整个社会生活的民主化,还需要一个随着经济发展、文化水平提高而逐步实现的过程。

第六,从意识形态领域来说,旧社会的习惯势力、小生产的狭隘观念和各种剥削阶级腐朽思想的影响和侵蚀还严重存在,思想斗争还会长期存在。

论社会主义初级阶段的犯罪原因

从以上几点可以看出，我国目前所处的社会主义初级阶段和马克思所设想的共产主义社会的第一阶段存在着重大区别。为了立足于社会主义初级阶段的物质生活条件，揭示我国当前的犯罪原因，还有必要阐述社会主义初级阶段的主要矛盾。

根据历史唯物主义的基本观点，生产力和生产关系、经济基础和上层建筑的矛盾是社会的基本矛盾。社会基本矛盾和运动，推动了社会历史的发展。但在不同的社会形态，社会基本矛盾的表现形态有所不同。这种表现形态，正是一个特定社会形态的特殊规定性之所在，也就是该特定社会的主要矛盾。在资本主义社会，主要矛盾是生产的社会化与生产资料的私人占有制之间的矛盾，这一矛盾决定着资本主义社会的性质。我国社会主义初级阶段的主要矛盾是什么呢？党的十三大报告明确指出："我们在现阶段所面临的主要矛盾，是人民日益增长的物质文化需要同落后的社会生产之间的矛盾。阶级斗争在一定范围内还会长期存在，但已经不是主要矛盾。为了解决现阶段的主要矛盾，就必须大力发展商品经济，提高劳动生产率，逐步实现工业、农业、国防和科学技术的现代化，并且为此而改革生产关系和上层建筑中不适应生产力发展的部分。"我们认为，只有从社会主义初级阶段的主要矛盾入手，才能科学地解决我国现阶段的犯罪原因问题。在某种意义上，我们可以说，人民日益增长的物质文化需要同落后的社会生产之间的矛盾，是我国社会主义初级阶段产生犯罪的根本原因。

社会主义初级阶段的主要矛盾之所以是我国当前犯罪存在的根本原因，就在于人民日益增长的物质文化需要与落后的社会生产之间的矛盾制约着社会主义初级阶段的物质生活条件，它规定并决定着社会主义初级阶段的经济结构和社会结构。因此，作为社会主义初级阶段的物质生活条件的犯罪现象，也从根本上受到人民日益增长的物质文化需要与落后的社会生产这一主要矛盾的制约。

三

上面我们从分析社会主义初级阶段的特征入手，得出了社会主义初级阶段的

359

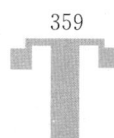

主要矛盾是我国当前犯罪存在的根本原因这一结论。下面,我们将从以下几个方面加以阐述。

(一)人民日益增长的物质文化需要同落后的社会生产的矛盾决定了我国将在一个相当长的时期内存在着贫困现象,而贫困无疑是造成某些犯罪发生的因素之一

贫困的根本原因是社会生产落后,生产力发展水平低下。新中国成立几十年来,我国的社会主义建设虽然取得了巨大的成就,人民群众的生活得到了很大的改善。但我们是在生产力非常低下、经济文化非常落后的基础上开始社会主义建设的。因此,不可能在短时间内改变历史遗留下来的这种经济文化上的落后状态。迄今,我国还是世界上比较贫穷的国家之一,全国还有相当人口没有解决温饱问题。因此,我国现阶段发生的许多犯罪,都与贫困具有密切关系,贫困是造成我国当前某些犯罪发生的因素之一。我们说贫困是造成某些犯罪发生的因素之一,不是对于个案原因的判断,而是就总体而言的。确实,目前饥寒生盗心的犯罪虽然有,但为数不是太多。这些人尽管实施犯罪不是出于饥寒生盗心的动机,但其所实施的犯罪仍然与贫困存在联系。例如,我国刑法规定的投机倒把罪,包括对非法倒卖某些紧俏日用商品行为的惩治。具体实施这种非法倒卖行为的投机倒把分子可能并非由于贫困,但这种犯罪类型的存在是因为贫困,而我国目前还不可能大量生产这些紧俏日用商品以满足人民群众的需要,因而犯罪分子才有可能利用这一条件来实施投机倒把的犯罪活动。如果我们能够生产出足够的日用商品满足市场需要,非法倒卖的投机倒把行为也就不复存在了。由此可见,贫困作为社会主义初级阶段某些犯罪发生的相关因素之一,是由人民日益增长的物质文化需要同落后的社会生产之间的矛盾所决定的。

(二)人民日益增长的物质文化需要同落后的社会生产之间的矛盾决定了文化落后的现状在我国不可能短时期内消灭,文化落后必然导致愚昧是造成某些犯罪发生的因素之一

在我国社会主义初级阶段,从总的方面来说,人民的思想道德素质和科学文化素质还比较低。中华民族有着悠久的文化和道德传统,但由于长期封建统治带

论社会主义初级阶段的犯罪原因

来的封闭、停滞,以及沦为半殖民地、半封建社会的百余年的历史,使之大大落后于西方文明的迅速发展。新中国成立以后,由于社会主义制度的确立,教育、科学、文化事业有了很大发展。然而,我国人民的科学文化水平还不高,文盲、半文盲还占有相当数量。在这种情况下,愚昧也就是不可避免的了。愚昧作为犯罪的相关因素,不仅与暴力犯罪、性犯罪具有比较直接的联系,而且与经济犯罪也同样具有联系。愚昧不仅是一个文化素质的问题,大量的还表现为对法律的无知,法盲犯法的现象正是愚昧的产物。只有在整个民族的科学文化水平有了很大程度的提高,基本上消灭了文盲与半文盲,铲除了愚昧后,才能杜绝由此造成的犯罪。由此可见,愚昧作为我国当前造成某些犯罪发生的因素之一,与社会主义初级阶段的主要矛盾具有密切关系。

(三)人民日益增长的物质文化需要同落后的社会生产之间的矛盾决定了在社会主义初级阶段的商品市场中,以商品短缺为特征的供求之间的尖锐矛盾还会长期存在,而这种商品的供不应求是某些犯罪,尤其是经济犯罪存在的相关因素之一

商品市场的供求矛盾即生产与需要之间的矛盾,是指有支付能力的需求超过了供应。这里的需求是指市场上出现的对商品的需求,这里的供给是指生产者愿意并可能提供给市场的商品。由于我国的社会主义社会是建立在生产力十分低下的基础之上的,受到社会生产力的限制,所提供的产品还不能满足实际的社会需要。这就表现为人民日益增长的物质文化需要同落后的社会生产之间的矛盾。在社会主义初级阶段以短缺为特点的供求之间的矛盾还会存在下去。由于在社会主义市场上,商品供不应求,某些生活资料和生产资料供应紧张。国家为了保障社会的基本需要,对一些产品还不得不实行计划定量供应,例如木材、钢材、某些轻工业产品及粮食、食油等。这就很难完全防止某些人通过违法犯罪的手段去获取更多计划供应的物品,以牟取暴利。同时,也很难防止某些人利用计划供应办法的空隙,进行伪造、倒卖计划供应的各种票证,谋取非法利益。还有一些产品,虽然不是计划定量供应,但是由于严重短缺,供不应求,这也使某些人利用供求之间的矛盾,套购抢购紧俏物资,投机倒把非法牟利。还有一些产品,在国

361

内市场短缺或者质次价高,某些人就进行向国内走私、贩私的违法犯罪活动。将来随着生产力的发达,社会产品逐渐丰富,人们生活和生产所需要的物质资料能够得到充分满足,国家有条件取消限量供应时,伪造、倒卖计划供应票证等犯罪就会消失。在这个意义上说,作为造成某些犯罪发生的因素之一的商品短缺也是由社会主义初级阶段的主要矛盾所决定的。

(四)人民日益增长的物质文化需要同落后的社会生产之间的矛盾决定了在社会主义初级阶段,国家、集体和个人之间还存在利益上的差别与冲突,这种利益差别与冲突是造成某些犯罪发生的因素之一

马克思所设想的共产主义社会第一阶段,实行按劳分配,在这样一个集体的、以共同占有生产资料为基础的社会里,如同马克思所指出:生产者不交换自己的产品;用在产品上的劳动,在这里也不表现为这些产品的价值,不表现为这些产品所具有的某种物的属性,因为这时,同资本主义社会相反,个人的劳动不再经过迂回曲折的道路,而是直接作为总劳动的组成部分存在着。所以,每一个生产者,在作了各项扣除以后,从社会领回的,正好是他给予社会的。他所给予社会的,就是他个人的劳动量。① 在这样一种社会,国家、集体和个人之间就不存在利益上的差别与冲突。但在社会主义初级阶段,虽然实行了公有制占主导地位的经济制度;在分配领域中,按劳分配是主要形式。但还存在各种非劳动收入的形式:第一种是资产收入,包括投入生产的地产、房产、各种设备等得到的租金、利润收入。第二种是资金收入,包括储蓄借贷、股票等取得的利息、股息、红利等收入。第三种是经营收入。这里所指的经营收入既包括劳动收入也包括非劳动收入,还包括混杂在一起的、不完全的劳动收入。同时,在社会主义初级阶段,由于商品货币关系的存在和多种经济形式并存,因而所谓的按劳分配与马克思经典作家所设想的按劳分配有很大的差别。正因为如此,在社会主义初级阶段,国家、集体与个人的利益存在一定的矛盾。如果不能正确地处理这三者之间的关系,将会导致某些犯罪的发生。例如,在社会主义初级阶段,企业是自负盈

---

① 参见《马克思恩格斯选集》,2版,第3卷,303~304页,北京,人民出版社,1995。

论社会主义初级阶段的犯罪原因

亏的商品生产者和经营者。在商品经济条件下劳动要表现为价值，收入是按社会必要劳动决定的商品价值分配的。劳动者和企业的个别劳动不能直接等同于社会劳动，一定要通过市场、通过价值货币形式才能被承认为社会必要劳动。因此，企业是依法自主经营和相对独立的经济实体。在这种情况下，如果相应的政治、经济、法律措施跟不上去，在商品竞争和交换中，个别企业不能正确处理国家、集体和个人三者之间的利益关系，就可能在本位主义思想的支配下，进行走私、投机倒把、行贿受贿、偷税抗税等犯罪活动。

（五）人民日益增长的物质文化需要同落后的社会生产之间的矛盾决定了在社会主义初级阶段必然存在多种经济成分并存的现象，商品经济是不可逾越的阶段。其中非社会主义经济成分以及商品经济的消极因素是造成某些犯罪发生的因素之一

我国是一个生产力十分落后的国家，在这样的情况下建立起来的社会主义公有制，就不可能是单一的、纯粹的公有制。为了适应生产力水平，努力发展社会生产，就不能不允许多种经济成分并存，并实行有计划的商品经济。在多种经济成分中，既有社会主义公有制经济，也有非社会主义的经济成分。在社会主义公有制经济中，又有全民所有制和集体所有制的差别。在非社会主义经济成分中，有个体经济、私营经济、中外合资及外商独资等经济成分。非社会主义经济的存在，一方面对我国经济的繁荣起到了积极的作用，是社会主义经济的重要补充。另一方面，它本身存在着不可低估的消极因素，这些消极因素成为某些犯罪的诱因。因为在商品经济的条件下追求最大利润是一切私有制企业的最大目标，有些私营企业为了达到这一目标，千方百计地钻我国经济体制不完善的空子，希冀以最少的劳动换取最大的利润，甚至不惜采取行贿、投机倒把、偷税抗税等各种违法犯罪的手段，牟取暴利。这些现象的存在，毒化了我国经济环境，对于社会上的其他人也带来了极为恶劣的影响。

（六）人民日益增长的物质文化需要同落后的社会主义生产之间的矛盾，决定了在社会主义初级阶段由于受经济条件的限制，我国的政治制度还不可能马上完善起来，阶级斗争也还将在一定范围内存在，这也是造成我国当前某些犯罪发生的因素之一

根据马克思主义的基本原理，政治制度是上层建筑，物质生活条件是经济基

363

础，后者决定并制约着前者。在我们这样一个经济发展比较落后的国家，长期受封建统治，实行专制制度。因此，社会主义民主不是一朝一夕能够建立并完善的，在这种情况下，我国在政治制度上，还存在着一些缺陷与弊端，例如官僚主义、以权谋私等，这些因素都与某些犯罪的发生具有密切的联系。

（本文与王作富合著，原载《法学评论》，1990（4））

刑事一体化视野中的犯罪学研究

经过学者们的不懈努力,犯罪学已经成为我国法学中的一门显学。尤其是在社会转型过程中,我国出现了一个犯罪浪潮。犯罪浪潮对我国社会结构与社会生活造成了强烈冲击,引起了整个社会的关注,成为重要的社会热点问题之一。在这种情况下,如何科学地解释我们社会中存在的犯罪现象并采取相应的刑事政策,就成为摆在犯罪学研究者面前的重要课题。在我看来,一种建设性的犯罪学研究不能满足于对犯罪现象的描述与说明,而是应当通过对犯罪学理论自身的深刻反思,不断提高对犯罪解释的科学性与权威性,使犯罪学完成从经验型到理论型的过渡,建立一种以一定的社会本体论为基础的,以科学方法论为指导的犯罪哲学——本体犯罪学。本文从刑事一体化的视野出发,对犯罪学在刑事法学体系中的定性问题略抒己见,希望有助于犯罪学理论研究的深化与学科的完善。

一、刑事一体化视角的确立

犯罪学作为一个专门研究领域,吸引了大批研究者,形成了一种相当混乱的理论格局。我国学者王牧指出,在犯罪学研究中,产生了许多理论和学说,如犯

罪人类学、犯罪生物学、犯罪心理学、犯罪社会学等理论。这些理论,都曾经把自己的学说视为犯罪学的完整理论体系。在犯罪产生的具体原因上,更是理论学说林立,不计其数。这种情况使犯罪学理论出现了非常杂乱的局面,纷繁复杂的各种理论、学说并存,对犯罪见仁见智,具体看来,它们似乎无可挑剔。但是,却因此使人们对犯罪学缺乏正确而深刻的共识,失去了理论的说服力和魅力。①这个分析可谓切中时弊、一针见血。多视角地研究犯罪,对于犯罪学来说当然是一种幸事。但如果没有一个基本立足点,则难免造成混乱。美国学者指出:当代犯罪学的多元化,在很大程度上不仅反映了犯罪研究者的理论背景和现实背景的差别,而且反映了他们研究犯罪的直接、具体目的的差别。犯罪学主题的选择、理论观点的发展和独特研究方法的确定,取决于犯罪研究者对某个研究对象的目的。所以,犯罪的研究就像盲人摸象一样,各有所好地去看大象,以各自的方法摸到大象的不同部分。因此,犯罪现象也可以用许多方法进行研究。为此,美国学者把犯罪学构想为一门由一系列与犯罪有关的研究领域构成的学科。这些领域可以容纳多元化的理论观点或构成一个综合性的理论体系。②这种综合性的理论体系的构成,确实使犯罪学具有极大的包容性,在一定程度上也有益于推动犯罪学的发展。但是,如果缺乏对犯罪学的基本定位,这种综合性的理论体系就会成为一个各种理论观点的大杂烩,从而严重地影响犯罪学研究的科学性。

为使犯罪学研究正常发展,我认为应该引入刑事一体化的视角,使犯罪学回归刑事法学,使犯罪学在刑事法理论中找到安身立命的根基。随着刑事法的学科分化,作为刑事法本体学科的刑法学,越来越演变成为一门规范学科,从而与作为经验(事实)学科的犯罪学分道扬镳,日益疏远。正是有鉴于这种现状,德国著名学者李斯特提出了全体刑法学的概念。李斯特主张把刑事的各个部门综合成为全体刑法学,意即真正的整体的刑法学,内容包括犯罪学、刑事政策学、刑罚学、行刑学等。全体刑法学概念的确立,不仅使刑法学这门学科得以充实与膨

---

① 参见王牧:《学科建设与犯罪学的完善》,载《法学研究》,1998(5),132页。
② 参见[美]昆尼等:《新犯罪学》,80页,北京,中国国际广播出版社,1988。

刑事一体化视野中的犯罪学研究

胀,使之在一定程度上突破注释刑法学的狭窄学术樊篱,而且在此基础上形成刑事法的一体化研究格局,将与刑事相关的学科纳入刑事法的研究视野。我国学者储槐植教授提出建立刑事一体化思想,指出:刑事一体化的内涵是刑法和刑法运行处于内外协调,即刑法内部结构合理(横向协调)与刑法运行前后制约(纵向协调)。实现刑法最佳效益是刑事一体化的目的。① 这里的刑事一体化当然是以刑法为本位而展开的,但同时涉及刑法与相关学科的协调。我们认为,只有在刑事一体化思想的指导下,才能使刑事法各学科得以整合。犯罪学作为刑事法的一个基础学科,只有在刑事的法学科系内准确地定位,其学术功能与学术价值才能得以正常发挥。

二、犯罪学在刑事法学中的地位

刑事法学是一门以刑事为其内容的理论学科,这里的刑事②,指的就是犯罪。由此可见,刑事法学是以犯罪为中心展开其理论体系的。在刑事法学中,刑法学又居于核心地位,另外包括刑事政策学、犯罪学、行刑学、刑事诉讼法学等。在刑事法学的理论中,犯罪学具有其他学科不可替代的重要作用。

从刑事法学发展的历史来看,先有刑法学,后有犯罪学。换言之,犯罪学是从刑法学中独立出来的,这是一个不争的事实。确实,刑法学与犯罪学,虽然都以犯罪作为研究对象,但两者又存在重大差别。我认为,两者的差别主要表现在对研究对象——犯罪的理解以及研究方法上。作为刑法学的研究对象,犯罪是一种法律现象,是法律所规定的犯罪。而作为犯罪学的研究对象,犯罪是一种社会现象,是社会上客观存在的犯罪。正因为存在着上述研究对象上的差别,两者采取的研究方法是各不相同的,刑法学主要采取的是规范分析的方法,而犯罪学主

---

① 参见储槐植:《刑事一体化与关系刑法论》,294页,北京,北京大学出版社,1997。
② 英文为 criminal,在西方语言中,criminal law 与刑法 criminal law 用语相同,为使两者区分,往往将狭义上的刑法,即中文中的刑法称为本体刑法或实体刑法,而把广义上的刑法称为刑事法。参见李海东:《刑法原理入门(犯罪论基础)》,2页,北京,法律出版社,1998。

要采取的是事实分析的方法。规范分析的方法，是法学中广泛采用的一种研究方法，主要是围绕着法律规定进行注释，因而规范分析离不开注释，并且这种注释是以法律规范为对象而展开的。在刑法学中，通过建构犯罪构成要件，使法律关于犯罪的规定实体化，从而为认定犯罪提供理论根据。而事实分析，是将犯罪作为一种社会与人的现象，采取各种分析方法阐明犯罪存在的性质、功能和原因。例如，法国著名学者迪尔凯姆在阐述社会学研究方法时，就曾经以犯罪为例加以说明。迪尔凯姆认为，社会现象是存在于人们身体以外的行为方式、思维方式和感觉方式，同时通过一种强制力，施予每个人。这些现象不同于有机体的现象，后者是通过某些形态和动作表现而存在的。它们也不同于心理的现象，心理现象只存在于个人意识之中和通过个人意识表现出来。总而言之，这些现象具有一种新的性质，只有用"社会的"一词可以表明这种性质和它的含义。① 在迪尔凯姆看来，犯罪作为一种社会现象，虽然表现为对社会规范的违反，但它又不是单纯地由社会规范所规定的，而是与一定的社会结构和社会形态相关联的，可以说是一种正常的社会现象，甚至有着积极的社会作用。这种对犯罪的社会学方法所得出的结论，是不可能从犯罪的规范分析中得到的，它让我们大大地加深了对犯罪这种社会现象的理解。菲利也采用社会学方法对犯罪现象进行分析，并力图建立一种犯罪社会学。显然，这种犯罪的社会学分析，是一种超规范的分析。当然，菲利在注重犯罪的事实分析的同时，对犯罪的规范分析大加鞭挞，这表现了其理论上的偏颇。例如，菲利指责古典学派把犯罪看成法律问题，集中注意犯罪的名称、定义以及进行法律分析，把罪犯在一定背景下形成的人格抛在一边。菲利指出，除实证派犯罪学外，迄今为止没有科学的标准，也没有对事实做有条理的搜集，更缺乏各种观察和引出结论。只有实证派犯罪学才试图解决每一犯罪的自然根源以及促使犯罪行为产生的原因和条件的问题。② 在此，菲利把刑法学的规范分析与犯罪学的事实分析对立起来。实际上，这两者在两个不同学科中是可以并

---

① 参见［法］迪尔凯姆：《社会学研究方法论》，5页，北京，华夏出版社，1988。
② 参见［意］菲利：《实证派犯罪学》，24页，北京，中国政法大学出版社，1987。

刑事一体化视野中的犯罪学研究

存的,并且不可互相替代。

瑞士学者皮亚杰在分析人文科学的性质时,把正题法则科学与法律科学加以区分,皮亚杰提出,我们把那些探求"规律"的学科称为"正题法则"科学。这里所谓的"规律"是以日常语言或以多少是形式化的语言(逻辑等)来表达的。它的意义有时是指能以函数的形式来表达的相对常量关系,但也指一般事实或序数关系、结构分析等。而法律科学则与此不同。这是因为法律是一个规范体系。而规范(normes)在原则上同正题法则科学所寻求的称为"规律"(lois)的、多少带有一般性的关系是有区别的。诚然,规范不出于对存在着的关系的简单确认,而是来自另外一个范畴,即"应该是"(sollen)的范畴。因此规范的特点在于规定一定数量的义务与权利,这些义务与权利即使在权力主体违反或不使用时仍然是有效的。而自然规律则建立在因果决定论或随机分配之上,它的真实价值完全在于它与事实的相一致。① 皮亚杰的上述区分,对于我们理解犯罪学与刑法学的关系是十分重要的。可以说,犯罪学大体上属于上述正题法则科学,而刑法学则属于法律科学,两者的学科性质上有所不同,这是显而易见的。但如果我们过于强调犯罪学与刑法学的区别,而没有看到两者相互依存的关系,同样也是片面的。法国学者斯特法尼曾经对刑法学与犯罪学的关系作了以下十分精辟的论述:不论是有"犯罪学"还是仅仅有"犯罪科学",刑法与人类认识的这一新领域的关系是紧密的,没有刑法科学的帮助,犯罪学就不可能得到发展,因为,犯罪学家不可能归结出一个有关犯罪的"犯罪学概念",只能采用法律有关犯罪的概念,所以,为犯罪学提供"犯罪定义"的始终是刑法。所不同的是,如同犯罪学家皮纳特尔先生所说,犯罪学家认为,从犯罪中主要应当看到的并不是由刑法规定的法律实体,而是应当看到这一实体所掩盖的"人的现象"与"社会现象"。斯特法尼同时指出,尤其应当强调的是,犯罪学的发展对于丰富刑法的内容所产生的影响。面对犯罪学经过长期研究所得到的结果,法学家仅仅付之一笑的时代

---

① 参见[瑞士]让·皮亚杰:《人文科学认识论》,2、6页,北京,中央编译出版社,1999。

已经过去,犯罪学的成果已是有目共睹,人们再也不可能拒绝承认其对法律的影响。① 由于犯罪学与刑法学都以犯罪为研究对象,尽管研究的方法与目的不同,但这两门科学之间的血缘关系是不可切断的。对于犯罪学来说,尤其应当强调它的研究成果对刑法产生的影响,包括对立法与司法的影响。在这个意义上来说,犯罪学可以作为刑法的"辅助学科"。斯特法尼指出:这一被犯罪学家认为有贬义的名称也许并不可取,因为,这一名称仅仅赋予这些科学次要的与第二位的作用。② 但我认为,"辅助学科"这一名称仅仅表明犯罪学的存在是以刑法为前提的,并且从其功效上来说,也主要是为刑事立法与刑事司法服务的。这一名称并不否认犯罪学对于刑法学研究的重要性。这种重要性正如斯特法尼指出的:刑法,从根本上说是一种规范性学科,它只能从研究犯罪的各种观察性科学学科中获得裨益,或者广泛地说,刑法只是从各种研究人在社会环境中行为表现的各种反应的观察性学科中获得裨益。③ 更为重要的是,我们在将犯罪学定位为刑法的辅助学科的同时,应当充分关注犯罪学的独立性。以犯罪概念为例,刑法学的犯罪概念与犯罪学的犯罪概念的关系始终就是一个争论不休的问题。例如,上面引述的法国学者斯特法尼的论述,他就强调刑法学的犯罪概念对于犯罪学的重要性,认为犯罪学不可能存在刑法之外的犯罪概念。此外,按照埃德蒙德·梅茨格(1951年)的观点,刑法学决定犯罪学的犯罪概念,于是犯罪学变成了刑法的辅助科学。对此,德国学者施奈德指出:这种观点严重的缺点是作为"刑法辅助科学"的犯罪学不可能调查刑法的形成、运用及其效果,而必须作为刑法的"仆从",把已经确立的刑法规范作为起点,从刑法科学的手中接受研究对象。于是犯罪学就被置于这样一种境地:既不能批判地分析一种邪恶制度(例如纳粹主义)下的刑法立法和适用,也不能调查在民主法治国家里刑法立法和适用对犯罪

---

① 参见〔法〕卡斯东·斯特法尼等:《法国刑法总论精义》,罗结珍译,55、56页,北京,中国政法大学出版社,1998。
② 参见〔法〕卡斯东·斯特法尼等:《法国刑法总论精义》,罗结珍译,46页,北京,中国政法大学出版社,1998。
③ 参见〔法〕卡斯东·斯特法尼等:《法国刑法总论精义》,罗结珍译,46页,北京,中国政法大学出版社,1998。

刑事一体化视野中的犯罪学研究

监督所起的作用。① 应该说，施奈德的这一认识是十分深刻的，尤其对于犯罪学的社会批判功能的强调是十分必要的。但如果完全脱离刑法中的犯罪概念，不满足于刑法辅助学科的地位，犯罪学的研究就会失去法律意义。

为了正确地解决刑法学的犯罪概念与犯罪学的犯罪概念之争，我认为有必要引入瑞士学者皮亚杰提出的"规范性事实"这一概念。皮亚杰认为，在纯法律科学与其他科学之间，还存在着一系列的边缘地区。因此，就规范与事实，皮亚杰提出一种二元性的观点：对于过去或现在的主体来说是规范的东西，对于观察者来说是事实，在一门纯粹是正题法则的，但把法律行为作为社会事实来研究的学科中更为显著：这就是法律社会学。这门学科的目标与法律学不同，它根本不是研究规范有效性的条件，而是分析与某些规范的构成和作用有关的社会事实。因此，这一学科的专家们，引入了"规范性事实"这一丰富而普遍的概念。其目的正是表示，这种对于主体来说是规范，而同时对于把这一主体承认的规范作为事实来研究的观察者来说是分析对象的东西。简言之，如果说法学属于规范性质，那么就像在其他一切规范学科领域里一样，就有可能做事实的研究和对与所考察规范相关的个人或社会行为的因果分析，而这些研究就必然具有正题法则科学的特征。② 如果说，刑法学是将犯罪视作一种法律现象，即规范加以研究的；那么，犯罪学就是把犯罪作为一种规范性事实加以考察的。犯罪作为一种规范性事实，它不同于其他社会事实，在一定程度上受到规范的制约与限定。但犯罪学又不是以研究作为规范的犯罪为目标的，因而其研究必然又超越刑法的规定。在这个意义上说，作为犯罪学研究对象的犯罪概念是动态的，具有开放性的特征。正如施奈德指出：犯罪学特别对犯罪行为与越轨行为之间的相互作用感兴趣。通过犯罪化（通过刑事立法）从社会越轨行为中产生犯罪行为，而犯罪行为又可能通过立法者（非犯罪化）降格为越轨行为。犯罪行为在个人犯罪化和非犯罪化过程中产生和消失。③ 无论是犯罪化还是非犯罪化，都离不开刑法学的犯罪概念。但

---

① 参见［德］施奈德：《犯罪学》，76页，北京，中国人民公安大学出版社，1990。
② 参见［瑞士］让·皮亚杰：《人文科学认识论》，7页，北京，中央编译出版社，1999。
③ 参见［德］施奈德：《犯罪学》，95页，北京，中国人民公安大学出版社，1990。

犯罪学又不拘泥于刑法学的犯罪概念，通过对犯罪的实质性的事实分析，为刑法中的犯罪概念的合理化提供理论上的支撑。

在刑事一体化的视野中，犯罪学作为一门学科，是辅助性与独立性的统一。犯罪学的辅助性昭示了这样一个道理：犯罪学家并不是为了研究犯罪而研究犯罪，犯罪学不能成为经院哲学。因此，犯罪学研究的目的是为刑事科学服务，只有将犯罪学研究成果通过刑事立法与刑事司法转化为刑事规范及其适用的理论资源，犯罪学的社会功效才能最终实现。如果说，犯罪学是"解释世界"；那么，刑事科学就是"改造世界"，两者具有密切的依存关系，但前者又不能不服务、服从于后者。犯罪学的成果转化，首先表现在通过对犯罪现象的研究，揭示犯罪演变的态势与规律，从而为刑事政策提供理论根据。我国学者甘雨沛曾经生动地把犯罪学与刑事政策学之间的关系比喻为"体用关系"：前者是"体"，后者是"用"，指出：犯罪学是事实学，它的任务主要是指向关于犯罪人、犯罪行为以及犯罪诸现象的事实的"存在"的确定。而这个经验的实证的"存在"的真实，是刑事政策学的价值判断的客观基础，无此基础，刑事政策学则成为空中楼阁，不能成为现实的、合目的性的、合理性的价值判断。① 因此，犯罪学家应自觉地担当起提供犯罪事实之真实存在的分析材料，从而保证作为价值判断的刑事政策的决策的科学性。犯罪学科的辅助性丝毫也不否定犯罪学家的主观能动作用。德国学者施奈德曾经把犯罪学家称为"超前思想家"，表明犯罪学对于刑事政策的科学化与刑事立法的合理化的重要意义。施奈德指出：犯罪学不仅研究犯罪行为和罪犯，而且还把犯罪行为的受害者、社会监督机构以及对犯罪行为和累犯的反应作为它的研究对象。犯罪学不再从刑法科学那里接受它的研究对象，而刑法学则又转过来从刑事立法者那里通盘接受其研究题材。犯罪学更着重研究社会前提条件、刑法的立法过程以及刑法的作用。一项刑法的立法是否公正，这取决于一种应该被解释成犯罪的行为是否危害到社会的重要经济和社会生活的重大利益。②

---

① 参见甘雨沛、何鹏：《外国刑法学》，上册，80页，北京，北京大学出版社，1984。
② 参见［德］施奈德：《犯罪学》，870页，北京，中国人民公安大学出版社，1990。

刑事一体化视野中的犯罪学研究

因此,一种犯罪现象在社会上出现,总是首先进入犯罪学家的视野,只有经过犯罪学的研究,这种犯罪现象才能在刑事立法中得以确认,成为法定化的犯罪。例如,黑社会性质的犯罪是伴随着我国社会转型出现的一种犯罪现象。如果没有对黑社会性质的犯罪进行犯罪学的描述与分析,揭示其存在的社会基础与活动的内部机制,就不能制定出科学的反黑社会性质犯罪的刑事政策,更不可能在刑法中对黑社会性质犯罪加以科学的规定。因此,犯罪学科的辅助性,只是指在刑事法理论中的分工不同而已。这种分工恰恰是由犯罪学这门学科的特点所决定的。当然,在肯定犯罪学的辅助性的同时,丝毫也不能否认犯罪学科的独立性。在刑事法学中,犯罪学无论是在研究对象还是研究方法上都有别于其他刑事学科。因此,在犯罪学的研究中,我们应当坚持犯罪学的独立品格。这种独立品格的获得,有赖于犯罪学家的主体意识与学术使命的建立。在犯罪学研究中,应当抱着一种科学的态度,在"价值无涉"的原则下,对社会上的犯罪现象作出客观的、理性的、独立的分析与评判。唯有如此,犯罪学研究才具有生命力,其结论才具有权威性。

三、犯罪学的学科建设

犯罪学的学科建设是关涉犯罪学发展的重大课题。我国学者曾经对犯罪学的学科建设问题发表过十分精辟的见解。[①] 确实,这个问题应当引起我国犯罪学界的足够重视。我认为,犯罪学的学科建设应当在刑事一体化的视野中考察,从而在与刑事法相关学科的协调中求得犯罪学科的完善与发展。

在论及犯罪学的学科建设时,有必要首先对犯罪学的学科性质进行分析。关于犯罪学的学科性质,大凡从事犯罪学研究的学者无不认为它是一门独立学科。在我国 20 世纪 80 年代初期,曾经将犯罪学作为刑法学的分支学科。这一观点之谬误十分明显,因而已经无人再对犯罪学的独立学科地位表示怀疑,但这不等于

---

① 参见王牧:《学科建设与犯罪的完善》,载《法学研究》,1998(5)。

犯罪学的学科性质的问题已经完全解决了。现在更为引人关切的是：犯罪学作为一门独立学科的内在逻辑关系如何理顺？对于这一点，在理论上尚待推敲。每每论及犯罪学的学科特点，有两点令人称道：一是综合性，二是交叉性。因此，犯罪学是一门综合性学科与犯罪学是一门交叉学科（或称边缘学科）的判断随处可见。综合性涉及犯罪学作为一门学科的内部关系，而交叉性涉及犯罪学作为一门学科的外部关系。可以说，这两重关系实际上是相通的。犯罪学由其研究对象——犯罪的性质所决定，具有跨学科的特点。可以说，犯罪学主要就是依赖其他学科的研究方法发展起来的。从龙勃罗梭引入人类学（生物学）的研究方法形成犯罪人类学，到菲利引入社会学的研究方法形成犯罪社会学，最后到加罗法洛引入心理学的研究方法形成犯罪心理学，犯罪学始终处于法律学科和其他人文学科的边缘。这种边缘性使犯罪学具有跨学科的特点，因而在整合犯罪学的时候，又使犯罪学具有综合性的特点。我们可以举出十几个犯罪学的分支学科，但对犯罪学本身到底是什么却不甚了解。这里存在一个犯罪学的本体迷失问题，因此，我们要呼唤一种犯罪学的本体理论，也就是要加强犯罪学的基础理论研究。如果犯罪学没有坚实的本体理论，一味地拓展犯罪学的发展空间，热衷于开创犯罪学的分支学科，则犯罪学的理论难以达到应有的深度。由于犯罪现象的复杂性，对犯罪可以进行多视角的研究，因而每一个视角就成为犯罪学的一个研究领域，形成犯罪学的一个分支学科。这种状态确实有助于全方位地把握犯罪现象，但也使每个研究者的视野受到限制，形成盲人摸象的局面，注意犯罪的某一方面的特征，产生了一种深刻的片面，往往以某一视角的犯罪学替代整体犯罪学。例如，我国学者谢勇认为，犯罪学除了属于社会学之外再无别的归宿。因此，认为犯罪学与犯罪社会学仅仅是同一门学科的两个不同名称而已。[①] 在此，谢勇把犯罪学归结为社会学，作为社会学的分支学科。在我看来，在犯罪学研究中，社会学是主要的研究方法。因此，犯罪社会学是犯罪学的主体部分，但又不能简单地把犯罪学等同于犯罪社会学，这里涉及对作为犯罪学研究对象的犯罪的理解问题。谢

---

① 参见谢勇：《犯罪学研究导论》，19页，长沙，湖南出版社，1992。

刑事一体化视野中的犯罪学研究

勇认为，犯罪学是从宏观的角度研究犯罪，因此只能采用社会学的研究方法，从中引申出犯罪学就是犯罪社会学的结论。我认为，犯罪学对犯罪的研究是全方位的，不限于对犯罪的宏观研究，也包括对犯罪的微观研究。前者探讨的是一个社会为什么存在犯罪的问题，在与社会的关联中揭示犯罪的社会原因；后者探讨的是在一个特定的社会里一个人为什么会犯罪的问题，在与人性的关联中提示犯罪的个体原因。当然，谢勇的观点也不是无的放矢，而是有感而发，他所提出的问题促使我们考虑加强犯罪学本体理论的建构问题。当我们从犯罪学的学科角度对各分支学科进行整合的时候，只是简单的综合，而没有形成犯罪学科的内在逻辑体系。谢勇指出，目前在许多研究者心目中，犯罪学与犯罪心理学之间的关系不是并列关系，而是从属关系。犯罪心理学与犯罪人类学、犯罪社会学共同构成了犯罪学的主要分支，而犯罪学则号称是对这些分支学科研究成果的某种"综合"。然而当前有目共睹的事实是，如此"综合"的犯罪学除了具有"犯罪研究百科全书"这么一点意义外，实际上再无其他任何继续存在下去的理由。[①] 在此，谢勇深刻地指出了目前犯罪学本体理论研究的薄弱，这毫无疑问是正确的。但得出的结论应当是加强犯罪学本体理论的研究，而不应当是将犯罪学归结为犯罪社会学。我认为，犯罪学就是犯罪学，它既不能等同于犯罪社会学，也不能等同于犯罪心理学和犯罪人类学。但犯罪学之所以能够成为犯罪学，其存在的理由又不是各分支学科的简单综合所能解决的，而应当有犯罪学本体理论的支撑。

在犯罪学的学科建设中，还有一个值得重视的问题是犯罪学的学科属性是亲近刑事法学还是接近其他社会科学，例如社会学、心理学、人类学等。笔者认为犯罪当然首先是一个刑法问题，因而关心、关注并观察犯罪现象并直接与犯罪打交道的是从事刑事活动的有关人员，包括法官、狱政人员等。犯罪学是从刑法学中孕育并独立出来的。但也不可否认，大量为刑事司法系统提供"辅助资料"的专家，即法医和精神病学家对犯罪学的发展作出了贡献，以至于出现"犯罪学史

---

① 参见谢勇：《犯罪学研究导论》，19页，长沙，湖南出版社，1992。

无非是精神病学史的一章"的说法。[①] 此后,又有大量的心理学家、社会学家加入对犯罪研究的行列中来,形成了蔚为可观的研究队伍。随着犯罪学分支学科的不断问世,犯罪学的专门性与专业性越来越强。在犯罪学研究领域,精神病学家、心理学家、社会学家占据了话语权,而法学家则越来越丧失发言权。现在,犯罪学家这个称谓变得虚化,泛指研究犯罪的各类人员,包括精神病学家、心理学家、社会学家等,当然也包括法学家。在这种情况下,犯罪学研究中是法学家起主导作用还是其他各种专家起主导作用?换言之,犯罪学是在刑事法学中求得生存与发展,还是向其他学科靠拢,成为其他学科的分支学科。这确乎是一个值得研究的重大问题。当然,作为法学家需要反省的是:法学家在犯罪学的学科建设中到底能起什么作用?德国学者凯塞尔指出:犯罪学是一种各学科之间的科学领域,所以它应当以邻近学科的研究概念、方法和成果来经常充实自己,并且应当准备借用它们,因为情报资料的交流和认识中的变化永远不会停止。因此,这种关系不仅是由与专业知识领域的划分相联系的问题决定的,而且也是由袭用对犯罪学分析是很重要的那些科学结论的某种必要性决定的。[②] 在此,凯塞尔论述了邻近学科的研究方法与研究成果对于犯罪学研究的重要性,这无疑是正确的。但犯罪学家在研究中应当具有更强的主体意识,他应当在这些来自邻近学科的资料的基础上,对现实生活中的犯罪现象作出独立的解释,而不是被淹没在这些来自邻近学科的资料中,也不是对来自分支学科的理论成果的简单归纳总结。我认为,犯罪学家应当立足于刑事法,在刑事一体化的理念中对犯罪展开理论研究。这种研究的目的在于保证刑事法的正确实施。从这个意义上来说,我们应当使犯罪学更加亲近刑事法,在刑事法的学科体系内得以发展。

正如同刑法学一再地被人们强调为是一门应用学科一样,犯罪学的应用性也受到充分的关注。犯罪学的应用性,主要表现为对犯罪现象加以科学的解释,从而为刑事政策的制定与刑法的实施提供实证根据。但这种对犯罪现象解释的科学

---

① 参见 [德] 凯塞尔:《犯罪学》,34 页,西安,西北政法学院印行,1976。
② 参见谢勇:《犯罪学研究导论》,19 页,长沙,湖南出版社,1992。

刑事一体化视野中的犯罪学研究

性又不能离开理论思维。因此，我认为犯罪学的应用性不排除、也不排斥犯罪学的理论性，甚至在相关程度上依赖于犯罪学的理论性。在这个意义上，我们应当充分强调犯罪学的基础理论的建构。可以说，目前我国犯罪学研究中，对于犯罪现象的描述多于阐释、资料堆砌多于理论分析，因而处于一个较低的理论水平。这种状态的改变，需要犯罪学研究人员具有理论概括能力，对于社会上的犯罪现象作出科学的解释，而不仅仅是归纳犯罪特点，提出相应的防范措施。例如，我国当前的犯罪解释，就是一个重大的理论问题，也是摆在我国犯罪学家面前的一个亟待研究的课题。对于这个问题，应当从社会转型与经济转轨这样一个大的社会背景下加以研究，尤其是需要应用现代化理论、失范理论、社会变迁理论、城市化与人口流动等作为坚实的理论支撑。只有在对我国当前的社会结构与社会演变的实际状态有了深刻认识的基础上，才能对我国社会当前犯罪发生的原因、演变的规律以及发展趋势作出科学说明。德国学者科思认为，为适合于从正式的科学发展到评论社会的现实犯罪学的领域，犯罪学家的作用，尽管有些错综复杂，但其特点最好是用下列五种行为方式类型表示：（1）观察家，用事物"现有"的状况或他看出的状况来描述事物。（2）理论家，解释相互联系。（3）思想家，对事物的现有状况提出赞成或反对的论据并对其应有的状况提出建议。（4）实践家，参与创造他认为应有的状况。（5）方法学家，分析上述几种行为方式。① 由此可见，一个理论结论的提出，需要犯罪学家具有多种理论素养，只有这样，犯罪学研究成果才是具有学术价值的，犯罪学的研究结论才是具有科学说服力的。也只有这样的犯罪学理论，才能在应用中发挥其应有的作用。由此可见，犯罪学的应用性是以理论性为基础的。在犯罪学理论研究中，还有一个问题值得研究，就是它的批判性。实际上，这也与犯罪学的应用性相关联。我认为，犯罪学的应用性，对于刑事政策的决策者而言，不是御用性。如果我们的犯罪学家不是用自己的大脑去思考问题，而是以某些教条的桎梏，或者片面强调为现行的刑事政策和刑事立法辩护和注释，这显然不是一种科学的态度，犯罪学研究也没有出路。

---

① 参见［德］凯塞尔：《犯罪学》，28页，西安，西北政法学院印行，1976。

一种理论必然具有批判功能,这种批判功能是指由于理论是从现实社会问题中抽象出来的,因而它具有客观性与真理性,不为人的意志所转移,这种理论就可以成为一种评判的标准,对刑事政策和刑事立法作出优劣判断,这就是理论的特点。犯罪学理论也应当具有这种特点。在犯罪学研究中,保证理论的科学性是十分重要的,只有科学的理论才能经得起实践的检验,也才能成为评判的标准,这种理论的应用才具有社会价值。在刑事法学中,犯罪学应当是一门最具生命力、最具批判性的学科,它对于其他刑事法学科的发展应当具有引导和推动作用。还应当指出,通常将犯罪学确认为是经验科学。这里的经验并不是与理论性相对立的,而恰恰是这种理论的事实基础。德国学者在论及犯罪学是经验科学时指出:"经验的"这个字眼,属于研究工作的一种方法,它的基础与其说是论据或评价,还不如说是观察。当然,就是犯罪学中,也仍然有评价和解释之处。但是,这一科学的坚实基础,是获得的事实和观察的结果,假定和理论都要受其检验。因此,经验的方法就迫使研究者更注重事实而不是评价。[①] 由此可见,经验科学是指采用经验方法对犯罪进行研究。而所谓经验方法实际上是指实证方法。正是这种实证方法能够保证犯罪学结论的科学性。更为重要的是,经验方法虽然重视实证材料,但并不排斥在详尽地占有实证材料的基础上,通过理性思维,引申出具有事实根据的犯罪学原理。这些犯罪学原理是犯罪学理论的结晶,将之应用于刑事政策的制定和刑法的创制与适用,才能使犯罪学的研究成果充分实现其实践价值。

(本文原载《中国法学》,1999(6))

[①] 参见谢勇:《犯罪学研究导论》,19页,长沙,湖南出版社,1992。

群体犯罪学的理论框架
——行为科学在犯罪学中的运用

人是一种社会动物（亚里士多德语）。人的许多欲求仅凭个人的力量是很难满足的。为此，人们组成了各种社会关系，产生了行为科学上的所谓互助行为。同样，有些犯罪分子为了达到个人的犯罪目的，满足各种非法需要，也会感到个人生理与心理上的力量不足，从而由共同的私欲相勾结，臭味相投，结帮成伙，形成一定的犯罪群体。因此，共同犯罪是司法实践中常见的犯罪形态之一。为了科学地揭示群体犯罪的形态特征，从而为惩治与预防群体犯罪提供理论根据，我认为有必要建立群体犯罪学。群体犯罪学是犯罪学的一个亚学科，它的诞生必将进一步推进犯罪学理论的发展。本文运用行为科学的基本原理，对群体犯罪学进行初步探讨。

一、群体犯罪的主体特征

（一）主体责任的扩散理论

犯罪分子为什么会采取群体犯罪的形式呢？这是群体犯罪学首先应当回答的问题。这里涉及一个主体责任的扩散问题。

在行为科学中有一种匿名理论，认为群体性越轨行为的产生是由于集合行为

中人处在匿名地位。所谓匿名，就是人没有明显的群体或者个人标志。人处在匿名状态下，社会约束力（对社会规范的遵守）比平时要低。这是由两个因素造成的：一是匿名时人的责任分散心理。处于匿名时，人没有明确的个人标志，不必承担破坏规范的后果，这就使一部分集合行为参加者有了责任分散的感觉，使他们的社会约束力大为降低。二是匿名时人的群体遵从性降低。社会学家道奇对人处于匿名与不匿名两种状态下的遵从性进行了实验，第一次他让人们面对面处于不匿名状态，第二次则用屏障隔开，使他们处于匿名状态，然后分别作两次相同的实验。他发现人处于不匿名时遵从性为30％，符合遵从性常值；在匿名时遵从性只有25％，有明显降低。道奇认为，在匿名时不必担心因破坏群体规范受到其他人报复，因此遵从性便会降低。

与上述道奇提出的匿名理论相仿，辛格·布鲁什和卢伯林提出了无个性化理论。1985年，他们作了一项试验：让一些被试者具有高辨认性——穿上正式衣服，此衣服使每人与别人不同，可以迅速辨认出来，并使用本来的名字。让另一些被试者具有低辨认性——被试者都穿一样的衣服，而且避免使用本名，造成个人特性很难辨认的样子。然后，让两个群体讨论各种各样的题目，包括一个需要使用污秽语言的题目。结果发现：在高辨认性的群体中，被试者有明显的约束，显得不愿意使用那些污秽语言；相反，在低辨认性的群体中，讨论显得随便，在用污秽语言讨论某题目时人们停顿很少，自由而且很愿意地使用这些语言。研究者认为，群体成员越无个性特征，作为个人的差异性越小，自我特征的感觉就越小，他们的行为方式就越无责任。群体使个人丧失了个人特征，也相应地为个人提供了保护，使法律的适用遇到困难。

以上匿名理论和无个性化理论生动地说明，在群体犯罪的情况下，犯罪成员由于具有共同关心的目标，产生了共同命运的一体感。具有各种身份的人，结成共同犯罪的群体，对该群体的犯罪要由成员共同负全体责任。这种要共同负责的意识，就是想要通过分散责任以图减轻责任。也就是把责任分给在平等立场的所有群体成员，以期减轻每一个具体的共同犯罪人负担责任的分量。罪责扩散的心理使共同犯罪人产生"自己不需要负全部责任"的感觉，从而感到安全，甚至产

生"法不责众"的幻觉,强化逃避刑事制裁的侥幸心理。尤其是处于次要的、从属地位的成员,更易形成受人指使、被人指挥,主要责任不在自己的心理。这种罪责扩散感,极易为聚众犯罪或者犯罪集团的首要分子所利用,控制更多的人持续参与犯罪活动。

(二) 主体数量的差异理论

共同犯罪有一般共同犯罪与集团共同犯罪之分,两者除了在组织结构等本质内容上的区别外,还存在一个主体数量上的差异问题。

我国刑法只规定了二人以上构成共同犯罪,而对犯罪集团的主体数量没有明文规定。因此,我国刑法学界对于这个问题存在认识分歧。第一种观点认为,二人以上就可以构成犯罪集团。其理由是,集团二字与结伙同义,二人何尝不能结伙,有伴即为伙,二人可成伙,犯罪集团二人以上即可成立,无须三人。按照我国现行刑法和世界各国立法例,二人以上共同故意犯罪为共犯,并非三人不可。第二种观点认为,三人以上才能构成犯罪集团。其理由是:三人谓之群,有群才有主犯、从犯、胁从犯、教唆犯之分。在行为科学中,关于集团构成的主体数量也存在二人组合论与三人组合论之争。美国学者詹姆斯从列入小团体的成员人数这个角度出发,对小团体概念的用法进行了有趣的统计分析。他分析了 9 129 个在研究中称作小型的团体,并且揭示出,在最通常的情况下究竟多少成员可以作为小团体的特征。在多数情况下,小团体的成员数为 2~7 人之间,其中 2 人的占 71%。这个计算结果符合一种广泛流行的观念,认为最小的小团体由二人组成,即所谓的二人组合。苏联学者 K. E. 达尼林和 A. Y. 哈拉什根据对作为管理的主体和客体的小团体进行研究的某种实验得出结论:二人组合只集中了最简单的遗传学上的原始交往形式——纯情感的接触,很难把二人组合看作是活动的真正主体,因为在二人组合中实际上不可能区分出以共同活动作中介的那种交往类型。在二人组合中由于活动而发生的冲突从根本上说是不可能解决的,因为这种冲突不可避免地带有纯个人间冲突的性质。团体中有第三人在场,便产生了新的立场——观察者的立场,这便给已经形成的相互关系系统增添了新的重要因素,这个"第三者"可以给冲突的一方增加某种东西,他自己不参与冲突,因而就不

是个人间的而是"活动"的因素。这样就造成了解决冲突的基础，消除了冲突的直接个人性质，代之以活动原则介入的冲突。由此，达尼林和哈拉什提出三人组合论。在行为科学中，集团构成的主体数量问题虽然不能说已经彻底解决，但它给我们以启示，就是团体不仅与个体有质的区别，而且与一般的群体也有质的差异。团体不是个体的简单组合，而是个体按照一定的宗旨与系统形成的集体。因此，只有在一定的个体的量的基础上，团体的产生才是可能的。所以，我主张以三人作为集团构成的主体数量的下限。无疑，作为特殊的团体——犯罪集团，也应建立在这个结论的基础之上。

二、群体犯罪的结构特征

在群体犯罪中，犯罪集团占有一定比例，而且其社会危害性也较为突出。犯罪集团与结伙犯罪相比较，前者具有一定的组织性，后者则具有一般的群体性，两者在结构特征上存在明显差别，下面分别加以研究。

（一）结伙犯罪的结构特征

结伙犯罪，是指二人以上没有组织形式的共同犯罪。这种共同犯罪的特点是没有特殊的组织形式，通常实行一次或数次犯罪就散伙。我国刑法对这种结伙犯罪没有规定，但以前颁布的单行刑事法规中曾提到结伙犯罪。例如1952年《中华人民共和国惩治贪污条例》第12条就有关于非国家工作人员勾结国家工作人员伙同贪污的规定，这里所谓伙同就是结伙的意思。值得注意的是，全国人大常委会1988年1月21日颁布的《关于惩治贪污罪贿赂罪的补充规定》第1条第2款指出："与国家工作人员、集体经济组织工作人员或者其他经手、管理公共财物的人员勾结，伙同贪污的，以共犯论处。"第4条第2款规定："与国家工作人员、集体经济组织工作人员或者其他从事公务的人员勾结，伙同受贿的，以共犯论处。"上述补充规定中所指的伙同贪污或者伙同受贿，实际上也是一种结伙犯罪。

1. 结伙犯罪的需要的互补性。结伙犯罪形成的心理基础，是需要的互补性。

群体犯罪学的理论框架

在行为科学中,所谓需要的互补性是指当双方的需要或对对方的期望正好成为互补关系时,就会产生强烈的吸引力,双方就会走到一起并产生合作。在内外勾结进行经济犯罪的情况下,这种互补心理显得更为明显。往往是非国家工作人员用钱买国家工作人员的权,而国家工作人员用权换非国家工作人员的钱,钱与权互补,产生所谓互补效应,从而使得内外勾结的经济犯罪蔓延滋生、屡禁不止。

2. 结伙犯罪的行为的分工性。结伙犯罪不仅具有心理上的需要的互补性,而且具有客观上的行为的分工性。根据行为科学的原理,个体行为与群体行为的重要区别之一,就是群体行为具有分工性,分工使群体效应得以充分发挥。在结伙犯罪中,各共同犯罪人根据自己的特长与职业,往往在互相之间产生一种心理上的默契,形成一种简单的分工关系,从而使犯罪的能量得以最大限度地释放。

(二)集团犯罪的结构特征

犯罪集团是一种特殊类型的社会团体,对犯罪集团的结构特征的分析,是解剖犯罪集团的重要方式。从行为科学的角度分析集团结构,一般认为集团主要由四种关系构成:第一,组织关系,即集团成员的地位和角色的关系;第二,交换关系,包括成员间的行为交换和信息交换;第三,宗旨关系,表达集团组织的主要目的、意图和目标等,代表着集团利益;第四,心理关系,集团成员在集团生活中对集团事件有着共同反应。

1. 组织关系。组织关系是团体结构的基础,也是犯罪集团的基本框架,犯罪集团的组织关系是通过各成员之间的互补联系而构成的。因此,所谓组织性,是指基于相同的目的而保持稳定联系的群体性,这种组织性主要表现在以下几个方面。

(1)行为目的的一致性。犯罪集团是为了实现非法目的而建立起来的,因此,它具有明显的集团目标。并且,为了实现这一集团目标,往往采取相应的对策与行为,从而形成行为目的的一致性。

(2)犯罪联系的稳定性。各共同犯罪人为了多次进行犯罪活动而建立稳定的联系。结伙犯罪在犯罪人之间也存在联系,但这种联系具有直接性和全面性的特点,这是一种建立在人的个性基础上的、具有不可置换性的关系。而犯罪集团成

员之间的联系却具有间接性和片面性的特点,集团成员之间的联系往往经过中介人的传递,而不是面对面的交往;成员之间的联系面也常是狭窄的、片面的,只限于某一特定领域,这是一种可置换性的关系。

(3) 内部结构的从属性。在犯罪集团中各个成员之间具有明显的从属关系,通过成员的地位和角色使犯罪集团的组织关系得以巩固。在行为科学中,地位表示个体在团体生活系统中的位置,而角色是指社会活动的一种必要的社会形式和个人的行为方式。在犯罪集团中,每个成员的地位基本上是固定的,角色也各不相同,其中有首要分子,有骨干分子,有其他追随者。因此,在某一犯罪群体中,参加者是否存在这种地位与角色的分工,是确定是否具有组织关系,从而认定是否是犯罪集团的主要标志之一,并且对于犯罪集团的处罚也具有重要意义。

以上我们从三个方面对犯罪集团的组织关系进行了初步论述。应当指出,在犯罪集团中,组织关系结合的紧密程度可能是有所不同的,有些犯罪集团的组织关系较为稳固,有些犯罪集团的组织关系则较为松散。但这只是量的区别,并不影响犯罪集团的成立。

2. 交换关系。交换关系是团体活动的主要方式,也是犯罪集团赖以进行犯罪活动的基础。在犯罪集团中,各成员之间发生着大量的行为交换与信息交换,这主要是通过以下方式实现的。

(1) 感染。感染是指个体对某种心理状态的无意识的、不自主的屈从。这里的个体不经受有组织的蓄意压力,只是无意识地接受某人行为的模式,从而服从这种模式,这就是行为科学中的所谓感染反应。置身于犯罪集团这一特殊环境的成员,受到犯罪意识的污染,在心理上习惯于犯罪的行为模式,从而为从事犯罪活动奠定了思想基础。

(2) 暗示。在行为科学中,暗示是影响的一种特殊形式,即一个人对别人或团体的有目的,但没有根据的影响。暗示是犯罪集团成员之间信息交换的典型形式。在犯罪意识的腐蚀下,集团成员完全丧失了对信息的批判和评价能力。这样,犯罪集团成员还极其容易在暗示中接受反社会的信息。

(3) 从众。在犯罪集团中其他成员,尤其是首要分子的感染与暗示下,另外

群体犯罪学的理论框架

一些成员往往跟随着去从事犯罪活动。在行为科学中，人处在团体中常常不知不觉地受到团体的压力，而迫使个人在知觉、判断、信仰及行动上表现出对团体中多数人的服从，有时甚至作出与个人意愿相反的行为选择，这种现象就叫作从众。① 从众并非自觉遵从，而是盲目的、无个性的服从。在犯罪集团中，除少数首要分子和骨干分子是自觉地建立集团并实施犯罪以外，其他成员往往唯首要分子的命是听，盲目服从。

（4）模仿。模仿的特点在于，它不是仅仅接受别人行为或群众心理状态的外部特点，而且个体也要对表现出的行为特点和范例进行复制。根据塔尔德的模仿理论，正是由于模仿的结果而产生了团体的规范和价值。② 模仿的本质是学习。美国著名犯罪学家埃德温·萨瑟兰就主张犯罪是学会的，这一观点同样也可以用来解释犯罪集团内部的关系。

3. 宗旨关系。宗旨关系是团体活动的驱动力，犯罪集团也是在共同的犯罪动机的驱使下从事一定的犯罪活动的。共同的宗旨产生共同的信念和共同的价值观念，而这正是维系犯罪集团成员的精神纽带。犯罪集团是以集团内从事犯罪活动的分工为前提的，在这种情况下，为了使集团凝聚起来，就需要根据社会环境制定集团目标，从而使各集团成员之间形成宗旨关系。为了实现集团的宗旨，还必须建立一定的集团规范。在行为科学中，集团规范是指一切实际影响了人态度与行为的某一团体中人们共同参考原则的总和。集团规范在维系犯罪集团中具有下述功能。

（1）巩固功能。集团规范是一切社会团体存在与巩固的重要条件，犯罪集团也不例外。犯罪集团成员通过集团规范来相互认同，强化其在犯罪集团中的归属感，从而使犯罪集团得以巩固。

（2）评价功能。集团规范作为犯罪集团成员的行为模式，直接制约着其成员在交往过程中对事物的知觉判断，从而为所有犯罪集团成员提供了共同的心理参

---

① 参见曹杰：《行为科学》，100 页，北京，科学技术文献出版社，1987。
② 参见［苏］安德列耶娃：《社会心理学》，143 页，天津，南开大学出版社，1984。

考原则,成为衡量一切事物的尺度与标准,在集团成员的心灵上打下深深的烙印。

(3) 动力功能。集团规范还以舆论的形式对犯罪集团成员的行为发生影响,驱使其成员按照集团规范所界定的行为空间活动。凡是超出集团规范所允许的范围,社会受到各种压力,从而使犯罪集团成员在犯罪的泥坑中越陷越深,难以自拔。

(4) 导向功能。集团规范指示了犯罪集团成员满足自己的需要的方式和范围,从而为其行为指出了如何达到目标的方向。犯罪集团成员在集团规范的约束与指导下,从事各种犯罪活动。

在某种意义上可以说,集团规范是集团成员之间的宗旨关系的物化形态。当然,犯罪集团的集团规范在其表现上并不像其他社会规范那样具有明确、具体的存在方式,往往是含混、概括的,主要表现为对某一行为模式的约定俗成和互相默契。

4. 心理关系。心理关系也是分析犯罪集团结构特征时不可忽视的一个因素。心理关系形成集团气氛,是集团的心理环境。集团气氛,在行为科学中又称为集团士气,指团体成员愿意为达到团体目标而奋斗的精神状态和集体态度。[1] 集团活动的内容与形式的一致性所产生的团体心理的一致性,又进一步形成集团意识。犯罪集团在这种共同的集团气氛和意识的催化和支配下,使集团成员沆瀣一气,结合成为一个反社会的团体,从事各种犯罪活动。

三、群体犯罪的动力特征

如果说,上述关于群体犯罪的主体特征和结构特征的描述,只是对群体犯罪形态的静态研究。那么,对群体犯罪的动力特征的描述,就是侧重于对这种犯罪形态的动态研究,群体犯罪的动力特征主要是指犯罪群体是如何活动的,尤其是

---

[1] 参见曹杰:《行为科学》,111 页,北京,科学技术文献出版社,1987。

群体犯罪学的理论框架

要探讨犯罪集团的活动动因,这些活动表现为一个动力过程。

(一) 压力现象

在描述犯罪群体的动力特征的时候,我们首先要注意的是压力现象。行为学家通过一些实验和研究发现,当群体成员或整个群体受到外部环境的压力时,群体内的凝聚力就会增加。就群体成员个人来说,当他受到突然的变故等压力时,他必须首先弄清环境压力的真实情况,观察比较其他群体成员在压力面前的行为,以确定自己应该作出什么样的反应。出于这些考虑,他必须主动地与其他群体成员加强沟通联系,这就使群体成员之间比平时互动频率更高,成员关系模式更密集,在这个过程中群体的凝聚力得以增强。作为犯罪集团的成员,在其互相交往的过程中,形成一定的组织关系,出现首要分子,这些人往往是犯罪集团的组织者、策划者与指挥者。其他成员在一定程度上对首要分子具有依赖性,并受到犯罪集团的直接或者间接的压力。在这种情况下,集团成员丧失了独立思考能力和自主能力,沦为首要分子的唯命是从的帮凶与打手。

(二) 集团的内聚力

集团的内聚力,也是犯罪集团的一个重要动力特征。在行为科学中,集团内聚力是指集团成员之间心理结合力的总和。这种心理结合力表现在两个方面:一个方面是集团成员对集团所感受到的魅力(吸引力),从而自愿参与集团活动。另一方面是集团对其成员所具有的魅力度,从而把集团成员积极地组织到集团活动中去。这就是说,集团内聚力既是表现集团团结力量(吸引力)的概念,又是表现个人的心理反应(对集团力量的感受性)的概念。任何集团都具有一定的内聚力,否则就不能组织成为一个集团。但犯罪集团的内聚力却具有不同于一般集团的特点,它主要表现为犯罪组织的外部联系内化为趋于一致的心理联系的复杂过程。犯罪集团的内聚力在共同犯罪活动中得以强化,而强化了的内聚力又使犯罪规模进一步扩大,犯罪活动更加频繁。

(本文原载《行为科学》,1990(2),部分内容以《群体犯罪学初探》为题,发表于《现代法学》,1990(1))

论行为科学在犯罪预防中的运用

一

犯罪预防，有广义和狭义之分。广义上的犯罪预防是指采取各种措施，包括政治的、经济的、文化的、教育的、社会的、学校的、家庭的、法律的、行政的，对社会治安进行综合治理，防止犯罪的发生；狭义上的犯罪预防是指通过适用刑罚，防止犯罪人再次实施犯罪（特殊预防）和告诫社会上的其他人不去实施犯罪（一般预防）。因此，狭义上的犯罪预防实际上是指刑罚目的。上述广义的犯罪预防概念，往往在犯罪学中使用；而狭义的犯罪预防概念，则在刑法学中使用。毫无疑问，本文是在广义上使用犯罪预防这个概念的。当然，在特定的意义上，也可能在狭义上使用犯罪预防这个概念。

犯罪行为是人类行为的一种特殊类型。因而具有人类行为的一般特征，在行为科学中，一般认为人类行为具有以下特点。

第一，人类行为具有目的性。这是人类行为与动物行为相区分的主要标志之一。人的活动一般都带有预定的目的、计划、期望，人可以通过一定的实践活动

改造自己，改造社会，为自己的生存创造条件。

第二，人类行为具有可调节性。人类行为不是机械的心理反应，而是可以根据人的思维、情感、意志等心理活动来进行调节。

第三，人类行为具有差异性。人类行为受着外部环境和个性心理特征的强烈影响，在种族之间、地域之间以至不同年代之间，人类行为表现出巨大的差异性。

第四，人类行为具有可塑性。人类行为虽然在一定程度上受本能的支配，但随着社会文明程度的提高，人类行为越来越受到外部环境的影响，因而具有较大的可塑性。

认识上述人类行为的一般特点，对于预防犯罪具有十分重要的意义。预防犯罪应该建立在对人类行为的特点的深刻认识之上，否则，根本不可能实现预防犯罪这一目的。预防犯罪的要旨是通过采取各种措施，使犯罪不发生。犯罪作为人类的一种反社会行为，具有人类行为的一般特征，只有在科学地认识人类行为的一般特征的基础上，才能有针对性地采取预防犯罪的措施。

如果以行为对社会的作用为标准来划分的话，行为可以分为有益行为、无害也无益的行为、有害行为三种。但从预防犯罪的意义上对人类行为进行划分，我们认为可以把人类行为分为以下三种：（1）应倡导的行为；（2）待疏导的行为；（3）须矫正的行为。应倡导的行为通常是指法律肯定的行为，在某种意义上说是正面行为。待疏导的行为通常是法律未加肯定但也未加否定的行为，在某种意义上说是中性行为。须矫正的行为通常是违法犯罪的行为，在某种意义上说是反面行为。对这三类行为分别进行倡导、疏导和矫正，就构成犯罪预防的主要内容。

二

倡导行为，就其本质而言，是一种合法的行为，是统治者希望和提倡的行为。在一个社会里，对倡导行为进行充分的政治的与法律的评价，予以物质和精神的奖赏，对于预防犯罪具有十分重要的意义。

（一）鉴别功能

人的是非观念不是天生的，而是在社会生活中逐渐形成的，人的守法观念也是如此。对倡导行为进行褒扬，这实际上对于一般人起到了鉴别作用，使我们知道何谓正确，何谓合法，从而更为自觉地去遵从。

（二）鼓励功能

对倡导行为予以物质的与精神的奖赏，对于行为人来说是对其守法价值的一种肯定，可以强化其守法意识，如果对倡导行为不予奖赏，香的不香，臭的不臭，那么，守法者应有的价值就得不到肯定，从而削弱其守法意识，甚至于向违法转化。

（三）导向功能

人一般都具有一种从众心理，在行为科学中，从众现象又称为社会从众倾向，人处在团体中常常不知不觉地受到团体的压力，而迫使个人在知觉、判断、信仰及行动上表现出对团体中多数人的服从，有时甚至作出与个人意愿相反的行为选择，这种现象就叫作社会从众倾向。对倡导行为的肯定，为人们提供了一个行为模式，以供人们遵从与模仿，从而防止违法犯罪的发生。

应当指出，对倡导行为进行奖赏，历来受到一些思想家的重视，在我国春秋时期，著名思想家商鞅，就把赏和刑作为其法治思想的两个重要方面，指出："凡赏者，文也；刑者，武也。文武者，法之约（要）也。"这就是说，赏罚并用，软硬兼施，是法之要旨。当然，商鞅重刑轻赏，认为刑是主要的手段，赏是次要的手段，正如他指出："刑者所以禁邪也，而赏者所以助禁也。"商鞅的这一思想，后来为韩非所继续并有所发展，韩非认为厚赏可以"报一人之功而劝境内之众"。

我认为，运用刑罚惩治犯罪对于预防犯罪的作用当然是不可否认的，但如果过分强调刑罚的预防功能，忽视奖赏倡导行为对于预防犯罪的作用，至少是不全面的。

三

疏导行为是介乎于倡导行为与矫正行为之间的一种行为类型，这种行为类型

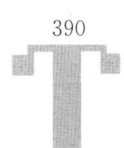

的特点是既不是统治者所积极倡导予以肯定的行为，也不是违法犯罪的行为。这类行为对于统治者来说，具有潜在的危险性，它既可能在一定条件下向倡导行为转化，也可能在一定条件下向矫正行为过渡。统治者对于这类行为的态度是：创造条件，使之实现良性转化。

如何正确进行疏导，这是一个值得研究的问题。行为科学认为，人作为自然的与社会的存在物，其行为不是纯本能的机械反应，而是受各种外界因素影响的，这些因素包括生理因素、心理因素和社会因素三类。其中，社会因素对人的影响十分重大。而在社会因素中，道德、纪律和法律是人的行为的影响力的主要载体。因此，在对人的行为进行疏导的时候，应当重视这三种因素的作用。

（一）道德在疏导中的功能

道德往往在潜移默化中影响人的行为，对人的行为产生巨大影响。道德主要通过舆论发生作用，舆论有赞赏性、谴责性和流言性三种。赞赏性的舆论强化人的正当行为；谴责性的舆论能够改变、抑制人的不当行为；而流言性的舆论则具有消极影响，不利于疏导。因此，我们应当注意引导舆论，使之在行为的疏导中发挥积极影响。

（二）纪律在疏导中的功能

纪律是一定的团体约束个人的一种行为守则，不同的团体会有不同的纪律。纪律发生影响的领域也是十分广泛的，纪律约束可以将人们的行为限定在一定范围之内，防止行为偏差。

（三）法律在疏导中的功能

法律是强制性的社会规范，它以国家强制力为后盾。法律主要通过命令与禁止来疏导人的行为。凡是法律所命令的，就一定要执行；凡是法律所禁止的，就必须要遵守。所谓令行禁止，就是通过调整人的行为建立一种统治秩序，将社会生活纳入这一法律秩序。凡是违法的，就要承担相应的法律责任。

四

矫正行为是一种越轨的、违法的，甚至是犯罪的行为，这种行为是为道德与

法律所禁止的，是有害于社会的，因而需要矫正。

在研究矫正行为的时候，有一个基本前提是行为的习得性。美国著名行为心理学家阿德莱德·布赖指出："如果所有的行为都要遵循学习的规律，那么变态行为也应属于习得性行为，而这一点正是行为心理学所坚持的。变态行为并不是'病态'，它所习得的方式跟所谓的正常行为一样，而它与后者的区别仅仅在于：它是非适应性的。这是行为治疗的基本原理。"在此，关系到一个犯罪学中百余年来一直在争论的问题：犯罪是天生的还是习得的。意大利著名犯罪学家龙勃罗梭等主张犯罪是天生的，因而就根本谈不上矫正问题。而大多数犯罪学家认为犯罪是习得的，它和其他行为一样，都是在一定的社会环境下形成的，因而是可以矫正的。例如美国著名犯罪学家埃德温·萨瑟兰认为犯罪行为是学会的。我们坚持犯罪是习得的这一观点，这也是运用辩证唯物主义研究犯罪所得出的必然结论。

在研究矫正行为的时候，第二个基本前提是行为的可塑性。苏联著名生物学家巴甫洛夫指出："用我的方法研究高级神经活动，经常得到的最主要、最强烈的印象，就是这种活动的高度可塑性及巨大可能性；任何东西不是不可变的、不可受影响的，只要有相应的条件，一切总是可以达到的，并向好的方向转化。"并且，行为的可塑性也是符合马克思主义的基本原理的。马克思主义认为，世界上任何事物无不是处在不断发展运动中。人和世界上其他事物一样，也是处在发展运动之中的。人不仅是自然的产物，更重要的是社会的产物，人的本质是一切社会关系的总和，人的意识，包括犯罪意识，是自然界和社会客观存在的事物在其头脑中的反映。它不是人的头脑中固有的，而是在社会环境中形成的，因而也是可以改造的，正如毛泽东同志指出：我们相信人是可以改造过来的，在一定的条件下，在无产阶级专政的条件下，一般说是可以把人改造过来的。

在确定犯罪行为的可矫正性的基础上，我们还要研究如何运用行为科学的基本原理对犯罪行为进行矫正的问题。关于这个问题，我们认为可以从以下几个方面加以说明。

（一）运用挫折理论，正确对待犯人

行为科学认为，挫折是个人在达到目标的过程中，由于遇到障碍或干扰，致

使目标没有达到、需要得不到满足而出现的情绪状态和行为反应。人在遇到挫折以后，会有各式各样的行为反应，行为科学家把它们分为以下几种类型：攻击反应、冷漠反应、幻想反应、退化反应、固执反应。在遇到挫折的时候，犯人也会表现出各种挫折反应。作为犯罪行为的矫正者，我们应当自觉地运用挫折理论，使犯人正确地对待挫折，投入劳动改造。为此，我们的劳改人员要做到：

1. 戒之以规

这就是要向犯人表明刑罚执行的强制性，使之打消幻想，老老实实地接受改造。

2. 动之以情

这就是要通过各种形式感化犯人。犯人也是人，应当把他们当作人看待，尊重他们的感情，与之建立情感上的沟通和联系，使之提高改造的热情。

3. 晓之以理

这就是要通过宣传、教育等手段，使犯人对于自己之所以犯罪的根源有所认识，并增加改造的理性认识。

4. 导之以行

这是要在劳动的实践过程中对犯人进行改造。劳动，不仅能够改造客观世界，而且能够改造主观世界。犯人只有通过劳动这一实际行动，才能彻底洗刷掉心灵上的犯罪意识，使自己改造成为新人。

（二）运用强化理论，加速改造进程

所谓强化是指通过对一种行为的肯定或否定（奖励或惩罚），从而使行为得到重复或制止的过程。在对犯人的改造中，也有必要采用强化理论，从而加速犯人的改造进程。我国刑法中规定了减刑和假释制度，对于那些在劳动改造中具有悔罪或者立功表现的犯人，可以在法律规定的限度内减轻其刑或者附条件地提前释放。这种减刑制度和假释制度，实际上就起到了鼓励犯人改造的作用。当然，刑法本身的规定比较概括与抽象，为了正确地贯彻刑法规定，近年来我国劳改机关对犯人试行双百分考核奖惩制。其具体做法是针对犯人在改造生活中的各时期的心理特点和行为表现，以明显的方式、定性定量的指标，作出详细分解和具体

规定，使《刑法》第71条、第73条规定具体化。这项制度作为劳改机关的一项改革措施，在劳改工作实践中达到了积极的效果。据了解，全国已有十几个省（区）法院、检察院、司法厅联合发文，肯定并推行这种做法，反映普遍较好。从行为科学的角度来分析，双百分考核奖惩制度就是要通过奖励（强化）和惩罚（负强化），提高犯人改造的积极性，从而收到劳动改造的预期效果。

(本文与阴家宝合著，原载《行为科学》，1991（1））

四、判例刑法学

判例教学法：以法系为背景的研究

判例教学法，是英美法系国家在法学教育中采用的一种教学方法，它是以判例法制度为前提的。在采用成文法制度的大陆法系国家，包括我国，是否可以广泛引入这种判例教学法？本文的研究结论是：法学教育方法是与一个国家的法律制度与法学形态的类型密切相关的。在判例法国家，判例即法，通过判例学习法，这就决定了其法学教育必然采用判例教学法（case study）。在成文法国家，法条是法，通过法条学习法，这就决定了其法学教育必然采用法教义学（legal dogmatics）的方法。在成文法国家，判例教学法只是法教义学方法的补充，正如判例只是法典的补充。本文在对判例法制度和法学形态进行研究的基础上，探讨判例教学法的制度性基础，并对我国实行判例教学法的前景进行分析。

一、判例法的历史溯源

判例，作为司法活动的产物，它具有悠久的历史。无论是判例法国家还是成文法国家，判例都是客观存在的，只是在不同的法律制度下其法律地位不同而已。应当指出，判例与判例法是不同的。判例法离不开判例，但判例的汇集绝不

判例教学法：以法系为背景的研究

成其为判例法。当然，判例法是在判例的基础上发展起来的，因而探究判例法的历史形成，应当始于判例。

（一）中国古代的判例法

中国古代的法律以成文法为基本表现形式，但判例仍然起着重要作用。可以说，援引成案作为判处新案的根据，从而赋予成案的判决及其原则以法律效力，在我国有着悠久的历史。

在1975年我国湖北云梦出土的睡虎地秦墓竹简的《法律答问》中存在"廷行事"制度，即判案以成例作为依据，这反映出司法活动中根据以往判处的成例审理案件，在秦朝时已成为一种制度。此外，在《封诊式》中还收集了大量治狱案例，其中包括盗牛、盗马、盗钱、盗衣物、逃亡、逃避徭役以及杀伤等方面的内容，这些案例供有关官吏学习，并在处理时参照执行。[①] 例如，《法律答问》中有这样一个案例及其解答："甲乙雅不相智（知），甲往盗丙，（才）到，乙亦往盗丙，与甲言，即各盗，其臧（赃）直（值）各四百；已去而偕得。其前谋，当并臧（赃）以论；不谋，各坐臧（赃）。"这段话的意思是：甲乙素不相识，甲去丙处盗窃，刚到，乙也去丙处盗窃，与甲交谈，于是分别偷盗，其赃物各值四百钱，在离开丙处后同时拿获。如有预谋，应将两人赃数合并一起论处；没有预谋，各依所盗赃数论罪。在此，通过一个案例，阐明了共同犯罪与同时犯罪的区别。这表明，在秦朝人们已经认识到作为一般之律与作为个别之例之间具有密切联系，以例说律更具有可比照性。更为重要的是，以判例的形式更能及时反映君主的意志，弥补成文法之不足。正如宁汉林教授指出：廷行事，就是根据君主的命令对于某类犯罪决定应当判处的刑罚。这种判例体现了君主的诏令，以之作为成例，在以后遇有类似事件时，就以此作为定罪处刑的标准。随着历史的发展，刑法虽然有明文规定，然而君主也可以用命令指出对于某一犯罪应当如何定罪处刑，只要确定为判例，就被沿用作为定罪处刑的标准。这一方面便于维护君主的刑罚权，只有依据君主所颁布的刑律和命令来定罪处刑，以加强君主个人专制独

---

① 参见《睡虎地秦墓竹简》，149、244页，北京，文物出版社，1978。

397

裁的统治；另一方面便于结合形势来打击危害封建统治的犯罪。有了廷行事作为定罪处刑的依据，法外立法，就能更有效地维持封建地主阶级的统治。① 由上可见，廷行事是中国古代较为正式的判例制度。

在汉代，判例法称为决事比，指用以比照断案的判例汇编。汉代决事比始见于西汉初期，当时凡断案无法律明文规定的，可以比附近似的条文，上报皇帝定案。这种判例，汇编后再奏请皇帝批准，称为决事比，具有律令的效力，可作为以后断案的根据。汉武帝时，采用这种方法制定的《死罪决事比》多达 13 472 条。汉代决事比最著名的是春秋决事比，又称春秋决狱。汉武帝时董仲舒以《春秋》经义附会西汉法律规定进行判案量刑。董仲舒将 232 个判例汇编成书，作为汉时司法机关判案的根据。《后汉书·应劭传》记载："胶东相董仲舒老病致仕，朝廷每有政议，数遣廷尉张汤，亲至陋巷，问其得失，于是作春秋决狱二百三十二事，动以经对。"例如甲无子，拾于道旁弃儿乙，养之以为子，及乙长大而杀人，甲藏匿之，他人以状诉甲，甲当何罪？董仲舒断曰："甲无子，振活养乙，虽非所生，谁与易之，诗云：螟蛉有子，蜾蠃负之，春秋之义，父为子隐，甲宜匿乙而不当坐。"这就是春秋决狱的一例，实际上是将亲生父子之间相隐不为罪的原则扩大适用于养父子之间。汉代的决事比对于弥补当时成文法的不足发挥了一定的作用，但由于决事比过多过滥，因而造成了司法的混乱。正如班固指出："其后奸猾巧法，转相比况，禁罔浸密。律、令凡三百五十九章，大辟四百九条，千八百八十二事，死罪决事比万三千四百七十二事。文书盈于几阁，典者不能遍睹。是以郡国承用者驳，或罪同而论异。奸吏因缘为市，所欲活则傅生议，所欲陷则予死比，议者咸冤伤之。"② 由此可见，判例如果不加以规范与整理，就会出现一些混乱现象。

唐代是中国封建法制最为发达的时期，当时的法律渊源有律、令、格、式四种，并且"一断于律"，即令、格、式都不能违反律。唐代具有高度发达的成文

---

① 参见宁汉林：《中国刑法通史》，第 2 分册，535～536 页，沈阳，辽宁大学出版社，1986。
② 《汉书·刑法志》。

判例教学法：以法系为背景的研究

法，判例在司法活动中作用较小，表现了高度的中央集权。唐代以成文法规范判例的适用，并将其纳入成文法之中。例如，唐代详刑少卿赵仁本曾撰《法例》三卷，"引以断狱，时议亦为折衷。后高宗览之，以为烦文不便，因谓侍臣曰：'律、令、格、式，天下通规，非朕庸虚所能创制。并是武德之际，贞观已来，或取定宸衷，参详众议，条章备举，轨躅昭然，临事遵行，自不能尽。何为更须作例，致使触绪多疑。计此因循，非适今日，速宜改辙，不得更然。'自是，《法例》遂废不用"[1]。废除法例，并非在司法活动中完全摈弃判例。但在有唐一代，成文法占据主导地位，这是不争的事实。

自唐以后，各朝均以《唐律》为蓝本制定了刑律。对唐以后各代刑律具体条文的研究表明，法典中许多条文完全取自《唐律》。以《大清律例》为例，据一位学者估计，《大清律例》中 30%～40% 的条文完全取自公元 653 年的《唐律》，没有变化。另外还有许多条文，也只是作了字句上的简单变动。美国汉学家布迪、莫里斯对此评价说：在中国人看来，法律作为道德规范的汇集，它超出时空的限制，而具有永久性效力。上述法律条文的沿袭性，正是中国人这种法律观的反映。当然，这种法律观实际上不可能完全实现。例如，即使《大清律例》有 30%～40% 的条文不加变动地仿照《唐律》，也仍然还有 60%～70% 的条文是清朝的发明，或者是对《唐律》相关条文的修正。实际上，在漫长的历史沿革中，一些旧的法律条文被删除，一些新的法律条文被确立，还有一些法律条文则不同程度地被修改，以适应变化中的社会状况。而在那些没有变化、原封保留的法律条文中，其中一部分只是作为一种无意义的文字符号被保留在法典之中，很少或者根本没有真正实行。[2] 在这种情况下，皇帝可以通过诏令修正律条，甚至可以废弃律条的适用效力。皇帝的诏令可能只是针对某些具体诉讼案件有效，但有些诏令则可能长期具有普遍效力，还有一些诏令甚至可能被编入法典，进而具有律条的普遍效力。如果说，律是以保持法律的延续性与稳定性为主，那么，诏令对

---

[1]《旧唐书·刑法志》。
[2] 参见[美]布迪：《中华帝国的法律》，朱勇译，59页，南京，江苏人民出版社，1993。

个案的处理就是为使法律具有灵活性与应变性。

在明朝的时候，逐渐形成一套完备的体制，专门解决法律的变化问题，这种法律形式称为"例"。在日常语言中，例可表示原则、方式、概念或例证等含义。在明代法律体制中，例具有判例的意义，具体说来，它是一种在过去某个诉讼案件中作出的，对于后来一些诉讼案件的审判具有参考价值的判决。美国汉学家布迪、莫里斯认为，作为一个专门法律术语，例的真实名称应该是"亚律"（sub-statute）。其实，也可以称为"准法律"。例作为法律规范的一种，是对基本法律规范——律的补充。例的原始来源有二：其一是皇帝的诏令；其二是刑部就具体案件所作出的，并经过皇帝批准的判决。这两种来源中，可能后一种更为普遍。据《明史·刑法志》记载，1492年，刑部尚书上奏皇帝，要求将零星存在的例汇集成编。1500年，该书编成，取名《问刑条例》，共有297个案例。例是各朝皇帝为解决《大明律》的制定者预先不曾料及的特别情势所制定的，其作用在于补充律，而不是要废弃律。当然，在实际生活中，以例破律的情形也时有发生，甚至十分严重。《问刑条例》编成之后，成为《大明律》的辅助部分，共同发生效力。每当有新例产生，也很快被增补，编入《问刑条例》。到1549年，通过这种增补方式，《问刑条例》的例条数已由原297条增至349条。1585年，明代法典的编纂方式发生重要变化，《问刑条例》中的例——此时例条数已增至382条——分别被编入《大明律》中相应的律后，进而合二而一，形成一部包含律与例两方面内容的独立法典，称为《大明律例》。这种律例合一的法典形式在清代被继承，形成《大清律例》。对此，美国汉学家布迪、莫里斯指出：在一个存续较久的法律体系中，从其第一次编纂法典开始，它就需要一种能够补充正式法律条文的辅助性法律形式，以适应变化中的社会环境。以皇帝诏令或法院判决为其实际内容的例，最初可能只是针对某些非常具体的特定事项，它们必然要比它们所依附的律的适用面狭窄得多。在清代，普遍遵循这样一条原则：对于某一案件可以同时适用律和例时，通常以例为依据进行判决，而不是以律为依据；在例与律内容不相吻合，甚至互相发生冲突时，仍适用例，而不适用律。显然，例的优势在于它能解决那些法典制定者事先没有能预料到的特殊事件。但与此相联系，例

判例教学法：以法系为背景的研究

的存在又常引起法律适用于某些特定的事项，越此一步，即失去适用意义；另外，例一旦被收入法典，它也会像律一样具有某种稳定性，结果有时候在其针对性已经丧失之后还保留在法典之中。《清史稿·刑法志》称："有例不用律，律既多成虚文，而例遂愈滋繁碎。其间前后抵触，或律外加重，或因例破律，或一事设一例，或一省一地方专一例，甚且因此例而生彼例。"① 由此可见，判例在中国古代法律体系中占有一席之地。

当然，中国古代的例到底是否是判例，在我国法学界还是存在争议的，尤其是对于中国古代是否存在判例法问题，更是莫衷一是。例如，我国学者在论及康熙《现行则例》时，认为《现行则例》保留有具体的案例，因此可以作为判例法看待。但这是一种中国特色的判例法，这种中国式的判例法不只是形形色色的案例汇集，更重要的是将典型案例奏准成为普遍适用的法条，条例、则例的产生就是如此，每一条例的背后都会有一个生动的案件或事例。② 我国还有学者甚至将中国西汉至近、现代的法律称为混合法，既不是完全的成文法，也不是完全的判例法，而是两者的结合，因而自成一体。③ 这里的混合法是成文法与判例法的统一。当成文法典宜于社会实际时，往往推崇成文法而排斥判例的创制与适用；成文法尚未出现或现行法明显不宜于社会生活时，则创制和适用判例，以此指导全国的司法活动。判例积累到一定程度，经国家的加工后上升为法条。以统治阶级法律意识为核心，成文法与判例法周而复始，循环运动。④ 当然，这里的判例或者判例法，只是在一般意义上而言的，即判例可以在成文法没有规定的情况下作为定罪的根据。但如果根据英美判例法的特征来衡量明清时代的条例，包括康熙《现行则例》，就会发现，尽管有些条例含有生动、具体的案情，但仍然属于文本

---

① ［美］布迪：《中华帝国的法律》，朱勇译，62页，南京，江苏人民出版社，1993。
② 参见郑秦：《康熙〈现行则例〉：从判例法到法典化的回归》，载杨振山等主编：《罗马法·中国法与民法典化》，211页，北京，中国政法大学出版社，1995。
③ 参见武树臣：《让历史预言未来——论中国法律文化的总体精神与客观样式》，载《法学研究》，1989（2），93页。
④ 参见武树臣等：《中国传统法律文化》，75页，北京，北京大学出版社，1994。

的体系,是供法官在审断案件时直接引证的文本依据而非归纳法律原则的出发点。① 我认为,中国古代法有一种顽强的成文法倾向,即使是以判例为主要内容的例也尽可能地纳入法典之中,形成律例合一、以例注律的局面。在这个意义上说,中国古代法仍然是成文法,判例只起到一种补充与辅助的作用。只要出现以例破律或例案滋多,就被认为是法制的一种失当而受到批评。

(二) 大陆法系的判例法

大陆法系是以成文法为主要特征的,但作为大陆法系源头的罗马法,也曾经是判例法。法国学者达维德指出:公元3世纪盖尤斯撰写他的著名的《法学阶梯》时,罗马法也是判例法。② 这一说法具有夸大其词的成分,但绝非危言耸听。不可否认,在罗马法中确定曾经有过判例法的因素,这主要是指长官告示。罗马的行政长官即最高裁判官(pretor),又叫大法官。所有最高裁判官在就职时都需要发表书面形式的特殊公告或命令,提出自己在任职内的施政方针和审理案件采取的原则措施,并在其就职后付诸司法实践。最高裁判官本来是不享有立法权的,但由于负责领导司法,经过国家认可前任最高裁判官的告示对其继任者也具有因袭沿用的约束作用,所以在形式上与法律差别无几,一般称它为"官吏法"(Jus honora Lium)。长官的告示作为罗马法渊源之一,它对罗马法的发展具有重大的影响。原因在于,国家只赋予他们颁发告示命令的特权,却不对这种特权的内容与形式设置硬性规定,这样就为行使特权拓宽了视野与领域,能够从实际出发补救旧法规范的不足和缺陷,使告示得以成为反映罗马法发展的一种灵活有效的形式。然而,在帝国时期皇权日益膨胀的情况下,它已经为加强皇权的进程所不相容,渐渐变成了最高裁判官有名无实的权限。至公元129年,阿德里亚努斯任命法学家沙比鲁斯、优里恩普斯等人将以前所有裁判官的告示汇编成集,作为指导司法实践的判例通行全国,从此以后最高裁判官颁发告示的情形就很少见了,他们只能依据告示汇集行事,这就无异于取消了原有的权力。及至公元3

---

① 参见苏亦工:《明清律典与条例》,214 页,北京,中国政法大学出版社,2000。
② 参见 [法] 勒内·达维德:《英国法和法国法》,26 页,北京,中国政法大学出版社,1984。

判例教学法：以法系为背景的研究

世纪，成文法逐渐发达，到查士丁尼时进入法典编纂的高峰。正是在这个阶段，产生了查士丁尼的名言："审判不依判例而依法律。"由此奠定了成文法下司法活动的逻辑基础。

近代大陆法系国家继受罗马法，走上了成文法道路。但在法典化之前，大陆法系国家仍然存在判例法。对此，美国学者艾伦·沃森作了深入研究，并且对大陆法系国家法典化前的判例与英美法系的判例作了比较，认为存在以下三个特征：（1）案情事实不如普通法陈述得那样详细。它们给人的强烈印象是，记录者相信只需要记载少部分与法律有关的事实即可，其原因可能是一案与另案之间的事实细节的差别，不应当成为作出不同判决的根据，或者是由于使案件具有法律意义的法规或原则，只取决于一少部分基本事实。在任何情况下，与普通法判决记录相比而言，结果记录了更多的固定的法律和极少的确凿事实。（2）判决似乎是对法学原理和其他有记载的判例经过深思熟虑之后才得出的结论，而那些原理和判例把这一判决归到一个理论系统的框架里。换言之，法庭所做的事似乎不是去寻找一个与一系列相应的事实有关的法律答案，而是将具体的实践问题与假设的一连串问题联系起来分析，以便提供一类适当联系着的法规。这种与普通法全然不同的态度最为重要，如果某人信奉法律的生命在于或应当在于"经验而非逻辑"的话，等到陷入刻不容缓的案件事实的困境中，普通法的法官们也会约束他们的经验。（3）记录者的主要目的似乎要陈述判决所阐明的法规和原则。强调的重点完全置于一般性之上，而不是法律的具体性之上。① 法典化以后的一定时期内，成文法占据绝对的权威地位，大陆法系的法官成为成文法的机械适用者，判案必须从成文法的条文出发，严格遵守成文法是大前提、案件事实是小前提、案件的判决则是推论出的必然结果这样一个司法三段论，因而判例只是从成文法之一般规则中引申出的个别结论，不具有任何价值，更不值得作为处理案件的先例。此后，大陆法系国家为适应社会的发展变化，改变了绝对规则定义，判例的

---

① 参见［美］艾伦·沃森：《民法法系的演变及形成》，61～62页，北京，中国政法大学出版社，1992。

作用有所提高。当然，正如法国学者达维德指出：在罗马日耳曼法系各国，判例的作用只有同法律的作用联系起来才能弄清楚。由于在所有这些国家法学家们的现有倾向是总要依据法律条文，判例的创造性作用总是或几乎是隐藏在法律解释的外表后面。① 达维德还谈到大陆法系国家判例法与成文法之间的区别，指出：判例不让自己创制法律规范，因为照法官们的意见这只是立法者和受命补充立法者工作的政府或行政机构的事。尽管有这种谦虚的成见，是否应认为事实上法官在创制法律规范呢？无论如何，在判例法规与立法者制定的法律规范之间有两点重要差别：第一点是在一定的体系之内两者的相对重要性。判例是在立法者为法确立的框框之内活动，而立法者活动正是为了确立这些框框。由于这个事实，判例法的影响是有限的，罗马日耳曼法系各国在这方面的情况正好同普通法各国所公认的情况相反。第二点，判例确立的"法律规范"没有立法者确立的法律规范那样的威力。它们是不稳定的规范，在审理新案件时随时可能被否定或变更。判例不受它已提出过的规范的约束；一般说，它甚至不能引用这些规范为它即将作出的判决辩解。如果在一项新判决中法官们应用一条他们以前已应用过的规范，这并不是因为他们应用过这个事实使这条规范取得了威力；事实上这条规范没有任何命令性质。判例的完全改变永远是可能的，法官并无说明其理由的义务。这种完全改变无关紧要：它既不威胁法的各种框框，也不影响法的原则本身。判例的规范只是因为法官们——每个法官——认为它好才继续存在与被应用。② 由此可见，在大陆法系判例的作用是极其有限的，它只是也仅仅是成文法的补充，并且不能逾越成文法的框框，这与英美法系判例法的造法功能是无法同日而语的。

（三）英美法系的判例法

英美法系以判例法而著称，由此区别于大陆法系的成文法。英美法系又称为普通法法系。这里的普通法具有以下三种含义：首先，在广义上，指 12 世纪以

---

① 参见［法］勒内·达维德：《当代主要法律体系》，漆竹生译，125 页，上海，上海译文出版社，1984。

② 参见［法］勒内·达维德：《当代主要法律体系》，漆竹生译，127 页，上海，上海译文出版社，1984。

判例教学法：以法系为背景的研究

后通行于英格兰的法律，它是在中央集权下形成的，由国王领导下的国家法院统一加以适用，区别于英格兰领主法院等适用的习惯法，也区别于只适用于特殊阶层和行业的商人法。其次，在狭义上，指12世纪以后随着英格兰皇家法院的创立、适用和加以发展的判例法。从表现形式上和产生的途径上，它区别于来自立法机构的制定法；从适用的主体上，它区别于由衡平法院所适用的衡平法。最后，从比较法的角度，泛指以英格兰法为基础、以判例法为主要法律渊源的国家或地区的法律制度，相对于以制定法特别是编纂法典为特征的民法法系国家或地区的法律制度。由此可见，狭义的普通法以判例法为主要特征，它起源于12世纪。美国学者埃尔曼指出：在英国，皇家巡回法官在他们的巡回审判过程中将广泛差异的地方习惯融为一种普通的习惯。一段时间以后，王国的普通法便被作为习惯法的同义词使用。这样，影响不断增大的法官和律师阶层便不仅创造着一种民族的法律文化，而且也将国家融为一个整体。普通法的创造是一场堪与其他国家的包罗万象的法典编纂相匹敌的革命。在普通法国家的法律体系里，习惯与法院判决过去是，现在仍然是最基本的（尽管不是唯一的）法律渊源。[①]由此可见，普通法以判例法为特征，最初是由英国皇家法院在司法实践中发展起来的。在普通法系国家，一项判决具有特殊的意义，不仅对特定案件具有直接的效力，而且成为后来法院处理相同或相似案件所应遵循的先例。从而每一类相似的案件判决都形成了前后相联系的链条。但联系这种链条的要素并不是判决本身，而是判决中所蕴含的法律规则，它是先前同类判决中所含法律的继续，又是未来类似案件判决的法律基础。通过这种方式，形成了具有特色的判例法体系。

英国判例法的形成，有其特殊的历史背景。英国作为一个人口偏少、面积偏小、民族结构单一的岛国，一方面，统一的局面形成较晚，直到公元9世纪才形成统一的国家；另一方面，统一的局面易于巩固，除曾遭受丹麦侵袭、被并入丹麦海岛帝国时期以外，一直维持了统一的格局。因此，在英国这样的国度，易于实行低度的中央集权和高度的地方自治。判例法制度，正是英国在统一法律制度

---

① 参见［美］埃尔曼：《比较法律文化》，贺卫方、高鸿钧译，44页，北京，三联书店，1990。

405

的过程中,中央迫于地方的压力并向地方妥协,以承认地方现存的习惯法作为统一全国法律制度的基础而逐步形成的。公元 11 世纪,法国诺曼底公爵威廉征服英国,在此之前,英国没有统一的法律制度,各个地方一直沿用各自从大陆移居英伦三岛以来逐步形成并发展起来的习惯法。为了巩固国家的统一,威廉登基之后,即着手改革这种法律制度支离破碎的状况,颁布统一施行于全国的法令,并设立国家最高审判机关王室法院,派出巡回法官定期到全国各地进行巡回审判,以贯彻并监督地方司法机关适用统一的法令。但是,习惯法制度根深蒂固,加之英国人民反抗征服者诺曼底贵族的情绪浓厚,致使体现征服者诺曼底贵族意志的统一法令很难推行。为此,威廉王朝被迫放慢立法进程,宣布保留英国各地原有的习惯法,并允许巡回法官依据各地与国家法令以及与诺曼底贵族利益不相抵触的习惯法裁断。为了既维持地方习惯法与国家统一法令并存的局面,又维持全国法律制度的统一性,王室法院不仅定期将派往全国各地的巡回法官召集在一起交流各地的司法情况,并允许他们相互之间彼此承认对方的判决,以对方的判决作为今后审判同类案件的依据;而且定期公布重大案件的判决,作为各级法院法官审判同类案件的依据。到公元 19 世纪,经过近八百年的发展演变,终于形成先例原则,所有的下级法院都受上级法院的判例的约束,有些法院在某些时候或某些条件下也受自己的先例的约束,从而最终确立了判例法制度。

至于美国判例法,则是继受英国判例法的结果。当然,美国对普通法进行了改造,使之适应美国的国情。在美国,普通法传统的根基扎得那样巩固,就是伴随着革命而发生的对英国的东西的敌视情绪也不能将其连根拔除。当然,不可否认,革命胜利后的美国曾经有过采纳法国法(大陆法系的成文法)的危险,但这种危险到 1830 年已经过去。美国人没有把普通法全部照搬过来,反而采纳了他们所处的不同环境没有要求他们舍弃的那些成分。因此,美国判例法与英国判例法相比较,仍然存在一定的差别。

二、法学形态的类型考察

法学是随着人类的法律活动(包括立法活动与司法活动)而发展起来的关于

判例教学法：以法系为背景的研究

法的知识体系。在某种意义上说，法学形态是由法的内容与形式所决定的，尤其是成文法与判例法的重大差别，对于法学形态具有重大影响。大学法学院是法学研究的重要场所，法学形态对于各国的法学教育也必然会有所影响。

(一) 中国古代法学形态

法学一词，对于中国来说，是近代从日本引进的，是清末著名法学家沈家本的《法学盛衰说》一文使法学一词逐渐流行。中国古代没有法学，而只有律学与例学。可以说，律学与例学是中国古代的法学形态。

根据我国学者的考证，律学一词出现在魏晋以后，开始是指律博士（助教）这一学（官）职。至唐宋时期，律学才演变为研究法律的一门学问。[1] 尽管律学一词的蕴含直到唐宋才得以明确，但中国古代的律学却始于秦汉，它是伴随着中国古代成文法的出现而产生的，它以对成文化的注释为主要内容。中国古代法律的发展，在春秋时期出现了一个重大转折，这就是商鞅"改法为律"。随着改法为律，律成为中国古代正式的一种法律载体。由此开始，秦律、汉律一直至唐律、清律，一脉相传，构成中华法系的主体内容。律学是以律为研究对象而形成的一种知识体系，因此，在律学研究中，广泛采用的是注释的方法，律学也被称为注释法学。从中国古代的律学内容来看，主要包括以下内容：一是法律用语的注释，这是律学的最基本内容，也是成文法所特有的一种研究方法。二是法律文义的解释，这也是律学的重要内容。三是法律沿革的阐述，从历史发展的角度揭示法律的内涵。四是法律背景的说明，从立法过程帮助理解法律的精神。中国古代的律学，其最初形态是以答问形式出现的，《睡虎地秦墓竹简》中，有大量法律答问内容，在一问一答之中，对秦律加以解释。例如《睡虎地秦墓竹简》在解释"盗及者（诸）它罪，同居所当坐"这一法律条文时指出："可（何）谓'同居'？（同）户为'同居'，坐隶（奴隶犯罪，主人应同坐）隶不坐户谓也（主人犯罪，奴隶不连坐）。"[2] 这种法律答问对于存在疑问的法律问题，尤其是一些法

---

[1] 参见何勤华：《中国法学史》，第1卷，164～165页，北京，法律出版社，2000。
[2] 《睡虎地秦墓竹简》，160页，北京，文物出版社，1978。

407

律用语，都作了详尽的解答。法律答问是当时官府上下级之间解释法律的法定形式，因此其解答与法律具有同等的效力。在秦汉之后，中国古代律学进一步发展，晋代著名律学家张斐的《律注表》成为律学的一个经典作品。在《律注表》中，张斐对一些常用的法律名词作了解释，例如对故意的解释，"知而犯之谓之故"；对过失的解释，"意以为然谓之失"，以及对某些典型罪名的解释，"取非其有谓之盗"，"货财之利谓之赃"，等等，即是对以往律学成果的总结与概括，又对此后律学发展产生了重大的影响。及至唐代，《唐律疏议》将律条与解释统一于一部法典之内，合为一体。在这种情况下，疏文插写在律文与注文的文句之间，与法律合为一体并被司法引用，事实上也成了法律本身。[1] 这种将法律解释直接纳入法律文本之内的做法，一方面使律学成果转化为具有法律效力的内容，另一方面也使官方垄断了法律解释权。这种垄断状态，到清代私家注律的现象出现以后才被打破。中国古代律学具有明显的工具性，它直接依附于律条而存在，因而我国学者将律学视为以中国古代法律学的传统为原型，与实际应用紧密结合在一起的"术"，是紧紧围绕并且仅限于法律条文而展开的智识活动。[2] 例如，中国古人在长期对刑律的研习中总结出"律母"与"律眼"。律母是指以、准、皆、各、其、及、即、若八个字。古人云，必于八字义，先为会通融贯，而后可与言读法。律眼是指在整个法律体系中比较重要的一些关键词，与八个律母相对，如例、杂、但、并、依、从、从重论、累减、递减、得减、罪同、同罪、并赃论罪、折半科罪、坐赃致罪、从赃论、六赃图、收赎等。上述内容被认为是中国古代律学的精华。

如果说，中国古代的律学是十分彰显的，那么，中国古代的例学就显得不那么张扬。事实上，例学是随着中国古代司法经验的积累而出现的，它成为律学的重要补充。以往在我国法史理论中，并未明确提出例学的概念，只是称为判例法研究，判例法研究的内容也只限于判例汇编等。[3] 而现在，一种例学的概念已经

---

[1] 参见钱大群：《唐律研究》，45页，北京，法律出版社，2000。
[2] 参见梁治平：《法治进程中的知识转变》，载《读书》，1998 (1)。
[3] 参见何勤华：《中国法学史》，第1卷，196页以下，北京，法律出版社，2000。

判例教学法：以法系为背景的研究

提出，并且将其与律学并列，例学更多地表现为一种思维方法。我国学者提出，这种例学思维表现为：一方面，先例是神圣的，例的比对工作也是相当严格的，正是在大量的遵循先例工作中，一种对法律权威的尊重之情内化了。同时，事物变幻万千，一种事情总是有多种处理方法，因此，也就总是有多种选择。前人的选择究竟是偶然还是一种聪慧的表现往往不得而知，但前人的选择，因为国家权威的支持已成规则，这些规则，很难说每一种都有大道理，但也难免有一定道理。而在承认这些规则和理由的同时，一种尊重前人经验的意识也牢固地树立起来。另一方面，例的形成是经验的，案例与例的比较是具体的。大量的案例使治律之人看到纷繁复杂、无穷无尽的生活在涌来，这不是通过一个条文的推理，甚至也不是靠已经积累起来的那些成例与成案可以处理的。① 在中国古代，律学与例学相比，律学是更为发达的，而例学则只是存在一些零碎的资料，缺乏系统的研究。

（二）大陆法系的法学形态

大陆法系的法学理论是在古罗马法的基础上发展起来的。在古罗马时代，法学家就已经发挥了充分作用，他们的主要任务在于解释法律。在共和国后期的形成年代，罗马法学家来自一些大的家族，他们把解释法律当作对公共生活的贡献。他们不是我们现在所说的专业人员，不接受报酬，法只是他们公共生活中的一部分，他们是精通法的政治家。② 因此，大陆法系的法学理论是从对法律的解释开始的。及至中世纪，在罗马法复兴过程中，形成了注释法学派与评论法学派。③ 注释法学派将法学从修辞学中分离出来，成为一门独立的、系统的科学。注释法学派对罗马法进行说明、解释和阐述，其方法是对原典进行文献学的批判和文法学、逻辑学的说明，从学术上重视古代罗马法律经典的原貌。评论法学派，又称为后期注释法学派，他们主要是通过引进辩证法的方法即逻辑推理的方法，来解决注释罗马古典法律文献中以及社会实践中遇到的问题。中世纪的注释

---

① 参见俞江：《倾听保守者的声音》，载《读书》，2000（4），59页。
② 参见［英］巴里·尼古拉斯：《罗马法概论》，黄风译，27页，北京，法律出版社，2000。
③ 参见何勤华：《西方法学史》，62页以下，北京，中国政法大学出版社，1996。

法学对于近代大陆法系法学理论之形成产生了深远的影响，使得法律注疏成为大陆法系法学理论的重要内容。例如，19世纪法国注释法学派就主要是围绕着对法国拿破仑法典的解释而形成的，它完全以法律为解释对象，只承认法律尤其是成文法的法源性，认为所有法律问题，必须用成文的法律来规律，并且立足于予以规律的确信之上。作为法源，只存在于成文的法律（loi）之中。这里，所谓法律，是技术性的意义上的概念，是指通过由国民的代表组成的议会的意志而决定的法律规范，故这意味着寻找发现国民的一般意志。因此，他们不承认成文法律之外的法源，诸如习惯法、判例法和条理以及其他法的一般原则。同时，该学派还认为，法学的任务在于保障法律的严格适用，在严密的逻辑构造中捕捉法律的真正含义，并将其适用于法律条文所预想的具体案件，帮助法律忠实地达到这个目的，不得在解释之名义下另立他说、另行其事。[①] 尽管注释法学派存在着拘泥于法条的缺陷，但它在很大程度上塑造了大陆法系的法学理论的品格。当然，在大陆法系的法学理论中，除注释法学的学术传统以外，还发展出多元的法学理论，例如社会学法学等。

（三）英美法系的法学形态

英美法系的法学理论是与判例法制度紧密相连的，判例法的产生对英美法学的形成起到了巨大的作用。我国学者在论及近现代英国法学的特征时指出：英国近现代法学，基本上是一种判例法学。这是它与西欧大陆国家的法典注释学的最主要区别。在成文法主义之下，法、德等国的近现代法学具有法典解释学（包括概念法学）的特征。在英国，情况有所不同，无论是普通法还是衡平法，都是在诉讼令状、法院判决的基础上形成的。受此影响，英国近现代法学，仍是以法院的判例为中心。[②] 正是英美法系的判例法特征决定了英美法系的法学基本上是一种判例法学。判例在英美法学的法学理论中居于核心的地位，正如同法条在大陆法系的法学理论中所处的地位一样。英美法系的一些重要的法律原则、精神和价

---

① 参见何勤华：《西方法学史》，139页，北京，中国政法大学出版社，1996。
② 参见何勤华：《西方法学史》，355页，北京，中国政法大学出版社，1996。

判例教学法：以法系为背景的研究

值，都是从判例当中挖掘出来的，判例是英美法系的法学理论的直接研究对象。正是由这样一种性质所决定，判例的创造者——法官对于法学理论的发展起着十分重要的作用。例如，英国历史上最著名的法学家威廉·布莱克斯通（1723—1780），他对英国法产生了特有的影响。《英国法释义》（Commentaries on the Laws of England）一书为他赢得了巨大声誉，该书在他关于英国法所作的全部讲演的基础上整理而成，分为四卷，它系统的叙述不仅涉及私法和程序法，还包括宪法和刑法。人们称赞这部著作风格明快，使用的法律命题准确，作者明智地将论述集中在主要的中心问题上。但《英国法释义》在法律材料的系统性和理论的根据上，当然没有达到同期欧洲大陆国家法学著作的水平。不过，布莱克斯通没有在大学讲授的长达数百年的古老传统可以依赖。布莱克斯通的重要地位在于，他在历史上首次对英国判例法中那种粗糙、原始和杂乱无章的判例法进行了编排整理，而过去，这些判例法还往往因为制定法的介入变得更加混乱；他以清晰和简单易懂的形式，并且是以一种从文学和教育学的观点来看都是十分成功的方式阐述了判例法；他的著作使受过教育的外行人士也能够像法律职业者那样了解英国法。[①] 布莱克斯通著作中所谓的英国法，就是指判例法。而《英国法释义》也就是对判例法的系统整理与阐述，由此构成英国法学的基本线索。

三、判例教学法的内容分析

判例教学法虽然以判例法为前提，但并非与判例法同时产生。在英国，从近代开始法律人才的培养就按照双轨制的方向发展。大学法学院以讲授罗马法为主，主要是培养法律研究人才；法律学院（Inns of Court）设在法院，主要培养法律实务人才。直到20世纪70年代，大学才逐步成为法律教育的主要阵地。[②] 由于受到英国判例法传统的影响，英国在法律学院的法律人才培养中，十分注意

[①] 参见［德］K. 茨威格特、H. 克茨：《比较法总论》，潘汉典等译，356～357页，贵阳，贵州人民出版社，1992。

[②] 参见何勤华：《西方法学史》，304～305页，北京，中国政法大学出版社，1996。

法律技能的培养，但并没有系统地采用判例教学法。

判例教学法在大学法学院中的广泛采用始于美国哈佛大学法学院院长兰德尔（C. C. Langdell，1826—1906）的有力倡导。兰德尔引入判例教学法，用判例教材（case book）代替过去的教本（text book）。兰德尔废除了以前那种整堂课都由老师讲授，学生只是被动地接受的传统教授法。判例教学法的具体做法是：学生先阅读教授事先发下的一定数量的资料，内容或为判决书，或为判决书加上法律条文与经济或社会学论著摘要，即修改了的案例法（modified case method）。在大部分课程中使用苏格拉底教学法：学生向教师指导下的一个小组阐述他读过的内容、看到的问题、诉讼的标的。此外，教师向他或其他学生提问，使学生们发现所讨论的问题与相近的问题之间的关系，变换问题的提法，询问大家在这种情况下处理办法是否也应改变。全小组参加讨论，在教师的严格控制下每个人提出问题并发表自己的意见。有几门课，尤其在三年级，使用讨论方法，教师很少引导讨论，而把这个任务交给学生，只是在学生没有讨论应该讨论的重要主题时，他才进行干预。只在特殊情况下才上大课。在美国这样的环境中，苏格拉底方法取得了良好效果，大学生在老师面前不感到任何拘束。[①] 由此可见，判例教学法具有以下三个特点。

（一）判例作为教学的主要内容

判例是法官审理案件的结果，它表现为对某一纠纷的法律裁断。在判例法国家，判例具有法律上的拘束力。在判例法的教学活动中，判例就成为教学的主要内容，直接引入课堂。在这种情况下，发生了从 case book 到 text book 的转变。由于判例是活生生的司法素材，学生通过学习判例，获知判例得以作出的司法过程，可以培养一种法律思维与裁判技能。正如美国学者指出：通过研究案例获得有关法律原则的知识重点在于实际程序及其后果。诉论与辩论的结果，而非社会价值的实现成为法律生活的中心。建立在司法先例基础之上并对范围广泛的立法

[①] 参见［法］勒内·达维德：《当代主要法律体系》，漆竹生译，402 页，上海，上海译文出版社，1984。

判例教学法：以法系为背景的研究

抱着怀疑态度的普通法从结构上讲无疑有利于判例教学法，这种方法常常提供一种与人们在律师学院所获得者相差无几的学习经验。① 因此，判例教学法对于法律实务人才的培养大有助益。

（二）苏格拉底方法的采用

在判例教学法中，灌输式的教学改变为启发式的教学。在这当中，苏格拉底方法发挥了重要作用。苏格拉底方法是指通过对话、追问、诘难而发现真理的一种方法。这种方法也许并非苏格拉底本人所创造的，而是柏拉图等后人在著作中记载的苏格拉底与他人的对话中反映出来的。英国学者认为，苏格拉底方法很可能与当时雅典的法律诉讼程序有关，指出：苏格拉底所使用的技巧是对智者使用的争辩技巧的一种适合于交谈的改变。智者们发展了一种通过提问进行的言词争辩形式，其中，一个说话者提出一个论点，他的对手则通过对他的蓄意提问而谋求迫使他陷入自相矛盾或沉默。此种技巧很可能是从雅典法律诉讼程序的特殊特征发展出来的。雅典的法律诉讼程序允许诉讼当事人让他的对手接受一连串希望作出简单的是/否回答（yes/no answers）的提问。智者们渐渐发展出了一种高度程式化的问答时限样式，展现带有时限和仲裁人的规范化词争。尽管它们会变质为基于蓄意含糊其词的最无味和徒劳的文字操练，当富于操纵技巧的参斗者刻意要辨明某种真正有趣的论点之所长时，这样的词争将展示说话人让人印象深刻的争辩技巧。苏格拉底体会到，对一种主张的蓄意提问，可以用于检验它的一致性；如果连续提问能把处在讨论中的主张的辩护者带向从它推出矛盾的结论，那么，如果推理是有效的，该主张即被驳倒。既然苏格拉底仔细地基于由他的对话者真心接受的看法而引导整个论证，在他的手中，问答法就获得了特别的力量。这样的效果，是对话者的看法最终被驳倒时，他感受到一种真正的困境，而不只是感受到对他的提问者的聪明的愤恨。② 因此，苏格拉底式对话是一种技巧性很强的谈话方法，可以实际运用于法庭上的询问，使被询问人置于自相矛盾的境

---

① 参见［美］埃尔曼：《比较法律文化》，贺卫方、高鸿钧译，126页，北京，三联书店，1990。
② 参见［英］戴维·梅林：《理解柏拉图》，喻阳译，26页，沈阳、伦敦，辽宁教育出版社、牛津大学出版社，2000。

地。苏格拉底方法是判例教学法中的一种形式,不应将其与判例教学法并列,而某些学者则将两者并列为法学院授课的两种技巧,例如美国学者指出:法学院的授课基本上运用两种技巧:苏格拉底式的对话和判例教学法。在这一混合教学中,教师追问每个学生有关事实和原则的问题,这些事实和原则被推定在上诉意见中会起作用。① 实际上,苏格拉底方法是判例教学法的重要内容,它不能离开判例教学法而独立存在。

(三) 师生之间的平等交流

判例教学法从根本上改变了教师与学生之间的关系。在灌输式的教学模式中,教师与学生的关系是单向的,即教师是法律知识的传授者,而学生则只是法律知识的消极的接受者,处于从属的地位。而判例教学法则引导学生自己去思考,教师只是提出问题并将问题向深处引导。哈佛法学院的沃伦·希维曾经十分形象生动地描述了在判例教学法中教师的作用,指出:我觉得教授法律就像牧羊一样,你跟在学生后头时不时吆喝两声,把乱跑到山顶的学生驱赶回来。当你把他们的脑子搅得一塌糊涂时,他们反倒会水到渠成般地到达一处目的地。然后他们自己也会很奇怪自己是怎样得出结论的。最坏的情况莫过于完全由学生自由完成对一个案件的分析和评判。而最好的情形是教授喜欢向学生提出一些假设性的问题,甚至假想一些案例作为对真实案件的补充。在这种情况下案例教学法会变得非常有效。教授在课堂上提醒学生他提出的法律条例有可能在别的情形下产生不同的结果;提醒学生们注意有许多细微之处可能根本不会在真实的法庭上出现,尤其是当这些问题从无先例时,法庭几乎可以不加考虑。② 在这种情况下,学生学习的积极性得以充分地发挥,学生通过学习不仅获得关于法律的知识,更重要的是掌握了法律的思维方法。

尽管判例教学法存在优越性,在判例法国家更是如此,但这种教学法同样也存在一些缺陷。这些缺陷主要表现为,对于判例过于重视,对于诉讼过于重视,

---

① 参见 [美] 博西格诺等:《法律之门》,邓子滨译,422页,北京,华夏出版社,2002。
② 参见 [美] 马丁·梅耶:《美国法律》,胡显耀译,90页,南京,江苏人民出版社,2002。

判例教学法：以法系为背景的研究

而对于法律条文，对于更为广泛的法律性原则较为忽视，没有形成体系化的知识。尤其是随着判例法国家制定法的不断增加，对于法律条文的直接学习的情形有所增加，正如美国学者指出：由于法律从制定到实践需要一个缓慢的过程，而可供教学选择的判例大多出自过时的法律报告中，因此，通过案例教学学习法律文本本身确实是一种艰难甚至有点愚蠢的方法。大卫·莱斯曼在还是布法罗大学法学教授时就说过："法律中确定不疑的方面不会引起诉讼。判例教学法把法律的内容当成是在处理实际问题时因为需要而学习法律这个过程的副产品。"过分强调案例很容易造成一种轻视法律条款的倾向，从而忽视立法机构随时都可能对法律作出的修改。弗兰克·C. 纽曼指出："今天的普通律师已经不从判例着手开始学习了，现在他们从法律本身开始。于是现在的一年级课程中已经加入了对真正的法律条款的学习课程，而不仅仅是在判例上喋喋不休。"① 此外，针对判例教学法过于关注诉讼的缺陷，美国法学教育从 20 世纪 60 年代开始逐渐发展起临床法（clinical method），我国也译为诊所式教学法，让学生在法学教授兼律师的监督下，在诉讼救助范围内，为真正的当事人出主意，做他们的诉讼代理人。临床教学法的兴起在一定程度上弥补了判例教学法的缺陷，它更注重学生的实际动手能力。临床教学法仿效医学院利用诊所实习培养医生的形式，通过指导法学院学生参与实际的法律应用过程来培养学生的法律实践能力。这种临床诊所式的法学教育方法被认为是一种平等式对话教学方式。② 我认为，临床教学法不可能取代判例教学法而只能成为其补充。

判例教学法之所以成为判例法国家的法学教育的主要方法，具有其深刻的制度性基础。因为法学教育的根本目的是培养法律专业人员，主要是从事司法活动的人员，因此，法律技术成为法学教育的主要内容。在判例法制度下，最基本的法律技术是区别技术，因为，先例原则是判例法的基础，而先例原则在司法活动中的应用又是以区别技术的采用为前提的。先例，又称为司法先例，是指法院先

---

① ［美］马丁·梅耶：《美国法律》，胡显耀译，93 页，南京，江苏人民出版社，2002。
② 参见［法］勒内·达维德：《当代主要法律体系》，漆竹生译，402 页，上海，上海译文出版社，1984。

415

前对具体讼案作出的判决。在英国，早在13世纪末，法官在处理案件时就不断援引先例，到16世纪，援引先例的做法已被作为惯例确立下来。18世纪后半叶，英国著名法学家布莱克斯通在他的著作中对先例拘束力的理论曾予阐述。19世纪后期，随着法院组织的改革和统一，以及系统可靠判例汇编的出现，遵循先例的原则得以确立。遵循先例（stare decisis）是对下述拉丁语的简称：stare decisis et non quieta movere，意即遵从先例，不应扰乱已定问题。这一原则的基本含义是指：下级法院受上级法院判决的约束，某些上级法院受自己先前判决的约束。在英国，遵循先例原则主要表现为以下三种情况：(1) 上议院的判决对英国所有下级法院具有约束力，其先前的判决对自身亦具有约束力。(2) 上诉法院的判决对自身和所属下级法院具有拘束力。(3) 高等法院一名法官所作的判决对下级法院具有拘束力，但对高等法院内部其他法官不具有约束力，只有说服力。①

在遵循先例时，首先要将先例加以区分，这种方法称为区别技术（distinguishing technique）。判例法并不是指对某一案件的整个判决，而是指该判决中所包含的、能作为先例的某种法律原则或规则。同时，先例可以分为有拘束力与无拘束力两类。在这种情况下，对于含有先例的判决中的事实或法律问题和现在审理案件中的事实和法律问题必须加以比较与区分，这一过程在普通法系的术语中，称为区别技术。任何一个案件，都可以分为事实与理由这两个部分，具有拘束力的是判决理由中所包含的法律原则。一个法官在审判过程中所作的法律陈述并非都是理由。因此，对判决进行剖析并从中抽出判决理由具有重要意义。一般认为，每一判决都包含下列基本成分：(1) 对案件事实的裁决，可分为直接的和推论的两种；(2) 法律原则的陈述，它适用于由案件事实引起的法律争执；以及(3) 综合(1)(2)所作的裁决。对诉讼当事人本人及其利害关系人来说，(3) 是判决的实质性要素，因为它最终决定了他们有关诉讼标的的权利和义务，这种裁决禁止当事人再行起诉。不过，就先例原则而言，(2) 是判决必不可少的要素。实际上，它即为判决理由。因此，判决理由可以看做是对适用于由判决赖以成立的

---

① 参见由嵘主编：《外国法制史》，464页，北京，北京大学出版社，1992。

判例教学法：以法系为背景的研究

事实而引起的法律争执的法律陈述。判决中的其余两种成分，不是先例。（3）中的裁决没有先例拘束力（除直接对诉讼当事人本身有拘束力之外），事实裁决也无拘束力。只有对判决赖以成立的事实所作的法律陈述才有拘束力。严格说来，其他一切法律陈述都是多余的，它们称为判决附论。判决附论有两类：第一类是基于未经查实的或虽经查实但未证实为实质性事实的法律陈述。第二类判决附论是虽基于案件的事实但不构成判决的基础的法律陈述。在某些讼案中，法院作出一个判决，并进而陈述一个比判决要求适用的更为广泛的法律原则。在这种情况下，只有适用于法院审理的案件的客观事实的法律陈述才是判决理由，体现于该陈述中的更为广泛的原则是附论。①

　　正是通过先例区别，使遵从先例原则得以贯彻。因此，在英美法系国家，一个人如果不掌握区别技术是根本无法从事司法实践工作的。事实上，在判例中所包含的判决理由以及由此引申出来的法律原则在英美国家起着法的作用，只有通过判例才能掌握这些法律原则。因此，在英美判例法国家的法学教育中实行判例教学法是理所必然。而在大陆法系国家，虽然存在判例，但判例并不像在英美法系国家那样具有法律拘束力，这种判例只有与一定的法律规范联系在一起才能产生作用。因此，大陆法系国家的判例只能起到解释法律的作用，不能单独成为判案的法律根据。在这种情况下，在大陆法系国家的法学教育中，只能通过系统地讲授法理而阐明法律规范的内容，法条与蕴含在法条之中的法理才是法学教育的主要内容，而判例只对理解法条有一定作用。这也正是在大陆法系国家之所以不可能完全采用英美法系国家的判例教学法的根本原因。

　　我国学者曾经对注释教育与法律传统之间的关系作了考察，指出：法律教育和法律传统之间互相发生影响。在欧洲大陆法系传统国家，法律教育方式一般较理性化和正规化，这是法律教育的主要特色，由此而带来的是法律规范结构的相对固定化，从而影响了法律的变化和发展。与此相反，在英美普通法系国家，法律教育（确切地说，应该称为法律工作者的职业训练）中的"投师见习制"（或

---

　　① 参见［英］R.J.沃克：《英国法渊源》，157～160页，重庆，西南政法学院，1980。

417

"师徒制"），以及普遍采用的判例教学法，使法律教育带有浓重的行业主义、实用主义色彩。① 由此可见，英美法系国家采用判例教学法具有其法律制度与法律传统上的深刻根源。

四、判例教学法的中国前景

我国是一个基本上以成文法为主的国家，具有悠久的成文法的历史传统。在清末法律改革中，我国没有选择英美的判例法制度，而继受了欧洲大陆的成文法制度，并非是偶然的，而是有着深远的历史背景。在1949年中华人民共和国成立以后，我国又受到苏联的影响，而苏联当时虽然是一个社会主义国家，但从历史上来看其法律制度也属于大陆法系。中华人民共和国成立初期我国引入苏联法制，有关立法工作也走上正轨。但在1957年以后由于受到当时法律虚无主义思想的影响，法制建设一度中断。及至1962年毛泽东针对当时法制建设的情况指出，不仅刑法要，民法也需要，现在是无法无天。没有法律不行，刑法、民法一定要搞。不仅要制定法律，还要编案例。② 在此，毛泽东将制定法律与编案例相提并论。响应毛泽东的号召，1962年12月最高人民法院颁发了《关于人民法院工作若干问题的决定》（以下简称《决定》），要求各级法院总结审判工作经验，选择案例，指导工作。该《决定》指出：总结审判经验，是提高审判工作的一个重要方法，各级人民法院应当十分重视，在总结审判工作经验的基础上运用案例的形式指导审判工作，也是一种好的领导方法。该《决定》对案件的选择等问题作了具体规定：一般要求按照下列条件选择案例：（1）有代表性，即各种类型案件中各种情况的典型案件，如性质容易混淆的案件，刑期难以掌握的案件，政策界限容易模糊的案件，在某种新情况下发生的特殊案件等；（2）判决正确的案件，个别有教育意义的错案也可以选用；（3）判决书事实阐述清楚，理由阐明充

---

① 参见刘作翔：《法律文化理论》，191页，北京，商务印书馆，1999。
② 转引自《人民日报》，1978-10-24。

判例教学法：以法系为背景的研究

分，论点确切，有示范作用的。该决定还规定了案例的确立程序：选定案例的工作由最高人民法院和高级人民法院来做，中级人民法院和基层人民法院要积极提供材料和意见。高级人民法院在选用案例时，必须反复研究，经审委会讨论选定后，发给下级人民法院参考，同时上报最高人民法院备查。最高人民法院应当选定其中在全国范围内有典型意义的案例，报中央政法小组批准后，以最高人民法院审判委员会决议的形式，发给各级人民法院比照援用。应该说，上述文件的规定对于推动当时我国案例制度的发展起到了一定作用。但此后开始的"文化大革命"，使我国法制进程彻底中断，案例制度也无从谈起。

　　1979年开始恢复法制，我国开展了大规模的法制重建工作，包括大量的法律出台。与此同时，1985年《最高人民法院公报》创刊，在该公报中专门开辟专栏刊登各种典型案例，这些案例虽然大多数不是最高人民法院直接审理的，但一般都是最高人民法院从各级人民法院的生效判决中精选出来的具有典型意义的判决。初期刊登的案例还往往有最高人民法院的按语，表明这些案例是经最高人民法院审判委员会讨论的，可供各级人民法院借鉴。从某种意义上说，这些案例具有判例的性质。此后，1999年最高人民法院刑一庭开始出版业务研究和指导性刊物——《刑事审判参考》。在这一出版物中刊登的主要内容是从全国各级人民法院审判的刑事案件中，选择在认定事实、证据和适用法律、司法解释定罪处刑等问题上具有研究价值，对刑事司法工作有指导意义的典型、疑难案例，并重点对裁判理由予以权威的阐释。[①] 应该说，这些案例对于司法适用具有重要的指导意义。

　　随着我国法治建设的发展，判例法在我国是否可行的问题越来越引起人们的重视。在这个问题上存在三种观点：第一种观点主张我国应采用判例法；第二种观点反对我国采用判例法；第三种观点认为我国不应采用判例法，但应实行判例制度，加强判例的作用。[②] 目前占主导的是上述第三种观点，我亦赞同这种观

[①] 参见最高人民法院刑一庭编：《刑事审判参考》，合订本·第1卷，1页，北京，法律出版社，2000。

[②] 参见何慧新：《刑法判例论》，103页，北京，中国方正出版社，2001。

点。因为在我国以成文法典为基础的法制框架下,不可能像英美法系国家那样实行判例法。目前存在这样一种观点,即认为正在出现两大法系相互融合的趋势,在英美法系国家出现了大量的成文法,在大陆法系国家也更加重视判例的作用。我认为,这种说法在一般意义上说是正确的。但我们绝不能发生这样的误解,即认为成文法与判例法是可以在一个国家中并行不悖的。其实,大陆法系的成文法与英美法系的判例法在法律逻辑上是完全不同的。在英美法系国家,虽然出现了越来越多的制定法,在刑法领域,美国许多州都有自己的刑法典。就此而言,与大陆法系国家在形式上并无不同。但法条在两大法系国家的意义是完全不同的。在大陆法系国家,法条是法官判案的直接根据,在刑事法领域,法条就是定罪量刑的根据。而在英美法系国家,尽管存在法条,法条并不能直接成为法官判案的根据,它只有与一定的判例结合起来才能产生法律的拘束力。同样,在以法条作为法官判案的直接根据的大陆法系国家,判例不可能具有法律拘束力,不可能与法律并列为法源。事实上,判例只能在法律规定的范围内,对法律适用起到一种示范作用,这种示范作用相当于对法律的一种解释。

在我国法学教育中,秉承了大陆法系的传统,是以理论讲授为主的,通过法学理论的传授,使学生理解与掌握相关的法律知识。虽然在课堂讲授过程中可能会结合法学原理阐述讲解个别案例,或者在一个单元的授课任务完成以后,组织课堂讨论,进行案例分析,但案例分析从来不是法学教育的主要手段,而是一种加深对法学知识的理解与熟悉的辅助手段。在这种情况下,我国学者提出,应当在继续注重理论教育的同时,采用法律实践性教育方法和手段,引入案例教学法,以改变法律教育呆板、陈旧、僵化之状况,给法学教育增添活力,使法律专业的学生能适应社会之需要。① 事实上,我国各政法院校也始终在为法律教育方法的改革而努力,尤其是在近年来我国大量地招收法律硕士的情况下更是如此。因为法律硕士培养目标是应用型人才,所以判例教学法作为一种法学教育方法更是引起人们的重视。我认为,在我国目前的法律制度下,判例教学法不可能取代

---

① 参见刘作翔:《法学教育应当实行案例教学法》,载《中国法制报》,1986-04-07。

判例教学法：以法系为背景的研究

法教义学方法而成为法学教育的主要方法，它只能是一种辅助性的法学教育方法。

判例教学法在我国之所以只能是一种辅助性的法学教育方法，主要有以下两个原因：第一，我国是一个成文法国家，判例只在司法活动中起指导作用的法制现状决定了判例法不可能成为法学教育的主要方法。尽管目前我国法学界都在呼吁加强判例在我国法治中的作用，但成文法典仍然是我国唯一的法源。因此，在法学教育中，学生还是要通过学习法条来掌握法律专业的知识，而不可能抛开法条通过判例学习法律。尤其是我国目前虽然进行了司法文书的改革，判决书中更强调裁判理由，但从总体上来说，我国法官的素质还不够高，判决书说理也还不够，因而判例教学法所需要的判例并不能完全满足教学要求。因而，目前实行判例教学法的条件并不具备。第二，我国的法学形态是以理论为主的，尤其是我国法学除继承了中国古代律学传统以外，还深受罗马法基础上积累起来的大陆法系的法学理论的影响，因此注重对法律的注释，由此形成源远流长的以法条为中心的注释法学与概念法学。这种法学形态也必然对法学教育方法产生重大影响。因为从事法学研究的人绝大部分是在各政法院校从事法学教育的人，他们在法学教育中往往把本人的法学研究成果传授给学生。在我国古代虽然在律学以外还有例学，但目前我国对于判例的研究是十分薄弱的。例如，我国目前案例与判例两个词还经常混用，在我国司法实践中，更为通用的是案例，判例则只有在介绍英美法系的判例法的时候使用。实际上，案例与判例是有区别的。我国学者指出：判例一词表示以某一判决作为审理同类案件的前例，而案例一词则表示以某个案件作为处理同类案件的前例。作为法学研究的对象来说，人们注意的不仅是案件事实，而是法院的具有典型性的判决，包括作出判决者对案件事实如何陈述和分析，如何在这种事实的基础上适用法律，进行推理，提出什么论据，最终作出什么判决，等等。只有这样的判例才能对同类案件的处理具有参考价值，甚至成为前例。① 因此，只有完成从案例研究到判例研究的转变，才能为采用判例教学法

---

① 参见沈宗灵：《比较法总论》，465~466页，北京，北京大学出版社，1987。

提供理论资源。

  判例教学法虽然不能成为我国法学教育的主要方法，但我们仍然应当注重判例教学法的作用，至少它可以成为一种辅助性的法学教育方法。目前在我国的法学教育中，案例教学的辅助作用表现在以下两个方面：一是以案说法，即以案例例证法律。以剖析某一个案例为契机，条分缕析地介绍某一方面系统的法律规范和法律知识，使学生能够触类旁通，掌握全面的法律知识。在这种情况下，案例只是一种对法律规定的示范与说明，因此案情是十分简单的。例如在刑法中规定了四百多个罪名，对某些常见的罪名列举一些案例加以示范，使学生对这些罪名有一种直观的了解，这就是以案说法的功能。二是以法说案。这里的案例往往是疑难复杂的案例，存在各种争议。在这种情况下，运用法律知识去解析这些疑难案件，就其处理得出正确的结论。通过这种方法，学生掌握运用法律解决疑难问题的能力。应该说，这两种方法与判例教学法还是有所不同的，判例教学法不能等同于案例教学法。在判例教学法中，更加应当关注的是裁判理由，对裁判理由加以法理分析，使学生掌握更为生动的法律知识，这才是判例教学法所要达到的目标。

（本文原载陈兴良主编：《刑事法评论》，第12卷，北京，中国政法大学出版社，2003）

论判例刑法学的方法论特征

一

我国刑法学,主要表现为注释刑法学或者规范刑法学,这与我国的历史传统具有一定的关联性。尽管我国古代以例补律的法律特征十分明显,但是古代律学仍然是以解释法条为其主要内容的。近代大陆法系传入我国以后形成的刑法学,也是以理论叙述为主。近 30 年来,我国刑法学随着法治重建而得以恢复,基于满足司法实践需要的考量,对现行法律的解释是理论研究的重点。在相当长的一个时期,注释刑法学成为我国刑法学知识的主导样态。此后,随着在司法实践中出现了某些疑难案例,案例分析成为一种刑法知识的新样态,曾经兴盛一时。但是,这种以分析案情、适用法条为特征的叙述模式,其理论层次较低,颇有不登大雅之堂的感觉,其作品也只能在较低层次的法学刊物,甚至司法机关的内部刊物上发表,学术水平极为有限。

出于对 20 世纪 90 年代我国刑法学理论研究状态的不满,思考我国刑法学理论研究的进路,我在 1992 年出版的《刑法哲学》一书中提出了以下观点:从体

系到内容突破既存的刑法理论,完成从注释刑法学到理论刑法学的转变,这就是我们的结论。在这一论述中存在一个逻辑前提,就是假定刑法学只存在一种知识形态,因而理论刑法学与注释刑法学是势不两立的,非此即彼。现在看来,这一观点对刑法知识的认识存在偏颇。实际上,刑法知识形态是多元的,理论刑法学与注释刑法学是可以并存的。当然,我现在仍对注释刑法学存有不满。

近年来,德国的刑法教义学(亦译为刑法信条学)的引入为我国提升注释刑法学的学术水平提供了某种方向。注释刑法学是以法条为中心的,主要工具是注释,这是在我国古代律学传统的基础上形成的,因而具有其局限性。而刑法教义学是以理论为中心的,对法条进行体系性阐述。例如,德国学者提出:刑法教义学研究的是,在一般的犯罪特征中对犯罪进行体系规划等,对这种特征的事实条件进行塑造性工作,以及提出其中具有决定意义的基础性原理。①

只有建立在刑法教义学基础之上,注释刑法学才能获得理论的自足性与自主性,才能消除刑法知识的随意性和盲目性。当然,刑法教义学也只是刑法知识形态的一种类型,并且本身具有某种局限性,例如概念化与体系化,具有某种理论的概括性与烦琐性。在这种情况下,司法判例对刑法理论的推动意义就显得十分重要。对此,德国著名刑法学家罗克辛就曾经提出:德国刑法是一种有体系的刑法,主要以判例为概括,也就是概括过去已经作出判决的真正案件来与其他法律制度加以区别。在刑法的基础上,人们不可以过高地评价这个区别,但也不可能过低地评价这个区别。一方面,德国刑法的发展,在很大程度上,不仅是通过立法和学术,而且是通过司法判决来向前推动的;《联邦最高法院刑事判例案》一套多达50本的汇编,是每个刑法学工作者,同时也是大学法律系学生经常使用的。但是,另一方面,我们的最高法官们不是在自由地创造法律,他们也需要以法律和一般犯罪原理的基本原则为根据。② 罗克辛教授在《德国犯罪原理的发展

---

① 参见〔德〕汉斯·约阿希姆·希尔施:《关于德国现代刑法信条学的现状》,王世洲、苏颖露译,载北京大学德国研究中心编:《北大德国研究》,第2卷,173页,北京,北京大学出版社,2007。
② 参见〔德〕罗克辛:《德国犯罪原理的发展与现代趋势》,王世洲译,载梁根林主编:《犯罪论体系》,3页,北京,北京大学出版社,2007。

与现代趋势》一书中充分说明了司法判例与犯罪原理之间的互动关系,并将司法判例作为刑法理论发展的主要源泉和动力。对于这一点,我深表赞同。当然,这样一种司法判例与犯罪原理之间关系的形成,是以德国存在成熟的判例制度为前提的。尽管德国是一个典型的大陆法系国家,实行成文法,但司法判例在刑法运用中具有重要的指导意义。

我国是一个具有成文法传统的国家,中华法系也是以成文法为法律主要存在形式的,清末选择大陆法系绝非偶然。但在我国目前的刑法适用中,司法判例的地位被司法解释所取代,司法解释成为一种准立法。最高司法机关不是通过司法判例而是通过司法解释来实现对司法实践的指导。尽管司法解释具有规范性、统一性的优点,但对于指导司法实践来说,其有效性远不如司法判例。美国的卡多佐曾经提出了"法律的成长"这一命题。[①] 这里的法律成长并非指立法,而是指通过司法过程的法律成长,而判例正是法律成文的司法工具,它形成先例,塑造了司法的历史传统。因此,对判例的研究就形成了一种司法的法哲学,它属于法学理论的重要内容之一。在刑法学中也是如此,刑法是在适用中获得生命的。正是在司法适用中,刑法从死的条文转化为活的规则,对社会生活产生影响。作为一种学术话语的刑法学,不仅应当而且完全可能从刑法的判例中汲取营养,促进刑法学的理论成长。

二

判例刑法学,是通过对刑法判例的研究而形成的一种刑法知识形态。北大储槐植教授曾经指出:在刑法之中研究刑法、在刑法之上研究刑法、在刑法之外研究刑法。[②] 这是对刑法的一种全方位的研究。在刑法之中研究刑法,形成的是规范刑法学;在刑法之上研究刑法,形成的是刑法哲学;在刑法之外研究刑法,形

---

① 参见[美]本杰明·N.卡多佐:《法律的成长法律科学的悖论》,董炯、彭冰译,34页,北京,中国法制出版社,2002。

② 参见储槐植:《刑事一体化与关系刑法论》,335页,北京,北京大学出版社,1997。

成的是刑法社会学等。在此,我认为还有必要补充一个研究方位,这就是在刑法之下研究刑法,由此形成的就是判例刑法学。判例刑法学作为刑法的一种独立知识形态,它具有不同于其他刑法知识形态的特征。

判例刑法学之不同于规范刑法学,就在于:判例刑法学所研究的是刑法判例,而规范刑法学所研究的是刑法规范。刑法规范与刑法判例,两者之间当然是有联系的。刑法判例是适用刑法规范的结果。因此,在刑法判例中包含着刑法规范的内容。但刑法判例与刑法规范又是存在重大差别的。这种差别主要是刑法规范的抽象性和刑事案件的具体性之间的矛盾所决定的。正因为存在上述矛盾,因而将刑法规范适用于一个具体案件的时候,除非这个案件是一个典型案件,能够完全被刑法规范所涵摄。在许多情况下,案件是非典型的,处于刑法规范文学意域的边缘而非中心。因而能否将这个案件涵摄在这个刑法规范之中,就成为亟待解决的一个现实问题。正是在这个意义上,刑法适用本身并不是机械的逻辑推理,而是包含着某种创造性。通过刑法判例,总结出某些解决特殊案件的刑法适用问题的规则,由此以补充刑法规范的不足,这就是刑法判例的功能。在这个意义上说,刑法判例也是对刑法规范的一种解释,只是这种解释不以注释形式出现,而以裁判理由的形式为载体。因此,刑法判例相对于司法解释而言具有其优越性。这种优越性如同我国学者所述,主要表现为以下三个方面。首先,刑法判例能够提供具体的、普遍的、可重复适用、个别的判决标准,而刑法司法解释往往是笼统的、粗浅的,也不针对具体案件,因而可比性差。其次,刑法判例并不要求拘泥于法律条文的字面含义,可以根据案件的具体情况对条文作符合实际的、扩大或缩小的解释,也可以援引一般原则,抵消个别条文的效力。这一过程实际上是在不违背法律精神的前提下,创制法律规则的过程。最后,传统的刑法司法解释只能是一次性解释,这样对条文的解释可能比条文本身更容易僵化。如果建立刑法判例制度并充分发挥其作用,在遇到新情况时,就可通过区别技术来修改、解释(发展)判例。① 正因为刑法判例具有区别于刑法规范与司法解释的

---

① 参见何慧新:《刑法判例论》,15页,北京,中国方正出版社,2001。

论判例刑法学的方法论特征

上述特点,所以对刑法判例的研究与对刑法规范及司法解释的研究也是完全不同的两种理论研究。对刑法规范与司法解释的研究,主要是阐释性的。虽然大陆法系的刑法教义学已经形成一套概念体系,以此作为阐述刑法规范的分析工具,但规范刑法学以规范为中心,阐述刑法规范的内容,这一特点并没有根本改变。对刑法判例的研究,主要是理论性的,其研究重点是裁判理由。裁判理由是判案的根据,是法官思维的产物,它适用于个别案件。通过对裁判理由的研究,将适用于个别案件的理由引申为适用于同类案件的法律规则。因此,刑法判例研究本身就具有某种立法的意蕴,是一个促使法律成长的过程。卡多佐十分强调法学理论对于法律生长的意义,认为需要一种辅助法律成长的法哲学。卡多佐提出:对实际指导疑难案件判决的力量和方法进行分析,属于法哲学中研究法律成长和发展那部分的内容;确定指导选择的准则,则属于法律哲学中研究法律功能和目的那部分的内容。[①] 因此,判例刑法学作为刑法知识的一种特殊形态,因其具有不同于规范刑法学的特点,对于规范刑法学的知识具有某种补充作用。

判例刑法学与刑法案例分析是有所不同的。案例主要是指疑难案例,它是有待于解决其刑法适用问题的案件事实,具有前刑法的特征。而判例是刑法适用的产物,是一种成案,其刑法适用问题已经获得解决,具有后刑法的特征。因此,案例分析是站在法官的立场上,对某一案件如何适用刑法进行论述。而判例研究是站在法官之上,以法官对某一案件的裁判理由为研究对象,对这种裁判理由进行评价,从中引申出具有普遍适用性的一般规则。案例分析当然具有存在的必要性,尤其是对于那些疑难案件,可以通过案例分析解决其法律适用问题。但从知识形态来说,判例研究是较之案例分析更为重要的一种知识形态,在 20 世纪 90 年代我主编的《经济犯罪疑案研究》(中国社会科学出版社 1990 年版)一书的代跋中,我就提出了从案例分析到判例研究的命题,指出:随着判例制度在我国的逐步建立,判例研究必将引起法学界和司法界的重视。判例研究通过对个别判决

---

① 参见[美]本杰明·N. 卡多佐:《法律的成长法律科学的悖论》,董炯、彭冰译,37 页,北京,中国法制出版社,2002。

理由的评价，进一步阐述和引申其中蕴含的法理，为法律适用提供理论指导，这也是法学理论研究密切结合司法实践的一条途径。① 现在看来，判例研究并不仅仅是一个法学理论与司法实践相结合的问题，而且是一种法律知识的新型形态。刑法学也是如此。以往的刑法学，无论是规范刑法学还是理论刑法学，都是一种文本刑法学，都是以法律文本为研究对象的。而判例刑法学是以司法判例的裁判理由为研究对象的，因而是一种实践刑法学。从文本刑法学向实践刑法学的演变，是我国刑法学知识发展的一个重要方向。

三

判例刑法学具有不同于规范刑法学和理论刑法学的特征，因而其方法论也是独具特色的。我认为，判例刑法学的方法论特征主要体现在以下三个方面。

（一）个案性的研究方法

如果说，规范刑法学与理论刑法学具有体系性，那么，判例刑法学则具有个案性。无论是规范刑法学还是理论刑法学，都是采用一定的理论体系将有关知识整合为一个有机的整体。因此，在一般意义上说，刑法学的理论体系是指依据一定原则、原理所构成的刑法理论的有机统一体。② 这种体系性表述的方法是将某一具体问题嵌入到整个理论体系中去，加以整体性的考察。正是这种体系性，克服了各个观点之间的矛盾和冲突，为解决刑法中的各种问题提供了一个统一的方案。但是判例刑法学则不具有这种体系性，它是对个案的研究。每一个案件所呈现出来的问题都具有一定的独特性，因此，判例刑法学不是一种体系性思考，而是一种个案性思考。当然，个案性思考并非不考虑理论的体系性。只不过这种体系性理论是作为对个案的一种分析工具而存在的。更为重要的是，在判例刑法学的研究中，要保持思维的一贯性与价值的统一性。

---

① 参见陈兴良：《书外说书·陈兴良序跋集 II》，255 页，北京，法律出版社，2004。
② 参见张明楷：《刑法学》，2 版，17 页，北京，法律出版社，2003。

（二）评价性的研究方法

判例刑法学是对刑法判例中的裁判理由所进行的一种理论研究，这种研究具有评价性的特征。所谓评价，就是基于一定的价值标准，对某一评价客体所作的判断。因此，判例刑法学不同于规范刑法学的阐释性与理论刑法学的叙述性。规范刑法学大多表现为对刑法条文内容的揭示，解决的是刑法法条之所然的问题，因而它不能随意地对刑法进行评价。而理论刑法学当然是可以评价立法的，甚至可以批评立法。但理论刑法学是将刑法作为一个整体，通过构建某种理论体系的方法，对刑法法理进行体系性的叙述。只有判例刑法学是以个别的判例作为其研究对象，对该案的裁判理由进行法理上的评价，包括逻辑评价与价值评价。

（三）归纳性的研究方法

判例刑法学对刑法判例进行研究的目的，是要为刑法适用提供一种刑法法条以外的规则，以弥补刑法规范之不足。因此，判例刑法学可以说是一种产生规则的途径。就规则的产生而言，立法是最为直截了当的方法，通过一定的立法程序可以直接创制规则。但立法具有抽象性，是对未来的一种预见，因而通过立法创制规则总是难以满足司法实践的需求。在这种情况下，通过对判例进行研究，归纳整理出一些规则，对于刑法适用就具有重要意义。判例刑法学研究中的归纳性方法，是指从个案的裁判理由中进行提炼与归纳，使原本只在个别案件中有效的规则上升为一般的法律规则，将之适用于同类型的案件。在我国刑法学研究中，由于成文法的法系特征所决定，我们长期以来一直注重演绎性的研究方法，而对于归纳性的研究方法则较为生疏。随着判例刑法学研究的开展，归纳性的研究方法必将越来越受到重视。

判例刑法学对于我国的刑法学理论来说，是一个知识增长点，是具有远大前景的一种刑法知识形态。判例刑法学的出现，必将在很大程度上改变我国传统刑法学知识的格局，使我国刑法学知识呈现出丰富多彩的形态。

（本文原载《公安学刊》，2007（6））

案例指导制度的法理考察

2010年的11月和7月,最高人民法院和最高人民检察院分别通过并颁布了《关于案例指导工作的规定》(以下简称《规定》),标志着案例指导制度在我国的正式建立。案例指导制度中的案例,又称指导性案例。指导性案例区别于不具有指导性的普通案例,在某种意义上说,所谓指导性案例其实就是判例。[①] 因此,我们也可以把案例指导制度称为具有中国特色的判例制度。本文拟以我国古代律例关系和两大法系的成文法与判例法为背景,对我国案例指导制度进行法理考察。

一、判例之规则形成机制的历史考察

随着我国案例指导制度的建立,指导性案例成为我国具有特色的法律规则载体,并将在我国司法实践中发挥重要作用。不可否认,我国目前的法律体系是以成文法为主的,因而属于大陆法系国家。在这种成文法的框架之下,指导性案例发挥作用的机理是一个值得研究的问题。

---

① 有鉴于此,在本文中指导性案例与判例这两个用语可以替换。

案例指导制度的法理考察

判例为什么应当具有不同于法律的独特性？这一问题涉及一个重要的法理问题，即不同的法律样式为司法活动提供规则的机理。我国学者曾经揭示了中国古代法律形成的两条并行的发展路线，指出："在中国古代，法律是经由两条并行的路线发展成长的。一是设计生成的理性主义路线，主要体现在律典的修定。二是自然生成的经验主义的路线。主要体现在成文法体系之外，通过创设及适用判例，在实践活动中不断的探索，反复的检验，逐步的积累，在成熟后再将其改造吸纳入法律体系之中"[1]。以上所说的法律，是指成文法。我国古代成文法的形成确实可以分为设计生成与自然生成这两条路线，其哲学根据分别是理性主义与经验主义。这也说明在我国古代，判例并没有其独立地位，也不可能具有独特价值，它只不过是成文法形成的一种"中间体"，或者说是法律的胚胎。这是由我国古代法的顽强的成文化传统所决定的，其影响至今存在。但如果我们把成文法与判例法相对应，把它们看作是法律的不同样式，那么，我们可以发现这两种不同的法律样式为司法活动提供规则的机理是完全不同的。

成文法，又称制定法，是指立法机关创制的法律。在以往的法学理论中，往往把成文法与判例法相对应，实际上，成文法更应当与不成文法相对应。相对于不成文法，成文法是法制史上的进步。成文法的概念本身假设了一个立法者的存在，这个立法者以国家名义颁布法律，为司法活动提供规则。因此，成文法一般是以国家主义为特征。

我国古代是一个君主专制和中央集权的社会，君主集立法权、司法权与行政权于一身，即所谓"乾纲独断"，具有高度集权的性质。但是，在这种情况下，并不意味着立法权、司法权与行政权三权都由一人或一个机关来行使，这既不可能，也无必要。在国家权力的运作中，立法权、司法权与行政权的事实上的分离是存在的，只不过三权之间的制衡关系付之阙如，而君主凌驾于三权之上，具有终极性的权力。这种权力，也就是君权或者王权，它具有至上性。与这种君权相对应的是臣权，而君权与臣权的分离被我国学者称为两权分立。例如，武树臣教

---

[1] 刘笃才：《中国古代判例考记》，载《中国社会科学》，2007（4）。

授指出:"《管子·任法》说:'有生法,有守法,有法于法。夫生法者君也,守法者臣也,法于法者民也。'明确提出君权与臣权、君主立法与臣下司法的分离,即'两权分立'的基本原则"①。生法与守法的关系,就是立法与司法的关系,也是君权与臣权的关系。我国古代成文法之所以发达,是与君权至上具有密切关联的。君主为了严密控制社会,包括形成对臣权的有效操控,必然独揽立法权,自上而下地提供规则,使臣权的行使受到各种规则的约束。我国学者指出:"中国古代有分工明确而且比较稳定的行政机关(明代以前是宰相,明清时期是中央六部)、司法机关(南北朝以前是廷尉,隋唐时期为大理寺、刑部和御史台,明清时期为刑部、大理寺和都察院),但却没有一个常设的立法机关。这是因为皇帝代表国家牢牢垄断立法权,决不允许行政机关和司法机关插足"②。在这种立法权被君主所垄断的政治体制之下,成文法作为规则的载体具有唯一性,而司法活动只不过是对法律的消极适用,不可能创制规则,因而判例发生作用的空间极为窄小。通过案例产生的规则如欲发生法律效力,必须经司法官的附请,然后由上谕确定。其形式是:在有些情况下,皇帝在核准案件时直接定例或指示刑部议定专门条例,以概括出具体的、普遍的法律规范,即定例。③ 因此,我国古代因案生例,是成文法的一种生成机制,而非判例的形成机制。由此可见,我国古代的政治体制,决定了成文法是法律的唯一载体,而判例的效力在通常情况下是不被承认的,案例只不过是为成文法提供规则来源而已。在这种情况下,立法与司法的关系严格地呈现出"立法生产规则,司法消费规则"这样一种规则的生产与消费的关系。

大陆法系同样实行成文法制度,这种成文法的传统可以追溯到古罗马查士丁尼的《国法大全》。从查士丁尼开始,就决定着大陆法系国家的法典化之倾向。法典编纂者试图让人们相信,通过法典编纂,可以重建纯正统一之法律体系,或者创立一个全新的法律制度。④ 但近代大陆法系的成文法形成,却是法国大革命

---

① 武树臣:《中国古代法律样式的理论诠释》,载《中国社会科学》,1997(1)。
② 郝铁川:《中华法系研究》,199页,上海,复旦大学出版社,1997。
③ 参见汪世荣:《中国古代判例研究》,122页,北京,中国政法大学出版社,1997。
④ 参见张其山:《司法三段论的结构》,16页,北京,北京大学出版社,2010。

案例指导制度的法理考察

的产物，其哲学基础仍然是国家主义，只不过这是一种民主制的国家主义而非我国古代的君主专制主义。例如美国学者梅利曼在论及法国的成文法制度时指出："法国法典编纂者的观念，准确反映了法国的革命思想。例如，废除所有旧法并限制它们对新法影响的原因之一，就是他们推崇国家主义——以便使民族国家保以复兴。国家主义者认为，一切在这种国家建立之前形成的法律以及来源于外国的法律（如来源于欧洲的普通法），都有损于国家主义思想"[1]。在这种国家主义的影响下，立法权被国家所垄断，因而出现了法典崇拜，甚至成文法的拜物教。法典成为"非颤抖的手不得触摸"的敬畏对象。[2]这种对于成文法的崇拜，在贝卡里亚的以下论断中表现得淋漓尽致："一个社会如果没有成文的东西，就决不会具有稳定的管理形式。在稳定的管理形式中，力量来自于整体，而不是局部的社会；法律只依据普遍意志才能修改，也不会蜕变成私人利益的杂烩。经验和理性告诉我们：人类传统的可靠性和确定性，随着逐渐远离其起源而削弱。如果不建立起一座社会契约的坚固石碑，法律怎么能抵抗得住时间和欲望的必然侵袭呢？"[3] 贝卡里亚把社会契约具象化，其载体就是成文法，只有成文法才是一个社会存在的基石。这是一种典型的法律主义观念。当然在贝卡里亚生活的时代，这种观念体现了法治的理想，因而具有历史进步意义。成文法的确定性、一般性和普遍性，无论是对于君主意志的反复无常，还是对于公众意志的虚无缥缈，都是一种有效的限制。可以说，以孟德斯鸠、贝卡里亚为代表的古典启蒙思想家，开启了法治新纪元，对于此后近代法治的建立提供了思想的启蒙。

基于国家主义的观念，立法与司法的关系被重新构造，一种立法中心主义的法治观念得以形成，而成文法律就成为立法与司法之间互相牵制的有形载体。当时受到理性主义的支配，认为立法者可以制定一部完美无缺的法典。例如贝卡里亚指出："当一部法典业已厘定，就应逐字遵守，法官唯一的使命就是判定公民的行为是否符合成文法律。当既应指导明智公民又应指导无知公民的权利规范不再

---

① ［美］约翰·亨利·梅利曼：《大陆法系》，顾培东、禄正平译，27页，北京，法律出版社，2004。
② 参见张其山：《司法三段论的结构》，85页，北京，北京大学出版社，2010。
③ ［意］贝卡里亚：《论犯罪与刑罚》，黄风译，15页，北京，中国大百科全书出版社，1993。

受那种小型的多数人专制的摆布,受难者与压迫者间的距离越小,这种多数人专制就越残忍;多数人专制比一人专制更有害,因为,前者只能由后者来纠正,并且一人专制的残暴程度并非与它的实力成正比,而是同它遇到的阻力成正比"①。贝卡里亚力图用成文法来限制专制的权力,从而保障个人的权利和自由。值得注意的是,在贝卡里亚以上论述中,存在多数人专制与一人专制这一对范畴,似乎更强调成文法对多数人专制的限制。这里的多数人显然不是指法官,而是指民主政体下的人民,这里的人民实际上是立法者本身。因此,贝卡里亚认为立法者本身也是要受到法典的约束。当然,贝卡里亚更为注意的是成文法对司法权的制约,防止司法权的滥用。

我们可以将我国古代的成文法体制与大陆法系国家近代的成文法体制进行对比,两者都基于国家主义观念。我国近代之所以选择大陆法系,也是因为两者具有相近的国家主义观念。② 但是我们又必须看到,两种国家主义观念是存在根本差别的,由此导致其立法与司法关系上的不同构造。我国古代的国家主义,是一种君主专制主义。在君权与臣权相对应的立法与司法关系中,君权尊贵而臣权卑微。在这种体制下,成文法是君权对臣权加以控制的有效途径,从而达致对君权的维护。而大陆法系国家中近代的国家主义,是一种民主制的国家主义,立法权与司法权是国家权力的一种划分,两者具有互相制衡关系。虽然以立法权为中心,司法权处于一种附属的地位,更强调成文法对法官的约束,但通过分权所要追求的目标是对公民个人权利与自由的保障。例如,在刑法中经常讨论的一个重大问题,这就是罪刑法定主义。在大陆法系国家,罪刑法定主义是以成文刑法为载体的。那么,在我国古代同样存在成文刑法,是否也存在罪刑法定主义呢?对此,我国学者曾经展开过争论。我国古代存在引律的悠久传统,同时又有比附的漫长历史。引律意味着援法定罪,这里的法是指律例。《大清律例》中有关于断罪引律令的规定:"凡(官司)断罪,皆须具引律例。违者,(如不具引)笞三十。

---

① [意]贝卡里亚:《论犯罪与刑罚》,黄风译,13页,北京,中国大百科全书出版社,1993。
② 参见郝铁川:《中华法系研究》,196页,上海,复旦大学出版社,1997。

案例指导制度的法理考察

若（律有）数事共（一）条，（官司）止引所犯（本）罪者，听（所犯之罪止合一事，听其摘引一事以断之）。其特旨断罪，临时处治不为定律者，不得引比为律。若辄引（比）致（断）罪有出入者，以过失论。(故行引比者，以故出入人全罪及所增减坐之；失于引比者，以失出入人罪减等坐之)"。从以上规定来看，断罪应当正确地援引律例。如果不能正确地援引律例，无论故意还是过失，都会受到处罚。但与此同时，《大清律例》中又有关于断罪无正条的规定："凡律令该载不尽事理，若断罪而无正条者，（援）引（他）律比附，应加、应减，定拟罪名，（申该上司）议定奏闻。若辄断决，致罪有出入者，以故失论"。以上比附并非臣权而是君权，因为按照比附罪尚需履行严格的法律程序。上述刑律的条例对此作了以下规定："若一条止断一事，不得任意删减，以致罪有出入，其律例无可引用援照别条比附者，刑部会同三法司公同议定罪名，于疏内声明一律无正条，今比照某律、某例科断，或比照某律、某例加一等、减一等科断。详细奏明，恭候谕旨遵行"。由此可见，比附须经谕旨批准方可生效。因此，引律与比附，从形式上来看好像是罪刑法定与类推的关系，两者存在逻辑上的矛盾，但其实两者统一于君权，并无根本矛盾。只有在现代民主国家，罪刑法定主义意在限制国家权力，保障公民权利，因而不允许类推定罪。但在我国古代君主专制社会，援法定罪只是为约束臣权，彰显君权，因而与比附定罪并不存在冲突。在这种政治体制中，公民个人的权利无从说起。对此，日本学者仁井田陞教授指出："中国古代的法定主义，不是这种（按：指西方的罪刑法定）个人主义、自由主义的产物，而是为着国家权力统治人民的需要提出来的。如果说是对国家权力的限制，也是因为认识到任意性的权力反而不利于统治，而给掌权者设立一个权力限度对统治大有好处。虽然都称为法定主义，但两者具有历史的、质的区别。也可以说中国古代的法定主义具有两个基调，即，一方面是把法律作为威吓民众的武器的一般预防主义思想，另一方面是明确统治权限、控制官吏擅断的思想"[①]。以上评论可谓一针见血。在君权至

[①] [日] 仁井田陞：《唐律的通则性规定及其来源》，姚荣涛译，载刘俊文：《日本学者研究中国史论著选译》，第 8 卷，103 页，北京，中华书局，1993。

高无上的专制体制下,只有君主直接操纵的立法才能提供法律规则,而司法则不可能提供法律规则。为控制臣权,要求司法官援法定罪,比附则需经上谕批准。因案形成的规则也只有报经君主批准转化为例以后才能生效。在这种情况下,成文法本身就是君权的象征,判例没有生存的政治基础。

大陆法系国家则与此不同。大陆法系国家虽然实行成文法,但在立法与司法互相制衡的体制下,司法判例仍然有着存在并发生作用的巨大空间。在古典时期,成文法典取得了至高无上的垄断地位,司法被看作只是立法的附庸。法官本身的作用也是机械性的。① 在这种情况下,不用说判例具有法律效力,即使是对法律的解释也是不被允许的,法官只能严格地按照成文法逐字地适用。例如贝卡里亚就认为,刑事法官根本没有解释刑事法律的权力,因为他们不是立法者。② 但此后的事实已经证明,这种严格规则主义难以适应司法活动对规则的需求,即使是司法三段论的适用法律,在个案中适用的裁判规则与作为大前提的法律规范,也是完全不同的。在这种历史背景下,判例制度得以在大陆法系国家确立。例如在现代德国,一些典型的判例,尤其是联邦法院作出的重要判例,在司法实践中具有重要的指导作用。在现代社会发展变化面前,原有的德国法律所暴露出来的"死角"和"空白",都由法院的判例来予以填补。③ 在这种情况下,判例同样具有创制规则的功能,只不过判例所创制的规则是制定法的细则化。

我国的法律体系是以成文法为中心的,立法机关制定的成文法形成了我国法律体系的基本框架。因此,我国的法治是以立法为中心的,在这一点上具有大陆法系的性质。当然,我国也存在独特的司法解释制度,这是一种具有成文性的司法规则形成机制。但是,司法解释仍然不能满足司法活动对规则的需求。在这种情况下,案例指导制度通过发布指导性案例为司法活动提供规则,就成为一种可行的规则提供方式。

---

① 参见[美]约翰·亨利·梅利曼:《大陆法系》,顾培东、禄正平译,37页,北京,法律出版社,2004。
② 参见[意]贝卡里亚:《论犯罪与刑罚》,黄风译,12页,北京,中国大百科全书出版社,1993。
③ 参见何勤华:《德国法律发达史》,53页,北京,法律出版社,2000。

二、判例之规则形成机制的机理分析

在成文法体制下，判例所创制的是裁判规则。这种裁判规则是成文法的细则化，它具有弥补成文法的抽象性与一般性的特殊功能，因而具有独立存在的价值。在传统的司法三段论的法律适用模式中，作为大前提的法律似乎是通过逻辑演绎直接适用于个案的，因而强化了司法活动的机械性，甚至把法官的判决视为制定法的精确复写。① 这是对司法的一种偏见。其实，法官在根据司法三段论进行法律适用时，并不是机械地适用法律，而是在创造性地适用法律。这种创造性，主要表现为将抽象的、一般的法律规范转化为适合于个案的裁判规则。就法律规范与裁判规则的关系而言，前者具有原则性，后者具有细则性，两者并非对立而是统一的。这里涉及法官造法的问题，如果在创制裁判规则的意义上理解成文法体制下的法官造法，我认为是能够成立的，这也正是成文法体制下判例制度存在的理论根据。正如我国学者指出："法官造法实质上就是为当前案件创制一条裁判规则，并不意味着法官仅在狭义的范围内考虑裁判规则如何创立。如果不对法律进行体系化的考察，甚至超载法律的原则、理念进行思考，法官就难为本案创制一条适宜的裁判规则。因此，法官造法的范围应扩展到整个法秩序范围内，但法官应在整个法秩序内考察他所要创制的裁判规则是如何地得以支持。至于法官在裁判中所形成的用于支持裁判规则的原则或法理念，我们毋宁说它们是被发现的，因为法的原则以及法理念可以被归到某种生活方式的反映上"②。

裁判规则形成的过程，是法官对法律规范进行解释的过程，也是一个演绎推理的过程。由于这一推理以法律规范为逻辑起点，因而推导出来的裁判规则是在法律规范体系之内的。如果说这是一种造法，它与立法是完全不同的。因此，与其说是造法，不如说是发现法律。相对于立法的设计生成规则，裁判规则的形成

---

① 参见[德]考夫曼：《法律哲学》，刘幸义等译，72页，北京，北京大学出版社，2010。
② 张其山：《司法三段论的结构》，110页，北京，北京大学出版社，2010。

机制更接近于自然生成规则。可以说，裁判规则是司法裁量的必然结果。裁判规则对于个案纠纷的解释具有直接的、实际的效力，因而是判决的根据。与此同时，裁判规则又具有一般化特征，因而具有被此后判决的可参照性。对此，我国学者指出："如新创立的裁判规则为嗣后的法官们所维持，因此在法律生活中被遵守的话，那么该新造的裁判规则即获得了普遍化的法律效力，即事实上成为一条明确的法律规范，并可直接适用于与当前案件相似的案件，而无需再引用在证立过程中所引用的其他支持规则"①。裁判规则与立法创制的规则是不同的，这种不同不仅在于抽象与具体、一般与个别这样一种规则性质上的差异，而且在于立法规则以成文法的形式呈现，而裁判规则依附于个案而存在这样一种外在形态上的区别。当裁判规则被引入成文法，则它已经不是裁判规则而是立法规则，即法律。因此，在成文法体制下的裁判规则是司法活动中形成的规则，由此而使司法活动在消费规则的同时又生产规则，从而极大地改变了司法的性质。

英美法系的普通法与大陆法系的成文法相对应，形成了其独特的判例法体制。不同于以立法为中心的成文法，判例法是以司法为中心，因而判例法可以说是法官法。英国学者在论及法官在普通法形成中的作用时指出："普通法系国家中有许多伟大的名字属于法官：科克（Coke）、曼斯菲尔德（Mansfield）、马歇尔（Marshall）、斯托里（Story）、霍姆斯（Holmes）、布兰代斯（Brandeis）、卡多佐（Cardozo）。普通法系的最初创建、形成和发展，正是出自他们的贡献。他们逐案严密地进行推论，建立了一个法律体系，使得其后的法官只能遵守'遵循先例'（stare decisis）的原则，依据相同的判例审理类似的案件。虽然在普通法系国家中立法的作用得到普遍承认，而且也有大量有效成文法规存在，但是，对我们来说，普通法是由法官创造和建立起来的。并且，我们一直认为（或者说常常相当错误地认为），立法仅起一种辅助的作用"②。因此，英美法系与大陆法系的区别并不在于是否存在成文法，而在于成文法与判例法的互相联系。在大陆法

---

① 张其山：《司法三段论的结构》，110页，北京，北京大学出版社，2010。
② ［美］约翰·亨利·梅利曼：《大陆法系》，顾培东、禄正平译，34页，北京，法律出版社，2004。

案例指导制度的法理考察

系国家，成文法居于主导地位，判例只是成文法的补充，裁判规则是法律规范的细则化。而在英美法系国家，判例法居于主导地位，而制定法只不过起到辅助作用。在英美法系国家，制定法也必须通过判例才能对现实生活实际发生作用，这充分说明了制定法对于判例法的从属性。

成文法与判例法在规则形成的机理上有所不同：在成文法的体制下，假设了立法与司法的分离及其功能上的区分。立法作为规则的生产者而存在，司法则是规则的消费者，立法与司法的关系就是经济学上的生产与消费的关系。更为重要的是，在成文法体制下，规则的提供采用了一种类似于计划经济的径路：通过自上而下的制度性安排，向司法活动提供规则。因此，成文法体制的哲学基础是建构理性主义，它具有设计生成的特征。然而，司法面对的是日新月异的发展变化中的社会，滞后的立法往往难以满足司法活动对于规则的需求。与此同时，法律本身具有抽象性与一般性，而案件总是具体的与个别的，因而从法律规范转化为裁判规则，同样存在着一个创造性转换的过程，在这一转换过程中离不开法官对细则化的裁判规则的创制。因此，即使是在成文法体制下，判例仍然是不可或缺的，它是规则的辅助性的提供者。

至于判例法体制，在普通法系中规则完全是由司法创制的，因而在普通法中并没有严格意义上的立法与司法的区分，司法活动本身既生产规则又消费规则。根据遵循先例原则，类似案件必须援引先前的司法判例作为裁判根据，从而使规则陈陈相因，处于生生不息的自我生成之中。因而，判例法体制的哲学基础是进化理性主义。英国学者把习惯作为研究普通法的出发点，这种习惯不是指个人的习惯，而是指统治着各个社区的法院的习惯。英国学者指出："构成普通法的内容的，就是那些社区实体的习惯。这些社区的地理界限在某些情况下，又是区分人和文化的界限，而并非是地理界限。在某些情况下，它不仅意味着政府管辖的范围，而且把人和文化区别开来。不过在每一种习惯的适用范围内，那些被我们视为法律的东西，其实并未与社会的其他方面割裂开来。法院是其社区的统治机关，负责处理一切公共事务；在我们看来，它们与其说是法律团体，倒不如说更像公共会议。只是它们行使职能的方式，即那些我们认为属于行政管理职能的方

式,在很大程度上也具有了司法的性质"①。这种以司法为中心的法治与大陆法系以立法为中心的法治是两种不同的法治模式。

如前所述,我国是以成文法为中心的,司法活动也是以法条适用为主要内容的,将抽象的法条适用于具体的个案,采用演绎法完成法律推理过程。在案例指导制度建立以后,司法活动不仅要适用法条,而且在法条空缺的情况下还要参照指导性案例。这是一个巨大的转变,它不仅会对我国法律体系产生影响,而且必然会给法官思维带来变化。

三、判例之规则形成机制的哲学根据

判例法的习惯对应于成文法的理性,尽管习惯和理性都是抽象的概念,但我们还是可以从中体悟成文法与判例法的建构理性主义与进化理性主义的径路差别。

建构理性主义与进化理性主义的分析框架,是著名学者哈耶克提出来的。哈耶克将建构与进化相对应,提出了两种认识径路:唯理论的认识径路和进化论的认识径路。哈耶克认为,基于建构理性主义形成的人为的秩序,这是一种源于外部的秩序或安排,这种人造的秩序也可以称之为一种建构(a construction)或一种人为的秩序。而基于进化理性主义形成的自发的秩序,是一种自我生成的或源于内部的秩序。② 两种秩序的观念对于我们理解成文法与判例法具有重要意义。法律本身就是一种秩序,是规则的秩序,因而建构与进化不仅对于秩序的形成机理具有启迪,而且对于法律规则的形成机理同样具有参考价值。哈耶克运用建构与进化的二元论对法律概念进行了分析,因而将法律分为立法的法律和自发生成的法律。立法的法律,是指成文法或者制定法,而自发生成的法律,是指判例法

---

① [英] S. F. C. 密尔松:《普通法的历史基础》,李显冬等译,4页,北京,中国大百科全书出版社,1999。
② 参见[英]弗里德利希·冯·哈耶克:《法律、立法与自由》,第1卷,邓正来等译,55页,北京,中国大百科全书出版社,2000。

案例指导制度的法理考察

或者普通法。哈耶克是站在普通法的立场对上述两种法律进行论述的,可以明显地看出其对自发生成的法律的推崇,例如我国学者曾经把哈耶克的法治理论称为普通法法治国,它正是以进化论理性为依归的。① 当然,哈耶克也并不否定立法的作用。哈耶克指出:"判例法(case-law)的发展在某些方面讲乃是一种单行道:当它在一个方向上得到了相当程度的发展的时候,即使人们明确认识到了前面的一些判决所具有的某些涵义是极不可欲的,它也往往不可能再顺着原来的方向退回去了。因此,以此方式演化生成的法律都具有某些可欲的特性的事实,并不能证明它将永远是善法,甚或也无法证明它的某些规则就可能不是非常恶的规则;进而,这也就意味着我们并不能够完全否弃立法"②。由此可见,在任何一个国家,无论是大陆法系的成文法国家还是英美法系的判例法国家,法律与判例都有其存在的合理性与必要性。判例法以裁判为中心规则具有自发生成的特征,具有不同于人为制定的成文法的优势。对此,站在成文法的立场上是必须加以强调的。这里还应当指出,成文法体制下的判例与判例法是不同的,但在裁判规则的生成上具有共同之处。我认为,只有通过立法的制定与司法的生成这两种途径,才能为司法活动提供足够的规则,从而实现规则之治。

我国具有悠久的成文法传统,我国之所以选择大陆法系,正如我国学者所指出的那样,中华法系和大陆法系存在相近因素,例如相近的国家主义观念、相近的法典编纂观念、相近的思维方式和相近的审判方式。③ 在这当中,我认为以法典为载体的成文法制度是最为重要的。在清末引入大陆法系以后,我国在较短的时间内完成了近代法典的编纂,与此同时也形成了判例制度作为成文法的补充。在民国时期,最高法院的判例起着法律渊源的作用,并且对判例进行专门汇编,形成《最高法院判例要旨》(1934年、1943年)。④在1949年中华人民共和国建立

---

① 参见[英]弗里德利希·冯·哈耶克:《法律、立法与自由》,第1卷,邓正来等译,135～136页,北京,中国大百科全书出版社,2000。
② 邓正来:《规则·秩序·无知:关于哈耶克自由主义的研究》,245页,北京,三联书店,2004。
③ 参见郝铁川:《中华法系研究》,195页以下,上海,复旦大学出版社,1997。对此的进一步论述,参见封丽霞:《法典编纂论——一个比较法的视角》,352页以下,北京,清华大学出版社,2002。
④ 参见汪世荣:《判例与法律发展:中国司法改革研究》,75页,北京,法律出版社,2006。

以后,随着废除以六法全书为主体的民国法统,我国全面引入苏俄法制。苏俄作为大陆法系国家,尽管十月革命以后国家性质发生了重大变化,但仍然维持着成文法的体制,与我国法制传统十分近似,因而我国延续了成文法传统,只是在1979年以后成文法律才次第颁布。经过近30年的法治建设,现在我国终于初步建成法律体系。但与此同时,判例制度则远远落后于成文法的制定,主要是因为判例的功能在很大程度上被司法解释所取代。正如我在前面所说,司法解释同样具有成文法的性质,它所提供的规则同样具有抽象性与一般性。在这种情况下,亟待建立判例制度。为此,我国学者也呼吁了30年。① 现在,我国判例制度终于以案例指导制度的形式出台。从制度构造上来说,案例指导制度并未实行自然生成的规则形成机制,而是采用了类似于立法程序的指导性案例的创制制度。在这种情况下,我国案例指导制度既非判例又非成文法,似乎是介于两者之间。

无论是成文法还是判例或者判例法,都是以规则为中心的,是一种规则形成机制。成文法体制下的判例制度,应当是一种有别于立法的规则提供模式。但由于采取了行政性的管理方式,我国案例指导制度不具有规则自然生成的机制,因而丧失了其提供规则的独特性。在司法实践中到底能起多大作用,难免令人担忧。

我国的指导性案例,主要是通过提供规则发挥作用的。我国最高人民法院是审判机关,其所颁布的指导性案例包含了裁判规则。但最高人民检察院是检察机关,其所颁布的指导性案例提供的不是裁判规则,而是工作指导规则。无论是哪一种规则,都应当具有不同于法律及司法解释的独特性,这也是在指导性案例遴选中应当注意的问题。2010年12月31日,最高人民检察院下发了第一批三个指导性案例。② 检例第1号施某某等17人聚众斗殴案,最终检察机关作出了不起诉决定。该案要旨指出:"检察机关办理群体性事件引发的犯罪案件,要从促进社会矛盾化解的角度,深入了解案件背后的各种复杂因素,依法慎重处理,积极参

---

① 我国学者关于判例制度的研究成果,参加武树臣主编:《判例制度研究》,北京,人民法院出版社,2004。

② 参见《最高人民检察院公报》,2011(2)。

与调处矛盾纠纷,以促进社会和谐,实现法律效果与社会效果的有机统一"。该案属于政策指导性案例,主要是从该案处理结果中提炼了检察机关办理群体性事件引发的犯罪案件时应当掌握的刑事政策,对于不起诉工作具有一定的指导意义。其实,类似政策在有关文件中都曾经作过规定,例如,在2006年12月28日,最高人民检察院通过的《关于在检察工作中贯彻宽严相济刑事司法政策的若干意见》第14条规定:"正确处理群体性事件中的犯罪案件。处理群体性事件中的犯罪案件,应当坚持惩治少数,争取、团结、教育大多数的原则。对极少数插手群体性事件、策划、组织、指挥闹事的严重犯罪分子以及进行打砸抢等犯罪活动的首要分子或者骨干分子,要依法严厉打击。对一般参与者,要慎重适用强制措施和提起公诉;确需提起公诉的,可以依法向人民法院提出从宽处理的意见"。检例第1号施某某等17人聚众斗殴案中形成的政策指导性规则,是在贯彻上述宽严相济刑事政策中形成的更为具体的处理规则。因为该政策指导性规则是以具体案例为依托的,对于此后处理同类案件具有更为形象的示范功能。

尽管我国案例指导制度尚处于草创之中,指导性案例也刚开始颁布,无论是制度建构还是规则创制,可能都存在着种种不尽如人意之处。但案例指导制度在我国还是新生事物,我们期待着它在司法实践中发挥应有作用,从而使案例指导制度成为我国除法律、司法解释以外的一种规则形成机制。

(本文原载《法制与社会发展》,2012(3))

案例指导制度的规范考察

2010年是我国法治史上具有重要意义的一个年份，在这一年的11月和7月，最高人民法院和最高人民检察院分别通过并颁布了《关于案例指导工作的规定》（以下简称《规定》），标志着案例指导制度在我国的正式建立。案例指导制度中的案例，又称指导性案例。指导性案例区别于不具有指导性的普通案例，在某种意义上说，所谓指导性案例其实就是判例。[①] 因此，我们也可以把案例指导制度称为具有中国特色的判例制度。案例指导制度在我国尚处于初创阶段，两高《规定》分别就案例指导制度中的重大问题作了规定，由此呈现出案例指导制度的大体框架。目前最高人民检察院颁布了第一批指导性案例，最高人民法院则还没有正式颁布指导性案例，而且指导性案例的司法适用情况尚有待观察。在此，根据两高《规定》提供的线索，对我国案例指导制度进行粗疏的勾画，并对其中涉及的相关问题进行规范考察。

一、指导性案例的创制权

两高《规定》都明确地把自身确定为指导性案例的创制主体。最高人民法院

---

① 有鉴于此，在本文中指导性案例与判例这两个用语可以替换。

案例指导制度的规范考察

《规定》第 1 条规定:"对全国法院审判、执行工作具有指导作用的指导性案例,由最高人民法院确定并统一发布。"最高人民检察院《规定》第 14 条规定:"检察机关指导性案例由最高人民检察院公开发布,作为指导全国检察机关工作的一种形式。"在此,两高虽然是《规定》的颁布主体,但实际上它是所确定的指导性案例的创制主体。两高《规定》都具体规定指导性案例经最高人民法院审判委员会讨论决定(高法《规定》第 4 条第 3 款)和最高人民检察院检察委员会审议决定(高检《规定》第 13 条第 2 款)。由此可见,最高人民法院的审判委员会和最高人民检察院的检察委员会是创制指导性案例的法定机构。这里的决定,实际上是指创制。在此,存在以下三个问题需要进一步分析。

(一)指导性案例创制权的含义

指导性案例创制权是指根据一定的条件,并经过一定遴选程序,将已经发生法律效力的案例确定为指导性案例的职权。因此,指导性案例的创制并不是指该案例的审理活动,而是指将一定的案例确定为指导性案例的活动。根据高法《规定》第 4 条第 1 款的规定,指导性案例既可以是最高人民法院各审判业务单位经发生法律效力的裁判,也可以是地方各级人民法院已经发生法律效力的裁判。由此可见,指导性案例的来源不受限制,但这些案例要成为指导性案例,必须经两高根据一定条件并经过一定程序确定。只有这种将普通案例确定为指导性案例的活动,才属于指导性案例的创制。因此,我们应当把指导性案例的审理活动与指导性案例的创制活动加以区分。在此基础上,才能正确地理解指导性案例创制权的含义。

对于指导性案例的创制,最高人民法院《规定》表述为讨论决定,最高人民检察院的《规定》表述为审议决定。总之,都是一种决定权的行使活动。指导性案例是由两高或者地方各级人民法院和人民检察院审理终结的,但只有通过一种自上而下的遴选程序,并且根据实体性条件,最高人民法院审判委员会或者最高人民检察院检察委员会最终决定,才能作为指导性案例正式颁布。

(二)指导性案例创制权的根据

两高《规定》将指导性案例的创制作为两高的一种责权。那么,这一创制权

445

的法律根据何在呢？查证《人民法院组织法》和《人民检察组织法》，均未见关于指导性案例创制权的规定。全国人大常委会亦未对两高颁布指导性案例进行专门授权。因此，两高没有指导性案例创制权的法律明文规定。与此相关的，可能是两高的司法解释权。对此，全国人大常委会于 1981 年通过的《关于加强法律解释工作的决议》，授予两高司法解释权。同时《人民法院组织法》第 32 条也规定，"最高人民法院对于在审判过程中如何具体应用法律、法令的问题，进行解释。"那么，从司法解释权中是否可以分离出指导性案例创制权呢？这个问题的真实含义是：在有关法律没有对两高创制指导性案例的正式授权的情况下，能否从司法解释的授权中寻找其法律依据？最高人民法院《关于司法解释工作规定》，把司法解释的形式分为"解释""规定""批复""决定"四种。上述文件并没有把指导性案例作为司法解释的一种形式。尽管在历史上曾经出现过以案例形式出现的司法解释。例如，1985 年 7 月 18 日最高人民法院以法（研）发〔1985〕16 号发布的《关于破坏军人婚姻罪的四个案例》，要求各级人民法院参照办理，实际上具有司法解释的效力。但从最高人民法院关于司法解释工作的规定来看，指导性案例并没有纳入司法解释的范畴，这是十分明确的。而且，指导性案例与司法解释在法律效力上有所不同，司法解释具有法律的拘束力，而指导性案例不具有法律的拘束力。① 因此，我们也不能从两高的司法解释权中找到指导性案例创制权的法律依据。

指导性案例制度虽然是建立在最高人民法院通过颁布案例来指导全国各级人民法院的审判活动这一工作机制的基础之上的，但它并不是经法律明确授权的一项正式法律制度，而是近年来最高人民法院司法改革的一项重要举措。1999 年《人民法院五年改革纲要》规定："2000 年起，经最高人民法院审判委员会讨论、决定有适用法律问题的典型案件予以公布，供下级法院审判类似案件时参考。"此后，2005 年最高人民法院公布的《人民法院第二个五年改革纲要》（2004—2008 年），在改革和完善审判指导制度与法律统一适用机制的题目下，正式提出建立和完善案例指导制度，认为应当重视指导性案例在统一法律适用标准、指导

---

① 参见周道鸾：《中国案例制度的历史发展》，载《法律适用》，2004（5）。

案例指导制度的规范考察

下级法院审判工作、丰富和发展法学理论等方面的作用,提出最高人民法院制定关于案例指导制度的规范性文件,规定指导性案例的编选标准、编选程序、发布方式、指导规则等工作规划。事实上,这次最高人民法院颁布的《规定》作为案例指导制度的规范性文件,正是人民法院二五改革纲要所确立的司法改革的目标之一。而最高人民检察院在 2003 年就颁布了《关于加强案例管理的规定》,提出了要进一步加强案例编纂工作,对带有普遍指导意义的案例进行深入分析,及时编纂和印发。这些规范性文件都是作为司法改革的举措出台的,为此后我国案例指导制度的建立创造了条件。因此,只有从司法改革这一视角才能为我国目前的案例指导制度提供正当性根据。然而从法律依据上来说存在明显不足,这也是毋庸置疑的。

(三) 指导性案例创制权的垄断

根据两高《规定》,只有两高才享有指导性案例的创制权,因而两高具有对指导性案例创制的垄断性权力。应该说,对于指导性案例的创制主体,在学理上是存在争议的一个问题。在案例指导制度的建立过程中,存在一种相对有力的观点,主张各级司法机关都应当享有指导性案例创制权,只不过不同级别的司法机关颁布的指导性案例在试用范围与规范效力上有所不同而已。例如我国有学者指出,"我国判例的遴选在根本意义上并不存在与立法权的抵牾,判例不是法律渊源,而其遴选主体是与司法权、司法的审级构造相联系的。从司法权的维度来看,最高人民法院和下级人民法院均可编发他们认为'案件典型'、'判决合法'、'理由充分'的判例。'从司法的审级构造来看,成文法国家具有的司法机制科层式特征意味着司法官员们被组织到不同层级的梯队之中。不同层级的法院的工作特征是不同的,上级法院的决策往往体现的是普遍性,而下级法院体现的更多是具体性。严格等级制的逻辑要求下级法院的司法决策必须接受上级的常规、全面的审查。而不受审查的权力在下层官员中的广泛分布将难以避免地损害整个权力结构的预设。'①在此意义上,不同层级的法院均是判例遴选的主体,只不过其遴

---

① 转引自〔美〕米尔伊安·R. 达玛什卡:《司法和国家权力的多种面孔》,郑戈译,24 页,北京,中国政法大学出版社,2004。

447

选判例的效力具有区分的意义。"① 在以上论述中,作者所说的判例遴选,其实就是指判例创制。而且,作者主要引用美国学者关于司法机制的科层制和等级制的特征论证各级司法机关都应当具有判例创制权,即各级司法机关分别颁布各自的判决,只不过效力范围与程度不同而已。但根据目前设计的我国案例指导制度,指导性案例来自各级司法机关,因而各级司法机关决策的普遍性与具体性都能在一定程度上得到关照。而且指导性案例由最高司法机关颁布,上下级司法机关之间的等级制体现得更为明显。这样一种制度设计,可以在一定程度上抵消基于司法权构造特征而对最高司法机关垄断指导性案例创制权所提出的质疑。

不同于上述观点,主张由最高司法机关统一行使指导性案例创制权的观点也为许多学者所主张。例如有学者指出:"为了维护指导性案例的权威性和适用法律的统一性,发布案例只能实行一元化,不能实行多元化,即只能由国家最高审判机关发布,如同司法解释只能由国家最高审判机关统一作出一样。"② 以上论证,主要是从指导性案例的权威性和适用法律的统一性出发。尤其是作者将指导性案例创制权和司法解释权相类比,其路径依赖的思维特征也表现得十分明显。值得注意的是,在司法改革中各地法院都曾经试行过这种类型的案例指导制度。其中较有影响的是 2002 年见诸媒体的郑州市中原区人民法院试行的"先例判决"制度:经过某种程序被确认的生效判决,对本院今后处理同类案件具有一定的拘束力,合议庭或独任审判员应遵循先例,并作出与先例大体一致的判决。③ 对于这一现象,我国学者作出了以下评价:地方法院对判例制度的实践和探索,标志着我国司法实践中严重存在的"同案不同判"现象,将有望得到解决乃至最终解决。④ 这一判断当然是过于乐观的。事实上,两高《规定》出台以后,将指导性案例创制权收归两高行使,各地司法机关不得再颁布指导性案例。值得注意的是,以上论述中都把指导性判决制度的必要性建立在解决"同案不同判"现象之

---

① 邓修明:《刑事判例机制研究》,317~318 页,北京,法律出版社,2007。
② 周道鸾:《中国案例指导制度若干问题研究》,载《中国法律》(香港中英文双语月刊),2010 (1)。
③ 参见《人民法院报》,2002-08-17。
④ 参见汪世荣:《判例与法律发展:中国司法改革研究》,152 页,北京,法律出版社,2006。

案例指导制度的规范考察

上。换言之"同案同判"是案例指导制度所要达致的目标,对此我不敢苟同。同案是否同判,与指导性案例之有无虽有一定关系但又没有必然联系。因为"同案不同判"主要不是规则匮乏造成的,而是偏离规则所致。如果司法腐败问题以及其他制约司法权正常行使的结构性制约因素依然存在,即使有法律或者司法解释的明文规定,也同样会出现"同案不同判"的现象。我认为,案例指导制度主要功能在于创制规则,解决司法活动中规则不足的问题,它是一种规则的自我形成机制,对此将在下文论述。

二、指导性案例的实体性考察

案例指导制度的核心是创制规则,从而满足司法活动对规则的需求。因而,在通过指导性案例创制规则中,存在一些实体性问题需要从法理上加以解读。

(一)指导性案例的遴选标准

两高《规定》都对指导性案例的遴选标准作了明文规定。高法《规定》第2条规定:"本规定所称指导性案例,是指裁判已经发生法律效力,并符合以下条件的案例:(一)社会广泛关注的;(二)法律规定比较原则的;(三)具有典型性的;(四)疑难复杂或者新类型的;(五)其他具有指导作用的案例。"高检《规定》第8条规定:"选送、推荐和征集的案例应当符合下列条件:(一)已经发生法律效力的案件;(二)具有下列情形之一:1. 涉及的法律适用问题在现行法律规定中比较原则、不够明确具体的案件;2. 可能多发的新类型案件或者容易发生执法偏差的案件;3. 群众反映强烈、社会关注的热点案件;4. 在法律适用上具有指导意义的其他案件。"两高以上对指导性案例的遴选标准的规定,除裁判或者案件已经发生法律效力这一点属于程序性特征以外,其他各类均属于实体性特征。对此进行归纳,我们可以将指导性案例分为以下五类。

1. 影响性案例

影响性案例是指社会广泛关注,群众反映强烈的案例。这些年来,我国每年都会发生数起具有全国性影响的案件。其中,较有影响的刑事案件包括:佘祥林

案、许霆案、孙伟铭案、邓玉娇案、赵作海案等。这些案件甚至不用描述案情，只要提及这一个个名字，就已是家喻户晓、路人皆知。例如我国曾经进行年度性的影响性诉讼评选，这里的影响性诉讼与我们所说的影响性案例是十分相近的。所谓影响性诉讼是指那些个案案件价值超越本案当事人诉求，能够对类似案件，对立法、司法完善和社会管理制度改进以及人们的法律意识转变产生较大促进作用的个案。我国学者还对影响性诉讼成为判例的路径进行了探讨。[1] 影响性案例具有社会影响力，但并非所有具有社会影响力的案件都能成为指导性案例，关键还是在于这些影响性案件是否存在产生规则的可能性，也就是是否存在从社会影响力转化为法治影响力的可能性。有些案件虽然社会影响力很大，在一个时期内得到社会广泛关注，但关注的重点并不在于这些案件所涉及的法律问题，而是社会的其他问题，那就不能成为指导性案例。因此，影响性案例作为指导性案例的一种类型，应当从能否创制规则上进行严格把关，而不是以影响力大小作为遴选标准。

2. 细则性案例

细则性案例是指在法律规定较为原则的情况时，将法律原则性规定予以细则化的案例。就这些案例本身而言，并没有重大的社会影响，但由于法律规定不够明确具体，因而通过这些案例对法律规定起到细则化的作用。例如于庆伟职务侵占案，涉及单位的临时工能否构成职务侵占罪这一法律问题。对于本案，检察机关以盗窃罪起诉，法院以职务侵占罪认定。对此，裁判理由指出按照《刑法》第271条第1款的规定，职务侵占罪的主体是公司、企业或者其他单位的人员。在我国社会的现实经济生活中，公司、企业或者其他单位的人员，一般包括正式职工、合同工和临时工三种成分。是否构成职务侵占罪，关键在于公司、企业或者其他单位人员非法占有单位财物是否利用了职务上的便利，而不是行为人在单位的身份。单位正式职工作案，没有利用职务便利的，依法不能定职务侵占罪，即使是临时工，有职务上的便利，并利用职务上的便利非法占有单位财物的，也应

---

[1] 参见吴革主编：《中国影响性诉讼 2005》，5、10 页以下，北京，法律出版社，2006。

案例指导制度的规范考察

当认定属于职务侵占行为。《刑法》第 271 条第 1 款关于职务侵占罪的规定,并没有对单位工作人员的成分作出划分,并未将临时工排除在职务侵占罪的犯罪主体之外。① 这一裁判理由将临时工归属于公司、企业或者其他单位工作人员,这就是一种典型的细则性案例。应该指出,细则性案例是指导性案例的主体部分,因为细则性案例具有规则创制功能,其所创制的规则,虽然只是一种细则,但对于此后处理同类型的案件具有指导作用。

3. 典型性案例

典型性案例是指具有典型意义的案例。那么,如何理解这里的典型意义呢?我认为这里的典型意义是指对于处理同类型的案件具有样板性。我国最高人民法院经常通过颁布典型案例指导全国审判活动。尤其是在一些特殊日子、特殊时期,往往颁布一批具有一定主题性的典型案例。例如在禁毒日颁布有关毒品犯罪案例,或者在儿童节颁布有关残害儿童犯罪案例。也有关于结合专项斗争颁布的典型案例。例如 2011 年 3 月 2 日最高人民法院发布五件侵犯知识产权和制售假冒伪劣商品典型案例,其引言指出:"为配合全国打击侵犯知识产权和制售假冒伪劣商品专项行动的开展,震慑不法分子,切实保护知识产权,维护社会主义市场经济秩序,最高人民法院今天发布了第三批共五件侵犯知识产权和制售假冒伪劣商品的典型案例。"② 从颁布的典型案例来看,并无规则之创制,因而震慑性意义大于法律指导性。如果以规则创制作为案例指导制度的核心,那么所谓典型性案例并不具有规则创制功能,因而其能否成为指导性案例就值得商榷。

4. 疑难性案例

疑难性案例是指疑难复杂的案例。某些案件在法律适用上疑难复杂,往往存在较大争议,因此需要通过颁布疑难性案例加以指导。疑难性案例具有规则创制功能,其所创制的规则具有决疑的性质。例如婚内强奸在我国是一个疑难问题,关于婚内强奸是否构成强奸罪存在较大争议。最高人民法院刑庭先后发表了白俊

---

① 本案载最高人民法院刑事审判第一、二、三、四、五庭编:《刑事审判参考》,第 31 辑,55 页,北京,法律出版社,2003。

② 《人民法院报》,2011-03-02,第 3 版。

峰强奸案和王卫明强奸案，为处理婚内强奸案件提供了规则。其中，白俊峰案的裁判理由指出："如果在合法婚姻关系存续期间，丈夫不顾妻子反对，甚至采用暴力手段与妻子强行发生性关系的行为，不属刑法意义上的违背妇女意志与妇女进行性行为，不能构成强奸罪。"① 而王卫明案的裁判理由则指出："在婚姻关系非正常存续期间，如离婚诉讼期间，婚姻关系已进入法定的解除程序，虽然婚姻关系仍然存在，但已不能再推定女方对性行为是一种同意的承诺，也就没有理由从婚姻关系出发否定强奸罪的成立。"② 因此，上述两个案例确立了以下规则："在婚姻关系正常存续期间，丈夫不能成为强奸罪的主体；在婚姻关系非正常存续期间，丈夫可以成为强奸罪的主体。"疑难性案例作为指导性案例的一种类型，为解决疑难案件提供统一的法律尺度，因而具有现实意义。

5. 新类型案例

新类型案例是指新出现并且具有一定典型性的案例。在司法活动中，随着社会生活的演变，往往出现一些不同于以往的案件，对于处理这些案件缺乏司法经验，也缺乏司法规则，因此需要通过案例指导制度创制规则。例如网络犯罪是一种新类型的案件，这类案件中涉及一个法律问题：虚拟财产是否属于财产犯罪侵害的客体？对此，孟动、何立康网络盗窃案的裁判理由指出："以电磁记录为载体变现出来的虚拟物品，理论上将其称之为虚拟财产。其主要是网络游戏玩家通过申请游戏账号、购买游戏点卡、在线升级等手段获得的货币、武器、装备等。从其来源形式看，主要为：一是玩家投入大量的时间、精力和金钱在游戏中不停'修炼'获得；二是玩家用现实货币购买获得。……应该指出，对于来源于玩家自身'修炼'获得的虚拟财产价值的确很难确定；但对于通过交易方式取得的虚拟财产价值则是可以衡量的，而且进一步说，从财产保护的平等性出发，只要具有财产属性就应当给予平等的法律保护，至于财产价值确定的难易不能成为法律

---

① 中华人民共和国最高人民法院刑事审判第一庭：《刑事审判参考》，总第3辑，25页，北京，法律出版社，1999。
② 中华人民共和国最高人民法院刑事审判第一庭：《刑事审判参考》，总第7辑，28页，北京，法律出版社，2000。

是否给予保护的根据。"① 这一裁判理由实际上确认了网络虚拟财产可以成为财产犯罪的客体，因而对于处理网络犯罪案件具有指导意义。

应当指出，以上五种指导性案例的类型，有些是存在交叉重合的。我认为，无论是哪一种类型的指导性案例，都应当以创制规则为中心，否则只具有示范意义而不会具有指导意义。

（二）指导性案例的适用范围

关于指导性案例的适用范围，高法《规定》第 7 条规定适用于类似案件，而高检《规定》第 15 条规定适用于同类案件、同类问题。那么，如何理解这里的类似或者同类呢？这是一个值得研究的问题。我认为，所谓相关案件或者同类案件是指在案情上基本相同，由此而为适用指导性案件的规则提供了事实根据。我国学者对如何判断待决案件与判例是否属于同类案件，提出了以下方法和步骤：(1) 列举最高人民法院判例的必要事实特征，例如该判例的必要事实特征为 A，有某些特征 X、Y 和 Z。(2) 处理该案的法律事实 A 的法律原则 P。(3) 列举待决案件具有事实特征 B，有某些特征 X、Y 和 C。(4) 对事实 A 和 B 之间进行比对，由于 A 和 B 具有共同之处 X、Y，所以 B 也应适用 A 的法律原则 P。② 以上方法和步骤为类似案例的判断提供了可行的路径。当然，这只是类比法的一种套用，若要在具体判断的基础上形成司法经验还需假以时日。在此，我认为还是有必要借鉴判例法的区别技术。在英美判例法国家，存在所谓区别技术，实际上就是对案件是相类似或者同类进行判断的方法。英国学者曾经指出："在一切法律体系中，不论是成文法还是不成文法体系，法官为了公平的缘故，一般总是倾向于以他们在以往的相似案件中所使用的相同做法来对新的案件进行判决。在普通法系中，法官们认为，如果以往的案例与目前需要作出判决的案件在基本事实上相似，那么，以往的案例就是应当遵循的判例。如果基本事实相异，那么，在对新案进行判决时它就不具有约束力，不论在哪个判例中法官在判决时对有关的

---

① 中华人民共和国最高人民法院刑事审判第一、二、三、四、五庭主办：《刑事审判参考》，总第 53 集，47～48 页，北京，法律出版社，2007。

② 参见董皞主编：《中国判例解释构建之路》，192 页，北京，中国政法大学出版社，2009。

法律做过什么样的解释。在普通法中,法律规则发展过程的关键步骤是发现案件基本事实上的异同。"① 因此,对案件事实是否类似或者同类的判断,是案例指导制度中的重要问题。在这一点上,体现出判例制度在法律推理上的特殊性。成文法的法律推理主要是一种演绎,在查清案件事实的基础上,将法律规则适用于个案。其关键是案件事实能否被法律规则所涵摄。因此,法律适用的重点是对法律规则的解释。而在判例制度下,由于其规则来自判例,因而规则本身都是较为具体的,甚至是十分个别的。在这种情况下,对规则的解释并不是司法活动的重点,其重点在于对待决案件与判决的案件在事实上是否具有类似性进行正确判断:如果类似,则可以适用先例规则。如果不相类似,则不能适用先例规则。在案件事实类似性的判断中,更多的是采用类比推理方法。在我国实行案例指导制度以后,对案件事实的类似性的争议及其裁判,将会成为司法活动的重要内容,它直接决定着指导性案例的适用范围。

(三)指导性案例的规范效力

案例指导制度中的案例指导规则,对于类似案件或者同类案件到底具有何种规范效力?这也许是案例指导制度中最引人关注的一个问题,也是在法理上争议最大的问题。在英美法系国家,判例当然是具有法律拘束力的。但在大陆法系国家,判例在司法过程中只具有辅助性作用。因此,大陆法系国家的判例远不像英美法系国家的那样具有法律拘束力,一般只是具有事实上的约束力。例如日本,判例在实际业务中具有相当大的约束力。判例的事实上的约束力的法理根据在于下级审判服从最高法院的判例,同样或类似的案件用同样的方式解决,是司法满足公平要求的基本原理。判例的事实上的约束力的功利根据在于:下级审判作出违反上级审判的判例判决时,这种判决很有可能被上级审判撤销。为避免这种危险,下级审判必须服从上级审判的判例。② 在我国建立判例制度的讨论中,对于判例是否应当具有拘束力的讨论,明显地存在肯定与否定这两种互相对立的观

---

① [英]彼得·斯坦、约翰·香德:《西方社会的法律价值》,王献平译,133 页,北京,中国法制出版社,2004。
② 参见[日]后藤武秀:《判例在日本近代化中的作用》,载《比较法研究》,1997 (1)。

案例指导制度的规范考察

点。然而,这个问题又涉及判例与司法解释的关系。否定说将判例与司法解释加以区分,并且认为区分的标志就在于效力不同:最高人民法院作出的司法解释具有法律的拘束力,案例对及时指导全国法院的审判工作、正确适用法律,无疑具有重要的作用,但不具有法律的拘束力。① 而肯定说则将判例作为司法解释的一种形式,认为经最高人民法院审判委员会讨论选定的判例解释具有司法解释效力,具有法律上的拘束力,地方各级人民法院必须执行遵循,最高人民法院也必须遵守自己选定的判例解释。② 我们注意到,以上讨论主要是围绕判例是否具有法律上的拘束力展开的,因为司法解释具有法律上的拘束力,如果把判例作为司法解释的载体,判例当然也就具有法律上的拘束力。判例与司法解释的关系,是我在后文需要展开讨论的一个问题。从目前我国案例指导制度的设计来看,明显是把案例指导制度与司法解释制度加以区隔的。因此,指导性案例难以通过司法解释获得法律上的拘束力。就此而言,指导性案例没有法律上的拘束力。那么,指导性案例是否具有事实上的拘束力呢? 我以为这个问题是可以讨论的。

从我国实行案例指导以来的实践情况看,涉及指导性案例的效力问题,曾经先后采用以下表述:(1)参照。例如1985年7月18日最高人民法院印发《关于破坏军人婚姻罪的四个案例》,在通知中表述为"供参照办理"。(2)借鉴。从1985年起发行的《最高人民法院公报》,刊登了相关案例。有些案例经过最高人民法院审判委员会讨论,并指出这些案例"可供各级人民法院借鉴"。(3)指导。2005年最高人民法院公布的《人民法院第二个五年改革纲要》(2004—2008年)则采用了指导一词,强调指导性案例在指导下级法院审判工作中的作用。应该说,以上三种表述,虽然措辞上有所不同,其含义大体上相同。两高《规定》采用了参照一词。对于这里的参照,最高人民法院研究室胡云腾主任指出:"参照就是参考、遵照的意思,即法官在审理案件时,处理与指导性案例相类似案件

---

① 参见周道鸾:《中国案例制度的历史发展》,载《法律适用》,2004(5)。
② 参见董皞主编:《中国判例解释构建之路》,150页,北京,中国政法大学出版社,2009。

455

时，要遵照、遵循指导性案例的裁判尺度和裁判标准。"① 值得注意的是，高法《规定》第 7 条规定的是"应当参照"，对此，胡云腾主任指出："应当就是必须。当法官在审理类似案件时，应当参照指导性案例而未参照的，必须有能够令人信服的理由；否则，既不参照指导性案例又不说明理由，导致裁判与指导性案例大相径庭，显失司法公正的，就可能是一个不公正的判决，当事人有权利提出上诉、申诉。"② 由此可见，指导性案例并非没有任何拘束力。高检《规定》第 15 条采用的是"可以参照"的表述，但第 16 条又作了以下重要规定："在办理同类案件、处理同类问题时，承办案件的检察官认为不应当适用指导性案例的，应当书面提出意见，报经检察长或者检察委员会决定。"从以上规定来看，指导性案例的效力比"应当参照"还要高，甚至可以认为是对德国"案例背离报告制度"的一种借鉴。③ 在德国，除了联邦宪法法院的判例具有强制约束力以外，没有适用判例的立法。但是法律要求建立一种报告制度，即当法院要背离判例另行判决时，必须向上级法院报告。④ 不可否认，参照一词本身的强制性特征不是十分明显。因此，正如我国学者指出："从语义学角度分析，参照执行给裁判者留下了自由裁量的较大空间，似无必须照办的含义，因此，在'参照'之前加上'应当'，感觉上是矛盾组合。"⑤ 但从体系解释的角度来看，在两高《规定》的特定语境中，参照还是具有某种程度的强制性。因此，我认为我国指导性案例虽然没有法律上的拘束力，但应当肯定其具有事实上的拘束力。

---

① 胡云腾：《人民法院案例指导制度的构建》，载《法制网》，见 http：//www.legaldaily.com.cn/bm/content/2011 - 01/05/content _ 2427562.htm？node＝20739。
② 胡云腾：《人民法院案例指导制度的构建》，载《法制网》，见 http：//www.legaldaily.com.cn/bm/content/2011 - 01/05/content _ 2427562.htm？node＝20739。
③ 参见王军、卢宇蓉：《检察案例指导制度相关问题研究》，载《人民检察》，2011（2）。
④ 参见王玠：《判例在联邦德国法律制度中的作用》，载《人民司法》，1998（7）。
⑤ 张志铭：《对中国建立案例指导制度的基本认识》，载《法制资讯》，2011（1）。

案例指导制度的规范考察

三、指导性案例的体例结构

指导性案例采取什么样的格式，这是一个涉及指导性案例的体例结构的问题。这个问题在英美法系和大陆法系国家（地区）都是不存在的。在英美法国家，由于实行判例法，先例具有法律约束力，而这些具有判例作用的先例就是上级法院或者本院先前的原始判决。判例法的区别技术中所谓区别，是指当前案件与往日判例之间的区别，从区别中寻找适用依据、判决理由。[①] 而在一份普通法系国家的判决中，又应当将具有约束力的判决理由与仅具有说服力的附带意见加以区分。判决理由和附带意见的区别之关键在于判断法官所针对案件的争议点而发表的决定案件实体处理的意见。如果是决定案件实体处理的法官意见，则可以认定为是法官的判决理由，否则，只能是附带意见。前者具有拘束力，而后者只具有说服力。[②] 大陆法系国家（地区）的判例制度，其判例并非经法定程序颁布，同样是原始判决，因此要求法官到判例中去寻找相关的司法规则以便适用。只有在采取法定程序颁布判例的情况下，才存在判例的规范构造问题。例如我国台湾地区区分判例和判决，经"司法院"核定的"最高法院"判决即为判例，判例具有先例拘束力。在判例中，具有约束力的就是裁判要旨。一个判决被确立为判例时，一般都附有适当的"要旨"，判例中隐含的法律原则与规则均体现于此。[③]

我国在以往的案例指导实践中，开始并无案情与裁判理由的明显区分，因为当时裁判文书较为简单，缺乏充分的说理和有力的论证。即使是《最高人民法院公报》颁布的指导性案例，也没有对指导规则进行提炼。以后，公报案例增添了"裁判摘要"。因此，公报案例的内容分为裁判摘要与案例本身这两个有机组成部分。一般来说，案例是原始的判决，包含案情、诉讼过程及判决结果等内容。在判决结果的论证中，当然也就包含着裁判理由。但一般判决中的裁判理由主要是

---

① 参见孙笑侠：《法的现象与观念》，262 页，北京，群众出版社，1995。
② 参见董皞主编：《中国判例解释构建之路》，164 页，北京，中国政法大学出版社，2009。
③ 参见董皞主编：《中国判例解释构建之路》，180 页，北京，中国政法大学出版社，2009。

针对个案的,将其上升为一般规则,尚需进行提炼与概括。而公报案例的裁判摘要就是编纂者从案例的裁判理由中提炼出来的,它在一定程度上可以脱离具体案件而存在,因而具有对个案的超越性。我国学者将公报案例中的裁判摘要称为指导规则,指出:"指导规则的拟定,既要来源于具体案例,又要做适当的抽象加工。指导规则拟定的好坏,直接关系到指导性案例效能的发挥。"[1] 指导性案例之所以能够发挥指导作用,主要是从案例中提炼出了指导规则,这些指导规则为此后处理类似案件提供了参照。

在两高《规定》中,高法《规定》未对指导性案例的体例结构作出明确规定,但高检《规定》第10条对此作出了以下具体规定:"撰写案例材料的体例包括标题(主标题和副标题)、要旨、基本案情、主要争议问题、处理理由五个部分,并符合下列制作要求:(一)标题,主标题为案件核心内容的提炼,副标题为案件当事人和案由;(二)要旨,简要概述案件具有指导意义的要点提示;(三)基本案情,准确精练、层次清晰地概括反映案件的基本情况,包括办案经过、有关方面意见以及最终处理结果;(四)主要争议问题,全面介绍案件的争议焦点或者分歧意见;(五)处理理由,在对案件进行分析评议的基础上,充分阐明案件的指导价值。"应当说,以上规定是十分具体的,为指导性案例制作提供了格式体例。

四、指导性案例的程序性考察

普通案例只有经过一定的遴选程序,才能被确认为指导性案例。这一程序对于保证指导性案例的权威性、正确性与合法性,具有重要意义。根据两高《规定》,指导性案例的创制主要有以下三个程序。

(一)指导性案例的推荐程序

哪些案例可以成为指导性案例,需要经过严格的遴选程序。我国的指导性案

---

[1] 刘树德:《刑事指导案例汇览》,4页,北京,中国法制出版社,2010。

案例指导制度的规范考察

例并非都是最高司法机关自身审理或者处理的案件,大部分案例来自地方司法机关。那么,这些来自地方司法机关的案例如何自下而上地进入指导性案例的范围呢?对此,两高都设立案例指导工作机构,负责指导性案例的遴选。其中,高法《规定》规定了指导性案例的推荐程序,其第 4 条规定:"最高人民法院各审判业务单位对本院和地方各级人民法院已经发生法律效力的裁判,认为符合本规定第二条规定的,可以向案例指导工作办公室推荐(第 1 款)。各高级人民法院、解放军军事法院对本院和本辖区内人民法院已经发生法律效力的裁判,认为符合本规定第二条规定的,经本院审判委员会讨论决定,可以向最高人民法院案例指导工作办公室推荐(第 2 款)。中级人民法院、基层人民法院对本院已经发生法律效力的裁判,认为符合本规定第二条规定的,经本院审判委员会讨论决定,层报高级人民法院,建议向最高人民法院案例指导工作办公室推荐(第 3 款)。"此外,高法《规定》第 5 条还对人大代表等社会各界人士的推荐作了规定,由此广泛开拓指导性案例的来源。而高检《规定》则将指导性案例来源分为三种形式:第一种形式是选择。其第 6 条规定,最高人民检察院各业务部门和省级人民检察院认为可以作为指导性案例的,向最高人民检察院案例指导工作委员会选送。第二种形式是征集。根据高检《规定》第 7 条第 1 款规定,最高人民检察院案例指导工作委员会可以向地方各级人民检察院征集有关案例。第三种形式是推荐。根据高检《规定》第 7 条第 2 款的规定,人大代表等社会各界人士对人民检察院办理的案件,认为符合指导性案例条件的,可以向最高人民检察院指导工作委员会推荐。通过以上程序,保证了指导性案例的来源,为案例指导工作创造了条件。

(二)指导性案例的审查程序

指导性案例的审查程序是指对推荐案件审查决定使之成为指导性案例的程序。并非推荐上来的案例都能够成为指导性案例,还要经过一个审查程序。这里的审查,是指对被推荐案例是否符合指导性案例的条件的审查。高法《规定》第 6 条第 1 款规定:"案例指导工作办公室对于被推荐的案例,应当及时提出审查意见。符合本规定第二条规定的,应当报请院长或者主管副院长提交最高人民法院审判委员会讨论决定。"因此,高法对指导性案例采取了两级审查程序:一是

案例指导工作办公室的初级审查,其功能是决定是否提交审判委员会讨论决定。二是最高人民法院审判委员会的最终审查,其功能是决定是否作为指导性案例颁布。相对来说,高检《规定》对指导性案例的审查程序设计较为复杂,在案例指导工作委员会对案例进行初步审查以后,还要将案例分送有关业务部门进行审查。有关业务部门审查同意作为指导性案例的,送交案例指导工作委员会审议。必要时,还可以召开专家论证会进行论证。案例指导工作委员会经过集体讨论,认为应当作为指导性案例的,提请检察委员会审议决定。应该说,上述审查程序是严格与严肃的,对于保证指导性案例的质量具有重要意义。

(三)指导性案例的公布程序

指导性案例的公布程序是指采用一定方式将审查决定的指导性案例加以发布的程序。高法《规定》第 6 条第 2 款规定:"最高人民法院审判委员会讨论决定的指导性案例,统一在《最高人民法院公报》、最高人民法院网站、《人民法院报》上以公告的形式发布。"此外,高法《规定》第 8 条还规定,最高人民法院案例指导工作办公室每年度对指导性案例进行编纂。高检《规定》第 17 条规定的指导性案例公告形式是:(1)最高人民检察院公报;(2)人民检察院指导性案例汇编;(3)最高人民检察院网站。此外,高检《规定》第 14 条还把指导性案例分为公开发布与内部发布两种情形。除公开发布的以外,总结经验、教训的案例以及不宜公开发布的案例,可以在检察机关内部发布。总体上说,还是以公开发布为原则,以内部发布为例外。只有经过公布程序,才能使指导性案例为人所知晓,在审判与检察工作中充分发挥其指导作用。

五、指导性案例的范例性考察

在最高人民法院和最高人民检察院建立案例指导制度以后,两高先后发布了第一批指导性案例。最高人民检察院在 2010 年 12 月 31 日颁布了六个指导性案例,最高人民法院在 2011 年 12 月 21 日颁布了四个指导性案例。这些案例为我们考察案例指导制度提供了依据。在此,我想从形式与内容两个方面对两高颁布

案例指导制度的规范考察

的指导性案例进行初步分析。

（一）指导性案例形式结构的分析

从形式上来看，最高人民法院的指导性案例在结构上分为裁判要点、相关法条、基本案情、裁判结果和裁判理由这五个部分。在此，引人关注的是裁判要点和裁判理由这两部分。其中，裁判要点是指导性案例所创制的规则，而裁判理由是规则赖以成立的根据。最高人民检察院颁布的指导性案例，从体例上来看，分为三个部分，这就是要旨、基本案情和诉讼过程。其中，要旨是案例制度规则，也是指导性案例的精髓之所在。

从两高的指导性案例的结构上来看，要旨或者要点与基本案情是相同的，只是最高人民法院的指导性案例多了裁判理由的内容，这是由两高的不同性质所决定的。尤其值得注意的是，最高人民法院在颁布指导性案例的同时，还颁布了《关于发布第一批指导性案例的通知》，在通知中，专门对案例的指导精神进行了叙述，其内容与指导性案例的裁判要点基本相同。例如，王志才故意杀人案的指导精神是"王志才故意杀人案旨在明确判处死缓并限制减刑的具体条件。该案例确认：刑法修正案（八）规定的限制减刑制度，可以适用于 2011 年 4 月 30 日之前发生的犯罪行为；对于罪行极其严重，应当判处死刑立即执行，被害方反应强烈，但被告人具有法定或酌定从轻处罚情节，判处死刑缓期执行，同时依法决定限制减刑能够实现罪刑相适应的，可以判处死缓并限制减刑。这有利于切实贯彻宽严相济刑事政策，既依法严惩严重刑事犯罪，又进一步严格限制死刑，最大限度地增加和谐因素，最大限度地减少不和谐因素，促进和谐社会建设"。而王志才故意杀人案的裁判要点是："因恋爱、婚姻矛盾激化引发的故意杀人案件，被告人犯罪手段残忍，论罪应当判处死刑，但被告人具有坦白悔罪、积极赔偿等从轻处罚情节，同时被害人亲属要求严惩的，人民法院根据案件性质、犯罪情节、危害后果和被告人的主观恶性及人身危险性，可以依法判处被告人死刑，缓期二年执行，同时决定限制减刑，以有效化解社会矛盾，促进社会和谐"。

比较案例指导精神和裁判要旨，我们发现两者对案例所具有的指导意义的归纳重点并不完全相同。王志才故意杀人案，涉及两个法律问题：一是适用死缓的

461

条件，即因恋爱、婚姻矛盾激化引发的故意杀人案件，在被告人具有坦白悔罪、积极赔偿等从轻处罚情节的情况下，可以判处死缓。如果被告人亲属要求严惩的，可以同时适用限制减刑制度。这一内容对于死缓的适用具有重要意义，可以在更大限度上减少死刑立即执行的适用。对于因恋爱、婚姻矛盾激化引发的故意杀人案件，在被告人具有坦白悔罪、积极赔偿等从轻处罚情节，并且被害人亲属表示谅解的情况下，可以判处死缓，这是没有问题的。但如果被害人亲属仍然要求严惩，如何处理？对此，可以适用《刑法修正案（八）》所规定的限制减刑制度。这是这一案例的指导意义之所在。二是限制减刑制度的适用。因为限制减刑制度实施不久，在司法实践中如何正确适用限制减刑制度还存在疑惑。例如对于2011年5月1日《刑法修正案（八）》实施之前发生的犯罪行为能否适用限制减刑制度？对此，自2011年5月1日起施行的最高人民法院《关于〈中华人民共和国刑法修正案（八）〉时间效力问题的解释》明确规定，2011年4月30日以前犯罪，判处死刑缓期执行的，适用修正前《刑法》第50条的规定；被告人具有累犯情节，或者所犯之罪是故意杀人、强奸、抢劫、绑架、放火、爆炸、投放危险物质或者有组织的暴力性犯罪，罪行极其严重，根据修正前刑法判处死刑缓期执行不能体现罪刑相适应原则，而根据修正后刑法判处死刑缓期执行同时决定限制减刑可以罚当其罪的，适用修正后《刑法》第50条第2款的规定。按照以上司法解释的规定，对于2011年4月30日《刑法修正案（八）》实施之前发生的犯罪行为是可以适用限制减刑制度的。而王志才故意杀人案就是2011年4月30日《刑法修正案（八）》实施之前发生的犯罪行为适用限制减刑制度的一个司法实例，对于正确适用《刑法修正案（八）》规定的死缓限制减刑制度具有参考价值。对比案例指导精神和裁判要旨，我们发现案例指导精神更强调明确判处死缓并限制减刑的具体条件，而裁判要点则强调了因恋爱、婚姻矛盾激化引发的故意杀人案件的死刑适用，两者的重点各有偏重。当然，由于是第一批颁布指导性案例，最高人民法院专门发布通知并对案例的指导精神进行叙述。以后未必每一批指导性案例的颁布，都会发布通知，因此上述指导精神与裁判要点之间的差异也就不会存在。但以上分析还是反映了在如何归纳裁判要旨上需要进一步完善

案例指导制度的规范考察

之处。

至于最高人民检察院的指导性案例,在其体例上,具有特点的是对诉讼过程的较为详尽的描述。例如忻元龙绑架案(检例第 2 号),从宁波市中级人民法院一审到浙江省高级人民法院二审,再到最高人民检察院向最高人民法院提出抗诉,最高人民法院指令浙江省高级人民法院另行组成合议庭对忻元龙案件进行再审,再审以后又经最高人民法院死刑复核,最终判决生效。这个诉讼过程展示了该案经过的诉讼环节,以及在各个诉讼环节各级司法机关对该案作出的各种程序性和实体性的裁决和判决。综上,两高颁布的第一批指导性案例在形式上都各具特色,为以后的指导性案例提供了样板。

此外,关于指导性案例的编序,最高人民检察院颁布的案例以"检例第某号"进行编排,形成一个有机的序列,对于检索引用都具有便利性。但最高人民法院颁布的指导性案例则没有进行编序,我认为,这是一种缺陷。因为指导性案例将来是要在判决书说理中援引的,虽然每个指导性案例都有标题,例如王志才故意杀人案,但考虑到将来指导性案例的不断累积,只有标题而没有序号,大量指导性案例堆砌在一起,可能会发生无从辨识的问题。而且,根据指导性案例颁布的批次进行分类,也不是一个便利的办法。因此,对于指导性案例的编序问题应当引起最高人民法院的足够重视,及时采取补救措施。

(二)指导性案例实体内容的分析

从内容上说,两高的第一批指导性案例在创制司法规则和提供对司法工作的指导精神方面具有重要意义。根据我们分析,两高的第一批指导性案例主要有以下类型。

1. 规则创制性案例

对于案例指导制度来说,创制规则是其根本职责之所在。没有规则的创制,也就没有指导性案例存在的必要性。案例指导制度通过创制司法规则,发挥其对司法活动的指导作用,以弥补立法与司法解释的不足。最高人民法院颁布的第一批指导性案例,在创制规则方面的能力是值得我们肯定的。例如潘玉梅、陈宁受贿案就针对受贿案件的新类型,创制了相关的司法规则。潘玉梅、陈宁受贿案的

裁判要点所确立的是以下司法规则：（1）国家工作人员利用职务上的便利为请托人谋取利益，并与请托人以"合办"公司的名义获取"利润"，没有实际出资和参与经营管理的，以受贿论处。（2）国家工作人员明知他人有请托事项而收受其财物，视为承诺"为他人谋取利益"，是否已实际为他人谋取利益或谋取到利益，不影响受贿的认定。（3）国家工作人员利用职务上的便利为请托人谋取利益，以明显低于市场的价格向请托人购买房屋等物品的，以受贿论处，受贿数额按照交易时当地市场价格与实际支付价格的差额计算。（4）国家工作人员收受财物后，因与其受贿有关联的人、事被查处，为掩饰犯罪而退还的，不影响认定受贿罪。这些司法规则对于正确处理同类受贿案件具有重要的参考价值。尤其是这些司法规则以抽象的规范形式呈现出来，它在一定程度上已经与具体案例分离，从而对此后处理同类案件提供了规范根据，实现案例指导制度建立的目的。当然，我们也还必须指出，最高人民法院第一批指导性案例创制的司法规则尚缺乏原创性，它只是对已有的司法解释的一种重申。例如，潘玉梅、陈宁受贿案所创制的以上司法规则在两高有关受贿罪的司法解释中都已经有明文规定。例如，上述司法规则之一，与2007年7月8日两高《关于办理受贿刑事案件适用法律若干问题的意见》（以下简称《意见》）第3条第2款的内容相同。司法规则之二，与2003年11月13日最高人民法院《全国法院审理经济犯罪案件工作座谈会纪要》关于"为他人谋取利益"的认定的规定精神是相同的，只是在文字表述上有所不同。司法规则之三，与前引《意见》第1条的规定内容相同。司法规则之四，与前引《意见》第9条第2款的内容相同。在这种情况下，将来在具体案件中到底是援引司法解释的规定还是指导性案例的规则，这还是一个值得研究的问题。考虑到这是两高颁布的第一批指导性案例，在规则的创制上采取较为稳妥的方法，这是可以理解的。但其后陆续颁布的其他批次的指导性案例如果不能在填补司法规则创制的空白性方面有所作为，则必将影响案例指导制度功能的发挥。

2. 政策宣示性案例

在最高人民检察院颁布的第一批指导性案例中，某些指导性案例主要起到一种刑事政策的宣示作用。例如施某某等17人聚众斗殴案（检例第1号）的要旨

是"检察机关办理群体性事件引发的犯罪案件,要从促进社会矛盾化解的角度,深入了解案件背后的各种复杂因素,依法慎重处理,积极参与调处矛盾纠纷,以促进社会和谐,实现法律效果与社会效果的有机统一"。这一要旨从内容上来说并不是司法规则,而是一种刑事政策的宣示,对于处理同类案件也是具有指导意义的。以上要旨体现的是宽严相济的刑事政策,主要体现了检察机关在办理群体性事件引发的犯罪案件的时候,应当掌握的政策界限。关于在检察工作中贯彻宽严相济的刑事政策问题,最高人民检察院曾经在2007年1月15日颁布了《关于在检察工作中贯彻宽严相济刑事司法政策的若干意见》(以下简称《意见》),该《意见》对在检察工作中如何贯彻宽严相济刑事政策做了较为具体的规定。但由于篇幅所限,《意见》的规定不可能面面俱到。例如,关于群体性事件引发的犯罪案件的处理问题,前引《意见》做了以下规定:"处理群体性事件中的犯罪案件,应当坚持惩治少数,争取、团结、教育大多数的原则。对极少数插手群体性事件,策划、组织、指挥闹事的严重犯罪分子以及进行打砸抢等犯罪活动的首要分子或者骨干分子,要依法严厉打击。对一般参与者,要慎重适用强制措施和提起公诉;确需提起公诉的,可以依法向人民法院提出从宽处理的意见。"应该说,这一规定还是较为笼统的,在处理具体的群体性事件引起的犯罪案件的时候,还需要更为明确的政策指导。施某某等17人聚众斗殴案(检例第1号)以一起群体性事件引发的聚众斗殴案为例,对于如何贯彻宽严相济刑事政策进行了具体的示范,因而具有刑事政策的宣示性。

3. 工作指导性案例

在最高人民检察院颁布的第一批指导性案例中,某些指导性案例具有对检察工作的指导性。检察工作与审判工作在性质上有所不同,审判工作主要是依法从事裁判,因此在指导性案例的类型上,人民法院的指导性案例都是规则创制型的案例。而检察工作除了批准逮捕和提起公诉等活动具有裁量性以外,还有一些其他检察工作,例如监所检察、反贪和渎侦等。通过颁布指导性案例可以对这些检察工作进行指导。例如林志斌徇私舞弊暂予监外执行案(检例第3号),该案的主旨是"司法工作人员收受贿赂,对不符合减刑、假释、暂予监外执行条件的罪

犯，予以减刑、假释或者暂予监外执行的，应根据案件的具体情况，依法追究刑事责任"。在此，只是重申了刑法规定，似乎没有解决相关的法律问题。但之所以颁布这一指导性案例，就是要求各级检察机关加强对不符合减刑、假释、暂予监外执行条件的罪犯，予以减刑、假释或者暂予监外执行的案件的查处工作。

两高颁布第一批指导性案例只是一个开始，它标志着我国案例指导制度正式启程，对于案例指导制度对我国法治建设的影响还有待于进一步的评估。但我对案例指导制度的前景持一种积极的、乐观的态度，期待着案例指导制度通过创制司法规则，在更大程度上满足司法机关对规则的需求，并使案例指导制度成为一种行政性以外的司法工作指导方法。

（本文原载《法学评论》，2012（3））

我国案例指导制度功能之考察

一、案例指导制度的规则创制功能

2010年,最高人民法院和最高人民检察院(以下简称两高)分别颁布了《关于案例指导工作的规定》(以下简称《规定》)并在其中确立了案例指导制度。从两高的《规定》看,案例指导制度是指由两高确定并统一颁布对全国审判、检察工作具有指导作用的案例的制度。根据最高人民法院颁布的《规定》第2条的规定,指导性案例是指裁判已经发生法律效力并符合以下条件的案例:(1)社会广泛关注的;(2)法律规定比较原则的;(3)具有典型性的;(4)疑难复杂或者新类型的;(5)其他具有指导作用的案例。根据最高人民检察院颁布的《规定》第3条的规定,指导性案例是指检察机关在履行法律监督职责过程中办理的具有普遍指导意义的案例,主要包括:(1)职务犯罪立案与不立案案件;(2)批准(决定)逮捕与不批准(决定)逮捕、起诉与不起诉案件;(3)刑事、民事、行政抗诉案件;(4)国家赔偿案件;(5)涉检申诉案件;(6)其他新型、疑难和具有典型意义的案件。由此可见,两高的《规定》都强调指导性案例是对审判、检察工作具有

指导意义的案例,并由此把它与不具有指导意义的案例加以区分。笔者认为,这里所说的指导性案例就是一种具有判例性质的案例。实际上,判例是一个约定俗成、在世界上许多国家和地区都通用的称谓,我们没有必要为避免与英美法系国家的判例法和大陆法系国家的判例制度雷同而刻意采用指导性案例这样一个具有中国独特性的措辞。其实,案例指导制度就是我国的判例制度,只不过是其具有中国的独特性而已。

随着指导性案例的颁布,一种司法规则形成机制得以产生,并将给我国法律规则体系的发展和完善带来重大而深刻的影响。从目前两高对案例指导制度的设计看,案例指导制度的功能在于创制规则。在此须指出的是,我国法学界有人认为只有立法才能创制规则,而司法解释和判例都不能创制规则。例如,我国有学者曾指出:"在我国,最高司法机关的司法解释也只是对理解和适用有关法律进行比较原则的解释,虽然也具有普遍指导意义,但并不具有创设法律规则的地位和作用"①。根据论者的这一观点不难推出案例指导制度更不可能创制规则的命题。笔者认为,这里的关键问题是如何理解创制规则。其实,规则有抽象与具体、一般与个别之分。从法律样态上讲,宪法规则具有纲领性,法律规则具有原则性,司法解释规则具有细则性,而案例指导规则具有具体性。就司法解释而言,它确实是对法律的一种解释。但是,解释法律的过程就是将法律予以细则化的过程,而这个过程就是创制规则的过程。案例指导制度也是如此,从指导性案例中提炼出来的案例指导规则本身就是一种比法律和司法解释更为具体的规则。因此,不能否认司法解释和案例指导制度都具有规则创制的功能。

如果说在案例指导制度创立之前我国存在法律—司法解释这样一种二元法律规则体系的话,那么在案例指导制度创立之后就会出现法律—司法解释—案例指导规则这样一种三元的法律规则体系。这里的案例指导规则,是指案例指导制度所创制的具有指导性的法律规则。虽然这些法律规则以裁判要旨等形式出现,但其经两高确认并颁布就对以后处理相同或者相似的案例具有参照意义。笔者认

---

① 孙谦:《建立刑事司法案例指导制度的探讨》,载《中国法学》,2010 (5)。

为，探讨案例指导制度必须将案例指导规则纳入我国的法律规则体系，确定其在法律规则体系中的正确地位。在此须明确的是，笔者所说的法律规则体系与法律体系是不同的。法律体系以国家制定的法律为其内容，是一个国家的法律规则体系的基本框架；而法律规则体系除包含法律外，还包含在一个国家具有规范作用的其他法律形式，如行政法规、部门规章、司法解释以及案例指导规则等。虽然后者不属于严格意义上的法律，但其仍然可以归入法律规则的范畴。我国法律规则体系由以下三部分规则构成：一是立法机关创制的法律，这是狭义的法律。二是行政机关创制的行政法规，这是广义的法律。三是司法机关创制的司法规则，这是最广义的法律。虽然以上三种法律规则效力不同，但其都是行为规范与裁判规范。司法机关的司法活动不仅是一个适用法律的过程，而且也是一个适用行政法规和司法规则的过程。法律、行政法规和司法规则三位一体共同构成我国的法律规则体系。

二、案例指导制度与司法解释制度的功能之比较

我国从1978年开始法制的恢复重建工作，1979年颁布了第一批法律，包括刑法、刑事诉讼法等7部重要的法律。此后，法律的制定进入一个快车道，并且创制与修正并重。以《中华人民共和国刑法》（以下简称《刑法》）为例，该法于1979年7月1日通过、自1980年1月1日起施行。此后十多年间，全国人民代表大会常务委员会陆续颁布了24个单行刑法对1979年《刑法》进行修改补充，及至1997年又对1979年《刑法》进行了全面修订。自1997年至今的十多年间，全国人民代表大会常务委员会又陆续颁布了1个单行刑法和8个刑法修正案对1997年《刑法》进行补充，从而使我国的刑法不断发展和完善。其他法律或早或迟颁布，历经修改补充，其经历大体上与刑法类似。经过30多年的努力，我国从无法可依到有法可依，完成了法律体系的草创。2011年伊始，全国人民代表大会常务委员会委员长吴邦国宣布：中国特色社会主义法律体系已经形成。随着法律体系的形成，我国法治大厦的基本框架得以确立。

在我国法律体系形成的同时,我国的行政法规和地方性法规以及司法解释也以一种超乎寻常的速度在发展。其中,行政法规是指国务院根据宪法、法律制定的规范性文件。地方性法规是指省、自治区、直辖市以及其他具有立法权的市根据本行政区域的具体情况和实际需要,在不同我国宪法、法律、行政法规相抵触的前提下制定的规范性文件。① 行政法规在全国范围内有效,其效力低于宪法、法律,而地方性法规仅在所辖行政区域内有效,其效力低于宪法、法律、行政法规。可以说,行政法规和地方性法规是我国法律规则体系的重要组成部分,其为行政执法和地方执法提供了大量的规则,在很大程度上满足了行政机关在处理行政事务时对规则的需求。在行政法规和地方性法规之外,我们还应当重视司法解释在我国法律规则体系中的独特地位。

司法解释是指两高对审判工作、检察工作中具体应用法律、法规问题进行的解释。司法解释权来自全国人民代表大会常务委员会的授权。1981年6月10日全国人民代表大会常务委员会通过了《关于加强法律解释工作的决议》。该决议第2条规定:"凡属于法院审判工作中具体应用法律、法令的问题,由最高人民法院进行解释。凡属于检察院检察工作中具体应用法律、法令的问题,由最高人民检察院进行解释。最高人民法院和最高人民检察院的解释如果有原则性的分歧,报请全国人民代表大会常务委员会解释或决定"。

在此须指出的是,司法解释虽然名为解释,但从文本形式看往往具有规范性文件的特征。2007年3月27日最高人民法院发布的《关于司法解释工作的规定》第6条规定,司法解释的形式分为"解释""规定""批复""决定"。其中,"批复"具有个案性,"决定"具有决断性,"解释"和"规定"都具有规范性,其主要功能是为司法活动提供规则。而最高人民检察院发布的《司法解释工作规定》第17条规定,司法解释文件采用"解释""规定""规则""意见""批复"等形式。与最高人民法院所说的司法解释相比,最高人民检察院所说的司法解释中增加了"规则"和"意见"两种形式。还应当指出的是,除明确以"解释"形式出

---

① 参见张文显:《法哲学通论》,318页,沈阳,辽宁人民出版社,2009。

我国案例指导制度功能之考察

现的司法解释具有以法律文本为客体进行语义、逻辑等解释的特征以外，其他形式的司法解释并不是真正意义上的解释，而是两高创制的规则。一般而言，解释具有对解释文本的依附性，而规则虽然是根据法律制定的，但其是一种相对独立的、细则化的规范体系。例如，《人民检察院刑事诉讼规则》虽然是根据《中华人民共和国刑事诉讼法》（以下简称《刑事诉讼法》）制定的，但其实际上是人民检察院适用《刑事诉讼法》的实施细则。即使是以解释形式出现的最高人民法院《关于执行〈中华人民共和国刑事诉讼法〉若干问题的解释》，就其内容而言也是人民法院适用《刑事诉讼法》的实施细则。换言之，制定司法解释实质上是以创制规则为内容的立法。正是在这种意义上，笔者曾经把司法解释称为"司法法"，认为："刑法司法解释应当借助于文本即刑法规范而进行；而且，重要的是，刑法司法解释至少应当维系在刑法规范这一文本所确定的边界（borderline）以内。突破文本边界或完全置文本于不顾的所谓'司法解释'已经不是本原意义上的司法活动，而是法的创制活动了。这一活动的产物，我们姑妄称之为'司法法'"①

以上论述表达了笔者对司法解释性质认识的一种较为复杂的心情：一方面超越法律文本边界的司法解释是越权司法解释，并且这种解释在罪刑法定原则主导下的刑法领域是不被允许的；另一方面，不以法律文本为客体的司法解释实际上不具有解释的特征，而是一种规则创制活动，也就是笔者所说的"司法法"。"司法法"是相对于行政法规而言的。如果说国家最高行政机关制定的规范性文件称行政法，那么最高司法机关制定的规范性文件也可以称"司法法"。在司法活动中，既存在以解释法律文本为内容的司法解释，也存在对司法活动中相关问题作出决定或者创制规则的内容，将后者称为司法解释是名实不符的。从这种意义上讲，"司法法"作为一种实然描述的概念是具有合理性的。因为在司法活动中，对法律的细则化处理当然可以包括在司法解释的概念之中。但是，对于法律未规定的事项或者法律存在漏洞的环节，在司法机关职责范围内作出决定或者创制规则

---

① 陈兴良、周光权：《刑法司法解释的限度——兼论司法法之存在及其合理性》，载《法学》，1997（3）。

471

并不能为司法解释的概念所涵摄。

虽然司法解释在一定的意义上可以称为"司法法",但从方便人们理解的方面考虑,笔者在本文中还是采用司法解释这一术语,其实际上是指两高制定的规范性文件。制定司法解释可以说是两高为各级司法机关的审判活动和检察活动提供规则的一种职能活动。从这种意义上讲,司法解释权无疑是一种规则创制权。就数量而言,司法解释的数量在我国法律规则体系中已远远超过法律、行政法规的数量,其对司法活动具有重要的意义。因此,司法解释实际上是一种法律规范并且具有法律的某些特征。

我国有学者曾经把司法解释称为"副法体系",认为:"在形式上,司法解释具有立法的形式特征。除个别批复等解释涉及内容相对单一因而不需要条款设定以外,一般均有条款的设置,在形式上同立法规范毫无二致,使用了相同的立法技术。同时,在刑事司法解释中,大量使用完整的罪刑规范,通过对犯罪构成要件的再明确,确立与法定刑的对应关系。例如,2000年9月8日最高人民法院《关于审理伪造货币等案件具体应用法律若干问题的解释》规定,银行或者其他金融机构的工作人员购买假币或者利用职务上的便利,以假币换取货币,总面额在5 000元以上不满5万元或者币量在400张(枚)以上不足5 000张(枚)的,处3年以上10年以下有期徒刑,并处2万元以上20万元以下罚金。这样的条款俯拾皆是,在形式上同刑法典没有任何区别"①。笔者认为,"副法体系"一词对司法解释与法律之间关系的描述是十分准确的。"副法体系"的存在表明,我国在正式的法律体系之外还存在着附属于法律体系并对法律体系起补充作用的"副法体系"。"副法体系"虽然不是法律体系的一部分,但其与法律体系共同构成我国的法律规则体系,是法律规则的共同载体。

在我国当前关于司法解释的讨论中,考虑到司法解释本身具有立法的特征,其所创制的规则具有抽象性与一般性,难以完全满足司法机关对于规则的需求,因此,我国有学者提出了"判例解释"的概念,认为随着我国法制建设的不断发

---

① 林维:《刑法解释的权力分析》,443页,北京,中国人民公安大学出版社,2006。

我国案例指导制度功能之考察

展,抽象司法解释应当而且必将逐渐减少直到完全取消,代之以法律适用过程中针对具体案件如何适用法律的解释。而这种解释的最好形式应当是判例解释。[①]该学者还提出了司法解释应当从抽象化向判例化发展的观点。[②] 这种判例化的司法解释就是判例解释,而这种判例是由最高人民法院或者高级人民法院发布的,因而具有法律拘束力。由此,判例解释取代了司法解释。当然,该学者也认为,考虑到现阶段完全以判例解释取代司法解释的条件还不完全成熟,保留抽象的司法解释是完全必要的。但是,从长远看,应当以抽象司法解释与判例解释共存的方式逐步实现此消彼长,以实现从完全是抽象解释向主要或完全是判例解释过渡的目标。[③] 应该说,这里的判例解释或者以司法解释为载体的判例与大陆法系国家的判例是完全不同的。判例解释之判例只不过是司法解释的一种形式,更类似于个案性解释,通过个案提供具有法律拘束力的规则。在这种情况下,判例解释实际上是一种个案性的司法解释,以区别于抽象性的司法解释。因此,判例解释仍然是司法解释而非判例。

值得注意的是,根据两高关于案例指导制度的设计,指导性案例不是司法解释的一种形式,而是与司法解释相并列的一种规则提供方式。并且,司法解释制度与案例指导制度是并行的两种制度,不存在以案例指导制度取代司法解释制度的问题。除此之外,就提供规则的方式而言,判例解释意义上的判例与案例指导意义上的案例其实是完全相同的,都是一种自上而下的规则提供方式。虽然案例主要是从下级司法机关办理的案件中遴选的,但将某一案件确定为指导性案例的权力在最高司法机关手中。从这种意义上讲,无论是把指导性案例纳入司法解释体制还是独立于司法解释体制,其性质都是相同的,只不过是使我国法律规则体系又增加了一种规则载体而已。因此,在我国正式建立案例指导制度以后,我国的法律规则体系由法律、行政法规、司法解释、案例指导规则构成。就此而言,案例指导制度创设的案例指导规则是一种全新的法律样式,而案例指导制度的建

---

① 参见董皞:《司法解释论》,295 页,北京,中国政法大学出版社,2007。
② 参见董皞主编:《中国判例解释构建之路》,87 页,北京,中国政法大学出版社,2009。
③ 参见董皞:《司法解释论》,295 页,北京,中国政法大学出版社,2007。

立实际上也是创制了一种规则提供方式。

三、案例指导制度与我国古代法中"例"的功能之比较

法律样式具有多元性可以说是中华法系的重要特征之一。对于我国古代的法律规则体系,人们通常都认为是律,而律又是以刑为主,诸法合体,刑民不分,因此,对我国古代的法律规则体系产生了某种误解。其实,我国古代的法律规则体系除律之外,还存在着另外一种形式——例。我国古代法律规则体系自明清以后主要是律—例的二元结构。对于律这种法律形式,人们一般都比较熟悉。战国时期的李悝所著的《法经》就是律的雏形。唐代的《永徽律》是我国古代律的典范。自唐以降,无论是《宋刑统》还是《大明律》《大清律例》都沿袭了纳诸法于一典的体例,历一千二百余年而未变。[1] 因此,律是我国古代法律的重要表现形式是毫无疑问的。但是,我国幅员辽阔,人口众多,仅仅依靠律尚难以治理天下。因此,除律之外,还有令、格、式、例等辅助性的法律形式。在此,例的作用尤为重要,在明清以后逐渐成为律的重要补充。我国有学者曾经对例的演变过程作了如下描述:"从秦汉到明清,例的形成和发展经历了一个漫长的过程。从统治者对例的态度看,前后经历了三个不同的时期,即秦汉为司法例广泛适用的时期,两晋至隋唐为限制司法例适用的时期,宋至明清为注重多种形式例的制定和编纂的时期。如果从例的法律地位变迁的层面分析,明代以前,例在国家法律体系中处于补充法的地位;进入明代以后,例的法律地位逐渐提高,制例成为国家主要的立法活动;特别是明代中叶到清末,朝廷建立的律与刑例并重、会典与行政例并重的法律机制,使例实际上成为国家法律体系的主体"[2]。从以上描述看,例在我国古代法律规则体系中的地位经历了一个逐渐演变的过程,并且在不同的朝代,例的表现形式又有所不同。不过,在例的表现形式中,最为成熟也最

---

[1] 参见张晋藩:《中国法律的传统与近代转型》,3版,248页,北京,法律出版社,2009。

[2] 杨一凡、刘笃才:《历代例考》,495页,北京,社会科学文献出版社,2009。

我国案例指导制度功能之考察

为典型的是清代的条例,并且被编入法典形成了以《大清律例》为中心的法律规则体系。

我国法学界对于我国古代法中的例存在某种程度的误解,即把我国古代法中的例等同于判例,因而把律与例的关系简单地理解为成文法与判例法的关系,并把律例合体的法律规则体系称为成文法与判例法相结合的混合法样式。例如,我国有学者指出:"在自西汉至清末的封建时代,中国法律样式的总体面貌是'混合法','混合法'的含义是'成文法'与判例制定相结合。当判例积累到一定程度,其反复表达的某些法律原则便通过立法上升为法条,或者融进成文法典,或者成为法规的组成部分,或者索性分门别类地附在有关法条后面使成文法条与判例合为一典,像《元典章》那样。成文法典与判例之间相互依存、相辅相成、循环往复的关系,便构成了'混合法'的基本运作形态"[1]。在以上论述中,该学者明确地把编入法典的例(主要是指条例)称为判例。换言之,该学者是把我国古代特别是明清时期的律例关系理解为成文法与判例法的关系。此外,我国还有学者将清代因事而立、因俗而立、因礼而立,其实际效力凌驾于律之上,对律文起补充、修改作用的例都称为判例,从而得出结论:判例与制定法有机结合,使法律的调整最大限度地适应复杂多变的社会生活。[2] 这里的问题是,我国古代法中的例真的就是判例甚至判例法吗?律与例的关系真的就是成文法(制定法)与判例法的关系吗?笔者认为,对这些问题都需要认真思考。因为这涉及对我国古代法中例的科学界定问题。应该说,我国古代法中例的含义十分宽泛。对此,我国清代学者王明德曾经指出:"例者,丽也,明白显著,如日月之丽中天,令人晓然共见,各为共遵共守而莫敢违。又利也,法司奏之,公卿百执事议之。一人令之,亿千万人禀之。一日行之,日就月将,遵循沿袭而使之,故曰例"[3]。从王明德对例的抽象描述看,例并非个案性质的判例,而恰恰是一体遵循的规则。与此同时,王明德还对例与律的关系作了考察并指出:"然不得即概命为律者,则以一时所

---

[1] 武树臣:《中国古代法律样式的理论诠释》,载《中国社会科学》,1997(1)。
[2] 参见张晋藩:《中国法律的传统与近代转型》,3版,297页,北京,法律出版社,2009。
[3] 王明德:《读律佩觽》,18页,北京,法律出版社,2001。

刑法研究（第五卷）

令，或仅以矫制狙魍，未可即以垂之亿万斯年。一事所更，或仅以立挽颓风，并未可即以传夫继世累业，即以一王之法言之，代为迭更者有焉，年为数易者有焉，甚或月为再更而再易，再易而再更者，亦间有之焉"①。在王明德看来，律长久垂范，不可更替，而例则基于一时、一事之所宜，时常变更。因此，例可以说是律的细则化。王明德还明确地指出例有5种含义：名例、条例、比例、定例、新例。其中，名例乃律的组成部分，冠之律首以统贯全律。由此看来，名例之例并非与律相对应意义上的例。关于条例，王明德指出："而于正律各条所未备，则采故明历朝令行之可因者，别之为条例，并列于正律各条之后，以辅正律之穷而尽其变，用成我清一代之制"②。由此可见，条例乃《大清律例》中的例，也是例的主体部分。对此，何勤华教授指出："在清代，律，就是大清律；例，就是条例。清王朝建立以后，曾于顺治四年（1647年）、雍正三年（1725年）和乾隆五年（1740年）分别颁布了《大清律集解附例》、《大清律集解》和《大清律例》三部正式的成文法典，最后定本律436条，附条例1 049条。关于例的来源，主要有两个方面：一是皇帝的诏令以及依据臣下所上的奏议等文件而作出的批示（上谕）；二是从刑部就具体案件所作出的并经皇帝批准的判决中抽象出来的原则"③。由此可见，就例本身而言，它是一种成文规则，可以纳入成文法的范畴。例大部分是从成案中提炼、抽象出来并经过君主批准的。美国有学者把我国古代法中的例称为"亚律"，认为它作为法律规范的一种，是对基本法律规范"律"的补充。④可以说，成案中的规则只有上升为例，被正式法律所吸纳才具有法律效力，除此之外的成案是不具有判例效力的。对此，我国有学者指出："清代自乾隆五年（1740年）起实行定期定刑例，使得成案不断被吸收进《大清律例》之中，根据其是否具有典型性、代表性和普遍适用意义，成案有立即被著为定例者，有立即确定为通行者；

---

① 王明德：《读律佩觿》，18页，北京，法律出版社，2001。
② 王明德：《读律佩觿》，20页，北京，法律出版社，2001。
③ 何勤华：《清代法律渊源考》，载《中国社会科学》，2001（2）。
④ 参见［美］德克·布迪、克拉伦斯·莫里斯：《中华帝国的法律》，朱勇译，59页，南京，江苏人民出版社，2008。

有先确定为通行后又成为定例者,也有后来直接上升为定例者。这样一来,嗣后出现的类似案例,可以按照这些新的定例或通行进行判决。那些没有上升为定例和没有被确定为通行的成案,在现实生活中重复出现的几率很小;即使重复出现,还可以通过比附论罪的方式,援引近似的律、例比附加减定拟。从而使禁止援引成案这一规定的实施,具备现实的可行性,也使援引特旨论罪临时处分的正当性不复存在"[①]。根据以上论述可知,成案可能被确定为"定例"或者"通行",并最终经整理被编入法典,形成条例。《大清律例》"刑律·断罪引律令"所附条例规定:"除正律、正例而外,凡属成案,未经通行著为定例,一概严禁,毋得混行牵引,致罪有出入。如督抚办理案件,果有与旧案相合可为例者,许于本内声明,刑部详加查核,附请著为定例"。由此可见,成案被成文法吸收,通常是先确定为"通行",然后著为"定例",始发生法律效力。当然,成案也有直接被确认为"定例"的。因为已经将成案中的规则经过一定的程序引入成文法,所以禁止援引成案。当然,在司法实践中,成案的援引适用禁而不止。[②] 从这种意义上讲,清代在法律上是禁止援引成案的,只不过在司法实践中未能禁绝而已。

在我国古代法中,例与律的由来并不相同。律是基本法,一般不加妄改,绝大部分律条是从前朝承继而来。因此,人们常说中华法系一脉相承主要是指律的承继没有中断。但是,社会是变动的,为适应当下社会治理的需要,各个朝代的统治者往往通过制定条例的方式来提供具体的法律规则,而例作为针对一人一事一地的具体规则恰好可以弥补律之抽象性。正如清末沈家本所言:"律者,一成不易者也。例者,因时制宜者也"[③]。我国有学者对清律的附例进行了研究,认为例的产生有两种形式:一是因言生例,二是因案生例。[④] 因言所生之例是针对特殊情况创制的规则,与个案并无关系;因案所生之例则与个案相关,也被视为判例的内容。我国还有学者认为这种与律并行的法律形式就是判例,并且提出了我

---

① 杨一凡、刘笃才:《历代例考》,477 页,北京,社会科学文献出版社,2009。
② 参见何勤华:《清代法律渊源考》,载《中国社会科学》,2001 (2)。
③ 沈家本:《历代刑法考 (四)》,2220 页,北京,中华书局,2006。
④ 参见杨一凡、刘笃才:《历代例考》,329 页,北京,社会科学文献出版社,2009。

国古代存在因案生例制度的观点。该学者指出:"因案生例的制度,是指司法官在其审判活动中,针对具体案件的裁判,认为应该通过该案总结、创制出特定法律规范时,便在判决中附请定例。皇帝在核准案件时直接定例或指示刑部议定专门条例,以概括出具体的、普遍的法律规范,即定例。定例的表现形式虽然为制定法,但通过具体案件而产生的例,却体现的是判例制度"[1]。这里的问题是:既然例表现为制定法,亦即成文法,那么又怎么能断言其所体现的是判例制度呢?换言之,成文法与判例法之间的根本区别是什么?应该说,成文法与判例法都是法律规则的载体,都具有提供规则的功能,这是其相同之处。其不同之处在于:成文法的规则存在于法典之中,而判例法的规则存在于判例之中。更为重要的是,在司法活动中援引成文作为判决根据的是成文法制度,而援引判例作为判决根据的则是判例法制度。因此,我国有学者提出了"判例是可以援引为审理类似案件的判决"[2]的观点,以此作为区分成文法与判例法的标准。笔者对此观点深表赞同。这里还须追问的是,既然因案生例之例具有成文法的形式,那么还能否将其视为判例呢?这就要根据是以案作为判决的根据还是以例作为判决的根据来加以确定。显然,在这种情况下,只有例才能被援引作为判决的根据,案只是例之由来,例一旦从案中分离出来,案对于例就不再具有法律上的意义,只具有考据上的价值。从这种意义上讲,因案生例并不是判例的形成机制,而恰恰是成文法的形成机制。

应该说,我国古代法具有成文化的强烈冲动,这在很大程度上压抑了判例制度的建立。我国有学者提出了成文化意味着判例消亡的观点,认为:"从成文法的角度看,吸收判例的过程就是改造消灭判例的过程。而从判例的角度看,融入成文法的过程也就是自我异化消亡的过程。判例上升为条例,是判例的异化。没有这一步,判例无从进入成文法体系。而进入成文法体系,也为其消亡创造了条件。'我已经不再是我,而你却依然是你。'成文法得到了滋养,变得更加丰满,

---

[1] 汪世荣:《中国古代判例研究》,122 页,北京,中国政法大学出版社,1997。
[2] 刘笃才:《中国古代判例考论》,载《中国社会科学》,2007 (4)。

我国案例指导制度功能之考察

而判例则丧失了其存在的根据。这就是古代判例的最终命运"①。这里的"我"当然是指判例，而"你"则是指成文法。判例一旦融入法典，就失去了自我，就变成了成文法，这是对我国古代判例命运的生动描述。

笔者在上面提到，我国古代法中的例并非判例。那么，是否还存在其他判例形态呢？在此，值得注意的是以下观点：虽然否定例是判例，但认为例是我国古代判例法和成文法中间状态的法律渊源。②这一观点是以我国古代存在判例法为前提的，如把清代的"成案"和"通行"视为判例。我国有学者指出："清代从判例到条例的过程大体是：判决→成案→通行→定例。清代一个具体的判决并不必然成为后来同类案件的先例，但'成案'与'通行'是判例，区别是'成案'就有说服力，'通行'具有拘束力，'定例'已经上升为成文法，只是这种成文法的稳定性比律条低"③。以上论述指出了从判决演变为定例的我国古代成文法形成路径，但能否把"成案"和"通行"都称为判例，笔者认为尚须作具体的分析。由于"成案俱系例无专条、援引比附加减定拟之案"④，因而，其相当于法无明文而类推适用的案例。除非被确定为定例，"成案"在清代被明文禁止引用，怎么能说其是判例呢？至于"通行"，即《刑部通行章程》，"系律例内所未备载，或因时制宜，或随地立法，或钦奉谕旨，或奏定章程，均宜遵照办理者也"⑤。由此可见，"通行"相当于司法解释，是一种层次较低的规则。有些"通行"依附于案例，是从案例到条例的过渡形态。其中，条例已经与案例相分离而完全具备了成文法的特征。"通行"则尚与案例相糅杂，还没有完全从案例中分离出来。《刑案汇览三编》的编者在论及其录入的"通行"时指出："通行自乾隆元年起，至道光十三年止，除业经纂定条例，引用已久，无须查看原案者不录外，其乾隆元年至

---

① 刘笃才：《中国古代判例考论》，载《中国社会科学》，2007（4）。
② 参见胡兴东：《中国古代判例法运作机制研究——以元朝和清朝为比较的考察》，3 页，北京，北京大学出版社，2010。
③ 胡兴东：《中国古代判例法运作机制研究——以元朝和清朝为比较的考察》，59～60 页，北京，北京大学出版社，2010。
④ 祝庆祺等编：《刑案汇览三编（一）》，"刑案汇览凡例" 3 页，北京，北京古籍出版社，2004。
⑤ 崑冈：《大清会典事例》，卷 852，1253 页，北京，中华书局，1991。

479

嘉庆十四年……嘉庆十五年至道光十三年……共计集入六百余件"[1]。由此可见，《刑案汇览三编》录入的"通行"没有上升为定例，还须查看原案。这也说明，作为规则的"通行"确实具有一定的判例性质。不过，这些"通行"在司法活动中所起的作用较小。由此看来，我国古代的判例在某些特殊情况下或许发挥过作用，但还不能说我国古代已形成了与成文法相对应的判例制度，更遑论存在判例法。

我国现行的案例指导制度，就其功能而言与古代法中的例不同，即使把古代法中的例误认为判例，两者还是存在明显的区别。这种区别主要在于：案例指导制度中的指导性案例是以案例形式而不是以规则形式出现的，案例指导规则只是作为案例的一部分依附于案例而存在。这样，指导性案例就具有判例的形式特征。换言之，它是一种判例而不是司法解释。从这种意义上讲，我国目前的案例指导制度与清代的"通行"具有一定的相似性，这主要表现为规则与原案依存且规则需经过最高司法机关批准。不过，"通行"是从成案向定例演化的中间形态，而案例指导制度则是一种独立的规则载体。当然，根据目前对案例指导制度的设计，指导性案例是经过严格遴选程序由两高发布的，因而其具有自上而下的行政性特征。一般而言，颁布是成文法产生的形式特征，成文法只有经颁布才有效，未经颁布则无效；而判例本身不具有法律上的拘束力，只是法官自行选用的问题，而不存在颁布的问题。另外，不同的判例以及前后的判例的裁判结论可能也不相同。在这种情况下，判例具有似法而又非法的特征。所谓似法，是指判例提供的规则对于本案具有法律效力，并且为此后的判决提供了可以参照的规则。所谓非法，是指判例毕竟不是法律，对此后的判决只具有参考作用，而不是必须遵循的法律规范。正是在这种似法与非法之间，判例能够发挥其独特的作用。目前，我国以发布形式出现的指导性案例虽然不具有法律效力而只供司法机关参照执行，但其法律的特征还是十分明显的，对此我们也应该保持清醒的认识和高度的警惕。

（本文原载《法商研究》，2012（2））

---

[1] 祝庆祺等编：《刑案汇览三编（一）》，"刑案汇览凡例"3页，北京，北京古籍出版社，2004。

刑法指导案例裁判要点功能研究

2010年最高人民法院《关于案例指导工作的规定》的出台,标志着我国案例指导制度的正式建立。案例指导制度建立以后,最高人民法院共颁布了17批92个指导案例(截至2017年11月15日),这些指导案例在司法实践中正在被运用[1],这表明案例指导制度的运作情况还是值得期待的。当然,由于目前指导案例的数量较少,覆盖面十分有限,例如刑法指导案例只有13个[2],因而,指导案例真正发挥作用还有待时日。

在成文法的制度下,定罪量刑的实体规则主要是法律提供的,这里的法律包括刑法典、单行刑法和附属刑法。刑法案例是适用法律的结果,按照罪刑法定原则,对于法无明文规定的行为不得定罪处罚。因此,定罪处罚的法律根据只能是法律规定。然而,法律规定本身具有一定的抽象性,它与案件事实之间存在一定的偏离。这种偏离表现为以下两种情形:第一种是一般与个别的关系。此即刑法

---

[1] 最高人民法院指导性案例的运用情况,参见北大法律信息网编写:《指导性案例应用大数据分析——最高人民法院指导性案例司法应用年度报告(2016年)》,见http://article.chinalawinfo.com/ArticleFullText.aspx?ArticleId=102434,最近访问时间:2018-03-23。

[2] 在最高人民法院颁布的92个指导案例中,刑事指导案例15个,其中,刑事程序指导案例1个,刑事证据指导案例1个,刑法指导案例13个。

规定的是一般情形,而具体案件总是个别的。将一般的法律规定适用于个别案件,需要克服其中的障碍。第二种是普通与特殊的关系。法律是对通常情形的规定,但具体案件则是五花八门、各式各样的。其中,某些案件具有明显的特殊性。能否将普通的法律规定适用于特殊案件,这会给法律理解带来相当大的困扰。在以上两种情形中,一般与个别的关系容易解决,这主要是通过司法三段论的演绎推理。而普通与特殊的关系则较为复杂,它不仅涉及从普通到特殊的推理,而且涉及对法律规定本身的解释与厘定。换言之,在这种情况下,法律规定本身需要进行重新审视。这里就存在一个法律规则的细化问题,只有细则化的法律规定才能满足对于特殊案件的司法审理的要求。"法官只要确定待决案件与指导性案例的事实存在相似性,就可以参照指导性案例中的判决,这意味着法官的法律适用过程可以适当简化,这尤其体现在大前提的寻找、大小前提的连接以及法官的论证义务方面。"① 在成文法制度下,判例的功能也就在于此,这就是所谓案例指导制度的规则提供功能。

"案例指导"旨在"指导",这表明指导性案例同大量的普通案例有所不同,"指导"的内涵非常丰富,包括参照、示范、引导、启发、规范、监督等多重含义,需要进行全面理解和把握。② 随着指导案例的逐渐累积,裁判要点成为司法规则的重要载体,并且进入法学研究的视野。通观最高人民法院颁布的13个刑法指导案例,我们可以发现这些案例的裁判要点,是司法机关此后应当参照适用的规则。这些规则是案例指导制度的精华之所在,对此应当进行深入研究。对指导案例裁判要点功能的分析,有助于充分发挥案例指导制度的作用。

一、司法规则的创制功能

案例指导制度的首要功能是创制司法规则,因为只有司法规则才能为此后审

---

① 王利明:《我国案例指导制度若干问题研究》,载《法学》,2012(1),72页。
② 参见胡云腾:《统一裁判尺度实现司法公正——〈关于案例指导工作的规定〉的解读》,载《中国审判新闻月刊》,2011(59),12页。

理相同或者相似案件提供参照。这里涉及对法律规则体系的分类。在我国法律体系中,法律和行政法规都属于狭义上的法律范畴,而行政规章以及司法解释属于广义上的法律范畴。其中,行政规章是行政部门创制的规范性文件,而司法解释则是最高人民法院创制的规范性文件。在刑法中,因为受到罪刑法定原则的限制,只有法律才能规定犯罪,其他行政法规等都不能规定犯罪。至于司法解释,是根据法律规定所做的细则化规定,对于认定犯罪具有重要意义,在某种意义上说,司法解释是除法律以外的定罪根据。当然,司法解释不能与法律相抵触。在案例指导制度建立之前,最高人民法院主要通过颁布司法解释指导各级法院的审判活动。在司法解释中,除了个案性的司法解释以外,其他司法解释都采取了与立法相同的设立一般性规范的方式。虽然相对于法律规定而言,司法解释的规定较为具体,但对于个案而言,司法解释的规定仍然具有抽象性。而案例指导制度建立以后,以裁判要点为载体的司法规则,具有与案例的紧密联系性,以及相对的具体性,因而能够满足司法机关办案的需求。通过以上分析,我们可以看到,法律规则形成了一个从抽象到具体的系统,各自在定罪量刑中发挥着不可替代的作用。在这个法律规则体系中,案例指导制度提供的裁判要点所包含的司法规则,是最为具体而细微的,它在解决某些定罪量刑的疑难问题中具有独特的功能。

在现有的刑法裁判要点中,创制司法规则的功能得到了彰显。在刑法中,盗窃罪与诈骗罪是两种较为常见的财产犯罪。我国刑法对盗窃罪与诈骗罪都采取了叙明罪状的立法方式,在刑法条文中并没有细致描述盗窃罪与诈骗罪的构成要件特征。刑法教义学认为,盗窃罪属于取得型的财产犯罪,而诈骗罪属于交付型的财产犯罪。例如,日本学者大谷实教授在论及盗取罪与交付罪时指出:"作为盗取罪,就是在夺取罪之中,不是基于被害人的意思而取得财物占有的犯罪,即盗窃罪、侵夺不动产罪以及抢劫罪。所谓交付罪,是指基于对方的意思而取得财物占有的犯罪,包括诈骗罪和敲诈勒索罪。"[①] 因此,作为盗取罪的盗窃罪和作为交付罪的诈骗罪之间的区分,就在于财物占有的转移是否基于被害人的意思——如

---

① [日]大谷实:《刑法讲义各论》,新编2版,黎宏译,166页,北京,中国人民大学出版社,2008。

果不是基于被害人的意思则构成盗窃罪，是基于被害人的意思则构成诈骗罪。因此，在具体案件中，区分盗窃罪和诈骗罪的关键就在于对财物占有的转移是否基于被害人意思的判断。在一般情况下，这种判断并不困难。例如甲欺骗乙，说自己的手机丢在乙的宿舍，向乙要宿舍钥匙去拿手机。乙信以为真，就把钥匙给甲，结果甲进入乙的宿舍，把乙抽屉里的1万元人民币据为己有。在这个案例中，甲对乙实施了诈骗行为，骗取了乙的钥匙，并利用乙的钥匙，非法占有了乙的财物。从具有诈骗行为来看，似乎构成诈骗罪。但甲的欺骗行为只是骗取了乙的钥匙。乙对自己的财物既没有处分意思，也没有处分行为，也就是说，甲不是基于被害人乙的处分意思和处分行为而取得乙1万元人民币的占有。因此，对于本案中的甲应当认定为盗窃罪而不是诈骗罪。

　　在某些案件中，被骗人具有处分行为，但如何认定是否基于被害人的意思而取得对他人财物的占有，存在一定的争议。例如，日本学者西田典之教授曾经举过一个例子：甲发现乙的书中夹有一张1万日元钞票，于是便以100日元的价格买下了这本书。那么，甲对于非法占有乙的1万日元究竟构成盗窃罪还是诈骗罪？对此，西田典之教授介绍了两种不同的观点。其中，意识性处分行为说认为，构成诈骗罪的处分行为，被害人需要认识到将某种特定财物转移给对方，据此，本案构成盗窃罪。无意识处分行为说则认为，在可以肯定某种财物的占有已依照被诈骗人的意思发生了终极性转移的情况下，没有必要要求被诈骗人认识到各个财物的转移，因而构成诈骗罪。① 在日本刑法学界，意识性处分行为说是通说，但西田典之教授持无意识性处分行为说，认为只要可以肯定财物或财产性利益的占有已基于被诈骗人的意思转移至对方，便可以肯定诈骗罪。在这个案件中，甲具有处分书的意思但并无处分1万日元的意思，对此认定为对这1万日元的诈骗存在一定的问题。当然，即使是主张意识性处分行为说的山口厚教授也对处分意思的内容做较为宽泛的理解，因此在一定程度上消解了意识性处分行为说与无意识

---

① 参见［日］西田典之：《日本刑法各论》，3版，刘明祥、王昭武译，152页，北京，中国人民大学出版社，2007。

刑法指导案例裁判要点功能研究

性处分行为说的对立。山口厚教授指出："在基于受骗者的转移意思而转移了物或者财产性利益的场合，即便对所转移的物或者财产性利益的价值、内容、数量存在错误，也可存在'基于'意思的占有转移，进而肯定存在交付行为，并最终成立诈骗罪"，他甚至认为，"只要是出于占有转移意思，即便并未认识到所转移的物或者财产性利益的存在亦可认定为诈骗罪。"① 按照这一观点，则意识性处分行为说与无意识性处分行为说的对立泯然消失。

在我国刑法理论中，较为通行的还是意识性处分行为说。例如，张明楷教授对意识性处分行为的认定做了以下归纳：第一，在受骗人没有认识到财产的真实价值（价格）但认识到处分了该财物时，应认为具有处分意识；第二，在受骗人没有认识到财产（或财物）的数量但认识到处分了一定的财产时，也宜认定为具有处分意识；第三，在受骗人没有意识到财产的种类而将财产转移给行为人时，不宜认定具有处分意识；第四，在受骗人没有认识到财产的性质而将财产转移给行为人时，也不宜认定具有处分意识。② 据此，没有认识到财物的真实价值、数量的场合，张明楷教授认为应当肯定存在处分意思；没有认识到财物的种类、性质则应当否定存在处分意思。例如，甲欺骗乙，将一幅价值连城的名画说成是一文不值的普通画作，因而以低价购买。在这种情况下，乙虽然没有认识到画作的价值，但应当认定其具有处分意思。而前面所举案例，甲发现乙的书中夹有一张1万日元钞票，于是便以100日元的价格买下了这本书。因为书与1万日元是不同种类的错误，所以否定乙具有对1万日元的处分意思。

在我国司法实践中，对于盗窃罪与诈骗罪的区分，到底是采用意识性处分行为说还是无意识性处分行为说，存在一定争议，由此会影响案件的正确处理。尤其是在网络侵财犯罪中，如何区分盗窃罪和诈骗罪更为复杂，指导案例27号臧进泉等盗窃、诈骗案就是一个典型。③ 本案主要创制了网络盗窃与诈骗的区分规

---

① ［日］山口厚：《刑法各论》，2版，王昭武译，302页，北京，中国人民大学出版社，2011。
② 参见张明楷：《刑法学》，5版，1003～1004页，北京，法律出版社，2016。
③ 具体案情参见指导案例27号：臧进泉等盗窃、诈骗案，见 http://www.court.gov.cn/shenpan-xiangqing-13333.html，最近访问时间：2018-04-23。

485

则，裁判要点指出："行为人利用信息网络，诱骗他人点击虚假链接而实际通过预先植入的计算机程序窃取财物构成犯罪的，以盗窃罪定罪处罚。"[①] 在本案中，被害人金某以为是在支付 1 元人民币，但实际上被告人臧进泉植入了支付 305 000 元的计算机程序的虚假链接。因此，在金某支付 1 元人民币的意思支配下，支付了 305 000 元人民币。对此，裁判要点认为应当以盗窃罪论处而不是诈骗罪。之所以认定为盗窃罪，主要是因为被害人金某具有支付 1 元的意思而没有支付 305 000 元的意思。由此可见，该裁判要点对于处分意思是采取了较为严格意义上的意识性处分行为说。因为 1 元与 305 000 元都属于人民币，是同一类型的财物，只不过有数量差异而已。因此，即使按照张明楷教授较为宽泛的处分意思的理解，在受骗人没有认识到财产（或财物）的数量但认识到处分了一定的财产时，也宜认定为具有处分意识。据此，对于本案被告人就应当认定为诈骗罪而不是盗窃罪。而根据本案的裁判要点，即使是同一类型的财物，如果没有明确认识，也否定具有处分意思。本案确立的认定诈骗罪的处分意思的规则，将在一定程度上扩大盗窃罪的范围而限缩诈骗罪的范围。对于上述指导案例创制的司法规则，无论我们赞同其结论与否，其对司法实践中区分盗窃罪与诈骗罪的规范作用是客观存在的，而且这一司法规则与以往我国区分盗窃罪与诈骗罪的实务做法也是相同的。从指导案例 27 号臧进泉等盗窃、诈骗案的裁判要点，可以看到，案例指导制度创制的司法规则与司法解释相比，更为细微、更为具体。类似此种区分盗窃罪与诈骗罪的司法规则很难想象可以采用司法解释的方式创制。

当然，在已经颁布的指导案例中，也存在重复司法解释的现象。例如，指导案例 3 号潘玉梅、陈宁受贿案，裁判要点包含以下内容：（1）国家工作人员利用职务上的便利为请托人谋取利益，并与请托人以"合办"公司的名义获取"利润"，没有实际出资和参与经营管理的，以受贿论处。（2）国家工作人员明知他人有请托事项而收受其财物，视为承诺"为他人谋取利益"，是否已实际为他人谋取

---

① 指导案例 27 号：臧进泉等盗窃、诈骗案，见 http://www.court.gov.cn/shenpan-xiangqing-13333.html，最近访问时间：2018-04-23。

利益或谋取到利益,不影响受贿的认定。(3)国家工作人员利用职务上的便利为请托人谋取利益,以明显低于市场的价格向请托人购买房屋等物品的,以受贿论处,受贿数额按照交易时当地市场价格与实际支付价格的差额计算。(4)国家工作人员收受财物后,因与其受贿有关联的人、事被查处,为掩饰犯罪而退还的,不影响认定受贿罪。① 潘玉梅、陈宁受贿案是最高人民法院颁布的第一个指导案例,涉及受贿罪的定罪处罚。潘玉梅、陈宁受贿案提炼的 4 个裁判要点都与以交易形式收受贿赂案件相关,在之前的法律文件中都能找到对应的规定。比如第 1、3、4 个裁判要点可见于最高人民法院、最高人民检察院《关于办理受贿刑事案件适用法律若干问题的意见》(以下简称《意见》)第 3 条第 2 款关于以开办公司等合作投资名义收受贿赂问题的规定、第 1 条关于"以交易形式收受贿赂问题"和第 9 条关于收受财物后退还或者上交问题的规定。第 2 个裁判要点则与 2003 年《全国法院审理经济犯罪案件工作座谈会纪要》[以下简称《纪要(一)》]第 3 条(二)关于"为他人谋取利益"的认定的规定相呼应。由此可见,潘玉梅、陈宁受贿案的裁判要点其实是在重申此前司法解释中的已有规定,并没有创制新的规则。

指导案例的裁判要点如何避免与司法解释的规定相重合,这是一个值得思考的问题。而潘玉梅、陈宁受贿案作为第一个刑法指导案例,其裁判要点就与既往的司法解释发生重合,这是令人遗憾的。司法解释与裁判要点虽然都提供规则,但相对来说,司法解释的位阶要高于裁判要点,在这种司法解释规定与裁判要点重合的情况下,只能援引司法解释的规定,不可能也不需要再参照裁判要点。如此,则使得该指导案例的裁判要点束之高阁。

二、条文含义的解释功能

刑法规定是以文字形式呈现的,因此,对刑法文本的处理首当其冲的就是对条

---

① 参见指导案例 3 号:潘玉梅、陈宁受贿案,见 http://www.court.gov.cn/shenpan-xiangqing-4216.html,最近访问时间:2018 - 04 - 23。

文含义的理解。在刑法的立法中,如何表述条文内容这是一个值得研究的问题。条文是法律规定的载体,条文要把法律规定的内容准确地表达出来。但法律规定毕竟不是法学教科书,在对法律规定的内容进行表达的时候,如果过多地采用定义式的表达,则每个法律概念都需要加以定义,这样的法律在表达上就显得有所窒碍而难以畅快。所以,只有极少数特别重要的法律概念才需要在法律中予以定义,而这种定义一般都设立专章或者专节加以规定。例如,我国刑法总则第五章其他规定,除了个别规定属于创制性规定以外,大多数规定都属于含义解释的性质。例如,第91条对公共财产含义的解释、第93条对国家工作人员含义的解释、第95条对重伤含义的解释、第97条对首要分子含义的解释等。在刑法分则中对某些犯罪,也采取了定义式的规定。例如我国《刑法》第382条第1款对贪污罪的规定:"国家工作人员利用职务上的便利,侵吞、窃取、骗取或者以其他手段非法占有公共财物的,是贪污罪。"这是典型的定义式规定,为贪污罪下了一个定义。《刑法》第385条第1款对受贿罪的规定,也采用了定义式的立法方式:"国家工作人员利用职务上的便利,索取他人财物的,或者非法收受他人财物,为他人谋取利益的,是受贿罪。"这种定义式的立法方式具有简要明确的优点,对于较为重要的罪名采取这种立法方式具有一定的必要性。当然,对于其他犯罪还是采用叙述性的表达方法较为妥当。

即使采用定义式的立法方式,也不能完全解决条文含义的明确性问题,还需要进行进一步解释。这种解释,有些是通过司法解释完成的,而大多数是通过刑法教义学的分析完成的。当然,在案例指导制度建立以后,通过裁判要点对某些刑法条文含义进行解释,也是一种可行的办法。例如,指导案例11号杨延虎等贪污案的裁判要点,就分别对贪污罪的利用职务上的便利做了解释:"贪污罪中的'利用职务上的便利',是指利用职务上主管、管理、经手公共财物的权力及方便条件,既包括利用本人职务上主管、管理公共财物的职务便利,也包括利用职务上有隶属关系的其他国家工作人员的职务便利。"[1] 这一解释,对于贪污罪的正确

---

[1] 指导案例11号:杨延虎等贪污案,见http://www.court.gov.cn/shenpan-xiangqing-13308.html,最近访问时间:2018-05-01。

刑法指导案例裁判要点功能研究

认定具有参考价值。在我国刑法中，利用职务上的便利是职务犯罪的构成要件之一，这些职务犯罪都离不开对于职务便利的不当利用。在刑法分则第八章贪污贿赂罪中，除了贪污罪外，挪用公款罪、受贿罪都规定了利用职务上的便利。此外，刑法分则第五章侵犯财产罪中，挪用资金罪、职务侵占罪也规定利用职务上的便利。对于这些职务犯罪来说，利用职务上的便利是构成犯罪不可或缺的要件之一。我们注意到，在有关司法解释中，只对受贿罪的利用职务上的便利进行了较为详细的规定。因为受贿罪是国家工作人员利用职务上的便利，收受他人财物或者索取他人财物。

尽管受贿罪的行为是收受财物或者索要财物，但其前提是利用职务上的便利。借此，将国家工作人员没有利用职务上的便利，也就是与职务无关的收受财物或者索要财物的行为与受贿行为区分开来。《纪要（一）》第3条"（一）关于'利用职务上的便利'的认定"规定："刑法第385条第1款规定的'利用职务上的便利'，既包括利用本人职务上主管、负责、承办某项公共事务的职权，也包括利用职务上有隶属、制约关系的其他国家工作人员的职权。担任单位领导职务的国家工作人员通过不属自己主管的下级部门的国家工作人员的职务为他人谋取利益的，应当认定为'利用职务上的便利'为他人谋取利益。"在这一规定中，受贿罪的利用职务上的便利被分为三种情形：（1）利用本人职务上主管、负责、承办某项公共事务的职权；（2）利用职务上有隶属、制约关系的其他国家工作人员的职权；（3）担任单位领导职务的国家工作人员通过不属自己主管的下级部门的国家工作人员的职务为他人谋取利益。其中，第三种情形，是特别对担任单位领导职务的国家工作人员所做的规定，在一定程度上扩大了受贿罪的利用职务上的便利的范围。

对于挪用公款罪的利用职务上的便利，也有类似规定。例如，《纪要（一）》第4条"（三）国有单位领导向其主管的具有法人资格的下级单位借公款归个人使用的认定"中规定："国有单位领导利用职务上的便利指令具有法人资格的下级单位将公款供个人使用的，属于挪用公款行为，构成犯罪的，应以挪用公款罪定罪处罚。"在这种情况下，公款处于下级单位国家工作人员的管理之中，但上级

国有单位领导利用职务上的便利指令具有法人资格的下级单位将公款供个人使用的,应当认定上级国有单位领导构成挪用公款罪的正犯而非共犯。

贪污罪所贪污的一般都是本单位财物,因此,国家工作人员利用职务上的便利也相对容易认定,即利用职务上主管、管理、经营、经手公共财物的权力及方便条件。这一界定,既包括了直接接触公共财物的利用职务便利的情形;同时又包括了并不直接接触但对于公共财物具有支配权力的利用职务便利的情形,可以说是较为全面地概括了贪污罪的利用职务上的便利的各种情形。但在司法实践中,存在着利用具有隶属关系的国家工作人员的职务便利,将公共财物非法占为己有的情形。在这种情况下,将担任领导职务的国家工作人员和与其具有隶属关系的国家工作人员认定为贪污罪的共犯,在刑法教义学上也是可以成立的。但考虑到在这种情形中,担任领导职务的国家工作人员是贪污的主使者,而且非法占有的公共财物也归属于担任领导职务的国家工作人员,具有隶属关系的国家工作人员只是被利用者,因此,就有必要对贪污罪的利用职务上的便利进行适当的扩大解释,将这种情形中的贪污认定为是担任领导职务的国家工作人员利用职务便利实施的。此类案件在现实生活中也时有发生。例如,指导案例 11 号杨延虎等贪污案就是典型,本案的"利用职务便利"是一种不直接接触但对于公共财物具有支配权力的利用职务便利的情形。① 在上述杨延虎贪污案中,其贪污手段是利用职务上的便利,骗取拆迁补偿款。从案件情况来看,杨延虎担任项目指挥部总指挥,而虚假的拆迁安置发放补偿款等行为则是在其指使下,由隶属的国家工作人员实施的。因此,在本案审理过程中,被告人杨延虎的辩护人提出杨延虎没有利用职务便利的辩护意见。对此,法院认为:"义乌国际商贸城指挥部系义乌市委、市政府为确保国际商贸城建设工程顺利进行而设立的机构,指挥部下设确权报批科,工作人员从国土资源局抽调,负责土地确权、建房建设用地的审核及报批工作,分管该科的副总指挥吴某某也是国土资源局的副局长。确权报批科作为

---

① 具体案情参见指导案例 11 号:杨延虎等贪污案,见 http://www.court.gov.cn/shenpan-xiangqing-13308.html,最近访问时间:2018-05-01。

指挥部下设机构,同时受指挥部的领导,作为指挥部总指挥的杨延虎具有对该科室的领导职权。贪污罪中的'利用职务上的便利',是指利用职务上主管、管理、经手公共财物的权力及方便条件,既包括利用本人职务上主管、管理公共财物的职务便利,也包括利用职务上有隶属关系的其他国家工作人员的职务便利。本案中,杨延虎正是利用担任义乌市委常委、义乌市人大常委会副主任和兼任指挥部总指挥的职务便利,给下属的土地确权报批科人员及其分管副总指挥打招呼,才使得王月芳等人虚报的拆迁安置得以实现。"① 这一裁判理由将具有隶属关系的国家工作人员的职务便利归属于担任领导职务的杨延虎,将其认定为本案贪污罪的正犯,是具有合理性的,对处理同类贪污案件具有参照意义。

应当指出,在通过指导案例的裁判要点对刑法条文含义进行解释的时候,应当严格遵循罪刑法定原则,禁止类推解释。以往在司法解释中,也存在个别超越条文语义范围的解释,有违罪刑法定原则。这种情形,在指导案例的裁判要点中应当避免。

三、法律规定的释疑功能

法律规定的含义应当具有明确性与唯一性,这是对立法的基本要求。然而,并不是所有立法都能做到这一点。在法律规定中,或多或少地存在模糊性,因此就会出现理解上的疑惑。在这种情况下,对于法律规定的不同理解,就会导致不同的案件处理结果。例如,指导案例61号马乐利用未公开信息交易案,就涉及对援引法定刑的理解问题。

刑法中的法定刑立法规定,可以分为绝对法定刑和相对法定刑,以及独立法定刑和援引法定刑。我国刑法对于法定刑不采绝对法定刑而采相对法定刑,相对法定刑具有一定的量刑幅度,赋予法官一定的刑罚裁量权。对具体犯罪一般都采

---

① 指导案例11号:杨延虎等贪污案,见 http://www.court.gov.cn/shenpan-xiangqing-13308.html,最近访问时间:2018-05-01。

独立法定刑,即对某一犯罪设立独立的法定刑。与此同时,我国刑法对个别犯罪采用援引法定刑,即没有规定独立法定刑,而是援引其他犯罪的法定刑处罚的情形。应当指出,援引法定刑并不是一种独立的法定刑配置模式,而是为了减少条文表述的烦琐与臃肿而采用的一种法定刑规定方式。对此,周光权教授做了以下论证:"从法定刑的特性上看,援引法定刑具有依附性而不具有独立性,它必须援引其他条文的法定刑才得以存在,往往随着其他条文的法定刑的变动而升降,恰恰是这种特点决定了不可能独立出来,而仅仅是立法上对法定刑的使用,本身没有新的法定刑内容规定。援引法定刑条文的法定刑的立法方式取决于被援引条文法定刑的立法方式,因此,将其独立作为一种法定刑配置模式看待既无充分理由亦无多大意义。"① 由此可见,援引法定刑的最大特征是对于被援引的法定刑的依附性。

我国《刑法》第 180 条第 4 款关于利用未公开信息交易罪就采用了援引法定刑的立法方式:"证券交易所、期货交易所、证券公司、期货经纪公司、基金管理公司、商业银行、保险公司等金融机构的从业人员以及有关监管部门或者行业协会的工作人员,利用因职务便利获取的内幕信息以外的其他未公开的信息,违反规定,从事与该信息相关的证券、期货交易活动,或者明示、暗示他人从事相关交易活动,情节严重的,依照第一款的规定处罚。"需要指出的是,该款规定是《刑法修正案(七)》增设的,主要是为了惩治证券交易所中的"老鼠仓"行为。该款规定并没有对利用未公开信息交易罪规定独立法定刑,而是采用了援引法定刑。被援引的是内幕交易、泄露内幕信息罪的法定刑,该法定刑是:情节严重的,处五年以下有期徒刑或者拘役,并处或者单处违法所得一倍以上五倍以下罚金;情节特别严重的,处五年以上十年以下有期徒刑,并处违法所得一倍以上五倍以下罚金。也就是说,根据情节轻重,我国《刑法》第 180 条将内幕交易、泄露内幕信息罪的法定刑分为两个量刑幅度。但在第 180 条第 4 款援引法定刑的规定中,只规定情节严重的,依照第 1 款的规定处罚。这是一个容易产生歧义的规

---

① 周光权:《法定刑研究——罪刑均衡的建构与实现》,79 页,北京,中国方正出版社,2000。

定。对此，就会产生两种不同的理解：第一种观点认为，被援引的法定刑分为情节严重和情节特别严重两个量刑幅度，但援引法定刑只规定了情节严重而没有规定情节特别严重。因此，利用未公开信息交易罪的法定刑只能是处五年以下有期徒刑或者拘役，并处或者单处违法所得一倍以上五倍以下罚金。第二种观点则认为，虽然援引法定刑只规定了情节严重，但这并不表明只是对情节严重的法定刑的援引，而同样是对情节严重和情节特别严重这两个法定刑的援引。例如，张明楷教授指出："在刑法分则条文采用援引法定刑时，只要就基本构成要件做出表述即可，没有必要同时表述基本构成要件与加重构成要件，否则不能达到减少法条表述的目的。既然刑法条文对利用未公开信息交易罪援引了内幕交易、泄露内幕信息罪的法定刑，就表明这两个罪的不法与责任程度是相当的。而且，既然两个犯罪的基本犯均以情节严重为前提，而立法者又认为二者的不法与责任程度相当，并且采用援引法定刑，就表明二者在情节特别严重时，不法与责任的程度也是相当的。因此，应当认为，利用未公开信息交易的行为一共存在三种情形：一是情节不严重，二是情节严重，三是情节特别严重。对第一种情形当然不得以犯罪论处；对第二、三种情形应当分别选择内幕交易、泄露内幕信息罪的基本法定刑与升格法定刑。"①虽然第一种观点只是限于对援引法定刑规定字面理解，但在对该法律规定存在歧义，而这种歧义又对被告人的权益具有重大影响时，是否应当采用有利于被告人的解释方法，也是值得思考的问题。指导案例 61 号马乐利用未公开信息交易案的审理过程，充分展示了在对援引法定刑适用上的争议。②从本案的审理过程来看，一审法院和二审法院都坚持认为，在《刑法》第 180 条第 4 款只规定情节严重的情况下，不能理解为对《刑法》第 180 条第 1 款规定的法定刑的全部援引而只是部分援引，因此对马乐利用未公开信息交易行为适用情节特别严重的法定刑。检察机关则对此提出抗诉，认为虽然《刑法》第 180 条第 4 款只规定了情节严重而没有规定情节特别严重，但仍然应当认为这是对《刑法》

---

① 张明楷：《论援引法定刑的适用》，载《人民法院报》，2014-11-12，第 7 版。
② 具体案情参见指导案例 61 号：马乐利用未公开信息交易案，见 http://www.court.gov.cn/shenpan-xiangqing-27541.html，最近访问时间：2018-05-01。

第 180 条第 1 款规定的法定刑的全部援引，理由有三：首先，援引的重要作用就是减少法条重复表述，只需就该罪的基本构成要件作出表述，法定刑全部援引即可；如果法定刑不是全部援引，才需要对不同量刑档次作出明确表述，规定独立的罚则。其次，《刑法》第 180 条第 4 款"情节严重"的规定是入罪标准，作此规定是为了避免"情节不严重"也入罪，而非量刑档次的限缩。最后，从立法和司法解释先例来看，《刑法》第 285 条第 3 款也存在相同的文字表述：2011 年最高人民法院、最高人民检察院《关于办理危害计算机信息系统安全刑事案件应用法律若干问题的解释》第 3 条明确规定了《刑法》第 285 条第 3 款包含有"情节严重""情节特别严重"两个量刑档次。司法解释的这一规定，表明了最高司法机关对援引法定刑立法例的一贯理解。① 最高人民法院采纳了最高人民检察院的抗诉意见，认为应当解释为全部引用，理由有三：第一，从刑罚的立法目的角度，利用未公开信息交易罪与内幕交易、泄露内幕信息罪规定在同一法条中，说明两罪的违法与责任程度相当，利用未公开信息交易罪也应当适用"情节特别严重"。第二，从法条文意角度，《刑法》第 180 条第 4 款中的"情节严重"是入罪条款，并不兼具量刑条款的性质。第三，从立法技术角度，《刑法》第 180 条第 4 款援引法定刑的目的是避免法条文字表述重复，并不属于法律规定不明确的情形。② 由此归纳出本案的裁判要点："刑法第 180 条第 4 款规定的利用未公开信息交易罪援引法定刑的情形，应当是对第一款内幕交易、泄露内幕信息罪全部法定刑的引用，即利用未公开信息交易罪应有'情节严重''情节特别严重'两种情形和两个量刑档次。"尽管在马乐利用未公开信息交易案中，对于援引法定刑的理解存在争议，但随着最高人民法院判决结果的出台，这一争议最终得到化解。而最高人民法院将该案遴选为指导案例，这不仅对于此后审理利用未公开信息交易案具有参照意义，而且对于其他援引法定刑的适用也具有参考价值。例如，《刑法》第 285 条第 3 款对提供侵入、非法控制计算机信息系统程序、工具罪规定了援引法

---

① 参见最高人民检察院指导案例 24 号：马乐利用未公开信息交易案。
② 参见最高人民法院指导案例 61 号：马乐利用未公开信息交易案。

刑法指导案例裁判要点功能研究

定刑："提供专门用于侵入、非法控制计算机信息系统的程序、工具，或者明知他人实施侵入、非法控制计算机信息系统的违法犯罪行为而为其提供程序、工具，情节严重的，依照前款的规定处罚。"在这一援引法定刑的规定中，同样只规定了情节严重而没有规定情节特别严重。参照马乐利用未公开信息交易案的裁判要点，提供侵入、非法控制计算机信息系统程序、工具罪的法定刑包括"情节严重""情节特别严重"两种情形和两个量刑档次。

四、刑事政策的宣示功能

刑事政策对于刑法的实施起着十分重要的指导作用，尤其是我国的司法实践，受到刑事政策的影响还是比较大的。这里需要处理的是刑法规定与刑事政策之间的关系问题，以及刑事政策与刑法教义学的关系问题。从1949年中华人民共和国成立开始，到1979年刑法颁布之前，我国处于没有刑法典，只有极少几部单行刑法的状态。在这个时期，刑事政策起到了刑法的作用。在刑法颁布以后，如何处理刑法规定与刑事政策的关系，就成为一个值得研究的问题。应该说，刑法适用并不排斥刑事政策的指导，因此，我们应当将刑事政策纳入刑法范畴，使刑法具有能动性和适应性，从而及时并适当地回应社会的需求。当然，我们也要避免刑事政策突破罪刑法定原则的限制。在此，如何拿捏刑法规定与刑事政策的关系，是一个极为重要的课题。

死刑是刑法中的一个重大问题，它关涉人的生死。我国刑法对死刑制度做了较为细致的规定，为司法机关正确适用死刑提供了法律根据。然而，死刑适用本身又是一项政策性极强的活动，不可避免地受到国家死刑政策的影响。我国对于死刑的基本政策是：在保留死刑的前提下，谨慎地适用死刑，避免死刑冤案的发生。这也就是以下三句话所表达的意思：不可不杀、不可多杀、防止错杀。当然，在不同时期，受到犯罪变动和治安形势的影响，死刑政策也会存在一定的起伏变动。例如，在1983年开始的严打期间，死刑适用范围较宽，死刑案件较多，

这是一个死刑适用强化的阶段。而在中央提出宽严相济刑事政策以后，死刑适用受到限制。值得注意的是，在案例指导制度建立之前，死刑政策主要在有关司法文件中进行表述。例如，1999年最高人民法院印发的《全国法院维护农村稳定刑事审判工作座谈会纪要》[以下简称《纪要（二）》]第二部分中对故意杀人罪的死刑适用界限掌握的政策界限作出了具体规定，其中特别提及因婚姻家庭、邻里纠纷等民间矛盾激化引发的故意杀人犯罪的死刑适用问题，提出了要与社会上的严重危害社会治安的其他故意杀人犯罪案件区别对待的政策精神。同时，还对三种情形，即（1）被害人一方有明显过错，（2）对矛盾激化负有直接责任，（3）被告人有法定从轻处罚情节的案件，明确提出一般不应判处死刑立即执行。应该说，这一死刑政策是要严格限制死刑适用。《纪要（二）》虽然是针对维护农村稳定刑事审判工作而制定的，但颁布以后，其适用范围并不限于农村地区，而是对所有死刑案件都具有指导作用。此外，2010年最高人民法院颁布的《关于贯彻宽严相济刑事政策的若干意见》（以下简称《意见》）对死刑适用中如何掌握宽严相济刑事政策问题也做了明文规定，指出："要准确理解和严格执行'保留死刑，严格控制和慎重适用死刑'的政策。对于罪行极其严重的犯罪分子，论罪应当判处死刑的，要坚决依法判处死刑。要依法严格控制死刑的适用，统一死刑案件的裁判标准，确保死刑只适用于极少数罪行极其严重的犯罪分子。拟判处死刑的具体案件定罪或者量刑的证据必须确实、充分，得出唯一结论。对于罪行极其严重，但只要是依法可不立即执行的，就不应当判处死刑立即执行。"这些规范性文件的规定，都阐述了死刑政策。当然，由于这些规定是以抽象的条文形式出现的，在具体案件中如何区分死刑立即执行与死刑缓期执行的界限，仍然需要结合具体案件加以判断。指导案例4号王志才故意杀人案的裁判要点就为在死刑适用中如何掌握标准，提供了刑事政策的指导。①值得注意的是，王志才故意杀人案是在一审、二审判处死刑立即执行以后，在报请最高人民法院核准时，因未核准而发回。二

---

① 具体案情参见最高人民法院指导案例4号：王志才故意杀人案，见 http://www.court.gov.cn/shenpan-xiangqing-4217.html，最近访问时间：2018-05-01。

审法院对本案进行了重审,最终判处王志才死刑,缓期二年执行,同时决定对其限制减刑。指导案例4号王志才故意杀人案的裁判要点指出:"因恋爱、婚姻矛盾激化引发的故意杀人案件,被告人犯罪手段残忍,论罪应当判处死刑,但被告人具有坦白悔罪、积极赔偿等从轻处罚情节,同时被害人亲属要求严惩的,人民法院根据案件性质、犯罪情节、危害后果和被告人的主观恶性及人身危险性,可以依法判处被告人死刑,缓期二年执行,同时决定限制减刑,以有效化解社会矛盾,促进社会和谐。"在王志才故意杀人案的重审判决中,对王志才适用了限制减刑。限制减刑制度是《刑法修正案(八)》增设的一种死缓执行制度,《刑法修正案(八)》将我国《刑法》第50条第2款修改为:"对被判处死刑缓期执行的累犯以及因故意杀人、强奸、抢劫、绑架、放火、爆炸、投放危险物质或者有组织的暴力性犯罪被判处死刑缓期执行的犯罪分子,人民法院根据犯罪情节等情况可以同时决定对其限制减刑。"限制减刑制度提高了判处死缓而未执行死刑的犯罪分子改判无期徒刑以后,实际执行的刑罚期限,从而加重了死缓的惩治程度。当然,限制减刑的功能并不是单纯地加重死缓的刑罚执行期限,而是为减少死刑立即执行创造条件,即以死缓作为死刑立即执行的替代措施。我国学者认为,适用限制减刑的情形应该确立如下标准:(1)行为人具有法定可以从轻的情节,罪该致死但判处死刑立即执行处罚过重,判处死刑缓期执行(不限制减刑)又处罚过轻;(2)行为人实施犯罪的手段不是特别残忍;(3)行为人所针对的犯罪对象不是无辜的特殊群体;(4)行为人是基于可宽恕的动机实施了犯罪行为;(5)从行为人在犯罪发生后所表现出来的认罪和悔罪态度上分析可得出其再犯可能性较小或者没有再犯可能性;(6)从最终的法律适用效果上考虑,对行为人限制减刑可以达到法律效果和社会效果的有机统一。① 在王志才故意杀人案中,被告人具有故意杀人手段特别残忍和被害人亲属不予谅解这两项从重处罚情节,同时具有坦白悔罪、积极赔偿被害方经济损失、平时表现较好这三项从宽处罚情节,最终

---

① 参见孙万怀、耿国美:《限制减刑的性质、适用标准及其最终解决》,载《法制与社会发展》,2014(4),187页。

法院在改判死缓的同时，对王志才适用限制减刑，体现了限制适用死刑的政策精神。

在指导案例中，除了王志才故意杀人案以外，指导案例12号李飞故意杀人案也是体现限制适用死刑的政策精神的案例。该案的裁判要点指出："对于因民间矛盾引发的故意杀人案件，被告人犯罪手段残忍，且系累犯，论罪应当判处死刑，但被告人亲属主动协助公安机关将其抓捕归案，并积极赔偿的，人民法院根据案件具体情节，从尽量化解社会矛盾角度考虑，可以依法判处被告人死刑，缓期二年执行，同时决定限制减刑。"[1] 可以看出，李飞故意杀人案与王志才故意杀人案具有较大的类似性。最高人民法院先后颁布两个限制死刑适用的指导案例，表明对于限制死刑政策的进一步强调。因此，上述两个指导案例具有死刑刑事政策的宣示功能。

五、刑罚制度的示范功能

我国刑法近些年来在刑罚制度创新方面取得了瞩目的成果，体现出立法机关的积极进取精神，这是值得赞许的。这些刑罚制度创制以后，如何正确地在司法实践中适用，这是关系刑罚制度创新能否转化为法律效果和社会效果的关键之所在。在刑法指导案例中，指导案例14号董某某、宋某某抢劫案具有对刑罚制度的示范功能。该案的裁判要点指出："对判处管制或者宣告缓刑的未成年被告人，可以根据其犯罪的具体情况以及禁止事项与所犯罪行的关联程度，对其适用'禁止令'。对于未成年人因上网诱发犯罪的，可以禁止其在一定期限内进入网吧等特定场所。"[2] 由此可见，董某某、宋某某抢劫案涉及的是我国刑法中的禁止令

---

[1] 最高人民法院指导案例12号：李飞故意杀人案，见 http://www.court.gov.cn/shenpan-xiangqing-13317.html，最近访问时间：2018-05-01。

[2] 最高人民法院指导案例14号：董某某、宋某某抢劫案，见 http://www.court.gov.cn/shenpan-xiangqing-13320.html，最近访问时间：2018-05-01。

制度。

禁止令是《刑法修正案（八）》增设的一项刑罚制度，根据《刑法修正案（八）》的规定，对于判处管制和宣告缓刑的罪犯，人民法院可以"同时禁止犯罪分子在执行期间从事特定活动，进入特定区域、场所，接触特定的人"。根据这一规定，禁止令不是一种刑罚方法，而是非监禁刑具体执行方式，它具有对管制、缓刑等刑罚制度的附属性。禁止令是为了防止服刑人员再次接触犯罪诱因，促进犯罪分子教育矫正，有效维护社会秩序，可以说是一种社会管理创新。

为了正确贯彻禁止令制度，2011年4月28日最高人民法院、最高人民检察院、公安部、司法部联合发布了《关于对判处管制、宣告缓刑的犯罪分子适用禁止令有关问题的规定（试行）》（以下简称《规定》）为正确适用《刑法修正案（八）》，确保管制和缓刑的执行效果，根据刑法和刑事诉讼法的有关规定，就判处管制、宣告缓刑的犯罪分子适用禁止令的适用对象、适用原则、禁止从事活动的内容、禁止进入的区域或者场所、禁止接触的人员等逐条作出规定，此外，《规定》中还明确了禁止令的期限、适用程序、宣告、执行、监督、期限的缩短以及违反禁止令的处理办法。这一《规定》为正确贯彻执行禁止令制度提供了规范根据，从内容来看，已经基本完全涵盖禁止令制度实行的方方面面，但还是较为抽象的。为了进一步提供示范，最高人民法院于2013年1月31日又颁布了指导性案例，指导禁止令的适用。① 董某某、宋某某属于未成年人犯罪，而且其犯罪与迷恋于网络游戏之间具有密切关系。在这种情况下，在判处两被告人缓刑的同时，对他们适用禁止令，将其与引发其犯罪的场所隔离，即禁止进入网吧等特定场所，有助于家长和社区有效管教，起到预防再犯的作用。正如有论者指出："该案例涉及如何适用《刑法修正案（八）》有关禁止令的规定，特别是针对未成年人因到网吧上网而诱发犯罪的如何适用禁止令，做出了示范性裁判，有利于指导审判实践正确

---

① 具体案情参见最高人民法院指导案例14号：董某某、宋某某抢劫案，见 http：//www.court.gov.cn/shenpan-xiangqing-13320.html，最近访问时间：2018-05-01。

适用禁止令规定，加强对被判处非监禁刑犯罪分子的有效监管，充分发挥其预防和减少再犯罪、维护社会和谐稳定的作用。"[1] 示范性的指导案例尽管没有创制司法规则，但对于法律制度的正确适用具有示范效果，因而值得肯定。

（本文原载《环球法律评论》，2018（3））

---

[1] 李兵：《指导案例14号〈董某某、宋某某抢劫案〉的理解与参照》，载《人民司法·案例》，2014（6），30页。

图书在版编目（CIP）数据

刑法研究. 第五卷，刑法理论. Ⅱ/陈兴良著. --
北京：中国人民大学出版社，2021.3
（陈兴良刑法学）
ISBN 978-7-300-29098-0

Ⅰ.①刑… Ⅱ.①陈… Ⅲ.①刑法-中国-文集
Ⅳ.①D924.04-53

中国版本图书馆CIP数据核字（2021）第081886号

国家出版基金项目
陈兴良刑法学
刑法研究（第五卷）
刑法理论Ⅱ
陈兴良　著
Xingfa Yanjiu

出版发行	中国人民大学出版社	
社　　址	北京中关村大街31号	邮政编码　100080
电　　话	010-62511242（总编室）	010-62511770（质管部）
	010-82501766（邮购部）	010-62514148（门市部）
	010-62515195（发行公司）	010-62515275（盗版举报）
网　　址	http://www.crup.com.cn	
经　　销	新华书店	
印　　刷	涿州市星河印刷有限公司	
规　　格	170 mm×228 mm　16开本	版　次　2021年3月第1版
印　　张	31.75　插页4	印　次　2021年3月第1次印刷
字　　数	475 000	定　价　2 980.00元（全十三册）

版权所有　侵权必究　　印装差错　负责调换